# 最危险的间谍

## 多面特工与大国的核竞赛

# TRINITY

*The Treachery and Pursuit of the Most Dangerous Spy in History*

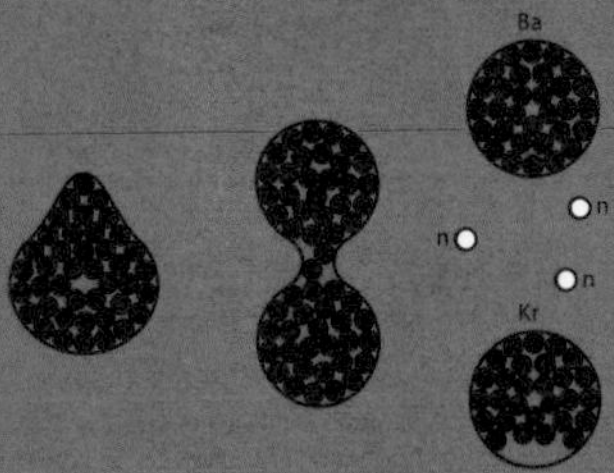


**Frank Close**

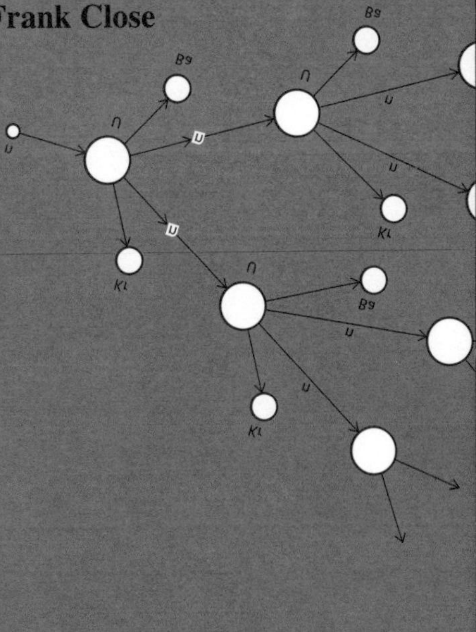


〔英〕弗兰克·克洛斯 著

朱邦芊 译



社会科学文献出版社
SOCIAL SCIENCES ACADEMIC PRESS (CHINA)

P L O S I O N
U
n
Ba
Kr

“你对待他……就像父亲对儿子一样。”

诺贝尔奖得主马克斯·佩鲁茨（Max Perutz）
致鲁道夫·派尔斯的信，1987 年 5 月 19 日

# 目　录

## 第三部分　调任“曼哈顿”：1944 ~ 1946 年



## 第四部分　从“三位一体”到苏联原子弹：1945 ~ 1949 年



## 第五部分　阴魂不散：1949 ~ 1950 年



## 第六部分　最后阶段：1950 年

## 第七部分　结果：1950～1959 年

# 致 谢



六年前，潜心研究英国原子弹和氢弹史、时年 97 岁却仍然精神矍铄的历史学者洛娜·阿诺德（Lorna Arnold），把她与原子弹间谍克劳斯·福克斯（Klaus Fuchs）接触的亲身经历向我和盘托出。她坚持认为，福克斯作为科学家的重要性有待根据（当时）最新解密的安全文件来评价，更不用说他的私德了。在她看来，他是个可敬的人——这种形容与公众对此人的普遍看法截然相反，而流行的观点认为，此人曾是“国家有史以来最危险的间谍”。

洛娜的评价让我想起了几十年前，我还是牛津大学理论物理学系的一名研究生时，鲁道夫·派尔斯（Rudolf Peierls）是系主任。因属国家机密，我们对这位原子弹之父在 1940 年扮演了怎样非凡的角色一无所知，但知道他的助理是克劳斯·福克斯，而福克斯这个和派尔斯一样逃离纳粹的难民，就寄住在这位“教授”和其妻子吉尼亚（Genia）的家里。派尔斯夫妇对福克斯几乎就像“对儿子一样”，结果却眼见他两面三刀，背叛了自己的归化国、专业同行，以及这对夫妇。我曾向派尔斯夫妇问起过福克斯，吉尼亚形容他是自己认识的最可敬的人之一。这种说法让我大吃一惊。

洛娜·阿诺德对吉尼亚·派尔斯证言的赞同，启发了我的调查研究，促使我最终撰写了这本书。我很感谢格雷厄姆·法梅洛（Graham Farmelo）指点我去见洛娜，洛娜和格雷厄姆两人关于英国在原子弹方面早期工作的历史和政治的多次谈话让我受益匪浅，还很感谢格雷厄姆阅读了本书关于那部分内容的一些初期草稿。洛娜在本书完稿之前就去世了，令人不胜唏嘘。

福克斯的两部个人传记在他的英国机密文件公之于世之前便已出版了，在我研究期间，又有三本书面世，它们至少与克劳斯·福克斯有部分关联。我要感谢诺曼·莫斯（Norman Moss）、理查德·查德韦尔·威廉斯（Richard Chadwell Williams）、托尼·珀西（Tony Percy）、迈克·罗西特（Mike Rossiter），以及彼得·沃森（Peter Watson）这几位作者关于各自对克劳斯·福克斯的研究的讨论。我还要对加比·格罗斯（Gaby Gross，派尔斯长女）对福克斯的个人回忆，以及乔·胡克韦（Jo Hookway，派尔斯幼女）表示谢意。乔给我看了她父亲对诺曼·莫斯传记的注释，与我分享了她对父母的很多回忆，还允许我查看了一些家族文献。萨拜因·李（Sabine Lee）编辑整理过派尔斯的著作，她慷慨地与我分享了自己的见解，并阅读了本书部分初稿。



克里斯托弗·安德鲁（Christopher Andrew）给我看了他从前的学生蒂莫西·吉布斯（Timothy Gibbs）的学位论文，其中涉及克劳斯·福克斯事件。这是有关福克斯间谍活动及其政治影响的最完整的文献。我要感谢安德鲁教授让我见到这一研究。

我很感激杰里米·伯恩斯坦（Jeremy Bernstein）阅读了本书初稿，并无数次与我讨论原子弹的历史和动态，以及热核武器的早期研制工作；感谢亚历克斯·韦勒斯坦（Alex

Wellerstein）在美国运用信息自由的权利，让1945年费米关于这个主题的讲座内容得以公之于世，该讲座有助于揭示福克斯双重身份的一个此前未知的方面；感谢杰克·康纳斯（Jack Connors）、史蒂文·考利（Steven Cowley）和布赖恩·泰勒（Bryan Taylor）告知我有关所有形式的核聚变历史；感谢剑桥大学三一学院雷恩图书馆（Wren Library）的乔纳森·史密斯（Jonathan Smith），让我得以一览G. P. 汤姆森（G. P. Thomson）的文章；感谢戴维·施瓦茨（David Schwartz）帮助我在纽约查找福克斯的历史；感谢布赖恩·波拉德（Brian Pollard）以及布里斯托尔大学的档案，福克斯曾在那里就读；感谢英国政府通信总部（GCHQ）的历史学者托尼·科默（Tony Comer）；感谢马尔科姆·克鲁克（Malcolm Crook）让我接触到哈韦尔（Harwell）的收藏品，并在本·格林斯特里特（Ben Greenstreet）的协助下，确定了福克斯和斯金纳（Skinner）在哈韦尔的住所和办公室的位置；感谢阿宾顿学校（Abingdon School）和阿宾顿历史学会（Abingdon Historical Society）帮助我确认福克斯曾在该镇活动过；感谢克里斯·弗莱彻（Chris Fletcher）、科林·哈里斯（Colin Harris）、斯图尔特·阿克兰（Stuart Ackland），以及牛津大学博德利图书馆（Bodleian Library）的工作人员，他们向我展示了鲁道夫·派尔斯的各种论文档案，还允许我查看了前人未曾见过的托尼·斯克姆（Tony Skyrme）照片档案；感谢艾伦·帕克伍德（Allen Packwood）和剑桥大学丘吉尔学院档案馆的工作人员；感谢波恩大学（University of Bonn）的哈尔比·德赖纳（Herbi Dreiner）和埃曼努埃尔·德雷斯（Emmanuel Drees），他们为我解读福克斯的德语文章提供了帮助；还有亚历山大·瓦西里耶夫（Alexander Vassiliev），他向我解释了自己在克格勃档案上的一些注释。

我还要感谢我的女儿凯蒂（Katie），她家就在国家档案馆附近，这使我在2018年底大批文件突然莫名其妙地从公众视野中消失之前，得以在档案馆的阅览室里度过了很多时光。

撰写过程中还有很多人向我伸出了援手，其中包括吉姆·巴戈特（Jim Baggott）、菲利普·鲍尔（Philip Ball）、吉尔·本尼特（Gill Bennett）、布赖恩·卡思卡特（Brian Cathcart）、凯瑟琳·科尔格莱齐尔（Catherine Colglazier）、托尼·科默、诺曼·东贝（Norman Dombey）、弗里曼·戴森（Freeman Dyson）、罗杰·埃利奥特（Roger Elliott）、格雷厄姆·法梅洛、玛格丽特·法雷尔（Margaret Farrell）、迈克尔·古德曼（Michael Goodman）、布赖森·戈尔（Bryson Gore）、约翰·格里夫（John Grieve）、迈克尔·哈特（Michael Hart）、戴维·霍洛韦（David Holloway）、詹姆斯·金克斯（James Jinks）、彼得·奈特（Peter Knight）、萨拜因·李、迈克尔·马滕（Michael Marten）、安迪·佩特森（Andy Paterson）、鲁道夫和吉尼亚·派尔斯、加比·格罗斯（本姓派尔斯）、乔·胡克韦（本姓派尔斯）、哈里·查普曼·平彻（Harry Chapman Pincher）、凯特·派恩（Kate Pyne）、米哈伊尔·希夫曼（Mikhail Shifman）、安德烈·斯塔里内茨（Andrei Starinets）、凯里·萨布利特（Carey Sublette）、西蒙娜·图尔凯蒂（Simone Turchetti）、亚历山大·瓦西里耶夫、菲利普 xi
（Philip）、詹姆斯·沃勒（James Waller）、亚历克斯·韦勒斯坦、卡蒂·惠特克（Kati Whitaker）和山本仁志（Nishi Yamamoto）等人，他们都曾与克劳斯·福克斯－基托斯基

（Klaus Fuchs-Kittowski）有过来往。此外，我还要感谢两个人，不过他们俩都不希望我提及他们的名字。

最后，我要特别感谢我的妻子吉莉恩（Gillian），她容忍了这个如此漫长的项目，还阅读了部分早期稿件；感谢艾伦·莱恩出版公司（Allen Lane）的本·西诺尔（Ben Sinyor）和阿曼达·拉塞尔（Amanda Russell），他们帮我整理了图表和照片；感谢理查德·梅森（Richard Mason）提出的敏锐问题和编辑工作；还要感谢我的经纪人帕特里克·沃尔什（Patrick Walsh）和编辑斯图尔特·普罗菲特（Stuart Proffitt），他们帮我把这些想法变成了现实。

# 插图列表

## 随文插图

## 彩色插图

24. 哈韦尔 BEPO 反应堆落成典礼庆祝会，1948 年 7 月 5 日
(Courtesy Harwell Laboratories)
25. 哈里·戈尔德到达费城法庭，1950 年 12 月 7 日
(Sam Myers/AP/Shutterstock)
26. 福克斯开审之日，威廉·斯卡登和亨利·
阿诺德在老贝利街（Copyright © Topfoto）
27. 福克斯在德意志民主共和国，1960 年前后
(Photo by Jung/ Ullstein, picture via Getty Images)

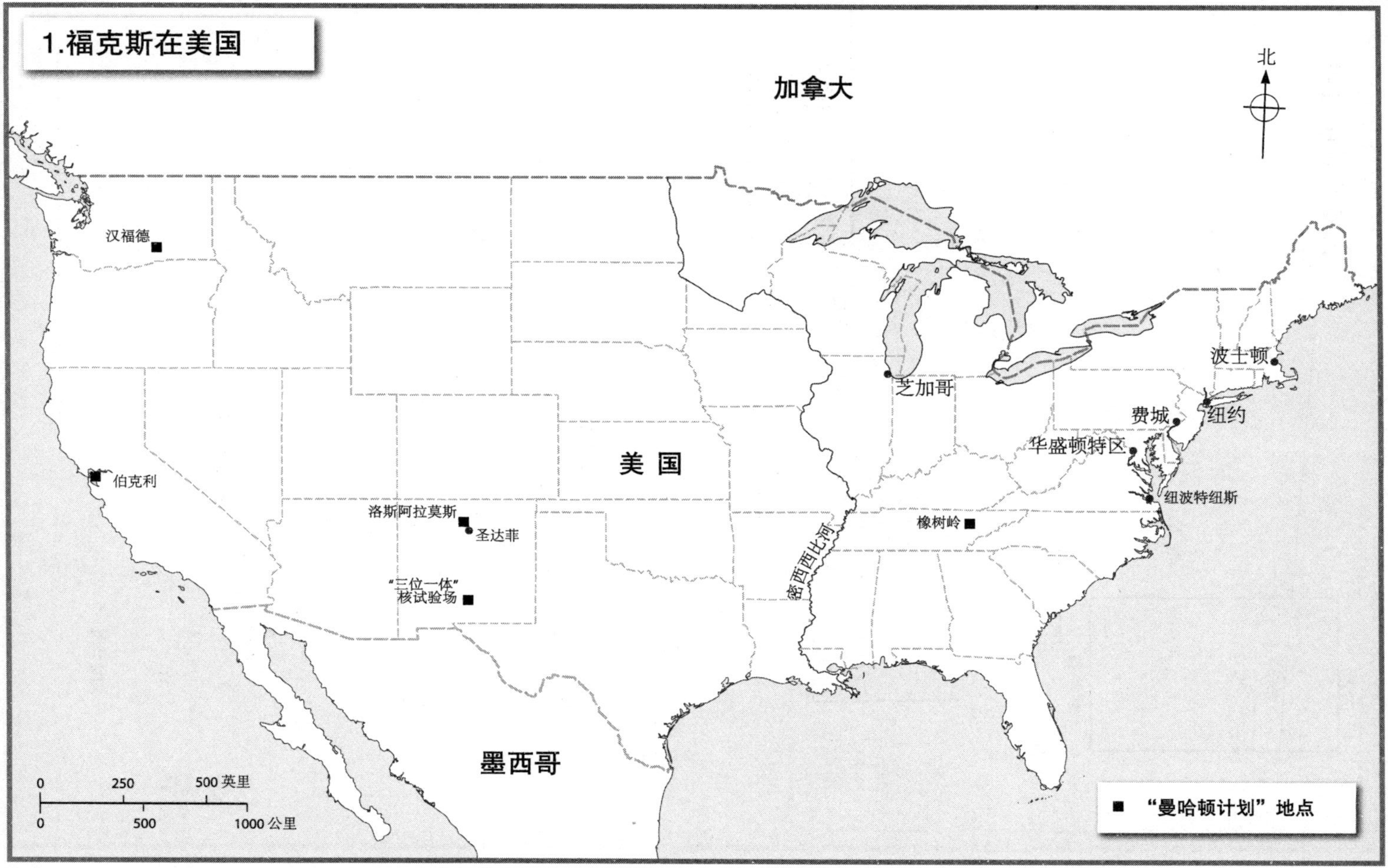
1.福克斯在美国
北
加拿大
汉福德
伯克利
洛斯阿拉莫斯
圣达菲
“三位一体”
核试验场
美 国
芝加哥
波士顿
纽约
费城
华盛顿特区
纽波特纽斯
橡树岭
密西西比河
墨西哥
0
250
500 英里
0
500
1000 公里
“曼哈顿计划”地点

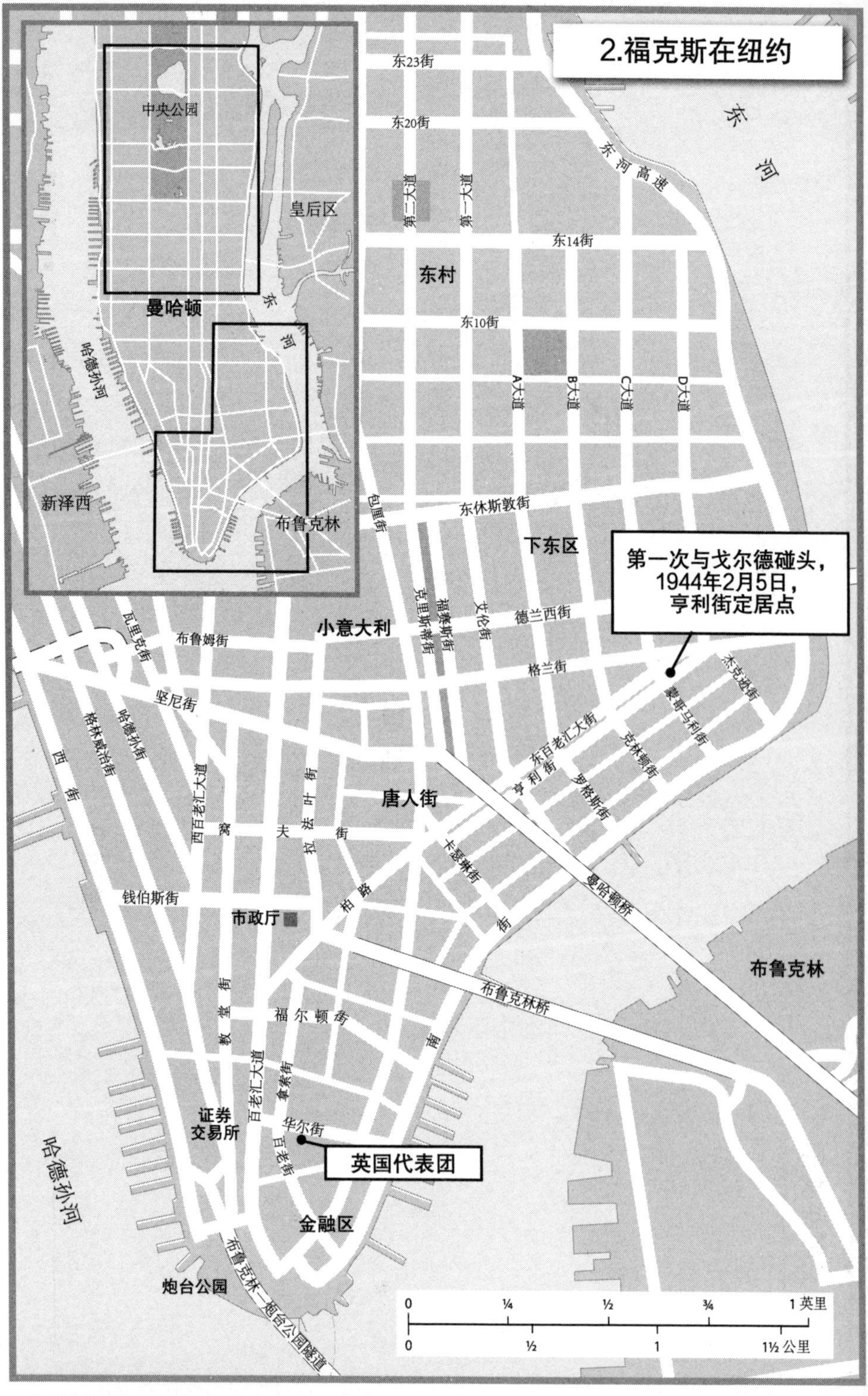
2.福克斯在纽约
东23街
东20街
东河
东河高速
第二大道
第一大道
东14街
东村
东10街
A大道
B大道
C大道
D大道
中央公园
皇后区
曼哈顿
东
河
哈德孙河
新泽西
布鲁克林
包厘街
东休斯敦街
下东区
第一次与戈尔德碰头，
1944年2月5日，
亨利街定居点
小意大利
克里斯蒂街
福赛斯街
艾伦街
德兰西街
瓦里克街
布鲁姆街
格兰街
坚尼街
格林威治街
哈德孙街
西街
杰克逊街
蒙哥马利街
东百老汇大街
克林顿街
亨利街
罗格斯街
西百老汇大道
拉法叶街
窝夫街
唐人街
卡瑟琳街
钱伯斯街
市政厅
柏路
曼哈顿桥
街
布鲁克林
布鲁克林桥
福尔顿街
教堂街
南街
百老汇大道
拿骚街
证券
交易所
华尔街
百老街
英国代表团
哈德孙河
金融区
布鲁克林—炮台公园隧道
炮台公园
0
¼
½
¾
1 英里
0
½
1
1½ 公里

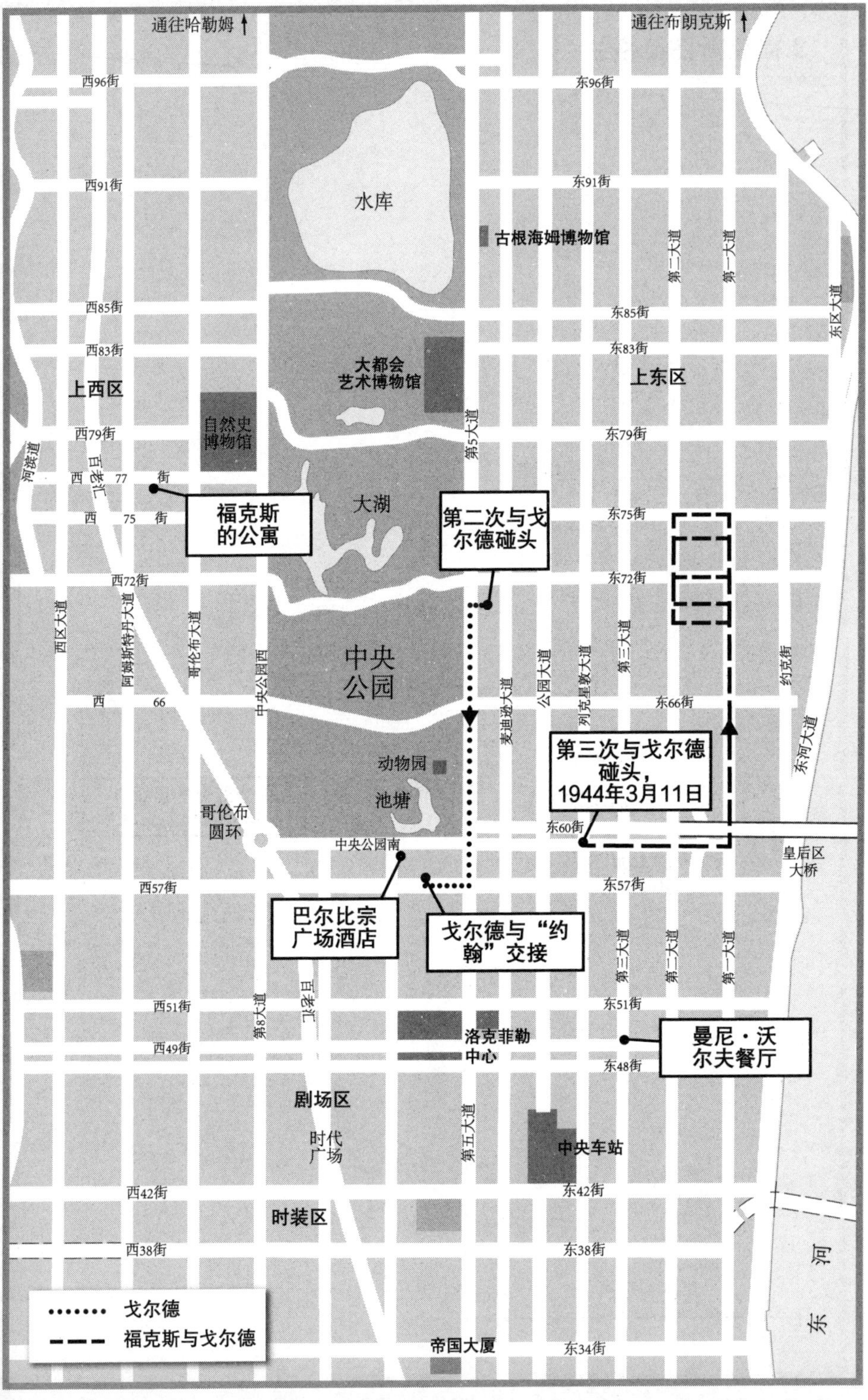

通往哈勒姆
通往布朗克斯
西96街
东96街
西91街
东91街
水库
古根海姆博物馆
第二大道
第一大道
西85街
东85街
东区大道
西83街
东83街
大都会
艺术博物馆
上西区
上东区
自然史
博物馆
西79街
东79街
第5大道
河滨道
西77街
百老汇
福克斯
的公寓
大湖
第二次与戈尔德碰头
西75街
东75街
西72街
东72街
西区大道
阿姆斯特丹大道
哥伦布大道
中央公园西
中央
公园
麦迪逊大道
公园大道
列克星敦大道
第三大道
约克大道
西66
东66街
东河大道
第三次与戈尔德碰头，
1944年3月11日
动物园
池塘
哥伦布
圆环
东60街
中央公园南
皇后区
大桥
西57街
东57街
巴尔比宗
广场酒店
戈尔德与“约翰”交接
第三大道
第二大道
第一大道
西51街
东51街
第8大道
百老汇
洛克菲勒
中心
曼尼·沃尔夫餐厅
西49街
东48街
剧场区
时代
广场
第五大道
中央车站
西42街
东42街
时装区
西38街
东38街
东河
戈尔德
福克斯与戈尔德
帝国大厦
东34街

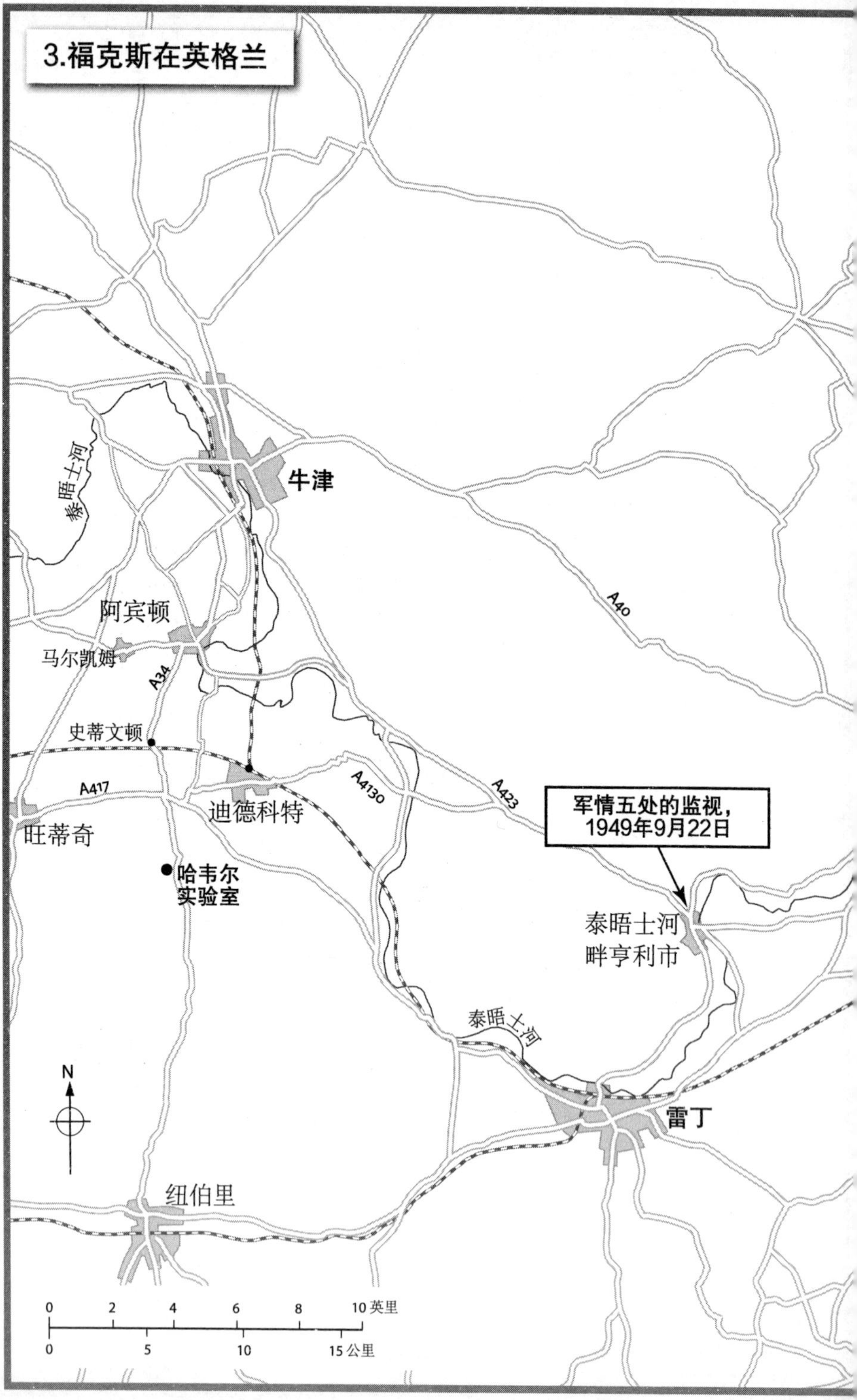
3.福克斯在英格兰
牛津
泰晤士河
阿宾顿
马尔凯姆
A34
A40
史蒂文顿
A417
A4130
A423
迪德科特
旺蒂奇
哈韦尔
实验室
军情五处的监视，
1949年9月22日
泰晤士河
畔亨利市
泰晤士河
雷丁
N
纽伯里
0 2 4 6 8 10 英里
0 5 10 15 公里

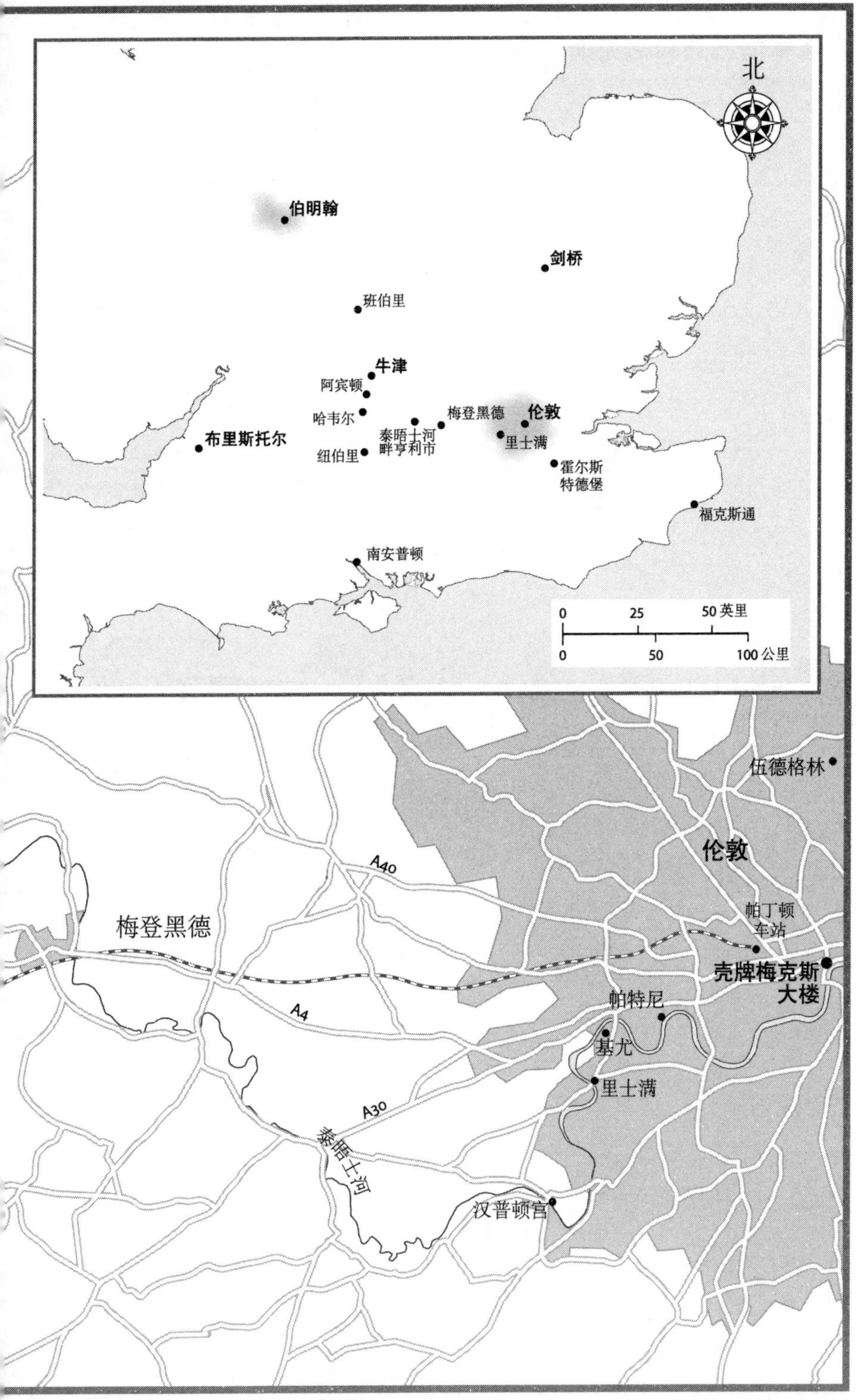
北
伯明翰
剑桥
班伯里
牛津
阿宾顿
哈韦尔
布里斯托尔
泰晤士河
畔亨利市
梅登黑德
伦敦
里士满
纽伯里
霍尔斯
特德堡
福克斯通
南安普顿
0
25
50 英里
0
50
100 公里
伍德格林
伦敦
A40
梅登黑德
帕丁顿
车站
壳牌梅克斯
大楼
A4
帕特尼
基尤
里士满
A30
泰晤士河
汉普顿宫

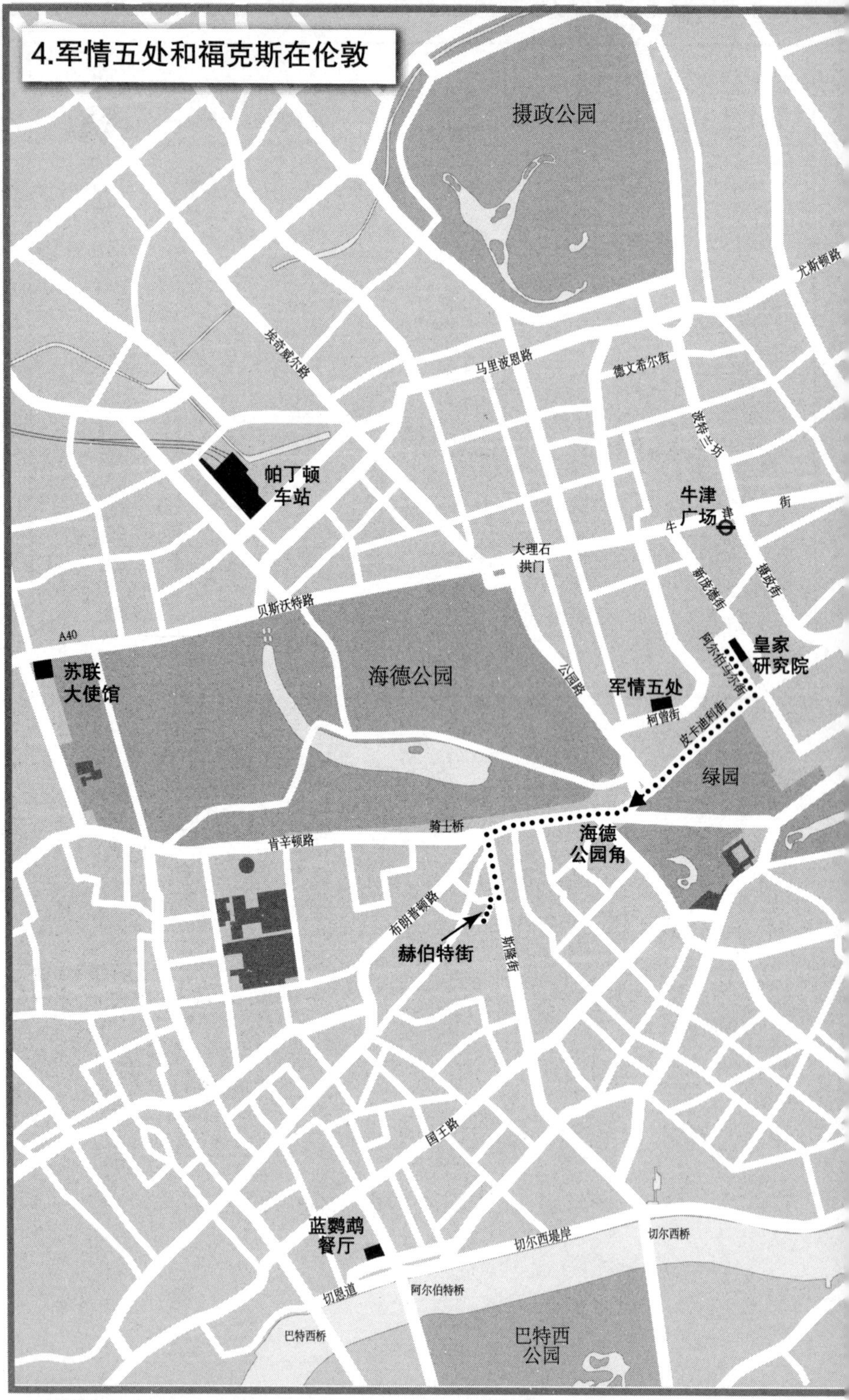


4.军情五处和福克斯在伦敦

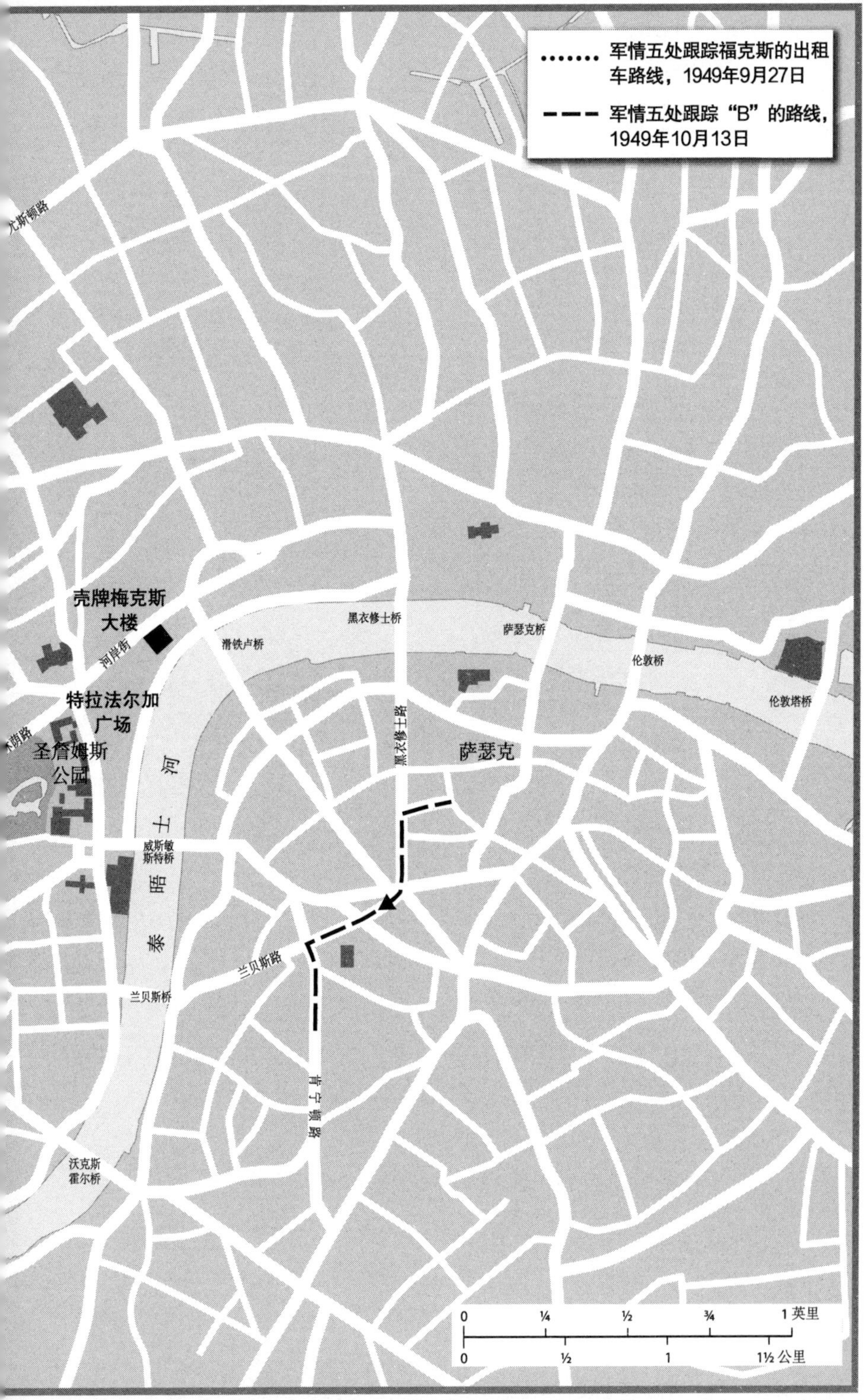

军情五处跟踪福克斯的出租车路线，1949年9月27日
军情五处跟踪“B”的路线，1949年10月13日
尤斯顿路
壳牌梅克斯大楼
河岸街
特拉法尔加广场
圣詹姆斯公园
滑铁卢桥
黑衣修士桥
萨瑟克桥
伦敦桥
伦敦塔桥
黑衣修士路
萨瑟克
泰晤士河
威斯敏斯特桥
兰贝斯路
兰贝斯桥
肯宁顿路
沃克斯霍尔桥
0 ¼ ½ ¾ 1 英里
0 ½ 1 1½ 公里

# 序幕　牛津，1967 年

“我是‘痔疮’!” 1

这句费解的话是一个戴眼镜的六旬白发老人说的，他身穿浅灰色运动夹克，口袋里露出一小包烟草。他的右手鼓捣着烟草包，左手摆弄着一支点不着的烟斗。他身高五英尺七英寸半，这是我后来在军情五处的档案里得知的。

那是 1967 年 9 月的一个上午。邂逅发生在牛津北部的公园路 12 号，一幢维多利亚式建筑的走廊里。这座楼空间宽敞，略显寒酸，很容易被想象成阿加莎·克里斯蒂笔下的教区牧师宅邸。公园路 12 号当时是大学理论物理学系的所在地。我是个新研究生，这是我在牛津的第一天，心中不免惶恐。我沿着大学公园对面的碎石道走进系办公楼，大门在我身后关上，两段楼梯之上的房顶传来砰的一声回响。我走进了寂静幽暗的走廊。

地上铺着油毡，一段红木楼梯通向高层，堂皇的橡木门全都关着。一丝发霉的气味透着数十年来的衰落迹象。墙壁漆成了赭石色，唯一的装饰是一块大告示板，上面列出了在那里有办公室的科学家。每一个人的名字前面都有一个标牌，表明其人是“在岗”还是“外出”。看上去所有的人都“外出”了。

我独自在这幢显然空无一人的大楼里，不知所措之际，幽深的地下室出现了一个人，就像鼹鼠从洞穴里探出头一样。他用浓重的中欧口音一字一顿地向我致意：“要我帮忙吗?”与这个（我以为是）门房的古怪邂逅吓了我一跳，我回答“不必了”，然后就听到这个幽灵离奇地回话说他是“痔疮”。

我在慌乱之中意识到，他实际上说的是“我是派尔斯”①：
2 派—尔—斯——鲁道夫·派尔斯（Rudolf Peierls），原子弹之父，克劳斯·福克斯（Klaus Fuchs）曾经的导师，后者是当代最具危害性的间谍。在逃离纳粹迫害30多年后，派尔斯说话还保留着德语的抑扬顿挫。我因为没能认出理论物理学系的系主任，屏住气息结巴着说：“我是弗兰克·克洛斯。”我正要解释自己为何会来这里时，派尔斯伸出手来，仿佛我的到来是他这一天的高光时刻。“很高兴见到你”，他语气铿锵地说，一边点头表示欢迎，一边把我领进了他的办公室。

在彼得伯勒（Peterborough）我就读过的中学里，走进校长书房的密室不啻一次恐怖之旅。但在牛津，派尔斯友好地把我领进了一个新世界。作为科学家国际大家庭的新成员，我受到了欢迎。我当时22岁，与设计并研制原子弹时的很多科学家同龄——克劳斯·福克斯起初在英国大学里安顿下来时也是这般年纪，他和派尔斯一样，也是逃离希特勒统治的难民。

---

① 派尔斯（Peierls）与痔疮（Piles）谐音。（除特别说明外，本书脚注均为译者所注。）

# 第一部分

# 逃离希特勒

# 第一章　从柏林到伯明翰

## ——父：派尔斯在 1941 年之前的经历

1907 年，鲁道夫·派尔斯出生于柏林，是伊丽莎白和海 5
因里希的三个孩子里最小的一个。母亲在他 14 岁那年过世了，鳏夫父亲是 AEG 电缆工厂的负责人，父亲的职业唤起了年轻的鲁道夫对机械、铁路和无线电的痴迷。起初，他想成为工程师，但父亲说他视力不够好，派尔斯就成了一名物理学家，并且部分由于历史和地理的巧合，他还促成了原子时代的到来。

1925 年，他就读于柏林的洪堡大学，上过瓦尔特·能斯脱①的课，在派尔斯的印象中，能斯脱是位“伟大的物理学家，个头不高，更不谦逊”。[1] 对于这个年轻的学生来说，他的故乡柏林是个“振奋人心的地方，学术气氛浓厚，到处都是剧院、夜总会，还有想象得到的一切主题的讲座”，但他在入学两个学期之后渐生离意。当时，理论物理学界最伟大的教师是慕尼黑的阿诺德·佐默费尔德②，所以派尔斯转学去了那里。派尔斯不但去对了地方，所选的时机也是出奇地好。他抵达

① 瓦尔特·能斯脱（Walther Nernst，1864—1941），德国化学家，以他在热动力学、物理化学和固态物理学领域的工作而闻名。他提出了热力学第三定律，并因此荣获 1920 年的诺贝尔化学奖。

② 阿诺德·佐默费尔德（Arnold Sommerfeld，1868—1951），德国物理学家，量子力学与原子物理学的开山始祖之一。他发现了精细结构常数，门下诺贝尔物理学奖得主众多。

时，恰逢一场科学革命正如火如荼。

250 年来，艾萨克·牛顿的运动和引力定律成功地描述了行星、月球和落地的苹果等物体的运动，从未失败；但应用到诸如原子等极其微小的物体上，它们就毫无意义了。原子由一个紧凑的原子核以及围绕着它运转的电子所组成，电场力将整个原子结合在一起。根据牛顿物理学的定律，这些作用力会加速环行的电子。电荷加速会导致电磁辐射和能量损失，因此这些电子应该螺旋落入原子核，在不到一秒的瞬间摧毁原子。换句话说，我们或者任何事物就都不复存在了。因此牛顿定律显然不适用于原子领域，但直到 1926 年量子力学出现之后，前进的方向才露出端倪。量子力学实际上把牛顿的运动定律扩展
6 到了原子的领域。当年派尔斯到达慕尼黑时，“所有的人都在研究”这种新的理论。[2]

如此一来，派尔斯就在最佳的时机开始了他的理论物理学家生涯，阿诺德·佐默费尔德正是理想的导师。佐默费尔德的教学技巧是如今的标准做法：给新手设置一个挑战，最好是学界迄今尚未解决的问题。为此，他鼓励派尔斯去研究量子力学如何影响金属的导电性。派尔斯开始了这项工作，但在 1928 年春，佐默费尔德离开去美国待了一年，派尔斯听从他的建议去了莱比锡。佐默费尔德指引派尔斯进入了量子的世界，如今在莱比锡，这位年轻的理论家可以和这门新物理学的奠基人之一、德国的科学巨人维尔纳·海森堡①一起工作。

此前一年，海森堡发表了以他的姓氏命名的“测不准原

---

① 维尔纳·海森堡（Werner Heisenberg，1901—1976），德国物理学家，量子力学创始人之一，“哥本哈根学派”代表人物，曾获 1932 年的诺贝尔物理学奖。

理”，如今这一原理被公认为量子力学的核心。海森堡的定律决定了原子、原子核以及各种粒子——电子、质子和中子——的运动表现，它们构成了一切物质的起源。简而言之，它声称我们可以同时测量某物体位置和动量的精确度的一个基本极限值。打个比方，位置测量得越精确，我们对其动量的了解就越无法预知。反之亦然：对于一个物体动量的精确测量，就伴随着对其位置精确度的损失。这种不确定性是大自然的内在属性，而不只是测量仪器不够先进。这种限制的影响如此微小，在日常事务中尽可以忽略不计，但对于原子及其构成的粒子来说却是巨大的。粒子受制于这些约束的运动被称为量子力学。

在海森堡的帮助下，派尔斯加深了对量子物理的理解。尽管海森堡以其聪明才智创建了这个学科，但到 1929 年，他最伟大的贡献都已成为过去。那年春天，派尔斯再次动身，这次去了苏黎世，愈发接近这个仍属新领域的活动中心了。苏黎世的明星是“不相容原理”之父、奥地利人沃尔夫冈·泡利①，该理论认为，电子就像布谷鸟一样，同一个量子鸟窝只能被一个电子所占据。如今，人们认为泡利的“不相容原理”是原子结构的关键所在，也是元素周期表的基础，以及物质世界所有结构和形式的量子力学顶点。1945 年，泡利因这个见解获得了诺贝尔奖。然而在 1929 年，他的原理仍属大胆的假设。

泡利以其才华闻名于世，既因为他是个物理学家，也因为他的尖酸刻薄——只要他认为不够完美，就毫不留情地痛下针 7
砭。泡利认为某个理论家的思想不值一提，就斥之为“连错

① 沃尔夫冈·泡利（Wolfgang Pauli，1900—1958），奥地利理论物理学家，量子力学研究的先驱者之一。

误都算不上”，[3]他的这一态度令人无比难堪。泡利还曾毁了另一个学界小明星的名声，称他“如此年轻，却已这般籍籍无名”。[4]泡利很快便认为年轻的派尔斯和自己不相上下——这实际上是一种赞美，或许也最清晰地证明了23岁的派尔斯已经树立了国际声望。

到1930年，派尔斯在三年的时间里以各种方式做过海森堡、佐默费尔德和泡利等人的助手，他们分别是新兴的量子力学的共同奠基人和顶级专家。他本人正在应用这一深奥的理论，并用它成功解释了固体、金属和晶体的很多物理性质。他在自己职业生涯的曙光阶段发表的开创性论文解决了晶体的热传导，以及电子自由流过金属，或从一个原子跳到另一个时，电流如何产生等问题。

这批论文中的第一篇是关于晶体热传导的，这篇论文是建立在描述原子和电子的量子力学方程创建人埃尔温·薛定谔的成果之上的。派尔斯完善了薛定谔的热传导理论，其论文以及其中包含的公式和穿插在公式中的被精心推敲的逻辑论证，在权威刊物《物理年鉴》（*Annalen der Physik*）上共占了46页的篇幅。同一年，派尔斯又以一篇长达27页的关于电与热传导的论文进一步发展了自己的思想。[5]派尔斯对于这种现象的成功描述得益于把泡利的不相容原理结合进自己的观点，因而既证实了量子力学是对实际原子水平切实可行的描述，又证明了泡利原理的核心地位。

## 决定命运的两次相遇

1930年代法西斯主义的兴起、中子（核能爆炸性释放的关键）的发现，以及两次决定命运的相遇，决定了派尔斯的一生。第一次相遇发生在 1930 年夏，他去苏联参加在敖德萨召开的一个物理学会议。当时他仍是学生，习惯自掏腰包参会，尽管在长途火车的三等车厢里彻夜长坐，但此次旅程不需要他个人支付任何费用，因此他很高兴受邀前往苏联。除了物理学之外，他去敖德萨也是为了探险，因为德国人对于苏联的生活所知甚少。曾经去过的人往往会坚定自己的成见，回来后 8
要么说苏联是天堂，要么说那里是地狱。派尔斯决定去敖德萨一探究竟。

结果远远超出了他的预期。他感受到了后来描述为“逐渐衰落的普遍印象”的经济困难和物质短缺，以及难以忍受的政治压力，但也在最近刚刚从物理系毕业的欧金尼娅·坎内吉瑟（Eugenia Kannegiser）身上找到了奇妙、美好的感觉，这种感觉后来一生未改。两人一见钟情。正如派尔斯在他的回忆录中写到的，“她好像认识每个人，大家也都认识她，她还比任何人都快乐”。[6]她是名门之后，堂哥列昂尼德·坎内吉瑟（Leonid Kannegiser）在 1918 年发生“红色恐怖”后，刺杀了列宁格勒的契卡①（秘密警察）领导人莫伊谢伊·乌里茨基（Moisei Uritsky）。就吉尼亚②本人来说，她爱上鲁道夫的“部分原因是他‘个性随和’。和其他人相比，照顾他就是一件乐事。他什么都能吃，在任何情况下都睡得着。蚊不叮虫不咬，百毒不侵。他乐于尝试、组织和参加一切活动”。[7]因为鲁道夫不会说俄语，吉尼亚也不会说德语，所以他们是用英语交流的。

---

① 契卡（Cheka），苏联的情报组织，全称为“全俄肃清反革命及怠工非常委员会”，1954 年后更名为“国家安全委员会”。

② 吉尼亚（Genia）是欧金尼娅的昵称。

会议结束后，吉尼亚和鲁道夫决定去俄国北高加索地区的矿泉疗养地基斯洛沃茨克（Kislovodsk）玩。这趟旅行要熬夜搭乘火车，在“苦役般的”车厢，他们还订不上坐票。这两个年轻人走进一节拥挤的车厢，鲁道夫形容那里满是“看起来缺乏管教的本地人”。[8]吉尼亚挤进这些人中间，但没有鲁道夫的座位了。他对于挑战的热爱仅次于对寻找创造性解决方案的热情：他注意到木头行李架上有一个空隙，就爬了上去，用腰带把自己捆绑固定，以防在睡着后栽下来。吉尼亚后来用她别具一格的英语说：“那一刻我知道，这个人我嫁定了。”[9]

鲁道夫·派尔斯才华横溢，是位对物理世界了解得非常广泛的科学家。然而，和许多功成名就的数学家和理论物理学家一样，他也很腼腆，更愿意待在家里摆弄代数符号而不是出门见人。吉尼亚用非凡的直觉性的智慧弥补了他的不足，而且鲁道夫的腼腆令她心动。她有一种独特的能力，能够看穿人们创造的表象，而她对人类行为的洞悉就像她继承了好几辈子的智慧一样。在吉尼亚面前装模作样毫无意义：她比你还要了解你自己。

派尔斯的习惯是收集证据、进行评估，直到确定自己掌握了全部可以借鉴的事实之后才下结论。然而一旦下定决心，他就绝对相信自己的判断。他不但在物理学以及后来的道德和政
9 治问题上是这么做的，在个人生活中也一样，面对天赐佳偶欧金尼娅时尤其如此。他们不到一年就结婚了，并计划在德国安家。

如果说吉尼亚爱上了鲁道夫的脆弱和“随和”，那么鲁道夫就是爱上了她的活泼。两人的爱情算是莫泊桑短篇小说《埃特勒塔的英国人》的德-俄版本，在这部小说中，一个法

国人爱上了一位英国女郎。[10]那个女郎漂亮又可爱，她最迷人的地方就是她说的法语别具一格。小说中，一个同事在多年后遇到了一脸忧郁沮丧的男主人公：“怎么了？她去世了吗？”“没有，她学会了法语。”吉尼亚给鲁道夫讲了这则警示故事，而且她一定对此牢记于心，因为据鲁道夫回忆，直到他们的金婚纪念日以及后来的时日里，“她一直保留着自己的俄国口音，以及她使用一切语言的特别方式”。[11]

我认识吉尼亚的时候，她的英语说得很流利，但和大多数英语非第一语言的人一样，她说话的音调和节奏暴露了自己的过去。俄语里没有定冠词和不定冠词，吉尼亚的英语里也省去了这些。她的“特别方式”就像是语言学对量子物理的一个隐喻，本地人说话流利顺滑的连奏波被单独的量子断断续续地爆发所取代——动词、名词，偶尔还有形容词，形成了一种听觉上的简略表达形式。按照母语是俄语的人的发音方式，正常英语的抑扬韵律会变成单调的素歌，每一个短语虽听起来都像是无可争辩的事实断定，却充满了不容否认的魅力。

1932 年，鲁道夫·派尔斯已经被公认为量子力学的世界顶尖专家之一。他获得了洛克菲勒奖学金，这让他得以在剑桥大学做一年的访问学者，而且在那期间，汉堡大学向他提供了一个终身教研的职位。这会是份理想的工作，让鲁道夫和吉尼亚可以结束浪迹天涯的生活，实现在德国定居的夙愿。他适时接受了汉堡大学的聘书，准备在 1933 年复活节从英格兰回德国赴任。

这一年也正是希特勒和纳粹党人开始在德国掌权的时候。就在派尔斯即将定居汉堡的前几个星期，有人纵火烧了德国国会大厦。纳粹独裁者发动了席卷德国的恐怖统治。这一对年轻人都是犹太裔，他们惊恐地目睹了这一系列事件。鲁道夫决定不离开英国，并辞去了汉堡大学的职位。[12]多亏他在大学的研究员职位暂时延长了，他们还可以在剑桥避难。

虽说个人生活动荡不安，父母等亲人也都在纳粹德国，但
10 鲁道夫的职业生涯却一片光明。在核物理学这个全新的研究领域，剑桥拥有当时世上首屈一指的实验室，吸引了全世界顶尖理论家的注意。

1932 年，剑桥的詹姆斯·查德威克①发现了原子核的两种基本构成要素之一的中子，并且很快发现了从原子核内释放能量的方法。原子里的空间大部分空旷无物，带负电荷的粒子（电子）围绕着中心的一个致密核心（原子核）运转。原子核携带正电荷，因此，相反电荷——带负电的电子与带正电的原子核——之间的电引力提供了把原子结合在一起的力。氢原子的原子核是最简单的，它由一个带正电荷的粒子组成，1920 年，它的发现者欧内斯特·卢瑟福②称之为质子。1932 年，卢瑟福任剑桥研究团队的负责人，他推断质子是一切原子核的基础成分。

化学元素是以其原子的复杂性来区分的。最简单的元素氢由一个质子和一个围绕着它运转的电子组成，而氦的原子核里有 2 个质子，碳有 6 个，按由低到高的顺序，铀有 92 个。一个元素的化学特性是其电子以及电子从一个原子转移到另一个

---

① 詹姆斯·查德威克（James Chadwick，1891—1974），英国物理学家，1935 年因发现了中子而荣获诺贝尔物理学奖。第二次世界大战期间，他担任“曼哈顿计划”英国小组的组长。

② 欧内斯特·卢瑟福（Ernest Rutherford，1871—1937），新西兰物理学家，世界知名的原子核物理学之父，1908 年因发现放射性的半衰期而获得了诺贝尔化学奖。

原子所发生的化学反应的结果。此前，派尔斯研究的都是那些电子在电磁力的影响下，在固态物质周围移动的行为。在查德威克发现中子之后，大家的注意力集中在原子核上，情况即将发生变化了。

中子与质子类似，但并不携带电荷，它们集中在原子核里，增加了原子核的质量却并不改变总电荷量。所产生的重核被称为“同位素”，这个词源自希腊语，意为“相同的位置”，即元素周期表上的同一个位点。我们如今知道，中子是除氢元素之外所有原子核的基本构成成分，氢通常只由一个质子组成。如果中子数量改变了哪怕区区一两个，原子核的稳定性也会发生巨大的变化。不到十年后，这种稳定与爆炸性脆弱之间的精妙平衡，就会在天然存在的最重元素铀上得到利用。

詹姆斯·查德威克发现中子后不久，派尔斯便来到剑桥。当时核物理学仍处于萌芽状态；后来它成了派尔斯的专长，但此时还并没有。他在剑桥把量子力学应用在金属中的电子行为以及某些物质被磁场所排斥的抗磁现象上，声望日隆。他的职 11
务在 1933 年到期了，但返回德国绝无可能。幸运的是，派尔斯收到了学术援助委员会发放的曼彻斯特大学两年期的奖学金，这是一个私人资助的组织，旨在帮助无家可归的学者。在曼彻斯特，他与在慕尼黑念书时的同学汉斯·贝特[①]重逢了。贝特也有犹太背景，因此不得不离开德国。两人就这样开始了终生的友谊，贝特如今住进了他们小房子的一个空房间，帮忙

① 汉斯·贝特（Hans Bethe，1906—2005），美籍犹太裔核物理学家，对天体物理学、量子电动力学和固体物理学都有重要的贡献。他由于恒星核合成理论的研究成果，荣获了 1967 年的诺贝尔物理学奖。

分担派尔斯一家的开销。

两人开始合作研究核物理。1930 年，沃尔夫冈 · 泡利曾提出假说，认为当不稳定的同位素在被称为放射的现象中自发稳定下来时，可以产生一种叫作中微子的粒子；1934 年，贝特和派尔斯撰写了第一批论文，量化了中微子与物质发生可检测到的相互作用的环境。20 年后，随着中微子的发现，他们的工作结出了果实。[13]1935 年，他们发表了把量子理论应用到原子核结构上的首批论文中的一篇。他们解释了当一个质子捕获一个中子时，最简单的原子核——由一个质子和一个中子组成的氢同位素——如何形成，以及它受到电子轰击后又是如何解体的。[14]那年晚些时候，派尔斯回到剑桥，又撰写了关于磁力与核物理学的更多论文。

派尔斯的深度与其惊人的广博相结合。两年后的 1937 年夏，时年 30 岁的鲁道夫 · 派尔斯在伯明翰大学成为这个国家最年轻的教授。①

对于鲁道夫而言，1930 年遇见吉尼亚是第一次决定命运的相遇，而第二次发生在 1936 年。他当时还只有 29 岁，就成了英国物理学的支柱，因为需求甚殷，他的意见颇有价值。未来的诺贝尔奖得主内维尔 · 莫特②在剑桥时便与派尔斯交好，时常和他讨论量子力学的影响。1936 年，已前往布里斯托尔大学工作的莫特邀请派尔斯去物理系做个报告。大师鲁道夫 · 派尔斯可能就是这时首次被介绍给了克劳斯 · 福克斯，后者是

---

① 在那个时代，“教授”等同于“系主任”，而不是当代形容几乎任何等级大学老师的普遍用法。以派尔斯为例，他是应用数学系的系主任。——作者注

② 内维尔 · 莫特（Neville Mott，1905—1996），英国物理学家，因对磁力和无序体系电子结构的基础理论研究，获得了 1977 年的诺贝尔物理学奖。

个优秀的学生，也是个逃离纳粹魔掌的难民。①

福克斯和莫特受到某些无人能解的神秘结果的启发，正在研究金属薄片中的一种电传导理论。派尔斯和他们讨论了这个 12
话题，数周之后，福克斯发表了关于这种现象的完整数学解释，给他留下了深刻的印象。②

翌年，派尔斯应邀参加了莫斯科的核物理会议。他原计划带上吉尼亚一起去，不过最终孤身赴会，因为他“担心她在场会让她的家人们难堪”。[15]这是派尔斯低调的表达，掩盖了恐怖席卷苏联的残酷现实。

早在1934年夏，鲁道夫和吉尼亚就带着他们刚出生的女儿加比，探望了吉尼亚在列宁格勒的家人。那是一段快乐的时光，但谁也没想到，那是吉尼亚最后一次与父母团聚。迫在眉睫的灾难的第一个征兆出现在12月1日，列宁格勒的共产党负责人谢尔盖·基洛夫③遭人刺杀。斯大林立即在这座城市进行搜捕，很多人将其看作是随后“大清洗”的一次预演。吉尼亚的母亲、妹妹尼娜、继父伊赛·曼德尔施塔姆（Isai Mandelshtam，她的生父在1909年去世了）在这次清洗中被捕，并于1935年被流放到乌拉尔的乌法，为期五年，那里位于列宁格勒以东2000公里之外。两年后，尼娜获准返回列宁格勒，但她们的母亲和继父从一个流放地被送到另一个流放

① 1935年7月2~5日，派尔斯是布里斯托尔国际物理学会议的与会代表，而刚刚开始其研究生生涯的福克斯也参加了此次会议。但除了短暂接触外，两人不太可能会有更多的会面，具体请见本书第二章。——作者注

② 有关福克斯论文的说明请见本书第二章。——作者注

③ 谢尔盖·基洛夫（Sergey Kirov，1886—1934），苏联布尔什维克早期领导人。他在担任列宁格勒州委书记时，在办公室内被人开枪射杀。这次遇刺事件直接导致了“大清洗”，但真相至今仍不明晰。

地，伊赛还在一个古拉格集中营待了三年。人人都说他们境遇凄惨，吉尼亚的一个姨妈和姨父也在古拉格被关了好几年。①

派尔斯夫妇对斯大林治下的生活现实，以及吉尼亚的归来会给家人带来的困境很敏感：他们该像欢迎浪子回头一样对待她，结果引来秘密警察的注意，还是选择在政治上更安全的做法，回避那些出生于俄国却选择离开祖国生活的公民？俄国当时排外心理泛滥，所有的外国人都被怀疑是间谍，而选择与外国人通婚并离开俄国的苏联公民也会遭到猜忌。

派尔斯揶揄地注意到，当时俄国有一本书很流行，其中写道："间谍行动的最佳时间就是战争爆发之前或战争期间，那时充满了怀疑间谍的大肆渲染的普遍情绪，每一个人都怀疑别人是间谍，［导致］真正的间谍几乎无法被查出来。"[16]这段评论有三重讽刺意味。首先，伊赛·曼德尔施塔姆因为自己与鲁道夫·派尔斯的关系而遭到审讯，并在前往古拉格的途中被控
13 犯有间谍罪。苏联对于前爱国者吉尼亚的怀疑，将会是后来英国人对她的俄国血统感到不安的一个难以解释的镜像。此外，鲁道夫的间谍理论也是他本人未来的一次颇具讽刺意味的预演，他访问过俄国，所以军情五处②在 1938 年为他建立了档案。那年 4 月，他去哥本哈根拜访了尼尔斯·玻尔③，返回

① 吉尼亚的姨妈和姨父，以及他们的孩子设法在"大清洗"之前移居巴黎，却被纳粹抓获，最终消失在奥斯维辛。她的表弟加入了法国抵抗组织，被盖世太保捉住，就地枪决。——作者注

② 军情五处（MI5），全称为"军事情报局第五处"（Military Intelligence，Section 5），正式名称为后文中不断提到的"英国安全局"（Security Service），因为其本部在一战前成为军情局第五处，民间至今仍以"军情五处"称呼这一机构。

③ 尼尔斯·玻尔（Niels Bohr，1885—1962），丹麦物理学家。他对于原子结构和量子理论做出过基础性的贡献，并因此获得了 1922 年的诺贝尔物理学奖。

时，哈里奇①的移民局官员写道：“在检查［派尔斯的］护照时，我们注意到其上有苏联的签证和1937年的俄国入境章，但在被问及此事时，该外国人除了确认他的确曾在去年访问过俄国之外，似乎不愿意说出他造访该国的理由。”这位移民局官员“考虑到他作为教授的重要地位”，没有继续质询派尔斯。但这留下了“政治保安处可能会感兴趣”的记录。1938年4月25日，这成为军情五处的派尔斯档案的第一条记录。[17]

1938年5月，派尔斯申请归化成为英国公民，但到1939年年中此事都毫无进展。战争即将来临，8月31日，派尔斯致信外国人事务部的政务次官。他说自己是外国人，来自德国，已在英国生活了六年，曾在1938年5月申请过入籍。他迫不及待地想成为一名防空队员，但在入籍没有完成之前无法入伍。他问道：“是否正在考虑我的申请?”派尔斯说在需要志愿者的时候，他希望能助一臂之力，“就算是不涉及负责和机密情报的工作也可以”。[18]

1939年9月4日，英国向德国宣战。派尔斯真的担心起来：他的正式身份仍是德国人，入籍英国的申请深陷官僚主义的泥潭。

然而对身在英国的德国人的种种限制，在派尔斯看来都是小事，但他愿以任何身份协助紧急工作的申请也遭到了拒绝，这让他倍感无力。他向归化当局指出，他从1929年就已经不在德国生活了。他还补充解释说，1933年3月，甚至在反犹太法案出台之前，他就拒绝了德国的一份工作，因为纳粹政权刚刚成立，“我不想向它屈服”。他只在1934年回过德国一次，是去探望自己的父母，在那之后，“我觉得就算我想回去，也不会得到回国的许可了”。他的父母与近亲和他一样，

---

① 哈里奇（Harwich），英格兰埃塞克斯郡东北端一个港口城镇。

如今都已离开了德国。

派尔斯给那些有影响力的科学家们写信，希望能被派去做有用的战时工作。1939 年 9 月 13 日，派尔斯在给英国科学与工
14 业研究部的主席——与物理学有关联的英国政府最高级别官员——爱德华·阿普尔顿①的信中写道："对德国当前的政府，我比这个国家里的任何人都有更多的亲身体会，因而也对它更充满着憎恨。"他甚至曾经"试图摆脱自己的德国国籍，但这实际上做不到……因为我的文件以及入籍档案都在内政部那里"。派尔斯的德国护照在 5 月就过期了，他"没有采取任何措施去更换它"。他不知该何去何从。尽管派尔斯才华横溢，但因为他事实上是个德国人，所以英国并没打算把他的才华用在战争方面。[19]

派尔斯是在伯明翰大学工作，该校物理系的系主任马克·奥利芬特②正在研究雷达。这是战争期间最机密的科研事业，外国人派尔斯被排除在外。甚至在他总算于 1940 年 3 月成为英国公民后，还是因自己的血统而被排除在雷达的绝密研究之外。然而他受到了伯明翰市后备消防队（Auxiliary Fire Service，简称 AFS）的欢迎，并因为"圆满完成了毒气预防课程"而获得了一个证书。[20]他在写给英国皇家学会（Royal Society）会长威廉·布拉格③爵士的信中简洁地总结道："我会得到一套非常

① 爱德华·阿普尔顿（Edward Appleton，1892—1965），英国物理学家，曾任爱丁堡大学校长。他长期从事大气层物理性质的研究，1926 年发现了高度约为 150 英里的电离层，并因此在 1947 年获得诺贝尔物理学奖。

② 马克·奥利芬特（Mark Oliphant，1901—2000），澳大利亚物理学家、人道主义者。他在人类首次核聚变实验、设计核武器中均起到了举足轻重的作用。

③ 威廉·布拉格（William Bragg，1862—1942），英国物理学家、化学家，因其利用 X 射线进行的晶体结构研究，而于 1915 年与其子威廉·劳伦斯·布拉格一同获得诺贝尔物理学奖。

漂亮的制服，但我还是认为，我也许能以更高效的方式帮助这个国家，而不是睡在消防站里。”[21]他真的得到了一套制服以及头盔和斧子，并且正如他在写给布拉格的信中预见的那样，他花了“很长时间在消防站里无所事事”。[22]派尔斯非常沮丧，但命运就要让他成为主角了。雷达属于机密，他是涉足不了了，因此派尔斯决定把自己的精力投入1940年还与战争没有明显关联的领域——核物理学与裂变。他当时还不知道，那年3月，他将重新定义战事。

## 核裂变

核裂变的关键在于被称为“$^{235}$U”的一种罕见形式的铀元素。这些反常铀原子的原子核非常脆弱，以至于一个慢中子轻轻一碰就足以让这群原子分裂——按照当时的比方，这就像搅乱一大颗水珠，它就破裂成两颗小水珠一样。这种被称作“裂变”的现象是1938年在德国由奥托·哈恩①、莉萨·迈特纳②和弗里茨·施特拉斯曼③发现的，如果不是因为两个特征的话，它可能仍然不过是一件稀罕事而已。首先，铀原子的原子核分裂时，释放的总能量比放射现象超出百倍。与化学反应 15
对比明显，每个原子的裂变能释放将近十亿倍的能量。这是关

① 奥托·哈恩（Otto Hahn，1879—1968），德国放射化学家、物理学家，因为发现了核裂变现象而获得1944年诺贝尔化学奖。

② 莉萨·迈特纳（Lisa Meitner，1878—1968），奥地利－瑞典原子物理学家。她的众多成就中最重要的是她第一个用理论解释了奥托·哈恩1938年发现的核裂变。

③ 弗里茨·施特拉斯曼（Fritz Strassmann，1902—1980），德国物理学家、化学家。他和奥托·哈恩发现铀在中子轰击之下产生了钡。他们的观察是确定此前不为人知的核裂变现象所必需的关键证据，莉萨·迈特纳和奥托·弗里施随后认识到这一点并发表了论文。

于如何以前所未有的规模释放核能的第一个迹象。1939 年初的第二个发现是，铀原子核的裂变也会释放中子——以此类推，这些额外的中子就像是两大颗水珠中间的微小水滴。如果这些“次级”中子击中了铀原子团中的其他原子，导致它们分裂释放能量和更多的中子，就有可能出现自给的核“链反应”（又称“连锁反应”）。这有望释放巨大的能量，在极端情况下，甚至是核爆炸。①

1938 年，裂变的消息传开后，科学家们立刻开始思考：我们身边含铀的岩石不断受到宇宙射线的轰击，它们为什么不容易自爆？伟大的丹麦理论物理学家尼尔斯·玻尔给出了答案。铀原子核有不同形式的同位素——诸如“$^{238}$U”和“$^{235}$U”（U 代表铀，数字表示组成原子核的质子和中子的总数）。玻尔得出了关键结论：$^{235}$U 等原子组成数为奇数的同位素比$^{238}$U 等偶数的更有可能发生裂变。[23]天然岩石的裂变非常罕见，因为它们含有的$^{235}$U 过少——不到 1%。

不久，一系列实验表明，只要一个中子击中了铀，其结果

---

① 1932 年 4 月，欧内斯特·卢瑟福的助手约翰·科克罗夫特和欧内斯特·沃尔顿（Ernest Walton）首次观察到了裂变——一个原子核分裂成较小的部分。他们向第三轻的元素锂发射质子，把它分裂成两个阿尔法粒子，即氦的原子核。翌年，卢瑟福评论说，这释放了远高于质子所能提供的能量，但他意识到，这样做效率太低，“任何在原子转变中寻找动力来源的人都是在胡言乱语”。匈牙利人莱奥·西拉德读到卢瑟福的言论后，有了一个好主意：如果不用质子，而是用中子轰击锂，裂变又会返回一个中子（见页边码第 427 页附录图 1 ［b］）。突破性的结论是这个中子可以引发另一次裂变，如此便产生了连锁反应。可惜在锂这个例子中，释放的中子过于微弱，无法产生进一步的裂变。似乎没有人把西拉德的论证应用到周期表中最重的铀等元素上去。1938 年发现铀的裂变（见页边码第 428 页附录图 1 ［c］）之时，西拉德的想法实际上已经出现五年了，但似乎无人意识到这个事实。——作者注

就取决于击中的是哪一种同位素以及轰击的速度如何。例如，
如果一个中子击中了$^{235}$U 的原子核，无论其速度如何，后者几
乎总是会分裂。然而，如果击中的是$^{238}$U 的原子核，后者通常
会保持原样，但结果取决于中子的速度。如果中子速度快，它
就会被$^{238}$U 所捕获；如果它是由$^{235}$U 的裂变所产生的，就很可
能会是这种情况。这会把铀变成另一种同位素$^{239}$U，去除了这
个中子的活力，并防止它进一步促成连锁反应。但如果中子移 16
动缓慢，其动能类似于房间里的分子，就会弹离$^{238}$U 而继续存
在下去。如果它的下一次碰撞遇到了$^{235}$U，就会发生裂变；如
果它击中一个$^{238}$U，就会再次弹离；但如果它离开了目标，就
不会引发连锁反应。

在天然的铀中占大多数的$^{238}$U 就像是一张毛毯覆盖着周围的$^{235}$U，使得裂变难以发生，且连锁反应的概率可以忽略不计。只有在中子离开铀靶位之前遇到一些罕见的$^{235}$U 同位素，才会发生连锁反应。$^{235}$U 的稀缺性让自然世界得以稳定下来，这是好事，但这却使人们很难从原铀中获得核能。

然而有困难并不等于不可能。1939 年夏在法国、英国和美国进行的实验表明，通过弹离石墨中的碳原子或“重水”中的氘原子来减缓中子的速度——用术语来说就是“减速”到“热能”——连锁反应还是有可能发生的。

当水中的氢原子被换成氘原子，即氢原子核中的单个质子伴随着一个中子，结果就是重水。中子没有改变化学性质——因此产生的分子仍是一种水——但增加了质量。在减缓中子速度方面，重水比普通的水有效得多。

因此，慢中子便是点燃核能之火的火花，但这股火焰反复无常。铀裂变提供了火种，但裂变释放的中子转瞬即逝，所以问题

又回来了。为了高效地释放核能，就必须既“浓缩”——增加铀靶中$^{235}$U的相对数量——又需要大量的铀。[24]

1939年9月，第二次世界大战开战的同一周，① 尼尔斯·玻尔在《物理评论》（*Physical Review*）上发表了他的见解。[25] 在这个历史紧要关头，科学家们用几吨的铀以及减缓中子速度的一些方法来提高效率，建造一座核反应堆，充其量不过是个希望而已。这可以释放出能量为工业发电，但体积小到飞机或大炮便可运输或发射的原子弹，似乎还无从谈起。

## 爱因斯坦的信

17 欧洲战火纷飞。与此同时，美国总统罗斯福受制于1937年的《中立法》，该法律禁止美国卷入外国的冲突。罗斯福的第二届总统任期将尽，他觉得美国有责任制止法西斯主义的传播，希望废除该法律。但对于很多美国人来说，优先事项是摆脱“大萧条”的余波，而不是派军与数千英里之外的希特勒对垒。

很多犹太人像派尔斯一样逃离中欧，奔向了北美。其中有三个匈牙利人：爱德华·泰勒②、尤金·维格纳③和莱奥·西拉德④。1939年8月，这一组流亡的物理学家拜访了正在长岛

---

① 编辑是1939年6月26日收到这篇论文的，文章发表于9月1日。德国在那一天入侵了波兰；英法两国在两天后对德宣战。——作者注

② 爱德华·泰勒（Edward Teller, 1908—2003），匈牙利裔美国理论物理学家，被誉为“氢弹之父”。除氢弹之外，他对物理学多个领域都有相当大的贡献。

③ 尤金·维格纳（Eugene Wigner, 1902—1995），匈牙利裔美国理论物理学家、数学家。他奠定了量子力学对称性的理论基础，在原子核结构的研究上有重要贡献。

④ 莱奥·西拉德（Leo Szilard, 1898—1964），匈牙利裔美国核物理学家、发明家，美国芝加哥大学教授，曾参与美国“曼哈顿计划”。

度夏的阿尔伯特·爱因斯坦，告诉他说研制原子武器是有可能的，并敦促他提醒罗斯福。这是爱因斯坦第一次听说连锁反应，他立刻明白此事意义重大。他不假思索地签署了信件，信中提到了原子能“近乎无穷的力量”，并就“迄今从未见过的炸弹效力和范围”以及潜力发出了警告。[26]

罗斯福收到这个消息后反应迅速。为了确保“纳粹不会把我们炸死”，他责成美国国家标准局局长莱曼·布里格斯（Lyman Briggs）成立了“铀顾问委员会”。[27]布里格斯是位值得尊敬的官僚，但很遗憾的是他缺乏远见。该委员会在1939年11月递交给总统的第一份报告里提出了一个平平无奇的意见，政府应该投入更多的资金，研究连锁反应。

次年，在麻省理工学院精力充沛的副校长万尼瓦尔·布什①到来之后，美国的计划才活跃了起来。1940年6月，罗斯福听取了他以协调科研和军工开发来复兴美国经济的建议——当时仍处于“大萧条”之后的经济停滞时期。罗斯福很欣赏这个建议，任命布什为国防部科研委员会主席。

美国早期工作中的杰出代表是诺贝尔奖得主、意大利流亡者恩里科·费米②，他在哥伦比亚大学开展的连锁反应研究取得了迅速的进展，并确定以中子轰击铀可能是控制核能释放的

① 万尼瓦尔·布什（Vannevar Bush，1890—1974），美国工程师、发明家、科学家管理者，在二战期间为“曼哈顿计划”发挥了巨大的政治作用。他被任命为美国国防部科研委员会主席后，铀顾问委员会被置于其下，直接向他报告。

② 恩里科·费米（Enrico Fermi，1901—1954），意大利裔美国物理学家。他对量子力学、核物理、粒子物理以及统计力学都做出了杰出贡献。他在“曼哈顿计划”期间领导制造出世界首个核子反应堆，也是原子弹的设计师和缔造者之一，被誉为“原子能之父”。1938年，他因研究由中子轰击产生的感生放射以及发现超铀元素而获得了诺贝尔物理学奖。

一个途径。但在这个阶段，核武器并不在这个新的设想之中。尽管爱因斯坦的信通常被认为是美国核武器研发计划的起点，
18 但这却是事后才被确认的。在1939年和1940年，物理学家预测核武器过重而不宜借由飞机运输，因而必须诉诸“船运”，所以尽管原则上可以想象有一种恐怖的超级武器，但它似乎还没有可能付诸现实。英国科学家A.V.希尔在1940年3月和4月访问过美国和加拿大①，但这次访问并没给他留下深刻印象，他对自己的英国同事报告说，在本国进行这种工作纯属浪费时间。他认为这在科学上非常有趣，“但要满足当前的实际需要大概是白费力气”，并且“如果可能出现任何具有战争价值的东西，［美国科学家们］肯定会适时提示我们的”。[28]

然而希尔和全体美国人都不知道的是，当年3月，英国的派尔斯和奥托·弗里施②有了一个彻底改变战争性质的发现，后者也是逃离纳粹的难民，也和派尔斯一样被禁止从事雷达工作。两人经计算得出，5公斤的$^{235}$U炸弹释放的能量相当于数千吨的甘油炸药。派尔斯和弗里施凭借这种见识实现了关键的突破：原子弹的重量轻得足以从一架飞机上投下去。

## 原子弹的构想

事情是这样的。派尔斯和弗里施在伯明翰大学共事，他们读到玻尔的论文，检验了他的结论，并一致认为如果裂变可以

---

① 阿奇博尔德·维维安·希尔（Archibald Vivian Hill，1886—1977），英国生理学家，也是生物物理学与运筹学中分支学门的建立者之一。他因为阐明肌肉的做机械功和生热过程而获得了1922年的诺贝尔生理学或医学奖。

② 奥托·弗里施（Otto Frisch，1904—1979），奥地利裔英国物理学家，1940年与鲁道夫·派尔斯合作设计出原子弹爆炸的理论架构。

成为实用的能源，首先必须浓缩铀中的$^{235}U$。因此，弗里施开始做实验，看看浓缩的可行度如何。为此，他利用了“热扩散”的现象。当一端热一端冷的容器里有两种气体的混合物时，就会产生微风，较轻气体的分子会缓慢移向热的一端，而较重气体的会聚集在冷的一端。弗里施用的是六氟化铀——化学式简写为 $UF_6$，俗称为“六氟”，这是唯一切实可行的气态铀化合物。$UF_6$ 中的大部分铀是重同位素$^{238}U$，而每 1000 个分子中有 7 个是较轻的形式$^{235}U$。弗里施大体上是希望通过从热端提取气体来浓缩$^{235}U$：相对较轻的$^{235}U$ 会在那里聚集，然后他会一遍遍地重复这个做法，逐渐提高$^{235}U$ 的浓度。

弗里施确认，即便他能以这种方法浓缩铀，速度也很缓慢。雪上加霜的是，他还不清楚目标在哪里，因为他不知道作为实用的裂变引擎需要多少$^{235}U$。1 吨是绝无可能的，就算 19
100 公斤就足够了，整个任务也看似不切实际。随后在 1940 年 3 月，弗里施向派尔斯提出了这个意义重大的问题：如果中子要轰击的是一块纯$^{235}U$，那么需要多少才会发生有效的爆炸？派尔斯拟定了一个公式来计算临界质量，也就是能够在过多的中子逃离其表面之前维持连锁反应的最小铀块。他当时并不知道一个中子击中一个$^{235}U$ 原子核并导致其裂变的概率，因为在 1940 年 3 月，还没有人分离出足够的$^{235}U$ 来测量这个临界值。[29]

派尔斯读过并充分理解了玻尔的论文，明白中子以任何速度击中$^{235}U$ 的原子核时，几乎肯定会发生裂变，至少在理论上如此。所以他假设理论成立，并在自己的公式里做出了推断。这两位青年物理学家看到答案后十分震惊：他们此前认为，武器至少需要一个举重冠军的质量，如今确定一个菠萝大小的铀块就足够了。但还有一个问题：这真的会爆炸，还是虎头蛇尾？

连锁反应会在铀内扩散，第一次裂变通常会释放两个中子，它们会导致另外两次裂变、产生四个中子，每一代的中子数量都会加倍，并成倍地增加后续裂变反应的数量。派尔斯估计，连续代际之间的时间大约是百万分之五秒，活跃中子的数量每代翻番。[30]在大约 80 代之后，铀块会蒸发成小于临界规模的碎块，裂变停止，但那时已经造成了破坏。言下之意令人咋舌：在不到千分之一秒的时间里，铀的温度会超过太阳中心，这一小块金属的爆炸效果会超过数千吨甘油炸药。弗里施回忆那一刻时说道："我们面面相觑，意识到制造这样一颗炸弹终究是可能的。"

如果他们在和平时代偶然发现了这样一幅世界末日般的景象，大概会立即放弃计划，缄口不言。但就像弗里施后来解释的那样，"我们在战争时期，这个想法合乎逻辑地出现了。德国的某些科学家很可能有同样的想法，并且正在着手进行之中"。[31]

意义如此重大，弗里施用他们的笔记口授内容，由派尔斯亲自在打字机上打出了报告。他们在物理系一楼派尔斯的办公
20 室里，天气暖和，所以打开了窗子。在他们讨论一个特别敏感的问题时，一张脸突然出现在窗外。当他们发现那不过是一个同事"掘地求胜"（dig for victory）在南墙根种番茄，一时的恐慌才平息下去。秘密还没有泄露——至少目前如此。[32]

如果说原子弹有什么"秘密"的话，那就是快中子也会导致核裂变反应，且速度快到足以有爆炸的危险，而纯$^{235}$U 则可以避免中子被$^{238}$U 捕获而丢失。弗里施和派尔斯立即通知了

系主任奥利芬特，他可以自由出入白厅①。在一份写于 1940 年 3 月的机密备忘录中，为了引起英国政府的注意，两人指出，没有什么物质可以抵御这种“原子弹”的爆炸。他们的报告如今被称为《弗里施 - 派尔斯备忘录》。② 就其设想和预见的广度而言，这是一份值得纪念的文件。

派尔斯和弗里施的发现具有如此可怕的影响，这两位科学家甚至相信，由于最初的爆炸和持续的辐射会杀死成千上万的平民，文明社会是不会使用这种武器的。在区区 1428 个单词的篇幅里，他们不仅阐述了制造这种可怕武器的关键性，还为一门崭新的科学——辐射的生物学效应——奠定了基础，并预见了“相对保证毁灭”（mutually assured destruction，简称 MAD 机制，变称共同毁灭原则）的防御策略。[33]尽管这在如今看来平平无奇，但想想看，在 1940 年之前，所有的传统武器在性质上都是化学的。像派尔斯和弗里施所描述的那样，从一架孤零零的飞机上投下的单件核武器，其产生的爆炸强度就堪比数百架轰炸机的常规空袭。但两人无不恐惧地意识到，它的效果远不止如此。战争的性质将会发生质的变化。他们指出，因为没有哪种物质可以抵御它的爆炸，军队和政府需要制定新的战略。辐射会随风扩散，实际上，它的威胁在尘埃落定之后都经久不散。这意味着就连引爆这种炸弹的人随后进入灾区时，也不得不加以小心。传统武器可以解放占领区，原子弹却会在数日或更长的时间里产生一个无人能入的“危险区”。

派尔斯和弗里施同为逃离纳粹的难民，这种身份一定影响

---

① 白厅（Whitehall），英国政府中枢的所在地，因此是英国中央政府的代名词。

② 这份备忘录的全文见本章结尾。——作者注

了他们的意见，认为这样可怕的发明或许“并不适合作为武器而为本国使用”，但与此同时他们又怕德国自己会研发原子
21 弹，并准备使用它。80 年后的今天，他们对核武器以一种相互防御的形式而存在的深谋远虑依然是正确的。事后看来，他们唯一明显的错误是，他们估计一套相对紧凑的设施数月便可完成生产：“曼哈顿计划”的规模和工作量仍然不可想象，该计划耗时三年，涉及的工作人员多达十万人。

英国人采取了行动：派尔斯和弗里施的工作被列为机密，以至于评估其发现的政府委员会甚至禁止这两位流亡者本人参加会议。

## “莫德”①

派尔斯和弗里施的发现导致政府设立了一个原子武器的研发项目。起初，这个项目是由一个被神秘地命名为“莫德”（MAUD）的科学家委员会运作的，后来（在 1941 年底）以“合金管”（Tube Alloys）这个平淡的代号发展为一个工业计划，这两个名字的选择都是为了掩藏其目的。

“莫德”的来历读来像是一出伊灵喜剧②。1940 年 4 月，纳粹军队占领了尼尔斯 · 玻尔的故乡丹麦。不久后，玻尔的消息就通过电报传到了伦敦。电报里说他很安全，还有“通知科克罗夫特和莫德 · 雷 · 肯特”这样神秘的指令。约翰 · 科

① 1940 年 4 月时，“莫德”的创始成员包括乔治 · 汤姆森、詹姆斯 · 查德威克、约翰 · 科克罗夫特、马克 · 奥利芬特，以及菲利普 · 穆恩。关于“莫德”工作的详细内容，见 Margaret Gowing, *Britain and Atomic Energy, 1939 - 1945* (Macmillan, 1964)。——作者注

② 伊灵喜剧（Ealing comedy），指伦敦伊灵电影公司在 1947 ~ 1957 年制作的一系列喜剧电影。

克罗夫特①是第一个人工分裂原子的搭档之一，他认为“莫德·雷·肯特”是“已得到镭”这句话打乱字母顺序②而来的，玻尔是在暗地里告诉他们，德国人已经得到了放射物质，正积极进行原子研究。科克罗夫特后来才得知，这条消息实际上没什么深意，“莫德·雷·肯特”指的是玻尔的家庭女教师莫德·雷，她就住在肯特郡。无论如何，莫德·雷都因为自己的名字变成英国原子委员会的代号而名垂青史。[34]

派尔斯是个性情温和的人，他对于自己在战时被限制在消防员这样的工作上，起初仅仅是沮丧而已。作为一名“敌侨”，他无法参加雷达的研制工作，只能通过他所在大学的系主任马克·奥利芬特作为中间人来做些贡献。他们的花招有些闹剧的味道。派尔斯会和奥利芬特交流想法，后者再把这些想法转达给白厅；回到伯明翰后，奥利芬特就会与派尔斯讨论产生的物理问题，派尔斯再给出回复。这种对问题颇有创意的解 22
决方案正是派尔斯的特点，更可爱的是，这表明他战胜了那些在他看来缺乏远见的墨守成规之人。通过这个法子，在没有正式违犯《官方机密法令》的情况下，事情取得了进展。但在4月22日，派尔斯被禁止从事他本人的发明创造，他怒不可遏，大声谴责“莫德”委员会主席、伦敦帝国学院的G. P. 汤姆森③

---

① 约翰·科克罗夫特（John Cockcroft，1897—1967），英国物理学家，因分裂了原子核以及在开发核电方面所起到的重要作用，在1951年获得了诺贝尔物理学奖。

② “莫德·雷·肯特”（Maud Ray Kent）以字母“i”代替“y”，并重新排序后即为“已得到镭”（Radium taken）。

③ 乔治·佩吉特·汤姆森（George Paget Thomson，1892—1975），英国物理学家、英国皇家学会院士，1937年因电子衍射实验的研究，与克林顿·戴维森共同获得诺贝尔物理学奖。

教授，直到这种疯狂的官僚做法被取消为止。

1940 年 5 月，“莫德”委员会在提到它的首批行动时说：“两位敌侨……**派尔斯**①和**弗里施**提出了与此有关的某些值得考虑的建议，利用他们的学识和建议似乎是可取的做法。”[35] 温斯顿·丘吉尔的科学顾问弗雷德里克·林德曼②致信派尔斯，询问如今为何应该重视这种炸弹，派尔斯回复说炸弹可行的概率“极高，使得尽早调查此事变得尤为重要”。他继而说：“尽管没有证据表明德国人已经意识到了$^{235}$U 炸弹的潜力……但他们很有可能正在着手此事，我们知道的是，他们可能快要制造完成了。”[36]

派尔斯与林德曼会面，当面提出了自己的想法。这两个人的相处从来没有愉快过。当学识明显强于自己的科学家在场时，林德曼很不自在，而派尔斯和几个同事一样，认为林德曼在科学上不够分量。事后，在被问及林德曼的反应时，派尔斯说：“我跟他不熟，听不懂他嘟囔些什么。”[37]

就这样，1940 年 6 月，在法国向纳粹投降，英国变得孤立无援的同一个星期，派尔斯被纳入了原子团队。他起初是个局外人，却很快成为重要的理论家之一，虽说并非正式任命，但实际上确实如此：1941～1942 年，以“合金管”的首字母缩写“TA”起首、标有代码编号的第一批 70 份科学报告中，除了几份之外，都有派尔斯的名字，而且其中绝大部分是他独

---

① 我保留了原文中人名的大写（强调），这代表这些人在军情五处有档案记录。——作者注

② 弗雷德里克·林德曼（Frederick Lindemann，1886—1957），英国物理学家，二战期间是丘吉尔的首席科学顾问。他与丘吉尔私交甚深，并在后者第二届政府的内阁获得了一席之地。1941 年 7 月，他获封牛津的彻韦尔（Cherwell）男爵，后在 1956 年又晋升为彻韦尔子爵。

自撰写的。[38]

派尔斯首先陈述了战略问题。为了发生爆炸，铀的临界质量和优化设计如何？冲击波会怎样发展？为了制造武器的燃料，浓缩$^{235}$U 的最佳方式是什么？浓缩最初有几种思路，即电磁分离法、热处理法，以及六氟化铀的气体化合物扩散法。1940 年 8 月，派尔斯的分析促使英国人采用了气体扩散法。

正如派尔斯想到的，关键特征在于$^{235}$U 比$^{238}$U 轻大约 1%。 23
施力移动一只网球比移动一块石头容易，以此类推，在气态铀中，相对较轻的$^{235}$U 原子对压力的响应也要比稍重的同类$^{238}$U 快捷。如果把气体置于筒中，一端以活塞施加压力，另一端覆上多孔膜，$^{235}$U 受压穿过膜的速度就会比$^{238}$U 快。所以，在膜另一侧的气体中，$^{235}$U 的浓度就会更高。浓缩的程度极其有限，但这个过程可以从已经浓缩的气体开始重复进行；反复多次之后，$^{235}$U 的比例就很可观了。想法很简单，但现实的问题很难回答——把$^{235}$U 浓缩到炸弹需要的浓度需要几个阶段？每一个阶段施加压力的时间要多长？

乍看之下，第二个问题的答案似乎应该是这样的："越长越好。"但这也有缺陷。诚然，屏障另一端的$^{235}$U 数量在早期增加了，但这付出了损耗原始样本中$^{235}$U 的代价。原始材料中最终不再有足够的$^{235}$U，无法抗衡膜另一侧过量$^{235}$U 的反向渗透。这意味着在一段时间之后，膜两侧的气体会达到平衡点。因此，亟待理论家回答的一个关键问题就是：平衡的时间会有多长，在这样的压力下会发生怎样的变化？

派尔斯起初估计，在适当压力的作用下，平衡的时间会长达数日，而要充分浓缩铀，则要采取多达 300 个步骤。这过于不切实际，以至于从未有人考虑过，但为了迫在眉睫的战争必须如此。

不过，这种气体扩散法的效率似乎高于弗里施试过的热分离法等其他思路。弗朗茨·西蒙①同样是逃离纳粹的流亡者，他在牛津大学用编织的细金属线能钻直径不到百分之一毫米的孔。由此所得的多孔膜被用来测试扩散。1940 年秋，西蒙的团队相信这个想法一定会奏效。

与此同时，剑桥的实验也在进行之中，以观察是否真的会发生扩散的连锁反应，以及果真如此的话，其发展速度能有多快。剑桥团队用弹离重水分子而预先减缓了速度的中子照射二氧化铀。慢中子在引发裂变方面更有效率，实验证明扩散连锁
24 反应确实发生了。这开启了一种可能性，即通过裂变产生能量的自持式引擎——核反应堆，虽然当前还只停留在理论上。尽管需要$^{235}$U 来生成爆炸，但照射反应堆中占主导地位的$^{238}$U 却会产生一种新的元素——钚。剑桥的理论家埃贡·布雷切尔②和诺曼·费瑟③预测，钚甚至比$^{235}$U 更有可能成为超级爆炸材料。

为了导致裂变的发生，中子首先必须撞进铀。这一情况发生的可能性可以通过一种称为“有效截面”的参数加以测量，形象地说，即铀与中子相比有多大。有效截面越大，相遇和裂

---

① 弗朗茨·西蒙（Franz Simon，1893—1956），德裔英国物理化学家、物理学家。他设计了气体扩散法，并证实了其用于分离同位素$^{235}$U 的可行性，对核武器的发明起到了较大的推动作用。

② 埃贡·布雷切尔（Egon Bretscher，1901—1973），出生于瑞士的英国化学家、核物理学家。他在 1948～1966 年任英国原子能科学研究院核物理部门的负责人，是核裂变研究的先驱之一。

③ 诺曼·费瑟（Norman Feather，1904—1978），英国核物理学家。1940 年，他和埃贡·布雷切尔在剑桥的卡文迪许实验室提出钚 - 239 能够更好地维持原子核的连锁反应。

变的可能性也就越大。当时对于这种有效截面的重要性的理解有限；派尔斯和弗里施关于一个菠萝大小的$^{235}U$块就足以导致爆炸的估计取决于对这一参数的理论估算。利物浦大学拥有必要的设备——回旋加速器，从伯明翰转去那里的弗里施现在用它来测量有效截面。测量结果比弗里施和派尔斯先前的假设差一些，这意味着炸弹需要的$^{235}U$的量大致为50公斤，是派尔斯起初估计的将近100倍。如果早知如此，"莫德计划"可能根本就不会开始，但尽管如今的挑战更难应对，至少西蒙浓缩实验的目标已经达成了。派尔斯、弗里施和西蒙——出于安全原因被排除在其他战时工作之外的这三个流亡者——现在都被委以重任，从事战时最重大的机密工作。[39]

在伯明翰，除了派尔斯研究的扩散工作之外，科学家们还在研究如何制备铀金属。选用金属的原因是它质地致密，可以提高中子撞进铀原子并引发裂变的概率。但首先，最重要的任务仍是通过扩散来制备足够的$^{235}U$。

扩散需要气体，六氟化铀$UF_6$是唯一切实可行的铀化合物。它的优点是，氟只有一种稳定的同位素，因此扩散可以通过铀来确定，无须考虑氟。但好消息到此为止了。为了让"六氟"保持气态，实验室要么必须比盛夏的撒哈拉沙漠还要热，要么气压就要比珠穆朗玛峰的山巅还要低，否则"六氟"就会结晶。它的腐蚀性还特别强，能与包括水在内的很多物质相互作用，形成固体化合物。"六氟"动辄便会结晶，对气体扩散设备寿命的威胁就像是一种奇异的动脉硬化。但除非找到了某种其他物质，否则就必须使用"六氟"，并且就算有一种非致命的燃料可用，也不太可能具备单凭铀便可确定其扩散的优点。那会是个问题吗？这不过是派尔斯必须解决的诸多问题之一。①

问题实际上迅速增长着。1940 年 11 月，派尔斯被“莫德”的工作压垮了，迫切需要一名助手。他后来说：“我发现理论问题堆积如山，我处理的速度不够快。”[40]他以意想不到的方式得到了帮助。例如，诺贝尔奖得主、理论家保罗·狄拉克②曾做过一个关于同位素分离的实验，阐明了如何最有效地分离同位素混合物的数学方面的理论。[41]在此期间，弗里施在利物浦大学加入了一个团队，他在那里的一个同事、理论家莫里斯·普赖斯③解决了如何预估爆炸性连锁反应的效率的问题。不可否认，这些贡献都难能可贵，但派尔斯仍然亟须一名全职助手：“我需要经常性的帮助——需要一个我能与之讨论理论的技术性细节的人。”[42]

能力最出众的理论家均已被委以重任，当听说克劳斯·福克斯倒是有空时，派尔斯觉得请他来伯明翰似乎是个不错的主意，因为派尔斯早就认识福克斯了，也很赞赏后者在布里斯托尔的物理学工作。

福克斯正是派尔斯要寻找的那种人。此外，福克斯也和派

---

① 为了让六氟化铀在正常气压下保持气态，温度就要超过 130℉ （55℃）。如果气压降至珠穆朗玛峰山巅的程度，温度仍需超过 100℉ （37℃）。在正常的室温下，气压必须低于大气压的 1/10，就像海平面以上 10 英里处的大气一样。——作者注

② 保罗·狄拉克（Paul Dirac，1902—1984），英国理论物理学家，量子力学的奠基人之一。他因量子力学的基本方程而与薛定谔共同获得了 1933 年的诺贝尔物理学奖。

③ 莫里斯·普赖斯（Maurice Pryce，1913—2003），英国物理学家。从剑桥三一学院毕业后，他前往美国普林斯顿大学与泡利和冯·诺伊曼共事，并在玻恩和拉尔夫·福勒的指导下获得了博士学位。1939 年任利物浦大学理论物理系准教授；1941 年加入英国原子能团队，在蒙特利尔设计核反应堆；1945 年回到英国，此后一直在英国、美国和加拿大各大学任教。

尔斯一样厌恶希特勒对其国家以及如今对大部分欧陆国家的所作所为。派尔斯回忆道："我知道他是因为反对纳粹才离开德国的，我因此很尊敬他。我知道他与德国左翼学生组织保持着联系，因为在当时，共产党控制的组织是唯一积极提出反对意见的组织。"[43]

英国本身惧怕入侵，派尔斯认为福克斯"或许会接受这个机会，加入旨在希特勒之前行动的计划"。1941 年 5 月 10 日，派尔斯致信福克斯，邀请他参加"涉及相当复杂的数学问题的理论工作"，还说自己"无法描述该工作的性质或目的"。[44]通过邀请福克斯加入团队，派尔斯无意中触发了一个连锁反应，而这个连锁反应将产生不可预见的巨大影响。

# 弗里施－派尔斯备忘录①

26 绝　密

## 关于一种放射性"超级炸弹"性质的备忘录

随附的详细报告涉及制造一种"超级炸弹"的可能性，这种炸弹以存储在原子核里的能量作为能源。这种"超级炸弹"爆炸后释放的能量相当于1000吨甘油炸药所产生的效果。微小的体积所释放的能量在瞬间便可产生堪比太阳内部的温度。爆炸所产生的冲击波会毁灭大范围地区的生命。这个地区的面积难以估计，但很可能会覆盖一座大型城市的整个中心。

此外，炸弹释放的部分能量会产生放射性物质，发出非常强大而危险的辐射。辐射的影响在爆炸之后立即达到最高水平，虽然它只会逐渐衰减，但即使在爆炸发生数日之后，进入受影响地区的人也都会因此而死。

某些辐射会随风传播污染；在下风处几英里的地方仍可置人于死地。

为了生产这样一枚炸弹，需要处理数英担［数百公斤］的铀，过程涉及从铀中分离其占比约为0.7%的较轻的同位素（$^{235}U$）。同位素分离的方法最近已开发出来。

---

① 弗里施和派尔斯制作了两个版本的备忘录：一份有一些技术性的细节，另一份"教学版"是特别为非物理学家出身的决策者准备的。技术版的详细讨论见 Jeremy Bernstein，'A Memorandum that Changed the World'，*American Journal of Physics*, vol. 79 (2011), pp. 440－46。我在此处展示的是教学版。TNA AB 1/210. ——作者注

开发这些方法速度缓慢，此前从未被应用到铀上，而且铀的化学性质导致了一些技术困难。然而这些困难绝非无法克服。我们对大型化学设备没有足够的经验，故无法给出可靠的成本估计，但这显然不会令人望而却步。

这些超级炸弹的一个特性是存在一个 1 磅左右［大约 0.5 公斤］的“临界规模”。分离出来的铀同位素的量超过了临界值便会引起爆炸，而低于临界值就绝对安全。［“而”字之后的话最初删掉了，后来作为插入语添加进 27
来。］炸弹因而以两个（或多个）部分生产出来，每个部分都低于临界规模，如果这些部分以彼此间隔数英寸的距离存放，即可避免在运输中提前爆炸的一切危险。炸弹将配备一个机制，在准备发射时把两个部分合在一处。一旦各部分联结起来形成超过临界值的一个整体，大气中始终存在的穿透性辐射的影响将会在大约 1 秒内启动爆炸。

因为炸弹在刚到临界条件时就有可能爆炸，把炸弹的各部分合在一处的机制必须安排得相当迅速。在这种情况下，爆炸的威力会小得多。虽绝不可能完全排除这种情况，但这么说吧，我们可以轻松确保 100 枚炸弹中只有 1 枚因此而失灵，并且因为在任何情况下，爆炸都强烈到足以毁灭炸弹本身，所以这个问题并不严重。

我们自感没有能力讨论这种炸弹的战略价值，但以下的结论似乎是必然的。

1. 作为一种武器，超级炸弹几乎是极诱人的。没有哪种物质或结构有望抵御这种爆炸的威力。如果有人想用这种炸弹来突破防御工事的话，他应该时刻记住，放射性的辐射会在数日内阻碍任何人接近受影响的区域，但它们同样会妨碍防御者重新占领受袭的据点。能够更准确地确定何时可以再次进入该地区的一方享有优势，可能是预先知道炸弹位点的进攻方。

2. 由于放射性物质可以随风传播，这种炸弹的使用难以避免会杀死大量平民，可能并不适合本国将其作为武器使用。(将其作为深水炸弹用在海军基地附近也不言自明，但就算在那里，也很可能会在洪水和放射性辐射的作用下导致大量平民丧生。)

3. 没有情报表明其他科学家也产生了同样的想法，但鉴于有关这个问题的所有理论数据都已发表，所以可以想象德国实际上正在研发这种武器。难以查证情况是否如此，因为分离同位素的设备规模不大，不会引起人们的注
28 意。对于这方面有帮助的信息是德国控制下的铀矿开采(主要在捷克斯洛伐克)，以及近期德国人在海外采购铀的数据。该设备很可能在K. 克卢修斯①博士（慕尼黑大学物理化学教授）的控制之下，他发明了分离同位素的最佳方法，因此有关他的下落和状况的情报或许也可以提供重要的线索。

同时，德国很有可能尚无人意识到分离铀同位素有可能制造出超级炸弹。因此对这份报告保守机密极其重要，因为有关分离铀与超级炸弹有关的任何谣言都有可能让德国科学家沿着同样的路线思考。

4. 如果我们假设德国已经或将要拥有这种武器，就

① 克劳斯·克卢修斯（Klaus Clusius，1903—1963），德国物理化学家。二战期间，他为被称作“铀工程”的德国核武器研发项目工作，致力于同位素分离技术和重水的生产，战后在苏黎世大学任物理化学教授。

必须认识到并没有既有效又可大规模使用的避难所。那么最有效的回击就是用类似的炸弹做出反威胁。因此，在我们看来，即便本意并非使用这种炸弹作为攻击的手段，尽早尽快开始生产也是非常重要的。由于在最有利的情况下，分离出必要数量的铀只需几个月，但即便这样，等到得知德国有了这样的炸弹显然为时已晚，因而此事似乎迫在眉睫。

5. 为预防起见，准备好检测小组非常重要，以便处理这种炸弹的放射效应。他们的任务是携带检测设备接近危险区域，确定危险的范围和可能的持续时间，并阻止民众进入危险地带。此举至关重要，因为辐射只有在非常大的剂量下才会立即致死，而较小的剂量只有延迟效应，因此等到危险地带边缘的人出现征兆，恐怕为时已晚。

出于自我防护，检测小组队员应乘坐有铅板装甲的汽车或飞机进入危险地带，因为铅会吸收大部分危险的辐射。为避免受空气污染的影响，座舱应密封并携带氧气瓶。

检测队员必须清楚地知道人短期暴露在辐射中安全得以保证的最大剂量。这种安全的限度目前尚无准确的、已知的信息，因此迫切需要为此进行进一步的生物学研究。 29

关于上文概述的结论的可靠性，我们可以这样说，它们并非基于直接的实验，因为从未有人研制出超级炸弹，但大都基于得到充分证实的核物理学近期研究的事实。唯一没有把握的是炸弹的临界规模。我们相当有信心地认为，临界规模大致是 1 磅，但对于这个估值，我们必须依靠某些尚未证实的理论设想。如果临界规模明显大于我们的预测，研制炸弹的技术困难就会增大。但可以确定的是，只要尽快分离出少量的铀，这个问题肯定能够得到解决，而且我们认为，鉴于此事的重要性，应立即采取措施进行某些实验，尽管这些实验不能确保一定能解决问题，不过如果结果是有建设性的话，也会对我们的结论给予有力的支持。

［署名］O. R. 弗里施［和］R. 派尔斯

伯明翰大学

［日期：1940 年 3 月］

# 第二章 “红狐狸”

## ——子：福克斯在 1941 年之前的经历

1911 年 12 月 29 日，埃米尔·尤利乌斯·克劳斯·福克斯（Emil Julius Klaus Fuchs）出生于德国法兰克福附近的吕瑟尔斯海姆（Rüsselsheim）。他名字中的第一个名取自他专制的父亲埃米尔，但他却选择了自己的第三个名字克劳斯来建立自己的身份。他的母亲喝盐酸自杀了，外祖母和姐姐也自尽身亡。即便如此，1950 年他在伦敦老贝利街①因间谍活动而受审时，却声称自己的童年“非常快乐”。[1]克劳斯·福克斯离群索居，吉尼亚·派尔斯后来向我描述他是个“投币话匣子”，因为通常他一言不发，除非有人攀谈，然后就像开了水闸一样。经过多年双重生活的微调，他本人对自己精神状态的描述是“克制型精神分裂症”。[2] 30

福克斯身形单薄，年过四十还像个大男孩。他戴着一副圆眼镜，这给了他一种神态困惑的书呆子气质。然而，他安静内向的外表掩藏了内心深处的坚韧，这种坚韧的核心是人始终应该“不惜一切代价做正确之事”的强大信念。[3]他的严父的这句格言对孩子们产生了深刻的影响。[4]在给幸存的妹妹克里斯特尔的信中，克劳斯敏锐地说道：“我们的信念感如此强烈，以

① 老贝利街（Old Bailey），英国中央刑事法院所在地。

至于承担了很多责任［并且］不得不为此付出代价，这是我们的家族弱点。”他还补充说“我们的特点就是［对于］代价毫无怨言”，[5]就算他的信念的代价包括背叛鲁道夫和吉尼亚·派尔斯的信任，而这两个人仍然把克劳斯看作“我们认识的最正派的人”之一。在吉尼亚看来，克劳斯·福克斯就像家人一样，他本质上还是一个“诚实的人”，只是被他强烈的思想意识给毁了。[6]

派尔斯一家都是犹太人，是希特勒迫害的首要目标，并恐惧地注视着纳粹的兴起；而福克斯一家的情况并非如此，他们是雅利安自由派社会主义者，在政治上厌恶法西斯主义信条，并勇敢地“做正确之事”，公然反对纳粹。克劳斯的父亲埃米
31 尔是第一个加入德国社会党、反抗希特勒的教区牧师。他激发了自己四个孩子的政治良心，他们是：生于1908年的伊丽莎白，生于1909年的格哈德，随后是生于1911年的克劳斯，以及他的妹妹、生于1913年的克里斯特尔。

埃米尔本人是一位信义宗牧师之子，1906年娶了后来成为他们的母亲的埃尔泽·瓦格纳（Else Wagner）。埃尔泽也出身自由派家庭，她的父母热衷于民族自由主义，这是受1848年遍及德国的三月革命①所启发。[7]埃米尔是个虔诚的人，他为人正直、勇敢无畏，认为左翼政治是引导基督徒生活的唯一途径。第一次世界大战开始时，他在工人阶级中开展的牧师工作在德国无人不晓。不久后，在西线战壕里遭到屠杀的正是这些人，这种经

---

① 三月革命（March Revolution），指1848年3月至1849年11月在奥地利帝国发生的一系列革命。这之中的大部分革命活动具有民族主义的特点，各民族都试图在革命过程中实现自治、独立，甚至对其他民族实施霸权。1848年事件是1815年维也纳会议之后社会和政治矛盾日益严重的产物。

历让埃米尔在停战后转变为一个激进的和平主义者。

1925 年，埃米尔活跃于贵格会。[8]此时克劳斯约 13 岁，是中学里的优等生。形单影只的他迷上了数学，却对公共事务毫无兴趣，但此时埃米尔唤醒了克劳斯的政治良心。[9]全家搬到法兰克福和莱比锡之间的爱森纳赫（Eisenach）时，克劳斯还很小，那里以约翰·塞巴斯蒂安·巴赫的出生地而闻名于世。一天，爱森纳赫的中学举办了《魏玛宪法》的庆祝活动，它是在 1918 年德国革命①之后取代了君主专制的民主共和国的建国文本。校外公开展示着魏玛共和国的旗帜。但在校内，“大量学生都戴着帝国的徽章”。这是德国暗流涌动的紧张局势的缩影。克劳斯回忆道，“其他所有的学生都知道我父亲是谁”，这个事实“迫使”年轻的福克斯在政治上成熟了。此时克劳斯·福克斯面对这种帝国的夸耀，做出了他的第一个效忠声明，他“拿出代表共和国立场的徽章”并戴上，但其他的学生立即把它撕了下来。[10]

1928 年，埃米尔与社会党的关系直接干扰了克劳斯的学业，当时克劳斯被宣布为学校最优秀的学生。这个称号有一笔奖金，通常是在公开典礼上授予的，但那一年克劳斯却是私下接受了这个奖项，因为官员们反对他父亲的社会主义思想。

1928 年，比派尔斯小 4 岁的克劳斯·福克斯进入莱比锡大学攻读数学和科学。当时派尔斯也正好在那里学习，但在一

---

① 1918 年德国革命（German Revolution of 1918），又称“十一月革命”，指德国在一战期间的 1918 年和 1919 年发生的一连串事件。第一次世界大战导致的民生灾难引发了德国革命。基尔港水兵首先发生了起义。革命推翻了帝制，促成了魏玛共和国的成立，同时又导致民族主义的纳粹党崛起。

个16岁的人看来，4岁的年龄差距可着实不短，而且派尔斯此时已开始从事研究工作了。如前所述，他不久后从莱比锡去
32 了苏黎世，再也没有回自己的故乡。没有记录表明他和福克斯在莱比锡见过面甚或知道彼此的存在，而几乎可以肯定的是，他们至今尚在完全不同的领域。

本科生福克斯如今加入了德国社会党，即SPD，并参与组织了学生活动。他还与共产党人讨论过，但会因为“他们就算不同意党的官方政策也会接受它”而“看不起”那些人。[11] 一方面，共产党人声明支持反法西斯统一阵线，但另一方面，他们又会攻击德国社会党的领导人。然而，这种政治角力相比福克斯对法西斯分子的厌恶就黯然失色了。在莱比锡，克劳斯第一次与父亲的和平主义决裂了：他加入了帝国战旗团（Reichsbanner），这是个与纳粹进行巷战的准军事团体。

1931年5月，埃米尔被任命为一所师范学院的宗教学的教授，全家搬去了波罗的海沿岸的基尔（Kiel）。这是（对克劳斯）产生巨大影响的个人悲剧的时期。10月9日，埃米尔回家时发现，他极度消沉的妻子、克劳斯的母亲埃尔泽喝了盐酸后躺在地上。她似乎深受“早老性痴呆”的折磨，这是一种始于成年初期的精神分裂症。[12] 她的临终遗言据说是“妈妈我来了”[13]——这是埃尔泽给自己母亲的话，那个老太太此前也自杀了。直到这时，克劳斯和他的兄弟姐妹才知道，他们的外祖母和母亲一样死于自杀。后来在1939年，他的姐姐伊丽莎白以跳上铁轨结束了自己的生命，十年之后，妹妹克里斯特尔进了一家精神病院。无论克劳斯·福克斯是否也有这种倾向，这些事件显然给他留下了创伤，这或许可以解释1950年他在自己灵魂的黑夜期间的种种行为。

这一年也就是他形容自己的童年“非常快乐”的那一年。[14]但仔细考察他的叙述就会发现，克劳斯·福克斯的这段童年回忆似乎是灰蒙蒙的，唯一的背景是道德和政治概念。爱的表达隐含在埃米尔对孩子的抚养中，但除了陈词滥调之外，并无童年的温暖、喜悦，或天真童趣等“令人高兴的快乐”感。克劳斯·福克斯的回忆中完全没有提到母亲。

## 政治觉醒

1932 年，克劳斯在母亲自杀后，从莱比锡转学到基尔大学，把家里当作了自己的基地。[15]这是克劳斯及其兄弟姐妹政治觉醒的时期。1931 年，伊丽莎白加入了在基尔的共产党
(KPD)，参与了对纳粹的消极抵抗行动。埃米尔的一头金发 33
和政治立场都传给了他的孩子们，一份德国报纸称他们是“基尔的红狐狸［福克斯］”。①[16]

克劳斯·福克斯的政治顿悟促使他加入了共产党并成为冲锋队②的攻击目标，寻根溯源，这种顿悟的缘起大概是社会党对保罗·冯·兴登堡③将军担任国家总统④的支持。福克斯认为，阻止纳粹的唯一方法是通过社会主义者和共产主义者联合发起的反对兴登堡和希特勒的工人阶级运动。在他看来，支持

① 福克斯（Fuchs）在德语中的含义是“狐狸”。

② 冲锋队（Brownshirts），希特勒于 1923 年创立的武装组织，其成员穿黄褐色卡其布军装，右袖戴卐字袖标，因此又称“褐衫队”。

③ 保罗·冯·兴登堡（Paul von Hindenburg，1847—1934），德国总参谋部总参谋长，军衔最高为陆军元帅。他是魏玛共和国时期的第二任联邦大总统。

④ 国家总统（Reich President），德国在魏玛共和国时代（1919—1934）的国家元首，一度由“元首”（Führer）取代，后于 1945 年恢复。

兴登堡就是与资产阶级政党合作。和 1930 年代的很多人一样，福克斯这时也把共产主义看作反法西斯的唯一堡垒。他公开反对社会党的政策，甚至在 1932 年主动发声，支持共产党的总统候选人欧内斯特·台尔曼①。

1932 年下半年，德国的政治两极分化不断加剧。纳粹的支持者们每天都在煽动对反对者实施暴力行为。福克斯如今已是社会主义学生联盟（Socialist Students' Union）的主席，也成为本地纳粹学生的攻击目标。他们起初对他的攻击是口头上的，但福克斯在大学的一次游行期间站出来反抗恐吓，口头攻击很快就变成了身体伤害。在冲锋队的支持下，纳粹学生企图在大学校园实施罢课。福克斯敦促社会主义学生联盟反对他们，而且作为他们的领袖，他还"每天"去大学，表明自己并不畏惧。[17]

这种行为显现了福克斯的人格力量和道德勇气。他很瘦弱，戴着一副眼镜，一副典型的"科研人员"（如今被称为"书呆子"）模样，并没有身体条件与暴徒对抗。一位同龄人形容他是一个"病夫"，像是"从来没有呼吸过新鲜空气"似的。[18]但福克斯显然不是弱敌，他面对冲锋队时挺身而出，要知道后者早就因杀害反对者而臭名昭著了。而他们也的确在一次"私刑审判"中判福克斯死刑，理所当然是想杀死他。[19]他被投进了福尔德河（Forde River），后来设法爬上安全地带，但失去了三颗门牙，余生都戴着一副假牙托。[20]

1933 年 1 月，兴登堡误以为纳粹一旦执掌权力就会负责任地行事，便任命阿道夫·希特勒为国家总理。埃米尔和他的家

---

① 欧内斯特·台尔曼（Ernst Thaelmann，1886—1944），德国共产党主席，著名的反法西斯战士。1933 年被盖世太保逮捕，1944 年遇害。

人如今都成了纳粹迫害的目标。对于克劳斯来说，这证明他反对社会党的政策是正确的，正是那些政策导致了这场灾难。2月27日晚，政府所在地帝国国会大厦遭人纵火。纳粹声称这是共产党暗中策划的结果，约瑟夫·戈培尔①立即发动了逮捕共产党人和社会党人的一拨又一拨的行动。

21岁的克劳斯·福克斯侥幸逃过了逮捕。他没有意识到前一晚发生的事情，次日一大早离家搭火车去柏林参加共产党学生的一个会议。他在基尔火车站买了一份报纸。他在旅途中打开报纸，读到有人在德国民主政体所在地纵火后，“立即意识到其中的含义”。福克斯把这看作“［反纳粹的］地下斗争已经开始”的信号。[21]克劳斯·福克斯习惯在翻领上佩戴锤子镰刀的徽章，如今为了避免引来更多的注意，他立即摘掉了徽章。福克斯不能冒险返回基尔，他在那里会面临逮捕，于是便留在了柏林。时机正好：3月1日，他离开基尔的第二天，秘密警察搜查了他的房子，找到了共产党文献。[22] 34

红狐狸们逃跑了。格哈德本人也是个积极分子，他由线报得知克劳斯被判处死刑，于是隐姓埋名逃离基尔，躲进了柏林的闹市区的事。伊丽莎白躲在基尔的朋友家里。克里斯特尔此时在外地工作，但她也在那年晚些时候逃往柏林。

1933年春，埃米尔被基尔大学解雇的同时，几乎立即就被盖世太保逮捕。他在监狱里被审讯了五个星期，直到贵格会发起了一场席卷全德的运动之后才得以释放。伊丽莎白和丈夫古斯塔夫·基托斯基（Gustav Kittowski）也被捕了，但她也在贵

---

① 约瑟夫·戈培尔（Joseph Goebbels，1897—1945），德国政治人物。他曾担任纳粹德国时期的国民教育与宣传部部长，擅长讲演，被称为“宣传的天才”，以铁腕捍卫希特勒政权和维持第三帝国的体制。

格会的施压之下于圣诞节获释。格哈德与他怀孕的妻子卡琳都被捕了，他们被监禁了两年，孩子也出生在监狱里。[23]

1933 年的整个春天，克劳斯都待在一个女共产党员的公寓里，6 月 1 日，他在柏林的腓特烈·威廉大学①注册了夏季课程。[24]但在那个月，除了纳粹党之外的所有政党都被定为非法，此前曾企图杀掉克劳斯的那伙暴徒如今掌了权。福克斯与共产党人的联系被大学知晓了，有人暗示他，说盖世太保正围拢过来。他在 7 月借口要参加在巴黎的一次大会，逃去了法国。克劳斯·福克斯当时刚刚成年，穷困潦倒，身无长物，就这样离开了故乡。他的离境是由共产党安排的，他们说他必须完成自己的研究，因为“在德国革命之后，需要有科技知识的人去建设共产主义德国”。[25]

到了巴黎，福克斯在蒙马特尔（Montmartre）的奥尔纳诺大道 70 号找到了廉价的住处。[26]为他提供了离开德国借口的大
35 会是由促进全世界共产主义运动的组织——共产国际举办的。福克斯在大会上遇到了一位比他大 6 岁的已婚妇女，她名叫玛格丽特·凯尔松（Margarete Keilson）。“格蕾特”② 是个速记员，也是德国共产党员，还是一名往来于巴黎和布拉格的共产国际的通讯员，后来成为东德共产党的反间谍官员。她被克劳斯吸引住了，认为他很好相处——她的丈夫无法带给她这种感觉，在他的记忆里，福克斯定期来他们的公寓吃饭时“沉默寡言”。[27]他在贵格会办事处登记了自己的信息，在那里引起了一个

① 腓特烈·威廉大学（Friedrichs Wilhelm University），即柏林洪堡大学。该校是 1809 年国王腓特烈·威廉三世命威廉·冯·洪堡创立的，1810 ~ 1945 年的校名为腓特烈·威廉大学，1949 年更名为柏林洪堡大学。

② 格蕾特（Grete）是玛格丽特的昵称。

富裕家庭的注意，即住在英国的冈恩夫妇。冈恩家的一个亲戚告诉他们，说克劳斯逃到了巴黎，因冈恩夫妇久仰他父亲埃米尔的大名，故同意保荐克劳斯作为政治难民。[28]冈恩夫妇都是左派支持者——他们俩本身大概也是共产党员，他们的身份得到了格蕾特的联络人的确认。多年以后，克劳斯·福克斯说他们都是贵格会教徒；但军情五处的档案表明，冈恩夫妇背景复杂，罗纳德·冈恩（Ronald Gunn）曾在1932年访问过苏联，1936年又故地重游，而1941年的一份文件申明，“冈恩与共产主义有牵连”。[29]福克斯的贵格会说法可能是保护冈恩夫妇和他本人的一种手段。无论如何，幸亏有他们提供的“救生索”，福克斯才带着长期的目标，逃到了盖世太保鞭长莫及的英国。[30]

## 避难布里斯托尔

1933年9月24日，克劳斯·福克斯乘渡轮越过英吉利海峡，在福克斯通（Folkestone）登陆了，他想去布里斯托尔大学读书。他获准进入英国，条件是立即在警方那登记，他“随后前往父亲的朋友冈恩先生的住所”，那里在布里斯托尔附近。移民官的报告上说：“关于福克斯希望就学的应用数学特定分科，［布里斯托尔大学］虽并无这样的院系，但提供了其他的选择。福克斯说他打算选择其中的一个，即物理学。”他因为“出身良好”而被获准移民。[31]

福克斯设法从东岸的福克斯通去了150英里之外的戈尔达诺的克拉普顿（Clapton-in-Gordano），那里在英格兰西部的布里斯托尔附近，并作为罗纳德和杰茜·冈恩的客人安顿了下来。罗纳德·冈恩比福克斯年长10岁左右，“个头很高”，“骨瘦如柴”。他是个会计师，也是布里斯托尔帝国烟草公司的一名

理事，还是同为理事的亨利·休伯特·威尔斯（Henry Hubert
36 Wills）的表弟，后者慷慨解囊，资助了布里斯托尔大学的H. H. 威尔斯物理实验室。冈恩家也很富裕，他们带着“一群仆人”住在大宅子里。[32]

福克斯随后在布里斯托尔大学注册为物理系的学生。当然，他曾在莱比锡和基尔就读，但从未正式毕业；在这样的背景下，他在布里斯托尔注册了“以研究为主的理学学士”。[33]他觉得没有必要掩藏自己的政治信念，所以他与欧陆的社会主义分子联系密切之事几乎立即显而易见了。[34]例如，1934 年 2 月，在大学社会主义学会的一次会议上，福克斯转述了他从联络人那里得到的消息。虽没有透露线人的名字，但福克斯根据自己得知的情况告诉与会者，说格奥尔基·季米特洛夫①因为放火烧了帝国国会大厦而被判纵火罪，数日之内，他要么会被释放，要么会遭到处决。大约三天后，福克斯的预测得到了戏剧性的证实，季米特洛夫真的被释放了。《新闻纪事报》（*News Chronicle*）报道了这次会议，但在当时似乎没有引起特别的注意。我们如今知道，季米特洛夫当时是共产国际在西欧的领导人。

罗纳德·冈恩成了克劳斯·福克斯在他乡的靠山。冈恩的自由派社会主义信念与这位青年科学家的信仰相得益彰。1932 年，冈恩曾造访苏联，并将在福克斯获得终身教席时再次前往那里；他是英联邦各国人民与苏维埃社会主义共和国联盟文化关系协会（Union of the Soviet Socialist Republics）② 布里斯托

---

① 格奥尔基·季米特洛夫（Georgi Dimitrov，1882—1949），保加利亚共产党中央委员会总书记和部长会议主席（总理），国际共产主义活动家。

② 如今称作俄罗斯和苏联研究合作协会（Society for Co-operation in Russian and Soviet Studies），详情见 http：//www. scrss. org. uk/aboutus. htm。——作者注

尔分会的创立人和第一任主席。会员包括“［大学］物理系的几个教职工”以及一个名叫埃尔娜·斯金纳（Erna Skinner）的人，她是布里斯托尔的物理学家赫伯特·斯金纳①的夫人（后文将会详述斯金纳其人）。这个团体定期聚会，通常是在夏洛特街的布朗利小姐的家里，或是冈恩的大宅子里。[35]布里斯托尔地区警察局局长向军情五处的调查负责人哈克②准将发出警报，说“外国人经常拜访他家，还很重视那里”，引来了国安部门（Security Services）对冈恩的注意。警察局局长还说，更重要的是当地邮差注意到邮件里有不寻常的东西，包括一个来自莫斯科的邮包，以及一些提到了“左翼读书俱乐部”的明信片。调查表明，这个读书俱乐部——实际上就是刚刚提到的那个文化协会——在冈恩家里开会，而且在一次聚会上还提到了《我的奋斗》（*Mein Kampf*）这本书。这让国安当局对于冈恩的立场很困惑，他们形容这是“既倾向共产主义，又倾向纳粹”。[36]

在 1934 年 8 月 3 日福克斯申请护照延期之前，他在英格兰 37
一切顺利。伦敦的德国大使馆因为福克斯在基尔广为人知的政治立场而拒绝了这一请求，说他必须回德国的家乡亲自申请。[37]

福克斯两个月后才采取行动。10 月 6 日，他寄挂号信给基尔的市政厅，为新护照的问题请求基尔警察局提供证明。[38]十天后，基尔的警察局局长告诉布里斯托尔的德国领事馆，说他们在给“福克斯办理护照延期这个问题上存在政治上的顾虑”。10 月23 日，领事馆通知福克斯，说拒绝发给他新护照，不过驻

① 赫伯特·斯金纳（Herbert Skinner，1900—1960），英国物理学家，是克劳斯·福克斯的密友。

② 奥斯瓦尔德·哈克（Oswald Harker，1886—1968），又名贾斯珀·哈克（Jasper Harker），1940～1941 年任军情五处的临时总管。

伦敦大使馆愿意发出一份短期证明，“仅供他返回德国之用”。

福克斯知道他一旦踏上德国的土地就会遭到逮捕。没有护照实际上就是没有国籍，他的未来就被掌控在英国当局的手中。1935 年 7 月，他被准许留在英国完成学位，并由内维尔·莫特指导、在布里斯托尔进行研究，这让他总算暂时松了口气。我们在前文中提过莫特——派尔斯在剑桥时的同事，他建议福克斯应用全新的量子理论来理解金属和导电体的动力学。

1935 年 6 月 4 日，他所就读的大学声称他“适合继续攻读博士或理学硕士学位以从事相关研究”。[39]时机相当幸运，因为物理系在 7 月初举办了一个关于金属特性的大型会议。从会议照片（见彩色插图 3）中我们可以看到福克斯半隐半现地站在后排。与会名流里有几个人注定要在福克斯的职业生涯中扮演各种角色。美国氢弹之父爱德华·泰勒盘腿坐在前排（我们看照片时的）右侧；最右边坐在椅子上的是赫伯特·斯金纳，十年后，他的妻子埃尔娜会与克劳斯·福克斯偷情；斯金纳左边的第四个人是戴着眼镜的鲁道夫·派尔斯。

这可能是福克斯第一次见到派尔斯，不过福克斯是个新人，他们不太可能有密切的接触。直到来年，也就是 1936 年，福克斯撰写了确立其杰出新秀地位的物理学论文后，才引起了派尔斯的注意。布里斯托尔大学的一个团队的测量结果表明，电流可以轻松流过只有几个原子宽度的导体。这一结果彻底否定了标准的理论，它是电子本身的发现者 J. J. 汤姆森①在 30 年前确立的。福克斯研究了这种巨大差异的缘由，发现了肇因：为了

---

① 约瑟夫·约翰·汤姆森（Joseph John Thomson，1856—1940），英国物理学家，因在气体导电方面的工作而获得 1906 年诺贝尔物理学奖。

推导出著名的公式，汤姆森犯了一个概念性的错误。

如果把流过导线的电子比作河溪中的水流，我们就可以想 38
象这种现象并了解这个错误了。不是所有的漂浮物都以相同的速度移动的：有的速度比平均值略快，有的则略慢一些。水流非常狭窄时，水面的碎片频繁撞击水岸。速度较慢的碎片与速度较快的碎片回归主流的模式不尽相同。福克斯意识到，汤姆森取的是速度量程之内的平均值，尽管这在某种程度上对于宽阔的河流是正确的，却没有充分考虑到窄溪中快速或慢速漂浮物的不同反应，在后一种情况下，与水岸的碰撞起到了更重要的作用。福克斯发现了这个错误，现在他必须加以纠正。

正是在这个节骨眼上，鲁道夫·派尔斯应内维尔·莫特的邀请，来布里斯托尔参加本书第一章提到的那次研讨会。他在那里了解到有关薄膜导电的反常实验、莫特和福克斯对这种实验的兴趣，以及福克斯认为汤姆森的理论为何不充分的见解。派尔斯聆听了福克斯对于汤姆森所犯的错误的解释，理解了他的想法，并建议福克斯推导出数学公式来加以概括。

1930 年代中期，莫特和派尔斯都是量子力学的奠基人，从一开始就加入了探索量子力学神秘迹象的第一代理论家的行列。该领域的进展如此迅速，以至于与其年纪相差不到 5 岁的福克斯俨然已是下一代的理论家了。福克斯和自己的同龄人看到的是切实可行的量子理论，并将其应用到不断增加的一系列现象中去。正是莫特把这一套最前沿的工具介绍给福克斯，还给他指明了这种工具潜在的应用领域，并指导他进行了第一次探索。到 1936 年时，莫特和派尔斯两人已是大师，而福克斯还只是个出色的学生。

派尔斯在讨论之后分析了这个难题，并在 1936 年 11 月 20

日通知莫特，说他发现了对这个传导性问题的一个理论性的描述。[40]两个星期之后，他从莫特那里得知福克斯“可以用一个更简单的方法得到你的答案”时，很是吃惊。[41]莫特提出，福克斯、莫特和派尔斯应“以字母表的顺序”署名撰写一篇论文，但派尔斯认为福克斯的方法比他自己的更简洁，因而福克斯应该独享功劳：“我没有理由在福克斯的论文上加我的名字，而我所做的一切，不过是用更复杂的方法得到同样的结果而已。”[42]

福克斯适时写了一篇论文，并在 1938 年 1 月以唯一作者的名义发表了，他在文章里谄媚地感谢了派尔斯。[43]福克斯的公式既解释了布里斯托尔大学的数据，也显示了在表面平静或起伏的不同情况下，电子是如何从表面（溪流的“水岸”）
39 “弹回”的。如今，这个突破仍被用在微电子学中。首先要测量不同量级的电流流过薄膜的电阻；随后，使用福克斯的数学分析来解释结果，推断薄膜表面——在原子尺度上的——粗糙度。在后续的逾 1000 篇科学论文中，他的论文被公认为有重大意义；换句话说，在超过 80 年的时间里，平均每个月都有人引用这篇论文。如今，它被引用的次数比奥托·哈恩和弗里茨·施特拉斯曼在核裂变方面的基础工作被引用的还要多。[44]

但福克斯在布里斯托尔从事的不只是物理研究，他还通过接触德国共产党的英国领导人于尔根·库琴斯基①，保持着自己的政治兴趣。库琴斯基住在伦敦，在英联邦各国人民与苏维埃社会主义共和国联盟文化关系协会很活跃，大概是在 1937

① 于尔根·库琴斯基（Jürgen Kuczynski，1904—1997），德国经济学家、共产主义者。二战期间，他流亡英国并为美军工作，同时还是苏联的间谍，并把大量情报传递给了苏联。战后，他起初是回到德国执行美军的任务，后来定居东德，并成为当地的知识分子领袖之一。

年或1938年，他去布里斯托尔参加罗纳德·冈恩主持的小组会议时，才第一次见到了克劳斯·福克斯。

福克斯在布里斯托尔大学的同事赫伯特·斯金纳记得，那时的他“是个粗鲁幼稚的年轻人”，“从来不和实验室里的人交朋友，显然生活在左翼人士的圈子里”。[45]但斯金纳的妻子也是那些圈子的成员，后来还与福克斯发生了关系，因而我们不清楚这些事实在多大程度上影响了斯金纳的描述。如果陈述可靠的话，对他离群索居的描写就暗示克劳斯·福克斯的表面形象开始发生改变了。他在基尔作为政治活跃分子的成功，表明他曾是个充满个人魅力的演说家，能够让他的同学群情激昂。而在英国的他则不然。他当时对英语的掌握还很有限，以沉默来小心地保护自己。只有和让他觉得舒服的人在一起时，他才会敞开心扉。如此才有了吉尼亚·派尔斯后来提到的“投币话匣子”那样的克劳斯·福克斯。

1936年，西班牙内战爆发，这很快就成了知识分子的一个话题。欧美的各个校园都是如此，布里斯托尔大学也不遑多让。法西斯意大利和纳粹德国支持佛朗哥将军的民族主义，而共产党则支持西班牙的共和党人。很多人把这场战争看作反抗法西斯专政、为文化生存而斗争的前线。在这种局势下，苏联成了体面生活的捍卫者。在与法西斯的斗争中，很多知识分子就算还不是正式成员，也选择作为反法西斯阵营的追随者，跟着共产党的红色旗帜走。克劳斯·福克斯尽管对这个事业深表赞同，就像他参加英联邦各国人民与苏维埃社会主义共和国联盟文化关系协会所表明的那样，却在很大程度上对自己的共产主义信仰秘而不宣。他与纳粹德国的纽带显然被切断了，因为 40
他对德国驻布里斯托尔领事馆提醒他——作为德国人——必须

登记服兵役的信件不予理会。[46]

同一年，克里斯特尔设法离开了德国，在美国宾夕法尼亚州的斯沃斯莫尔学院入学了。她途经英国，与克劳斯团聚。尽管兄妹俩对这次分别三年后的第一次重聚很开心，但她带来的消息破坏了气氛：盖世太保已经得知，埃米尔和格哈德、伊丽莎白以及他们的配偶正在协助犹太人和社会主义分子通过偷渡逃出德国。克劳斯这才得知，格哈德和他的妻子坐了两年牢，但已出狱。克里斯特尔告诉克劳斯说，伊丽莎白和古斯塔夫也被捕了。伊丽莎白后来获释，目前正和父亲埃米尔一起生活在基尔，但古斯塔夫仍被关在一个集中营里。

在这一刻，福克斯的人生故事和与他处境相同的其他很多人都很相似：一方面为被困在希特勒独裁之下的家人而长期恐惧，另一方面在英国的德国难民和共产党支持者的阴暗世界里隐姓埋名。如果迷失在迫在眉睫的战争气氛中，他的故事根本不值得特别关注。然而，与鲁道夫·派尔斯的相遇即将决定他的人生。他们的生命即将彼此纠缠，就像希腊悲剧中的父与子。

## 1939～1941年：拘押与释放

1937年，克劳斯·福克斯在布里斯托尔大学得到了博士学位。[47]英国内政部准许他在英国多待一年，以便他去爱丁堡大学与马克斯·玻恩①开展研究工作，玻恩也是量子理论的伟

① 马克斯·玻恩（Max Born，1882—1970），德国理论物理学家、数学家，对量子力学的发展做出了重要贡献，在固体物理学及光学方面也有所建树。他因在量子力学领域的基础研究，特别是对波函数的统计诠释，在1954年获得诺贝尔物理学奖。

大奠基人之一，后来也成了诺贝尔奖得主。玻恩和福克斯合写了一些论文，但都不如福克斯早年关于导电性的论文那般重要。① 尽管如此，他的才华还是得到了内政部的充分认可，在 41
1938 年福克斯被授予了在英国的永久居留权。[48]

他得到了爱丁堡大学的卡内基奖学金的资助，并于 1939 年获得了该大学的理学博士学位。[49]那年 7 月 17 日，他申请了英国国籍，但由于战争爆发，在 9 月时仍被列为外国人。[50]11 月 2 日，福克斯出现在爱丁堡的涉外法庭。他有正好一个星期的时间获取保荐函并呈交法庭。

马克斯·玻恩为他写了一封保荐函，以证明福克斯“致力于自由观念和社会理想”，在 1930～1932 年是德国社会民主党成员，不过信函中没有提及其与共产党的关联。② 尽管如

---

① 1941 年，福克斯在与派尔斯合作时提交了一份履历，上面列明了他发表的科学文章（见派尔斯文件，博德利图书馆，档案 C111）。他的头七篇论文写于 1935～1938 年，把量子力学应用到了固体与电导理论上。1940～1941 年，他撰写了一系列关于马克斯·玻恩的量子力学思想——互易性——的论文，不过没有产生什么影响。他只写过两篇有关核物理学的论文，一篇是关于放射性的，另一篇讨论的是统计物理学在核稳定性上的应用。这些论文都不属于核物理学的主流问题，而且裂变在当时对福克斯似乎也没有产生什么影响。——作者注

② 1950 年，在福克斯因间谍活动而被判有罪后，军情五处因忽视他与共产党隶属关系的证据而遭到广泛的批评，这份证据据说在涉外法庭上出现过。军情五处追踪该证据，并确认“没有书面证明”支持这种说法（英国外交部会议纪要，1951 年 5 月 3 日，TNA KV 2/1257，s. 836b）。名叫 R. J. 曼恩（R. J. Mann）的人联系爱丁堡市警察局，检查了 1939 年 11 月 2 日涉外法庭的原始文件。玻恩的说法得到了确认，即 1930～1932 年，福克斯是德国社会民主党成员，这是“档案中唯一提到政治的内容”。听证会的速记笔录在很久以前就被销毁，但曼恩与曾任诉讼文书的警官交谈过，后者向曼恩保证，“根据他的记忆，福克斯在法庭上从未提及共产党”（TNA KV 2/1257，s. 837a，R. J. 曼恩致 J. 罗伯逊的信，1951 年 5 月 7 日）。

（转下页注）

此，玻恩显然清楚并支持福克斯的亲苏观点，这似乎是他们的圈子里公开讨论过的事情。例如在 1941 年底，福克斯离开爱丁堡去同派尔斯合作的几个月之后，玻恩写信说来自俄国的消息显得相当有希望，并说："你对俄国人的信心现在证明是对的，这一定让你很欣慰。"[51]

在给涉外法庭的信函中，玻恩只是证明福克斯"来到本国以避免受到希特勒政府的迫害"，并在这里加入了玻恩的科
42 系，成为"我最优秀也最有效率的合作者"。玻恩此时评价福克斯是"苏格兰年轻一代中最出色的理论物理学家"，树立起了他的声望。在玻恩看来，福克斯是"品性优秀的人，他热衷的不只是科学，还有一切人类理想和人道主义活动"，并"强烈反对当前的德国政府"。他总结道：福克斯"希望同盟国取得胜利"。[52]

申请成功了。福克斯"在未获另行通知前免于拘押，并被解除适用于敌侨的特殊限制"，因为他是"逃离纳粹压迫的难民"。[53]

压迫千真万确。上文提到，1936 年，克劳斯得知盖世太保逮捕了他的兄弟姐妹及其配偶。出狱后，格哈德和卡琳逃去了布拉格。伊丽莎白的丈夫古斯塔夫被关在德国的一个监狱

---

（接上页注②）1951 年 6 月 5 日，军情五处的总管珀西·西利托爵士向首相发出照会（KV 2/1257，s. 849a），总结了来自爱丁堡的证据，并附上了令人信服的评价："福克斯在战时苏联立场不明之际，会无缘无故地引来对其共产党背景的注意，这似乎令人难以信服——1939 年 11 月，苏联刚刚与德国签署了互不侵犯条约。"

1941 年，福克斯在涉外法庭上宣称其共产主义背景的荒诞说法看来是 1950 年作家丽贝卡·韦斯特（Rebecca West）编造的，没有任何事实基础。与普遍存在的误解相反，没有证据表明福克斯曾承认自己是共产党员或支持该党，至少在所有的公开文件中如此。——作者注

里，他设法越狱后也去了布拉格。在此期间，伊丽莎白带着他们的孩子克劳斯·基托斯基①和父亲一起在德国生活。

1939 年 3 月，纳粹德国吞并捷克斯洛伐克之后，悲剧迅速升级。患上结核病的格哈德去了瑞士的疗养院，但卡琳被关进了集中营，她的命运消失在大屠杀的浩瀚无际之中。[54]古斯塔夫越狱之后亡命天涯。至于伊丽莎白，她丈夫的命运给她带来的烦恼让她无法承受，她在 1939 年 8 月 7 日自杀了。[55]

但对这段历史细节的讲述不尽相同。在一个版本里，伊丽莎白得知关押古斯塔夫的德国集中营就在易北河（Elbe River）附近。共产党地下组织秘密制订了他的脱狱计划，伊丽莎白游过易北河通知了他。夫妻俩成功逃往布拉格。正是在布拉格，她“从桥上跳到行进中的火车铁轨上，结束了自己的生命”。[56]

古斯塔夫实际上熬过了战争，所以这个故事没讲明白的地方是，既然伊丽莎白本人也在布拉格生活，她为何会为他而如此绝望。横渡易北河的英勇行为看似一部惊险动作片，但在我看来，另一个版本更加可信。

和前一个故事版本一样，古斯塔夫被判在柏林郊区勃兰登堡（Brandenburg）的监狱里服刑六年，但他越狱了。然而在这个叙述中，他“设法与伊丽莎白私下会面，却没有到达约定地点”。伊丽莎白随后收到了古斯塔夫从布拉格寄来的一张明信片。1939 年 8 月，也就是纳粹德国占领捷克斯洛伐克五个月后，埃米尔参加了贵格会在巴特皮尔蒙特（Bad Pyrmont）召开的会议，伊丽莎白随行前往。火车的行程有几个小时。伊

---

① 克劳斯·基托斯基（Klaus Kittowski，1934— ），后改名克劳斯·福克斯－基托斯基，并成为德国计算机方面的科学家和科学哲学家。他是组织机构信息系统设计的理论和方法学的先驱之一。

43 丽莎白再也没听到古斯塔夫的消息，担心他如今不在人世了。埃米尔觉察到她的沮丧，决定回柏林后带她去看病，但在回程的路上，他短暂离开了他们的车厢，“她就纵身跳下了”火车。其他的乘客“拉下了紧急刹车索，但发现她已在铁轨旁气绝身亡”。[57]

无论伊丽莎白的生命结束在布拉格的铁道上，还是在柏林，让人难过的结论都是她的死使得克劳斯一家的母系连续三代人死于自杀。埃米尔孤身一人照顾他的外孙、克劳斯·福克斯的外甥“小克劳斯”。

克劳斯·福克斯如今获得了英国永居权，至少还算相对安定，但他仍然梦想着推翻希特勒，有朝一日能重返家园。但这个梦想似乎不切实际，因为从 1939 年秋起，德国继续入侵欧洲各国。随后在 1940 年，出于对德国入侵和第五纵队突袭英国的恐惧，福克斯被列作“敌侨”。结果是他被拘押了，在马恩岛被关押了一小段时间后，7 月被转去了加拿大的一个拘留营。

福克斯和 2000 多名拘留犯被装上两艘船送往加拿大。第一艘出发的船——载有 1500 人的“阿兰多拉星号”（*Arandora Star*）——在 1940 年 7 月 2 日被鱼雷击沉了。溺死的 700 人里有逃离欧洲的反法西斯活跃分子、希特勒的著名反对者，以及其他很多人（特别是在苏格兰活动的意大利人），这部分人在英国生活多年，只不过碰巧因为出生地的问题而被捕。一份报告声称，“在苏格兰，几乎没有哪个意大利家庭没有受到这个悲剧的影响”。[58]这些被虚掷的生命都是希特勒的敌人，彰显了拘押政策残酷而无能的本质。

7 月 3 日，福克斯搭乘条件恶劣、拥挤不堪的另一艘船

“埃特里克号”（*Ettrick*）出发了。同行的生物学家、未来的诺贝尔奖得主马克斯·佩鲁茨①回忆说，1200 个人挤在不通风的船舱里，“像悬在住舱天花板上的蝙蝠一样”被挂在吊床上。启航第二天就收到了有关“阿兰多拉星号”失事的消息，“在那以后，我们就被发放了救生圈”。在波涛汹涌的大海上，犯人们的“呕吐物把地板变成了散发臭味的沼泽，令人作呕”。[59] 地狱般的两个星期之后，他们抵达了魁北克港。[60]

但失事的“阿兰多拉星号”上保存着两艘船的所有记录，“埃特里克号”抵达之时，没有关于拘留犯的任何信息。军情五处内部提供的描述表明，加拿大人关于福克斯几乎唯一的了解是，他不是犹太人，所以他们把他关进了一个专供关押“纳粹活跃分子”的拘留营。[61]军情五处认为拘留犯主要是纳粹 44
分子的错误观念影响了它后来整个十年对福克斯的判断。② 鉴于这种错误的假设，军情五处推断福克斯对这种待遇极其不满，因此他很高兴见到汉斯·卡勒③这个意气相投的人，后者也被“错误地”送去了那个拘留营。[62]事实绝非如军情五处认为的，卡勒和福克斯两个孤僻的怪人借此机会彼此吸引，实际上，在福克斯一定对英国人不再抱有幻想的时候，卡勒在这位共产主义梦想家的身上看到了一种机会。卡勒是个“众所周知的［德国］共产党人”，战后成为苏联秘密警察的高

① 马克斯·佩鲁茨（Max Perutz，1914—2002），奥地利裔英国分子生物学家，因对血红蛋白和肌红蛋白结构的研究获得 1962 年诺贝尔化学奖。

② 关于这种虚假陈述的结果，见本书的尾声部分。——作者注

③ 汉斯·卡勒（Hans Kahle，1899—1947），德国记者、共产主义者。他是自由德国运动的创始成员之一。1946 年，他重返德国苏占区，帮助建立未来的德意志民主共和国。他在去世之前担任梅克伦堡地区的人民警察局局长和该地区德国统一社会党的州主席。

级成员。福克斯出于对纳粹的憎恨而接受的共产主义理想的洗礼如今得到了证实，他后来从事间谍活动的想法也是这时萌发的。

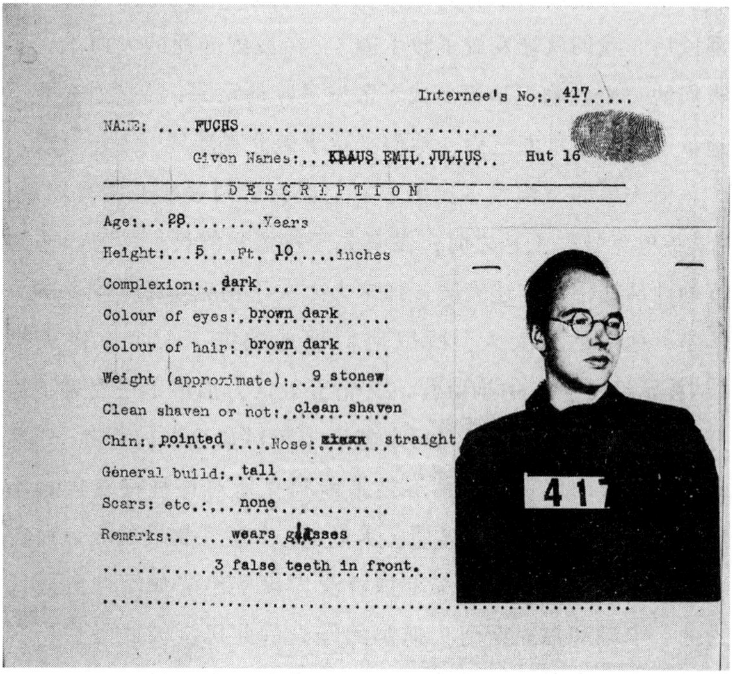
Internee's No:..417....
NAME: ....FUCHS..........................
Given Names:...KLAUS EMIL JULIUS.. Hut 16
DESCRIPTION
Age:...28........Years
Height:...5...Ft. 10.....inches
Complexion:..dark..............
Colour of eyes:..brown dark......
Colour of hair:..brown dark......
Weight (approximate):..9 stonew
Clean shaven or not:..clean shaven
Chin:..pointed.....Nose: straight
General build:..tall............
Scars: etc.:...none.............
Remarks:.......wears glasses
...........3 false teeth in front.



**福克斯的拘押卡，1940 年**

45 多年以后，在福克斯因其间谍活动而入狱后，军情五处希望挽回自己的名誉。1951 年，作家艾伦·穆尔黑德（Alan Moorehead）为了写书而请求查阅资料时，军情五处起初否认了福克斯与卡勒之间存在友谊，称“其意义不大，只是一群积极的纳粹支持者中出现了两个反纳粹分子的自然结果”。[63]但在给穆尔黑德的“补充”注释中，却出现了这段有所保留的陈述。“［我们］认为汉斯·卡勒并非间谍。他或许是个为苏联情报部门物色人才的角色，就福克斯是否合适而向后者报告。”[64]如此一来，最终暴露福克斯身份的部分突破就来自另一个无辜的联络人，这不啻是一个讽刺。在拘留营里，一位加拿大共产党党员、数学家伊斯雷尔·霍尔珀林①向福克斯提供科学类的期刊。作为这项工作的一部分，他把福克斯的名字加进了自己的通讯簿。六年后，霍尔珀林在加拿大被捕，并被控从事了间谍活动，这条无辜的通讯簿记录一定发挥了作用。

与此同时，英国的科学家们正积极努力让福克斯获释。马克斯·玻恩写道：“福克斯是我研究团队中的灵魂人物；他负责大约半数的论文，在他提供建议和指导的论文里，部分尚未完成，部分还在进展之中。他是国内理论物理学家中最顶尖的那一小群人之一。”[65]英国皇家学会把福克斯列入他们迫切希望释放的数学家和物理学家的名单。1940 年 10 月 17 日，英国内政部与加拿大高级专员沟通了福克斯一案，希望“在他愿意的情况下，把他送回本国”。[66]

在拘留营里待了五个月之后，福克斯在 1940 年 12 月 17 日被释放了，此时离他 29 岁的生日还有 12 天。1941 年 1 月 11 日，他一到利物浦，就得到了一张旅行证，然后直接去爱丁堡大学担任了物理研究员。他还联系了自己在伦敦的共产党朋友，并计划拜访他们。汉斯·卡勒和于尔根·库琴斯基都在此列。[67]

当年，从爱丁堡去伦敦的行程简直就是个大冒险，因为火

---

① 伊斯雷尔·霍尔珀林（Israel Halperin，1911—2007），俄国犹太裔加拿大数学家、社会活动家。1946 年，他被捕并被控在加拿大从事间谍活动，这与苏联密码文员伊戈尔·古琴科 1945 年 9 月在渥太华的叛变有关。1947 年初，霍尔珀林被无罪释放，重返大学任教。

车要走十个小时，往返一趟要耗时两三天。作为外国人，福克斯需要获得警方的旅行许可，而他的外国人记录表明，他只去过伦敦一次。这个重要的时刻发生在 1941 年 4 月 3 ~ 15 日，此次旅行得到了批准，不过条件是他“晚 10 点半至早 6 点不得外出”。[68]在那 12 天的某个时刻，库琴斯基在他位于伦敦劳恩路（Lawn Road）的家里举办了一个庆祝福克斯返英的聚会，那里在汉普斯特德荒野①的南边。因为这是福克斯唯一记
46 录在案的伦敦之旅，他很可能就是在这次拜访期间遇见了苏联大使馆的情报官员西蒙·克雷默（Simon Kremer）上校。②

福克斯后来声称，他对库琴斯基说自己只想让俄国人知道英国正在进行原子研究，而他从未打算参与间谍活动。[69]这相当可信：4 月，福克斯还没有加入鲁道夫·派尔斯的团队，只是大致了解了原子研究。③ 在那个阶段，他没有理由期望自己

---

① 汉普斯特德荒野（Hampstead Heath），伦敦北部的一个古老的大型公园。

② Chapman Pincher, *Treachery: Betrayals, Blunders and Cover-Ups: Six Decades of Espionage against America and Great Britain*（Random House, 2009）, chapter 15. 平彻说福克斯是在 1941 年 4 月的这次聚会上认识克雷默的，但没有给出这一说法的出处。1951 年，福克斯证实自己的第一个俄国信使就是克雷默，“他起初是在海德公园南边的宅子里认识此人的”（福克斯致军情五处的信，1950 年 2 月 8 日，TNA KV 6/134, s. 147a）。福克斯还承认，他后来有一次去苏联大使馆拜访了克雷默（TNA KV 2/1252, s. 519）。这有可能是在福克斯的记忆中把两个地方搞混了。劳恩路位于汉普斯特德花园高级住宅区，那里在开阔场地汉普斯特德荒野的南边；同时，他拜访苏联大使馆会走到海德公园的西端，并会看到壮丽的肯辛顿宫。如果我们假设福克斯九年后的记忆混淆了这两者，把汉普斯特德荒野和海德公园青葱的草木意混为一谈，就出现了一个各种事件的连贯记录，这与 Pincher 未标明出处的声明相一致。无论如何，福克斯显然是在 1941 年 4 月认识克雷默的，因为这是他获准去伦敦长途旅行的唯一机会。——作者注

③ 以下几页将讨论这种预见的程度。——作者注

能接触到有用的情报。

库琴斯基把福克斯介绍给这个俄国人（克雷默），后者是个客气的聪明人，英语流利到可以在福克斯这样的外国人面前冒充英国人的地步。库琴斯基骗福克斯说，他的朋友名叫“约翰逊”。[70]“约翰逊”表示了对科学的兴趣，两人还讨论了原子能的潜在用途。福克斯就要回爱丁堡了，他答应“为‘约翰逊’准备一篇关于原子能潜力的简短说明”。[71]

我们大概可以得出这样的结论，就是在这个阶段，福克斯相信“约翰逊”是英国人，或者至少不是俄国人。1939 年 8 月，苏联方面与希特勒签署了互不侵犯条约，因此不是英国的盟友。福克斯处境危险，因为战时对敌人的任何帮助都会被归为叛国罪，而对此的惩罚是死刑。

尽管如此，1941 年 4 月，福克斯并没有什么俄国人还不知道，或是他们自己还没有在公开文献上发现的情况可以告知。最初的科学突破是德国的奥托·哈恩、莉萨·迈特纳和弗里茨·施特拉斯曼发现了铀的裂变，随后才出现了原子武器和
反应堆的技术。那是 1938 年的事了，并且举世皆知。铀原子 47
核的裂变释放了能量和中子，让这些中子得以引发更多的裂变并有可能导致连锁反应，1939 年的几个实验证明了这个发现，这在物理学界也是广为人知的事。福克斯提醒“约翰逊”或克雷默注意这一切，也许还跟他们说了尼尔斯·玻尔关于裂变发生在罕见同位素$^{235}$U 中的见解。

正如我们在前文中看到的那样，玻尔在二战开始的同一个星期发表了他的发现。有助于结束冲突的手段初次登场的时间与欧洲开启战事发生在同一个星期，这不啻是一个讽刺。当然，福克斯无法预先知道此事，更不可能知道自己将在原子弹

的历史进程上起到重要的作用。1941 年 4 月，他还不了解派尔斯和弗里施的突破，最多只能让克雷默意识到铀裂变作为能源设备（核反应堆，而不是武器）的潜力。①

福克斯爱喝酒，不过他能在酒后保持清醒。无论在库琴斯基的聚会上发生的情况是否如此，他的到访看来都是一次巨大的成功，因为福克斯逗留了很长时间：他要在 4 月 15 日晚上返回苏格兰，却没赶上从国王十字车站前往爱丁堡的火车。他在当晚 11 点 45 分向国王十字路的警察局汇报了此事。警察让他改乘次日早上 4 点 30 分的火车。[72]

聚会后不久，福克斯便收到派尔斯的来信，邀请他加入，但派尔斯说工作的性质“目前还不能透露”。[73]结果，1941 年 5 月底之前，福克斯就已搬去伯明翰，开始和派尔斯一起研究原子弹的可行性了。

---

① 1940 年秋，苏联的尤利·哈里顿和亚霍夫·泽尔多维奇（Yakhov Zeldovitch）独立发现了与派尔斯和弗里施发现的同样的现象。苏联也保守了这个机密。因此在 1940 年秋，苏联通过自己的努力，已经知道了有关$^{235}$U 的一切。总之，福克斯没有什么新鲜的内容可以告诉他们——无论如何，在 1941 年 4 月遇见克雷默时，他对此都一无所知。福克斯大概已经意识到派尔斯对他很感兴趣了（见本书第四章），但他也许并不知道原因。如果是这样的话，他可能把这个消息转告给了克雷默，这或许可以解释克雷默继续关注他的原因。福克斯后来声称，与克雷默会面的时候，他认为原子能计划“充其量不过是长期产生能量的一种可能性而已”（福克斯致佩林的信，1950 年 1 月 30 日，TNA KV 2/1253，s. 558）。——作者注

# 第三章 捍卫疆土

## ——众灵：领土捍卫者，1909～1941 年

字母“C”是英国秘密情报局（军情六处）局长的代号，这个代号起源于它的首任领导人曼斯菲尔德·卡明（Mansfield Cumming）。1909 年 10 月 4 日，时年 50 岁的海军司令卡明见到了比他小 14 岁的陆军上尉弗农·凯尔（Vernon Kell），见面的地点是伦敦维多利亚车站附近一个私家侦探办公室。把酒言欢之际，他们讨论了国情。 48

赫伯特·阿斯奎思①首相曾经责成帝国防务委员会研究外国人在英国从事间谍活动的问题。委员会的报告称，英国政府担心“国内存在一个广泛的德国间谍系统”，并且“没有与那种间谍活动保持接触的组织”来决定其目标。[1]这正是卡明和凯尔在讨论如何“应对本国间谍活动以及我们在海外的外国特工”时的目标。[2]他们的担心很及时：五年后，第一次世界大战爆发了。

这次谈话的直接结果就是英国秘密情报局的成立，起初其只是一个不大的组织，卡明和凯尔是仅有的官员，他们预算紧

---

① 赫伯特·阿斯奎思（Herbert Asquith），英国自由党政治家，曾任内政大臣及财政大臣，1908～1916 年出任英国首相，任内见证第一次世界大战爆发，大战爆发后，因反对与保守党合组联合政府，两年后由大卫·劳合·乔治接任首相，而战时联合政府则被保守党主导。

张，工作地点是伦敦西南一区维多利亚街64号陆海军用品商店对面的一个单间办公室。现实情况与某些以爱德华时代①为背景的间谍小说所宣传的神话全然不同，那些小说鼓吹的是弗朗西斯·沃尔辛厄姆②爵士声名狼藉的伊丽莎白时代特工活动的一个现代版本。

卡明负责海外事务，这部分业务后来成了秘密情报局（军情六处）的领域，而凯尔负责国内安全，也就是如今的安全局（军情五处）。就算在第一次世界大战开始的时候，时任反间谍活动“主管”的凯尔，手下也不过只有九名官员和警探，以及“六名文书和一个门房”。[3]

1910年，温斯顿·丘吉尔成为内政大臣，这给凯尔带来了好运。布尔战争③期间，天生适合从事间谍活动的丘吉尔曾
49 深入敌后。在他的支持下，凯尔的反间谍战略得到了全国各地警察局局长的协助。1914年战争开始时，这个高级警官网络向凯尔提供了一份外国人和潜在德国特工的登记表，登记表显示有“一大批［德国］特工在英国”。[4]

1934年，击败德国的16年后，阿道夫·希特勒的崛起也助长了法西斯主义在英国国内的发展。已获封爵士的弗农·凯尔如今重新激活了警察局局长网络，以搜集有关不列颠法西斯联盟（又称“黑衫军”）成员的情报。凯尔和高级警察们对于

---

① 爱德华时代（Edwardian era），指1901~1910年英国国王爱德华七世在位的时期。

② 弗朗西斯·沃尔辛厄姆（Francis Walsingham，1532—1592），英格兰政治家、特务首长，曾任伊丽莎白一世的首席秘书，并在整个欧洲建立了间谍网，是伊丽莎白一世当政时期重要的情报搜集者。

③ 布尔战争（Boer War），指1899~1902年，英国与德兰士瓦共和国和奥兰治自由邦之间的第二次布尔战争。

共产党人活动的监视也同样热切，不过共产党成员的身份在英国从未违法。因此在 1934 年 11 月 5 日，大英帝国勋章获得者、布里斯托尔警察局局长 C. G. 梅比（C. G. Maby）在收到城里德国领事的谴责信后，就立即通知了凯尔。

克劳斯·福克斯的秘密政治意图本来一直不为人知，但因为他的护照在 1934 年 8 月过期了，（就像我们看到的那样）这让他引起了德国当局的注意。当他们意识到福克斯不会在受到恐吓之后返回德国，德国驻布里斯托尔领事馆就在 11 月初提醒警方："克劳斯·福克斯是个声名狼藉的共产主义者。"梅比将此事通知了弗农·凯尔爵士，但又补充道："据悉，福克斯在居留本市期间并未参与任何共产主义活动。"[5]英国人对福克斯疑罪从无，听之任之。

军情五处史上最丢脸的一份档案就此开始了。在接下来的 17 年里，这份档案越来越厚，逐渐增加到逾 20 卷卷宗，数千份文件。

## 克劳斯·福克斯和盖伊·利德尔

英国安全局没有立即识别出福克斯的危险，部分原因在于军情五处的一个成员在仅仅一年之前的经历。此人是盖伊·利德尔（Guy Liddell）上尉，当时他还只是名低阶警官，但注定要在后来升任为该组织的二把手。

盖伊·利德尔是《爱丽丝梦游奇境》（*Alice in Wonderland*）一书的人物原型爱丽丝·利德尔（Alice Liddell）的堂侄。他身材矮胖，高额圆脸，上唇处留着一块方形的短髭，看上去像是个银行经理。他是个一流的大提琴手，态度从容友善，颇受同事喜爱。但他的家庭生活简直就是灾难，因为他与一个爱尔 50

兰贵族之女、“尊敬的”卡利普索·巴林（Calypso Baring）的婚姻很不美满。据同事们说，利德尔忍受着“香烟的薄雾”与她一起生活，如果他“脾气暴躁一点儿”的话，“早就把卡利普索掐死了”。[6]1943年，她带着四个孩子弃夫而去，跟着自己同父异母的美国哥哥去了加利福尼亚。从那时起，利德尔实际上就注定要终身捍卫疆土了。

在利德尔个人的痛苦生活中，克劳斯·福克斯的传奇故事就是个反复出现的职业噩梦。利德尔对共产党人的执念以及他无意间形成的对克劳斯·福克斯的看法始于1933年的一次歪打正着。纳粹政府自我催眠说德国人陷入了共产党人、犹太人和左翼和平主义者的围攻，呼吁军情五处展开合作。3月底，利德尔开始了为期十日的柏林之旅。接待他的是希特勒的外国新闻局局长、魅力非凡的恩斯特·汉夫施滕格尔①，他会见了普鲁士秘密警察的头领鲁道夫·迪尔斯②，并在返回伦敦后写了一份报告，《军情五处的核准历史》（*Authorized History of MI5*）称这份报告是其“杰出职业生涯中的最低点”。[7]他在报告中错误地说纳粹的残忍不过是过眼烟云，共产国际才是更严重的威胁。多年之后的冷战高峰时期，在利德尔一系列后续误判之后，一些阴谋论者声称他本人就是插入英国安全部门心脏的共产主义内奸。这完全是颠倒黑白。

在1933年这次访问柏林、对未来产生重大影响的旅程期

---

① 恩斯特·汉夫施滕格尔（Ernst Hanfstaengel，1887—1975），德裔美国商人，希特勒的密友。但他最终失去了希特勒的支持，并于1937年从纳粹德国逃到了美国，后来曾为富兰克林·罗斯福工作。

② 鲁道夫·迪尔斯（Rudolf Diels，1900—1957），德国公务员，1933～1934年是盖世太保头目。

间，迪尔斯告诉他，他们打算“消灭共产主义”，这对利德尔的思想产生了长远的影响。已有上万人遭到逮捕，如何处置他们成了一个严重的问题。“或许，”这位警方负责人说道，“英国政府可以划出某个岛屿，作为罪犯流放地来共用。”利德尔起初以为他在开玩笑，但后来发现，这个建议是“正经八百地”提出来的。

利德尔向伦敦报告说：“德国人除掉了第三国际的欧洲总部，给了它一次沉重的打击。此外，德国共产党已经完全瓦解了。一些被捕的领导人……将会被无限期地拘押。”尽管利德尔看似很赞赏这个结果，但他却被他们的手段吓到了。“大量的‘三级’工作①正在进行之中，”他如此写道，又补充说，“共产党人甚至社会民主党人都遭到了各种各样的暴行。”克劳斯·福克斯一定会同意这种说法。

对于利德尔和军情五处来说，现实政治在此刻似乎战胜了 51
道义。利德尔说，自认为“从共产主义的威胁下拯救了欧洲”的德国警方“对自己的所作所为非常自豪，并急于让全世界相信他们的行动有充分的理由”。利德尔建议与某些看上去更有理智的官员维持个人联络，因为有朝一日，“当下那种歇斯底里的情绪和野蛮气氛总会消失的”。

利德尔亲眼看到了很多东西，这些所见足以让他对德国秘密警察的外行手段形成自己的意见：他们查抄住宅，“把文件扔上卡车，然后一股脑倒入某个大房间里”。[8]一切都没有被装箱或标注。根本无法在任何声明与可靠的信源之间建立联系，且他们的所有“证据”也都不值一顾。

---

① 警方刑讯逼供的委婉说法。

纳粹意图在利德尔访问期间让军情五处参与反共清洗，但他们无意间让他产生了这样的印象，即源自盖世太保的一切有关“共产党人”的情报几乎必然是毫无价值的。[①] 事实上，利德尔对他们的记录保存和证据讹误无动于衷，以至于后来驻伦敦的德国大使馆发来有关一个共产党人——福克斯——的真实情报时，他的上司弗农·凯尔爵士对之视而不见。

1934 年 11 月 8 日，凯尔回复了警察局局长关于福克斯的提醒，他干脆说涉外部门已经得到了消息，内政部档案里没有关于他的任何异常情况。总而言之：军情五处对于源自盖世太保的这个情报持怀疑态度，11 月 21 日，福克斯的档案就此终止。[9]

1938 年 1 月，当福克斯申请新的旅行证时，军情五处一度又燃起了对他的兴趣。接到内政部的电话，军情五处回复说，他们除了自己仍然不予置信的盖世太保声明之外，没有关于福克斯是共产党人的证据。[10]这是第一次失察，以后还有一连串的疏忽。

## 弗农·凯尔的遗产

军情五处在福克斯一案上的应对失败，以及那个时代的其他失误，被很多人说成是厄运、无能，或是证明了组织里有一个隐藏很深的苏联内奸。尽管这些情况中的一个或全部都可能发挥了作用，但军情五处在两次大战之间资源不足却是千真万
52 确的。1918 年停战的时候，弗农·凯尔的机构有逾 800 名员

---

① 盖世太保是在利德尔离开两星期后，于 4 月 26 日合并了各保安警察机构而正式成立的。——作者注

工，其中有 84 人（几乎全是男性）是官员。但在 1919 年，秘密情报局在和平时期的作用受到了质疑。凯尔因为哮喘而请了病假，又被白厅设法夺去了对英国情报机构的控制权。他很快就不得不为军情五处的存续而战。1920 年，他的员工数量被缩减了 80%。[11]

与此同时，欧陆的共产主义革命和俄国内战（1918 ~ 1921 年）在英国引起了对俄国颠覆活动的担忧。但俄国人的间谍活动尚未被看作威胁。1920 年，英国战争大臣是温斯顿·丘吉尔，他不仅大力支持间谍活动，还对共产主义者的搅局深感忧虑。布尔什维克在陆军和海军中叛乱的威胁压倒了一切反对意见，军情五处的未来得到了商定。[12]即便如此，1923 年，秘密情报局的负责人、海军少将休·辛克莱（Hugh Sinclair）还在怀疑军情五处是否有必要“作为单独实体”存在。在他看来，军情五处无须超过五人，它所有的职责都可以被纳入军情六处。[13]军情五处存续了下来，但员工人数少得可怜。1929 年，军情五处的官员队伍只有凯尔和其他十几个人。[14]

弗农·凯尔在担任机构负责人的 30 年间，逐步壮大了军情五处的势力。即使如此，1937 年，在他正确判断与德国开战在所难免之际，军情五处仍然只有 26 名官员。到 1939 年 7 月，第二次世界大战爆发仅仅几个星期之前，那里还是只有 36 名官员。[15]凯尔在福克斯开始从事间谍活动之前退休了，所以他没有被直接卷入这个传奇故事，但在战后福克斯事件达到高潮时，该组织的高级官员都是在凯尔任内聘用的。

在凯尔任期内招募的人员中，盖伊·利德尔和其他三人将在福克斯事件中起到重要的作用：他们是两个未来的总管罗杰·霍利斯[①]和迪克·怀特[②]，以及一位了不起的女性简·西斯莫尔（Jane Sissmore）。[③] 西斯莫尔“在宣战前一天的午餐时间”[16]嫁给了军情五处的一位官员——空军中校约翰·阿彻（John Archer）。

1916 年，凯尔招来当时 18 岁的西斯莫尔，她成为军情五处的首位女性情报官员。她的脸部轮廓有法国象征的人物玛丽安娜[④]的优雅气质。简·西斯莫尔和具有象征意义的玛丽安娜一样骄傲坚定，她整日兴致勃勃，甚至“谁都不知道她接下来要做什么”。盖伊·利德尔是她的部门领导，形容她像个
53 “宫廷小丑”，一个同事回忆道，她有一次“跪地膝行进了[利德尔的办公室]，双手合十做祈祷状”，请求无论她提出什么要求，利德尔都一定要答应。[17]但西斯莫尔的轻佻举止掩藏了她深刻尖锐的思想。她非常聪明，业余时间还在参加大律师的培训。这磨炼了她的审讯和证据判断技巧。1929 年，她在军情五处负责针对苏联的反间谍活动。

军情五处的有限复兴始于 1931 年。英国的情报机构这时

---

① 罗杰·霍利斯（Roger Hollis，1905—1973），英国记者，1938～1965 年任军情五处的情报官员，1956～1965 年任军情五处总管。

② 迪克·怀特（Dick White，1906—1993），英国情报官员，1953～1956 年任军情五处总管，1956～1968 年改任军情六处负责人。

③ 军情五处的档案提到她时用了不同的叫法，有时是她的娘家姓氏，有时是她的婚后姓氏。为了一致起见，我在全书中都称她为西斯莫尔或西斯莫尔－阿彻。——作者注

④ 玛丽安娜（Marianne），法兰西共和国的国家象征。就其外延意义而言，她还是自由与理性的拟人表现。关于玛丽安娜形象的起源，至今说法不一。说法之一认为玛丽安娜源自艺术家奥诺雷·杜米埃在 1848 年创作的抚育罗穆卢斯和瑞摩斯的母亲形象。还有一种说法认为，她的形象来自于雕塑家弗朗索瓦·吕德在七月王朝时期创作的、在凯旋门浮雕上高唱《马赛曲》的愤怒的女武士。

经过合理化改革，分成了两个独立的组织，责任分工明确：军情六处（秘情局）“仅限于在距英国领土至少 3 英里之外活动”，而军情五处则负责“帝国”。[18]作为这次重组的一部分，军情五处获得了处理共产主义颠覆问题的苏格兰场政治保安处。这给军情五处带来了一大批干员，特别是具成熟风范的利德尔，他成为第二部门（反颠覆和反间谍）的二把手。他在第二部门的上司是脾气暴躁的奥斯瓦尔德·“贾斯珀”·哈克，后者曾在印度警方服务过 14 年。个人素质最先得到利德尔的认可和信任的就是简·西斯莫尔。她参与了前文提到的那两个人的招募以及后来的培训工作，这两个人后来先后成为军情五处的总管，也都是福克斯事件的主要参与者。

两人中的第一个是迪克·怀特，他在 1936 年加入军情五处。与军情五处当时的大多数官员相反，怀特从未上过顶级公学，也没有军队背景。但他曾在牛津大学基督堂学院攻读历史，还因擅长运动而得过蓝绶带。当时，军情五处靠老同学的人脉，或是通过内部和值得信赖的局外人的推荐来招揽人手。怀特先当了老师，通过教学认识了国安部门的另一个官员马尔科姆·卡明（Malcolm Cumming），后者属于更加传统的机构类型——毕业于伊顿公学和桑德赫斯特皇家军事学院。卡明很欣赏怀特的能力和判断力，因此向哈克推荐了他，后者又知会了凯尔。1936 年 1 月，怀特开始在军情五处工作了。不过他起初被派往柏林和慕尼黑，在那里迅速掌握了流利的德语，也成了解读希特勒政权现实情况的专家。

虽然怀特乍看之下显得腼腆胆怯，但他个性友善外向，在白厅颇受欢迎。他与外交部的守旧派相处甚欢；相比之下，个性拘谨的凯尔在白厅寸步难行。怀特受到凯尔的赏识，1937

年，他让凯尔确信德国很危险，并会发动战争。凯尔得以进一步扩大他的小组织。在他新吸收的人员中，最重要的是罗杰·霍利斯，此人在17年后接替怀特，成为军情五处的总管。

54 和怀特一样，霍利斯也是通过一个值得信赖的局外人才得到军情五处注意的，此人是霍利斯的一个亲戚梅尔德伦少校。梅尔德伦也认识简·西斯莫尔，他们俩都是伊灵网球俱乐部的会员。[19]霍利斯家世很好——父亲和哥哥都是主教，他曾在牛津大学英语系就读，但没等拿到学位就退学了。他随后去远东工作，但因为得了结核病而返回英格兰。因此，霍利斯并不是显而易见的招募对象，所以军情五处决定在某个社交场合对他进行一个非正式的面试，看看是否有必要进行更加正式的程序。1937年8月28日星期日，简·西斯莫尔适时把他邀请到伊灵网球俱乐部来打网球，怀特也应邀参加并发表意见。[20]

在网球场上，霍利斯的"坚忍不拔和头脑冷静"给他们留下了深刻的印象，因此西斯莫尔和怀特建议对他进行正式的面试。军情五处的专家组起初决定不予录用，但鉴于他的海外经历，建议他去军情六处试试。军情六处评估霍利斯时，因为他健康状况不佳，同样拒绝了他。但西斯莫尔确信霍利斯有在情报界取得成功的必要素质。她说服了凯尔，认为霍利斯确实应该加入军情五处，凯尔便把培训他的责任交给了她。

霍利斯和西斯莫尔专注于苏联事务，而怀特负责法西斯势力。1939年3月11日，凯尔提醒外交部，说纳粹计划入侵捷克斯洛伐克。4月初，怀特提醒说，意大利即将入侵阿尔巴尼亚。外交部和首相内维尔·张伯伦虽对此持怀疑态度，但两次都证明情报部门正确无误。[21]尽管凯尔对于德国的判断是正确的，但他对苏联间谍活动的掌握却逊色不少——1939年1月，他宣布苏联人在英国的活动“并不存在”。[22]但事实上绝非不存在，伦敦北部的汉普斯特德就有一群共产主义者。简·西斯莫尔特别注意到这种情况已有一段时间了。[23]当然，谁也没有预见到，1941 年，这群左翼分子就是克劳斯·福克斯为苏联从事间谍活动的引路人。

## 库琴斯基家族

1934 年，汉普斯特德的劳恩路上建起了一座四层的公寓楼。这幢楼的设计是德国包豪斯（Bauhaus）——其字面意义就是“建造房屋”——风格，极简主义的设计从侧面看像是一艘有四层甲板的远洋客轮，“船舱”隐在悬挑出来的奢华阳台后面，每个楼层都有整层铺着白色石材的阳台。劳恩路公寓 55
的住客就是一本《名人录》——如犯罪小说作家阿加莎·克里斯蒂和首位电视名厨菲利普·哈本（Philip Harben），还有不少声名狼藉之辈，因为当时苏联和纳粹德国还未发生冲突，劳恩路公寓成了苏联人在英国从事间谍活动的中心。①

做事后诸葛亮当然容易，但军情五处当时的档案里充满了线索。1936 年 11 月，13 位共产党人到达下议院，“以各种目的”要求采访“［议会的］各位成员”。这些人里有一位布里奇特·刘易斯（Bridget Lewis），她登记的地址是“劳恩路公寓 4 号”。[24]布里奇特·刘易斯是于尔根·库琴斯基的妹妹，她是伦敦政治经济学院（LSE）的一个秘书，也是共产党员，并在该党的圣潘克拉斯（St Pancras）分部做志愿工作。1938

① 这些声名狼藉之辈中的一些人将出现在本书的后文中。关于劳恩路住客的长名单，见“Dramatis Personae” in David Burke, *The Lawn Road Flats: Spies, Writers and Artists* (Boydell Press, 2014)。——作者注

年，军情五处对她相当感兴趣，她的档案被转给“B.4a 的西斯莫尔小姐”，后者立即安排邮局拦截刘易斯的往来信件。[25]军情五处似乎可以借此发现共产主义网络中的成员，通信得到了适当的记录，但没有找到任何有实际意义的东西，显然更没有间谍活动的证据。

阿诺尔德·多伊奇（Arnold Deutsch）是那幢公寓楼的另一位早期住客，他住在 7 号。[26]他是伦敦大学的一位学者，为苏联情报机构招募人手，他招募的名人包括金·菲尔比①和安东尼·布伦特②。西班牙内战期间，多伊奇将他在劳恩路的公寓作为招募菲尔比担任苏联特工的基地。

多伊奇还吸引了艺术家和知识分子来这幢楼的一间咖啡馆聚会。咖啡馆的主讲人包括汉斯·卡勒，1940 年，在被拘押在加拿大时认识了克劳斯·福克斯。1939 年 10 月，军情五处开始怀疑卡勒，称他是“莫斯科直接领导的特工”。据军情五处的线人说，卡勒在库琴斯基的协助下，运作着一个间谍活动网。[27]英国的国安部门实际上已经为库琴斯基建立了档案，早在 1931 年他还住在德国的时候就引起了他们的注意。1936 年，他逃脱了纳粹的魔掌，来英国与父母团聚，他的父母早已逃离故乡，就住在劳恩路公寓旁边的一条街上。

1940 年 3 月，于尔根和他的妻子玛格丽特在劳恩路公寓
56 楼的 6 号安家了。但在此之前，就像我们看到的那样，于尔根

① 金·菲尔比（Kim Philby，1912—1988），苏联在冷战时期潜伏在英国的双重间谍，暗中替苏联内务人民委员部和克格勃效力、提供情报。他和其他四名潜伏在英国的苏联间谍被称为“剑桥五杰”。

② 安东尼·布伦特（Anthony Blunt，1907—1983），英国一流的艺术史学家。他是“剑桥五杰”的一员。1964 年，在被免于起诉后，他承认自己曾为苏联从事间谍工作。

已是德国共产党在英国的协调人，他在共产主义运动内部结交极广，肯定能在1936年8月结识仍在布里斯托尔大学念书的克劳斯·福克斯。[28]1937年3月25日，军情五处得到报告说，库琴斯基“与苏联大使馆有联系”，但他们不知道其目的为何。1939年11月①，军情五处因得知库琴斯基正“协助汉斯·卡勒在难民中进行间谍活动”，成了军情五处的关注重点。[29]

1939年11月，军情五处的首席苏联专家简·西斯莫尔对这些“零星情报”越来越担心。在她审讯苏联投诚者沃尔特·克里维茨基②时，这种威胁的严重性日趋明朗。[30]克里维茨基叛逃去了美国，他与美国记者艾萨克·莱文③共同执笔的一系列文章暗示了伦敦有两个苏联特工，一个在外交部，一个在内阁办公厅。[31]1939年11月10日，西斯莫尔决定，“为了彻底查明本国的苏联军事间谍活动，我们必须联系克里维茨基”。[32]

---

① 写于1940年4月4日的TNA KV 2/1871，s. 73h称，“我们自从1931年6月开始就知道［于尔根·库琴斯基］是共产党员，他当时受雇于柏林的共产党中央组织。据信，他在1937年便与驻伦敦的苏联大使馆取得联系，但原因不明”。在写于4月9日的serial 77a中，霍利斯坚称他“完全不相信库琴斯基是苏联国家政治保卫总局（OGPU）的特工”，迪克·怀特支持其年轻同事的看法，因为霍利斯“本人认识库琴斯基”。福克斯后来暗示说，他本人在1941年8月成为苏联特工之前，曾见过库琴斯基两次。KV 2/1879 s. 546a记录了军情五处官员威廉·（“吉姆”·）斯卡登在1950年11月30日约谈福克斯的情况，其中斯卡登写道：“当时［福克斯首次接触苏联情报部门］，他曾在私下的场合几次偶遇于尔根·库琴斯基，并实际上认出他就是德国共产党在这里的负责人。”其中一次是本书第二章提到过的1941年4月的聚会；另一次日期不详，但可能是在福克斯被拘押之前，因为造访伦敦庆祝他被释表明，他已经为汉普斯特德那群人所熟悉了。——作者注

② 沃尔特·克里维茨基（Walter Krivitsky，1899—1941），苏联情报官员。他在二战爆发前几周叛变，透露了苏德签署《互不侵犯条约》的情况。

③ 艾萨克·莱文（Isaac Levine，1892—1981），俄裔美国记者、反共作家。他被认为是苏联问题专家。

1940 年 1 月，克里维茨基自愿地及时来到了英国。他起初担心自己会掉进陷阱，但“在简·西斯莫尔的主导下，克里维茨基开始敞开心扉”。[33]西斯莫尔在从对克里维茨基的盘问中发掘出苏联大使馆情报官员西蒙·克雷默的名字，他正是 1941 年化名“约翰逊”与克劳斯·福克斯结交的那个克雷默。西斯莫尔了解到还有其他有间谍——事后看来，可能就是唐纳德·麦克莱恩①和金·菲尔比，他们两人是政府和情报部门内部的英国叛徒，其变节要到 1950 年后才被确定。但在 1940 年，尽管克里维茨基确实透露说其中一个间谍的名字是“以 P 开头的”，但他的情报还是云山雾罩，无法确认。[34]

57 虽然不能确定菲尔比的身份，但这些碎片却留在了西斯莫尔的记忆中，我们将会看到它们后来的重大意义。实际上，当菲尔比看到了西斯莫尔盘问克里维茨基的报告，其中有“苏联情报部门在西班牙内战期间把一个英国青年记者派去那里这种让人坐立不安的零星情报”，菲尔比“认出了自己”。[35]克里维茨基当时没有告发菲尔比或麦克莱恩，但他的证词应该提醒了军情五处，苏联间谍活动显然不是“并不存在”，实际上可能还相当活跃。与此同时，指控克劳斯·福克斯间谍身份的情况也正在劳恩路会集起来。不只是于尔根·库琴斯基在 1940 年 3 月搬进了劳恩路公寓 6 号，一个星期之内，他的另一个妹妹乌尔苏拉·伯尔东②——住在瑞士的一名苏联间谍——也在

① 唐纳德·麦克莱恩（Donald Maclean，1913—1983），曾任英国外交官、英国驻美国大使馆办公室主任兼英美核武器项目协调员，也是苏联间谍“剑桥五杰”之一。

② 乌尔苏拉·伯尔东（Ursula Beurton，1907—2000），德国作家，是在 1930 年代和 1940 年代作为间谍为苏联工作的共产主义者，本名乌尔苏拉·玛丽亚·库琴斯基（Ursula Maria Kuczynski）。

莫斯科的命令下来到英国，担任格鲁乌①军事情报网的负责人。她早先与德国建筑师鲁道夫·汉布格尔（Rudolf Hamburger）结婚，此时又重婚嫁给了英国公民莱恩·伯尔东（Len Beurton），并获得了英国护照。军情五处注意到了这个花招。[36]

劳恩路公寓成为共产党人和间谍的旋涡中心，人们或许会期望军情五处在汉普斯特德安排密集的监视。该组织之所以未能采取更加积极主动的策略，部分原因是组织内部出现了中断，西斯莫尔转去军情六处，而苏联的案头工作移交给了新手罗杰·霍利斯。

这一灾难出现在凯尔突然丧失领导权之后。战争开始时，66 岁的凯尔已经担任了 30 年的负责人。他利用自己的经验和职务的保密性打造了一个强大的组织。他有一个司机，开着一辆极好的英维克塔轿车载他出行，车头有一面蓝色的幡旗，这派头仿佛乘车人是国家元首一般。幡旗上的装饰是一只乌龟，上书箴言“安全但是稳妥”。[37]

凯尔似乎没有考虑过接班人的问题，但战争导致军情五处的职责倍增，他的健康也每况愈下。军情五处在战前只应对极少数极端分子和颠覆者，如今突然承担了大量新任务，包括审查政府的数千名新来的工作人员，应付《紧急条例》所产生的新的安全制约因素，还不得不监视大约 5 万名外国人。凯尔或许是被任务的规模压垮了，直接要求对外国人进行大规模的拘押。

与美国在 1950 年代冷战开始后搜捕共产党人的做法异曲同工，1940 年代，在英国的外国人也被看作是潜在的破坏分

① 格鲁乌（GRU），即苏军总参谋部情报总局。

58 子和间谍。但凯尔没有这方面的证据。内政部官员无动于衷，“在白厅，军情五处受重视的程度日趋减弱”。[38]凯尔在1910年组建安全局时，丘吉尔对秘密情报的强烈爱好曾给他带来好运气，但如今这却是他垮台的原因。丘吉尔密切关注着秘密情报，认为凯尔不再能胜任工作了。凯尔失去了首相和白厅的信任，1940年6月10日，他被免职了。

对于军情五处来说，向其继任者贾斯珀·哈克的移交过程就像是俗话说的，是从煎锅里纵身跃入火海。人们很快发现，哈克——“相貌堂堂却不太聪明”，消遣是“钓鱼、骑马和猎杀大型动物”——很无能。[39]不幸的是，他任期伊始就发生了“阿兰多拉星号”上700名“敌侨”丧生的事件。在白厅，当人们意识到很多溺水而亡的人并非真正的“敌人”时，外交部的一位官员指责安全局“残酷愚蠢地对待”外国人，非常“无能”。[40]丘吉尔严厉批评了军情五处“搜捕外国人的活动”。哈克作为旧制度的一员，与凯尔过从甚密，并被视为灾难的缔造者。于是在1941年初，哈克也被替换了，但这是在他1940年11月以“犯上”之名开除了才华横溢的简·西斯莫尔之后。[41]西斯莫尔曾公开表达了其他官员对哈克的看法，并因此受到惩罚。利德尔同意她对哈克的看法，但也改变不了哈克的思维方式：西斯莫尔公然批评了他的领导能力，所以必须得走人。但英国国安部门并没有失去她，因为她很快就加入了军情六处。

西斯莫尔在军情六处的新上司就是金·菲尔比，这充满了戏剧性的讽刺，尽管当时没有人意识到这一点。盖伊·利德尔形容她调离军情五处“对我们所有的人都是一个非常沉重的打击”，尤其军情五处本身就“摇摇欲坠”。[42]在接下来的数年里，我们将看到利德尔的评价得到了证实，但就连他也没有意识到，简·西斯莫尔的缺席将在一个月内造成严重的影响。

如今西斯莫尔走了，苏联的案头工作成了霍利斯的责任。1940 年 12 月 9 日，他的首批行动之一便是致信军情六处的瓦伦丁·维维安①上校，说有线人指认一个叫“沃尔特［原文如此］·**福克斯**”的人是来自布拉格的盖世太保特工，并声称在伦敦看到了他。这是在转移注意力，但霍利斯的信件里说，这个描述“与对一个名叫格哈德·福克斯的人惊人的一致，此人是基尔一位神职人员之子，隶属于布拉格的共产党，曾在那里与贵格会频繁通信”。[43]维维安的回复指出，沃尔特与格哈德的关联纯属臆断，所以霍利斯在随后的大约九年里似乎就完全忘了此事。尽管格哈德与他的共产党科学家弟弟没有直接关 59
联，但克劳斯的第一个名字——埃米尔——与前文提到的基尔神职人员同名，而在其保荐人、被怀疑是共产党人的罗纳德·冈恩的档案中也提到了贵格会。后来，在有关克劳斯·福克斯的问题进入霍利斯的视线后，这种线索或许可以把克劳斯与他的共产党哥哥格哈德联系起来——只可惜霍利斯并不像他的前任简·西斯莫尔那样目光如炬。[44]

这只是霍利斯的第一次失察。同一个月，美国大使馆向军情五处索要在英国活动的外国共产主义者名单。[45]据记者查普曼·平彻（Chapman Pincher）说，军情五处给美国大使馆的回复中根本没有提到于尔根·库琴斯基或是他身边的伙伴。平彻没有给出他这个惊人说法的出处，所以一个解释可能是他完

① 瓦伦丁·维维安（Valentine Vivian，1886—1969），曾在印度皇家警局工作，1925 年返英后加入军情六处反间谍部门。1941 年，他成为秘情局的副总管，负责反间谍的工作。

全搞错了。军情五处当时显然知道库琴斯基其人，档案中至少有两处体现了他们的关注。一处写于 1940 年 12 月，说他是“格别乌①特工”，这个情报被抄写到他的个人档案中。[46]随后在 1941 年 2 月，军情五处记录道：“多个来源声称，他［于尔根·库琴斯基］是苏联特务机关的非法联络人。”[47]这体现了非凡的洞察力，两个月后，库琴斯基就给克劳斯·福克斯和苏联大使馆牵线搭桥了。但即便平彻错了，这些猜测都转交给了美国人，军情五处的评论也没有引发任何有意义的行动。

军情五处的失败可能是从西斯莫尔过渡到霍利斯的交接工作断裂导致的疏忽。平彻认为，说罗杰·霍利斯本人就是在军情五处内部为苏联工作的内奸，不过是阴谋论者们所犯的与他相关的若干错误之一。

尽管这从未得到过证实，从现有的证据来看也不太可能，但这一切恰恰发生在苏联拉拢克劳斯·福克斯的那段时间，所以要消除对该组织状况的质疑实属不易。

1941 年 3 月，戴维·皮特里②爵士接替哈克。③ 在把德国特工视为敌人的二战期间，皮特里承担着复兴军情五处的艰巨任务。与此同时，随着权力圈发生的这些变化，克劳斯·福克斯正在幕后为其间谍活动做着准备。

---

① 格别乌（GPU），即苏联国家政治保卫局。

② 戴维·皮特里（David Petrie，1879—1961），英国警官，1900～1936 年在印度皇家警局工作，最高职务为联盟公共服务委员会主席。1941～1946 年任军情五处总管。

③ 按照官僚的手段，主管哈克改任副总管，而皮特里成为军情五处的第一位总管。见 Andrew，*Defence of the Realm*，p. 236。——作者注

# 第二部分

## “合金管”

1941～1943年

# 第四章　克劳斯·福克斯在伯明翰

关于克劳斯·福克斯究竟在何时开始的间谍活动，混乱和 63
错误的信息比比皆是。至于苏联究竟在何时首次意识到他可以为其所用，福克斯终生对此都含糊其辞。被问到此事时，他总是说那是 1942 年，或者最早也是在“1941 年底”，总之是在他开始与派尔斯合作很久以后。[1]但这是福克斯巧妙设置虚假线索的一个例证，因为他实际上是在 1941 年夏开始搜集情报的，甚至可能还要更早一些。日期不只是学术界关注的问题，因为如果他在与派尔斯合作后不久便开始搜集情报，那时苏联仍处在和德国的《互不侵犯条约》期间，言外之意就是英国的敌人。

让福克斯进入原子弹计划的核心，并在后来使他成为战后开发氢弹的关键人物之一的境况也存在着很大的疑点。① 例如，福克斯起初是如何得到国安部门批准的？他们是玩忽职守还是上当受骗？政府后来声称不可能预见到福克斯会是一个威胁，这种说法是否正确？[2]

派尔斯在 30 年后撰写了回忆录，记录了他对福克斯未来有重大影响的这次的招募，这部回忆录不失为一个很好的起点：

---

① 福克斯与氢弹的关系见第 10、12 和 22 各章。——作者注

> 关于克劳斯·福克斯如何被招募的问题，答案是，他是我招来的。1940 年，在原子武器显然成为一种很大的可能，并且迫切需要对此进行有关的实验和理论工作的时候，我希望有人帮我研究理论方面的问题。大多数称职的理论家在从事其他重要工作，我听说福克斯回到英国，暂
> 64 时在爱丁堡，那么让他来伯明翰似乎是个好主意，而且我在那以前就认识他，很赏识他在布里斯托尔大学所做的物理学工作。起初，安全调查有些麻烦，我被告知不能告诉他要做什么。（我猜这是因为他作为来自纳粹德国的学生，曾参加了反对纳粹的左翼学生组织，并最终不得不逃命，但不清楚是否真的如此。）[3]

派尔斯向国安部门解释了福克斯为何是这个任务的理想人选，而这似乎解决了问题。很久以后，政府是这样形容福克斯独特的吸引力的："我们需要最好的头脑来协助这项研究，而像福克斯博士这样的头脑实属罕见。他被称为在世的最优秀的理论物理学家之一，而且事实证明的确如此。"[4]这段说明夸大了他的特点，目的是为雇用一个未来的间谍开脱。福克斯从来没有跻身尼尔斯·玻尔、恩里科·费米或者鲁道夫·派尔斯等核物理学家之列；但对于 1941 年英国的需求而言，福克斯有必要的技能，派尔斯有幸能用得上它们。申请获批了，但条件是派尔斯只能告诉福克斯"对他的工作绝对必要的内容"。派尔斯答复说，如果他不相信福克斯，福克斯对他来说就毫无用处了。这一定得到了认可，因为"他及时得到了全面的许可，在 1941 年 5 月开始工作"。[5]

在这段叙述里，福克斯"及时"得到了安全调查并"在 5 月开始工作"，不但在时间顺序上很模糊，语义也模棱两可。比如，

福克斯获得许可的难度是否推迟了他们合作开始的时间，还是派尔斯向福克斯强调说当务之急是推动进度，而安全调查是后来的事？现有的记录还提出了一个问题，即福克斯在 1941 年 4 月 15 日造访伦敦劳恩路公寓时，他对派尔斯的计划了解多少。

## 插曲

传奇故事的这个阶段始于 1940 年夏，福克斯当时作为敌侨遭到拘押。5 月 29 日，他在爱丁堡大学的同事和教授马克斯·玻恩曾致信当局，敦促将福克斯释放，并征得了派尔斯的支持。[6]7 月，派尔斯回信为没有尽早作答而道歉。他那时候当然在全神贯注地思考他和弗里施的工作有何影响，而这项工作引发了人们对原子弹的恐惧。

在这次通信中，玻恩还表达了自己因为德国背景而无法为战争做出贡献的沮丧感。这在派尔斯费解的回复中显而易见： 65

> 我很清楚你的感受，也完全能理解你写的内容，其实我也是这么想的。对于任何可能具有实际意义的研究，我恐怕都不能提出什么建议。[7]

这里的“实际”是指可在战争中派上用场。就像玻恩与派尔斯分享的感受那样，他对于被当作敌侨而受排挤颇感失望，并且在谋求发挥自己的一技之长，以便在反纳粹的战争中不可或缺。

和同时代的很多人一样，玻恩听说过铀裂变，也了解玻尔所说的关键在于使用 $^{235}U$ 而不是 $^{238}U$ 的见解。实际上，1939 年他和福克斯都在爱丁堡时，两人曾“讨论过有没有可能利用其中的巨大能量”。此外，玻恩战前曾在剑桥听匈牙利物理学家莱奥·西拉德说起过连锁反应以及核爆炸的可能性。西拉德当时就担心希特勒会开发这种“超级武器，以征服世界”。30 年后，玻恩回忆道：“我想我从剑桥回来后，曾经［在 1939 年］和福克斯讨论过此事。不管怎么说，福克斯都比我专业得多，因为他更懂核物理学。”[8]这可能是错误的记忆，因为福克斯当时的主要工作并非核物理，但和其他很多同事一样，玻恩和福克斯应该已经大致了解了从原子核中释放大量能量的可能性。裂变和可能发生连锁反应是轰动一时的观点，并非机密。

他们充其量和物理学的好事者们一样，饶有兴趣地关注着事态的发展，但并没有就这个现象进行有意义的研究。玻恩和福克斯 1939 年的讨论大概和其他很多理论物理学家在发现裂变后所讨论的内容别无二致：首先是惊叹其中的巨大能量，然后就是想知道如何通过实验和技术加以实现。核能源可以为人类所用是显而易见的，但生产炸弹是否可行仍远未明朗——1945 年，维尔纳·海森堡及其德国同事在得知他们曾经认为不可能的结果已经在同盟国取得了成功后大为惊诧，这就证明了除派尔斯和弗里施之外其他人的普遍看法。与玻恩和福克斯一样，海森堡及其团队也没有想到制造原子武器只需要区区几
66 公斤的$^{235}$U。1940 年 7 月，面对玻恩询问，派尔斯的答复精心保守了这个可怕的秘密。

在那种机密的制约下，派尔斯阐述了他当前的工作：

> 我当前感兴趣的问题其实并不能给理论工作提供多大的空间，主要是找人做实验的问题。① 总的来说，如果有

---

① 玻恩是理论物理学家，而非实验物理学家。——作者注

> 人能想到一种有效的分离重元素同位素的新方法，那无疑会对很多用途有重要的意义。但我确实认为，所有可能的方法都已经被用过了，例如物理学会报告中尤里①的文章［《同位素的分离》］中提及的那些。[9]

派尔斯对于分离“重”元素同位素的兴趣，以及已知最重的元素——铀裂变的重要性，都让他的战略目标变得相当显眼。但这封信没有透露任何进展——如果有所透露，也是完全相反的。

尽管事实上，派尔斯的战时工作是那封信中意义最深远的长期结果，但信中的主要内容谈的是玻恩的一个学生，一个名叫沃尔夫冈·黑普纳（Wolfgang Hepner）的波兰研究生。派尔斯对黑普纳的兴趣与了解聘用福克斯的条件有关。黑普纳曾跟随量子力学的奠基人埃尔温·薛定谔学习，也曾跟随玻恩学习，因此前途无量。派尔斯迫切希望黑普纳来伯明翰攻读博士学位，且已经为他向大学交涉过，希望他能在 1940 年 10 月开始学习。不幸的是——就像派尔斯向玻恩解释的那样——伯明翰大学“现在很不愿意再接受任何新的外国学生”。在这个时期，对第五纵队的恐惧盛行于世，大学里的仇外情绪和大众的想法并无分别。派尔斯听到有人说“前敌侨”也来开会的负面评价后，就再也不去参加教职工会议了。[10]

尽管如此，派尔斯一定还是得到了批准，因为黑普纳在那年 10 月来到了伯明翰——但他没有得到任何资助。派尔斯面

---

① 哈罗德·尤里（Harold Urey，1893—1981），美国物理化学家，他因发现氢的同位素——氘而获得 1934 年诺贝尔化学奖。他在研发原子弹方面起到了重要的作用，还对从非生物物质发展有机生命的理论做出了贡献。

对着这个有可能一贫如洗的学生，在 11 月初致信玻恩，询问黑普纳是否有可能回到爱丁堡去。为了更婉转一些，派尔斯补充道，他从内维尔·莫特那里听说，福克斯就要被解除拘押了，很快便会回到英国，但是还没有工作。派尔斯解释道：
67 “我目前在为一个政府部门做一些咨询工作，希望减轻一些教学的负担。”[11]派尔斯询问玻恩，已经有博士学位和一些博士后经验的福克斯是否愿意来伯明翰担任临时讲师。

但玻恩不知道福克斯何时能回英国。由于这种不确定性，派尔斯决定不再等福克斯，转而继续就黑普纳的情况跟校方商讨。他告诉学校，他打算聘黑普纳作为“私人兼职助理，以便我能把更多的时间投入到对国家很重要的咨询工作中去”。[12]他解释说，黑普纳在大学的大部分时间是从事研究的学生，而教学将是他们两个人之间的私事——派尔斯为了黑普纳的这份工作付给他“每周 1 英镑 8 先令 10 便士”。派尔斯向校方强调，他曾“竭力寻找合适的英籍助手，但没有成功”。

大学批准了黑普纳的任命。这在短期内满足了派尔斯的需求，但在黑普纳毕业并找到了一份全职工作后，派尔斯就又回到了原点。因此派尔斯着眼于未来，又知道玻恩在爱丁堡没有专款在财务上支持福克斯，于是便请玻恩在福克斯回来以后一定要通知他。

1941 年 3 月 12 日，派尔斯一定得知了福克斯已回到爱丁堡，并且玻恩还没有为他找到工作的消息，因为他再次致信玻恩，询问福克斯的前途。玻恩立即回了信。在 3 月 16 日的一封信里，玻恩确认福克斯从加拿大的拘留营回来了，还补充说自己将会“非常感激，如果［你］能帮［我］为［他］找到一个合适的岗位”。3 月 22 日，派尔斯回信说，福克斯没有机会在伯明翰获得一个正式员工的职位，但可能会有一个临时讲师或者混搭职位的空缺，然后兼职做讲师，而其余的时间充当派尔斯的研究助理。

派尔斯给玻恩交了底。黑普纳即将完成博士学业，似乎有可能在业界找到一份工作，而他的离开将会给福克斯在那些职位里创造一些空间。派尔斯向玻恩提出的问题是，“根据福克［原文如此］的现状”，他是否认为这“是足够的提升，让他有理由离开爱丁堡”。

玻恩的态度非常积极，在写到福克斯时充满溢美之词。他认为福克斯是当前最出色的青年理论家之一，说其“极有天赋，比我在爱丁堡的其他所有学生都高出一个层次”。他笔下的福克斯是“眼神悲伤的一个非常安静的好小伙”，既“腼腆”又“身无分文”。[13]

将近两个月后，5 月派尔斯给福克斯寄了一封书面工作邀约信。派尔斯和玻恩两人的自传都提到了发生在这个时期的非正式交谈。派尔斯的自传没有给出具体日期，但暗示的时间顺序让人浮想联翩。第一次是在 3 月 22 日，派尔斯问玻恩，福克斯是否“愿意加入我们”。[14]派尔斯讲述道，他曾征求正式的批准，但“起初”他被告知要尽量少说，对此他回复说这实在是不切实际。派尔斯继续写道：“在适当的时候他得到了全面的许可，1941 年 5 月开始工作了。” 68

回想一下，早在 1940 年 7 月，派尔斯提到“分离重元素同位素”的时候，玻恩大概就已推断出派尔斯对核物理——甚至有可能就是$^{235}$U——感兴趣了。玻恩本人的回忆录也证实了这个结论，其中透露，派尔斯那封含义隐晦、给福克斯提供工作机会的信在5 月10 日到达时，玻恩和福克斯“两人都知道这意味着什么”。[15]

早在3月22日，派尔斯就提出了福克斯在伯明翰工作的期望。尽管直到5月10日才有正式的邀约，但很有可能福克斯在4月中旬拜访于尔根·库琴斯基时，就知道派尔斯对铀同位素的兴趣了，哪怕只是隐约地意识到了这一点。

## 比国安部门更高效

就这样，1941年5月10日星期六，派尔斯致信福克斯，信里列明条款，并邀请他参加“飞机制造部”的工作。派尔斯补充说，他“现在不能透露性质或目的”，只能说工作涉及“相当有难度的数学问题”。这份工作是“临时性的，大概要六个月的时间”，但“我目前还看不到这份工作何时能结束”。[16]派尔斯5月10日的信大概是完成调动所必需的例行公事，而不是启动调动的手续。福克斯最快会在5月12日星期一收到派尔斯的来信；5月13日，爱丁堡市警察局已经批准他搭夜班火车去伯明翰，以便他去和派尔斯商谈这个工作机会。[17]无论真相如何，派尔斯、玻恩和福克斯显然比国安部门的动作快。

福克斯带上了玻恩致派尔斯的一封手写的介绍信，信中提到“战时工作”“如您本人所言很重要”。[18]这强有力地表明，玻恩和派尔斯的有些对话没有记录，因为现存的书面通信中没提
69 到“战时工作”的“重要性”，只谈过福克斯当教师和作为派尔斯的兼职助理的情况。5月10日到16日这期间的通信也表明，玻恩和派尔斯在处理一些枝节问题，诸如避开某些官僚主义限制的巧妙计划等。派尔斯战时工作的资金来自飞机制造部。①

---

① 他在5月10日的信中清楚表明，在岗人员将“由部里发工资”。——作者注

这对于仍被归为敌侨的福克斯会是个严重的问题。派尔斯提出了一个巧妙的解决方案：如果原则上福克斯还是爱丁堡大学的雇员，那么他就可以被“借调”给飞机制造部，再由该部向大学“偿还工资”。派尔斯补充说，这个计策“或许能在临时工作结束后方便［福克斯］返回爱丁堡”。

玻恩同意，“如果［福克斯］有一份战时工作并且记录良好的话”，对他后来的职业生涯会有帮助，但他随后对于派尔斯的建议提出了一个问题：很遗憾，福克斯不是大学的雇员。不过玻恩也立即提出了绕开这个问题的办法：他会宣布福克斯是他的“私人助理”，并为福克斯接收资金。他还希望“等你那里的工作结束后”，福克斯能回到爱丁堡来。

在没有不利于福克斯的明确证据的情况下，他的学术调动进展迅速。5 月 27 日，他搬去了伯明翰，投宿在鲁道夫和吉尼亚·派尔斯家，家里还有他们的两个孩子，当时一个 5 岁，一个 7 岁。[19]福克斯多年来头一次体会到身为一个亲密无间、充满关爱的家庭一员的真正快乐——这或许也是他整个人生的头一次。他觉得派尔斯的孩子们很有趣，他们也很喜欢他。吉尼亚像慈母般地关怀克劳斯·福克斯，“像对儿子一样”对待他，这是她的个性使然。[20]她觉得他“特别好相处，对孩子们很友善，非常善良，完全值得信赖”，还回忆说克劳斯喜欢动物：“他对猫猫狗狗都很好。狗也喜欢他！”她认为这是他的腼腆所致：“他从来都不使性子。有些人喜欢更外向的个性，但孩子和动物们喜欢内向的。”[21]

鲁道夫·派尔斯在家里和福克斯讨论物理学，但机密项目不在此列。这是此后十年深厚友谊的开端。他们当然都有日耳曼血统，而且也有共同的行为方式，甚至在用餐的细节上也是

如此。派尔斯的家就像是来来往往的科学家收容所——“有名的英国物理学家都在我们家留宿过”，吉尼亚后来如此说
70 道。在这个温暖的环境里，克劳斯·福克斯吸收了派尔斯一家的荣誉感，成为“物理学家族”的一员，共享其成员在方程式之外的生活。这一切都将在日后揭晓。[22]

谈话的重点经常是他们共同的文化遗产。福克斯反法西斯的公开信仰和社会主义观点对鲁道夫和吉尼亚·派尔斯来说不足为奇。他对纳粹的看法和他们的如出一辙；他身为雅利安人，本可以有安全的选项并保持沉默，却采取了这样的立场，这更增加了他的魅力。因此在 1941 年 5 月底，鲁道夫·派尔斯似乎达到了一个理想状况：他为自己的物理研究找到了天才助手，一个与他有很多共同理想、逃离了纳粹德国的难民同胞，还给他的家添了一位很受欢迎、意气相投的新成员。会出什么问题呢？

## 伯明翰与“莫德”

充满戏剧性的是福克斯被派尔斯招募的时机恰逢战争期间的三大事件。首先，这是科学的关键时刻。雷达的发明在 1940 年帮助英国取得了不列颠战役①的胜利；而此时研制原子弹的竞赛不仅能决定一场战役，还会影响战争的结果，并决定今后的世界霸权。其次，这个时机对全球政治来说极为重要，6 月，曾与德国签订《苏德互不侵犯条约》的苏联遭到对方的入侵，在接下来的那个月，苏联与英国携手对抗德国。对于福

---

① 不列颠战役（Battle of Britain），即英伦空战，是二战期间纳粹德国对英国发动的大规模空战。

克斯来说，这个交会点具有开创性的意义。再次，迫于英国内部的政治压力，原子武器的研发前途未卜。在白厅，雷达仍被视作战时的主要研究领域。人们对原子弹的态度含含糊糊。就算完全相信这个计划，也是把它作为一个长期的对冲。对于希特勒可能会率先完成计划的恐惧刺激了科学家们，他们中有很多人是流亡者，把反纳粹的竞赛看作是个人的事业。

福克斯的到来也赶上了计划进展迅速的时候。1941 年 3 月，派尔斯有了一个灵感，他想到了使用一层铁裹住 $^{235}U$ 块，以便把逃逸的部分中子反射回铀，从而增加裂变的数量。这样做可以在一定程度上减少武器需要的 $^{235}U$ 的量，但这种装置的设计首先需要理论家的仔细评估。

“莫德”科学家们的近期目标是浓缩铀，最终分离 $^{235}U$。 71
派尔斯和另一位流亡者、牛津大学的弗朗茨·西蒙勾勒出了一个实用的扩散设备的初稿设计，西蒙的团队建造了单阶段的半比例模型。派尔斯对该设备的人力和成本做出了估算，与大都会维克斯公司①的 20 阶段设备的合同也达成了一致。

福克斯来做派尔斯的助手有助于释放这位大师的创造力。派尔斯的设想十分清晰：首要的任务必须是为了生产武器而制备原材料 $^{235}U$，而且还要制备足够的量来制造至少一枚炸弹。因此，近期目标就是从天然铀中分离 $^{235}U$。这需要气态的铀，而唯一切实可行的物质就是铀和氟的结合体六氟化铀。1941 年 5 月，福克斯加入的时候，派尔斯给他布置的第一个任务是：在气体通过扩散设备时，如何保证过滤出来的是铀同位

---

① 大都会维克斯公司（Metropolitan Vickers），20 世纪初期至中期的一家英国重型电气工程公司。

素，而不是其他元素的同位素？①

福克斯解决了这个问题。他那年夏天的报告保守了气体种类的机密，只提到了元素“A”和“X”，没有提到铀或氟。他研究了“元素 X 与元素 A 组成化合物，其中 A 有两种同位素 $A_1$ 和 $A_2$”这个假设的情况。他现在要解决的问题是，“存在两种同位素的 A 在多大程度上影响了 X 同位素的分离效率”。[23]因为福克斯还没有在《官方机密法令》上签字，派尔斯似乎给他出了这个抽象的问题，却没有透露元素 A 和 X 的特征。但福克斯几乎肯定推断出它们的本体了。要想知道原因，就回想一下当时进入公共领域的东西吧。

裂变是在 1938 年发现的，而连锁反应的想法吸引了科学家们的广泛注意。1939 年，“伟大的丹麦人”——原子理论家尼尔斯·玻尔——发表了他的见解，认为稀有的同位素 $^{235}$U 是这一现象的关键所在，但从那一刻起，核物理的研究就变成了机密。即便如此，任何称职的物理学家在面对分离同位素的问
72 题时，都明白玻尔的观察意味着什么，特别是在绝密的战争项目中。在福克斯看来，元素 X 显然就是铀；他唯一不知道的或许就是这种化合物的性质，但因为六氟化铀是铀唯一实际的气体化合物，他只要稍做努力，或许也能推断出这一点。

---

① 以六氟化铀为例，六个轻量级的氟原子的重量大约是一个铀原子的一半。所以在分子中，氟的质量约占总质量的 1/3。虽然氟只有一种稳定的同位素 $^{19}$F，但同位素 $^{18}$F 有放射性，半衰期大约是两个小时。这使得正常的氟中只剩下微量的 $^{18}$F，因此在实际应用中应该不会造成问题。正如本书第一章所讨论的那样，人们希望能找到一种替代“六氟”的方法，派尔斯可能希望福克斯评估这个一般性的问题，以便确保庞大而昂贵的扩散设备不会产生其他元素的大量同位素，而宝贵的铀却没有得到分化。——作者注

甚至在福克斯被正式批准参与此项工作之前，派尔斯就急于推进项目了。① 1941 年 6 月 11 日星期三，他致信在剑桥从事这个机密项目的同事说："我打算下个星期天下午和星期一去剑桥……我会带着福克斯一起去，他如今已经开始在这里工作了，我希望他能见见［你团队里的理论家们］，因为从数学的角度来看，他们的问题在某些方面是类似的。"[24]

如果认为在双方都不知道要用数学解决什么物理问题的背景下，福克斯可以与剑桥团队的任何人讨论数学，那是不现实的。数学可以提供一套工具来分析物理问题，但如果不首先确保这些是正确的工具，继续推进就没有多少意义了，而这首先需要对物理过程本身有着深刻的理解。

既然如此，派尔斯决定带福克斯一起去剑桥就很自然了。打败希特勒是当务之急，福克斯为此全力以赴，他的才智对派尔斯能否取得进展至关重要。派尔斯是全神贯注于那个目标的科学家。他完全有理由相信福克斯的动机和他是一样的。在文件上签字对于官僚来说很重要，但同时还有很多繁文缛节。派尔斯的一个基本信念是，只有"在最短的时间里获得最佳答案的必要性的指导下"，研究才是最有效率的，"而不能靠正式的组织和权威的质疑"。[25]仿佛是为了加强他的紧迫感一样，五天后，德军入侵苏联，而苏联如今成了英国在反纳粹战争中的同盟。

---

① 1950 年 2 月在福克斯家里找到的文件表明，他直到 1941 年 10 月 11 日才收到关于《官方机密法令》的通知（TNA KV 2/1252，s. 505a.）。在审判中，据称他是在 1942 年 6 月 18 日（原文如此）在《官方机密法令》上签字的。不管怎样，他直到 1941 年夏末才得到了批准，详见本书第五章。——作者注

# 第五章　业余间谍

73 1941 年 6 月 22 日，德国入侵苏联，此时距离克劳斯·福克斯开始与派尔斯合作还不到一个月。那天晚上，首相温斯顿·丘吉尔在电台向全国人民发表讲话，他说："我们将向苏联和苏联人民提供我们力所能及的援助。"[1]数周后，英苏两国正式的军事联盟关系确立。如果福克斯需要得到批准才可以采取行动，那么联盟和丘吉尔的说辞就是这种批准。无论如何，苏联档案记录表明，福克斯还记得他的"旧［原文如此］相识"、苏联情报官员克雷默，并决定把他关于原子弹计划的所知传给那位"作为反法西斯战争一分子的苏联代表"。[2]在夏天的某个时候，福克斯联系了于尔根·库琴斯基，把自己在核研究中的新角色告诉了他。[3]库琴斯基传达了福克斯的消息。[4]格鲁乌的伦敦负责人伊万·斯克利亚罗夫（Ivan Sklyarov，代号"布里翁"）收到了提醒。他继而请示了莫斯科的格鲁乌总部，后者指示他招募福克斯。[5]

1941 年 8 月 8 日，福克斯和克雷默在伦敦会面，这个日期是根据格鲁乌和克格勃的记录确定的，这证明福克斯后来说他直到 1942 年才开始间谍活动的声明是在掩盖事实。[6]8 月 10 日从伦敦传给莫斯科总部的格鲁乌密电译文（见注释 2）提到，福克斯是克雷默的"旧相识"，证明他们此前就见过面，很有可能就在库琴斯基于 1941 年 4 月举办的聚会上。在格鲁乌决定招募福克斯作为线人之前，他们必须确定他是真实的，而不是军情五处的诱饵。这种确认花了不少时间，表明福克斯最晚在 7 月就与库琴斯基接洽上了，很可能更早——在这种情况下，时间就被推到了苏联的战争角色接近改变的时刻。这样的时间表本身就符合福克斯在听到丘吉尔的广播后采取主动的说法，虽然他后来再也没有提出过这样的辩护。无论如何，
1941 年 8 月 8 日似乎都是福克斯以代号“奥托”之名正式被 74
格鲁乌“签字聘用”的日子，而他在此之前便已决定为苏联充当间谍了。

福克斯在那年春天便已参与官方的机密工作了，夏天，他把机密传给了苏联，而直到 10 月 11 日才收到关于《官方机密法令》的警告。[7]那年夏天，他知道原子弹既有可能又确实大有希望，并为此耿耿于怀，也成了知情的失眠者俱乐部的一员。浓缩$^{235}U$有了实用的方法，一枚炸弹所需的数量不多，大都会维克斯公司设计 20 阶段扩散设备的合同刚刚被签订，设备有望年底就位。福克斯了解这些结论所依赖的数据。

福克斯到伯明翰的时候，派尔斯已经用九篇论文阐明了这些问题。[9]福克斯或许从一开始就知道，中子击中铀块的时候，结果不仅取决于对象是$^{238}U$还是$^{235}U$，还取决于中子的速度。可以用慢中子从天然铀中释放能量，因为每 140 个原子中就有一个$^{235}U$。这可以作为热引擎的基础——用如今的说法就是“反应堆”——但并不会发生爆炸。如果中子能量很高，就可以在$^{238}U$中引发裂变，但这些连锁反应所释放的次级中子却没有足够的能量在$^{238}U$中引发更多的裂变。不过，如果它们碰巧遇到一个$^{235}U$，就会引发这种非典型同位素的裂变。不巧的是，这些“快速”的次级中子容易被$^{238}U$原子所捕获，

消失在裂变引擎中，所以就算$^{235}$U 的量大于平常，也需要某些减缓中子速度的手段来维持裂变的连锁反应。[10]另外，如果一开始就使用大约 50 公斤的纯$^{235}$U 的话，根据弗里施和派尔斯的看法，无论中子的速度如何，理论上都有可能发生爆炸。

1941 年夏，派尔斯和他的这位新助手深入研究了气体扩散的理论物理学以及实用浓缩设备的设计。变数太多，工作费时费力。就装配的问题和以诸如“兔子”、“死胡同”和“级联的级联”等奇特的名字命名的各种设计，派尔斯写了一系列论文，而之所以选择用这些名字，无疑是不想就其内容提供任何线索。[11]福克斯对于化合物分子中的铀浓缩的研究，形成了他与派尔斯的第一篇论文的基础。[12]

这就是 1941 年夏的认知状况，以及福克斯对此的特殊贡献。8 月，福克斯与克雷默会面时，他交给后者六页数据，这
75 是他第一次传递情报，随后七年里还有很多次。克雷默把福克斯的文件给受过一些科学训练的斯克利亚罗夫看过。8 月 10 日，斯克利亚罗夫——“布里翁”——用无线电把消息发送给了格鲁乌总部，破译后内容如下：

> “巴克”［克雷默］与德国物理学家克劳斯·福克斯会面了，后者报告说他在伯明翰大学的一个特别小组从事制造铀弹的理论方面的工作。这项工作预计需要三个月的时间，然后会将实验结果发往加拿大进行生产。假设铀弹的原子能量至少能有 1% 得到释放，那么 10 公斤的炸弹将会相当于 1000 吨的甘油炸药。[13]

这六页纸的笔记在同一天以外交邮包被送往莫斯科，但由

于被战事耽搁，直到9月初才到达格鲁乌总部。在此期间，这份无线电报让莫斯科非常激动，正如8月11日的回复所言："致'布里翁'：采取一切措施，获得铀弹情报。局长。"[14]

福克斯把绝密情报交给克雷默的过程是小说中的经典谍战桥段。两人在繁忙的公交车站相会，并肩坐在车上。福克斯会把他的文件副本装在信封里或是用包装纸裹好，准备下车时把这些落在座位上，留给仍在车上的克雷默。一次，他们天黑后在僻静的居民区街道上会面，开着车在附近游弋。[15]

福克斯后来声称，起先出于良知，他只传递他自己从事的扩散方面的工作内容。[16]然而莫斯科的反应表明，情况并非如此。福克斯本人在这个早期阶段的工作主要证明了气态的铀化合物中存在的多种同位素并不会扰乱浓缩$^{235}$U这一目标。尽管这显然有一定的重要性，但在宏大的背景之下，却相对而言微不足道。福克斯的材料在莫斯科初次露面就引起轰动一定靠的是当时的大背景，而不是这个具体的贡献。格鲁乌的局长阿列克谢·潘菲洛夫①将军受过技术培训，他评价福克斯的笔记"非常重要"。他的评估是，这些笔记透露了英国人正在研究一种"会把人类送上地狱之路"的武器。[17]

如果福克斯的笔记只包含了他两个月来关于扩散的工作内容，不太可能会有这样的回应。这反而表明福克斯——或者其他人——还传递了整个计划的关键内容：1940年5月的弗里施-派尔斯备忘录。福克斯给克雷默的消息称"工作预计需

76 要三个月的时间"，这是派尔斯和弗里施最初的估计。莫斯科

① 阿列克谢·潘菲洛夫（Alexei Panfilov，1898—1966），苏联军事领导人，"苏联英雄"金星奖章获得者，坦克部队中将。

的反应是“英国人正在研究一种‘会把人类送上地狱之路’的武器”，也是对派尔斯和弗里施结论的一个恰当的转述。

福克斯采取主动的一个结果是，莫斯科总部指示斯克利亚罗夫查明“大都会维克斯公司和剑桥大学等其他英国机构关于铀的工作内容”。[18]这些机构都在“莫德”科学委员会的一份报告中被提及，7 月 2 日，委员会的成员讨论过报告的初稿。那个夏天，“莫德”委员会审核了这份文件，虽然派尔斯并非正式成员，他也接受了“充分的咨询”。[19]

在积极从事“莫德”委员会工作的 31 位大学科学家中，有 5 位来自伯明翰大学，他们是派尔斯和福克斯、两位化学家，以及马克·奥利芬特，最后这位也是“莫德”委员会的成员。[20]派尔斯完全了解项目的状况，正如“莫德”报告的初稿中概述的那样，而福克斯在 8 月 8 日与克雷默见面的时候，可能也知道初稿报告中的内容——甚至可能就是他这样做的原因。最终版本在 8 月 27 日到达白厅时，英国公务员约翰·凯恩克罗斯①把一份副本转给了他自己的苏联联络人。因此，福克斯和凯恩克罗斯在 1941 年 9 月初便已提醒苏联注意这个绝密项目的进展情况。

与此同时，1941 年 7 月 4 日，“莫德”委员会的主席 G. P. 汤姆森得知，德国人正企图获得重水。② 他敦促丘吉尔的科学顾问、刚刚获封彻韦尔勋爵的弗雷德里克·林德曼制定

① 约翰·凯恩克罗斯（John Cairncross，1913—1995），英国公务员，二战期间成为情报官员和间谍。作为苏联的双重间谍，他把影响了库尔斯克会战的洛仑兹密码机原始译码发给了苏联，他被怀疑是“剑桥五杰”里的第五个人。

② 使用重水是减缓中子速度的一种手段。因此，对重水的兴趣就表明了对研发核反应堆或核武器计划的兴趣，详见本书第一章。——作者注

一个科学情报方案来评估德国人的进展。鉴于这一切过于专业，不适合由军情六处执行，汤姆森建议做这项工作的人应“具备物理学知识，并特别了解德国物理学家的个性和专长”。[21]被选中的情报搜集人正是派尔斯和福克斯。可汤姆森和彻韦尔不知道的是，福克斯替英国人分析德国人的工作时，已经把英国人的工作成果透露给了俄国人。

9 月，福克斯和派尔斯前往伦敦，“去军情六处拿德国科学期刊的副本，并推断德国核科学家们的位置、行程和研究活动”。[22]两人写了一份报告，结论说德国科学家充分意识到了分离同位素对制备可裂变的$^{235}$U 的重要性。派尔斯和福克斯还判断，德国的基础研究中心除了柏林之外，还有海德堡和慕尼黑。在询问“在查明德国擅长核物理的科学家的动向时采取了哪些步骤”后，军情六处得知，派尔斯和福克斯都在调查此事。实际上，派尔斯是主角，因为福克斯在德国学术界的时 77
间不够长，还不了解背景。派尔斯向福克斯展示了自己的发现，并向他咨询了一些具体情况。他们对德国人活动的评估似乎是大师与助手之间的合作，与他们的相对地位和经验一致。

1942 年 3 月，福克斯做出了他独立完成的第一个贡献，他分析了一篇德国论文，这篇文章讨论的是令人担忧的同位素分离技术。这是了解德国军事计划的一条线索，还是一则无关紧要的信息？1942 年 4 月 4 日，他致信佩林①，同意其看法，即尽管“偏向于无害的解释在我看来更加可信……我们却不

① 迈克尔·佩林（Michael Perrin，1905—1988），英国科学家。他发明了第一种实用的聚乙烯，并且是英国第一个原子弹计划的负责人，还参与了同盟国对纳粹原子弹的情报工作。他在战前就是英国帝国化学工业公司研究主管华莱士·埃克斯的助手。

能忽视另一种可能”。[23]这是评估德国科学威胁面临的典型困难，因为尽管派尔斯和福克斯的报告发现了与研发原子武器有关的诱人材料，但他们却没有提出任何确凿的证据，说明为此目的的德国有意义重大的、有效的方案。就像派尔斯在1942年8月29日为佩林总结的那样：“我们没有发现非常惊人的情报，［但］有一些值得注意的地方。”[24]

## 她能“在20步以外嗅到特务的气味”

福克斯是在5月搬去伯明翰的，但直到8月，他那份内容寥寥无几的军情五处档案才被重新打开，而此时福克斯已经在研究机密材料了。[25]1941年初，克劳斯·福克斯的档案不超过四个条目：1934年盖世太保关于其共产主义活动的意见，1938年同类事件的重复意见，以及军情五处对这两条意见的驳回。

如果有人想知道“是谁批准了克劳斯·福克斯”这个问题的答案，以及此人是否就是后来被控是苏联内奸的罗杰·霍利斯，那么线索就始于1941年8月6日，飞机制造部当时申请了外国人兵役（Aliens War Service，简称AWS）许可，以便福克斯可以与派尔斯合作。外国人管理处的科克伦－威尔逊（Cochran-Wilson）先生采取了行动。他注意到福克斯曾是“德国共产党积极分子”这条1934年的意见之后，联系了F.2.b部门的米莉森特·巴戈特（Milicent Bagot）——负责监视共产国际在英国的活动——并要求对福克斯的活动进行调查。

约翰·勒卡雷①虚构的莫斯科专家康妮·萨克斯（Connie

---

① 约翰·勒卡雷（John Le Carré，1931— ），英国著名谍报小说作家，他曾先后供职于军情五处和军情六处，后辞职成为专职作家，著有《锅匠，裁缝，士兵，间谍》等。

Sachs）就是以不好对付的米莉森特·巴戈特为人物原型的。1941 年，她已经有了十年杰出的职业生涯，其超强的记忆力以及在大量资料中发现规律的能力为人所传颂。1967 年她退 78 休的时候已是军情五处研究共产党的首席专家，并以在 1950 年代率先向国安部门发出警报而大名鼎鼎，她认为当时在军情六处工作的金·菲尔比这个臭名昭著的双重间谍表里不一。出于绝对的谨慎，她从未透露自己的消息来源。2006 年，她以 99 岁的高龄去世后，一篇纪念文章说她可以“在 20 步以外嗅到特务的气味”。[26]她对科克伦－威尔逊的请求的反应表明，她感觉到克劳斯·福克斯很不对劲。

大量有可能是共产党人的人名引起了军情五处的注意，而只有最重要的才会被提交给 F 部门的主管罗杰·霍利斯。[27]巴戈特小姐似乎立即挑中了福克斯的案子，因为在 1941 年 8 月 9 日，科克伦－威尔逊对她的请求同时上报给领导，出现在总管戴维·皮特里爵士的收件箱里。这想必是要通过她的部门主管罗杰·霍利斯，但文件资料中没有迹象表明这一点；如果霍利斯得到了通知，他也没有回忆起八个月前自己与维维安上校关于格哈德·福克斯的交流。① 同一天，皮特里致信伯明翰的警察局局长，巴戈特也在那封信上签了名。“因为此人在 1934 年曾被驻布里斯托尔的德国领事馆举报为德国共产党积极分子，”皮特里问道，“[他] 是否因为政治活动或联系人而在伯明翰引起了注意？”[28]皮特里强调事态紧急，警察局局长听命行事，回信重申福克斯在伯明翰期间“并无敌对行为引起注意”，而且他正与“杰出的数学家**派尔斯**”合作。这封信里还

① 见本书第三章注释 43。——作者注

说，派尔斯的妻子是“俄国人”，而派尔斯的“善意从未受到质疑”。[29]总管在同一天联系了伯明翰方面，国安部门对自己的记录进行了调查。巴戈特小姐的部门询问罗布森－斯科特先生——另一个老派的外国人管理处双重身份成员——是否有福克斯的情报，说此人在 1934 年曾被举报是“德国共产党积极分子”。[30]罗布森－斯科特显然没有作答，因为 8 月 29 日他收到了进一步的请求，这一次，匿名发信人的代号旁边标注了“DG”（总管）字样。[31]9 月18 日，他又收到一封提醒信，因为“MAP［飞机制造部］催着要一个决定”。[32]

福克斯整个夏天都在从事绝密项目，但随着秋天的开始，国安部门仍未完成他们的背景调查。[33]直到 10 月，也就是最初询问罗布森－斯科特的两个月后，军情五处的审查人员才得
79 知，他的一个便衣特工——“联络人‘卡什帕’”——曾报告说福克斯“在共产党圈子里非常有名”。[34]遗憾的是“卡什帕”一时半会儿给不出更明确的情报，故他的报告只能存档。除了“卡什帕”的情报外，关于福克斯的唯一负面情报仍是不能完全采信的盖世太保的报告。隐藏在霍利斯 1940 年 12 月关于格哈德·福克斯的质询里的线索无人问津。

然而，如果处理得当，安全局的档案里早就有值得警觉的情报了。例如，回忆一下霍利斯对克劳斯的哥哥格哈德的兴趣。早在 1939 年 7 月，格哈德就企图登陆英国探望克劳斯，但被拒绝入境，返回了瑞士。[35]格哈德是个有影响力的反纳粹分子，英国的国安部门早已确认了他与共产党的关联。第一次是 1932 年在秘情局（军情六处）的一份德国出版社的名单上，他被记录为“在共产党的指导下”担任《警示》（*Mahnruf*）杂志的编辑。[36]接下来在 1933 年，他被描述为“主持海牙国际工

人救济会常务秘书处的工作”。1940 年，档案记录“军情五处的一个消息来源报告说，［格哈德·福克斯］曾经隶属于布拉格的共产党”。[37]所有这些评论都被保存在军情五处和军情六处 1941 年以前的资料库中，然而在检查克劳斯·福克斯的身份，评价并否定他与共产党有关联的说法时，甚至直到后来评估他是否适合参加“曼哈顿计划”时，关于他哥哥的这个情报竟从未浮出水面。如今，计算机化的记录令这种通过搜索引擎的反复查证一目了然，而在当时，情报都存在地下室庞大的档案库中，用大量的卡片做索引，所以发现关联要难得多。尽管如此，罗杰·霍利斯在任何阶段都没有把这些零星线索联系起来，这看起来太不同寻常了。

1941 年 10 月，对这些情报一无所知的某位 D. 格里菲思——巴戈特小姐的同事——在“不知道‘卡什帕’的进一步情报”何时到来的情况下，觉得他们不能再“继续耽搁案子”了，故提议如果以后出现关于福克斯的任何重要情况，“我们就考虑取消对他的批准”。[38]为防范军情五处有朝一日不得不代人受过的可能性，格里菲思建议在此期间，“最好向飞机制造部提醒一下此人与共产党的关系”。[39]

军情五处内部缺乏紧迫感，这在事后看来一目了然：他们完全不了解派尔斯和福克斯工作的独特性质，尤其是在看得见的敌人不是苏联而是德国的情况下。充满讽刺的是，事实上福克斯的反法西斯历史以及他逃离纳粹迫害的难民身份都对他有利。

然而对于英国国安部门来说，共产主义仍是一个幽灵。在 80
格里菲思提醒飞机制造部注意福克斯与共产党的联系之后，10 月 10 日，简·西斯莫尔的丈夫、军情五处的 J. O. “乔”·阿彻致电该部的国安主管 W. 斯蒂芬斯先生。鉴于福克斯是德国人，而且用阿彻的话来说“与共产党有一些联系”，阿彻问斯蒂芬斯，“如果有关这项工作的情报离开这个国家的话，情况会不会很严重”。阿彻补充说，更有可能的是“情报会落到俄国人而不是德国人那里”。斯蒂芬斯难以判断，为了万无一失，他答复说他希望考虑看看是否可以聘用“除了福克斯之外”的其他人来从事这个具体的工作。阿彻同意这是“症结所在”，如果这项工作非福克斯不可，他们就“不得不承担有可能出现的风险”。[40]我们不知道斯蒂芬斯咨询的是飞机制造部里的哪一位，但五天后，他把他们的答复给了阿彻：“福克斯博士的协助是当前迫切需要的，由于他只知道履行其职责所必需的该工作的一小部分内容，我们不反对聘用他。”[41]

在此事上，斯蒂芬斯和阿彻两人都是“莫德”的高度机密的受害者。斯蒂芬斯知道，该项目在英国的几个机构里积极进行着，但没有意识到他们的科学研究结合得有多紧密。例如，在利物浦大学核回旋加速器上的实验，测试了派尔斯和弗里施最初备忘录上的理论假设，这些与剑桥大学在连锁反应上的工作一起，改善了对$^{235}$U 临界质量的估计，因而扩散设施所面临的挑战是巨大的。随后，牛津大学进行的扩散实验测试了伯明翰理论家们的计算，结果继而给设计制定了新的挑战和提炼要求。① 当然，目标是找到答案，但研究中最困难的部分是

① 关于设计的一个早期的主要决策，即气体扩散比热扩散效率更高，是在福克斯加入之前就确定的。因此在 1944 年，在福克斯一无所知的情况下，他在美国的苏联联络人——此人有热扩散的经验——在谈话时提出了这个概念，这对结果产生了决定性的影响，详见本书第 21 章。——作者注

找到正确的问题。为了保证效率，设计人员需要对整个计划了然于胸。回忆一下，派尔斯本人曾经说过，如果不允许他信任福克斯，福克斯对他来说就毫无用处了。[①]

飞机制造部的官僚们不了解这种复杂的组织结构，军情五处的官员们也一样，他们只知道自己正在监督的是绝密项目。斯蒂芬斯又加上了一层防火墙以求保险，情况更加复杂了，81
“我们会再次［原文如此］提请伯明翰当局注意向福克斯披露最低限度信息的必要性”。他加上了手写的附加说明，并稍微施加了一点儿压力，“如果可以加速必要的手续，我们将会很高兴”。阿彻中规中矩地记录道，对于外国人工作处发放许可证没有异议，此事于10月18日完成。[42]

在这个阶段，福克斯已经和派尔斯一起工作了将近半年，拜访过剑桥大学的“合金管”团队，并已经在他8月和克雷默会面时，把弗里施－派尔斯备忘录以及浓缩$^{235}$U的进展等情报转交给了苏联。[43]

1941年11月，他在英国的自由得到了全面的批准，克劳斯·福克斯成了英国科学界反希特勒斗争中的稳定的一员。[44]这样一来他如今无须警方事先批准便可旅行。福克斯几乎马上就去了伦敦，他急于知道自己夏天交给克雷默的情报结果如何，还想知道自己的秘密身份是否安全。他非常危险地违反了常规程序，不止一次致电克雷默。[45]一份格鲁乌备忘录甚至指出，福克斯在没有事先报备的情况下就去苏联大使馆找过克雷默，并递交了40页关于英国原子弹计划的笔记。[46]福

---

① 见本书第四章注释3，13 November 1978 letter to Andrew Boyle，Peierls papers，Bodleian Library，File D53，and note 5，Peierls，*Bird of Passage*，p. 163。——作者注

克斯倒是格外幸运，军情五处没有因这次拜访或截听他的某次电话而指认他的身份，进而把他的间谍活动消灭于萌芽之中。他的行为表明，这位优秀的理论物理学家在间谍这个行当还非常业余。

表明福克斯感到紧张的唯一线索是，在与苏联联络人接洽后回到伯明翰的家里后，他就开始咳嗽而且很严重。多年以后，他的双重生活被公之于众，吉尼亚·派尔斯说她回头想想，大概可以用这种咳嗽来确定他的间谍活动："他一般不怎么发烧——实际上从来不发烧——但他会躺在床上咳嗽，看上去非常痛苦，非常沮丧。"在她看来，这是"身心的自我惩罚"，这种惩罚"大概是潜意识的，因为他觉得自己背叛了朋友，而我却在照顾他，因此心里很难受"。[47]

## 传播扩散

由于天生聪明，福克斯的间谍手段迅速提高。在充当间谍的头六个月里，他向苏联人传递了好几次文件，尽管具体次数
82 不明。[48]福克斯在这个阶段的正常程序似乎是联系某个信使，大概就是于尔根的妹妹布里奇特·库琴斯基。福克斯后来说，于尔根在汉普斯特德地区劳恩路上的公寓是"我的秘密住所"。如果他在这座房子附近被军情五处看到的话，会有一个完美的解释：拜访一个德国友人。1941 年 8 月，福克斯和克雷默第一次会面的时候就递交了 6 页纸的情报。苏联格鲁乌的档案表明，12 月，福克斯传递了一份长达 40 页的报告，而到 1942 年 7 月克雷默被召回莫斯科之际，福克斯已经给了他大约 200 页的情报。[49]

1941 年 8 月的"莫德"报告确定了近期的重要事件：在

接下来的一年里，福克斯就能报告扩散设备的设计进展、$^{235}$U 裂变截面的测量，以及对$^{235}$U 可以爆炸的临界规模的预测了。至少就此而言，福克斯能够报告自己的工作，因为正是他在 1941 年和 1942 年的计算结果证明，他对临界规模的理论预测是最准确的。[50]为了找出使用这种高腐蚀性气体的最佳方法，“六氟”的化学属性得到了研究。关于气体扩散膜的性质、把“六氟”泵过设备的优化策略，以及气体经过各个阶段逐渐浓缩后如何循环利用的问题，都有了定论。这些工作大多单调重复，苏联的科学家们本可以适时自行仿制，但福克斯在英格兰的定期更新，至少为他们节省了大量时间和开支。

他能够告诉他们说，尽管美国远远落后于英国，但他们对铀的可能性也很有兴趣，这主要是因为美国是中立国，没有为战争所迫。诺曼·费瑟和在剑桥工作的瑞士裔英国物理学家埃贡·布雷切尔已经从理论上证明，在核反应堆里“培育”的钚会比$^{235}$U 更容易裂变，这因而成为制造原子武器的新方法。在加利福尼亚州，欧内斯特·劳伦斯①设法在伯克利的回旋加速器上留下了钚的微观痕迹，并证实了布雷切尔关于钚-239 的裂变截面大于$^{235}$U 的预测。[51]此外，劳伦斯还在研究通过电磁力来分离$^{235}$U 的第三种方法。带电的原子在磁场中移动时轨迹弯曲成圆形，其半径取决于原子的质量。比如，$^{235}$U 这种较轻同位素的半径会比较重的$^{238}$U 小。劳伦斯发现，这种“离 83
心”效应至少在实验室里可以分离出宝贵的$^{235}$U。对于武器所

① 欧内斯特·劳伦斯（Ernest Lawrence，1901—1958），美国物理学家。1930 年代，他在伯克利发明了回旋加速器，并因此获得 1939 年的诺贝尔物理学奖。“曼哈顿计划”期间，劳伦斯基于回旋加速器，又发明了电磁型同位素分离器，后者被广泛用于二战期间的铀浓缩。

需的数量而言，这是否能被证明可行还有待观察。

1942 年初，福克斯能够以第一手资料传递英国和美国的进展情况，也要归功于“莫德”科学家与美国同行之间的情报交流。这些联系是英国首相丘吉尔和美国总统罗斯福对话的结果。那以后不到一年，科学情报的交流将产生合作——在新墨西哥州研制原子弹的“曼哈顿计划”（见第六章）。

## 有学问的英国绅士

1942 年春，福克斯申请入籍英国时，军情五处开始第四次彻底审查他的背景。[52]

福克斯在申请书中申明，他希望成为英国公民，因为英国“给予了他庇护、生计和人身自由”。[53]内政部向军情五处核实，后者回答说他们有“这位申请人的某些记录”，但从安全角度出发，在对其是否适合入籍而提出深思熟虑的意见之前，“如果你们有关于其当前活动和生活方式的更详细资料的话，希望能看到你们的文件”。[54]军情五处在两面下注。它想要有关福克斯的更多情报，特别是“表明其最近是否对政治产生兴趣的警方报告”。军情五处的一份内部备忘录也提到：“我们很有兴趣知道，他的入籍为什么会‘符合国家利益’。”[55]

在内政部福克斯档案里的一份摘要中，伯明翰警察局局长的报告与前一年的情况基本相同：对于福克斯的危害一无所知。福克斯能说流利的英语、德语和法语。“谨慎调查”表明，“即便他还对政治有兴趣，也不能算是个活跃分子，并且据当前所知，他没有与本地区的共产党人来往过”。[56]警察局局长补充说："他说他本人深受这个国家的善待，不多管闲事是他的本分。"基于这个保证，也就是福克斯没有在英国参与政治，审查官员认为没有理由"以共产党这个角度"拒绝他的申请。[57]1942 年 8 月 7 日，克劳斯·福克斯成了英国公民，从而不再引起军情五处的特殊兴趣。[58]此后，他可以在派尔斯的科学机构里自由从事内奸的工作了。

另一个错过的机会与多年之后"卡什帕"的暴露有关。
1942 年，一位名叫罗伯特·费希尔（Robert Fischer）的英国 84
情报人员渗透进伯明翰的共产党团体——"70 人俱乐部"。他怀着詹姆斯·邦德小说那样的期待，"以请对方喝酒开始，在让那里的女秘书放松了警惕之后"，得到了该团体的成员名单。（"开始"的意义没有被进一步解释。）上述名单里有克劳斯·福克斯的大名，如果当时有关部门了解到这个情况，这份名单就有着重大的意义。费希尔把这份名单转给一个代号"维多利亚"的中间人，后者正在跟踪克劳斯·福克斯和他的哥哥格哈德的线索。格哈德曾经住在布拉格，档案里说"维多利亚""并不记得这份报告是交给了捷克人还是［'卡什帕'］"。[59]报告大概是交给了捷克人，因为直到 1950 年，解密的档案中才出现有关这种冒险行为的记录，这已是破坏发生很久之后了。

从 1941 年夏算起的八年时间，克劳斯·福克斯一直是军情五处的漏网之鱼。后来在 1949 年福克斯遭到怀疑时，军情五处审查了他的历史。它先撇清了自己的失察之责："伯明翰警方的报告（与他申请入籍有关）没有举出任何有损福克斯人格的例子，说他在同事们眼中举止绅士、毫无恶意，是个典型的学者。"警方声称，即便福克斯对政治还有兴趣，他也不是个积极分子，并且“他一心扑在研究工作上，很少有时间关心政治问题。没有人听他讨论过国内或国际政治，也没听说他与伯明翰地区的共产党人有任何联系。他本人也曾说过，这个国家待他不薄，他认为不多关心政治是他的本分”。[60]福克斯加倍勤勉地履行着自己的“职责”：苏联明确要求其特工避免公开支持共产党。

# 第六章　原子工业

早在 1940 年春，德国似乎胜利在望。在英国，旷日持久的冲突很有可能导致战败，很少有人能看到胜利的曙光。在这样的背景下，派尔斯和弗里施关于原子弹有可能研制成功的发现有望开发出“决定性武器”这一点，或许会扭转局势。[1]一年后，希特勒入侵苏联，这给英国的同盟者带来了新的希望，只要苏联能够顶住纳粹军队。但东线的战况越来越血腥，逾百万苏联士兵丧生，苏联参战似乎只能延缓战局，而纳粹终将获胜。而原子弹这张王牌还要等上好几年，不大可能及时派上用场。此外，英国科学家们担心德国人或许也在研发核武器。丘吉尔迫切希望美国作为盟友加入战局。为此，他在 1940 年 7 月授权一个代表团给美国送去一点儿甜头：一些关于英国最有价值的技术机密的情报，这些情报或许对美国军队有所帮助。[2] 85

当然，美国的科学家们早就在自行研究核裂变了。1938 年的发现——分裂铀原子有可能会释放出大量能量——自然会让科学家们研究该如何控制并投入使用这种能量。热引擎，即核反应堆的设计就是这种非战争应用的一个明显的例子。铀裂变是一种需要研究的自然现象。美国成立了一个“铀委员会”，其中包括一个国防部科研委员会（NDRC），担任其主席的是麻省理工学院副校长、华盛顿的科学决策人万尼瓦尔·布什博士，哈佛大学校长詹姆斯·科南特①博士做他的副手。

铀可以发生连锁反应的想法刚一提出，哥伦比亚大学的恩里科·费米就着手研究石墨是否可以把中子速度降低到足以实
86 现这种反应。他的第一批成果看上去大有希望，1939 年 10 月，他认为应该把铀-235 从天然铀中分离出去，以便确定在慢中子的作用下导致裂变的是哪一种同位素——$^{235}$U 还是$^{238}$U。

作为找到答案的第一步，费米致信明尼苏达大学的阿尔弗雷德·尼尔②，后者有一台质谱仪，可以利用电磁力分离诸如$^{235}$U 和$^{238}$U 等不同质量的离子。③ 费米请他以这种方法分离出一些$^{235}$U，尼尔使用四氟化铀做到了，它是该元素的一种绿色结晶体固态化合物。他的第一次分离是在 2 月 29 日，后来他回忆说，他记得这个日子是因为 1940 年是个闰年，那是个星期五的下午。他把$^{235}$U 的少量样品转移到镍箔上，将其贴在一封手写信的空白处，封在信封里。傍晚 6 点前后，他到达明尼阿波利斯的邮局，正好赶上用航空信把这个贵重包裹以特快专递寄给纽约的费米。星期六，费米收到包裹后就开始工作，用哥伦比亚大学回旋加速器的中子照射铀。

星期天一大早，尼尔就被电话吵醒了。费米团队的一个成员约翰·邓宁④彻夜工作，测量数据。$^{235}$U 样品十分出色，正

① 詹姆斯·科南特（James Conant，1893—1978），美国化学家、政治家和教育家，曾任哈佛大学校长及美国驻西德大使。

② 阿尔弗雷德·尼尔（Alfred Nier，1911—1994），美国物理学家，率先发展了质谱分析技术。

③ 原理如页边码第 82 页所述。——作者注

④ 约翰·邓宁（John Dunning，1907—1975），美国物理学家，在“曼哈顿计划”中起到了举足轻重的作用。他专擅中子物理，在研究用于同位素分离的气体扩散法时也起到了推动作用。

如尼尔斯·玻尔在理论上讨论的那样，实验结果清楚地表明$^{235}$U正是造成慢中子裂变的同位素。[3]

$^{235}$U确实是关键所在得到了证明，这引发了一个令人意想不到的结果：美国科学家们怀疑$^{235}$U含量非常低的天然铀中有可能存在连锁反应。他们并不急于追究这个问题——因为美国没有参战——而是等待着费米在哥伦比亚大学的天然铀和石墨的大规模实验的结果。费米判断，用慢中子照射铀可能是未来的动力源，但没有军事用途——需要的$^{235}$U数量巨大，不切实际，而且它在天然铀中的无效存在形成了能量释放的天然阻尼器。在阿奇博尔德·“A. V.”·希尔在1940年3月22日从英国抵达华盛顿时，这是普遍的观点，他当时还不知道弗里施和派尔斯的突破。

## “我必须吃安眠药”

与此同时，英国正在为生存而战。战争赋予了英国科学家
一种美国同行所没有的“紧张感和目的性”。[4]派尔斯在监督整 87
个英国的理论工作，全国性的实验计划由詹姆斯·查德威克负责组织，查德威克因发现了中子——启动连锁反应的关键粒子——而获得了诺贝尔奖。这位矮小精干、工作努力的科学家也显示出自己作为科学管理者的才华。和很多专家一样，他起初也认为原子项目直到战后才会有结果。随后在1941年春，由于分离铀同位素的实验和派尔斯推动的理论分析，英国科学家们发现，从天然铀中提炼出可裂变的$^{235}$U是有可能的。此外，这样做的成本也让这种扩散方法相当可行。在查德威克看来，原子弹不但可能，而且“势在必行”。

这一判断大幅提升了赌注的砝码。担心德国人可能拥有这

种武器的恐惧蔓延开来。实际上，意识到可能发生这种情况的那些人所经历的焦虑如此之深，以至于正如查德威克回忆的那样："我必须吃安眠药，这是唯一的补救之法。"[5]

对这种炸弹的探索是重中之重，它占据了1941年"莫德"报告的大部分内容，但裂变作为一种能源的潜在用途也是一项长期目标。它毫无疑问的商业潜力让帝国化学工业公司（ICI，后文简称帝国化工或帝国化工公司）兴奋不已，该公司也参与了扩散项目的化学工程。帝国化工的管理层唯恐仍然中立的美国进展迅速，并把参与"莫德计划"作为在战后取得商业优势的手段。

在"莫德"委员会提交报告之后，温斯顿·丘吉尔于1941年9月授权了一个绝密的研发项目，还为它赋予了一个平淡无奇的代号："合金管"。帝国化工的高管华莱士·埃克斯①被任命为项目经理。他在工作中表现出色，但他的帝国化工背景将会阻碍他与美国人的顺利合作，因为美国人怀疑他有二心。"合金管"的技术委员会里有一位是来自帝国化工的斯莱德博士，还有"莫德"委员会的四名科学家，其中就有派尔斯。[6]

英国人在当年9月与美国共享"莫德"委员会的报告，给万尼瓦尔·布什和詹姆斯·科南特留下了深刻的印象，尤其是派尔斯和弗里施取得突破的惊人消息，以及英国人认为炸弹可行的看法。美国当时无人预见到这个结果，"世上某些最杰出的科学家也没有注意到它"。[7]布什和科南特立即派两名参与

① 华莱士·埃克斯（Wallace Akers，1888—1954），英国化学家、实业家。他专擅物理化学，二战期间曾任"合金管计划"的主管。战后，他担任英国帝国化学工业公司的研究主管。

铀研究的一流科学家佩格勒姆①教授和尤里教授——根据罗斯 88
福总统关于鼓励“交流对国防有重要意义的最新科学进展情报”的指示——横跨大西洋去了解英国的研究进度。[8]英国对这种科学探讨的态度分为两派：几位科学家热衷于合作，但查德威克相当慎重。[9]

10 月 11 日，罗斯福总统向丘吉尔提议，“莫德”委员会与美国的科学家“协调配合，甚至联手合作”。[10]英国在这个阶段是核物理的领头羊，彻韦尔勋爵建议丘吉尔不要与美国分享自己的专业技术。首相一方面迫切希望美国参战，另一方面又认为任何炸弹都应该完全为英国人所有，因此对于美国的提议举棋不定。11 月，丘吉尔战时内阁的一名成员约翰·安德森②爵士建议，在英国人与美国开展合作之前，美国人“需要改善安保，达到与英国并驾齐驱的水准”，这其中的讽刺意义在很久以后才会显现出来。[11]

1941 年 12 月 7 日，日本飞机袭击了珍珠港的美国舰队。这终于把美国卷入了战争，美国与英国和苏联携手，对抗日本和欧洲的法西斯轴心国德国、意大利。此前，美国的某些人将其视为不太可能发生的欧洲冲突，如今，这变成了真正的世界大战。来自大不列颠的消息说原子弹是可行的，也让人担心德国可能也在研发这种武器。若果真如此，战败就意味着被一个比以往任何时候都更强大的全球霸权主义所征服，像罗马帝国

① 乔治·佩格勒姆（George Pegram，1876—1958），美国物理学家。1930 年起，他与约翰·邓宁一起，对中子的特性进行了许多细致的测量。他在“曼哈顿计划”的技术管理上发挥了关键的作用。

② 约翰·安德森（John Anderson，1882—1958），英国文官、政治家，二战期间曾是内阁成员，也因此有了“后方首相”的别称。他曾担任英国内政大臣、枢密院议长、财政大臣等。

那样，而且它还拥有原子武器来奴役和统治。如果纳粹科学家在制造原子弹竞赛中获胜，希特勒的千年帝国梦就不可能被轻易打消了。

丘吉尔立即拜访了罗斯福，以示与美国人同心同德。总统表示出最为热烈的欢迎。12 月 22 日，他在华盛顿新建的国家机场迎接丘吉尔，并在白宫招待了他。他们讨论战略计划直至深夜酒酣。圣诞前夕，丘吉尔和总统一起参加了白宫的圣诞树点灯仪式，两天后，他在美国国会发表了声情并茂的演讲。英国首相像“大家庭的一员”那样住在白宫，以至于有一次，总统走进房间，发现丘吉尔刚洗完澡，一边口授着备忘录，一边赤身裸体走来走去。丘吉尔向来访者打招呼说：“你看，总统先生，我没什么好隐瞒的！”[12]

在那些亲密无间日日夜夜里，两位领导人商定了两国的联合战略。然而，丘吉尔没有提到原子弹，这让罗斯福觉得英国
89 人认为原子弹并不重要。丘吉尔离开美国后没过几天，罗斯福就在 1942 年 1 月 19 日“批准了一个制造原子弹的机密计划”。[13]美国现在开始大张旗鼓地推进原子武器研发了。

1941 年，英国在派尔斯和弗里施突破性研究的基础上，确立了自己国家在原子弹制造竞赛中的领先地位。他们在牛津的实验中对$^{235}U$的浓缩进行了试验性的研究，特别是由于派尔斯和福克斯的努力，铀弹的理论研究也处于遥遥领先的地位。这正是丘吉尔一直回避与美国人共享原子弹情报的原因。但在 1942 年，主动权转移到了美国手中。

## 费米的反应堆

“合金管计划”的管理人华莱士·埃克斯是个善于倾听的

人，他魅力非凡，精力充沛。事实证明，他是研制炸弹所需的庞大工业项目的理想监督人选。他很快便看到，这个计划在英国并不现实，必须和美国项目合并。

1942 年 1 月，美国项目的负责人邀请埃克斯、弗朗茨·西蒙和派尔斯来访，同行的还有当时在英国工作的法国物理学家汉斯·哈尔班①，他是第一个确定连锁反应的可能性的欧洲人。2 月 21 日，一行四人出发了。[14]四位科学家很快便发现，尽管英国在核武器的理论研究上处于领先地位，美国却在实验上遥遥领先。英国遭到重重封锁，必须充分利用紧缺的资源；与此同时，美国却拥有巨大的生产能力，让它得以从事成本高昂的研发工作。因此，英国的研究重点是气体扩散，再加上一些小规模的离心分离研究，而美国则以大得多的规模积极探索四种方法。美国在纽约哥伦比亚大学建造了气态和热扩散测试设备，在伯克利测试电磁分离，在弗吉尼亚州测试离心设备，目的是看哪种效果最好。[15]然而让英国人大吃一惊的是，美国还十分热衷于制造武器的第四条路线②，即使用新发现的元素——钚。

在英国，钚已被束之高阁，因为关于它可以裂变的理论是推测出来的，某些“莫德”科学家怀疑它是否适合用于制造武器。就算产量充足，制造钚也需要一个核反应堆，而这本身 90

① 汉斯·哈尔班（Hans Halban，1908—1964），奥地利犹太裔法国物理学家。他在与奥托·弗里施合作时发现，与普通水相比，重水的中子吸收率非常低。1937 年，他加入法兰西公学院弗雷德里克·约里奥－居里的团队。1940 年 5 月德国占领巴黎后，他逃离法国，并应丘吉尔政府的邀请，在剑桥大学继续其研究工作。

② 原文如此，但经查阅资料，钚弹应为第五种路线，而前四种分别是气体扩散、热扩散、电磁分离和离心分离。（第 122 页第 5 段第 6 行可证实钚弹是第五种方法。）——编者注

似乎就是一个大工程，适合和平时期的长期计划而不是战时的优先事项。

英国用利物浦大学或剑桥大学的技术根本没法生产出用铀制造钚所需要的中子能量。但美国伯克利的回旋加速器就有这个能力，早在1941年3月，伯克利的科学家们就已经秘密证明钚的同位素“$^{239}Pu$”是可以裂变的，而且其裂变截面比$^{235}U$的要大。事实最终证明，钚是第一次原子爆炸的燃料。

在芝加哥，英国团队得知钚的研究已在进行之中。他们还与费米见了面，后者当时正在设计核反应堆的原型。费米最初在哥伦比亚大学的实验使他相信连锁反应是可以维持的，至少在理论上如此。如今在芝加哥，他计划建造一台机器，用中子和铀制造出自我维持的连锁反应，以在现实中证明这一点。他的第二个目标就是生产钚。

费米的反应堆是用固体氧化铀建造的，呈网球大小的块状，被包裹在石墨块中。石墨的作用是减缓中子的速度，从而提高中子在铀中产生裂变的效率。石墨块被堆积在一起，导致人们将这种核反应堆俗称为“堆”。费米的实验将被证明是核物理学中最重要的进展，仅次于原子弹的实际爆炸。

对英国科学家们来说，信息很明确：美国人在研制核武器技术方面取得了真正的进展，而在英国，研究的动力来自理论上的专业知识，但实际的进展却很有限。1942年6月，埃克斯的助手迈克尔·佩林访问了美国，他在到达后的四天内就报告说进展“巨大”。[16]6月17日，万尼瓦尔·布什向罗斯福汇报了进展的喜讯。他告诉总统，制备炸弹的五种基本方法都正在研究之中，实验装置的开发很快就可以为科学家们设计生产设备做好准备。布什断言，在理想的条件下，这将会使得一种武器“及时就位，其将影响目前战争的结果”。实际上，正如铀委员会成员在随后的一周商定的，离心机和扩散实验装置尚未准备好，可能还得要一段时间才能设计出来。然而，工作的真正重点和最终目标毫无疑问：“为我们的武装部队提供一种能够结束战争的武器，并且要在敌人能够用它来对付我们之前就完成。”这要求项目必须“全速”推进。[17]

佩林访问的一个结果是埃克斯建议把“合金管”融入美 91
国的计划，但丘吉尔的顾问们却“对美国的工业和组织能力持否定态度”，并继续坚称英国仍处于领先地位。难怪埃克斯在给丘吉尔的建议英美原子计划合并的备忘录中说，英国的“具有先锋意义的工作是一项日益减少的财产”，“除非我们迅速将其变现，否则就会被甩在后面”。然而真正的危险在于，拒绝合作“将有可能让德国率先得到炸弹”。[18]

## “索尼娅”

1942 年，克雷默回到莫斯科。奇怪的是，克雷默已不在英国了，莫斯科却似乎没有就如何与那位高产的原子间谍保持联络做出安排。

这让福克斯很沮丧，因为他和派尔斯刚刚在扩散设备上取得了很大的进展，并得出了他们关于“平衡时间”的结论。[19]这是确定一台设备需要多长时间才能生产出足量浓缩铀的重要参数，而且答案令人鼓舞。1942 年 5 月，他们的报告出炉了，该报告更新了 1941 年的最初版本，看来这促使福克斯重新与俄国人建立了联系。

在伯明翰，福克斯与共产党之间没有安全的纽带，因此他利用了自己在苏格兰时的人脉。他认识两个在格拉斯哥工作的德国共产党地下成员——著名的共产主义者、德国国会的前议员胡戈·格罗夫（Hugo Groff），以及自由德国文化联盟的福利部部长汉娜·克洛普斯特克（Hannah Klopstech），她是代号“玛尔塔”的苏联联络人，不过福克斯对此并不知情。[20] 1942年5月底，福克斯不得不去英格兰北部的蒂斯河畔斯托克顿（Stockton-on-Tees）从事“合金管计划”的工作，并利用这次旅行，向爱丁堡的警察局局长请求“5月30日到6月2日期间造访爱丁堡的许可”。[21]官方说法是为了见马克斯·玻恩，但福克斯在访问期间显然与共产党的同事们取得了联系，因为没过几天，他到来的消息就传到了于尔根·库琴斯基那里，后者仍是德国共产党在英国的地下党领袖。①

92 1940年4月23日，库琴斯基曾被拘留，但迫于其权贵友人的压力，旋即获释：他的父亲是伦敦政经学院的政治学家，在国会里有关系，在他父亲的游说之下，于尔根得以获释。内政部咨询了军情五处，后者“认为［于尔根］是共产党人”，

① 1950年11月30日，斯卡登在布里克斯顿监狱约谈了福克斯，询问他最初在1942年［原文如此］与苏联情报部门接触的情况。报告中说，福克斯“本能地认为，他应该通过在英国的德国共产党负责人取得联系”。当时，福克斯已经“与于尔根·库琴斯基非正式地见过几回，实际上已将此人视作党在此地的领导人”。因此，汉娜·“克洛普斯特克”安排福克斯去见“库琴斯基”，“见面地点可能就在汉普斯特德的自由德国人俱乐部”（TNA KV 2/1879，s. 546a）。福克斯向斯卡登描述的是他在那年克雷默离开后他们之间恢复联络的情况，而不是1941年的初次会面。有可能是福克斯在这里把事情混为一谈了，这要么是因为毕竟过了九年的时间记错了，要么是有意掩盖他是在1941年春纳粹与苏联签署互不侵犯条约时开始间谍活动的实情，当时《苏德互不侵犯条约》仍旧有效。1941年，他和库琴斯基在俱乐部见面，但似乎没有独立的记录表明1942年的会面也是在那里。他提到的“几次”与他在1941年4月拜访库琴斯基，以及他们战前在布里斯托尔的会面相一致。请见本书第五章注释3。——作者注

但出于某种原因，错误地认为他“不是个特别狂热的共产党人”。当遭到进一步追问时，军情五处拐弯抹角地说他们“不认为如果库琴斯基被释放的话，会危及国家的安全”。[22]他被释放了，其家人首先从工党领袖克莱门特·阿特利①的弟弟那里听说了这个消息。

于尔根·库琴斯基并非间谍，但他的妹妹乌尔苏拉是。就在福克斯从加拿大回来的差不多同一时间，她从瑞士的秘密活动中抽身转去了英国。她与第一任丈夫分居后，改嫁了入籍英国的法裔英国公民莱恩·伯尔东，因此她得以移居英国，并与父亲在牛津定居。1941 年 5 月，她成为格鲁乌在英国的“非法”负责人——在大使馆保护之外活动的间谍，代号“索尼娅”。[23]

乌尔苏拉的孩子还小，她把自己的无线电发报机的一部分藏在一只玩具熊里。有一次，当地警察拦住了她，她对警察说发报机本身是孩子的玩具。[24]

1942 年 7 月，乌尔苏拉去伦敦探望哥哥和家人，于尔根告诉她，自己得到的消息说“一个名叫 F. 的物理学家与苏联大使馆的一位自称‘约翰逊’的军事部门代表失去了联络”。[25]“索尼娅”向莫斯科发送了密码信号，并受命与福克斯取得联系。[26]

10 月，她搭乘火车前往伯明翰，在雪山火车站对面的一家咖啡馆与福克斯会面。福克斯有可能在 1941 年于尔根举办的聚会上见过她，因为他似乎从一开始便对她充满了信任。据

---

① 克莱门特·阿特利（Clement Attlee，1883—1967），又译作“艾德礼”，英国政治家、工党领袖。他在 1945 年大选中带领工党取得压倒性胜利，并意外地击败在第二次世界大战领导英国的温斯顿·丘吉尔，出任英国首相一职。

93 一份报告说，福克斯在那第一次会面时便把 85 页的机密文件交给了她，其中包括“不同的科学家撰写的几份报告，内容涉及他们在‘合金管计划’中的工作”。[27]之后的所有会面都是在“班伯里（Banbury）附近的乡间小道上”进行的。①1942 年的最后几个月以及整个 1943 年，福克斯和“索尼娅”在班伯里附近定期见面，时间都是在周末。她在上午从牛津坐火车来，福克斯在下午从伯明翰来。有一次见面是在班伯里以东 2 英里的欧弗索普公园，骑自行车或步行到那里都很方便。[28]

为了安排会面，他们用了“信箱”这个经典的间谍手法。“索尼娅”寻找隐藏地点，并把城外的见面地点安排在僻静的地方，这样她就可以骑自行车去了。其中一个隐藏地点是在林边的一处灌木丛，她在树根之间挖了一个洞，在那里交换情报。他们本可以在 30 秒内完成重要的工作，但为了避免引起怀疑，就伪装成一对情侣，在附近的乡间小路上手挽手地散步。他们从未在同一个地方见过两次面，每次约会都不超过一个小时。据“索尼娅”后来回忆，因为她和这位“冷静、得体、有教养的”“敏感而聪明的同志”讨论了很多事情——书

---

① 福克斯致斯卡登的信，见 TNA KV 2/1252，s. 518。福克斯告诉斯卡登说，“有一次，她到伯明翰来，我们在一家咖啡馆见了面”，但他没有明确说明这是他们的第一次会面。Mike Rossiter，*The Spy who Changed the World*（Headline，2014），p. 100，and Pincher，*Treachery*，chapter 19，这两本书都将这次当作他们的第一次见面，但没有提供出处。而“索尼娅”说他们第一次见面是在乡下，并没有提到伯明翰。我假设伯明翰是他们第一次会面的地方，与 Rossiter 和 Pincher 的说法保持一致，因为与陌生人首次见面至少应该有一个清楚的地名，还需要识别身份的手段，必要时还要知道如何终止约会，因此融入人群要优于暴露在空旷的乡野中。——作者注

籍、电影、时事——他们变得亲密无间。克劳斯告诉她，他很高兴能远离城市的喧嚣。“索尼娅”回忆说：“没有在这种与世隔绝的环境中生活过的人都想象不到与德国同志的这些会面有多么珍贵。我们共同参与的危险交易也增进了我们的亲近感。”对于福克斯这个完全沉浸在工作中，还寄宿在上司家里的单身汉来说，与“索尼娅”会面是无须戒备的难得的机会。在这些会面中，“索尼娅”这个曾在中国和瑞士为格鲁乌工作过的间谍老手能让福克斯大感放心，也能磨炼他的间谍技巧。两人都不知道对方的住址，而且她仍然确信克劳斯根本不知道自己就是于尔根的妹妹。[29]

当然，福克斯不得不向派尔斯隐瞒自己的行踪，我们可以重现一个这样的场合。1943 年 7 月 8 日星期四，派尔斯收到一位署名胡内 - 罗瑟里①博士的来信，这位博士写了一本关于 94
原子理论的书，他问派尔斯，福克斯是否愿意检查书里的方程式，“报酬大约是 10 英镑”。派尔斯答应去问问福克斯，但他解释道：“福克斯这个星期去度假了。”接下来的 7 月 12 日星期一，福克斯必定是回来了，因为派尔斯给博士回信说：“我现在已向福克斯提出了这个建议，但就像我担心的那样，他恐怕不能胜任这项工作。”同一天，莫斯科收到了“索尼娅”最近与克劳斯·福克斯会面得来的一批情报。福克斯的“度假”似乎包括前往班伯里的一趟旅行。[30]

福克斯成功瞒过了派尔斯夫妇，尽管有一次他的“面具”差点儿被揭穿了。1942 年底，派尔斯在家里办了一个除夕聚

---

① Hune-Rothery 疑似拼写错误，应为英国化学家、材料科学家威廉·休姆 - 罗瑟里（William Hume-Rothery，1899—1968）。

会。吉尼亚天生的外向性格让她如鱼得水，下场唱起了俄国民歌。克劳斯·福克斯深受感染，吉尼亚注意到他盯着自己看。他们只差4岁，他的神情恍惚让她颇感不安。想到克劳斯可能爱上了自己，她默默记在心下，确保这种情况不会再发展下去。多年以后，当吉尼亚得知福克斯的真爱是共产主义苏联时，她回忆起他那天晚上的神情，第一次明白了其中的含义。①

从1941年到1943年底，派尔斯为“合金管计划”写了将近100份机密报告。大部分是他独立完成的，有11份报告与福克斯合作而成。其中的一份写于1942年底，被福克斯作为礼物送给了“索尼娅”。它为确定原子弹的破坏力提供了基础的公式和数据。[31]

当时，“合金管”团队成员确信，中子可以在浓缩铀中产生爆炸性的连锁反应。当时的说法是一颗原子弹相当于数千吨高能炸药，但这个结论来自把两种爆炸释放能量的一种朴素的按比例放大。实际上，它们的性质有很大的差异，简单的估算远远不够。比方说，在化学性爆炸中，爆炸是由于释放的热量突然膨胀所产生的。这种热量通常有数千度，而核爆炸的温度超过了一百万度，会让空气中的分子破裂，并改变冲击波的性质。此外，核爆炸的速度也比常规武器快得多。这些差异会如何影响对炸弹破坏力的估计呢？

95 爆炸的破坏力是由冲击波造成的，冲击波是空气中压力的

---

① 有关此事的回忆见 Norman Moss, *Klaus Fuchs: The Man who Stole the Atom Bomb* (Grafton Books, 1987), p. 45。这看起来是一个真实的记录，因为派尔斯自己手里的这本 Moss 的书上有几处铅笔写的评论或更正，但关于这段情节的叙述没有任何批语。这本书现在归我所有。——作者注

突然变化，类似于机械地瓦解沿途物体的巨大音爆。在常规爆炸中，冲击波的传播是由于空气中的分子像台球一样相互撞击而产生的。然而，单个的原子往往能够幸存下来。相比之下，核爆炸是在类似于太阳核心那样的数百万度高温下发生的，原子被剥夺了其轨道上的电子——它们被电离了。为了计算冲击波是如何在这样的等离子体——由电离原子组成带电气体——中传播的，首先需要知道有多大比例的原子被电离，以及它们的电子是全部被剥离了，还是只有一两个如此。这就是派尔斯和福克斯在 1942 年研究的内容。

他们研究了氮和氧——空气中的主要元素——在高达两百万度的高温下的物理现象。在这篇由六十多个方程和八个数值计算结果表格组成的杰作中，他们计算出了电离量在冲击波中是如何随着温度的升高而增加的。这描述了冲击波高压一侧的空气——或者说它的剩余物——的性质，并算出了计算冲击波的传播所需的各种参量。他们在 1941 年 3 月的工作中便已知道，在炸弹的物质散开、铀碎片变成次临界堆、核反应停止之前，就已经有大量的爆炸能量被释放出来了。综合考虑得出的结论是，炸弹的破坏力确实会像数千吨棕色炸药一样，在此基础上还将释放出致命的辐射。

“合金管计划”的一批论文确定原子弹是一个能够实现的目标。正是通过福克斯和“索尼娅”，莫斯科才在一年多的时间里得到了“合金管”项目所产生的几乎全部科学数据的情报。“索尼娅”后来回忆说，单是一次，福克斯就给了她 100 多页的“厚厚一本蓝图”——大概都是图纸和公式。[32]如此一来，在战争的最后四年里，丘吉尔和罗斯福认为对原子弹计划一无所知的斯大林就知道了这个计划及其重大的意义。俄国人给盟军的计划起了一个适当的代号“伊诺穆斯”①，并开始了他们自己的研究工作。

## 美国领先

把原子能从理论变成现实的一项关键的技术研发在芝加哥
96 有令人满意的进展，1942 年的大部分时间里，恩里科·费米都在那里建造和改进他的核反应堆原型。费米和几个同事用人力把 6 吨金属铀、50 吨氧化铀和 400 吨石墨搬进 6 米高的反应堆里。1942 年 12 月 2 日下午 3 点 20 分，费米实现了他的目标，这个“反应堆”以大约半瓦特的速度稳定释放能量，十天后，能量增加到了 200 瓦。[33]这不仅证明了裂变和连锁反应理论的正确性，还意味着如果他的反应堆中含有$^{235}$U 而不是反应性较弱的天然铀，那么芝加哥的大部分地区就会被原子弹爆炸所摧毁。对以$^{235}$U 为基础的原子弹的追求已经走出了假设的范畴。

费米的成功还开启了原子武器的另一条道路。在通过实际“燃烧”铀来释放能量的过程中，原子“灰烬”的残留物中含有钚元素。回想一下，1941 年在剑桥大学工作的埃贡·布雷切尔和诺曼·费瑟曾发现钚可能是比$^{235}$U 更好的爆炸燃料。在伯克利进行的实验证实了他们的预测，现在费米则制造出了一台能够生产这种元素的机器。因此，核反应堆可以产生作为原子弹替代燃料、有可能效率更高的钚。随着费米的突破，“曼哈顿计划”诞生了。

与此同时，美国的几位官员并不信任“狡猾的英国人”，

---

① 伊诺穆斯（ENORMOS），意为“巨大”。

担心“合金管计划”的帝国化工公司管理人员会在战后“利用无辜的美国发明家的秘密和技术”。[34]到达“合金管计划”的外部办公室后，访客们对那里的第一印象并没能消除对帝国化工的疑虑：一张巨大的地图把英国划分为帝国化工公司的各个销售区域。[35]而另一方面，英国人则认为自己国家没有这种压倒美国人的力量——实际上，他们在 1942 年底就已经意识到，如果没有美国的帮助，他们不可能建造出完整规模的浓缩$^{235}$U 的分离设备。美国掌握了主动权，并在 1943 年 1 月再次提议合作。与 1941 年时英国的领先让丘吉尔得以施加影响的情况相比，1943 年被提交给英国人的备忘录，“一条单行道”：知识将流向美国，但有关原子武器或钚的生产等情报——这后来被证明是他们行动的关键——并不会返回给英国。此外，英国必须在战后放弃所有商业和工业开发的权利。

英国人的反应多少有些幼稚。白厅似乎对美国人如今是这项工作的关键这一现实视而不见，因此进行了报复，禁止其科学家参加美国的会议。“合金管计划”的团队成员对于这种政治内讧一无所知，他们看到的只是来自美国的情报日渐枯竭。 97
除了在英国人的知识可能对美国有用的领域之外，英国已被拒之门外了。[36]与此同时，派尔斯在 1943 年被选为英国皇家学会的院士，凭借着这种对其科学权威的明显认可，他警告说，政府的优柔寡断正在让他和“合金管计划”的科学家同事们失去动力。[37]英国团队后继乏力，无法独自建造完整规模的分离设备。

## 最高级别的机密

1943 年 5 月，英国科学和工业研究部的军情五处安全联络官 G. D. 加勒特（G. D. Garrett）少校拜访了伯明翰大学。从事“合金管”工作的各个团队所采取的安全手段给他留下了深刻印象，他写了一份给予肯定的报告。加勒特在简评中说，他和派尔斯一起待了两个小时，后者有“一支大约 8 人的工作队伍”，他们的运作如此高效，以至于“局外人得不到关于计划整体的任何情报”。[38]加勒特如今了解了“合金管计划”独一无二的重要性，并在福克斯的个人档案中写道，他参与了“最高级别的机密”工作。[39]这个消息也传到了负责监视英国共产党的 F. 2. a 部门，随后又传给了 F. 2. b 部门米莉森特·巴戈特的团队。[40]

那年 2 月，巴戈特的同事达夫妮·博赞基特（Daphne Bosanquet）把来自特工“卡什帕”的报告归档了，那份报告说克劳斯·福克斯曾“隶属于德国共产党”，但“从未崭露头角”。3 月，她写了一份关于福克斯的备忘录，总结道：“据信，尽管他在政治上不突出，个人声誉也良好，但仍是一名共产党员，且在从事正常的政治宣传活动。”[41]加勒特关于福克斯机密工作的重要性如今被视为“最高机密”的消息引起了她的注意。因此，她在 7 月 7 日联系了负责伯明翰的军情五处外勤人员戴克斯上尉。

博赞基特告诉戴克斯，自福克斯取得外国人兵役许可以来，军情五处就知道他在从事机密的研究工作，但如今得知，那是“机密级别和重要性最高的工作”。她附上了自己的 3 月备忘录副本并补充说，虽然这不是警方的事，但戴克斯能否以对其大学人脉和住址的了解，就福克斯的情况给出意见。[42]

戴克斯在 7 月 12 日的答复已经从档案中删除了，但他似乎引用了警方的意见，认为福克斯是个“聪明而危险”的 98

人。[43]博赞基特在回信中说："目前，我们对福克斯无能为力，既然他已经在当前的工作上做了这么多年，显然没有造成任何麻烦，我认为我们可以让他继续下去。"[44]

从事外勤的戴克斯避免了似乎弥漫于伦敦总部的群体思维。1943 年 7 月 15 日，他以令人信服的评论做出答复。对于福克斯这些年来在当前工作上"显然没有造成任何麻烦"的说法，他不为所动："问题的关键当然在于，这样一个被人说成是聪明而危险的人，是否应该有机会接触到最机密、最重要的情报。"然后，戴克斯提出了自己的关键看法："尽管他不可能制造麻烦，但很有可能会把情报传给不受欢迎的人。"这显然给某人留下了深刻的印象，因为有一个不知其名的人在这句话的文件空白处加了一个铅笔涂写的感叹号。戴克斯认为，提请警方注意可能很重要，但"当然不是决定性的"。[45]

博赞基特对此表示同意，"考虑到**福克斯**的重要工作，询问［警方］是否可以向我们提供有关他的所有细节是个好主意"。戴克斯肯定这样做了，因为警察局局长在 7 月 28 日给他写了一封信，并随信附上了关于福克斯三页纸的报告，这份报告在他入籍时被提交过。回信中说："没有任何不利于［福克斯］的证据。"他是共产党员的情报来自德国领事馆，这一事实再次被认为"可能存在偏见"。[46]

尽管如此，军情五处还是决定拦截福克斯的邮件，看看他是否收到了"任何让人感兴趣的信件"。[47]实际上一无所获——两个星期过去了，连一封信也没有。福克斯不善交际。他如今 30 多岁了，连女朋友都没有（与"索尼娅"的约会当然是一种伪装），除了科学界同事的小圈子之外，似乎也没有任何朋友。总而言之，他是个独行客。如今，这样的形象足以引起人们的注意；但在1943年，军情五处得出的天真结论是：“他似乎不太可能与任何我们感兴趣的人有密切的联系。”军情五处反间谍部门的苏联情报室负责人休·希利托（Hugh Shillito）的一个手写的备注赞同这种观点。希利托在战争期间曾经破获了一个格鲁乌的间谍团伙，取得过重大成功，但这次他做出了军情五处历史上最糟糕的判断之一：“我认为福克斯不会在他当前的岗位上造成危险。”[48]

他的“岗位”是充任派尔斯的助手，确定制造原子弹所
99 需的材料。到1943年底，英国团队已经确定了在扩散设备中浓缩$^{235}U$的最佳部件和配置的大规模组合。派尔斯指导了真实炸弹爆炸的数学物理学工作——爆炸和冲击波的传播、爆炸的效率，以及如何最好地在次临界碎片中实现铀的超临界配置。[49]大量此类工作是在福克斯的帮助下完成的，福克斯清楚并理解其中的一切。

在这个阶段，福克斯已经向莫斯科传递了两年的情报，先是通过克雷默，如今是通过“索尼娅”——乌尔苏拉·库琴斯基（伯尔东）定期传递。尽管军情五处已经为乌尔苏拉——一位共产党领导人的妹妹——建立了档案，但直到福克斯被捕、她也逃去东德多年以后，他们之间的关系才被人发现了。[50]他又一次逃脱了罗网。

## 机密与斯大林

除了英国政府的所有这些绝密工作之外，派尔斯还继续以后备消防员的身份履行公共义务。但早在1942年，“合金管”项目就要求他一俟通知便不得不离开伯明翰去参加会议，例如他曾在1942年1月对美国进行秘密访问，这干扰了他的消防

任务。7 月 22 日，国家消防局“C”分区的分管官员致信派尔斯，谈及他在国家消防局的值班不稳定问题，信中提到他整个 6 月只出勤了 35 个小时，低于规定的 48 个小时。7 月 24 日，派尔斯回信解释说，他“忙于国家的重要工作，经常不在伯明翰，而且往往工作至深夜”。派尔斯在加入消防局时曾向当时的负责人解释过这一点，并在一开始就提出，“如果他觉得我所能做的有限职责对这项工作没有任何用处的话”，自己可以辞职。派尔斯补充说，他“很惊讶地在你的来信中发现，6 月的值班竟然累计达到了 35 个小时之多”。

现在，派尔斯再次提出，如果他无法达到消防局要求的 48 个小时的话，将会提出辞职。他补充说：“我的工作未来的发展很可能会要求我在几个月时间里完全脱离国家消防局的工作，但我想尽可能地留任，以便在那之前随时准备好应对任何严重的突袭。”[51]

自 1943 年初以来，派尔斯就知道，研发原子弹将会是一
个庞大的工业项目，需要建造核反应堆、发电站和数百米长的 100
扩散设备。要让德国飞机无法接触到这些基础设施并保守机密，就需要把英国人的努力转移到美国去。1943 年 8 月 19 日，丘吉尔和罗斯福签署了《魁北克协议》，美国同意恢复与英国在原子弹方面的合作。但英国在很大程度上是个次要的合作伙伴，为了达成协议，丘吉尔把在英国发展核电的否决权给了美国。[52]美国的纳税人为“曼哈顿计划”买单，从而有对条款的支配权，这是基本的事实。虽说在 1 月时，英国人无视美国提出的战后放弃原子能商业权利的建议，但现在英国处于劣势。对丘吉尔来说，积极的一面是罗斯福以书面形式做出承诺，允许英国科学家参与“曼哈顿计划”。

发现了中子的科学家、如今监督着“合金管”研究工作的詹姆斯·查德威克是个务实的人。他看到英国可能永远无法与美国竞争，所以“尽可能地获得掌握这个计划的全部知识和经验”至关重要，以便英国的战后工作最终开始展开时，可以从美国的经验中受益。

《魁北克协议》签署几个小时后，派尔斯和“合金管计划”的几位高级科学家就“形色仓皇”地到达美国，与美国同行商讨进展，准备搬迁。[53]说他们“形色仓皇”并无不妥：派尔斯直到 8 月 10 日才开始准备造访美国，[54]当时离丘吉尔与罗斯福会面签署协议还有一个星期。[55]

9 月，两个国家达成一致意见，英国的一些科学家应调往美国，协助美国人。[56]至于这次借调的持续时间，除了“预计会很久”之外没有任何把握。因此，科学家们得到准许，可以携带家人。11 月 17 日，英国科学和工业研究部（Department of Scientific and Industrial Research，简称 DSIR）通过电传打字机提交了申请，鲁道夫·派尔斯将作为官方使团的成员出行，吉尼亚与他同行。第二天，这些申请获得了批准。[57]没有证据表明派尔斯受到了军情五处的审查。他似乎还在继续“合金管计划”的工作，这是在他上一次于 8 月访美时大学副校长和佩林先生对他保证过的，也是间接地向当局担保他是安全可靠之人。[58]

丘吉尔和罗斯福都把目光投向了战后时期，他们决定将原
101 子弹的方方面面以及他们的合作都当作机密，不向苏联公开。
1941 年夏季之前，斯大林与希特勒都在遵守《苏德互不侵犯条约》。德国入侵苏联迫使他不得不先后与英美结盟，但这在丘吉尔看来，不过是政治上的权宜之计。

斯大林当然清楚地知道西方盟国的意图，不仅如此，莫斯科总部也知道他们的主要内线情报来源是克劳斯·福克斯。还有其他的原子能科学家间谍，特别是剑桥大学的化学家恩格尔贝特·布罗达①——1943 年 4 月，福克斯向“索尼娅”推荐了他，[59]还有在加拿大的一座核反应堆工作的艾伦·纳恩·梅②，但没有一个人比得上克劳斯·福克斯，尤其是因为其与派尔斯的合作让他成为计划的核心人物。然而，福克斯与“索尼娅”的约会注定要结束了，1943 年 11 月，对他的安排已经准备就绪——他将随英国科学考察团前往纽约，也越来越接近“曼哈顿计划”的核心了。

“索尼娅”在英国的最后行动之一，就是为福克斯安排好在美国继续传递情报的途径。1928 年，她曾在纽约住过几个月，现在努力回忆一些地标建筑，以便安排他在那里与苏联联络人会面。她选择了位于亨利街 256 号的定居点，她曾在那里工作过。那里是在纽约东城的贫困犹太人当中很有名气的一条街道，就在她曾经的住处附近。她选好这个定居点，确定了辨认身份的方法和代号，向福克斯介绍了情况，并将细节传给了莫斯科。[60]作为回应，福克斯告诉她，可以通过他住在马萨诸塞州剑桥市的妹妹克里斯特尔和他取得联系。[61]

---

① 恩格尔贝特·布罗达（Engelbert Broda，1910—1983），奥地利裔英国化学家、物理学家，有些人怀疑他是代号“埃里克”的克格勃间谍，是苏联关于英美核研究的主要情报来源。

② 艾伦·纳恩·梅（Alan Nunn May，1911—2003），英国物理学家，在二战期间向苏联提供了英美两国的原子弹研究机密。

## “这场战争就赢定了”

莱斯利·格罗夫斯[1]少校是个身高将近六英尺的彪形大汉。他大腹便便，其下的臀部几不可见，裤子全靠与他滚圆腹部的摩擦来抵抗地心的引力。到 1942 年 9 月，格罗夫斯已在华盛顿特区待了两年，负责美国大陆及其境外基地的所有军事基建——甚至还曾监督过五角大楼的建设。格罗夫斯现在正为
102 “火炬行动”——英美进攻北非，也是二战期间美国在欧洲进行的第一个重要行动——做准备，渴望率领作战部队在国外服役。9 月 17 日，他得知战争部长选派他去执行一项非常重要的任务，并得到了总统的批准。格罗夫斯倍感好奇，兴奋地问道：“去哪里？”不过答案却让他垂头丧气：“华盛顿。”

格罗夫斯满心想着被派驻海外，见识一下实实在在的行动，不想留在华盛顿从事案头工作。“如果你把这个任务完成得好，”他被告知，“这场战争就赢定了。”格罗夫斯得知，他将被提升为准将，这进一步暗示了这个仍属机密的任务的重要性。

他的职责是代表“曼哈顿工程区”（后来被称为“曼哈顿计划”的项目的正式名称）组织和协调原子弹的研制。有人向他解释了一下背景，仿佛这个事业是既成事实一样。格罗夫斯得到了保证：“基础的研发工作已经完成。只需要拿出大概的设计方案并使之最终成形，再建造一些设备，组织一支作战部队，你的工作就完成了，战争也就结束了。”格罗夫斯回忆

① 莱斯利·格罗夫斯（Leslie Groves，1896—1970），美国陆军中将。他在二战期间曾主持美国“曼哈顿计划”并获得成功，第二次世界大战结束后获授中将并荣退。

说："我自然持怀疑态度。"但直到后来他才意识到，这些预测过于乐观到何种程度。[62]

确实很乐观。计划是到1943年3月，一个用核反应堆生产钚的设施，以及分离$^{235}U$——通过离心机、电磁法和气态扩散法的方式——的三种设备就位。[63]然而格罗夫斯认为这"完全不现实"，因为当时的基础研究非常原始，手边甚至连通用的设计标准都没有。

格罗夫斯与万尼瓦尔·布什的第一次会面并不成功。在布什看来，格罗夫斯不够"老练机智"来完成这项工作，他总结说："恐怕我们已经陷入了困境。"[64]然而，布什不必为此担心，因为格罗夫斯是被精心选择来担任这项任务的：他是个不折不扣的军事家，勇猛的严格纪律信奉者，为了制造原子弹和赢得战争，他将不惜一切代价。幸运的是，从这个最糟糕的时刻开始，布什和格罗夫斯很快就变成了一对难兄难弟，而事实证明，格罗夫斯任命物理学家J. 罗伯特·奥本海默①担任科学负责人是个灵光乍现的选择。

格罗夫斯坚信保密至关重要，甚至连自己家人都不能知道这项工作的性质。例如，他告诉在西点军校就读的儿子，面对同事们的任何问题，都要回答说："我根本不知道他在做什么。"格罗夫斯也意识到，如果有认识他的官员刨根问底，就可能会有问题；格罗夫斯说，在这种情况下，儿子只需用"我想是什么机密的事情吧"来解释即可。和许多被卷入"曼

① 朱利叶斯·罗伯特·奥本海默（Julius Robert Oppenheimer，1904—1967），美国理论物理学家。二战期间，奥本海默领导洛斯阿拉莫斯实验室，他参与的"曼哈顿计划"最终研发出了用于轰炸广岛与长崎的首批核武器，因此被誉为"原子弹之父"。

103 哈顿计划”的家庭一样，直到三年后广岛被炸的消息举世皆知时，格罗夫斯的家人才第一次知道了他的工作性质。

格罗夫斯在回忆录中说：“当时没有人预料到这要付出数十亿美元的代价。”他补充说，在和平时期，这样的计划会是“极度轻率的”。格罗夫斯在与布什的第一次会面后就意识到，这是一个没有任何人有任何经验的项目，他必须制定规则。正如他多年后所言：“通常情况下，匆忙就会造成浪费；但对‘曼哈顿工程区’来说，匆忙是必需的。”

# 第三部分

## 调任“曼哈顿”

1944～1946年

# 第七章　新世界

对于格罗夫斯而言，“曼哈顿工程区”（MED）计划的目 107
标是在敌人能自行制造之前，成功地交付原子武器。如果敌人听到了这个项目的风声，通过间谍活动窃取情报并赢得了这场竞赛，那将会造成巨大的灾难。所以从一开始，格罗夫斯就把注意力集中在安全上，这甚至包括对新闻界的控制。

审查办公室将确保官方和个人信件中的敏感信息不至外泄，但格罗夫斯担心，即便是平淡无奇的新闻也会被见多识广的敌人利用。为了避免引起人们的关注，他命令不得发表该项目任何阶段的消息。一方面，对工程区基地附近的地方报纸进行审查，可能会引来注意并起到反作用；同时，另一方面尤其有必要对一切杂志或全国性的报纸进行有关此类研究的新闻封锁，敌方特工或对科学进展有一定了解的人很可能会阅读它们，并从中推断出发生了什么事情。他不希望报纸杂志提及橡树岭[1]或洛斯阿拉莫斯，也不希望提到“曼哈顿工程区”。可能会引起外国特工兴趣的科学家的名字也要避免出现。

格罗夫斯很明智地预见到了这种危险，但没想到俄国人仅仅通过查阅公开的物理学文献，就已经推断出了事情的来龙去

[1] 橡树岭原名克林顿工事（Clinton Engineer Works）。“橡树岭”之名直到战后才启用，但我使用了这个熟悉的名称以免产生混淆。——作者注

脉。1942 年初，物理学家格奥尔基·弗廖罗夫[①]还在服役，他所在的苏军距离莫斯科大约 300 英里。有一天，他利用几个小时的空闲时间，去当地大学物理系看看他们的杂志，了解核裂变方面的进展。他翻阅了几页西方期刊，找到了一系列此方面主题的论文，但惊讶地发现完全没有关于核裂变的内容。事情
108 远不止如此：不仅有关裂变的所有文章都消失了，主要的核物理学家们也消失了，包括恩里科·费米、尼尔斯·玻尔，而其他著名的核物理学家几个月来都没有发表任何论文。弗廖罗夫很快便意识到，对于论文阙如的解释是美国人对裂变的研究已成了机密。这也解释了核科学家失踪的原因：他们正在研究核武器。[1]

弗廖罗夫暗忖，美国人和苏联人至少在战争中是同一阵营的，但他担心德国科学家可能会得出同样的结论，而且德国有办法浓缩铀。弗廖罗夫在 1942 年 4 月写信给斯大林，以敲响警钟。他当然不知道斯大林已经十分了解盟军计划的状况，这要归功于克劳斯·福克斯。这个独立的情报很可能让这位偏执的领袖相信这位英国科学家的格鲁乌报告是真的。而为了完成这场蹩脚的闹剧，如今福克斯正在前往格罗夫斯领地的路上。

## “安全是个重要因素”

在格罗夫斯负责“曼哈顿计划”后的头一年，美国的国

---

① 格奥尔基·弗廖罗夫（Georgi Flerov，1913—1990），苏联杰出的核物理学家。1942 年 4 月，他致信斯大林，指出美英德等国在核裂变武器上的空白，最终催生了苏联的原子弹项目。1957 年，他在杜布纳创建联合原子核研究所，在 1989 年之前一直担任该研究所的所长，并在此期间当选为苏联科学院的院长。

内安全由乔治·斯特朗（George Strong）少将指导下的美国战争部反间谍局负责监督。1942 年 2 月，斯特朗和格罗夫斯就各自的责任达成一致。战争部负责其文职雇员和军管财产上的全体人员的安全，而“曼哈顿工程区”就属于这个范畴。

另外，联邦调查局（FBI）在 1930 年代的关注重点是犯罪团伙，特别是禁酒令期间的私酒贩子和跨州作案的银行劫匪。到了 1940 年，共产主义颠覆的幽灵越发引起了联邦调查局的关注。1943 年初，这导致“曼哈顿计划”的保密工作出现了第一个潜在的问题。

联邦调查局一直在调查伯克利的一位科学家，这是他们对旧金山湾区共产党领导人的监视工作的一部分，他们通过这次调查风闻了“曼哈顿计划”的消息。斯特朗将军要求联邦调查局停止监视这位科学家，他不得不告诉该局的局长 J. 埃德加·胡佛①这个项目的存在，尽管这并非该局的管辖范围。胡佛得知了这个军队保护项目的计划，并同意斯特朗的意见，认为军队应该继续负责“曼哈顿工程区”的安全。格罗夫斯强调：“安全是个重要因素，但并不是这项工作的全部内容。”[2]

1943 年，随着工程区的扩张和成熟，战争部集中的反间 109
谍工作重心不再适合维持工程区的安全了。一支由工程区的“潜伏者”组成的专门安保部队成立了，它在本质上仍听命于军方，到战争结束时，这支队伍已逾 485 人。整个战争期间，它与联邦调查局展开了最全面的合作。这至关重要，因为调查局拥有颇具价值的大量的个人背景资料，作为回报，工程区也

---

① 约翰·埃德加·胡佛（John Edgar Hoover，1895—1972），美国联邦调查局由调查局改制之后的第一任局长，任职长达 48 年，直到 1972 年逝世为止。胡佛生前的声望很高，死后有关他的争议却愈演愈烈。

向调查局透露了后者感兴趣的情报。

对于格罗夫斯和工程区反间谍部队而言，问题在于谁是他们该保护的对象。在敌人中，日本和意大利被认为不具备制造原子弹的工业能力，而他们与德国之间的情报渠道也被认为沟通不畅，因此，保护工程区免受德国间谍活动的影响似乎是理所当然的。然而，格罗夫斯刚开始工作后不久，就从联邦调查局那里得知，目前已知的间谍活动都是苏联干的，他们利用美国的共产党人渗透进了伯克利的实验室。俄国人企图获取包括该计划在内的军事情报，导致联邦调查局开始监视苏联大使馆和共产党团体的活动。格罗夫斯如今把检查工程区工作人员是否支持共产党作为自己的首要任务。

在接下来的三年里，“曼哈顿计划”涉及成千上万的人，从享誉世界的科学家到技术人员，再到办公室文员、卡车司机、清洁工和其他各类人员。要对所有这些人进行彻底的检查是绝对办不到的。在匆忙的调查完成之前，新人都必须留在非机密部分的工作上。没有机密权限的人要接受警方的检查，他们的指纹会被与联邦调查局档案中的进行比较。能接触到机密的工人要经过更仔细的审查，在某些情况下，他们的历史要追溯到童年时期。受雇于禁区的人填写了安全调查表，如果对这些人有任何疑问，更彻底的调查会接踵而来。军队进行了所有这些初级检查，并就指纹的问题征询了联邦调查局的意见，调查局在认为有必要进行更详细检查的情况下，也对这些人进行了检查。

如果联邦调查局有任何个人的记录，这份记录就会与雇员受雇时所承认的记录进行比对，其中大多数不过是交通违规或酗酒，但任何不一致的情况都会导致面谈。根据每个应聘者在接受询问时的态度和对其专长的需要，要么被留用，要么被遣退。团队完全不接受任何曾犯有强奸、纵火的罪犯或瘾君子，这些人被认定“道德品质上面有缺陷”，容易遭到胁迫。[3]

科学工作者主要来自学术界。“大萧条”时期是对共产党 110
的支持盛行之时，那些在美国长大的人还是学生，而来自欧洲的科学难民则一致反对法西斯，这个原因也吸引了许多人投身共产主义，福克斯就是一例。这些历史上的联系，让格罗夫斯担心该项目的很多核心科学家——无论来自欧洲还是美国——可能会支持苏联的理想。他在审查人事档案时发现，“计划”中没有得到彻底安全调查的大有人在，而其中一些人已经参与工作好几个月了。在对“计划”的成功与否至关重要的那些人里，格罗夫斯对“可能会有危险的和大概没有危险的人事任用”进行了区分。[4]他相当注意他们支持亲共观点的时间长短，以及他们与党的路线的接近程度。他还特别评估了他们对“迂回曲折的苏德关系”的反应，在有疑点的情况下，这“是一个决定性的因素”。

在审查将拥有接触项目核心部门的最敏感权限的美国科学家时，格罗夫斯有联邦调查局作为后盾。① 然而，23 位英国科学家的到来造成了新的困难，在克劳斯·福克斯通过了所有这些筛选后，困难就凸显出来了。格罗夫斯本人后来承认：“我们接受福克斯参与‘计划’是一个错误。但我当时一片茫然，不知道在不冒犯主要的战争盟友英国的情况下，该如何通过坚持控制他们的安全措施，避免犯那样的错误。”

---

① 这远非完美，后来在洛斯阿拉莫斯的机械师戴维·格林格拉斯（David Greenglass）和物理学神童西奥多·霍尔（Theodore Hall），以及“曼哈顿工程区”其他各中心的许多美国人的曝光，都显示出它的问题。——作者注

格罗夫斯将军对情报共享，哪怕是在参与“计划”的科学家之间的情报共享疑神疑鬼，使得在“曼哈顿计划”及其最终在新墨西哥州洛斯阿拉莫斯的中心周围的安全防火墙看似显得愈发牢靠。然而，无论是“曼哈顿计划”的安保部队还是联邦调查局，直到战争结束、破坏已成事实之后，一刻都没有怀疑过福克斯或其他间谍。数年后，福克斯的间谍活动暴露了，对于他被纳入美国的“曼哈顿计划”应该归咎于哪一方的问题，格罗夫斯、联邦调查局和军情五处都争论不休，美国国会的议员们也对格罗夫斯在这次失败中的作用展开了激烈的辩驳。格罗夫斯坚称，“英国人［根本没有］进行过任何调查”。英国当局评估过福克斯，但他们和格罗夫斯将军之间显然沟通不畅，可悲的是还涉嫌职位欺诈。就根据现有的文档所能重建的传奇故事而言，发生的情况正是如此。

111 格罗夫斯在收到英国赴美科学家的名单时，注意到文件中没有提及这些人是否可靠的内容。格罗夫斯在回忆录中称，他对一位（未具名的）英国官员说：“必须保证所有的人都经过彻底的审核。”[5]

事后看来，英国人对福克斯的评估一派荒唐。1944 年，当福克斯开始在美国从事“性质特别机密”的工作时，军情五处重新审查了他的档案。1943 年 11 月开始的审查几乎就是个巧合，当时军情五处得知福克斯申请了出境许可。这在 11 月 18 日就已经得到了批准并被记录在案，米莉森特・巴戈特凭借她照相机式的记忆在文案工作中发现了一个反常的现象：出境申请证明，福克斯在 15 个月之前的 1942 年 8 月就已经获得了入籍证书。[6]我们回忆一下，她的同事达夫妮・博赞基特在 1943 年夏天调查了福克斯的共产党隶属关系，她的证据包括伯明翰警察局局长的一封信，信中就提到了福克斯的入籍申请。现在福克斯已是英国公民了，他将受到迈克尔·瑟普尔（Michael Serpell）的监视，后者是 F. 2. a. 部门的共产主义颠覆专家，其职责包括监视英国的共产党。巴戈特现在把他的注意力引到了警察局局长的评注上。她罕见地发了脾气，在会议记录中评论说："我们知道［福克斯的］入籍申请正在讨论中，但［警察局局长的］报告并没有说这是既成事实。"[7]

瑟普尔联系到加勒特少校，他想知道福克斯会在美国待多久。（福克斯如今正在大西洋上。）加勒特答复说，福克斯的名字此前并不在科学和工业研究部赴美工作的初始名单上，他的名字似乎是"在最后一分钟被加上去的"，但即便如此，他也认为福克斯会像其他人一样，至少要在那里待上几个月。瑟普尔需要知道确切的时间，所以请加勒特给出明确的答复。这一天是 12 月 3 日，也就是英国海军运输舰"安第斯号"（*Andes*）停靠在弗吉尼亚州纽波特纽斯（Newport News）的同一天，派尔斯、福克斯以及英国团队的其他成员都在船上。[10] 随后，这些科学家们乘火车前往华盛顿，格罗夫斯将军在那里向他们介绍了安保情况，强调除了他们的直属团队之外，不能与"计划"中的其他人讨论自己的工作，更不能与家人讨论。以免他们仍需要提醒，他们现在要受美国法律的约束，犯有间谍罪的人可以被架上电椅处死。科学家们受到了适当的训诫之后，便搭乘火车继续前往纽约。

与此同时，在伦敦的加勒特把瑟普尔关于福克斯状况的调查转给了迈克尔·佩林，后者作为埃克斯在科学和工业研究部 112
的助手，担任了"合金管计划"的行政主管，同时也是最了解福克斯将在美国待多久的人。佩林对于此事也不确定，但他推测，福克斯大概会是留在那里工作的科学家之一。[11]

12 月 8 日的状况就是这样，当时英国团队的成员已经适应了环境。但安全的问题却仍未解决。格罗夫斯认为，英国人对其调查请求的回应很不充分，多年后，他在回忆录中回顾往昔，说他当时要求“更明确的答复”。[12]联邦调查局的档案证实了格罗夫斯的记忆，即他要求得到“英国安全机构的正式保证，证明如今［在美国］的英国‘合金管’组织全体成员均已得到在本项目工作的审核批准”。对此，12 月 10 日，华莱士·埃克斯致信英国代表团的负责人查德威克，说他可以通知格罗夫斯：“任何参加这项工作的人在英国都需要得到特别的批准，尽管他们可能已经获准参加普通的战争机密项目。”[13]然后，他列出了 23 个经过如此审核的人名，其中包括查德威克本人、派尔斯和福克斯。第二天，这封信被转交给了格罗夫斯，还附有一封以查德威克的名义所写的信，该信向格罗夫斯保证：“我们当前团队的所有成员都在英国通过了英国安全机构的审查。”[14]格罗夫斯很满意，他在回忆录中总结说，这封回信暗示“每个成员都像我们从事同样工作的雇员一样，受到了彻底的调查”。[15]

尽管格罗夫斯在 20 年后对这些问题的记忆是准确的，但他掩盖了一件令人尴尬的事情。首先，格罗夫斯的回忆录中没有记录他在 1951 年 7 月 4 日遭受了参议员麦克马洪的批评，即“格罗夫斯接受福克斯参与该项目时，没有核对英国人出具的调查证明”。[16]埃克斯在 12 月 10 日的答复也不是调查的终点，因为英国人在 1 月仍在调查福克斯的背景，3 月底这批英国科学家终于获得批准之前，格罗夫斯和联邦调查局之间曾经通信往来了数周。

与此同时，英国人在福克斯的安全调查远未完成之前，就立即着手进行了物理学研究。早在 1941 年，福克斯在安全调查通过的前几周，就已经深入“合金管”的绝密研究中了，派尔斯在当年表现出的紧迫感如今又重现于美国。12 月 10 日至 17 日，福克斯和派尔斯在曼哈顿的哥伦比亚大学与美国科学家和在美国研发扩散项目的凯莱克斯（Kellex）公司[①]—— 113
凯洛格公司位于泽西市的化学工程子公司——举行了会谈。他们讨论了与扩散设备的控制有关的具体数学问题。此外，他们还安排了一次研讨会，讨论了英国人对平衡时间——同位素气体通过膜层扩散时，$^{235}$U 的浓缩达到平衡所需的时间——的处理方法，以及设备的布局设计。12 月 14 日，福克斯做了一个讲座，介绍自己在伯明翰的工作。[17]12 月 21 日，他们用一整天的时间比较了英美两国的结果。福克斯随后前往波士顿，和妹妹克里斯特尔共度圣诞。

新年伊始，1 月 5 日，英国科学家代表团的全体成员和美国同事们出席了全体会议。格罗夫斯将军主持了会议，他似乎对任何英国代表的出席都毫无顾忌。他们讨论的内容涉及橡树岭建设的各个方面，包括生产计划、所需的仪器设备，以及人员培训等。[18]全体会议一结束，就召开了一次关于设备控制的专门会议，福克斯“由于在气体扩散方面的经验比较丰富，所以在讨论中占据了主导地位”。[19]

本来就要无限期留在美国的派尔斯认为，福克斯长期在场将非常重要，于是他给迈克尔·佩林发了一封电报，要求

---

① 这个名字来源于 Kellogg（凯洛格）中的“Kell”，以及代表“机密”（secret）的“X”。——作者注

允许福克斯和他一起留在那里。佩林知道，军情五处一度对"福克斯的某些关系"有"轻微的怀疑"，所以他在1月10日请加勒特"从安全的角度出发，就福克斯的问题提出你最新、最详细的意见"。佩林还说，这是一个"从美国人的角度来说非常重要的问题，我希望能确保我们没有任何闪失"。[20]

格罗夫斯将军始终坚持认为，审查团队里的英国科学家"是英国人的责任"。[21]关于福克斯的情况，加勒特一定是进行了调查，因为一个星期后他收到了建议，并由此做出了将福克斯无限期留在美国的致命性的决定。这个建议来源不明；备忘录是加勒特所在的D.2科——安全和旅行管制科——在1月16日记录的，上面有一个难以辨认的签名，并提到了一个叫"克拉克"的人。[22]①

加勒特的线人首先建议"可以从F.2.a科的瑟普尔那里获得有关**福克斯**从事共产主义活动的全部情况"。这份简要说明的其余部分是克拉克的意见。在第一条意见中，克拉克评价
114 道，"［福克斯］在美国比在这个国家更安全，有鉴于此，［我］更赞成让［福克斯］留在美国"，因为他在那里可以"远离他的英国朋友"。如果他们的目标是让军情五处英国总部的人日子好过一些的话，这个判断倒是可能有一定的道理，但佩林需要"从美国人的角度"来评估福克斯。

---

① 提到的人可能是戴维·克拉克（David Clarke），这段时间前后，他在F.2.a科工作，是个熟悉英国共产党的专家，见Christopher Andrew, *Defence of the Realm: The Authorized History of MI5*（Allen Lane, 2009）, p.278。签名并不是达夫妮·博赞基特的，可对比Mike Rossiter, *The Spy who Changed the World*（Headline, 2014）, p.119。——作者注

克拉克的第二条意见是个谐谑的评价，“**福克斯**想要在美国联络共产党人可没那么容易”。随后他又颇具预见性地补充说：“无论如何，如果他被人发现了，可能会受到更加粗暴的处理。”从本质上说，克拉克以英国为中心的判断就相当于：“我们［英国］没有理由担心。”

要是格罗夫斯得知了审查的情况，他的反应一定会非常严厉尖刻，但佩林从来没有告诉他，因为佩林本人并不了解这一连串的操作。相反，佩林曾收到过加勒特的如下摘要：“我已向负责处理这种事情的部门咨询过。该部门不反对此人留在美国，因为他从未热衷于政治。最近的报告也证实了你对他在这个国家的所作所为的良好看法。”[23]加勒特在致佩林的电文中继续保证，“［福克斯］不太可能会在美国进行政治联络”，所以难怪佩林把这句话当作国安部门没有理由反对把福克斯调到美国的保证。① 尽管这一点并不能令人满意，但与加勒特最后的那份令人无法容忍的结案陈述相比，这根本不算什么，如果格罗夫斯和联邦调查局早知如此的话，他们完全可以把军情五处晾在一边。加勒特告诉佩林：“向美国当局提及［福克斯的］倾向似无可取之处。”

1月20日，联邦调查局和“曼哈顿计划”的代表在华盛顿举行了一次会议。联邦调查局要了一份英国派往美国的人员名单。他们得到承诺，会收到一份名单副本，但格罗夫斯警告联邦调查局，“鉴于罗斯福总统和丘吉尔达成了协议，他们是被派到美国工作，因此根据该协议，不能［对他们］进行背

---

① 关于福克斯“对大西洋彼岸的安全威胁比较小”的判断，后来被官僚们轻描淡写地形容为“相当不合要求”。（迈克尔·瑟普尔，1946年11月11日，TNA KV 2/1245，会议记录49；另见本书第11章。）——作者注

景调查”。一切如常，2 月 25 日，联邦调查局再次向格罗夫斯提出这一要求。3 月 28 日，联邦调查局终于收到了这批英国科学家的名单和一封信，信中称“所有的人都已接受了英国人的安全调查”。[24]①

115 福克斯如今是个在美国广受欢迎的人。接下来的六年里，他之所以能够列席科学会议都是基于这份安全调查。[25]就在加勒特和佩林对福克斯的就职解除了警报，把美国人蒙在鼓里的时候，这位原子间谍正准备与新信使一起接受他的第一个任务，而且在今后两年里，这个信使将成为他与苏联人的中间人。

## 哈里・戈尔德

为了确保安全，福克斯和派尔斯的办公室被安排在英国补给团，这是一个政府组织，地点在华尔街 37 号一栋摩天大楼的第 25 层。派尔斯后来说，他“感觉自己就像个真正的纽约商人，是每天早上涌进华尔街的人群中的一员”。[26]对于克劳斯・福克斯这个坚定的共产主义者来说，位于资本主义中心的这个地点一定很刺激。

1943 年 12 月抵达纽约后，这群英国人就住在 51 街和第七大道拐角处的塔夫特饭店。几天之后，福克斯搬去了中央公园南侧的巴尔比宗广场（如今被称作特朗普公园，是一座有 340 间套房的高级公寓楼）。他原本预计最多在那里住几个星期。然而到了 1944 年 1 月中旬，派尔斯希望福克斯能留

---

① 在 1953 年的一次审查中，这封信得到了胡佛手写的评论：“此案提醒我们，今后要彻底处理所有（“所有”［被突出强调］）立场的问题。”——作者注

下来成为北美团队一员的要求得到了许可。2 月底，福克斯又搬进了西 77 街 122 号一楼的一间带家具的寓所，那是座四层的公寓楼。[27]

对于习惯了战争期间英国的匮乏，习惯了那里的夜间空袭、停电、食物和燃料定量配给的人来说，1944 年的纽约实在是巨大的惊喜。街头市场上摆满了水果、蔬菜和真正的肉类；时代广场上的霓虹灯闪闪发光；中央供暖很普遍；到处洋溢着乐观和自由的感觉。无论是在隐喻还是真实层面，战争都好像远在千里之外。然而，这种富饶似乎并没有打扰福克斯对共产主义事业的执着：1944 年初，他按照“索尼娅”的指示，与新的信使取得了联络。[28]

会面地点在曼哈顿下东区亨利街的安置所，时间定在 2 月 5 日下午 4 点。福克斯无疑记住了格罗夫斯将军的告诫，避开了所有的风险。他谨慎至极，甚至不向完全陌生的人问路，而是买了一张地图，制定了从巴尔比宗广场乘坐地铁去亨利街的路线。[29]成功穿过纽约的地下城后，福克斯攀上东百老汇地铁站的台阶，出现在冬天傍晚的寒气中。东百老汇本身是一条灯 116
火通明的主干道，而南面一个街区之外的亨利街则阴森森的、乌烟瘴气的。夏天的时候，林荫道上枝繁叶茂，掩盖了它破败的外表，但在 2 月，它们荒芜的骨架让人更有一种不祥的预感。安置所在东面三个街区，福克斯沿着人行道前行时，一定是一幅奇怪的景象，因为他穿着一件时髦的粗花呢大衣，戴着帽子和围巾，这在寒冷的傍晚顺理成章，但他却醒目地带着一本绿色的书和一个网球。一个身材矮胖的美国人向他走来。那人戴着手套，却拿着另一副手套。网球和手套：暗号对上了。[30]

那人忽然面露迷茫地问福克斯："去唐人街怎么走?"福克斯答道："我想唐人街 5 点就关门了。"[31]这位联络人自称"雷蒙德"。实际上，这个"雷蒙德"就是化学工程师哈里·戈尔德①，是俄国犹太裔移民之子。戈尔德在"大萧条"时期信仰共产主义，1934 年被苏联招募来从事工业间谍活动。1941 年 12 月美国参战后，戈尔德被分配到苏联的军事行动中，这才成了克劳斯·福克斯的联络人。两人沿着亨利街走了一小段路后改乘地铁，然后戈尔德叫了一辆出租车。他们乘车去了上城区第三大道附近的 49 街，在曼尼·沃尔夫餐厅共进晚餐。[32]

晚饭时，他们聊得不多，福克斯只说了些工作和生活地点的大致情况。用餐过后，天已经黑了。他们一起走了一小段路，现在更隐秘了，福克斯给了"雷蒙德"更多的情报。福克斯没有带任何文件，毕竟他刚刚开始在纽约工作，但他把原子弹项目的细节以及盟军计划通过气体扩散来浓缩$^{235}$U 的基本思路和盘托出了。

福克斯当然对"雷蒙德"的背景一无所知，更不知道他的真实身份是哈里·戈尔德。尽管如此，福克斯还是推断出他的联络人有科学背景，或者至少对情况很了解，因为当福克斯提到"原子能"或"原子弹"时，戈尔德并没有要求解释。[33]他们约定在"两周后"见面，然后分头离去。戈尔德还向莫斯科报告说，下一次见面时，福克斯"将会向我们提供

---

① 哈里·戈尔德（Harry Gold，1910—1972），美国化验师，因在二战期间作为苏联信使，替福克斯传递原子弹情报而闻名。戈尔德后来作为政府的证人在罗森堡夫妇案件中作证。他最终获刑 15 年，出狱后重返化验师的岗位。

情报”。[34]

十年后，戈尔德还清楚地记得第二次见面时，福克斯交出了他的第一个包裹：“当时天气很冷，我们都穿着大衣。”[35]福克斯带来了大约 50 页的文件，涵盖团队成员抵达纽约后在扩 117
散方面的工作。为了尽可能地降低风险，会面地点选在七十几街那段的麦迪逊大道，离福克斯的公寓只有一小段的脚程。[36]戈尔德回忆说，他们“立即转入一条通向第五［大道］的阴暗的无人街道，情报交接就在那里进行。整个过程可能只用了 30 秒或 1 分钟，我立即走在**克劳斯**的前面，沿着第五大道，向 57 街和第六大道走去，大约 15 分钟后，我把情报交给了**约翰**”。“约翰”就是阿纳托利·雅兹科夫（Anatoly Yatzkov），他在纽约的苏联领事馆工作。戈尔德与雅兹科夫的会面也很短暂，“可能也只有 1 分钟左右”。[37]雅兹科夫随后去了领事馆，并以这些情报为基础，向莫斯科发出了密电。

关于这次会面，有一个重要的未解之谜就是日期。戈尔德记得这是第三次见面，但在十年后，他的记忆似乎把第二次和第三次搞混了。根据克格勃的记录，福克斯在第二次会面时呈交了 50 页的文件，然后在 3 月 11 日会面时问戈尔德：“对［这批］最初的材料看法如何?”这样看来，交接似乎是在 2 月中旬进行的，这与他们早先约定的“两周后”见面是一致的，而 3 月 11 日则是第三次。[38]

戈尔德回答说，福克斯给俄国人的资料“非常好，但有一个缺陷：它没有提到此前总体描述整个过程的材料，而我们需要的是整个设备的详细计划或方案”。不出所料，福克斯“对此不太高兴”。他不仅早在英国时就已经提交过这些资料了，而且认为“如果在他身上发现了这样的解释材料，会很危险，因为他［在纽约］的工作与这样的材料没有任何关系”。然而福克斯不知道的是，在他被从“索尼娅”移交到“戈尔德”手上的过程中，他也从格鲁乌转到了克格勃的控制下。格鲁乌想必还没有将福克斯最初的那些材料交给他的新主人。尽管如此，福克斯还是同意把戈尔德要求的东西“尽快”上交。

3 月 11 日，[39]他们在 59 街和列克星敦路口接头时，天已经黑了。戈尔德指定在路口的东北角会面，那里有“一家柱廊很高的银行，还有……银行大楼的一个地铁入口”。他们“就在第一行柱廊下”见面了。[40]戈尔德原本计划他们要走过皇后区大桥去皇后区，但大桥已经关闭，他们只得从桥下走过，然后继续往上城区走，先是沿着第一大道，然后沿着东河走了大约半英里，到了 75 街附近。这里的环境比他们碰头的地方更破败。他们“在第一大道和第二大道、55 街和 70 街之间空无
118 一人的幽暗小街上走了几个来回”。福克斯轻描淡写地说那里“绝不是个高等住宅区”。[41]如果他和戈尔德是好莱坞惊悚片的演员，那么这个布景就再合适不过了。真正的间谍此刻走在第一大道上，把同位素分离的工作告诉了联络人，然后戈尔德开始提出自己的看法。[42]

福克斯有所不知，戈尔德曾写过一篇关于热扩散的学位论文，使用的正是 1940 年奥托·弗里施在伯明翰尝试过的方法。这种方法被认为效率低下，被另外两条路线——磁分离（伯克利加州大学正在研究）和气体扩散——所取代，后者将是英国团队在纽约的计划。然而，福克斯对热扩散一无所知，他对戈尔德的干预嗤之以鼻。[43]

戈尔德没有再提起过此事，但他在不经意间透露了自己的

科学背景以及在这种神秘技术上的经验。数年后，这成为他暴露的线索。

如今越来越适应间谍活动的福克斯认为戈尔德行动过于随意。例如，福克斯后来承认，他对“［戈尔德］回过头去看我们是否被跟踪这种非常显眼的做法”感到很恼火。[44]此外，福克斯认为会面持续的时间太长，增大了他受到怀疑的风险。他和戈尔德碰头，一起走街串巷，甚至在餐馆里打发时间。在陌生的城市，陌生的国度，冒着被坐电椅处死的危险，福克斯很不自在。然而，戈尔德是福克斯唯一可以倾诉的人，在他们会面期间，戈尔德知道了福克斯的家庭情况，包括他的妹妹克里斯特尔已经离开德国，目前住在马萨诸塞州的剑桥市。

福克斯回忆说，在与戈尔德的这次和之后的每一次会面中，他都会交出“两份或更多”关于扩散的最新论文。[45]他之所以能这样做，是因为团队绝密报告的制作存在着安全漏洞。福克斯完成一篇论文后，会把手稿誊写清楚。派尔斯核准内容后，秘书会用打字机打出正式版本并随后复制，所有的副本都单独编号。然后，这些副本将分发给团队成员，副本的编号与每一个接收人的号码保持一致；如果有任何报告发错了地方，这个参考号码就会表明原主。但这个计划有一个薄弱环节。除了报告复制品的正式副本之外，福克斯还保留了他的原始手写报告和一份复写本。至于团队其他成员的报告，福克斯可以在自己的公寓里从容不迫地复制。

## 设计橡树岭

气体扩散的基本数学构思已经在英国解决了；如今，派尔 119
斯的团队在纽约着手制订运行于工业规模的扩散设备的实际计

划。在美国，凯莱克斯公司负责设计建造一座大型设备，研究基地设在纽约的哥伦比亚大学。然而，凯莱克斯对哥伦比亚大学的理论家们并不满意，认为他们更感兴趣的是数学上的精妙，而不是实用的设计目标。[46]相比之下，派尔斯和福克斯则对设备的构造和稳定性进行过深入的研究。他们在伯明翰制定了描述单一过滤器分离各种同位素的公式，然后对这些公式进行了迭代，以模拟气体的重复过滤和随之而来的$^{235}$U 同位素的浓缩。在纽约，他们的研究逐渐成熟，凯莱克斯依靠他们的理论工作，设计了一套实用的设施。结果便是田纳西州橡树岭建起的扩散工厂，这是个长达 1 英里的建筑群，有逾 250 栋建筑和 8 座发电站。这样的建筑群的建设是一个庞大的土木工程项目，有 2 万多名工人参与。

扩散在原理上很简单，而难点在于六氟化铀气体的压力、温度和体积等各个变量。气体必须通过一个过滤器，它将分离不同的铀同位素，这样能够减少最初占主导地位的$^{238}$U，浓缩$^{235}$U。第一阶段将混合气体稍加浓缩；下个阶段浓缩的程度更高，直到迭代多次之后，$^{235}$U 便被浓缩到所需的水平。只是要解决的众多问题之一是：需要迭代多少次？然而在现实中，气体并不是均匀分布的。周围的环境会导致气体的温度发生波动，流经连续区域之间的膜的气体压力和体积也不稳定。所以团队必须了解，考虑到波动的情况，设备的效率会有怎样的变化。这将是多年后导致福克斯暴露的一篇关于波动的论文的内容。

此外，与任何复杂的机械一样，现实中的设备如果有大量部件，很少会以 100% 的效率运行。例如，汽车的基本原理是给汽油点火，通过一系列环节将转动传递给车轮，从而将直线运动传递给整个车辆。汽车需要定期保养：漏油、轮胎磨损、刹车效率低下等问题都可以暂时忽略不计，但总有一天，如果不修理或更换这些部件，机器就会彻底抛锚。对于扩散设备来 120
说，单个部件也需要拆卸下来维护。设计人员必须评估定期拆卸这些部件的影响。这里面有一些实际应用方面的问题，例如确定最佳的维护策略：是持续不断地更换部件，让设备以低于100%的效率运行，还是只有在重要部件发生故障时才关闭部分甚至整台设备？确定这个问题所需的一个信息是：如果关闭机器，需要多长时间才能恢复原来的工作效率？

派尔斯的任务包括在纽约进行这项设计工作、在华盛顿与英方负责人詹姆斯·查德威克一起进行政治管理，以及在芝加哥、橡树岭和最终的洛斯阿拉莫斯与“曼哈顿计划”的其他部门进行科研上的联络。

扩散将生产出铀弹的原材料，但对于武器的组装仍然存在着复杂的问题。计划中被称为“小玩意”（gadget）的原子弹将在“Y 基地”建造，那里位于新墨西哥州台地的洛斯阿拉莫斯，海拔 7500 英尺，距离最近的城镇圣达菲（Santa Fe）约 30 英里。整个园区周围都是铁丝网。好战的格罗夫斯将军继续限制着信息的流动，就连对项目内部的科学家也不例外。洛斯阿拉莫斯是战时最有安全意识的地方。生活清苦的理论物理学家 J. 罗伯特·奥本海默来自伯克利加州大学，他受命负责整个科学研发计划。

4 月，英方团队在扩散的实用性方面取得了巨大进展，派尔斯大概在那个月拜访了橡树岭，以商讨扩散设备的工程问题。[47]福克斯一直留守在本部，只是在一个“湿冷的夜晚”到布朗克斯区给戈尔德送去了最新的情报。[48]他们在福德姆路附近大广场的一家大型电影院前会面。这次会面的主要目的似乎是安排第二批文件的转移，他们约定，下一次在皇后区碰头时处理此事。

他们在布朗克斯区见面时，福克斯“咳得很厉害”，这大概就是吉尼亚·派尔斯后来认为与其间谍活动有关的神经紧张了。戈尔德很担心，时值雨天，他“不希望在不必要的情况下，让［福克斯］暴露在恶劣天气中”。因此，在商定了下一次会面的细节后，戈尔德请福克斯去吃晚饭。他们谈论了一些私事，包括音乐和国际象棋。他们还虚构了一个关于如何相识的场景，这样一来，如果有朋友看到他们在一起，或是被问及此事，他们的回答就能让人信得过。

121 当时，英美两国关于未来合作的争执导致双方之间的关系日益紧张。福克斯向戈尔德介绍了这些情况，并把美国人计划建造扩散设备的情报一并告知了他。福克斯当时还不知道它的位置（田纳西州橡树岭），但戈尔德后来回忆说，福克斯告诉他“应该是在南方的某个地方，也许会在阿拉巴马州或佐治亚州”。福克斯还说，夏天他将离开纽约，可能是去英国的某个扩散设施工作，因为他们为美国扩散设施所做的设计基本完成了。[49]

他们离开餐馆的时候下起了小雨，所以“我们打车去了市中心麦迪逊大道和八十几街的街区”，那里位于中央公园的东侧，在福克斯的西 77 街公寓的斜对角。但他们先是进了一家有桌子的小酒吧，在其中一张桌子上喝了“几杯”。然后他们离开酒吧，戈尔德“把克劳斯送上了一辆出租车”。戈尔德回忆说，这样做的原因是“克劳斯住在曼哈顿的另一边，深夜穿过中央公园的直达公交很难等到”。[50]

他们的下一次会面是在皇后区，福克斯交出了 25 ~ 40 页的情报。多年后，戈尔德还“清楚地”记得，这些文件里满是“笔迹独特的墨水小字，主要是数学推导”，在报告的后面还有一些“描述性的内容”。戈尔德在皇后广场附近迷路了，当他叫了一辆出租车赶到接头地点时，福克斯已经在那里等着他了。[51]这次会面“不超过三四分钟”。福克斯告诉戈尔德，派尔斯刚刚结束了在“Y 营地”的三周访问，目前回来了，他答应下次再向戈尔德汇报此事。然后他就把文件交给了戈尔德，当天晚些时候，戈尔德把文件转交雅兹科夫。

在那短暂的一刻，几个月来把扩散从理论推进到实际设计的深入研究成果就被传给了苏联人。因为有福克斯，苏联现在拥有了制造铀弹第一阶段所需的全套指导。无论是福克斯、派尔斯，还是洛斯阿拉莫斯以外的任何人，都还不知道钚弹是新的优先目标。

## 政治与钚

1944 年 2 月 11 日，格罗夫斯将军会见了英国科学代表团团长詹姆斯·查德威克。两人的关系非常融洽；查德威克认可格罗夫斯要完成自己的工作，并尊重他的坦率和势在必得的决心。他也立刻理解了格罗夫斯的目标。在会议备忘录中，查 122
德威克指出，两位国家领导人之间的《魁北克协议》起草得如此随意，以至于“格罗夫斯毫无顾忌地钻了一切漏洞的空子”。[52]

格罗夫斯认为他收到的命令是要制造一枚美国的炸弹。历史对他来说无关紧要，所以他对派尔斯和弗里施的贡献一无所知，觉得英国人的到来不过是罗斯福总统和温斯顿·丘吉尔首相之间的某种政治协议而已。英国人在场给安保工作添加了麻烦，所以在必要的最低限度之外，他并不打算让他们参与“曼哈顿计划”的细节。

1944 年春，只要纳粹没有自行研制出原子弹来，那么战胜希特勒大概就只是个时间问题。鉴于“曼哈顿计划”所需的庞大资源——在工程和科学上的巨大优势——远远超过了被孤立的德国所能达到的水平，何况即便如此，盟军的原子弹也还需要一年的时间，这意味着敌人在这个方面并没有造成直接的威胁。诺曼底登陆正在准备之中，盟军充满自信地认为，无须原子弹就有把握打败纳粹。尽管如此，由于目标发生了微妙的转移，武器的研制工作也在加紧进行之中。最终，在日本的广岛和长崎投下原子弹后，战争当然就结束了，但在 1944 年，英美已在为战后的时代做计划了。他们的设想包括原子能的工业研发的机会，对即将问世的原子弹保留控制权，以及苏联最终入侵西欧的可能性。

所以，尽管美国和英国有着共同的目标——打败纳粹和日本——盟国之间的紧张关系却在不断加剧。为了让罗斯福同意英国参与“曼哈顿计划”，丘吉尔把英国发展核电的否决权交给了总统先生。丘吉尔判断，英国的科学家唯有参与项目，才可以学会如何在战后制造原子武器。到了 1944 年中期，英国人开始怀疑美国计划在原子弹设计和研制的最后阶段限制向他们通报信息，意图在战后建立原子武器的全球霸权。[53]

尽管如此，英国人估计，只要他们能够制造钚，就算铀技术进展无后果也谈不上多严重。回忆一下，埃贡·布雷切尔和诺曼·费瑟在 1940 年推断，钚从理论上讲应该可以发生裂变
123 （部分原因是它的组成粒子是奇数——是 239，就像 235 一

样，这是问题的关键）。在派尔斯到达洛斯阿拉莫斯之前，英国人认为钚武器从理论上讲都机会渺茫，但到了1944年，“曼哈顿计划”的物理学家们已经确定，钚的行为应该与铀相似，具有裂变、释放核能和成为潜在爆炸物的能力。

在核反应堆中产生能量的做法会将部分铀燃料转化为钚。铀弹需要高比例的$^{235}U$，以及庞大的扩散设备基础设施来生产必要数量的$^{235}U$，而核反应堆的铀却只需要少量的浓缩。英国的战后规划将以钚为基础，因为钚可以在反应堆中制造，而无须将铀超纯浓缩到核爆炸所需的水平。因此，他们的目标是设计并最终在英国建造一座低分离设施（LSP）。这尽管还不足以制造铀弹，却可以把铀浓缩到足以运行一个核反应堆的地步。然后，这个反应堆将使他们能够生产出钚，从而为武器提供燃料。与派尔斯协商后，查德威克认为福克斯是在英国推动这项工作的理想人选。派尔斯对此表示同意。1944年春，福克斯似乎也把这看作是自己的未来。

我们已经看到，在布朗克斯区与戈尔德会面时，福克斯把英国人和美国人的冲突告诉了他，说自己很可能将回英国去，在那里建一座扩散设备。不过他还说，美国人认为英国人的任何自主举措都违背了两国政府之间的协议。戈尔德将这个情报传给了雅兹科夫，6月15日，苏联大使馆向莫斯科发去了密电。多年后，这份电文的成功解密导致了福克斯的暴露。电文中说，英国人计划在英国建造一座扩散设备，但美国人很生气，因为这“直接违背了［魁北克］协议的精神”，该协议把在英国发展核电的否决权给了美国人。[54]它提到了特工“雷斯特”，也就是克格勃当时给福克斯的代号，但也提供了一些细节，正是这些细节暴露了他的秘密身份。首先，它透露詹姆斯·查德威克正在决定“雷斯特”的未来用处是在美国还是在国内的新设施。同时，“雷斯特”也表达了对自己是否能留在美国而不引起怀疑，以及因密电的明确性而遭到谴责，所以“‘雷斯特’认为他将不得不在一个月或六周内离开”。何况致命的是，电文还提到了福克斯关于波动的论文。[55]

5 月 29 日和 30 日，派尔斯和福克斯访问了蒙特利尔，一个英国科学家团队正在那里与法国人和加拿大人合作设计一座
124 核反应堆。6 月 2 ~21 日，派尔斯在洛斯阿拉莫斯。在制造原子弹的最后阶段，他的专业知识将是无价之宝，而且对英国政治来说也是如此。1944 年 6 月底，他准备和家人一起搬去洛斯阿拉莫斯。与此同时，福克斯正准备返回英国。

# 第八章 “三位一体”

1944年6月底，派尔斯搬去了洛斯阿拉莫斯。尽管派尔斯的首要目标是抢在希特勒前面赢得原子武器的竞赛，但他对幕后的政治活动也很警惕。英国的纲领是与美国在联合项目上合作，获得经验并最终为英国创造回报。英国代表团团长詹姆斯·查德威克和首席理论家派尔斯意识到了美国垄断战后原子能的战略，于是便想方设法让英国科学家深入到“曼哈顿计划”中，因为如果他们仍然是局外人，战后就必须自己动手解决制造原子武器的实际问题。 125

早在6月初对洛斯阿拉莫斯进行为期三周的访问期间，派尔斯就已经了解到，战争的目的发生了根本性的变化：用钚制造炸弹现在看来比用$^{235}$U更好。[1]钚将在美国其他地方的核反应堆中制造，然后运往洛斯阿拉莫斯组装。

钚是一种自然界不存在的元素，因此，尽管它理论上显然可以作为核爆炸物，但只有在核反应堆中制造出第一批样品后，才知道如何在实际中应用。设计目标是在爆炸摧毁钚块本身之前释放出最大的能量，但要做到这一点，就需要大于临界质量的钚。理论家们首先需要确定这个最佳量的大小，然后设计制造出一种手段，使单个的小样本聚集成一个可以爆炸的超临界球。为了启动爆炸反应，需要把一颗钚子弹以每秒约1公里的速度射向同样由钚制成的目标。然而在1944年春，科学家们发现钚非常不稳定，以至于即使是在这种超声速下，两个物体还没来得及结合就已经分解了。他们现在必须找到一种巧妙的方法，让这种元素迅速达到临界质量，从而按照既定的方
126 式爆炸而不是部分被引爆。解决办法——“内爆”——是需要爆炸均匀分布在空心的钚球周围，使得外壳向内均匀地坍塌，形成一个密集的中心球。①

首先有一个谜题，它的解法今天见过足球的人都知道：如何把烈性炸药的异形薄条覆盖在球体的表面上？1750 年前后，数学家莱昂哈德·欧拉发现了如何在多面体上进行这种覆盖的定理；欧拉的公式表明，用 12 个五边形和无数个六边形就可以达到这个目的。最初的“三位一体”炸弹使用的是 12 个五边形和 20 个六边形，这与现代的足球是一样的。其中的许多内容仍属机密，但在洛斯阿拉莫斯研究内爆的杰出数学家约翰·冯·诺依曼很可能就是给这种独特构型的带来灵感的人。

装配好炸药的阵列后，全部炸药的点火都必须在不到 1 毫秒的时间内发生，均匀内爆才会实现，而如此形成的浓缩块随后才会自爆。内爆的想法在理论上妙极了，但在实践中是否可行？一个问题是，球体表面上装填的各个炸药点产生的冲击波会产生湍流并相互干扰。在 1944 年中期，科学家还无法保证这个问题能得到解决。如果这种情况持续下去，钚弹将不起作用，因此为了保险起见，铀弹的工作仍在继续。

对内爆——实际上是向钚壳中心行进的冲击波——的理论

---

① 与裂变有关的钚同位素是钚－239，可从装满铀的反应堆中的乏燃料棒中以化学方法提取获得。然而还存在一些钚－240，它会非常迅速地自行发生裂变。这导致在两块钚结合之前会发生不必要的预电离，因此就需要一种超快的结合方法，即内爆。——作者注

分析在数学上的可能性已经到了极限。然而，在 6 月的头几天，派尔斯在洛斯阿拉莫斯就这个问题接受咨询时注意到，内爆公式与他和福克斯两年前在伯明翰研究过的空气冲击波公式很相似。派尔斯意识到，福克斯的经验和他天生的数学能力将对这个项目非常有价值：在这个时刻，解决钚弹的内爆问题似乎就是制造实用原子武器的整个任务成败的关键。因此，在 1941 年 5 月将克劳斯·福克斯带入“合金管计划”后，派尔斯现在准备向洛斯阿拉莫斯的理论物理学负责人汉斯·贝特建议，让福克斯加入他和其他几位英国物理学家在洛斯阿拉莫斯的集体工作中。

然而，伦敦方面在 6 月 13 日询问派尔斯，是否应该让福克斯回英国从事低分离设施的工作。6 月 24 日，派尔斯表示， 127
如果低分离设施是一个重要项目，那么让福克斯回国就适得其所，但他还说，洛斯阿拉莫斯也欢迎福克斯的加入。查德威克认为英国的低分离设施是未来战略的一部分，这对他来说就产生了一个问题，如果格罗夫斯将军要求把福克斯调去洛斯阿拉莫斯，查德威克显然不能说：“不，英国需要他从事非战争的工作。”如果格罗夫斯咨询汉斯·贝特的话，他想确保贝特会说福克斯在洛斯阿拉莫斯不会特别有用。由于贝特和派尔斯两人是老友，查德威克要求派尔斯委婉地与贝特联系，通过“必要的建议而不是直接行动”来引导他远离福克斯。查德威克在这一盘棋中先发制人，他说“福克斯可以［在洛斯阿拉莫斯］派上用场，但他的特殊资质不是在核物理方面，而是在扩散设备上”。

7 月初，在派尔斯离开纽约，被长期借调到洛斯阿拉莫斯后，福克斯前途未卜，他在中央公园附近的大都会艺术博物馆再次与戈尔德见面。[2]他们在公园里悠闲地散步，其间福克斯说，他可能会回英国，或是去“西南部的某个地方”，但“关于他的去留问题悬而未决”。7 月 14 日，他去了华盛顿，与查德威克讨论自己的未来。三天后，他写信给派尔斯说，他的立场相当“为难”，“最好让查德威克把我们的讨论情况告诉你”。[3]同时，查德威克在会面结束后立即写信给派尔斯，指出：“福克斯认为，他在英国会做出特殊的贡献，而在［洛斯阿拉莫斯］，他只是众人中的一员，不会对工作产生太大的影响。”[4]查德威克对派尔斯说，他完全同意福克斯的观点，因此要求派尔斯通过贝特再次确认洛斯阿拉莫斯方面不会要求福克斯赴任。

根据查德威克信里的描述，福克斯积极提议返回英国，而不仅仅是同意了他上司此前的建议，这表明福克斯这位间谍并不愿意去洛斯阿拉莫斯。这是为什么？是他在寻找摆脱间谍活动的出路，还是莫斯科方面对英国更感兴趣？[5]

联邦调查局局长 J. 埃德加·胡佛后来评价说，福克斯所宣称的愿望是苏联战略的一部分，因为大约就是在这个时候，雅兹科夫曾提议苏联鼓励福克斯返回英国。[6]苏联的科学家们——根据福克斯和其他间谍的集体意见，且当时还没有意识到钚武器是当前目标——认为，尽管项目需要紧张而密集
128 的工程工作，通向铀弹的道路仍是一片坦途。相比之下，凭借自己在英国的独特优势，福克斯将是向莫斯科通报西欧核发展情况的最佳人选。

7 月 21 日，伦敦与身在华盛顿的查德威克之间的信件认可了福克斯的愿望：“看来福克斯要回英国，而不是去洛斯阿拉莫斯了。”[7]福克斯期盼的返回英国的计划本来可能会大大改

变事件的进程，却在两个星期后变成了区区一个脚注，他受命去洛斯阿拉莫斯与派尔斯会合。此事为何如此决定并如此迅速，可能有两个原因。第一，查德威克冷静下来，觉得英国低分离设施研究可能没那么紧迫。第二，如今在洛斯阿拉莫斯的派尔斯意识到，福克斯的特殊技能真的可能是完成原子弹的关键所在。

## 三分之二个团队

1944 年 8 月 14 日，福克斯结束了漫长的美国火车之旅，到达新墨西哥州的圣达菲。他先是去镇中心一个不起眼的地址报到，然后被转到一辆军方指挥车上，随车向西北方向行驶了大约一个小时，进入了沙漠地带。随后，车辆在峡谷的峭壁上沿着险象环生的土路向山顶开去，最后到达一个长满松树的台地。在这座被峡谷、灌木丛和沙漠包围的孤立方山上，福克斯终于看到了用来研制原子弹的秘密实验室。

福克斯到达洛斯阿拉莫斯之后，他才发现“曼哈顿计划”的规模如此巨大。那里与世隔绝，是一座军营小城，居住的房屋是一排又一排单调的预制板房，泥泞的街衢铺着可以拆卸的人行道，人行道连接着实验室和车间。化学家和冶金学家制备和测试材料，而核物理学家和炸药专家则在做实验以优化被称为“小玩意”的构造。这个工业基础建设实际上是一所巨大的大学校园，教员是西方世界最杰出的科学家，他们聚集在一起，研究如何在制造原子弹的竞赛中击败希特勒。他们都很年轻，几乎全是男性。福克斯 32 岁，比这一群体的平均年龄 30 岁稍长，而 36 岁的派尔斯几乎就是元老级的人物了。福克斯以前只在书本、研究性的论文或诺贝尔奖公告中看到过的名

字，如今都是活生生的同事。他们的才华令人目眩神迷。这群人里有当前和未来的诺贝尔物理学奖得主们：恩里科·费米、尼尔
129 斯·玻尔、伊西多·拉比①、理查德·费曼②、汉斯·贝特、诺曼·拉姆齐③、弗雷德里克·莱因斯④和罗伊·格劳伯⑤。此外，约瑟夫·罗特布拉特⑥是唯一一位在纳粹投降后退出该项目的物理学家，他后来获得了诺贝尔和平奖。[8]

人类社会的自由可能取决于科学家们的成败，而在 1944 年上半年，“失败”似乎是更有可能的结果。洛斯阿拉莫斯的一位居民回忆说，他们与世隔绝，官方的娱乐活动是“每周看三次电影，票价 10 美分”，而科学家们“制造婴儿的效率高于一切”。[9]每一家都有妻子和几个年幼的孩子。派尔斯当时有两个孩子——加比（10 岁）和龙尼（8 岁），在野餐、远足和滑雪时，福克斯永远是他们的好伙伴。出于保密的原因，科学家无法与妻子谈论工作上的事情。除了看电影之外，娱乐活

---

① 伊西多·拉比（Isidor Rabi，1898—1988），犹太裔美国物理学家，因发现核磁共振（NMR）而获得 1944 年诺贝尔物理学奖，而核磁共振成像（MRI）就是基于核磁共振技术的。

② 理查德·费曼（Richard Feynman，1918—1988），美国理论物理学家，以对量子力学的路径积分表述、量子电动力学、过冷液氦的超流性，以及粒子物理学中部分子模型的研究而闻名于世。因对量子电动力学的贡献，费曼于 1965 年与朱利安·施温格尔及朝永振一郎共同获得诺贝尔物理学奖。

③ 诺曼·拉姆齐（Norman Ramsey，1915—2011），美国物理学家，1989 年因发明对设计制造原子钟非常重要的分离振荡场法而获得诺贝尔物理学奖。

④ 弗雷德里克·莱因斯（Frederick Reines，1918—1998），美国物理学家，因对中微子检测的贡献而在 1995 年获得诺贝尔物理学奖。

⑤ 罗伊·格劳伯（Roy Glauber，1925—2018），美国物理学家，因对光学相干性的量子理论的贡献，在 2005 年与约翰·霍尔和特奥多尔·亨施共同获得诺贝尔物理学奖。

⑥ 约瑟夫·罗特布拉特（Joseph Rotblat，1908—2005），波兰裔英国物理学家、社会活动家，1995 年因致力于消除核武器威胁而获得诺贝尔和平奖。

动大多是自娱自乐，包括持续不断的聚会、玩游戏、喝酒，再加上户外活动。

福克斯参加聚会时喜欢和别人猜字谜。他每天都穿着同样的棕色运动外套和休闲裤，但人们普遍认为，他严肃的外表掩盖了深沉的情感和对伙伴们的关心；[10]不过，太太们都喜欢他——请他临时照看孩子的需求量很大。对派尔斯夫妇的两个孩子来说，他就像大哥哥一样。如果吉尼亚和鲁道夫有什么高层员工活动要参加，她会很乐意把孩子们交给福克斯照顾；派尔斯夫妇在附近乡下长时间露营时，也会把孩子们交给他照料。他们的女儿加比记得，他“对我们很好，也许是不用高高在上的态度对我们说话的少数大人之一”。[11]

威廉·彭尼①是福克斯在洛斯阿拉莫斯的新同事之一，他是一位英国数学家，有一种罕见的天赋，可以把公式的含义具象化，这让他成了固体、液体和气体等各种波的专家；除此之外，他对水下爆炸后压力波如何传播有特别的研究。1944 年初，彭尼一直在为诺曼底登陆做科学准备工作，设计让“桑葚港”② ——登陆艇在诺曼底海滩上的避风港——抵御海浪的冲击、保持稳定的方法。随后在 1944 年春，他接到了让他去洛斯阿拉莫斯的电话。原子弹将在大气层和地面上产生前所未有的超声速冲击波。彭尼具有所需经验来分析如何最好地部署原子弹，并估计它可能造成的破坏。比派尔斯大两岁

① 威廉·彭尼（William Penney，1909—1991），英国数学家、数学物理学教授，他在英国核计划的发展中发挥了领导作用。

② 桑葚港（Mulberry Harbours），二战期间，英国在 1944 年 6 月盟军登陆诺曼底时，为方便在海滩上快速卸载货物而开发的临时性便携式港口。“桑葚”是建立人工港的各种不同结构体的军事代号。

的彭尼被任命为英国代表团的负责人。当有人问他为什么突然要去美国某个不知名的地方时，他回答说："我不能说，但我希望此事不了了之。"[12]

在洛斯阿拉莫斯，彭尼、派尔斯和福克斯是汉斯·贝特的
130 理论物理学部成员。福克斯和彭尼花了很多时间一起分析钚内爆的问题，得益于彭尼的专业知识，福克斯研究了炸弹表面的炸药如何排列才会产生汇聚到炸弹中心点的波。

福克斯是理论部门与负责引发钚内爆的常规炸药小组的联络人。他研究了这些化学性爆炸的所有方面，特别是冲击波的不稳定性会产生怎样的影响，以及压力波在炸弹的核心处汇聚时将会发生什么。那么，在钚达到临界质量的瞬间，装置内启动核爆炸的最佳放射源是什么？

派尔斯和他的小组成员罗伯特·克里斯蒂①在临界质量的构成上取得了关键的突破。当时的想法是，炸弹的核心是由钚构成的固体核心，约占临界质量的95%。在这种情况下，钚不会引爆。临界质量取决于密度，如果材料比较致密，则临界质量要小一些。如果固体核心突然受压，就会变成超临界，这时只要有适当的中子供应就会爆炸。[13]

在一部关于洛斯阿拉莫斯的权威历史中，派尔斯和福克斯被誉为"让内爆得以实现的理论部门中处理流体力学的三分之二个团队"。此外，"他们在武器开发的所有阶段都做出了巨大贡献，包括内爆和'超级炸弹'在内"。[14]②彭尼利用自己

① 罗伯特·克里斯蒂（Robert Christy，1916—2012），加拿大-美国理论物理学家，后来成为天体物理学家。

② "超级炸弹"指的是战后利用原子弹项目的实际经验而研发的氢弹。——作者注

的专业知识，帮助福克斯和派尔斯解答了一些问题，比如一旦爆炸开始，冲向外界的冲击波会是什么样子？它们会如何在大气中传播？爆炸的规模究竟会有多大？总而言之，福克斯和派尔斯在钚弹的设计和核物理学方面发挥了关键作用，而彭尼则计算了爆炸的冲击波效应，他特别就引爆原子弹的最佳高度提出了建议，最大限度地扩大了破坏量。

## 从克里斯特尔到“查尔斯”

就像在伯明翰和纽约时一样，福克斯如今再次来到了行动的中心。然而，要在铁丝网、严密保安和邮件审查等诸多限制
之下，把他得知的情况从洛斯阿拉莫斯传给苏联，目前的情势 131
与从前相比可是天壤之别。洛斯阿拉莫斯离最近的大镇子有一个小时的路程，又被隔离在山巅，是地球上安全意识最强的地方。然而，克劳斯·福克斯却在两年里成功完成了史上最广泛、最深远的间谍活动。从 1944 年 8 月开始，在战争期间以及战后的岁月里，福克斯成功地让苏联人保持消息灵通，斯大林对原子弹的了解比绝大多数盟友都多；而被蒙在鼓里的包括英美国安部门本身。

在洛斯阿拉莫斯，格罗夫斯将军的安保人员对寄出的邮件进行审查，并检查所有收到的邮件是否有任何密码信息。对洛斯阿拉莫斯的科学家们来说，安全问题是一种刺激，其中的一些人想方设法地绕过他们认为的琐碎的官僚主义。他们并不愿意怀疑他们中间会有人主动钻安保的漏洞，除非是并无恶意的。大多数人似乎从未想过，有人会把洛斯阿拉莫斯的情报传给从事“曼哈顿计划”的同事之外的其他人。理查德·费曼是个调皮的捣蛋鬼，也是 20 世纪最聪明的物理学家之一，他

和克劳斯·福克斯开玩笑说两人之中谁更有可能是间谍时，两人一致认为必定是费曼，因为他经常离开洛斯阿拉莫斯，去阿尔伯克基①看望他在医院的妻子。[15]

福克斯和戈尔德约好了那年 8 月在布鲁克林再次见面，但如今远在 2000 英里之外的福克斯爽约了。对于这种不测事件，他们有一个应变的方案，那就是让戈尔德在大约一周后去哈林区附近中央公园西区的一个约定地点。这个地区经常发生抢劫案，福克斯再次缺席，戈尔德开始担心这位体格纤弱的科学家可能会“看起来像是个诱人的猎物”。[16]

戈尔德向雅兹科夫报告说福克斯没有到场。他们就其含义讨论了两个小时，试图判断问题所在。这归结为一个问题：福克斯人在纽约，还是已经离开了？

8 月下旬，戈尔德和雅兹科夫在华盛顿广场附近碰头。雅兹科夫有一个好消息：他找到了福克斯在西 77 街的地址。他让戈尔德去公寓看看福克斯是否在那里。戈尔德很机灵地拿了一本书，在书上写下了福克斯的名字和地址，好像这本书是福克斯的财产一样。如果有必要的话，他会说是福克斯把书借给了他，他现在要去还书。

132 戈尔德从他在费城的家北上，去了纽约，来到中央公园的西侧距离其南端约 1 英里的地方。他发现西 77 街是一条林荫道，时值盛夏，树木枝繁叶茂。122 号是用“白色石头砌成的，比同街区的其他建筑都要新，维护得也更好”。[17]他来到大楼前，上了几级台阶走近前庭，欣慰地在名牌上看到：克劳斯·福

---

① 阿尔伯克基（Albuquerque），美国新墨西哥州人口最多的城市，位于该州的中部地区。

克斯博士。

戈尔德按了门铃，但无人应答。前厅通向正厅的门没有锁，他进去后开始寻找福克斯的公寓房间。大厅对面的一扇门打开了，一个老妇人探出头来。这时，她的丈夫，也就是看门人，从街上走了进来，他一直在清理垃圾，此刻问戈尔德是否在找人。随后的谈话透露，福克斯已经不在那里了。他们不知道他现在何方，只知道找到他可不容易，因为他已经“乘船去了别处”。福克斯与俄国人分享了原子能的秘密，但他严格遵守安保的要求，向公寓的看门人隐瞒了他的目的地洛斯阿拉莫斯的任何线索。

戈尔德解释说他是福克斯的朋友，想把书还回来，然后就离开了那里。他立即去了哥伦比亚大学附近的一个碰头地点见雅兹科夫。他们沿着河滨大道走了一圈，讨论该如何行事。也许戈尔德应该给福克斯写信寄到西 77 街，看看这封信能否被转发给他？因为过于冒险，这个想法很快被否定了，他们决定暂时“按兵不动”。[18]

福克斯第一次去北美的时候，克格勃就特别提到把他妹妹克里斯特尔·海涅曼（Kristel Heineman）的地址作为紧急联络的手段。[19]戈尔德奉命去剑桥看望她，他在 9 月底去了那里，但她不在家。管家告诉他，克里斯特尔在度假，一两个星期后就会回来。戈尔德回到纽约向雅兹科夫报告，然后在 10 月 4 日致电莫斯科：“‘雷斯特’［福克斯］的妹妹还没有回家。［戈尔德］将在 10 月 12 日再次去看望她。”[20]

雅兹科夫当时传给莫斯科的关于戈尔德下一次拜访的报告，证实了克里斯特尔的参与。[21]10 月 12 日上午 8 点，戈尔德早早就到了波士顿，约两小时后去了克里斯特尔的家，以免碰上她的丈夫。他按了门铃，出现了一个年轻女子，说自己就是海涅曼太太。戈尔德介绍完自己是克劳斯的朋友后，“给了她［事先准备好的］信息……她知道答案”。戈尔德进门待了大约半个小时，聊起了克劳斯的事。克里斯特尔告诉他，她认为哥哥已经回英国了。

133 11月2日星期四，戈尔德又来了，这一次拜访也是在白天她丈夫不在家的时候。克里斯特尔如今有了好消息：克劳斯从芝加哥打来了电话。[22]他是“从他所住的新墨西哥州去那里出差”。她说自己很高兴哥哥目前在美国，因为他们感情很好，他也很喜欢她的孩子们。克里斯特尔说克劳斯可能会来剑桥过圣诞节，因为他“通常会给孩子们带来礼物，这可是一件大事”。[23]戈尔德说自己“对于能留下来与他兄妹俩一起吃午饭高兴极了”。

在此期间，为了提高安全性，克格勃将福克斯的代号从“雷斯特”改为“查尔斯”。11月16日，苏联大使馆通知莫斯科，戈尔德“拜访‘查尔斯’的妹妹后发现，他没有回英国，而是去了二号营［洛斯阿拉莫斯］”。电文中还说，戈尔德“正在采取措施，在‘查尔斯’休假期间与他取得联络”。[24]戈尔德曾告诉克里斯特尔，他将在大约一个月后回来，“以确保一切稳妥”。

他在12月7日及时回来了。他向雅兹科夫报告说，克里斯特尔记起来克劳斯在电话里谈及的更多内容。他有资格享受四个星期的假期，不过没有指望会被全部获批，但他肯定至少有两个星期的假期。她问他可以和家人待多长时间，克劳斯回答说他可能要在纽约待一两天。戈尔德很兴奋，因为这意味着“克劳斯希望我们能和他取得联系”。[25]于是，戈尔德给了她一个密封的信封，让她在克劳斯到达时交给他。信封上有指示，要求他在随便哪天早上 8 点到 8 点半拨打某个电话号码，并说：“我已经到了剑桥，将在这里待上［若干］天。”[26]

## 克里斯特尔妥协了

投身洛斯阿拉莫斯的工作意味着福克斯无法在圣诞节时去看望妹妹，但他总算在 1945 年 2 月妹妹的一个孩子的生日前后去看望了她。她告诉他，戈尔德来过了。这让他很不安，因为他不喜欢戈尔德来克里斯特尔家，但尽管如此，福克斯还是“接受了”。[27]1945 年 2 月 21 日星期三，戈尔德最终在那里见到了他。[28]克里斯特尔开了门，呼唤在楼上自己房间里的克劳斯下来。当时大约是上午 10 点。

克里斯特尔知道戈尔德的存在——这是无法避免的——但福克斯不想让她的丈夫也见到他，所以就和戈尔德一起外出散步，其间简单介绍了洛斯阿拉莫斯的情况。他还向戈尔德保
证，他已经仔细检查过了，确信自己没有被监视。他们在下午 134
1 点钟左右回到家里，和克里斯特尔一起吃了一顿“非常丰盛的午餐”。[29]

1945 年初，戈尔德和福克斯就这样在克里斯特尔的帮助下重聚了，但付出的代价是：福克斯把妹妹也卷入了他的活动中。克里斯特尔不知道的是，早在 1943 年克劳斯被调到美国之前，苏联的格鲁乌就批准她为联络人了。[30]

克格勃认识到了克里斯特尔的作用，给她起了个代号——“蚂蚁”。[31]雅兹科夫警告莫斯科，最重要的是不要惊动克里斯特尔的丈夫，因为“我们对她的丈夫不甚了解，也不希望多一个人参与”。[32]福克斯一定知道，他以这种方式利用克里斯特

尔，是在冒险赌博。但他判断，要让苏联人得到他的消息，这是唯一切实可行的办法，这些消息与他以前所能透露的一切都完全不同。吃过午饭后，福克斯和戈尔德上楼去了福克斯的房间，他现在可以把洛斯阿拉莫斯的内幕告诉戈尔德了，还递交了他们研究钚弹的完整报告。这些将成为福克斯所有间谍活动中最重要的情报之一。在这之前，苏联人只知道用“开枪法”——把两个亚临界金属块撞在一起，就像子弹击中目标一样——引爆铀弹。在福克斯关于钚的消息启发之下，苏联原子弹计划的领导人伊戈尔·库尔恰托夫①“选择了钚内爆弹作为他的主要目标”。[33]

福克斯告诉戈尔德，1944 年 8 月他到达洛斯阿拉莫斯时，那里只有 2500 ~ 3000 人，但“现在已经扩大到了 4.5 万人了！”这些人里包括物理学家、数学家、化学家，以及各种类型的工程师——土木、机械、电气、化学，以及“许多其他类型的技术辅助人员和一支美国陆军工程师分遣队”。他解释说，他们正在制造真正的原子弹，“预计大约三个月后就能全面投入生产”。福克斯“对这个日期没有把握，说他不太愿意坚持这个说法”。[34]

他还把他们准备制造一枚“超级炸弹”或称氢弹的想法透露给了戈尔德，这种装置的威力近乎无限，甚至远远大于铀和钚的“原子”弹。他还说，氢弹只是一个设想，不是优先考虑的选项。一位苏联物理学家后来回忆了这个消息是如何传

---

① 伊戈尔·库尔恰托夫（Igor Kurchatov，1903—1960），苏联核物理学家。他最著名的贡献是主导了苏联原子弹计划。库尔恰托夫与格奥尔基·弗廖罗夫、安德烈·萨哈罗夫等人因在苏联核武开发上所扮演的重要角色而备受瞩目，库尔恰托夫更是被尊称为“苏联原子弹之父”。

到莫斯科的。“1945 年 3 月，苏联情报机构收到一份报告，说［匈牙利流亡物理学家爱德华·］泰勒正在洛斯阿拉莫斯研究超级炸弹”，调查是否可以“用少量的 $^{235}U$ 或 $^{239}Pu$ 作为主要来源，在不太稀缺的氘中引发连锁反应”。[35]如果细节只讨论到这里的话，苏联人收到的提醒就不过是美国正在追求一个新的方
向。但福克斯的报告让苏联第一次意识到，核思维已经进一步 135
拓展了。

“谁是氢弹之父?”这个问题没有简单的答案，“在实验室里，人与人之间不断地相互影响，然后就找到了方法”。传统上认为，恩里科·费米在 1942 年无意间提出了这一构想，但他并不是第一个提出这个开创性建议、引发人们探索之人。

氢弹的能量来源是氢的同位素——由一个中子与一个质子组成的氘（重氢核）和由一个质子与两个中子组成的氚（超重氢核）——的核聚变。它们结合——融合——产生了一个氦原子核和一个中子，带走了大部分能量。要使这些原子核结合在一起，需要非常高的温度，就像在恒星中发生的核聚变反应提供了能量一样。

1941 年 5 月，京都大学一位名叫荻原德太郎（Tokutaro Hagiwara）的物理学家说，$^{235}U$ 爆炸可以产生足够高的温度，使氢原子之间发生热核反应。[37]荻原发表这一言论的时候，原子弹的研究工作还没有开始，他的想法似乎只是理论上的，没有实际意义，就算当时真的有人注意到了，也会随即遗忘。1942 年，爱德华·泰勒去哥伦比亚大学拜访恩里科·费米，在讨论原子弹问题时，费米似乎并不知道萩原的推测。费米随口说了一句，原子弹爆炸可能会产生类似于恒星的温度：“他们的谈话预示着十年后氢弹的出现。”[38]

泰勒当时正准备在洛斯阿拉莫斯研究原子武器，他对费米的想法非常着迷，甚至认为“曼哈顿计划”的重点应该放在这个核聚变装置，而不是铀弹或钚弹上。他从此再没有停止过这种痴迷，还为此在战时和战后与罗伯特·奥本海默发生了一场臭名昭著的口角之争。为了安抚泰勒，1943 年秋，奥本海默在洛斯阿拉莫斯设立了一个特别部门，让泰勒和一小群人研究“超级炸弹”。泰勒的离去给理论物理学部门留下一个空缺，派尔斯加入洛斯阿拉莫斯实验项目后，接替了泰勒的工作。

所有这些关于洛斯阿拉莫斯方面对“超级炸弹”感兴趣的情报，都被转至莫斯科。此外，戈尔德还告诉雅兹科夫，他试图给福克斯钱，福克斯一直拒绝接受，但确实提了一个请求。他预感到对德的战争即将结束，同盟国可能很快就会接触到盖世太保关于他过去的档案，他希望能销毁这些档案。3 月 19 日，雅兹科夫告诉莫斯科：“［福克斯］确信英国人不知道
136 他过去的［共产主义］活动，这是他们让他从事‘伊诺穆斯’［‘曼哈顿计划’］的唯一原因。”他还说：“‘查尔斯’要求我们在查封盖世太保在基尔和柏林的档案时，确保没收他的档案，也就是说那些档案无论如何也不能落入‘岛民’［英国人］之手。”[39]

福克斯不知道下一次休假会是什么时候，但他坚定地对戈尔德说，无论如何都不能再去他妹妹家碰头了。他们的会面一直持续到下午 3 点半左右。他把实验室的确切位置告诉了戈尔德，说自己可以找个借口离开洛斯阿拉莫斯营地，每个月去圣达菲转转，以后的任何会面都必须在那里进行。福克斯给了戈尔德一份该镇的街道地图和公交车时刻表，两人约定 6 月初在圣达菲见面。到那时，原子弹的设计——铀弹和钚弹——应该

已经完成了，随时可以交给莫斯科。

奥本海默希望对钚弹进行测试，以确保他们已经解决了内爆的问题。派尔斯和福克斯是这一数学分析的核心人物。这些以及其他一系列问题都在1945年上半年逐步得到了解决。

然而，德国在5月8日投降了。这让盟军在欧洲取得了胜利，但也让制造原子弹的原始动机——作为一种防御的手段，以防纳粹德国率先制造出原子弹——变得多余。但对日战争还是要打赢的。他们决定继续进行原子弹实验，这个判断至今仍然争议不停。当时只有约瑟夫·罗特布拉特退出了“曼哈顿计划”；留下来的大多数人整个余生都在受其影响而苦苦挣扎。

## 炸弹的蓝图

钚弹的试验计划安排在1945年7月16日，将于黎明前在洛斯阿拉莫斯以南约230英里的沙漠中进行。奥本海默选择的代号是：“三位一体”。

6月2日星期六下午，福克斯开着“一辆破旧的双座汽车”离开洛斯阿拉莫斯，沿着30英里的台地斜坡而下，驶进了圣达菲。[40]下午4点，在加利斯特奥街桥附近的阿拉梅达街，他看到戈尔德按照约定，坐在树下的一张长椅上。戈尔德上了福克斯的车，开车过了跨河桥后，他们“左转进入一条小巷，小巷的尽头是一个大门”。[41]他们在车上交谈，福克斯告诉戈尔德，炸弹很快就会投入试验。福克斯为了准备报告，在洛斯阿拉莫斯查阅了官方的机密文件，戈尔德后来称这份报告是 137
“一大批情报”。[42]福克斯在洛斯阿拉莫斯用笔写下了这一切，并携带着这份报告开车出了营地。[43]多年后，派尔斯评论说此举出人意料的容易："没有人检查我们携带的文件，所以偷运文件实际上轻而易举。"[44]

那时，用铀或钚制造炸弹的设计已经完成，福克斯提供了一份将在"三位一体"试验中测试的钚弹的完整描述，[45]包括炸弹及其部件的草图，并标明了重要的尺寸，以及弹芯类型的信息、引爆器的描述和反射剂的细节。[46]他向戈尔德口述了拟用在原子弹里的炸药种类名称和"三位一体"试验的大致规模，并告诉戈尔德，"根据他的计算，原子弹的爆炸力将远远大于大量的棕色炸药"。[47]

这些情报在苏联驻美国大使馆被译成密电，于 6 月 13 日被发至莫斯科。因此，"三位一体"试验还未进行，苏联科学家们就已经知道会发生什么了。这个"'三位一体'装置的虚拟蓝图"是"福克斯给苏联人的最重要的情报"。[48]

4 月 12 日，罗斯福总统因脑溢血突然去世。副总统哈里·杜鲁门被紧急召入白宫，当晚宣誓成为罗斯福的继任者。他的第一份简报就包括同盟国研制出原子弹的消息："曼哈顿计划"如此机密，以至于连副总统都不知道——但多亏克劳斯·福克斯，斯大林先于美国新任总统知道了此事。7 月 24 日波茨坦会议召开时，两枚炸弹已经准备就绪，而这一事实也被苏联人所掌握，这尤其多亏了克劳斯·福克斯。当杜鲁门总统自豪地告诉斯大林，美国人有了"一种破坏力非同寻常的新武器"时，斯大林没有表现出任何惊讶的迹象。他只是说他很高兴听到这个消息，希望能用它来对付日本人。

# 第九章　世界的毁灭者

1945 年 7 月 15 日晚，一队军车从实验室出发，沿着蜿蜒 138
的公路驶向沙漠。车上坐满了科学家，南下进入荒野的路上，他们试图在并不舒适的座位上小寐片刻，但无济于事。凌晨 2 点后不久，车队到达目的地，这群乘客鱼贯而出，他们此刻已冻得浑身僵硬，但也因为即将看到自己的工作成果而兴致勃勃。在黑暗中，科学家们可以看到在 20 多英里外的山谷地面上，泛光灯发出微弱的光芒。这些灯照亮了一座塔楼，塔楼里面有个“小玩意”。此刻距离试验开始还有两个小时。

即使在这个末期的阶段，人们对可能的结果也知之甚少。几位科学家有些担心炸弹会引燃地球的大气层，这是因为爆炸的内部温度将达到数百万度，与太阳的温度相似，而爱德华·泰勒计算出，在这样的温度下，可能会引发空气中的关键元素氮气的核反应。一位科学家说，如果这种概率“超过百万分之三”，他就不会继续下去，因为“就算面对纳粹取得胜利的可怕前景”也不值得这样做。[1]

但泰勒的计算有缺陷。他忘了考虑热能会从爆炸中流失到周围较冷的空气中。氮原子融合并摧毁大气层所需的极端高温是不会发生的。汉斯·贝特独立重新进行了计算，并向奥本海默保证一切正常，安全系数很高。泰勒同意了贝特的新计算结果。

于是一切准备就绪，但格罗夫斯将军仍然忧心忡忡，因为最后可能发生什么仍是个未知数。他致电新墨西哥州的州长，告诉后者一套暗语，格罗夫斯可以借此提醒州长潜在灾难的严重性，以及该州有多少地方需要疏散。[2]《纽约时报》记者威廉·劳伦斯（William Laurence）是唯一获准目睹爆炸的新闻界人士。格罗夫斯让他准备好三份新闻稿。第一篇宣布爆炸成
139 功，没有人员伤亡或损失；第二篇宣布损失惨重；第三篇的部分内容是“包括劳伦斯在内的所有在场人士的讣告”。[3]

天亮前大约一个小时，一颗照明弹短暂地照亮了黑暗，这标志着一分钟倒计时开始了。大家都戴上电焊工的护目镜，平躺在沙地上，以免被冲击波所伤。在场的人都不知道会发生什么事。科学家们就爆炸的规模打赌。汉斯·贝特押注说这将相当于 8000 吨的棕色炸药；奥本海默谨慎悲观地选择了 300 吨；而其他人由于不太重视这个结果，最高的猜测达到了 5 万吨。东边一束微弱的光芒预示着黎明的到来，让他们能够模模糊糊地看到自己身边的人。然后一道巨大的闪光突然蹿起，那是“人类见过的最耀眼的光芒”，“穿透了人的身体”。黑夜瞬间变成了白昼。在众多的描述中，有人将其比作“就像打开黑暗房间里的厚重窗帘，阳光一下子倾泻进来一样”。[4]据后来的计算，这次爆炸相当于大约 2 万吨棕色炸药。曾在 1944 年获得诺贝尔物理学奖的伊西多·拉比现在以 1.8 万吨的赌注赢得了洛斯阿拉莫斯的奖池——他只是简单地翻看了一下投注册，寻找无人下注的最大差距，然后便选择了这个数值。[5]

然而，炫目的亮度并不是最令人惊诧的。在那一刻之前，科学家们一直躺在沙漠的彻骨寒夜里，但随着闪光的出现，“热浪灼面，就像打开了热烘烘的炉门，眼前升起了一个太

阳”。[6]火球在寂静中成长，这是地球上第一次出现巨大的蘑菇云这个形状，这一形状在不久之后便声名狼藉。冲击波持续了5分钟才到达他们身边，然后是一声巨响，如雷霆般在谷壁上反复回荡。与此同时，这朵蘑菇云越升越高，颜色也随着增长而不断变化，直到光芒渐渐消退，被东方真正黎明的红色光芒接替了。

## 核反应

关于物质是由原子组成的，而原子核中蕴藏着强大的能量这一认识仅有30年的历史。即使是发现了原子核的欧内斯特·卢瑟福也曾在1933年断言，这种能量的储存不可能被开采出来。[7]他没有预料到裂变和连锁反应的发现，这些提供了一条从原子核内部爆炸性地释放能量的途径——理论上是这样。自派尔斯和弗里施在1940年认识到这种可能性以来，物理学家们一直确信他们的推测是正确的，但要制造出能够释放这种独特 140
能源的机器，需要集结世上最聪明的科学人才，并且根本无法保证成功。当那颗比正午的太阳还亮的光球充满了整个天空——“就像日出，但是在南方”，[8]一位科学家如此描述道——即使是最接近这项事业的人也看到现实远远超出了他们的想象。拉比滔滔不绝地描述了自己的感受：“刚刚诞生了一个新的事物，一种新的控制力，人类对自然界的一种新的理解。”[9]众所周知，J. 罗伯特·奥本海默感叹道：“我将成为死神，世界的毁灭者。”[10]

起初，爆炸的观察者们欣喜若狂。实验成功了。人类实现了普罗米修斯的梦想。一个月后的1945年8月15日，在两颗原子弹爆炸后，第二次世界大战结束了。8月6日，由铀制成的第一颗原子弹在广岛上空爆炸；仅仅三天后，由钚制成的第二颗原子弹在长崎爆炸。当时，制造它们所产生的更全面的含义让科学家们不知所措。数以万计的无辜平民在广岛死亡，这场大屠杀又在长崎匆匆重演。他们所制造的恐怖事件深刻地影响了他们的生活。

派尔斯在构想原子弹的时候，目标是打败希特勒，但德国在 5 月就投降了，原子武器既没有得到部署，也没有显示出任何威力。曾经促成了这个项目的巨大恐惧感变得可有可无。派尔斯实现了愿景，但他此刻却格外痛苦。多年后，在抛开情感进行逻辑分析后，他如此评价这一可怕事件：

> 看到广岛和长崎的报告以及爆炸图片之人无不心生恐惧，而协助实现了这个目标之人无一感到自豪。但这就是战争，在战争中，死亡、痛苦和破坏是不可避免的。

派尔斯继而将其与可怕的东京大轰炸进行了逻辑上的比较，因为东京大轰炸造成的死亡人数与原子弹的死亡人数相近：

> 随着原子弹的出现，给战争带来新维度的并不是其破坏的规模；所谓的新，指的是这种武器的使用非常容易，以前只能通过大规模军事行动才能达到的破坏效果，如今只需一架飞机就能制造出来。[11]

这既证明也否定了派尔斯在 1940 年 3 月提出的设想。炸弹从构思到证明只用了不到 2000 天的时间，发挥了他预料的不可
141 抗拒的威力。他的新恐惧是这种武器会被轻易使用，这推翻了

他认为一个文明国家不会使用原子弹的信念，这一点进一步放大了他的恐惧。

派尔斯最初对这种武器的设想是作为一种防御的形式。现在，他不得不接受他的创造所带来的影响，并决心教育公众——从决策者到广大公民，让他们了解原子能的现实和机遇。如果核反应堆产生的能源可以提供和平用途的清洁能源，将带来巨大的好处。他还将带头反对核武器的扩散。原子弹不可能不被发明，但派尔斯将用他的余生来推动他最初的设想，即将其作为一种威慑力量，并努力确保它永远不会被再次使用。

## 恩里科·费米与超级炸弹

在洛斯阿拉莫斯进行的经验证明，$^{235}$U 是制造原子武器的一种工业密集型的昂贵方法。建立炸弹军火库的实际途径是在核反应堆中制造钚。战争结束时，美国的反应堆已经生产出了足以制造出几件武器的钚。但随着日本战败以及第二次世界大战的结束，美国霸权出现了新的威胁——他们的前盟友苏联。福克斯对美国人独自拥有原子弹的前景感到担忧。① 他继续从事间谍活动，并密切关注战后的原子武器研究。

原子装置固然可怕，但其威力却很有限。正如克劳斯·福克斯在 1945 年 1 月告诉哈里·戈尔德的那样，这就是洛斯阿拉莫斯的科学家们已在考虑研制一种更可怕的武器——氢弹——的原因，这种新的武器威力无限，甚至有可能摧毁地球上的生命。

---

① 英国直到 1952 年 10 月才拥有了原子弹。——作者注

核裂变炸弹——原子弹——的两个关键要求是：有足够的物质来进行连锁反应爆炸，还要有足够的剩余物质使这一过程不至于熄灭。其关键原因是，每一次裂变反应释放出的中子必须找到未被利用的铀或钚原子，只有这样才能引发进一步的重复反应。这在该元素数量大时是可能的；但数量少时，中子更有可能从表面逃逸，而不是击中内部的原子。因此有了临界规
142 模或“临界质量”的概念，低于这个质量的物质，裂变就不能继续进行，样品也因而无害。相反，在这个质量之上的水平被称为超临界，裂变会成倍增长，并会造成原子弹爆炸。

因此，由铀或钚制成的原子弹必须由不同的单元组装而成，每个单元都要小于临界质量。将这些单元组合成爆炸混合物的工程难题本身就限制了原子弹的大小。此外，核裂变炸弹爆炸时，其材料也会解体。因此，即使大量的材料被组装，爆炸的行为也会破坏混合体，产生亚临界碎片，从而使连锁反应立即中断。所以，由铀或钚制成的核裂变弹的威力实际上仅限于百万吨级的棕色炸药。在日本上空爆炸的核裂变炸弹相当于2 万吨级。

然而，氢弹在性质上优于原子弹。从本质上说，它把太阳的能量带到了地球上。在聚变反应中突然释放出大量能量的这种现象，与裂变反应中发生的情况类似，但也存在着巨大的差异。这是氢弹破坏力更大的关键所在，也是设计一种有效武器的技术难题。

首先，核裂变涉及重元素的原子核，其中铀和钚都是最重的元素，而核聚变中使用的氘和氚是最轻元素氢的同位素。这就是人们习惯性地把这种武器称为“氢弹”的原因。在核聚变中，氘核（D）和氚核（T）合并——“融合”——形成氦

核和一个中子，后两者的质量小于氘和氚的总质量，因此（根据爱因斯坦的质能方程 $E = mc^2$）能量被释放了出来。这种能量出现在产物的动能中。一个钚或铀原子的质量大约比氘和氚单个原子总质量重 50 倍，所以在氢弹的 1 公斤燃料中，与相同重量的钚相比，大约有 50 倍的原子。氢的每次核聚变释放的能量可能比铀的一次核裂变释放的能量要小，但每公斤核聚变炸弹所产生的能量更大，因为原子核更多。

第二个差异是这样的：开始时的氘和氚越多，可以发生的核聚变就越多，这一点不像裂变那样有解体或临界质量的限制。对于氢弹来说，极限在于聚集在一起的燃料数量，以及燃料一旦被点燃就会保持足够的温度，让核聚变继续进行。因此从现实的层面来说，核聚变炸弹的威力是无穷无尽的。

证据何止显眼，简直炫目，而且是字面意义上的：太阳就
是一个核聚变的庞大引擎。它的燃烧速度非常慢，50 亿年后 143
仍有一半的氢燃料未被使用；然而，地球上的氢弹必须在百万分之一秒内燃烧其燃料，因此，虽然太阳显示出热核聚变可以在极大的规模上发生，但它就这一过程是否可以加快十垓①倍的速度没有提供任何线索。② 如果能做到这一点并保持燃烧，那么这种炸弹的威力就没有极限。在洛斯阿拉莫斯，氢弹的主要支持者爱德华·泰勒就已经意识到，威力足以摧毁地球上所有生命的单枚核聚变炸弹近在眼前。这样的炸弹大到无法用飞机运载的地步，但没有这种必要：因为它可以杀死所有的人，

---

① 垓为计量单位，一垓等于 $10^{20}$。

② 太阳中心的温度约为 1000 万度，这在聚变所需的规模上属于不温不火，限制了太阳的燃烧速度。要想像氢弹一样加快速度，所需的温度就要高得多。——作者注

所以没必要把它从施工现场搬走。泰勒称之为“后院”武器，倒是让人松了口气。

事实证明，第三个差异是实用核聚变武器设计者面临的最大挑战：如何点燃装置，并在点燃后使之不熄灭？我们知道，物质在周遭的世界中很稳定，不会发生自发的核爆炸。驱动太阳和所有恒星的核反应都是在数百万度的高温下进行的，而要使氢弹爆炸，必须先达到这样的极端温度，然后维持着这样的温度。因此基本的想法是，如果温度足够高，装满液态氘的长管就会被点燃。管子的一端发生裂变爆炸，就会创造出这种可怕的条件，引发核聚变反应。

1942 年与恩里科·费米的谈话激发了泰勒的雄心壮志，他为“超级炸弹”制订了一个概要设计。他最初的概念在理论上简单明了，但实际上却不可能实现。圆柱管中的液态氘将是热核燃料。把它放在一枚用铀制成的裂变炸弹旁边，这样裂变爆炸的热量就会点燃氘。① 一经点燃，燃料就会燃烧，所产生的氢弹的威力由氘的量决定，实际上就是由管子的长度决定的。管子越长，炸弹威力就越大——如果氘能被点燃，并持续燃烧的话。问题是如何使燃料的温度足够高，以便使之点燃并能自行维持下去。

## 恩里科·费米的超级讲座

144 战争期间的目标是制造一颗原子弹，但正如我们看到的，泰勒在继续研究“超级炸弹”——氢弹。“三位一体”试验的成功也启发了恩里科·费米再次思考“超级炸弹”的问题，

① 1942 年的时候，钚弹内爆的想法尚未发展出来。——作者注

现在已经证明了点火系统——原子弹爆炸——的功效。

1945 年 8 月 2 日，“三位一体”试验后两周，也就是广岛原子弹爆炸的前四天，恩里科·费米在洛斯阿拉莫斯举办了讲座，这是举办的六次“超级炸弹”讲座的第一次。[12]关于费米的开场讲座，讲座题目是“理想的点火温度”；大体内容是热核燃料产生热量的速度必须要快于热量流失到周围的速度，才能达到其继续燃烧所需的温度。[13]

首先，费米计算出，如果氘原子被加热（例如原子弹爆炸）到一百万度，氘核（带正电的氘原子核）就会有足够的能量克服它们之间的相互电排斥，相互碰撞、融合，并产生热量。① 随着温度的升高，核聚变的速度加快，乍看之下，核能爆炸性释放的条件似乎就在眼前了。然而，能量也会泄漏到辐射中，这主要是由于电子在这个炼狱般滚烫的原子混合物中经过带电的氘核时被加速了。费米用任何称职的物理学家都知道的标准教科书方程，计算出了这种热损失的比率。然而，核聚变中的能量产生率取决于氘核融合时的截面大小，这必须通过实验来确定。这个量值非常重要，而当时的苏联科学家并没有准确的数据，所以这个情报——福克斯传过来的——对他们来说有一定的价值。费米计算得出，这个简单模型中的点火温度将达到极高的 2.95 亿度，这是一个非常高的温度，要达到这样的温度将是一个巨大的挑战。费米在讲座中提到了这个数字。

第二次讲座是在 8 月 7 日进行的，也就是广岛原子弹爆炸

---

① 以物理学熟悉的能量单位而言，这里的确切意义就是 kT = 100eV；室温大致相当于 1/40eV，因此，1eV 大致相当于 1 万度，而 100eV 则约等于 100 万度。——作者注

的第二天。在这次讲座中，他将简单模型扩展到了次级反应的
影响。[14]具体来说，两个氘核（D）融合后会产生氚（T），这
就为这个新生的氚与丰富的氘融合，从而产生氦和一个中子创
145 造了机会。这增加了整体的产能量，也让点火更加容易，但要
精确计算出容易了多少，就需要知道“TD 核聚变”的截面。
1945 年，苏联对这个数值一无所知，但美国人却知道：氘和
氚之间的核聚变有其独特的特点，而且比两个氘核之间发生核
聚变的概率要大 100 倍左右——它的“截面”就大这么多倍；
实际上，TD 混合物的点火温度要比纯氘低。费米估计，这种
新生的氚的核聚变将使点火温度降低到 2 亿度。①

费米在 8 月 18 日，也就是第二次世界大战结束的三天后，举办了第三次讲座，题目是“氚的添加”。[15]氘聚变中产生的氚会降低点火温度这一事实，使得费米相信，氢弹的最佳燃料中必然有氚。

但知易行难，因为氚“是最不容易获得的同位素之一”：它有放射性，难以应付，而且制造成本很高。费米指出，在橡树岭的核反应堆中，通过将中子引向锂的一个同位素锂-6（有三个质子和三个中子），科学家制造出了几立方厘米的氚气。② 他

---

① 要发生核聚变，必须先让两个原子核接触。然而，每个核团中的质子之间的排斥力会抵抗这种做法。质子彼此之间越接近，这种排斥力就越强。在氚或氘中，如果原子核的方向碰巧是质子在后、中子在前，那么带电质子的相对距离较远就会减少电排斥力。这使得原子核更容易受到侵入，氚中的一个中子与氘核中的中子接触，从而点燃核聚变反应。由于氚中有两个起到屏蔽作用的中子，与只有一个起保护作用的中子的氘核相比，其质子离目标更远。这使得氚比氘更容易融合，然而氚很难得且不稳定，这也是氘很重要的原因之一。——作者注

② 过程是 $n + {}^{6}Li \rightarrow T + {}^{4}He$。值得注意的是，泰勒在两年后才提出在炸弹本身中使用 $^{6}Li$（以氘化锂分子的形式），如此便可就地制造氚。——作者注

计算得出了作为氚添加量与点火温度的函数关系，例如，对于0.5%的浓度，他发现点火温度下降到大约1亿度。

在这次讲座中，费米还计算了达到点火温度所需的时间。令人沮丧的是，得到的结果在数百微秒这个量级，他认为这对于实际的反应来说太长了，“因为惯性不会让系统保持这么长时间”。翌年的数学分析表明，这种基本的“超级炸弹”所需的氚量大到不切实际。[16]

9月11日，费米举办了他的第四次讲座：“时间尺度和辐 146
射冷却”。[17]在DD核聚变中生产氚的确不错，但这是以耗尽氚为代价的。此外，这个过程中产生的一些中子会从生产装置中逃逸出来。费米证明了这一点后，他发现这又把点火温度推高了。到目前为止，他的冷却模型都在假设能量转移到辐射是因为电子经过带电的氚核时被加速了，所以这又给他添了新的麻烦。然而，他注意到一个反直觉的效应，即电子在有辐射的情况下会比没有辐射时冷却得更快，也就是说在电子比光子的能量更大的康普顿散射①中，电子通常会失去能量。他的结论是，这可能会使他对点火温度的估计值改变50%以上。[18]

第五次讲座是在9月17日。[19]费米一直在勾勒通往实用的“超级炸弹”的路线，除非能找到延缓冷却速度的方法，否则似乎注定要失败。在这次讲座中，费米仔细研究了冷却的机制，并讨论了磁场减少热传导到内壁的可能性。这有一定的帮助，但还不够。费米把所有的东西都详细讲了一遍，最后得出的结论是，他想不出该如何实际造出一枚氢弹。问题在于，虽

① 康普顿散射（Compton scattering），在原子物理学中，康普顿散射（或称康普顿效应）是指当X射线或伽马射线的光子跟物质相互作用，因失去能量而导致波长变长的现象。

然可以通过裂变反应来触发热核之火，但只有部分的氘和氚会被点燃，随后反应便会逐渐终止。打个比方，这就“像用一根火柴点燃一堆篝火”。[20]在实践中，需要一些中间的引火物。

费米的第六次讲座是在 10 月，这也是最后一次讲座。他计算了 DD 和 TD 反应中产生的中子的平均范围。① 这也会影响到等离子体中能量的共享方式，但并不影响他的主要结论。费米最后以嘲讽泰勒的一句话作为结束，后者对“超级炸弹”的乐观鼓吹在洛斯阿拉莫斯引起了人们的调侃。费米在评论中使用了他自己的外号——“教皇”，他说：“所通报的大部分工作的负责人泰勒通常要比举办讲座的人更加乐观。在试图解决‘超级炸弹’的实用性问题时采取的程序是，泰勒提出一个他认为有些设计过度的暂定设计，而举办讲座的人则力图证明它设计不足。”费米还抖了个包袱：“这让‘教皇’成了魔鬼的代言人！”[21]

## P. B. 穆恩和克劳斯·福克斯的不同版本

147 英国代表团成员穆恩②博士编写了一份四页的要点总结，这份总结后来被交给了华盛顿的詹姆斯·查德威克，以便由他转交给英国政府。同时，福克斯自己也认真做了笔记，准备把它转交给戈尔德。

---

① 它们拥有了 DD（2.4MeV）和 TD（14MeV）的能量，因此具备了穿透气体的不同能力。——作者注

② 菲利普·伯顿·穆恩（Philip Burton Moon，1907—1994），英国核物理学家。他是参与美国“曼哈顿计划”和英国“合金管计划”的英国科学家之一，还参加了核武器的研发工作。穆恩在实验方面做出了杰出的原创性贡献，推动了包括中子、伽马射线和研究化学反应的新方法在内的整个研究领域的发展。

穆恩的笔记[22]给出了不同标题下的主要公式和基本数字，涵盖了物理学的基本问题。这些主要是供参考用的，因为自行计算这些数字并不简单。例如，“能量的产生”给出了一个能量的产生与温度的函数公式，断言这取决于核聚变截面，并给出了经验值。接下来是“能量向辐射的转移”，此处引用了一个关于这一速率的公式，然后在“临界温度”下，只给出了点火温度为“27keV”（2.95亿度）的（基本）信息。在传给苏联的费米讲座笔记中包含了更多的教学法。例如，福克斯引用了一个“临界温度”的公式，其符号与费米笔记中的符号完全相同，以便阅读笔记的人可以自己验证点火温度的数值。

穆恩的论述性总结似乎是根据费米讲座中的详细信息而编写的一个经过慎重考虑的简述。但相比之下，福克斯的笔记更接近费米的思路：用同样的符号引用了他的公式，虽然某些中间的步骤并未出现在费米的笔记中，但我们可以推断是费米在实际演讲时加入的。福克斯的笔记里还包括了该武器的粗略示意图：两个同心圆代表原子爆炸，周围有一圈氧化铍的反射剂，旁边是氚和氘的混合物，这个混合物的前面是一个灌装着氘的圆柱体。在现有的费米讲座官方记录中没有出现这张图，穆恩的笔记里也没有。这似乎要么是福克斯为了俄国人的利益而无偿添加的“赠品”，要么就是在现有的美英记录中被删去了。

9月19日，也就是费米第五次讲座的两天后，福克斯与哈里·戈尔德碰头了。英国代表团为其美国东道主准备了一个聚会，为了离开洛斯阿拉莫斯，福克斯主动请缨，开车去圣达菲为代表团买酒。正如吉尼亚·派尔斯用她特有的短促语调告诉我的那样：“我还记得我感觉克劳斯去了很久！”她说的没

错，因为福克斯绕道去了沙漠，在那里他可以为戈尔德写一份报告，报告中包含了“三位一体”爆炸的所有细节，外加费 148
米讲座的七页公式和笔记。

这一次，福克斯把很多情报都记在脑子里。正如他后来解释的那样：“途中……我在沙漠里停下来，开下公路去一个僻静地方，写下了论文的一部分……我打算把它送出去。”[23]虽然乍一看，这似乎意味着他记忆力惊人——有一些传闻的证据表明，他的记忆力极佳——但在福克斯看来，这也许没什么了不起，至少就钚弹而言，不过如此而已。[24]这个项目对他来说是一项全日制工作，其细节始终是他关注的中心。尽管如此，知识仍在不断地发展。一位同事认为：“在洛斯阿拉莫斯的每天晚上，福克斯都会写下他白天所做的事情。他对所有的事情都有正确的数字，那些数字在人的头脑中不会被记得太久的。”[25]

准备好报告后，福克斯随即在圣达菲与戈尔德会面，并把他的材料汇编交给了戈尔德，里面有关于“三位一体”爆炸的资料，以及制造原子弹的全部细节。[26]这些资料特别有价值，因为它描述了一枚真实的原子弹——一枚已知有效的原子弹。这些文件还提供了其他情报，苏联人据此推断出美国人研制大量的钚武器需要多长时间。

福克斯告诉戈尔德，钚的各种结晶形式都有独特的特性。关于元素有不同的固体形态，最熟悉的例子是碳：如果组合成金刚石就有巨大的价值，组合成煤灰就只是一种废物，而对于最近发现的石墨烯的形态，其潜力还在研究中。福克斯解释说，就钚而言，有些形态是脆性的，有些形态则柔软而有延展性。这种元素可以在空气中燃烧分解，或者在室温下分裂成粉

上图：*1.* 1933 年英国登记卡上克劳斯 · 福克斯的照片，他当时 21 岁。

下图：*2.* 1931 年，时年 24 岁的鲁道夫 · 派尔斯访问莱比锡大学理论物理研究所。派尔斯坐在量子力学的奠基人之一维尔纳 · 海森堡的左侧。在派尔斯和海森堡身后的是海森堡团队的成员，其中包括（从左到右）：乔瓦尼·秦梯利（G. Gentile）、乔治·普拉切克（George Placzek）、吉安·卡罗·威克（Gian Carlo Wick）、费利克斯·布洛赫（Felix Bloch）、维克多·魏斯科普夫和弗里茨·绍特（F. Sauter）。后来在联邦调查局围绕福克斯的间谍活动所展开的调查中，维克多 · 魏斯科普夫无辜被捕；1952 年，费利克斯 · 布洛赫获得了诺贝尔物理学奖。

上图：*3.* 1935 年 7 月在布里斯托尔大学召开的一次国际物理学会议。右起第五个座位上的人是派尔斯；最后排左起第三个是福克斯；其他重要与会人员包括爱德华·泰勒（盘腿坐在前排右侧）和赫伯特·斯金纳（坐在最右侧，与派尔斯相隔三人）。

下左图：*4.* 时年 24 岁的福克斯在布里斯托尔，1936 年。

下右图：*5.* 吉尼亚和鲁道夫·派尔斯在抵达纽约后不久，1943 年。

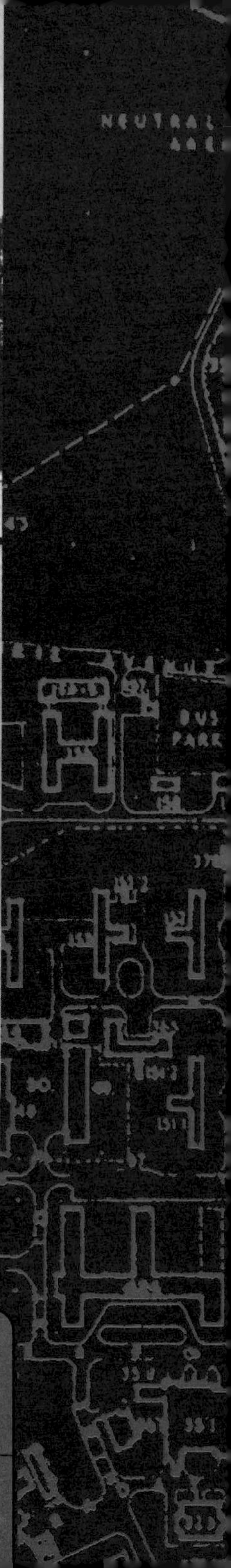


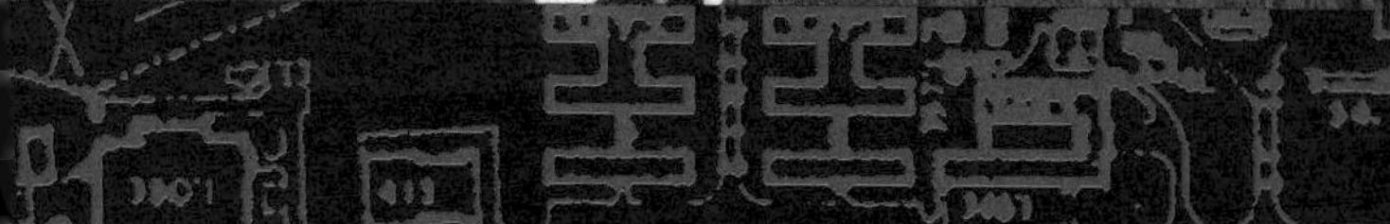

上图：6. 汉普斯特德的劳恩路公寓（“伊索肯大楼”）。于尔根·库琴斯基居住的 6 号公寓在底层，被挡在前景的围墙后面。

下图：7. “索尼娅”的哥哥于尔根·库琴斯基，1950 年代。1941 年，库琴斯基第一次把福克斯介绍给了他的苏联联络人。

上图：*8.* 乌尔苏拉·伯尔东——“索尼娅”——和她的孩子们，1945 年于牛津。“索尼娅”是格鲁乌在英国从事非法活动的头号人物，她在 1942 年 10 月到 1943 年 11 月期间是福克斯的联络人。

下左图：*9.* 简·西斯莫尔－阿彻，军情五处第一位女性官员，出色的反间谍部门专家。1924 年，她获得了大律师的资格。

下右图：*10.* 军情五处副总管盖伊·利德尔，拍摄于追踪福克斯期间。

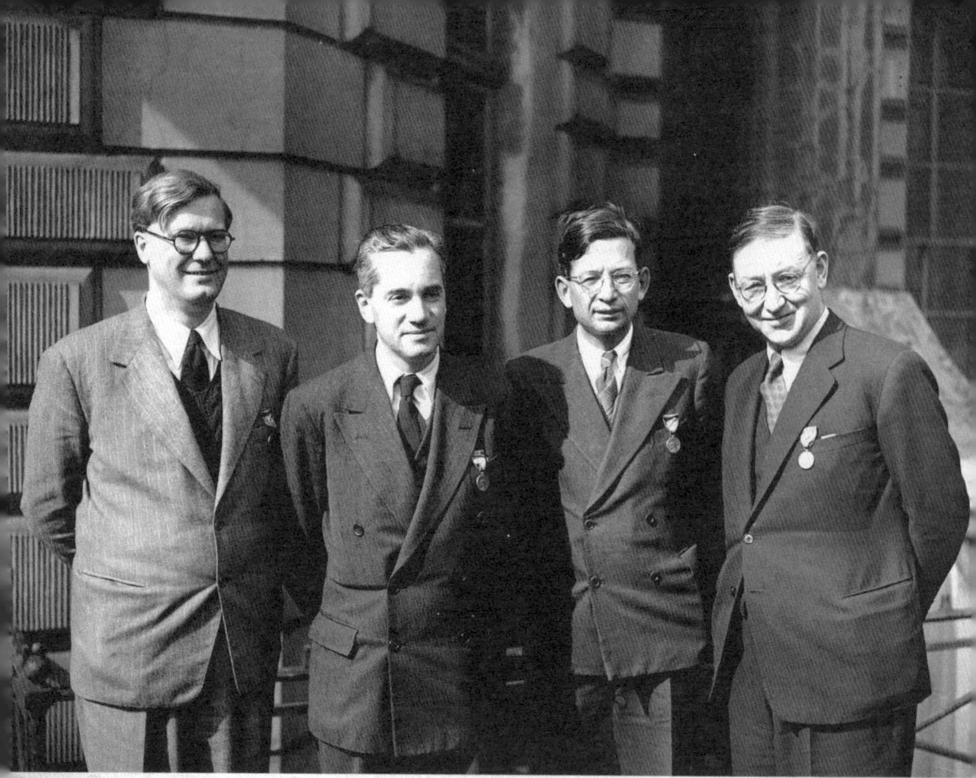

上图：*11.* 威廉·彭尼、奥托·弗里施、鲁道夫·派尔斯和约翰·科克罗夫特，1947 年 5 月 1 日，美国总统自由勋章颁发典礼后。

下图：*12.* 洛斯阿拉莫斯的理论物理学楼，福克斯和派尔斯的办公室都在这座楼里，1945 年前后。

*13.* 在 1945 年 7 月 16 日“三位一体”核试验的两个月后，研发了第一颗原子弹的“曼哈顿计划”负责人莱斯利·R. 格罗夫斯少将（右）和科学主管罗伯特·奥本海默正在检查钢塔基座。原子弹的高温熔化了钢塔，并将周围的沙土烧成了翠绿色的玻璃渣。

上图：*14.* 物理学家诺里斯·布拉德伯里（Norris Bradbury）坐在“小玩意”旁边，这个装置是科学家制出来用于在“三位一体”核试验场测试世上第一颗原子弹的。一定数量的常规炸药引发中心钚的内爆，以燃原子弹。

下图：*15.* 火球开始升起，形成了世上第一朵原子弹蘑菇云，摄影距离在 6 英里之外，拍摄的时间是“位一体”爆炸后 9 秒。

末。有些形态的钚在加热时会收缩，这在化学元素中是个独有的特性。这些事实与原子爆炸没有直接的关系，但对于任何计划储存和使用这种物质的人来说都是至关重要的。福克斯给苏联人上了一门关于这种新元素的冶金学速成课程，如果靠他们自行研究发现，可能要花好几个月的时间。

福克斯交出了他记录的费米关于氢弹的讲座笔记，补齐了这座“金矿”。但我怀疑这些材料是全凭记忆写下的。通篇的公式甚至到了方程中的符号顺序都保持一致的程度，这表明基本的数学知识都被和盘托出了。这份报告里有相当多的指导性材料，这一点令它更像是物理学的入门资料，而不是简单的结果报告。这是福克斯的记录与穆恩笔记的主要区
别，说明福克斯在途中准备的是根据他早已写下的公式来进行 149
的教学法的讲解。

费米的讲座讨论的是如今所谓的“经典超级炸弹”。这并不是某些令人目瞪口呆的描述中所说的“氢弹的秘密”，因为在那个阶段，似乎没有任何方法可以让这个想法生效。事实上，美国和苏联都是在 1950 年之后才取得了氢弹的关键性突破。即便如此，福克斯的情报还是非常宝贵的，它至少揭示了美国人现在有了一个发展这种新型武器的计划及基本思路，同时也暴露了围绕那些想法的困境的理论工作。无论如何，福克斯为莫斯科准备的东西显然比查德威克收到的穆恩笔记要详细得多（见第十章）。[27]这些材料的高标准，无论是在论点的清晰逻辑还是在论述方面，也证实了一种广泛的观点，即福克斯的讲座——后来在英国举办的讲座——是这种形式的典范。

多亏了福克斯，斯大林当时对美国的战略有了深刻的认识，也有了评估对手实力的手段。苏联方面现在开始自行研制

氢弹了。军备竞赛最终无论如何都会开始，但福克斯在1945年9月19日通过戈尔德传给莫斯科的关于“经典超级炸弹”的笔记，对苏联启动自己的计划是一个巨大的刺激。[28]

## 保密金牌

如今，克劳斯·福克斯已然为自己在英国十分出色的特工履历上又添加了近两年多北美间谍的活动业绩。在1944年1月对福克斯的威胁进行了轻松的评估后，军情五处直到战争结束后都不再对他有任何兴趣了。他在战后回到哈韦尔（Harwell）的原子能科学研究院（Atomic Energy Research Establishment，简称AERE）工作，这是英国新的原子能研究机构，位于牛津附近。他起初在纽约、后来在洛斯阿拉莫斯，都没有引起联邦调查局的注意。福克斯最具破坏性的间谍活动是在美国进行的，后来在1950年，军情五处遭到联邦调查局局长J. 埃德加·胡佛的谴责时，始终咬定这一事实不放。①

150 几乎没有任何迹象表明福克斯曾积极参与间谍活动，即使他被人怀疑，也很难找到证据，除非在收集或传递情报的过程中抓到他。福克斯是在工作过程中获得他传给苏联人的情报的，而且事实上，这些情报很多是他本人头脑的产物。至于在转移情报时抓住他，他只是偶尔才与戈尔德见上一面，虽然在福克斯看来会面的时间太长，但他控制住了风险，每次都在最

① 至少在福克斯暴露时，公众的看法是这样的。如今我们知道，洛斯阿拉莫斯营地内部还有其他间谍，比如青年物理学家特德·霍尔，他的情报补充了福克斯的资料。我稍后谈及的福克斯在哈韦尔时期的间谍活动或许更加危险，当时苏联是敌国，身处英国核计划核心的主要情报来源只有他一个人。——作者注

后才转交文件。如果联邦特工发现福克斯身上有科学机密文件，他至少可以为此做一些解释，但只要同谋者采取了基本的预防措施，他们就可能不会失败。

福克斯把情报交给戈尔德后，两人会立即分头行事。戈尔德会把情报转交给住在苏联大使馆的阿纳托利·雅兹科夫。因此，在很短的时间内，福克斯的情报就安全地落入苏联人手中，福克斯和戈尔德也就一身清白了。联邦调查局和军情五处当时的战术是监视不友好国家的大使馆，以收集一切可以收集的情报，寄托于在未来的某个时刻能有一条情报落到他们手里。但雅兹科夫和戈尔德之间没有任何联系，更不用说戈尔德和福克斯在这个阶段的联系了。非要说苏联在北美的间谍行动有什么弱点的话，那就是无论怎样获得的情报都必须传给莫斯科。苏联驻美国大使馆是通过密电传递的，在电报中，福克斯被称为“雷斯特”，后来则被称为“查尔斯”。这些电文是通过公开的商业电报线路传输的。这将成为整个行动的致命弱点。

早在 1943 年 2 月，美国方面就担心斯大林可能与希特勒达成秘密和平协议。美国国务院启动了一个计划，暂时推迟向莫斯科发送电报以便复制。这些电报被送到了美军安全机构，届时联邦调查局也能接触到它们。因此，联邦调查局在大量信息中复制了苏联大使馆发往莫斯科的公文，其中就有福克斯关于原子弹研究的情报。

联邦调查局的数据堆积如山，但直到 1948 年都没有发现可靠的情报。无法克服的问题是，这些密电都是建立在“一次性密码本”的基础上的，无法被破解。这种牢不可破的密码有两个部分。首先是密码本，它就像一个反向的电话簿，上

面有一组五位数的数字，每个数字对应不同的字母、单词或短
语，例如 11042 可能对应着“查尔斯”。1945 年，一份烧焦的
151 俄语密码本从芬兰的战场上被抢救回来。然而，这还不足以让
获得了副本的美国人读取电文，因为加密还有第二部分，即
“加数”，这是编码和解码信息的关键。

“加数”是一个随机的五位数，这些电文中的“加数”只有雅兹科夫和莫斯科知道。比方说，假设这个加数是 12124。雅兹科夫把这个数字加在密码本中的数字上，这意味着传送“查尔斯”的五位数代码是 23166（也就是 12124 加在密码本的 11042 上）。莫斯科接收到 23166 时，从中减去 12124，得到 11042，而代码簿上显示的 11042 对应于“查尔斯”这个词。

然而，如果在整个消息中的每一个五位字符串都使用相同的加数，会导致消息很容易就遭到破解。不过经过巧妙的修改，电文便彻底安全了：从一个字符串到下一个字符串随机改变加数。以前的编码和解码电文需要发送者和接收者知道单个加数的值，而现在他们需要知道魔幻变化的字符串，才能凑齐整篇电文。

一本由随机数字组成的字符串大本子，以五个为一组，列出了用于准备和解码俄语电文的加数。二战期间，莫斯科制作了大量这样的纸页或本子，其中的一套留在莫斯科，其他的都在严格的安保下被带到苏联的各个大使馆。每条密电的开头都会有一个指示，说明是用哪一个密码本号码来准备的，然后莫斯科就会用它来解密。只要密码本只被使用过一次，就没有办法破解电文。但是，如果密码本用了不止一次，就会有潜在的漏洞，因为第二把钥匙将包含与第一把钥匙相同的序列，不再

是随机的。

即使设法破译了内容，解读人也只会得知，原子弹的情报是从纽约的一个代号“雷斯特”或“查尔斯”的信源泄露的。因此，克劳斯·福克斯的身份得到了双重保护。联邦调查局建立了一个关于这些俄语密电的资料库，以备有朝一日发现让它们“起死回生”的方法。在这种奇迹般的“复活”尚未发生之前，福克斯都是安全的。[29]

1945 年 9 月 5 日，日本正式投降的三天后，也就是福克斯在圣达菲与戈尔德会面的两个星期前，发生了一件惊人的大事。苏联驻渥太华领事馆的译电员伊戈尔·古琴科（Igor Gouzenko）叛变了，暴露了苏联在加拿大的一个原子弹间谍组织。这次揭发导致英国物理学家艾伦·纳恩·梅，以及安大略省金斯顿女王大学的数学教授伊斯雷尔·霍尔珀林被捕，此人正是 1940 年福克斯在加拿大被拘押期间，向他提供科学期刊的那位霍尔
珀林。纳恩·梅被判违犯《官方机密法令》并被处以十年监 152
禁。霍尔珀林比较幸运，因为一位重要证人收回了证词，案件被撤销了。与此同时，加拿大人在检查霍尔珀林的日记时，发现日记中记载了 700 多个名字。[30]

而这其中有克劳斯·福克斯和他住在马萨诸塞州的妹妹克里斯特尔的名字。虽然军情五处似乎知道霍尔珀林的日记，但显然直到 1949 年 11 月才得知其中有福克斯的大名。如果军情五处的官员当时就掌握了这个证据，他们可能会在 1946 年对福克斯进行更严格的审查，当时他正准备返回哈韦尔，并在英国原子弹和氢弹的绝密设计中发挥关键作用。[31]

古琴科叛变两周后的 9 月 19 日，福克斯与哈里·戈尔德见面，戈尔德告诉他返回英国后如何与伦敦的苏联信使取得联

系。[32]福克斯补充说，他可能会在圣诞节前后再次去波士顿看望妹妹，而她可以作为让戈尔德知道自己行踪的一种手段。他们于是便分头行动了。

然而，福克斯消息的传递被耽搁了。戈尔德不得不带着这个敏感的包裹，坐着火车一路横穿全国，回到他在费城的家。第二天，也就是9月22日，他从那里出发前往纽约，打算把情报转交给他的苏联主管阿纳托利·雅兹科夫。但雅兹科夫没有现身，因为在古琴科揭发苏联间谍集团后，他和其他从事苏联间谍活动的人都躲了起来。

戈尔德和雅兹科夫最终在11月12日见了面。9月见到福克斯时，戈尔德曾建议两人在波士顿碰头，由克里斯特尔来定日子。[33]可如今雅兹科夫告诉戈尔德不应该直接去见福克斯；相反，他应该“去找‘查尔斯’的妹妹”，告诉她克劳斯不该来见他，“而［克劳斯］应该把材料”留在她那里，戈尔德“稍后”会去取资料。[34]克里斯特尔被告知，要留一个在街上就能看得见的信号来表明没有危险，这样戈尔德就可以去拿文件了。为了保证戈尔德不会在她家里意外遇到福克斯，“如果福克斯在家的话”，信号就不会显示。这样做的目的显然是确保信使与苏联最有价值的原子弹间谍之间没有直接的接触。克里斯特尔当然不知道这个阴谋的原因，但同意提供信号，如此她便越来越深地被卷进了哥哥的阴谋之中。

福克斯间谍活动的第一个阶段是在英国的伯明翰；第二个阶段是在美国的纽约和洛斯阿拉莫斯；现在又在英国的哈韦尔开始了他的第三个阶段。

# 第四部分

# 从“三位一体”到苏联原子弹

1945～1949年

# 第十章　哈韦尔、氢和钚

美英制造了结束战争的原子弹。他们的盟友苏联庆祝了对 155
纳粹主义的胜利，但付出了巨大的代价：领土和工业遭到破坏，数百万公民丧生，工厂被毁，交通基础设施变成一片废墟。20 世纪中叶，苏联的大部分地区再次沦为农业社会，为生存而苦苦挣扎。

如今的苏联已经扩展到整个东欧。1946 年 3 月，温斯顿·丘吉尔形象地将新的现实情况描述为在整个欧洲大陆上拉下了一道“铁幕”，许多古都——布达佩斯、布拉格、柏林——在苏联的一侧。这在一定程度上对斯大林是一种安全保障，使得莫斯科与外敌——美国及其盟友——拉开了距离。他可能早在“三位一体”和广岛之前就决定了这一战略，在这种情况下，丘吉尔和罗斯福对他隐瞒情报是明智的。然而，他们没有想到，由于福克斯和其他间谍的帮助，斯大林对战时盟友的两面三刀也心知肚明。

斯大林意识到，使战争得以结束的原子弹将成为世界新秩序的撒手锏。他怀疑美国现在会利用其核垄断地位来扩大影响力，甚至会对他的工业废墟进行先发制人的打击。苏联领导人也想要一枚自己的原子弹。克劳斯·福克斯还不知道，他的间谍活动已经为斯大林指明了实现这一目标的道路。在德国和日本战败的情况下，福克斯继续努力，确保美国不会独占新武器。

时任美国五角大楼空军参谋长的柯蒂斯·李梅（Curtis LeMay）将军公开主张用原子弹对苏联进行先发制人的打击，以便美国建立全球霸权。[1]仅仅因为身在地理上属于斯大林的领
156 地，100 万无辜的平民就要惨遭杀害，这种想法是新的原子时代道德扭曲的典型代表。幸好冷静的头脑还算清醒，苏联随后发展的原子弹军火库建立的那种恐怖的平衡——“相互保证毁灭”（MAD 机制）——至今已经持续了 70 年。从这个角度看，福克斯与苏联分享原子弹知识，也许对历史产生了好的——或者说不那么坏的——影响，有助于维持派尔斯在 1940 年对原子弹作为威慑的最初设想。

广岛铀弹和长崎钚弹的爆炸证明了原子弹的可怕影响。美国现在的战略是发展一整套武器库并了解其效果。由于长崎爆炸和“三位一体”试验的钚弹爆炸数据不一致，也不符合理论上的预期——不是长崎的爆炸被高估了，就是“三位一体”试验在某种程度上效率低下——这就需要在南太平洋的比基尼环礁上轰炸一支退役的海军舰队，以便进行适当的测量。由于许多美国科学家返校教书去了，而且福克斯是钚弹理论的核心人物，所以他一直留在洛斯阿拉莫斯，直到 1946 年年中，他一直在研究长崎上空爆炸与“三位一体”试验的爆炸量级之间的差异，并为即将在比基尼环礁进行的试验做准备。

英美在战时艰难“联姻”，两国曾为了一个共同的目标而合作，但长期目标不同——美国想要成为自由世界的领袖，英国要至少保持部分的全球地位，这场婚姻如今琴瑟不调。战争期间，英国人在情报和解密方面一直处于领先地位，而在“曼哈顿计划”之后，美国人在原子弹合作中占据了主导地位。尽管原子弹的构想是派尔斯和弗里施在伯明翰提出的，早期的浓缩工

作也是在英国进行的，但美国国会认为原子弹是美国人的发明，英国的参与充其量只是一种干扰。这项工作是秘密进行的，真正的功劳直到后来才真相大白。不可否认的是，美国政府在战争期间花费了大约 26 亿美元用于原子弹研究。在必须对美国纳税人负责的国会看来，成本决定了现实。“英国或加拿大在探索原子弹方面没有给予我们任何物质援助”，而且“二三十位［英国］科学家的工作”“无足轻重”，以至于英国人“不能对原子弹的配方提出财产利益要求”，参议员肯尼思·麦凯勒（Kenneth McKellar）在 1945 年 9 月写给杜鲁门总统的信中如是说。[2]

原子弹改变了战争的性质。美国人拥有的铀足以打造一个武 157
器库，尽管少数英国科学家被认为稍有用处，特别是克劳斯·福克斯，但美国的战后计划并不是非他们不可。美国的目标是以原子武器库来确保安全，而英国的长期目标则是发展核能。这导致英国人在加拿大建造了一个实验性的核反应堆，正如我们看到的那样，这个核反应堆被苏联的间谍活动所渗透。然而，核弹是大国的象征，英国不能冒没有核弹的险。原子弹在日本上空爆炸后没几天，英国首相克莱门特·阿特利就成立了一个委员会，研究英国发展核武器的可行性。在此期间，美国是唯一的核大国，并“急于保持这一地位”。[3] 1946 年 8 月 1 日，《麦克马洪法案》（McMahon Act）禁止美国向包括英国在内的任何国家转移核动力或武器的数据，而违犯这一法令的惩罚包括“死刑或终身监禁”。[4]

美国人禁止他们的主要盟友染指核武器有两个原因。第一，在纳恩·梅间谍活动败露后，美国人不信任英国人的安保效率，因此认为这样做能更好地保证安全。第二，也是更直接的一点，就是英国最有实力研制自己的原子武器，与美国的霸权相抗衡；

华盛顿方面认为帮助他们没有任何好处。如果英国要发展原子武器，那就必须单独进行。外交大臣欧内斯特·贝文（Ernest Bevin）对英国核武器的看法毫不讳言："我们要不惜一切代价，必须在本国拥有这种武器……我们必须让英国米字旗在核武器上方飘扬。"[5]拥有原子弹对英国极其重要，这既是一种威慑（在北约之前的时代），也是让美国人反思他们反对原子弹合作是否合理的一份昂贵嫁妆。因此，福克斯参加洛斯阿拉莫斯和比基尼环礁试验，对英国可能会有远大的长期利益。

回报很快就显现，1946 年 4 月，福克斯参加了在洛斯阿拉莫斯举行的关于"经典超级炸弹"（氢弹）的会议。前文提到，1945 年，他听过恩里科·费米的讲座，这位最伟大的物理学家在讲座中演示了氢弹在所有燃料被点燃前就会冷却。仍然痴迷于"超级炸弹"这种想法的爱德华·泰勒相信一定会有解决方案。在 1946 年的会议上，泰勒试图启动一个专门的计划来发展这种武器。

## 氢弹之祖？

158 如果点燃氢弹仍然是一个无法克服的问题，就不会有热核武器的时代了。人们用了五年才最终克服了这个困难。1946 年，一个令人难以置信的二人组合解决了第一个阶段的难题，他们是坚定的共产党人克劳斯·福克斯和匈牙利出生的美国数学家、坚定的保守派约翰·冯·诺伊曼①。

---

① 约翰·冯·诺伊曼（John von Neumann，1903—1957），美国犹太裔数学家，现代电子计算机理论与博弈论的奠基者，在泛函分析、遍历理论、几何学、拓扑学和数值分析等众多数学领域及计算机学、量子力学和经济学中都有重大贡献。

福克斯首先是一位物理学家，具备强大的方程处理能力；冯·诺伊曼不仅是20世纪最聪明的数学家之一，而且对于自然界的工作原理也有着深刻的见解。战争期间，冯·诺伊曼与福克斯和派尔斯一起，在解决内爆的问题上发挥了核心作用，因为内爆问题有可能使钚弹的发展脱轨。这两个有着很大差异的人在能力上有所互补，现在，他们共同设计出一种经改进的氢弹引爆机制。1946年5月28日，福克斯和冯·诺伊曼申请了专利，但时至今日，他们的工作细节在西方国家仍属机密。[6]

会议召开之前，福克斯一直在研究如何利用冯·诺伊曼的一个想法，使“超级核弹”具有可操作性。为了引发足够强大的原子爆炸，点燃可持续的热核之火，冯·诺伊曼在1944年提出了一个简单地改变成分排列的方法：在原子裂变混合物的铀或钚内放入氘氚混合物。

这个组合爆炸时，其内含物会汽化，从而产生一种带电粒子组成的气体——电子，以及氘、氚和重铀或钚的原子核。原子中电子数不同的两种物质被电离时——如此例所示——重原子元素和轻原子元素的残余物之间会产生压强差，重的元素会挤压轻的元素。因此，冯·诺伊曼认为，轻质的氘和氚在原子爆炸中会被高度压缩，这就是所谓的“电离压缩”。

1944年，冯·诺伊曼意识到，加热和电离压缩将激活氘和氚之间的热核反应。这些反应将释放出快中子，继而又会在快速分解的原子弹中引发进一步的裂变，提高其当量。这种增强的原子裂变爆炸将进一步加热和压缩热核燃料，使其更容易点燃。这个想法“预示着后来的助推型原子弹的发展”—— 159
当量因存在有限数量的氘和氚而得到提高的裂变型原子弹——并成为战后发展更强大的原子弹的关键概念。[7]然而，它并没有解决制造真正的大型热核爆炸的问题。

1946年初的几个月里，福克斯一直在研究起初“以冯·诺伊曼的思路助爆”的原子爆炸是否能引燃“超级炸弹”。[8]福克斯似乎正是在洛斯阿拉莫斯会议期间提出了一个关键性的建议，即虽然与铀混合的氘－氚可以促进点火，但如果在$^{235}U$之外的氧化铍反射剂中也加入氘－氚混合物，热核爆炸的概率会被进一步提高。其结果将是一个四级装置：裂变炸弹作为引爆器，用冯·诺伊曼助爆剂和底火点燃主燃料。

首先是引爆器——把$^{235}U$碎片射向同元素团块的广岛型裂变炸弹，但辅以掺有4%的氚的“助爆剂”。每一块铀的体积都很小且本身无害，但它们合在一起的总质量形成了可以爆炸的超临界块。这样一来，氘－氚助爆剂被点燃，产生引发裂变反应的、在铀中造成更强烈爆炸的中子。至此，基本上都是冯·诺伊曼在1944年就已经提出的建议。但福克斯提议的新特征从这一刻就开始起作用了。这个爆炸物在运动中撞上了“底火”——一个由氧化铍组成的固体外壳，内含1∶1的氘－氚混合物，这个“底火”与装有氘的圆筒（“主装药”）相邻，目的是点燃主装药，使其持续燃烧。

福克斯推断，铀爆炸产生的X射线会到达氧化铍的反射剂，令其受热，电离其成分并导致内爆——这就是冯·诺伊曼的“电离内爆”概念，但现在应用在了氧化铍中的氘和氚上。为了将辐射保留在反射剂里，福克斯提议将装置封装在一个不受辐射影响的外壳内。辐射引起的内爆会放大原子爆炸的实质性冲击波所引起的压缩，提高核聚变炸弹的点燃概率。此处的关键是“原子电荷和热核燃料的分离，以及后者被来自前者的辐射所压缩”，这就构成了“辐射内爆”。[9]

这种将裂变火花与核聚变燃料分离，并利用辐射和电离压缩，成为 1950 年代美国、苏联和英国等国研制氢弹的特点。福克斯和冯·诺伊曼的发明大大改善了点火效果，这一点在后 160
来 1951 年的“温室乔治”① 试验中得到了证明。然而，这还不足以点燃百万吨级的热核爆炸，为此还需要压缩“主装药”。后者将涉及斯塔尼斯拉夫·乌拉姆②和爱德华·泰勒在 1951 年的进一步发明，其中的某些方面似乎是 1946 年福克斯对辐射内爆的利用所带来的灵感。③

福克斯回到英国时，他和冯·诺伊曼 1946 年中期在洛斯阿拉莫斯研究氢弹时的发明还是当时最先进的，尽管领先的时间很短。福克斯对利用辐射内爆原理的顿悟“远远领先于时代”。[11]如果当时有了现代计算机，物理过程的数学建模就会相对简单多了，但在 1946 年，精确的分析仍无从下手。即便如此，结论也很明确：所需的氚的量大到不切实际。

福克斯和冯·诺伊曼取得了一个关键性的突破，但除非发 161
明出一种制造大量氚的方法，否则这个突破仍然只能停留在理论上。泰勒巧妙地想到可在武器中加入固体物质“氘化锂”，因为当中子撞击这种化合物时，装置本身就会产生氚。福克斯

① “温室乔治”（Greenhouse George），“温室行动”（Operation Greenhouse）是美国的第五个核试验系列，也是 1951 年的第二次试验，以及验证日后发展为热核武器原理的第一次试验。“乔治”核试验是“温室行动”系列中的世上首次热核试验。

② 斯塔尼斯拉夫·乌拉姆（Stanislaw Ulam，1909—1984），波兰犹太裔数学家、核物理学家。他曾参与“曼哈顿计划”，并与匈牙利犹太裔理论物理学家爱德华·泰勒一同发明了氢弹设计的泰勒 - 乌拉姆构型。

③ 这方面的细节至今仍属机密，这使得对福克斯隐性贡献的评估往好了说也是有争议的。无论如何，乌拉姆 - 泰勒构型是后来才出现的，不在目前的叙述范围内。[10]——作者注

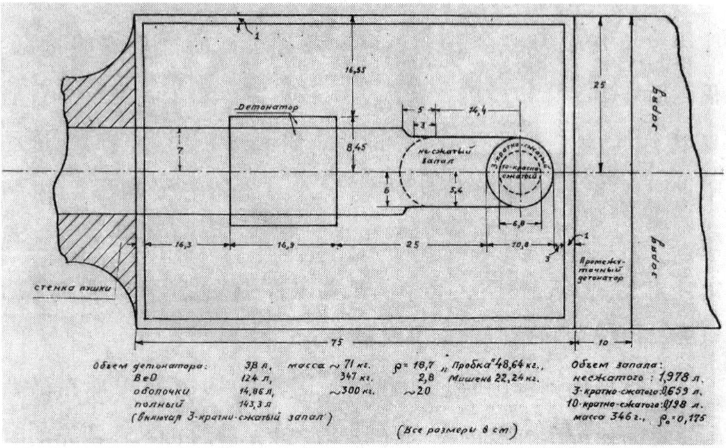


**这张苏联的原理图很可能就是根据福克斯－冯·诺伊曼 1946 年获得专利的氢弹点燃装置制作的，图纸大概是 1948 年被福克斯传到苏联的。装置左边是枪式铀裂变弹，它点燃的是右边的氘－氚舱。**

离开洛斯阿拉莫斯并返回英国后不久，泰勒就有了这个想法。然而，他和斯塔尼斯拉夫·乌拉姆在五年后才发展出辐射内爆“在概念上的巨大潜力”。到那时，福克斯对重大事件的影响力早已消失了。[12]

福克斯的辐射内爆思想是美国和苏联后来研发的大部分内容的基础。英国在 1950 年代研制的氢弹也涉及原子弹爆炸和核聚变燃料的分离。[13]了解苏联氢弹的发展史后得出的结论是，福克斯的见解在那里也具有开创性的意义。[14]爱德华·泰勒被誉为氢弹之父。不管苏联的氢弹之父是谁，“克劳斯·福克斯一定是苏联氢弹的祖父”。[15]

## 为英国搜集情报

1945 年底，鲁道夫·派尔斯回归了伯明翰大学的学术生活。他忧心忡忡。他最初的设想是把原子弹作为一种防御希特勒的手段，却看到它在人类的愤怒中被用在了反日上。如果他像福克斯那样在洛斯阿拉莫斯再待一年，看到人们显露出对氢弹的热情，他的忧虑会更加强烈。然而，派尔斯刚回英国时还没有意识到这种更强烈的恐怖，他成了英国原子科学家协会（Atomic Scientists Association，简称 ASA）的创始人和主席。这个协会的作用是教育政治家和公众了解原子能的现实意义和核武器扩散的危险。原子科学家协会——后来的英国核裁军运动（Campaign for Nuclear Disarmament，简称 CND）的推动者——很快引起了国安部门的注意，因为他们认为这是一个共产主义阵线。与此同时，派尔斯还向哈韦尔提供建议，并听取那里核研发情况的简报。

哈韦尔的主要目的是设计西欧的第一座核反应堆，其公开的目标是为民用工业和英国公民的家庭福祉而生产能源，但是制定将铀浓缩到适于专门反应堆的水平，然后把铀转化为钚的 162
方法，而这些钚又将成为原子武器库的原料。①

克劳斯·福克斯将成为英国自己生产原子弹这个事业的支柱，1946 年 6 月，他从洛斯阿拉莫斯被召回国，担任哈韦尔理论物理学部门的负责人。在美国的最后几周里，福克斯从洛斯阿拉莫斯的档案库中提取了他们所掌握的一切有关氢弹的资料，后来，美国国会的调查认为，他持有这批文件的“时间过长”。“这些［文件］毫无疑问被交给了苏联人”，尽管他是在把副本给了詹姆斯·查德威克且后者转交英国人之后，才把

① 哈韦尔正在进行设计核反应堆的实验。位于英格兰西北部的温斯凯尔成为专门生产钚的场所。——作者注

情报传给苏联的：6 月 18 日，他给查德威克写了一封信，并附上了他想在 6 月 20 日“星期四”谈论的“一些笔记”的副本。[16]派尔斯曾想通过公众意识和防止核扩散来消除原子弹和后来的氢弹所带来的恐怖性，而福克斯则决定分享这些知识，他的这种策略导致了相互威慑的高风险游戏。

1946 年 6 月底，福克斯乘坐一架英国轰炸机返回英格兰，因为哈韦尔急需他参加 7 月 1 日的会议，所以他是搭飞机而不是乘船回国的。[17]福克斯从洛斯阿拉莫斯出发，途经华盛顿——在那里见到了查德威克——前往蒙特利尔，然后又去波士顿看望了妹妹克里斯特尔。在华盛顿，他把从洛斯阿拉莫斯档案库中搜集到的有关氢弹的资料交给了查德威克，其中包括氘和氚相互作用的计算——对于理解核聚变爆炸的条件是至关重要的。这些资料总结了福克斯离开时洛斯阿拉莫斯营地的技术状况。

因此，福克斯离开洛斯阿拉莫斯之前的最后一次“间谍活动”是为了协助英国人。① 福克斯是否在最后一刻与哈里·戈尔德或苏联大使馆的人见了一面，向他们通报在他 9 月 19 日与戈尔德会面之后，恩里科·费米最后一次讲座的最新情况，或是向他们介绍他与冯·诺伊曼的想法，或是他从洛斯阿拉莫斯档案库中获取的所有资料？一个可能发生了紧急的秘密会面的线索是，福克斯耽搁了一天，而他的解释却很离奇。在福克斯从华盛顿赶往蒙特利尔的途中，路过妹妹所在的波士顿，这位用逻辑思考问题的天才科学家声称自己犯了一个低级

---

① 福克斯通过几个星期的努力，正式避免了在罪状中加入代表英国的间谍活动，因为禁止与包括英国在内的其他盟国共享原子弹情报的《麦克马洪法案》直到 8 月 1 日才生效。——作者注

错误。6 月 27 日，福克斯在妹妹家里写了一封关于旅行费用的信，信中将其延误归咎于“弄混了标准时间和夏令时”。[18]福 163
克斯 6 月 26 日的班机原定于夏令时下午 3 点起飞。看到时刻表上的下午 3 点时，他说自己以为那是标准时间，因为“我以为所有的时刻表都是标准时间，但我用的这一份是个例外”。因此福克斯认为，他的出发时间是夏令时的下午 4 点。当时的航班要比现在宽松，最后一刻到达机场仍然能赶上飞机起飞。福克斯在 3 点过后准时出现在机场，准备下午 4 点起飞，却发现班机刚刚离去了。结果他在妹妹家又待了一天。

福克斯最终于 6 月 27 日离开波士顿，[19]他在蒙特利尔的温莎宾馆过夜，然后乘空军飞机前往英国。他在 6 月 29 日抵达伦敦，在旅馆里又住了一晚后，乘火车抵达离哈韦尔最近的车站——迪德科特（Didcot），完成了他的旅程。6 月 30 日，这是他三年来第一次回到英国，尽管已疲惫不堪，但还是为参加 7 月 1 日的哈韦尔会议做好了准备。福克斯已经有一年没有见到派尔斯了，因此他在 7 月 2 日去伯明翰拜访了这位朋友和导师。在那里，他们互相介绍了最新的科学发展情况，尽管福克斯很乐意与苏联人分享有关氢弹的机密情报，却对派尔斯极力隐瞒了这些。派尔斯向福克斯介绍了他自己的一些最新情况。

## 机密情报

那年 3 月，福克斯还在洛斯阿拉莫斯时，派尔斯收到了 G. P. 汤姆森的来信，后者是“合金管计划”委员会的前主席，时任伦敦帝国理工学院物理学教授。汤姆森在信中提出了利用氢的同位素聚变来产生核能的想法。如今，汤姆森的突破被认为是发展核聚变发电的关键一步，但最初他看到的是利用核聚变生产钚的潜力。这导致他的工作被列为机密。[20]

汤姆森并不怎么关心这个方案是否会成为一个自给自足的能源机器，而是更关心它的基本思路是否合理。汤姆森是实验物理学家，因电子方面的实验而获得了诺贝尔奖。他凭借自己的技能可以研发仪器，但理论基础需要的是专业知识。因此，他咨询了派尔斯。在接下来的几个月里，两人通过书信往来，
164 发现了一些技术问题，不过这些问题都得到了解决。然而，汤姆森给派尔斯的原始信件表明，他早已预见到了其想法的另一个潜在应用：他意识到核聚变“［还］是通过使用极少的铀而获得庞大的钚的一种来源，［这］将比反应堆更便宜，至少有政治上的意义”。他含糊其辞地提到这“政治上的意义”，因为在 1946 年，钚被认为是核武器库所需的关键元素。

汤姆森的见解是，核聚变不仅能产生能量，还能释放中子。这些中子出现时携带着足够的能量，并且作为将铀转化为钚的一种手段，效率极佳。尽管在今天看来，汤姆森的见解是发展核聚变作为动力源的关键一步，但在 1946 年，刺激政治界和科学界并导致他的工作被列入机密的，正是因为核聚变能产生钚的潜在意义。

一看到汤姆森的信，派尔斯就意识到了其想法的含义。在 3 月 12 日的回信中，他写道：“我试图对这个问题发表评论，却发现自己左右为难。原因在于，我掌握了关于这些问题的大量资料，这些资料都是我在洛斯阿拉莫斯的工作中获得的……被认为尤其机密。”派尔斯很担心自己的回答会有什么敏感的地方，于是在后面加了一句话：“还请你把我知道这个问题的某些方面中尤其秘密的事情当作机密情报，因为要猜出这些方面指的是什么并非难事。”[21]

克劳斯·福克斯是当时世界范围内顶尖专家之一，而且派尔斯也十分含蓄地推崇他的数学能力。更重要的是，福克斯通过了安全调查——1946 年 7 月，福克斯通过的安全调查级别比派尔斯的还高——而哈韦尔的安全设施使其成为测试汤姆森概念的理想场所。因此，7 月 2 日他们见面时，派尔斯与他讨论这个问题是理所当然之事。虽然没有记录表明他们说了什么，但看来很有可能就是在这个时候讨论有关核聚变的见解的。福克斯当时就充分了解到了核聚变产生钚的可能性。①

在给汤姆森回信的两天后，派尔斯在 1946 年 3 月 14 日又给年轻的研究生杰里·加德纳（Jerry Gardner）写了一封信，他在信中提到："我不想让人［在伯明翰］进行秘密工作，但在电力生产的应用方面很可能存在着保密令所没有涉及的问题。"[22]他的想法不言自明。 165

派尔斯和汤姆森在那个春天鱼雁往来了几个回合，他们把后者的想法提炼成了现实的方案。[23]一个多世纪以来，人们已经了解，当电流流过相邻的两根导线时，导线会被迫彼此靠近。汤姆森突然来了灵感，觉得电流经过等离子体时，也会产生类似的效果：磁力会将两股电流推向彼此。这种所谓的"箍缩"可以迫使带电粒子彼此靠近，提高它们之间发生聚变反应的概率。

5 月初，汤姆森和派尔斯在伦敦见面讨论。汤姆森的想法看似很棒，但问题仍然在于，磁场的最佳结构是怎样的，以及

① 派尔斯是哈韦尔的顾问，但近一年来没有参与洛斯阿拉莫斯的工作。例如，就算他知道英国原子弹计划的存在，也不会了解该计划的发展。考虑到福克斯的安全调查级别，派尔斯没有理由向他隐瞒这些。随后在哈韦尔进行的研究计划证实，汤姆森同意分享其见解。——作者注

如何在实践中创造出来。他们讨论了磁场形状和强度的各种可能性，他们的分析充满了晦涩难懂的来自拓扑学的与数学有关的术语。派尔斯现在对“通过磁场的同心圆磁力线将电子固定到环形空间”很感兴趣，但这很难实现。他计算出，在汤姆森的装置中，电子将被“径向固定而非轴向固定”。[24]

那年晚些时候，加德纳将要开始他的理科硕士项目，研究电子在磁场中的运动，这是派尔斯和汤姆森讨论过的特性，也是核聚变工程的关键。加德纳的工作显然是受到了汤姆森给派尔斯的信的启发。7 月 2 日，兴奋的派尔斯当然还完全不知道福克斯的两面性，他把汤姆森的核聚变想法以及生产钚的潜力告诉了后者。福克斯还得知，派尔斯有了一个新的研究生——杰里·加德纳。派尔斯说，他希望加德纳能向福克斯请教一下这个项目，福克斯自然也同意了。

# 第十一章　1947 年：哈韦尔并不安全

洛斯阿拉莫斯的安保工作很霸道，但并不完善。福克斯对哈韦尔的反差感到惊讶，那里和蔼可亲的安保官员亨利·阿诺德（Henry Arnold）似乎是个门外汉。正如阿诺德后来说的那样，“我确信他觉得我全然无害”。[1] 166

新实验室在牛津以南 15 英里与世隔绝的乡下，位于风景如画的哈韦尔村附近，离牛津到纽伯里（Newbury）的干道不远。实验室的功能主义红砖建筑坐落在一个从前的机场上，在曾经以广阔的果园而闻名的风景线上相当有碍观瞻。国王阿尔弗雷德①的出生地旺蒂奇（Wantage）在西边 5 英里处；另一个在大西部铁路②上的最近的城镇——迪德科特地处北边，距离大约也是 5 英里。在这两地之间的哈韦尔孤悬于伯克郡（Berkshire）开阔的郊野中。大多数科学家住在实验室周围的预制平房里或附近的几个小村庄和集镇上，但他们可以从迪德科特坐火车，不定期地前往牛津和伦敦。

---

① 国王阿尔弗雷德（King Alfred，847 或 849—899），盎格鲁－撒克逊英格兰时期威塞克斯王国的国王，也是英国历史上第一个自称“盎格鲁－撒克逊人的国王”且名副其实之人。

② 大西部铁路（Great Western Railway），英国的一家铁路客运公司，始建于 1833 年，其服务范围包括伦敦西南部、英格兰西部和大部分威尔士地区。1947 年被收归国有。

哈韦尔的位置相对偏僻，符合安全需要。从唯一的进入通道上看去，这块场地——一个停用的机场——风景宜人，看起来很有乡土气息。殖民地风格的独立房舍是用砖块建造的，以前是皇家空军最高级军官的住宅，掩映在南大街高大的山毛榉树篱笆后面。这里成了哈韦尔有家眷的高层人士的家。实验室附近的山坡上很快就挤满了几个小时就能建好的由预制件组装的单层住房。在一位居民看来，山坡上一排排白色“预制板房”的荒凉景象“就像一个监禁地”。[2]福克斯的上司、物理学部门负责人赫伯特·斯金纳和妻子埃尔娜以及他们11岁的女儿伊莱恩住在南大街3号的一栋大房子里。福克斯的副手奥斯卡·比内曼①和妻子玛丽以及两个年幼的儿子住在一栋半独立的砖房
167 里，栅栏将他们的房子与南大街隔开，这仿佛是对1940年代英国社会等级制度的隐喻。单身汉福克斯起先住在气派的里奇韦酒店（Ridgeway House）的一间卧室兼客厅的两用房间里，这幢房子在战争期间曾是飞行员和一般工作人员的住所，有两层楼高，两翼展开，正面有三个拱形门廊。可以用作公共活动的大房间被改成了走廊铺着油地毡的若干间卧室。有台球桌的酒吧兼作员工的社交俱乐部。大楼的外砖墙还涂着灰绿两色迷彩。

大多数科学家很年轻，许多人还不到30岁。他们是被从“曼哈顿计划”、加拿大的国家反应堆项目、英国和英联邦各大学拢来的奇特混合体，为了一个共同的目的而勉强凑在一起，个中原委只有少数人知道。

战后的那些年里，燃料仍然实行配给制（直到1950年5

---

① 奥斯卡·比内曼（Oscar Bunemann，1913—1993），英国物理学家。他在科学、工程和数学方面均取得了进展，是计算等离子物理学和等离子体模拟的先驱。

月都是如此），而且每周只有两班往返于哈韦尔和迪德科特的汽车。除了实验室的工作人员之外，科学家们见到的人越少，谈话就越容易。所有的社会生活都局限在一个肥皂泡中，在这个肥皂泡里，了解机密的原子科学家们把与外界的交流降到最基本的水平。尽管该项目的那些工作人员是有意待在这个乡下的牢笼里的，但他们的家人却要么无聊得要死，要么自娱自乐。这里的车很少，一位居民回忆说，在预制板房的开阔视野中，“人人都能看到谁的车停在谁家的房子外面，停了多久”。在这里，社会生活和官方生活交融在一起，以安全官员亨利·阿诺德为核心，形成了一个排外的社会。

福克斯现在是理论物理学部门的主任。从伯克利的“曼哈顿计划”来到哈韦尔的奥斯卡·比内曼和福克斯一样，也是纳粹德国的政治难民。他和妻子都是自由社会主义者，军情五处在他们的档案中早就注意到了这一事实。在福克斯所有的哈韦尔同事中，比内曼的背景与他最接近。两人都是来自德国的非犹太难民，也都出身于道德感极强的严厉家庭。比内曼是个狂热的反纳粹分子，曾在 1933 年被盖世太保监禁，逃到英国后，和福克斯一样被关押在加拿大；两人同时获释。然而，由于两人有如此多的共同点，玛丽·比内曼注意到，福克斯不太愿意与奥斯卡单独交谈，除非是受到严格控制的理论物理学的讨论。直到后来她才意识到，福克斯对保护自己的隐秘生活有着病态的需求，所以他绝不允许自己处于随便的境地，以免真实情况意外地泄露出去。[3]

赫伯特·斯金纳也曾在伯克利团队中度过了战争岁月，他 170
在那里研究同位素的磁分离以及钚的物理性质。他是个头发凌乱的精瘦男人，和妻子埃尔娜有着共同的波希米亚式的人生观。

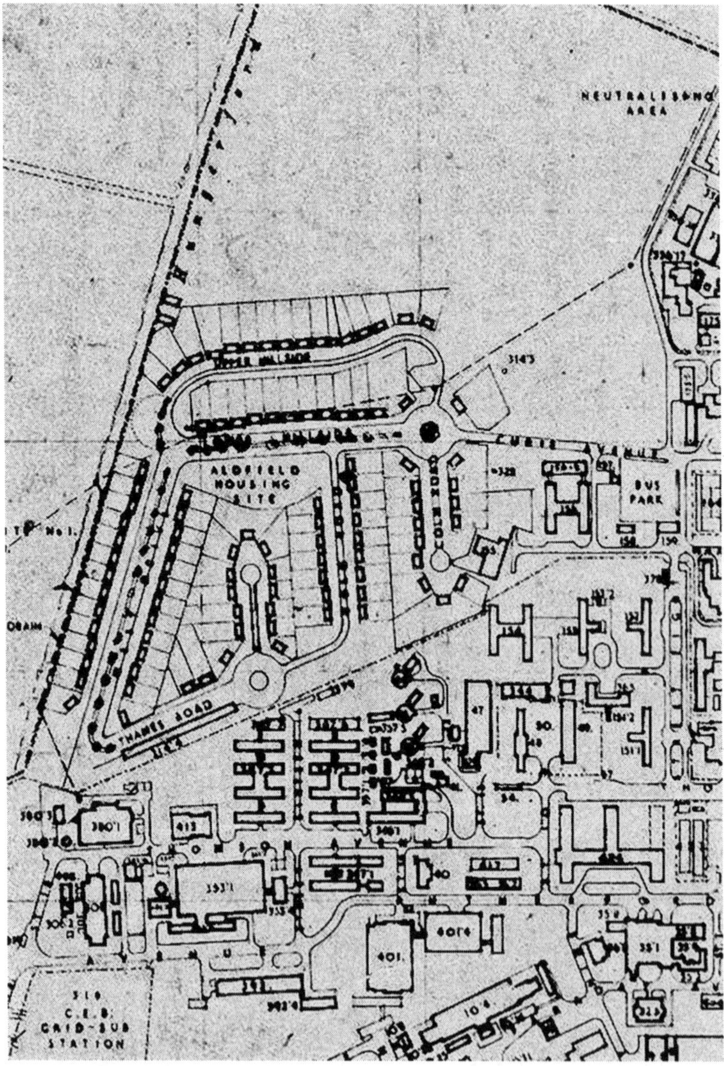


哈韦尔的场地平面图。科克罗夫特和斯金纳的房子在右上方，分别标着 133 和 135。福克斯的预制板房在左上角，位于从上坡道到下坡道环线的下坡道最左端。福克斯的办公室在运动场左下方的 329 号楼。里奇韦酒店的社交和居住区在居里大道和运动场之间的 142 号楼。

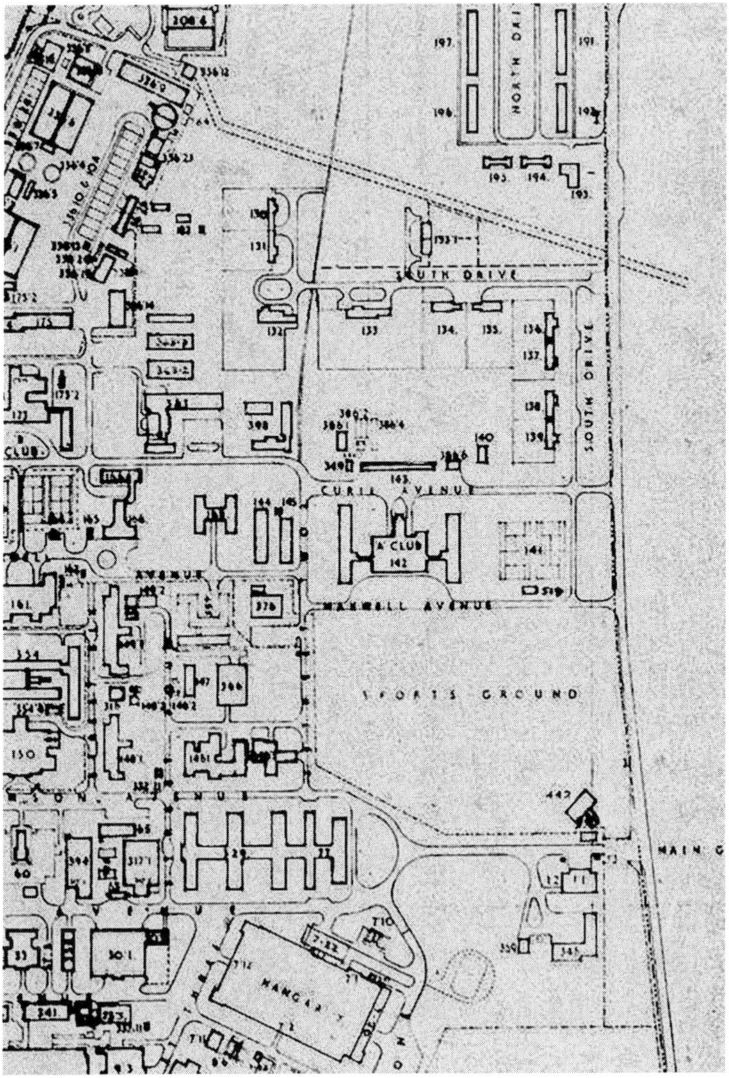
NORTH DRIVE
SOUTH DRIVE
SOUTH DRIVE
CURIE AVENUE
'A' CLUB
MAXWELL AVENUE
SPORTS GROUND
HANGAR
MAIN G

她是两次大战期间在柏林长大的。两人和参与原子弹项目的许多科学家一样，都是社会主义者，但他们在伦敦也有一个国际性的朋友圈，军情五处对所有那些人都很感兴趣。埃尔娜 40 岁，黑头发，活泼好动，对孤独有着神经质的恐惧，“非常需要别人的关注”。[4]在玛丽·比内曼看来，“对埃尔娜来说，一个男人永远不够”。[5]赫伯特的反应似乎很务实：如果这能让埃尔娜高兴，他就轻松多了。

斯金纳的家成为一小群科学家及其家属的社交中心。由于伦敦的朋友可以获得补给品，所以他们在聚会时可以任意享用酒水。这与负责人约翰爵士和他妻子科克罗夫特夫人家里的娱乐活动形成了鲜明的对比。科克罗夫特的聚会比较正式，以勤俭和节制为特点（尽管客人们在抵达时都会喝到雪利酒）。在南大街 1 号的科克罗夫特家，房间里有人才开灯，没人就关灯；相比之下，斯金纳家则是灯火通明，仿佛埃尔娜很怕黑。

玛丽和奥斯卡·比内曼的婚姻陷入了困境。哈韦尔的内向型社会加剧了他们的问题，不到两年，玛丽就与福克斯理论物理学小组的小字辈布赖恩·弗劳尔斯①有了婚外情。这将产生一场全面的危机。在吉尼亚·派尔斯对我描述的“抢床游戏”中，社会的旋风也把斯金纳夫妇纳入彀中。赫伯特·斯金纳不在家的时候，玛丽经常来找埃尔娜，埃尔娜以自己充足的补给请她喝上一杯时，玛丽觉得简直“如堕云雨”。埃尔娜渴望有人陪伴，她的风流韵事一场接一场，克劳斯·福克斯也成为她

① 布赖恩·弗劳尔斯（Brian Flowers，1924—2010），英国物理学家、皇家学会院士和公务员。1944～1946 年，他在英加原子能项目“合金管计划”工作；1946～1950 年在哈韦尔的原子能科学研究院从事核物理与原子能的研究；随后担任了一系列与科学有关的行政职务。

澎湃激情的一个避风港。后来，玛丽·比内曼和埃尔娜·斯金纳都无意中变成了福克斯悲剧最后一幕的中心人物。

## 亨利·阿诺德

安全官员亨利·阿诺德是个矮小精悍的退役空军中校，他曾在一战中被击落坠机。现在，他监督着此地高高铁丝网之内的建筑物，那些铁丝网的混凝土柱顶部弯曲，其上覆有螺旋状的尖利铁丝网线圈。这在今天很常见，但在 1946 年还是个新鲜事。

阿诺德采用的门外汉形象是其管理手段的关键。亨利·阿
诺德比在哈韦尔的这些青年科学家长一辈，二战期间曾在军情 171
局工作。在哈韦尔，他的职责是和每个人都友好相处。他是个出色的模仿者，还是个有才能的业余演员、艺术家和大提琴手。他外向而又随和的性格让人不可能不喜欢他。凭借自己的年纪和经验，他也很乐意为每个人提供包括政治和社会问题以及生活中的一般问题的建议。克劳斯·福克斯很快就成了他那间平房的常客。

作为安全官员，阿诺德的效率远远超过了福克斯的估计。杰出的英国氢弹历史学者洛娜·阿诺德[①]（与亨利没有任何关系）说他是个“完美的情报官员”，因为“他那不显眼的身材和他的个性都有助于他不引起旁人的注意。他善于观察，长于倾听”。洛娜以这句话来完成她的简短描述：“他很擅长理解

① 洛娜·阿诺德（Lorna Arnold，1915—2014），英国历史学者，曾撰写了一系列与英国核武器计划有关的书籍，著有《自恃与威慑：英国与原子能，1945～1952》（*Independence and Deterrence: Britain and Atomic Energy, 1945－52*, Volume 1 & 2, 1974）等。

嫌疑人的心理，赢得他们的信任，然后让他们产生动摇。”[6]她认为这就是阿诺德成功的关键。

亨利·阿诺德几乎从一开始就加入了这个机构，那是1946年8月，也就是福克斯入职后的一个月。他把自己认识的全部工作人员视为己任，其中有些人是外国人，他对他们的背景知之甚少。不过，令人欣慰的是，英国供应部①对他们每个人都进行了审查。许多人曾受雇于美国和加拿大的项目，在这些项目中，他们受托处理高度机密的资料。如今距离美国向日本投掷原子弹仅仅过去了一年，因此，与美国项目有密切关系的人此刻被当局视为完全可靠也就不足为奇了。

然而，阿诺德认为，必须圆满地完成对哈韦尔原子能科学研究院所雇用的每一个人的安全调查。他始终坚持认为，安全官员决不能认为以前做过安全检查的人就没有嫌疑了。他后来写道，他的口号是：“我不认可任何形式的审查，只有在我能对由我负责的每一个人形成自己的意见时，我才会感到满意。”[7]

他的方法是熟悉被监督人的公务和私人生活，熟悉他们的朋友和同事的名字，以及阿诺德认为“更难评估的东西”——他们的“人生观”。有些对象立刻“脱颖而出”，因为“他们与公认的正常人不同，不能用正常的标准来判断”。阿诺德把出生在外国的人归入这一类，“他们在原籍国度过的那段不为人知的生活对于他们的人生观和行为产生了影响，因
172 为那里的道德和政治标准与我们国家大相径庭”。这其中肯定

① 供应部（Ministry of Supply），1939～1959年英国的一个部门，主要负责协调英国三军的物资供应问题。其战时的总部位于伦敦河岸街的壳牌梅克斯大楼。从1939年开始，该部门还接管了所有的军队研究机构。

包括克劳斯·福克斯，这也是阿诺德觉得他很有趣并“开始培养他”的原因。阿诺德认为，福克斯的极端内向意味着与他结交是一个“艰难而漫长的过程”。

在哈韦尔的最初一段时间里，阿诺德发现福克斯“很奇怪”，“有点孤独”，“不易接近”。“出奇安静”的福克斯很少说话，除非有人向他提问，而他往往会以“一个词”作答。这与吉尼亚·派尔斯的描述形成了鲜明的对比，后者说福克斯是个“投币话匣子”——沉默寡言，直到被人问起才会变成滔滔不绝。再加上他对理论计算的强烈喜爱，这些都是自闭症的特质——或许福克斯是在扮演这种角色，以便让阿诺德相信他是无害的。

在这个阶段，阿诺德正在摸索一种方法，来对付“有可能在我们中间”的那些忠于“共产党和苏维埃”的人。他研究了卡尔·马克思和其他共产主义文献，认为共产党人忠于“事业［而非］个人”。为了应对这个问题，阿诺德决定，他的工作最重要的部分应该是“激发个人［对他］的忠诚和感情”。他希望“唤醒这些人心中的良知”。阿诺德认为，他第二部分的工作是记录他与“被选为研究对象之人”在交际过程中发生的“任何不同寻常的事例”。

1946 年夏末秋初，阿诺德并不认为福克斯是间谍。但他注意到，福克斯对某些“离谱的建议”的反应与其他高级职员不同，比如福克斯不在哈韦尔时，他应该把办公室保险柜的钥匙交给阿诺德。问到其他的科学家时，他们表示很惊讶：他们对保险柜内物品的安全负有最终的责任，并委婉地拒绝了这种做法。只有福克斯一个人愿意交出钥匙，而其他工作人员没有一人同意把自己文件的控制权交给阿诺德。阿诺德提出，他想“在福克斯离开哈韦尔的时候盯着他”，实际上是给福克斯派了一个保镖。在阿诺德看来，福克斯同意得“过于主动”，甚至还把自己的行踪记录给了阿诺德一份。福克斯给阿诺德的印象是一丝不苟，甚至“供述”了不必要的细节。比如9月29日，福克斯向他报告说，“我预计将于10月5日在皇家学会报告厅参加物理学会的一个会议”，并附
173 上了讲座的时间和主讲人的名字。[8]阿诺德无法核实福克斯是否把每一个行踪都告诉了他。福克斯“坚持了一段时间，直到我最终叫停”。

作为安全官员，阿诺德定期向军情五处报告。他回忆说，从一开始，“福克斯就吸引了我的注意，他与众不同”。[9]10月1日，他致信军情五处的科勒德上校：“一个月的经历让我更加坚定自己的看法，某些科学家必须接受保密意识的培训教育。”然后，他从总体情况转向具体，接着说道：“我与福克斯博士合作得非常好，他同意在离开［哈韦尔］时让我知道他的行踪。”[10]阿诺德询问科勒德是否“愿意收到这样的情报”。科勒德一周后回复说，他不清楚阿诺德是在利用福克斯“作为线人”，还是“怀疑福克斯的诚信”。[11]

10月10日，科勒德发了一份备忘录，目的有两个。一是通知B.1.c科——反间谍部门的研究科——福克斯已经回到英国，从事“极其重要”的原子能工作的消息。[12]二是他知道阿诺德曾与军情五处苏联反间谍部门的负责人T. A.“塔尔”·罗伯逊（T. A. ‘TAR’ Robertson）谈过，科勒德希望把罗伯逊对阿诺德谈及福克斯的信件的看法记录在案。

罗伯逊10月15日与阿诺德会面的记录是他们对此事投去的第一瞥关注的目光：“我以为［福克斯］已经被审查过了，

我们认为他没有问题。现在我推断，阿诺德从某些方面了解到，福克斯目前有或曾经有过共产党的背景。”[13]

## 共产党背景

事实似乎是这样的。阿诺德在熟悉哈韦尔工作人员的过程中，曾与福克斯的顶头上司赫伯特·斯金纳交谈过。斯金纳及其妻子埃尔娜早在布里斯托尔时就认识福克斯了，埃尔娜和克劳斯曾是苏联文化协会（Soviet Cultural Society）的成员。没有证据表明赫伯特本人曾在该团体中活动过——1941 年的成员名单中提到了埃尔娜，但没有赫伯特[14]，而且阿诺德似乎并没有特别关注赫伯特·斯金纳（尽管埃尔娜会成为风云人物，我们将在后文中看到）。阿诺德自然会问斯金纳关于福克斯在布里斯托尔时的情况，并从中了解到他与文化协会那群人的关系。作为福克斯在政府的保密实验室的上司，斯金纳隐瞒这些信息实属不智。

福克斯的形象过于正人君子，但又对苏联有着不可告人的 174
兴趣，这让罗伯逊很担心。他在报告中继而呼吁采取行动，并提出了自己的政治见解。关于行动：“鉴于这种共产党背景，应由［B. 1. a. 科］来评估不利于**福克斯**的情报的价值，如果你认为合适的话，可以进一步调查他及其在本国的活动。”随后，也许是预料到了政治上的反应，罗伯逊高瞻远瞩地接着说：“如果**福克斯**被证明是一个危险的家伙，无疑会有人说，如果把他从目前的工作岗位上解聘，原子能科学研究院会因为缺少了他的技术能力而蒙受巨大的损失。”[15]罗伯逊怀疑，除非军情五处提出无可争议的严重渎职证据，否则国家利益可能会压倒一切负面报告。

记录里有一条模棱两可的评论，该评论是受福克斯愿意配合这一特点的启发："当然，阿诺德有可能是被人捉弄了，**福克斯**可能会通过各种渠道向俄国人传递他所掌握的重要情报，而这些情报是他通过工作所掌握的。"[16]很难判断罗伯逊此话有何深意。一方面，这句话可能意在讽刺阿诺德徒劳无功。伦敦的军情五处官员认为阿诺德是个容易激动的"业余"侦探：他作为实验室的耳目是有用的，但"专业人员"会处理一切严肃的事情，而且档案中的其他地方也有贬低阿诺德的言论，说他的观点"有失公允"。[17]如果说罗伯逊这次的言论是为了表示轻蔑的话，那就不由得令人想起《伊索寓言》里那个哭喊"狼来了"的男孩。另一方面，尽管如此，笑语之中吐真言，罗伯逊很可能在直觉上对福克斯产生了怀疑，更何况罗伯逊自己的经验让他对表里不一很敏感。在第二次世界大战期间，他曾是"双十"行动①的负责人之一，他们策反了被俘虏的德国间谍，并利用他们向德国发送假情报。[18]因此，"**塔尔**"·罗伯逊非常适合识破福克斯愿意配合的本来面目：他认为这是一场诱使阿诺德陷入虚假安全感的阴谋。

不过，罗伯逊对此事拿不太准。但尽管如此，他的报告还是指导了研究小组如何继续下去："如果你们［B.1.］希望进一步调查**福克斯**的情况，请通过C.2［科］的科勒德与哈韦尔的阿诺德取得联系。"[19]

11月13日，军情五处的档案中出现了对福克斯的第一份

① "双十"行动（Double Cross operation），英国安全局（军情五处）在二战期间的一个反间谍暨欺敌行动。该行动由约翰·塞西尔·马斯特曼（John Cecil Masterman）任主席的"双十委员会"负责监督，该委员会的名称来自罗马数字XX（20），其英语发音为"欺骗"之意。

历史审查，这份报告是共产党颠覆问题专家迈克尔·瑟普尔撰写的。[20]瑟普尔回忆说，处理艾伦·纳恩·梅的经历使得安全局意识到，他们在审查原子科学家时犯了一些错误。1945 年 9 月，加拿大间谍案爆发后，军情五处试图回忆起一些参加过 175
“合金管”项目的共产党员或共产主义嫌疑人的案件。这使得 1944 年 1 月的备忘录被重新发现了，该备忘录判断福克斯在大西洋彼岸的危险性较小。瑟普尔现在承认，军情五处复核后的意见是：“恐怕加拿大的案子已经表明，这个论点是很不靠谱的。”瑟普尔继续说道：“然而，1943 年在说服科学和工业研究部了解雇用**福克斯**等人的内在危险性方面遇到了一些困难。我认为现在的立场已经有了很大的改变，无论一个难民科学家的工作对原子能研究有怎样的价值，他对安全造成的可能危险都将被视为首要的问题。”[21]一言以蔽之，在战时可以承受这样的风险，但时代已经变了。

福克斯在纳粹德国度过青年时期，他躲避过盖世太保，在极其危险的年代里过着隐蔽的生活，这些都磨炼了他的意志，让他可以忍受秘密而孤独的间谍生活。除了在美国的那段时期，把妹妹克里斯特尔卷入其中之外，他的苏联直接联络人以外的任何人都完全不知道他的活动。而这些联络人与莫斯科的所有通信都只用一个代号来称呼福克斯。由于他转去哈韦尔时顺利无阻，福克斯认为自己不为人知的过去是安全的，而且盖世太保在基尔或柏林的任何关于他的档案都没有落入英国人之手。

作为在纳恩·梅之后的重新审查，瑟普尔现在回顾了福克斯的过去：“本案的事实似乎是这样的，**福克斯**年轻时曾是共产党在［纳粹德国］的渗透特工。在我看来，他应该是以这种卧底的方式开始了政治生涯，这在当前看来具有相当重要的意义。此外很明显的是，早在 1942 年，他就在伯明翰的一个难民团体中参与了某些共产主义活动。”[22]

军情五处怀疑福克斯不仅仅曾经是个共产党人，但在这个阶段，他们还“没有最终确定”**福克斯**就是加拿大拘留营中的“**卡勒**密友‘Claus［原文如此］Fuchs’”（见页边码第 44 页和第 55 页）。然而，这一指认被认为“大有可能”，因而“有潜在的危险性，因为众所周知，**卡勒**曾［在英国］担任苏联国家政治保卫总局的代表”。如今，瑟普尔指出了此前一些论点中的根本缺陷：“如果要将**福克斯**视为潜在的苏联特工，那么**福克斯**在这里的政治行为是否安静［无关紧要］。”[23]瑟普尔继续说道：

> 除了作为对严肃的安全调查的“掩护”，我觉得很难看出阿诺德中校对**福克斯**的安排［出于安全原因而告
> 176 知自己的行踪］有什么实际的用处。我同意［阿诺德被**福克斯**捉弄了］的看法，但我建议这种“捉弄”不应该再继续下去。目前的安排可能已经给适当的调查带来了困难，因为**福克斯**一定是把阿诺德的兴趣视为一种警告。①

---

① 这说明军情五处也对**卡勒**感兴趣。此外，瑟普尔指出，档案上没有直接的证据表明福克斯在加拿大被拘留过，也没有直接的证据表明他与**卡勒**见过面，尽管瑟普尔判断这“大有可能”。如果瑟普尔知道本章注释 22 中提到的联邦调查局的两条情报，这种不确定性就没有意义了。瑟普尔的长篇（55 行）备忘录的内容至少与他对并不知道这两条情报的情况一致。——作者注

瑟普尔重新提起了福克斯与派尔斯的联系，以此作为其审查的结论：

> 可以看出，**福克斯**是**派尔斯**的密友。虽然**福克斯**本人在原子研究工作中地位很高，但我猜测**派尔斯**可能更重要。鉴于他们之间的关系，不妨指出，**派尔斯**本人有一位俄国裔妻子，且已知他曾在 1937 年访问俄国。如果要对**福克斯**的活动和联系人进行适当的调查，我建议也应同时对**派尔斯**采取行动。[24]

反颠覆部门的负责人罗杰·霍利斯对瑟普尔的审查做出了回应，他以一贯的谨慎态度说："我认为，目前的行动应限于提请阿诺德中校注意福克斯和派尔斯的背景。"[25]

阿诺德在随后那个星期拜访军情五处时，科勒德把福克斯过去在德国的共产党经历告诉了他。科勒德对这次会面的记录言简意赅："［阿诺德］最近邀请福克斯到他家做客，但发现与福克斯交流非常困难！"[26]阿诺德自己对他们会面的叙述更加生动。[27]他告诉科勒德，他结交工作人员的活动包括自己和妻子在晚餐后每次邀请一位科学家来家里喝咖啡和饮酒。那年 11 月的一天晚上 8 点半，福克斯本应到场，但他来迟了。阿诺德去外面找他。漆黑的园区里除了正在往上坡走的一对男女之外空荡无人。阿诺德回到室内，但几乎马上就传来了敲门声。他的妻子应声开门，发现是两个陌生人，就是上述的那对夫妇。男的是位奥地利裔的科学家，阿诺德跟他不熟。这两个人都没有受到邀请，但那个女人向阿诺德夫人解释说，他们一直在找这间平房，"为的是把他们收到的加拿大奶酪送些过来"。

177 阿诺德心下诧异，但还是请他们进了门。没过多久，福克斯就来了。由于这对夫妇和福克斯都住在员工俱乐部，阿诺德觉得整件事情是设计好的。他当然“很难相信”这对夫妇花了不少时间来找他的平房，因为他看到他们从员工俱乐部的方向走上来，不紧不慢地找到了他的家。阿诺德断定，福克斯之所以这样安排，是因为他“不想在第一次来见我的时候孤身一人”。

当然有可能是福克斯想避免一次当面质询，扩大客人名单的策略是解决之道。然而我们也了解福克斯的性格：在外人面前很不自在，也许有很轻微的自闭症，还很腼腆。对于这样的人来说，即使阿诺德不是安全官员，去他家社交应酬也不啻是一种审判。

由于阿诺德的叙述是在五年后，也就是福克斯的秘密被公开之后写的，他可能是事后才对事件有了更多的解读，当时并没有看穿这个细节。科勒德在备忘录中并没有提到福克斯行为可疑，但这可能是因为他把阿诺德的说法当成了胡言乱语。[①] 看来，科勒德的临别赠言是为了引起阿诺德对派尔斯的注意，后者“偶尔会以顾问的身份到访哈韦尔”。

## 阿彻瞄准了目标

科勒德的上司、C.2 科的领导、负责审查的“乔”·阿彻，对整个事件进行了回顾。阿彻的分析虽不是遗失就是被删

① 盖伊·利德尔在日记中称阿诺德的观点“有失公允”——（TNA KV 4/469，1947 年 12 月 8 日）——而这个故事可能助长了这种观点。如果阿诺德在 1946 年把这个看法告诉了科勒德，那么阿诺德的直觉可能比科勒德给他的说法更接近真相。——作者注

除了，但其惊人的结论被记录在案：“**福克斯**可能（我更愿意说很有可能）是苏联特工，并获得了他们［克格勃］的准许，让他留在原地。”[28]

约翰·奥利弗（J. O.，因此有了“乔”的别称）·阿彻是了不起的简·西斯莫尔的丈夫。我们在前文中看到，西斯莫尔是国安部门的老手，曾在军情五处负责苏联的情报工作，后于 1941 年被调到军情六处，在那里的上司是臭名昭著的双重间谍和叛徒金·菲尔比。菲尔比很快就认识到了她的才能，多年后，他在回忆录中写道：“在盖伊·利德尔之后，简·阿彻或许是军情五处雇用的最能干的专业情报人员。在她精明的一生中，大部分时间都用来研究方方面面的共产党活动了。”[29]对 178
于菲尔比来说，军情六处有简·阿彻是一个“沉重的打击”。她在审讯苏联叛逃者沃尔特·克里维茨基时，发现了指认菲尔比是叛徒的“少量情报”，正如菲尔比自己回忆的那样，“她就是这样，一拳正中我的要害！”他想通过来自东欧的“相当数量”的无线通信“让简忙起来”，借此来消耗她的精力，以至于她没有时间去琢磨克里维茨基的情报。

这份意见书不是简签署的，因为签名显然是她丈夫 J. O. 阿彻的，但这一针见血的结论却带有她法庭思维方式的独特印记。究竟是他还是她检查了卷宗，并得出（正确的）结论，也许并不重要，只不过是在历史记录中归功于谁的问题。如果夫妻俩讨论过这个案子——在当时的情况下，这似乎很有可能，因为他们都经过了审查，并且都具备分析苏联间谍活动的专业知识——这个分析工作大概应该归功于简，这或许也可以解释为何没有任何文件支持这个鲜明的结论。[30]

阿彻称这个判断是“［我］调查长期秘密情报库存中的潜

在隐患所得出的第一个重要结果”。[31]他还说：“除非我们将［瑟普尔报告中的］事实通知原子能科学研究院，否则我不同意用传统的方法来处理此案，也就是对嫌疑人不予理睬，而寄望于当场逮住他。”阿彻建议让福克斯“脱离与原子能的一切联系”，同时“派尔斯不应再作为顾问”。

就这样，军情五处的不同分析师得出了相反的结论。[32]负责审查[33]的C科科长J. 艾伦在给霍利斯的直接答复中指出，一方面，迈克尔·瑟普尔和阿彻的重要警告都引发了严正关注，[34]而“你”［霍利斯］的答复[35]只是建议提醒阿诺德，这两者之间的“意见分歧很大”。艾伦建议他们将福克斯的背景告知原子能科学研究院的院长约翰·科克罗夫特爵士，并说明风险，让哈韦尔当局决定是否继续聘用福克斯。艾伦询问了霍利斯对福克斯和派尔斯的意见。[36]这引发了一连串的活动。

12月3日[37]，霍利斯从他的副手格雷厄姆·米切尔（Graham Mitchell）那里得知，1940年，在英国皇家学会的干预下，福克斯在加拿大获释，他们把福克斯列入了急需释放的数学家和物理学家的名单。英国内政部正式确定，“如果［福克斯］愿意的话，他将被送回本国”。在被送往加拿大的人当中，几乎没有谁早在1941年1月便获释，而米切尔告诉霍利
179 斯，福克斯这个“特例”是“第一批被遣返的人之一”。这向军情五处证实福克斯是个天纵奇才，他如今一定也是英国原子能计划的重要人物。因此，这意味着他的知识对苏联有很大的价值。福克斯的共产主义倾向以及他所知之事的重要性，应该已经引起了霍利斯的警觉。

霍利斯没有理会瑟普尔和阿彻的警告，反而似乎一心想要向艾伦辩解自己的判断。他为此而提出了一个错误的前提，而

且在接下来的四年里，这个前提一直困扰着军情五处对福克斯和汉斯·卡勒两人关系的看法。12 月 4 日，霍利斯用以下说法将这重关系搁置一旁，他说："应该记住，1940 年被送往加拿大的被拘留者应该都是些狂热的纳粹分子。据悉这其中犯了一些错误，被送去的纳粹分子中也有一些反纳粹分子。**卡勒**和**福克斯**的情况显然应属此列，这两个人的周围一定有很多纳粹分子，这些纳粹分子对他们并不友好，所以他俩成为好友并不奇怪。"[38]霍利斯的结论是，他"在这份档案中没有看到什么能让我相信**福克斯**有从事间谍活动的任何可能，他充其量也就是个反纳粹分子"。至于派尔斯，"我所看到的唯一重要的一点是，他的妻子是俄国人"。

鉴于他所掌握的资料，霍利斯的判断似乎合乎情理。福克斯是反纳粹分子，但没有明确的证据证明他是共产党员，除此之外，他的记录堪称范本。另外，霍利斯认为福克斯和卡勒的友谊不过是两个反纳粹分子在一群纳粹支持者中发现彼此是同类人的自然而然的结果，但他没有拿出任何证据。霍利斯随后带着一丝讽刺的口吻说，如果战时的空军参谋长、如今供应部的原子能主管波特尔①勋爵想把像福克斯和派尔斯这样有记录的人排除在外，那将会"导致相当大规模的清洗"，受牵连的将有"许多身居高位的英国科学家"。霍利斯最后这句话当然是正确的，但考虑到瑟普尔和阿彻的分析，他的反应总体上看可以说是漠不关心。[39]在这种情况下，查普曼·平彻指责霍利斯视而不见的说法看来恰如其分。

① 查尔斯·波特尔（Charles Portal，1893—1971），第一代亨格福德的波特尔子爵，英国空军元帅、英国皇家空军参谋长。1946～1951 年，他担任英国供应部的原子能生产总监。

阿彻显然对自己给出的建议很有信心，因此对霍利斯驳回了他的坦诚评价颇感失望。他的顶头上司，C 科科长艾伦似乎也很担心，因为 12 月 5 日，他通过 B 科科长迪克·怀特给军情五处副总管盖伊·利德尔发了一份简明扼要的备忘录："C 科主管想讨论这个案子。请您考虑一下，并告诉我一个日期和时间。"[40]

180 阿彻的评价让在那年早些时候成为副总管的盖伊·利德尔注意到了福克斯。盖伊·利德尔此前并不知道他的事，这说明到目前为止，福克斯的档案在军情五处的泥淖中有多不起眼。福克斯只是背景值得安全局审查的众多科学家中的一个。但 1946 年发生了两件事情，重新定义了科学家们与国家安全之间的关系。第一，艾伦·纳恩·梅被发现向苏联传递了原子情报，这表明并非所有的原子科学家都是英雄。第二，苏联很快就成了威胁，共产党人现在已经变成了一些人眼中的恶魔。与此同时，克劳斯·福克斯已经成为英国实现其原子野心的核心人物，因此，让他成为国家团队中的一员很有必要，批准他加入的愿望也非常令人信服。然而，现在人们开始担心他是共产党的秘密党员。虽然没有任何对他不利的结论，但军情五处的办案人员正在敲响警钟，并向上级领导传递他们的决定。从现在开始，利德尔会在其中越陷越深。

然而，他在这第一次就马失前蹄。在他首次接触盖世太保的 16 年后，利德尔依然保持着怀疑的态度："**福克斯**的案子似乎是以 1934 年德国人的一份声明为依据的。"（对于阿彻——或者说阿彻夫妇——的明确评价，他的态度仅此而已。）利德尔的结论是："我同意 B.1［罗杰·霍利斯］的看法，就目前的情况来看，确实没有什么对**福克斯**或**派尔斯**不利的证据。"他总结道：

> 对**福克斯**的指控似乎是基于以下几点：1. 德国人在1934年发表了一份声明，当时他们“不区分犹太人、共产党人或社会民主党人”，声称**福克斯**参加了共产主义运动，并涉足反纳粹活动。（他自称参加的是一个左翼社会主义运动。）2. 在加拿大，他在拘留营里与一个著名的共产党员汉斯·**卡勒**有关联（正如［霍利斯］指出的那样，如果拘留营里的其他成员都是纳粹分子，那么这一点毫不奇怪）。3. 一个相当含糊的说法是，虽然**福克斯**没有积极参加共产主义运动，但他确实在伯明翰从事了一定的宣传活动（没有详细说明）。对**派尔斯**的起诉是基于他与**福克斯**的关系、他的俄国裔妻子，以及他曾在1937年访问俄国。[41]

利德尔复述了福克斯与卡勒的关系，“如果拘留营里的其他成员都是纳粹分子，那么这一点毫不奇怪”，这表明他把霍利斯的说法当成了事实，并认为他们的合作是“因为”他们是孤 181
独的反纳粹分子。警方的基本调查可以表明，拘留营里的大多数外国人实际上都是逃离纳粹的难民，其中包括许多犹太人。相反，利德尔对霍利斯之判断的认可，在军情五处内部形成了共识，即被关押的人都是纳粹分子，因此福克斯和卡勒的合作并没有什么深刻的意义。

利德尔发给怀特和霍利斯一份“采取行动”的文件。虽然他似乎站在霍利斯一边，但还是模棱两可地表了态：“我确实认为，初步判定此案证据确凿，所以有必要对福克斯和派尔斯进行调查”，并补充说，在如此“重要事项的危急关头，我们不可能任由事态发展下去。但我认为，在我们对这些人有更多的了解之前，与供应部［福克斯的雇主］进行任何接洽都是不明智的”。[42]

由于没有福克斯或派尔斯活动的实时情报，1947 年 1 月 14 日，“考虑到［他们］所从事工作的机密性和重要性”，[43]军情五处开始拦截所有的邮件，并窃听他们的电话。派尔斯的执行令上明确写道：“此人出生于德国，从事绝密的科学工作。他与俄国人有联系，故希望了解更多关于其联系人和活动的信息。”[44]

同时，利德尔向内政部常务次长亚历山大·马克斯韦尔（Alexander Maxwell）爵士解释了这次行动如此重要的原因：

> 两人都参与了原子能研究，还是密友。两人都是德国难民，而**福克斯**至少一度与共产党走得相当近。我们正在仔细审查高度机密项目的所有此类雇员的情况，因为战争期间雇用他们的情况发生了很大的变化。目前对这两个人都缺乏真正有建设性的反对意见。我们所知的唯一不利于**派尔斯**的是他曾在 1937 年访问俄国，妻子是俄国人。我们希望通过这些［拦截邮件和监听电话的］内政部执行令（HOWs），可以更好地了解**派尔斯**和**福克斯**的活动圈子以及他们的交往情况，以便向供应部提出建议，说明是否可以安全地继续留用他们。[45]

到 1947 年 4 月 2 日，窃听一无所获，于是就放弃了。盖伊·利德尔审查了证据并得出结论：“我认为，由于缺少可以提请我们注意的进一步事实，我们没有理由向供应部提出任何不利的建议。”[46]

军情五处运气不佳，因为他们对福克斯的第一次严密监视恰逢他间谍活动的间歇期。加拿大的间谍集团暴露后，苏联 182
人在将近一年的时间里减少了与其特工的接触，直到1947年7月或8月才继续。如果这就是福克斯在哈韦尔的第一年里低调行事的原因，那仍然不能解释他为何在1946年8月，也就是命令下达的四个星期前，没能在伦敦的莫宁顿街站（Mornington Crescent）与其苏联主管会面。[47]最简单的解释是，瑟普尔说得对：福克斯对阿诺德有戒心。福克斯"规矩到令人难以置信"的行为可能是一种过度补偿，他不想打乱自己的隐秘生活与负责国家原子能计划理论物理学工作的责任之间并不十分稳定的平衡关系。在这种情况下，又受阿诺德一开始的态度所警醒，福克斯一直避免引人注意，直到他对安全形势和阿诺德的作用有了更多的把握之后，才开始行动。诚然，阿诺德曾与福克斯结交，而福克斯也有过回报，但阿诺德在安全官员的位置上相对而言还是个新手，而福克斯则是名经验丰富的间谍。阿诺德和所有的工作人员都在考验福克斯，而福克斯则是在评估阿诺德，并把他作为自己是否安全的一项指标。

直到福克斯停止活动一年以后，他才恢复了与苏联方面的联系，在此期间，阿诺德对哈韦尔的这些工作人员形成了自己的一套基本意见。在这个时期，军情五处一直保持着对福克斯的兴趣。他也可能从阿诺德的行为中对这些行动有了一些下意识的了解，或者根据阴谋论的说法，是军情五处某些有头有脸的苏联内鬼所为。[48]无论如何，1946年11月到1947年4月，在军情五处监视他的这段时间里，福克斯似乎并没有在间谍活动中起过任何作用，只有在军情五处不再注意他时，福克斯才会重启间谍生涯。福克斯目前无所作为，一清二白。

## 嫌疑人派尔斯

同时，作为“复核纳恩·梅”的一部分，派尔斯的历史和背景也得到了重新审查。[49]吉尼亚的俄国背景一如既往地备受瞩目，但如今他与原子科学家协会在战后的活动引起了人们的注意。派尔斯是该协会的主席；原子科学家协会正在游说，反对重判被定罪的原子间谍艾伦·纳恩·梅；协会的成员里有几位著名的左倾科学家。派尔斯是“颠覆性”的原子科学家协会的公众发言人。

尽管原子科学家协会在与科学有关的问题上游说政府，但他们有时也会越界进入在他人看来属于律师或政客的范畴。伊戈尔·古琴科的叛变暴露了加拿大的一个间谍团伙，所以纳
183 恩·梅在战时向苏联传递稀有的铀同位素样品被人发现了。这导致他被捕和定罪，并被媒体诋毁为叛徒，尽管从技术上讲，他并没有与敌人打过交道，因为苏联当时是英国的盟友。但当原子科学家协会激烈地辩称最高刑罚不公时，他们的声音刺激了英国政府，军情五处开始对其持怀疑态度。[50]

派尔斯与国安部门的关系爱恨交加。他质疑他们的效率，但对自己很有信心，认为自己有能力处理好安全问题，无须国家机关进行在他看来的官僚主义干预。他也很清楚地知道，他在哈韦尔的顾问工作让许多机密文件落入他的手中。这些文件被安全地存放在伯明翰大学物理系他办公室的一个上锁的保险柜里。系里施工，所以他不得不搬进临时办公室，那是一间紧邻公共道路的“小屋”。[51]他对这栋楼的安全问题感到担忧，因

为路人可以透过窗户看到他的机密文件和保险柜，他向当局发出了警告，这几乎让人觉得是为了让他们紧张起来。军情五处的反应是派一位名叫本内特的上尉去评估情况，并提出建议。

从派尔斯和本内特的书信往来中，我们可以看出他们对彼此的反感。本内特的做法就像给孩子提建议一样，他认为派尔斯“鬼鬼祟祟的，而且相当油滑”。[52]派尔斯的回答也表现出对本内特上尉心理素质的类似评价。本内特的开场第一招便是说，对于派尔斯而言，确保保险柜的安全轻而易举：“把它搬到清洁工的贮藏室里去。”派尔斯立即拒绝了这个无关痛痒的解决方案：他解释说，即使他们准备“放弃贮藏室的其他用途”，“保险柜也太大了”。本内特对派尔斯的拒绝很恼火，又建议将保险柜放在小屋附近的纳菲尔德科学楼。派尔斯又拒绝了这一建议：它必须“被放在一个被预留为实验室的房间里”。此外，这对派尔斯来说“非常不方便”，因为每次他被访客打断或不得不参加会议时，都要把论文拿到另一栋楼去。这位条理分明的科学家很乐意向这位安全专家指出，后者忽略了基本的人性：“我必须抵制住明显的诱惑，也就是把文件塞进随便哪个就手的文件柜里，过后再以正确的方式处理它们。”

派尔斯继续说：“我越是考虑到这样做的安全优点，就越是坚信不会有人得到真正的好处，因为保险柜相当结实，足以抵挡住不速之客的好奇心，唯一要考虑的危险就是有人决意要惹麻烦，强行破解保险柜。我不禁要想，如果一个人真的那么 184
想得到保险柜里的东西，那么他要想发现保险柜在大学的什么地方，并且破坏阻挡他接近保险柜的必不可少的内门，也不会有任何困难。”

派尔斯现在把矛盾升级了："我认为应该请原子能部门的主管［约翰·克罗夫特爵士］给予指导，因此，我将把这封信的副本连同对情况的进一步解释一并寄给空军少将戴维斯。"

随着本内特的反应越来越官僚化，派尔斯确信国家安全正掌握在一个笨蛋的手中，所以他自行宣布了一个解决安全问题的办法，即把他的下方窗格遮住。他还冷嘲热讽地补上了一枪："虽然为此目的只需处理一扇窗，但为了不引人注意，我对这栋楼里的几扇窗子都进行了处理。"[53]

派尔斯是个聪明人——让本内特和国安部门不快的是，他太聪明了。在他们看来，他这个值得怀疑的人思想独立，似乎以捉弄他们为乐。此外，他还有一些同事，如布里斯托尔大学的塞西尔·鲍威尔①和伦敦帝国理工学院的帕特里克·布莱克特②，据说都表达了对左翼的支持，他们都是著名的社会主义者和反对核扩散的活动家，两人后来都获得了诺贝尔奖。军情五处认定原子科学家协会是一个左翼组织，这导致他们的名字和其他杰出科学家的一起被存档。派尔斯的同事克劳斯·福克斯也因为与派尔斯有联系而被登记在案。

军情五处对原子科学家协会的"颠覆"方面很着迷，而对已经传递了五年原子弹情报的福克斯却相当不屑一顾，直到亨利·阿诺德意识到了他的共产主义背景，但反而打草惊蛇，

① 塞西尔·鲍威尔（Cecil Powell，1903—1969），英国物理学家，因发展了研究核过程的照相方法，并由此发现了亚原子粒子"π 介子"而获得 1950 年的诺贝尔物理学奖。

② 帕特里克·布莱克特（Patrick Blackett，1897—1974），英国实验物理学家，曾任英国皇家学会会长。他因改进威尔逊云雾室方法和由此在核物理和宇宙射线领域的发现，而获得 1948 年的诺贝尔物理学奖。

这不啻是一个讽刺。虽然福克斯当时并未从事间谍活动，但他现在甚至准备把英国自研武器的情报发送给苏联。这凸显了战后不久的紧张局势，当时的政治体制和国际战略严重依赖核科学家，而政治家即使要管理他们的工作，也无法了解详情。国安部门的一些官员认为，这些过于强大的科学家对国家的稳定构成了潜在的威胁；而霍利斯等另一些官员则认为国家的利益至高无上，除非他们拥有确凿的证据，证明某个科学家同时也可能是一名间谍。

# 第十二章　1947～1949年：故技重施

185 在一年多的时间里，克劳斯·福克斯停止了间谍活动，安心在哈韦尔工作，设计第一座用于发电的核反应堆。这主要是围绕着哈韦尔的科学家、伦敦的行政主管和各大学的顾问之间的定期讨论而展开的团队合作。福克斯的日记证明了他的日常安排，其中包括每周五在伦敦开会，同时也穿插着对牛津、剑桥和伯明翰大学的访问。这将是他未来三年活动的核心。这份日程表中没有他的秘密生活的任何迹象——不是指间谍活动，因为加拿大的揭发人已将这一职业置于隔离状态，而是指他作为英国政府项目专家的公职的秘密生活，该项目的存在本身就是最高机密：英国计划“单独行动”，制造一颗原子弹。

在英国，对于知道克莱门特·阿特利的决定的少数人来说，《麦克马洪法案》证实了福克斯战略的正确性。早在1945年11月，寻找项目负责人的工作就已经开始了。[1]获得提名的有四个人：鲁道夫·派尔斯、奥托·弗里施、克劳斯·福克斯，以及威廉·彭尼，最后面这位是曾在洛斯阿拉莫斯研究原子武器爆炸效应的装备专家。

彭尼和派尔斯是两位资深物理学家。派尔斯从一开始就在构思并帮助制造原子弹。鉴于他在复杂的原子弹设计方面的经验、在激励英国启动“合金管计划”方面的作用以及领导才能，派尔斯本是当然人选。然而，当时他已经回到大学，而刚从洛斯阿拉莫斯归来的彭尼还在政府工作。此外，派尔斯有很多政治上的不利因素。他参与了公开的运动，要求国际上控制原子武器，还要求正式公开全部原子事务。此外，1940 年代的英国仇外情绪盛行，而派尔斯虽然已加入英国籍，但他生来是德国人，而妻子吉尼亚是俄国人。也许最相关的是，他对使 186
用其脑力劳动成果的强烈意见早已众所周知。没有人联系过他，多年来他一直不知道这个项目的存在。因此，这个任务被交给了比尔·彭尼。

1946 年，彭尼接到电话，要他去伦敦东南郊塞文奥克斯（Sevenoaks）附近霍尔斯特德堡（Fort Halstead）的供应部研究中心研制英国的原子弹，他对常规炸药了如指掌，并在到访广岛和长崎时亲眼看见了原子弹的效果。但他对于核物理学和设计知之甚少。另外，福克斯的原子武器知识——包括氢弹的绝密概念——在英国是独一无二的。回想一下，他在洛斯阿拉莫斯对内爆机理做过深入的研究，并与负责引发内爆的常规炸药小组保持着联系。他对英国需要自行研制的这些钚弹关键部件了如指掌，还帮助设计了引爆器——位于武器核心的引发裂变反应的装置。在实验室的最后几个月里，为了设计出更有效的武器，他研究了在长崎所使用配置的替代物。因此，福克斯是一本关于钚弹的物理和工程的知识百科全书，他成了彭尼的首席顾问。

在洛斯阿拉莫斯，福克斯不仅是研制原子弹的核心人物，还参与了对氢弹问题的激烈评估。战后长期待在洛斯阿拉莫斯，加上他与约翰·冯·诺伊曼的合作，意味着福克斯在 1946 年夏天离开那里时，对原子弹的研制和氢弹概念的了解比英国的任何人都多，在世界上也仅次于区区几人而已。福克斯刚到哈韦尔几个星期，彭尼就去拜访他并讨论了原子弹的问题。1946 年 12 月，福克斯给他寄去了一份自己和派尔斯的报告《高温空气状态方程》，这份报告讨论的是核爆炸产生的冲击波的传播，以及破坏力与武器规模的关联。[2]现在，他成为英国自己的核威慑计划的关键人物，彭尼经常向他请教。

1947 年 1 月 8 日，阿特利首相在做出研制英国原子弹的决定时，只告诉了五个亲信的同事。[3]当时英国正处于“经济上几乎是最黑暗的时刻”，阿特利内阁的其他成员，包括财政大臣（休·道耳吞①）、掌玺大臣（阿瑟·格林伍德②）和商务
187 大臣（斯塔福德·克里普斯③爵士）等人都还被蒙在鼓里。[4]在最亲密的核物理学家群体中，即使是原子弹之父、福克斯最亲密的朋友派尔斯，也对英国的项目一无所知，更不用说福克斯的参与了。关系密切的哈韦尔同事们也不知道福克斯的作用，并对他经常不在实验室感到疑惑；[5]他每一次造访霍尔斯特德堡都安排得神秘兮兮的，目的在于向同事们隐瞒去向。福克斯的旅行日志中没有提及这些出行计划，甚至连一点暗示都没有。这种官方机密也将为他后来重操旧业时与苏联人秘密会面提供掩护。

4 月初，福克斯与鲁道夫和吉尼亚·派尔斯夫妇，以及他

---

① 休·道耳吞（Hugh Dalton，1887—1962），英国工党经济专家、政治家，1945 ~ 1947 年任财政大臣。他塑造了工党在 1930 年代的外交政策，反对绥靖主义，提倡为应对德国的威胁重整军备。

② 阿瑟·格林伍德（Arthur Greenwood，1880—1954），英国政治家。1940 年，他在决定英国在二战中继续与纳粹德国作战方面发挥了重要作用。

③ 斯塔福德·克里普斯（Stafford Cripps，1889—1952），英国工党政治家、大律师、外交官，曾在二战期间任驻苏联大使。

们的两个孩子一起去阿尔卑斯山滑雪度假。一位来自洛斯阿拉莫斯的同事托尼·斯克姆①与他们同行，此人现在和派尔斯一起在伯明翰工作。福克斯是个工作狂，费了好一番口舌他才同意一起出行。首先，派尔斯的女儿恳求他一起去，其次是鲁道夫·派尔斯包揽了所有的行程安排并订了机票。[6]这是福克斯离开美国后第一次度假，一年多前，他曾与鲁道夫和吉尼亚一起去过墨西哥。他们在阿尔卑斯山度过了五天，一起徒步和滑雪。派尔斯的儿子龙尼后来回忆起福克斯的一个习惯性的善举。一次，在与向导通宵滑雪后，疲惫不堪的龙尼落在了后面，父母催促他赶上大家，而福克斯却"悄悄地陪着他"。[7]热心的摄影师斯克姆记录下了这群朋友之间相处融洽的亲密感情（见彩色插图 22 和 23）。然而，这段田园诗般的日子很快就结束了。派尔斯和斯克姆回到伯明翰，福克斯回到哈韦尔，并接受了设计英国原子弹的新挑战。

福克斯对核武器有着和派尔斯一样的恐惧，也和后者一样把威慑作为核武器存在的唯一理由，但他们在实现这一目标的路径上仍有分歧。派尔斯带头努力使公众了解原子能的现实，而福克斯则重拾自己的使命，通过确保最大限度地传播情报来实现全球力量的平衡。

1947 年夏，福克斯已经与苏联方面失联一年了。他现在急于告诉俄国人，英国人正在研制原子弹，除了在哈韦尔进行核反应堆的实验性工作外，还在英国西北海岸的温斯凯尔（Windscale）建造了一座大型核反应堆，用于生产钚。[8]

---

① 托尼·斯克姆（Tony Skyrme，1922—1987），英国物理学家。他最著名的成就是建立了一种粒子——斯格明子——的拓扑孤立波模型。1885 年，他荣获英国皇家学会的休斯奖章。

福克斯通过在伦敦的共产党朋友与苏联大使馆取得了联系，大使馆又把可以联络他的消息传到了莫斯科。这些朋友中有一位他从1941年就认识的德国共产党人汉娜·克洛普斯特克，苏联人给了她如何与福克斯取得联系的细节。7月19日，
188 福克斯在上流社会的郊区、伦敦西南部的里士满与她见了面，他开车来的，两人驱车前往汉普顿宫。在公园里散步时，汉娜让他9月27日星期六晚上8点去马头酒馆（Nag's Head）与他的苏联联络人见面，那里在伦敦北部的伍德格林地铁站附近。双方约定好了相认的暗号。

## "索尼娅"遇上了斯卡登

当克劳斯·福克斯准备在英国领土上重新接触俄国人时，如果他知道国安部门当时正在追捕他1943年以来的主管、代号"索尼娅"的乌尔苏拉·伯尔东，他可能就会改主意了。1947年9月13日，军情五处的两名军官去她在大罗尔赖特（Great Rollright）的家中找她，那是班伯里南边科茨沃尔兹（Cotswolds）的一个偏僻的村庄。[9]到了1947年，伯尔东被列为在英国的头号苏联"非法分子"已有五年。军情五处的两位军官中有一位叫威廉·"吉姆"·斯卡登①，他后来因长期审讯福克斯而成名，他的同伴是迈克尔·瑟普尔。

斯卡登不久之前还是苏格兰场政治保安处的一名巡官。然而晋升总督察之路受阻，他在6月就被军情五处挖走了。[10]对

---

① 威廉·吉姆·斯卡登（William Jim Skardon，1904—1987），英国苏格兰场政治保安处官员，后为军情五处的审讯人和实际监视小组"守望者"的负责人。他曾直接参与对"剑桥五杰"的调查以及对克劳斯·福克斯的审讯。

伯尔东的审讯将是他在新工作中的第一个重大考验，但他一败涂地。

乌尔苏拉·伯尔东和她犯了重婚罪的丈夫莱恩一起住在冷杉庄园（The Firs），那是一所紧邻公路的石头农舍，有双扇大门通往院子和附属的谷仓。斯卡登和瑟普尔在午饭后不久就到了那里。根据斯卡登的叙述，他“单刀直入”地对她说：“我们掌握了大量的情报，为了澄清模棱两可之处，需要你的合作。”她“从我们面谈一开始就明确表示，她认为自己没什么好合作的，并说她不打算撒谎，因此宁愿不回答问题”。斯卡登认为，她的立场是“默认自己曾为苏联情报部门工作”。[11]

毫不奇怪，“索尼娅”的版本描绘的是另一番景象，尽管斯卡登显然没有浪费时间。[12]她回忆起有人敲门，两个男人很有礼貌地和她打招呼，他们还没进屋，斯卡登就迫不及待地说：“你是苏联的一个长期特工，芬兰战争①使你放弃了幻想。我们知道你一直没有在英国活动，也不是来逮捕你的，而是来请你合作的。”她认为这种“心理上的”努力让她吃了一惊，觉得太过“滑稽而笨拙”。如果说斯卡登想让她心下慌乱的话，那么他没有成功，因为她“差点儿笑出声来”，并借请他们喝茶来克制自己不致失态。应她的要求，两人“有点儿酸 189
溜溜地”表明了自己的身份。

他们把重点放在“索尼娅”在瑞士的那段时间，这让她

① 芬兰战争（Finnish war），又称“冬季战争”，是苏联与芬兰在二战初期爆发的战争。1939 年 11 月 30 日，苏联向芬兰发动进攻，最终取得惨胜，最终双方在 1940 年 3 月 13 日签订了《莫斯科和平协定》。冬季战争中，芬兰不仅保有了主权，还赢得了国际声望。苏联投入巨大兵力却损失惨重，国家声誉受到很大的伤害，也未达到原先占领芬兰全境的目标。

确信某个前同事背叛了她。他们“再三”重申，他们知道自从“苏联入侵芬兰”以来，她已经放弃了幻想，如今是个“忠诚的英国臣民”。他们说，既然她“没什么好怕的”，就没有理由不与他们合作，并且应该把自己在瑞士时的情况告诉他们。

她重申了自己的忠心，并表示很愿意谈谈自己在英国的时光，但不愿意谈瑞士，因为那是在她成为英国公民之前的事。斯卡登反驳说，她已经“认识到了共产主义的真正价值”，那又为什么拒绝说点儿什么呢?“索尼娅”评估了一下自己的情况。她参与办过党报，也曾是党员；她的父亲是著名的左翼人士，哥哥于尔根的政治书籍也是众所周知的。她同意斯卡登的看法，认为自己在芬兰之后曾经失望过，但这并不能使她成为反共分子。然后她又反驳道：“作为一个忠诚的英国公民和持有左翼观点之间并不矛盾。”[13]

看来斯卡登和“索尼娅”似乎都是在“回忆那天自己占据优势的壮举”。[14]不过，斯卡登承认她的表现给他留下了深刻的印象，好像认可她要比国安人员更加机智，“这要归功于她早期的训练，因为［我们］用尽了一切的甜言蜜语、威逼利诱的手段，但都没有成功”。实际上，她是“拿不合作当作挡箭牌”，在这一点上以智取胜。尽管他们对她使用了“想得出来的一切理由”，但还是在下午 4 点离开了，并承诺第二天再打电话给她，“希望她在三思后能回心转意”。

鉴于“索尼娅”在那个星期六下午的较量中占了上风，斯卡登的报告以典型的轻描淡写的方式掩盖了坏消息：“我们未能如愿。”他们向她提出，她拒绝谈话这个态度“可能对她的一些关系人极为不利”，所以斯卡登提议，“如果她能坦诚相待，就可以消除［对那些人的］怀疑”。然而，他事后报告说，她对斯卡登的观点“始终带着一种斯拉夫人式的无动于衷”。“索尼娅”回忆说，斯卡登“冷静而礼貌地空手而归”。他告别时说，大罗尔赖特如此美丽，他“不介意住在这里”。“索尼娅”答道：“这应该没问题。我正在出租房间呢。”

斯卡登和瑟普尔第二天就回来了，“索尼娅”在后来的叙述中掩盖了这个事实。他们的目的是强调她重婚了，如果不合作的话，她的英国国籍有可能会被取消，她将不得不恢复原来 190
的德国国籍。斯卡登声称，第二次审问结束时，“她在心理上正处于最低谷，但突然主动显现出一股过高的抵抗力”。一言以蔽之：“我们几乎没有得到什么有用的情报。”她“显然是反法西斯主义者”，“对1939～1940年的苏联政策感到失望”。但她曾评论说：“许多人不再信任政府，却保留了自己的政治信仰。”斯卡登带着她曾是个苏联特工的“坚定看法”离开了，但没有得到任何能够支持这种看法的证据。反间谍部门的负责人迪克·怀特很不以为然。在怀特看来，斯卡登“纸上谈兵”、自视过高，他面对“理论家的坚定信念”时常被愚弄，这只是“索尼娅”这件事情上的第一次而已。[15]

9月18日，珀西·西利托①爵士写信给牛津郡的警察局局长说：“我们没有理由怀疑他们［乌尔苏拉·伯尔东和她的丈夫莱恩］目前甚至近期有过任何间谍活动，尽管他们俩都是共产党员。”10月，斯卡登和瑟普尔报告说，他们“曾考虑过……重新审讯乌尔苏拉·伯尔东”，但没有出现可能让这种努力更

① 珀西·西利托（Percy Sillitoe，1888—1962），曾任职英国多地的警察局局长，后在1946～1953年担任军情五处负责人。

有成效的情况。他们决定不再沿着这个方向继续下去，因为这样做只会“凸显出我们在这个问题上没有任何实质性的手段可用”。[16]所以，虽然“索尼娅”的说法可能只是出于私心，但毫无疑问，斯卡登失败了。

“索尼娅”还会与军情五处周旋两年。与此同时，福克斯在9月27日开始了他第三阶段的间谍活动。然而，让这次行动的参与者都没有预料到的是，吉姆·斯卡登会成为福克斯的克星，并因此声名鹊起。

## “你能给我讲讲氚弹的事吗?”

伍德格林地铁站对面的马头酒馆（The Nag's Head）是一家经典的、具有维多利亚风格的伦敦酒馆，酒馆里有结实的深色木桌、高高的天花板，以及镶嵌在石头上的大窗户。它如今还在，只不过改名为“呆头鹅”（The Goose）——碰巧也是克格勃给福克斯从前的联络人哈里·戈尔德的代号。这里有一间颇受欢迎的体育大酒吧，配有平面电视，但没有纪念其历史时刻的纪念性的匾牌。1947年9月27日的计划是福克斯走进酒吧，坐在角落里的一张桌子旁，一边喝酒一边看社会主义杂志《论坛》（*Tribune*）。他的联络人在晚上8点时会拿着一本红色
191 的书来，端着一杯啤酒走近他的桌子说：“烈性黑啤不怎么好喝，我喜欢淡啤酒。”克劳斯要回答说“我觉得吉尼斯是最好的”，然后离开酒馆走向外面的公园。联络人会跟在他后面说：“你看上去很眼熟。”克劳斯会回答说：“我想我们一年前在爱丁堡见过。”接着陌生人会问：“你认识大汉娜吗?”福克斯将用肯定的回答完成这段序曲。[17]

他的联络人亚历山大·费克利索夫（Alexander Feklisov）

在当天下午的早些时候就开始准备了。费克利索夫是一名经验丰富的克格勃军官，33 岁，身材健硕，战时曾在美国工作，直到 1946 年加拿大间谍圈子曝光后被召回莫斯科。9 月 10 日，他作为派驻苏联大使馆的克格勃二号人物前往伦敦。禁止与特工接触的规定已经实施了近一年，如今刚刚解除，而 9 月 27 日的这次联络将是他们与福克斯这一最有价值的消息来源者的第一次会面。因此，必须极为谨慎。

在另外两位俄国同事的帮助下，费克利索夫检查了军情五处的监视迹象。他上下公交车，进出百货公司，三番五次地原路返回，直到确信一切正常后才上了车。这时，另一名特工开车，而费克利索夫和第三名军官继续观察周围情况。大约 35 分钟后，费克利索夫才确信他们没有受到监视，他在伍德格林站附近下了车。在与福克斯交谈之前，他又花了半个小时熟悉街道和公园。[18]

晚上 8 点，费克利索夫走进酒吧，看到福克斯坐在一张桌子前喝着啤酒。当时是星期六的晚上，酒吧里人潮涌动，福克斯身边还有其他几个人。费克利索夫说出了“前半段的口令”。福克斯起身离开，过了一会儿，费克利索夫就跟着他来到室外，“在那里对了后半段的口令”。[19]费克利索夫首先询问了福克斯的父亲、患有肺结核的哥哥，以及克里斯特尔的健康状况，以此开始了他们的谈话。寒暄过后，费克利索夫确认他们没有引起不必要的注意，就问福克斯在哪里工作、在做些什么，以及实验室里其他科学家的名字。

俄国人从福克斯那里得知，英国决定由彭尼领导，在霍尔斯特德堡实施一项独立的原子弹制造计划。福克斯进而告诉他，哈韦尔正在建造一座实验性的小型反应堆，温斯凯尔也在

建造一座生产钚的大型反应堆。费克利索夫回忆说，福克斯给了他 40 页的笔记，笔记上的“字迹极小但清晰可辨”，还有
192 关于钚生产的资料，“其中有他在美国无法获得的文件”。[20]这些资料很可能包括了汤姆森关于核聚变产生强中子束，从而可以制造钚的想法。

费克利索夫给了福克斯 100 英镑。福克斯曾在 1945 年 2 月拒绝了哈里·戈尔德支付的报酬，但他却收了费克利索夫的钱，“作为象征性的付款，表示［我］对事业的颠覆”。[21]这似乎是一次性付款，但足以干扰福克斯认为自己出于对共产主义正义的信念、纯粹自愿从事间谍活动的想法。费克利索夫还回忆起一些技术性的问题，并要求福克斯在下次见面时提供书面解答。“第一个［问题］是关于超级炸弹［氢弹］的问题”。[22]福克斯告诉他，爱德华·泰勒和恩里科·费米正在芝加哥研究这个问题。他描述了一些“［该炸弹的］结构特点和工作原理，并提到了氚和氘的使用”。福克斯说，超级炸弹是“可行的”，但不知道美国是否正在研发真正的炸弹。他解释说，因为费克利索夫不是物理学家，他只能给出一个大概的描述，但同意在下次见面时提供书面资料。

目前还不清楚福克斯是如何获得这些关于超级核弹的资料的。他在 1946 年 7 月就离开了洛斯阿拉莫斯，不可能接触得到费米和泰勒的任何成果，因为在《麦克马洪法案》之后，美国立即结束了和世界其他国家之间的原子弹合作。不过，福克斯与泰勒私交甚好，泰勒回忆说，“福克斯经常与我和其他人深入交谈”，“与他讨论我的工作很轻松愉快”。[23]泰勒甚至承认，他“从［福克斯］那里学到了很多技术”。因此，这些很

可能是泰勒私下告诉福克斯的，也可能是福克斯根据偶然得知的情报自行推导出的步骤。①

无论其来源如何，福克斯关于这项工作的消息促使苏联人将目光投向了芝加哥。一个月内，莫斯科就得知了一个惊人的突破——泰勒找到了制造氚的新方法。诀窍是使用武器本身的氘化锂（$^{6}$LiD）中一种由三个质子和三个中子组成的特殊的锂同位素——锂-6。裂变爆炸的中子击中锂-6时会产生氚
(见附录，页边码第 429 页)。[24]所以炸弹内部制造出来了氚， 193
在有氘化锂存在下，这样的情况为热核提供了燃料。这将成为最终可行的热核弹的关键联系之一。

这些情报虽并非来自福克斯，却直接源于他提供的关于费米和泰勒的消息。这让苏联人的兴趣集中在了芝加哥，而芝加哥正是他们的战时特工特德·霍尔②目前所身处的地方。虽然没有确切的证据，但现在看来，苏联人似乎在这个城市里重新启用了霍尔，并得知了这个新奇的想法。[25]他们很快就意识到了它的重要性；苏联原子弹的主要设计者安德烈·萨哈罗夫③，后来把氘化锂的建议称为他们最终自行研发氢弹的“备

---

① 1947 年 11 月到访芝加哥后，福克斯传递了更多关于氢弹的信息，这些信息似乎包括从泰勒那里获得的情报，见页边码第 194 页。他有可能在 9 月 27 日见面时，向费克利索夫介绍了费米的讲座内容，并认为是他自己与冯·诺伊曼的工作成就了这种炸弹。1948 年 3 月一次见面时，他把福克斯-冯·诺伊曼构思的细节交给了对方。——作者注

② 特德·霍尔（Ted Hall，1925—1999），美国犹太裔物理学家、为苏联工作的原子弹间谍。他在服务于“曼哈顿计划”期间，将“胖子”钚弹的详细内容以及提纯钚的若干工序传递给了苏联情报机构。

③ 安德烈·萨哈罗夫（Andrei Sakharov，1921—1989），苏联原子物理学家，以其在核聚变、宇宙射线、基本粒子和重子产生等领域的研究而闻名。他曾主导苏联第一枚氢弹的研发，被称为“苏联氢弹之父”。

选想法”。[26]

福克斯和费克利索夫约定，每隔三个月的星期六晚上在伦敦的酒吧里见面。这时，他已经搬出了里奇韦酒店，在阿宾顿①的莱西宅邸（Lacies Court）住了一年多，那是一座漂亮的仿伊丽莎白风格的公馆。今天的莱西宅邸是阿宾顿学校校长的住所，但在战后那几年，这里曾是科学家及其家属的集体宿舍。房东太太回忆起福克斯的异于常人：“他懂爱因斯坦，却不会打领结。”[27]有一位科学家的小儿子有一套电动火车模型，他会把模型铺在自己的房间里。由于空间有限，小家伙要和哥哥共用一个房间，所以每当周末不在这里住的时候，福克斯就让他在自己的房间里玩火车。[28]

第一次见面时，费克利索夫提出的一个问题让福克斯大吃一惊：“你能给我讲讲氚弹的事吗？”早在1946年9月，福克斯就曾向哈里·戈尔德提到费米的讲座内容，但那是福克斯传给俄国人的最后一份资料。我们已经看到，费米的讲座中给出了经典超级炸弹的基本原理，而这个设计在1946年4月就已经被取代了。然而，从费克利索夫的问题来看，俄国人似乎已经知道有了进展，这让福克斯明白自己并非洛斯阿拉莫斯情报的唯一来源。[29]

仔细想来，这也许并不完全是个意外。在战前法西斯主义与反法西斯主义对峙的狂热时期，许多知识分子都曾追随红色旗帜。在战争期间，苏联一直是重要的盟友，许多科学家对苏联被排除在“曼哈顿计划”之外感到不安。在第二次世界大

① 阿宾顿（Abingdon），牛津名誉郡的一个历史悠久的集镇和民政教区，曾是伯克郡的首府。

战中，4/5 的德国士兵是在苏德战场被消灭的。苏联战功彪炳，但损失也极其惨重，有数百万士兵阵亡，如果不是他们的牺牲，战争很可能在 1942 年之前就已经输掉了。因此，在 1945 年之前积极支持苏联，几乎不可能只是克劳斯·福克斯一个人的信念。这一点在当时已众所周知，因为 1946 年艾 194
伦·纳恩·梅的被捕和加拿大间谍集团的曝光已经为此提供了一定的证据。

到了 1947 年，人们效忠的对象发生了变化。纳粹已经战败；苏联因把东欧国家变成卫星国而被视为新的敌人，不再是新近的盟友了。战后与苏联共享情报，与从前的情况完全是两回事。福克斯现在很可能比以往任何时候都更清楚这是一个危险的游戏，他不再与盟友分享情报，只有在他完全确定情报是安全的，而且在他看来是合理的情况下，他才会与对方碰头和传递情报。

下一次与费克利索夫的会面应该是在 12 月，但福克斯没有去。对他来说，这一年的年底是一个紧张的时期。11 月中下旬，他去美国参加了 20 天的会议，讨论关于核能和武器技术文件的“解密”问题。他在会前要做很多准备工作，并在会后根据会议的决定而再次绸缪。福克斯是带着俄国人的明确任务去的，希望能获得关于核反应堆和“新型原子弹”现状的情报。[30]为费克利索夫准备答案和确保安全会面都困难重重——福克斯汽车的汽油是配给的，而在当时，在没有正当理由的情况下随便去伦敦，也许就足以引起怀疑了。福克斯转而决定放弃这次会面，按照他们商定的时间安排，下次见面将在 1948 年 3 月 13 日星期六。

福克斯是否提醒了费克利索夫，告知后者他突然改变了计划，以及他访问美国所带来的难得机会？盖伊·利德尔的日记中记载，11 月中旬，军情五处截获了两个打给这位苏联武官的电话，一个是打到他办公室的，另一个是打到他家里的。[31] 电话是从哈韦尔打来的，打电话的人说自己必须紧急会见这位武官，并约好了在 11 月 10 日星期一见面。军情五处致电亨利·阿诺德，希望后者能辨别出声音来，但没有取得成功，因为并没有关于进一步行动的记录。如果这是福克斯想在访问美国之前进行紧急联系，则是一场非常危险的赌博，因为他不可能掩饰住自己经年未改的德国口音，而阿诺德一定会辨认出来。此举有可能是某个搞恶作剧的人所为，因为这种危险程度违背了福克斯的本性，而且到现在也没有其他已知的人选。

对于 3 月的见面，福克斯只用了一次离开哈韦尔的出行就实现了两个目标。首先，他联系了威廉·彭尼，后者的实验室就在霍尔斯特德堡，并提议在 3 月 12 日星期五向彭尼的团队
195 介绍钚弹和内爆的情况，这是钚弹的关键信息。这让福克斯有了一个去伦敦的正当理由，他也在周六晚上将有关氢弹的情报传给了苏联方面的联络人。

《麦克马洪法案》切断了彭尼与围绕原子弹的所有进展的联系，因此福克斯的经验和记忆对英国的成功至关重要。1948 年和 1949 年期间，福克斯根据记忆，为彭尼准备了“三位一体”武器设计的书面总结。彭尼团队中的两位数学家约翰·科纳①和赫伯特·派克②与福克斯讨论过“三四次”。在那两

① 约翰·科纳（John Corner，1916—1996），英国数学家、物理学家，以在内部弹道学和英国氢弹计划方面的工作而闻名。

② 赫伯特·派克（Herbert Pike，1909—2003），英国理论物理学家、核武器科学家，是发展英国核威慑力的科学家团队的重要成员。

年里，福克斯曾多次访问霍尔斯特德堡，他关于该武器的讲座“能在几句话中包含很多细节”，他的演讲被认为有“明星般的光彩”。[32]

在这一系列讲座中的某个时候，福克斯还谈到了未来的长期问题。凭借在氢弹方面的经验，他认为这是“一个重要的领域，[他] 渴望看到在英国开始一些研究”。[33]我们忍不住会猜测，他在 1948 年 3 月 12 日的访问中包括了所有这些主题，因为这些应该是他脑海里始终盘绕的。他在 3 月 2 日写信给彭尼说，他打算谈一个具体的问题，但也给出了其他的选择。“如果你愿意，我也可以再讲一次。也许我可以更详细地谈一谈内爆的情况，以及导致我们认为最有利的特殊设计的考虑。或者，我也可以谈谈确定临界规模的方法。”[34]这封信提醒了我们，福克斯的经验有多广泛，它们对彭尼的原子武器计划又有多重要。不过，这也显示出他的狡猾。与彭尼的这次会面事属绝密，福克斯在哈韦尔宣称自己要去“剑桥”，得以掩盖了这次会面的行踪。[35]然后，他又编造了一个正当的理由，在星期五开车离开剑桥在这里过夜，并在星期六晚上再次与费克利索夫见面。

这一次的地点是位于格德斯绿地①的“公牛与灌木”酒馆。福克斯向这个俄国人解释了辐射如何导致“超级炸弹”冷却并变得不起作用，因此费米讲座中的“经典超级炸弹”实际上是行不通的。接着，他又转交了以$^{235}$U 核裂变弹为引信的核聚变弹的示意图，以及他和冯·诺伊曼已经申请了专利的 X 射线内爆的想法（见页边码第 158 页）。俄国人由此知道了

① 格德斯绿地（Golders Green），伦敦北郊一个地区。

氧化铍颗粒中的氘氚混合物是如何既可以通过机械方式，也可以通过铀弹的 X 射线爆破的。福克斯还交出了布雷切尔和泰勒对氘－氚聚变的计算结果。

1947 年 11 月 11 日至 30 日访问美国期间，尽管存在《麦
196 克马洪法案》，福克斯还是了解到了美国的进展情况。这次访问期间，福克斯用花言巧语从美国人那里骗来的东西质量很高，正如 3 月克格勃的会面报告所证实的那样："他设法获得了关于现有类型的原子弹（包括一枚超级氢弹）结构的资料，这些资料非常有价值。从美国回来后，他把这些材料交给了我们的特工 A. S. 费克利索夫少校。"[36]

那么福克斯是如何获得所有这些情报的？通过泰勒显然是一种可能性，鉴于他与泰勒十分亲密，泰勒承认自己很喜欢和福克斯讨论物理学，而且他在 1946 年关于氢弹的讨论中做出了"几项极为重要的贡献"。[37]在保密会议期间，与会者被邀请到泰勒家参加聚会。这很符合正常的社交惯例，但福克斯还是爱德华·泰勒及其家人在感恩节①的特殊客人。毫无疑问，在福克斯延长的拜访期间，两人在一起度过了一段愉快的时光。[38]

俄国人非常受益，以至于 4 月，斯大林的亲信、原子武器计划的执行者拉夫连季·贝利亚（Lavrenti Beria）命令苏联科学家研制氢弹，预定的完成日期是 1949 年 6 月。即使福克斯给他们的氢弹设想是可行的，在规定时间完成这项任务也是不可能的。美国人后来对他和冯·诺伊曼的想法的一些特点进行了试验，但最终研制出来的武器靠的还是泰勒和斯塔尼斯拉夫·乌

---

① 1947 年的美国感恩节在 11 月 27 日。

拉姆在 1951 年的进一步推进工作。虽然福克斯没有把氢弹的关键信息交给苏联人，但他在 1948 年 3 月提供的情报提醒了他们，美国人正在认真对待这个想法，且已经发现了一些基本的问题，也找到了一系列解决方案中的第一个。

和费克利索夫的下一次会面是在 1948 年 5 月，但福克斯又一次没有现身，因为 3 月至 5 月发生了许多事情。

## 福克斯的编制

1947 年 12 月，福克斯的名字再次出现在军情五处的讨论中，这与他在哈韦尔的工作有关。1946 年，福克斯是根据一份临时合同而被任命的，现在哈韦尔方面希望长期聘用他。为此，他必须再次接受审查。11 月 19 日，哈韦尔方面与军情五处联系，强调“这个国家只有另一个人拥有福克斯博士的资格和经验”，那当然就是派尔斯了。军情五处很快便回复说， 197
他们没有足够的理由来反对将福克斯博士列入哈韦尔原子能科学研究院的永久编制。[39]不过，他们随后似乎又重新考虑了此事。

军情五处安全保护部门的马丁·弗尼瓦尔·琼斯（Martin Furnival Jones）建议，应该给英国供应部一个关于福克斯的完整说法。他指出阿诺德“胜利在望”，早在 1944 年，迈克尔·佩林（当时在科学和工业研究部）就得到过一些关于福克斯的情报，但“我认为供应部从未得到过完整的结论”。[40]这事很快便在军情五处层层上报。收到弗尼瓦尔·琼斯的备忘录后，霍利斯与迪克·怀特联系：“在我看来，我们真的没有什么可以给供应部的，我只想回答说，我们不反对让福克斯入编。”[41]

怀特对霍利斯来信的反应就是12月2日写信给副总管盖伊·利德尔。虽然怀特“倾向于同意”霍利斯的意见，但考虑到利德尔以前对此案的兴趣，他希望利德尔在采取行动之前先看看文件。[42]

军情五处的档案和利德尔的日记都显示出对福克斯和派尔斯其中一人或两人有严重的担心甚至怀疑，但也承认没有确凿的证据。这些交流再次显示了军情五处内部的谨慎。如果后来发现这两位科学家中的任何一位是苏联特工，那么最好是由指挥链的高层做出决定，也就是从霍利斯通过怀特上至利德尔。

1947年12月8日，利德尔召集怀特、科勒德、弗尼瓦尔·琼斯和霍利斯等人开会，制定关于福克斯的政策。这次会议的影响力怎么强调都不为过：怀特、霍利斯和弗尼瓦尔·琼斯都注定要成为该组织的总管。这群人担心由于福克斯的外国血统、1938年盖世太保的报告——当然那份报告被认为是不可靠的——以及1940年他在加拿大被拘留期间与汉斯·卡勒的关系，因此认为“雇用福克斯有一些轻微的风险”。霍利斯关于这次会议的报告第三次坚持了这一说法：“被送去加拿大的被拘留者应该是热心的纳粹分子，但由于失误，被送去的偶尔也有反纳粹分子。这显然是**卡勒**和**福克斯**的情况，他们在这种紧张环境中成为好友也就不足为奇了。”他们对盖世太保的报告持否定态度，现在对与卡勒的关系也持同样的态度：“记录显示，**福克斯**只是持有反纳粹的观点，并与持类似观点的德国人有联系。安全方面的风险非常轻微”。[43]

198 尽管如此，利德尔在日记中写道：“虽然我们的情报完全是负面的，但我们应该把所知的情况告诉原子能科学研究院，并给出表示，即我们认为这些情报并没有什么实际意义。”利德尔的日记中还透露了他如何看待阿诺德对福克斯的看法："另一种选择是什么都不说，这在我看来是不可取的——更何况哈韦尔的安全官员亨利·阿诺德也会发表他多少有些偏颇的评论。"[44]

因此，这就是他们对阿诺德的态度，阿诺德至少两次向军情五处通报了他对福克斯的关注，现在似乎还在继续向他们报告哈韦尔的其他安全问题。军情五处通过阿诺德的所见所闻，已经知道哈韦尔有三名工作人员与共产党有联系。福克斯并不是其中之一，但他的行为让阿诺德认为"福克斯在哈韦尔经营着一个间谍组织"。[45]遗憾的是，这种过于激进的解读无助于军情五处认同阿诺德的判断。

1948年3月18日，C科（负责审查）的科勒德上校走访哈韦尔，发现了这种不同寻常的模糊想法。从科勒德的报告中就可以看出他的怀疑态度，他说阿诺德"给我讲了一个复杂的故事，并附有图表，内容是关于**西顿-布尔**［SEATON-BULL，据称是共产党员之一］和**福克斯**博士的活动"。[46]

阿诺德把自己的记录通知了埃贡·布雷切尔博士，也就是西顿-布尔所在部门的负责人——科勒德在报告中补充说，"顺便说一下，没有提到本机构"。阿诺德告诉科勒德，3月初，在约翰·科克罗夫特爵士召集的一次关于铀问题的机密讨论中，他一直坐在福克斯附近。布尔和布雷切尔也出席了会议。会议接近尾声时，布雷切尔离开座位，走到阿诺德的座位附近，"高声"说："希望布尔喜欢今天的讨论。"阿诺德注意到，"福克斯无疑听到了"这句话，他"一动不动"。[47]

讨论接近尾声时，阿诺德离开了大厅，在阳台上观察着听众离场。他注意到"福克斯在人群中挤出一条路，去找布尔说话”。到了布尔身边后，“在阿诺德不动声色的注视下，两位科学家紧紧地拥抱在一起，长达数分钟之久”。阿诺德的结论是，福克斯“因为大厅后排的布雷切尔的话而知道了布尔”，阿诺德认为这支持了他的“理论，即福克斯在哈韦尔经营着一个间谍组织”。阿诺德认为，他有进一步的理由认为布尔和福克斯的谈话属于邪恶用心，因为他从来没有听说过他们“在以往的任何场合言语亲密，尽管他们在哈韦尔共事很久了”。[48]

199 科勒德告诉阿诺德，自己“不太重视这个故事，也不看重他的怀疑”，但“一定会把它们转达给本机构的适当部门”。然而，对共产党科学家的怀疑还是让外界知道了。记者查普曼·平彻不知如何得知了这些消息，并于 3 月 23 日在《每日快报》（*Daily Express*）上发表了一篇文章。苏联驻伦敦大使馆看到查普曼·平彻的文章后通知了莫斯科，莫斯科又向斯大林和贝利亚发出了警报信。[50]

福克斯并不是被点名的科学家之一，继续过着他安然无虞的生活。没有证据表明他知道斯卡登在前一年 9 月去见了“索尼娅”，但 1948 年 5 ~ 6 月，当“三名初级研究员被开除”这件事让他了解到军情五处对哈韦尔方面的共产党人的兴趣。[51]福克斯惊恐万分。因此，他终止了原计划 5 月与费克利索夫的见面，这次未能履行的会面与军情五处对“索尼娅”感兴趣的情报一起被通报给了贝利亚。莫斯科方面对此很担心，但当福克斯接下来在 1948 年 7 月 10 日与费克利索夫会面时，却声称没有问题。他反而说自己之所以错过约定的见面，是因为哈韦尔的反应堆处于“启动前阶段”，自始至终需要他在哈韦尔的现场。这似乎是福克斯为了不丢面子而编造的故事，因为在福克斯的旅行记录中，没有任何关于日程有变的迹象：在这段时间里，他继续轮番在牛津和伦敦参加会议，一切如常。他没有露面的另一个可能的解释是，他的干咳复发了——据吉尼亚·派尔斯后来回忆，这种情况似乎是压力过大所致。[52]考虑到当时的情况，这似乎比福克斯说上司要求他常驻哈韦尔的蹩脚借口更可信。7 月碰头时，福克斯向费克利索夫提供了温斯凯尔核反应堆的栅格设计、哈韦尔核反应堆生产钚的设计速度，以及如何从铀棒中提取钚的细节。[53]

与此同时，对这些背景一无所知的军情五处就福克斯的职业前途问题达到高潮时，向原子能科学研究院提出了建议。1948 年 1 月 1 日，军情五处的巴德姆少校向供应部表述了关于福克斯的标准说法：也就是否定了盖世太保的报告——福克斯“自己说他是社会主义学生会的主席”；在加拿大拘留营中与卡勒的关系再次得到了谅解，理由是这两人显然是反纳粹分子；军情五处的结论仍然是“安全风险非常轻微”。[54]

白厅的处理速度很慢，直到 1948 年 8 月 14 日，福克斯在
哈韦尔的永久编制才得到了批准。供应部在回复军情五处 1 月 200
的信中说：“我们确信，哈韦尔通过福克斯博士毫无疑问的能力所获得的优势超过了安全上的轻微风险。”[55]福克斯被确定为哈韦尔方面的正式工作人员，他被任命为理论物理学部主任、科学管理中心小组的成员——成了一位物美价廉的苏联线人。

除了从国外来拜访福克斯的科学界人士的正式记录，以及 1949 年 4 月他的父亲计划在那年夏天来看望他的一份备忘录之外，军情五处的档案在整个 1948 年和 1949 年的大部分时间里都没有提过福克斯。[56]虽然军情五处的工作有所放松，但从 1947 年 7 月到 1949 年春天，福克斯仍在继续从事间谍活动。

他又与费克利索夫会面了三次：分别在 1948 年 11 月、1949 年 2 月和 4 月。1949 年 2 月 12 日在帕特尼（Putney）桥附近的“斑点马”酒馆会面，这条微不足道的记录是福克斯的旅行报告中唯一露出他的双重生活痕迹的地方。他本来要去剑桥看望詹姆斯·查德威克爵士和另外两位科学家，开车最多两三个小时的路程。他于 2 月 12 日“上午 12 点”从哈韦尔出发，第二天晚上 11 点才回家。绕道帕特尼的旅程可能要多走 20 英里。福克斯似乎忽略了这一点，他根据自己的里程表计算出了 200 英里的行程；他在 1948 年 3 月和 7 月前往剑桥的记录表明，直达的距离分别为 180 英里和 182 英里。[57]通过这种轻微的差异让人看到福克斯双重生活的可能性，就好比恶棍艾尔·卡彭①因报税单上的错误而被定罪。

这些会面结束时，福克斯向俄国人提供了他对美国的比基尼环礁核试验的计算结果和氢弹的资料，以及英国原子弹和反应堆计划的细节，包括温斯凯尔的钚生产速度。这些情报使苏联人能够推断出英国储备原子武器的速度有多快。通过福克斯，他们现在可以估计美国核武库的实力，并监测英国自己的武器计划的进展了。[58]

## 杰里·加德纳：从哈韦尔到俄国

与此同时，派尔斯的学生杰里·加德纳的研究取得了良好的进展，1948 年 3 月，派尔斯曾向福克斯建议，让加德纳和他一起在哈韦尔工作。这封信里有这样一句话：“你对他在磁

① 艾尔·卡彭（Al Capone，1899—1947），美国黑帮分子和商人。在禁酒令的时代，他是芝加哥黑帮组织的联合创始人和老板，因此声名狼藉。

场中的轨道研究很熟悉。”[59]

福克斯之所以熟悉加德纳的工作，是因为作为理论物理学 201
部门的领导，他完全了解汤姆森关于核聚变的想法，并且在哈韦尔的整个工作期间一直积极参与。我们知道这一点要归功于汤姆森的一份个人备忘录。一开始，他曾咨询过派尔斯，派尔斯则与福克斯一起评估了这个想法的意义，然后为了这个秘密想法的全面发展，哈韦尔的专家们也参与了进来。汤姆森的笔记里有他与他人互动的时间顺序，以便确定优先权、申请发明专利，而他在随后的几年里都保持了这种做法。[60]这些记录显示，汤姆森与派尔斯经过初步讨论，确信这个想法很好之后，便立即于 1947 年 1 月 15 日在哈韦尔提交了一篇论文《来自氘的原子能》。[61]随后，福克斯指派副手奥斯卡·比内曼牵头与汤姆森合作。在这一年的晚些时候和 1948 年，有一个专门的合作计划，且福克斯了解合作的进展情况。福克斯被捕前不久，汤姆森在 1950 年 1 月发表了一篇题为《热核反应》的论文。[62]

如果说现在发生在杰里·加德纳身上的事情并不仅仅是巧合的话，那么福克斯不仅充分了解了这种物理现象的情况，而且似乎还与俄国人分享了这个想法。在派尔斯的推荐信之后，加德纳在 1948 年 4 月 1 日和福克斯面谈了一次，福克斯同意加德纳在完成理科硕士论文之后，来哈韦尔加入他的团队。唯一的问题是论文的主题——电子在磁场中的行为——离机密的核聚变领域过近，因此派尔斯与福克斯商议，以确保不会突破公开工作与机密工作之间的防火墙。尽管对电子在磁场中的行为的兴趣背后的灵感是保密的，但关于电子运动的基本问题却并非机密，这让加德纳得以在公开的文献中发表他的研究。[63]当时的情况以及接下来发生的事情都耐人寻味。

1948年10月8日，加德纳准备发表一篇论文——《将慢速带电粒子限制在环形管》。奥斯卡·比内曼“有点担心”加德纳草稿的最后一节是发表还是应该保密，所以派尔斯建议加德纳修改一些文字以改变实验的背景，并确认福克斯是否满意。[64]加德纳继续表现出色，1949年6月，派尔斯将他的一篇论文提交给物理学会发表。福克斯再一次为有关部门审查这篇论文，6月21日，他同意派尔斯发表了此文。物理学会的这篇论文也成了加德纳硕士论文的基础。

202 此时，福克斯似乎已经认定加德纳是一位有价值的科学家，因为他请派尔斯寄来了一份关于加德纳的正式报告。9月20日，派尔斯照办了，还说在他本人的提议下，加德纳已经转而研究核物理学的问题了。派尔斯对福克斯说：“我认为你会发现，他加入你的部门后，会尽职尽责地成为一个老手，其成熟度一定与他到目前为止在理论物理学上花费的时间完全不相称。”[65]

一切想来都很顺利，因为加德纳在1949年10月25日作为一名科学官员加入了福克斯的小组。三个月后，1950年1月11日，加德纳写信给派尔斯，说他在俄国文献中发现了一篇论文，“内容与我的论文基本相同，但发表时间比我的工作早一年”。[66]幸运的是，加德纳早已独立提交了自己的论文，并将其纳入自己的毕业论文中。

正如加德纳所料，派尔斯对俄国人的论文解读为研究工作的巧合。各种想法独立发展并非不可能，此事也许正是如此。不过，从当时的情况和时间上看，在前一年的某个时候，苏联的科学家就已经得到了关于汤姆森工作的情报。由于有福克斯，苏联现在知道英国人把核聚变看作生产武器用钚的一种可能的途径。[67]

## 热爱英国的人

1942 年派尔斯曾认为原子弹是终极的威慑力量，而福克斯以其独特的立场向所有参与者传播知识，无意中帮助实现了这一目的。然而在哈韦尔期间，他的世界观开始有了变化。战争期间，他动机明确，也值得为此冒险一试。如今苏联将邻近的东欧诸国纳入势力范围，他们的理想似乎被玷污了，在福克斯的眼中，斯大林不再是一个共产主义理想的旗手。此外，福克斯在哈韦尔乡下很快乐，他在这个和平的国家里颇受欢迎，并在那里获得了陪伴。埃尔娜·斯金纳和克劳斯·福克斯如今也在情感上产生了深深的纠葛。据亨利·阿诺德说，他们之间“非常亲密的友谊”大约始于 1947 年底，而且“随着时间的推移，越来越亲密”。[68]从那时起，福克斯花在间谍活动上的时间开始变得支离破碎了。

回忆一下，他在 1947 年 11 月放弃了一次碰头机会，1948 年 3 月 13 日见过一次面，但在 1948 年 5 月又一次没能到场。
在 7 月的这次会面时，俄国人制订了一个计划，以备在会面出 203
现危险或因任何原因而没能碰面时紧急修改计划。[69]

如果会面失败，福克斯将在《仅限男士》（*Men Only*）杂志的第 10 页上写下预期的约会地点和时间，并将其投进斯坦莫尔路拐角处基尤路 166 号的花园里。事件的先后顺序和相对位置都表明福克斯将要去邱园火车站枝繁叶茂的“绿洲”，那里距离里士满的区线终点站只有一站。邱园站前广场南侧的车站商业街上有很多小店，其中的两间商店——14 号的埃瑟林顿家具店（现为“温室”餐厅）和一家肉铺——之间有一条狭窄的通道。福克斯首先会检查通道的墙壁，看是否有人用粉笔画了一个小十字架：如果有这样的记号，就说明投掷杂志有危险；如果安全无虞，福克斯就去大约 10 分钟脚程之外的斯坦莫尔路投送杂志，随后返回车站，且途中在霍姆斯代尔路北侧与恩纳代尔路的交叉路口围栏上做一个粉笔记号。[70]

然而，福克斯从未需要过这种秘密的复杂操作，因为他和费克利索夫在 1948 年 11 月再次会面，1949 年 2 月 12 日的会面也没有遇到任何麻烦。福克斯后来声称这是他们的最后一次会面，但克格勃的记录显示，1949 年 4 月他们又见了一次。[71] 在公共场所碰头不尽如人意这一点显然令俄国人感到不安，因为在 4 月，福克斯的联络人很想知道福克斯是否在伦敦认识任何女孩，其公寓是否可以作为安全的约会地点。福克斯说他"与偶遇的各种女人共度时光"——俄国人"得到的印象是她们都是妓女"，并断定没有安全的碰头地点。福克斯这次提供了口头情报，并承诺在下次会面时提供书面说明，会面的时间安排在 6 月 25 日。

此时，福克斯已经进入了他双重生活的第八个年头，而事实证明，这种压力终于让他受不了了。在与俄国联络人见面后，福克斯立即在 4 月与斯金纳夫妇去巴黎玩了几天。这次假期很不遂愿，因为福克斯自始至终都"病得很重"，埃尔娜·斯金纳照顾着他，而他状态良好的时间都不到半个小时。[72] 一行人回到哈韦尔后，福克斯也恢复了足够体力，可以工作了。但在 6 月 25 日，他下一次与俄国人会面的时候，病痛再次袭来。克格勃的记录上只写着"没有出现"。[73] 7 月 2 日的补缺会面他也没有现身。1949 年春夏的某个时刻，福克斯决定与苏联方面断绝联系。[74]

福克斯的病，以及他没能与俄国人碰头，可能都是对他那年 3 月从父亲那里得到的消息的反应。父子俩已经多年未见了，埃米尔突然告诉克劳斯，想在那年夏天去哈韦尔看望他。克劳斯的外甥克劳斯·基托斯基，也就是自杀的伊丽莎白的儿子，将陪同埃米尔一起去看他。虽然克劳斯很想在多年后再次见到父亲，但这次探访却充满了危险。埃米尔当然知道克劳斯过去的政治倾向，而父亲漫不经心的一句话就会毁了克劳斯小心保守的秘密。祖孙两人计划在“6 月 14 日前后”开始为期“四周”的探访。[75] 204

得知父亲的计划时，福克斯还住在阿宾顿的莱西宅邸。[76]为了迎接父亲的来访，他退了阿宾顿的房间，搬到一个属于自己的地方，那是希尔赛德路 17 号的一幢简陋的预制板房，位于哈韦尔实验室附近的荒坡上。现在，福克斯的全部生活重心都放在了哈韦尔。这次搬家无疑是受到了父亲即将到访的影响，他的父亲将和斯金纳夫妇一起住在他们在哈韦尔当地的大房子里，就在克劳斯的预制板房附近。

1949 年夏，福克斯在英国过得很舒服，也开始喜欢上了英国的生活。与俄国人断绝关系后，他现在有机会过上平静、安定的生活，并考虑收养他的外甥。派尔斯提名他为英国皇家学会院士。福克斯在英国的前途似乎有了保障。

不过接下来有三件事情扰乱了他内心的平静。首先，父亲带来了克劳斯的妹妹克里斯特尔得了精神病的消息。克劳斯很清楚自己把她卷入了间谍活动，担心她可能会自杀，就像他们的姐姐伊丽莎白、母亲和外祖母一样。这次探访本身不断给克劳斯带来压力，因为他必须确保父亲不至于在不经意间露出马脚。有一次就差点儿露馅了。埃贡·布雷切尔的妻子阿尼回忆起一次晚餐聚会，安全官员亨利·阿诺德也参加了。当时说的内容没有任何记录，有可能是在福克斯的两面性被公开后，这段记忆才得以恢复，但她坚称福克斯“行为怪异”。也许更重要的是，这对阿诺德来说是“第一次明确显示福克斯有所隐瞒”。[77]

福克斯那年夏天与俄国人断了联系，是由于他后来声称的心态改变，还是因为父亲和外甥在场所致，这无法判断。不管怎么说，福克斯后来得到风声，说俄国人不会让他轻易断绝往来。在军情五处后来被称为“神来之举”的行动中，克格勃安排他的父亲在苏联控制之下的德国东部城市莱比锡担任教授职位，借此向克劳斯·福克斯施加压力。[78]克劳斯是在埃米尔
205 回国几周后从父亲的信中得知此事的。对于苏联阵营可能会对有近亲住在东部的那些人施加压力，甚至威胁他们的情况，国安部门理应关注。像福克斯这样能够接触到最高机密文件的人，如果任何亲人属于这种情况，都必须向有关部门报备。福克斯按照规定告知了亨利·阿诺德。阿诺德告诉了军情五处。

1949 年的那个夏天，福克斯可能想象自己的间谍生涯已经成为过去。唯一的阴霾是他父亲的未来，以及妹妹克里斯特尔脆弱的心理健康状况。他现在住的预制板房私密性很好，而且麻雀虽小五脏俱全：房子有一个不超过 10 平方米的带煤炉的小客厅，还有一间有镶壁家具的单人卧室，再加上一个带电灶的厨房、一个备用房间和一个卫生间。这在夏天还好，但到了冬天，铝制窗框的窗台就成了冷凝水的储水槽，因为隔热性能差，屋里需要持续烧煤取暖。福克斯之所以选择在父亲和小克劳斯回德国后留在这里，至少部分原因是这里离南大街 3 号不到半英里，这让他可以在埃尔娜·斯金纳的丈夫赫伯特不在家的时候随时去看她。

## 首次破译

军情五处的副总管盖伊·利德尔在8月底休了1949年的假，9月13日回到办公室。他在当天的日记中透露了在他休年假期间取得的重大进展："原子能方面发生了一起严重的案件。[美国人] 发现1944年在美国工作的英国小组有人向俄国人提供了情报。"[79]

情报来源是反间谍活动中最秘密的突破性进展：苏联的外交密码遭到破解，显示洛斯阿拉莫斯的英国代表团有一名成员曾是间谍。利德尔对当时的情况进行了总结："除了有一个姐妹之外，并没有太多关于他身份的线索。这种怀疑落在一个叫**福克斯**的人身上，其次是一个叫**派尔斯**的人，前段时间这里调查过他们的案件，但结果是否定的。在与加拿大**古琴科**案有关的俄国人 [原文如此] **霍尔珀林**的日记中，显然提到了福克斯的妹妹。目前正在对**福克斯**和**派尔斯**的事务进行深入调查，但问题绝不简单。"[80]

军情五处已采取了一些措施，将福克斯和派尔斯都置于监视之下。雪上加霜，福克斯隐秘生活的成果在几天之内就显现了出来。震惊的利德尔在日记中写道："苏联发生了原子弹爆 206
炸。"[81]这个消息是9月16日情报首长联席会议的每周会议上，在"戏剧性的机密约束"之下得到的。首先，房间里的秘书们都离场了。接下来，所有剩下的人都被告知"如果在场的有谁不能保密，就请离开房间。所有人都想知道接下来会发生什么情况！这时，原子能科学研究院的佩林宣布，俄国贝加尔湖附近的某处发生了原子弹爆炸"。

随后，利德尔总结了一下发现爆炸的已知情况，同时也对情报的准确性表示了怀疑：

> 显然，一段时间以来，美国人和我们自己都在进行空中侦察；飞机上装有一种过滤器，可以捕捉到任何放射性物质的粒子，随后便可进行识别。9月，他们在北太平洋某地巡逻时，发现了一些被明确识别为钚的粒子。在发现这一情况后，我们在挪威附近的某处巡逻，并获得了类似的结果。我觉得是科学家们声称，他们或多或少可以从这些粒子中确定爆炸的日期和位置，还声称证据完全令人信服。
>
> 对于科学家们的结论是否正确，乃至最有资格发言的人是否都有机会研究证据，似乎仍存在一些轻微的怀疑。虽然我对这件事一无所知，但凭着对科学家们的一定经验和他们推翻自己的理论的倾向性，我不禁对整件事情稍有怀疑。[82]

在当天日记的另一条记录中，利德尔强化了这种虚假的希望："迪克［·怀特］昨晚见到了维克多［·罗斯柴尔德］①。后者和我一样，对苏联的原子弹持怀疑态度。他还非常坚定地认为，德国右翼政党死灰复燃才是目前最严重的威胁。他认为这很可能会与苏联有关系。我想温斯顿［·丘吉尔］的观点是相反的。"[83]

在情报首长联席会议的公告之后：

---

① 维克多·罗斯柴尔德（Victor Rothschild，1910—1990），罗斯柴尔德家族的成员之一，英国银行家、昆虫学家、政治人物。他在二战期间加入军情五处。

> ……随之而来的讨论是如何通知那些关联程度最密切之人的问题。"C"［军情六处的主管斯图尔特·孟席斯①爵士］似乎认为，只有幕僚长们才应该被告知，并接受最高级别的机密约束。［军情五处的］副总管认为应该马上通知首相。这个建议一开始被否决了，但最终得到了委员会的同意。"C"说，由于他在第一时间通过与美国原子能部门联系获得了情报，所以他准备立即与佩林一起前往契克斯②。在接下来的一周里，各种事态不断发展。"C"在拜访首相时发现，他已经和杜鲁门进行了电报沟通，杜鲁门急于向美国人民透露这个消息。我们显然是反对的，至少在更仔细地筛查证据之前，我们不同意这种做法。[84]

207

当佩林"在周五告诉我们无法制止美国人，而包括**福克斯**和**派尔斯**在内的哈韦尔工作人员现在都会知道情报是如何获得的"时，决定将情报公之于众的关键人物出现了。佩林认为利德尔和军情五处可能想知道这一点，"以防万一"。[85]

至于那个如今要为很多事情负责的间谍，其身份的关键在于找到那个姐妹。不过，事情可能没那么简单。9 月 20 日，利德尔在日记中总结说："现在已经发现，**福克斯**和**派尔斯**两人都有一个姐妹在美国。押宝的对象主要是**福克斯**，他妹妹的名字出现在**霍尔珀林**的日记中。"[86]

---

① 斯图尔特·孟席斯（Stewart Menzies，1890—1968），英国情报官员，二战期间任军情六处总管。

② 契克斯（Chequers），英格兰白金汉郡艾尔斯伯里东南方的一座宅第，是英国首相的官方乡间别墅。

要解开“查尔斯”及其苏联联络人的身份之谜，需要英美两国情报部门的共同努力。在英国，政府通信总部[①]的密码分析员与军情五处合作；他们与美国的联系是英国驻华盛顿大使馆的军情五处代表杰弗里·帕特森（Geoffrey Patterson）负责的，此人是美国联邦调查局和英国军情六处的同行彼得·德怀尔（Peter Dwyer）的联络员。在美国，军方的密码分析员与联邦调查局共享情报，但军情六处的美国同行单位——中央情报局，由于受到美国反间谍部门最高层复杂而神秘的机构间政治的排挤，对这一活动仍不知情。自负而偏执的联邦调查局局长J. 埃德加·胡佛将始终是纠缠着福克斯事件的结局及其在大西洋两岸的政治影响的关键人物。

---

① 位于切尔滕纳姆的政府通信总部（GCHQ），其前身是政府密码学校（GC&CS），战争期间的校址在布莱切利公园（Bletchley Park）。战后不久，校名即改为GCHQ，并迁往在伦敦西北部的伊斯特科特运作。1950年，政府通信总部迁往切尔滕纳姆，并于1954年初完成搬迁。——作者注

# 第五部分

## 阴魂不散　1949～1950 年

# 第十三章　“维诺那”密码

## J. 埃德加·胡佛的领地

1945 年后的几年里，反法西斯战争演变成美国与苏联的 211
冷战，J. 埃德加·胡佛开始了他本人极端自私的战争。反共和反颠覆活动成为美国的痛处（*bêtes-noires*），胡佛还恬不知耻地夸大威胁，为联邦调查局争取资金。在他的指挥下，联邦调查局开始追捕那些虽然不是罪犯，但不符合胡佛所认为的合格公民标准的美国人。

后来，众议院公民和宪法权利委员会主席唐·爱德华兹（Don Edwards）议员形容联邦调查局的执迷不悟是“我们自称的自由社会的一个污点”。[1]

1930 年代，联邦调查局的特工轻车快马，以强大的火力逮捕了臭名昭著的银行抢劫犯和私酒贩子，胡佛局长成为广受欢迎的英雄，他充分利用新闻界，大肆宣传联邦调查局。他以指纹档案来发现情报，并建立了一支高度专业的国家警察队伍，这些指纹档案中不仅有被判有罪的犯人，还包括一切被审讯的人。但权力使人堕落，在掌管国家机密 20 年后，胡佛也利用职位积累了一些重要人物的丑闻档案。其中大部分属于小道消息和诽谤，是敲诈的理想材料。胡佛把这些情报作为强大的“军火库”，毫不犹豫地利用它们来实现自己的野心。

1945 年 4 月罗斯福突然去世后，哈里·杜鲁门就任总统。伴随着原子弹的骇人消息，杜鲁门对他所了解到的联邦调查局的情况感到担心，因为调查局已经“规模臃肿，权力膨胀”。他在 5 月 12 日写给自己的备忘录中说，联邦调查局正趋向秘密警察或盖世太保，“他们本该抓捕罪犯，却混迹于性生活丑闻和赤裸裸的勒索”。胡佛已经习惯了直接联系罗斯福总统，他在联邦调查局中寻找一个杜鲁门认识的人作为白宫的联络
212 人。这位被选中的特工对新总统说：“胡佛先生希望您知道，他和联邦调查局的人都任您调遣，有求必应。”杜鲁门勃然大怒：“无论何时我想要联邦调查局的服务，都会通过司法部长。”[2]

助理局长威廉·沙利文（William Sullivan）回忆说，胡佛收到这个消息后“咬牙切齿”。胡佛被迫安分守己，失去了对权力中心的直接控制。当时他已当权 20 年，任期持续将近半个世纪，直到他 1972 年 5 月去世。胡佛长期浸淫于政府核心，这让他得以通过有选择地利用情报来牵制走马灯般的历任总统。杜鲁门和肯尼迪显然是唯二能与之保持一定距离的人。胡佛把大量精力都花在想方设法“把杜鲁门的白宫拉进网中”了。[3]

包括窃听录音的政治影射在内的敏感情报都被印在无法追查的纸上寄到白宫，纸上面既没有联邦调查局的信头，也没有水印。政治情报的花边新闻，如批评总统的前期新闻报道或丑闻的谣言，都被泄露给杜鲁门。胡佛实际上是在从事政治间谍工作，而杜鲁门似乎接受了这一点。[4]这么做的目的是让杜鲁门欠胡佛的人情。

然而，杜鲁门似乎没有胡佛那般因循守旧，因为胡佛患得

患失、疑神疑鬼，总觉得自己的饭碗岌岌可危。胡佛自己的私生活也有很多不可告人的秘密。战后之所以有传言说他是同性恋，部分原因是他在高级立法官员参加的一次晚宴上的行为。一位女歌手在晚宴上穿梭于宾客之间做例行表演。她在胡佛的桌旁停了下来，坐在这位联邦调查局局长的大腿上向他致敬，胡佛不知所措，尴尬离席。这件事像野火一样传遍华盛顿。他担心自己有同性恋问题，去看了心理医生，但因为不敢相信医生，又草草结束了咨询。他试图利用联邦调查局探员威胁媒体来压制谣言。

他确定了一个新的敌人——共产主义，并将自己重新塑造为“美国英雄 J. 埃德加·胡佛”。胡佛针对美国公民的间谍活动与他所鄙视的极权主义政权往往没有分别，可即便如此，冷战还是提供了一个完美的背景。如果从理性的角度来看，他所感知到的威胁的真实程度近乎荒谬。胡佛本人认为，美国共产党在最鼎盛时期只有不到 8 万名党员，那还是在战争期间，苏联当时是美国的盟友。这相当于每 2000 名公民中只有不到
一人，其中只有少数人是能够制造经济麻烦的产业工人。尽管 213
如此，杜鲁门仍然觉得自己必须要安抚右翼，于是便审查了联邦政府的文职雇员，也就是忠诚度测试。杜鲁门故意冷落胡佛，把这项任务交给了公务员委员会，而不是联邦调查局。

胡佛进行了反击，在向众议院非美国活动委员会提交的证词中，他对自由主义者发表了一番言论，这显然是针对杜鲁门的。为了宣传一篇关于“如何打击共产主义”的文章，《新闻周刊》（*Newsweek*）把胡佛的面孔放在了封面上。就这样，胡佛确立了自己作为国家反对共产主义威胁的主要讨伐者的地位，获得了忠诚度调查的完全控制权。

然而，这还不足以满足胡佛的野心，他为联邦调查局——美国的一股国家力量——谋求更大的权限，即一个规模宏大的泛全球“联邦调查局特别情报局”。杜鲁门总统担心胡佛“过于自信”地在调查局建立“盖世太保”组织，于是在 1947 年 9 月批准成立一个针对外国的组织——中央情报局（CIA，简称中情局），该组织通过国家安全委员会对总统负责，胡佛不得染指。胡佛非常愤怒，“他下达了具体指示，在任何情况下，[联邦调查局的人员]都不得向中央情报局提供任何文件或情报”。[5]

胡佛与中情局的关系从一开始就很微妙，这种恶劣的关系贯穿了他的整个职业生涯。他关于美国知名人士的包罗万象的档案现在扩大到了中情局的历任局长。其中有一位名叫沃尔特·史密斯（Walter Smith）的将军与胡佛发生了正面交锋，史密斯提醒他说，调查局必须对中情局给予充分的配合，这是“法定的义务”，如果不这样做，就会导致“蔓延整个华盛顿”的纷争。这一次，胡佛让步了，但在史密斯的档案上写下了“史密斯是个讨厌鬼”的拙劣评论。[6]

1949 年，克劳斯·福克斯及其联络人“呆头鹅”的案情暴露时，美国的情报和反情报工作就是如此混乱和矛盾。

## “维诺那”的突破

苏联外交电码的解密导致克劳斯·福克斯在 1949 年夏天身份暴露，解密计划的代号是“维诺那”①，这是美国最大的
214 情报机密。胡佛把“维诺那”截获的情报放在他办公室的保

① “维诺那”（VENONA）是一个新造的词，没有特定的含义。——作者注

险柜里。他没有告诉罗斯福总统或杜鲁门总统、司法部长或国务卿，也确保中央情报局对“维诺那”的存在毫不知情。

故事要从 1939 年说起，美国陆军信号情报局——现在的国家安全局——当时开始搜集苏联通过商业电报线路从美国发往莫斯科的外交电报。[7]1942 年 2 月，温斯顿·丘吉尔通知罗斯福，英国密码员破解了美国国务院使用的代码和密码，使他们能够读取美国的外交电文，并补充说：“既然我们是盟友，我就下令停止了这项工作。”在暗示了英国破译员的能力，并提醒总统注意“敌人也有可能取得类似的成功”后，他提出“让你提名的任何专家与我们的技术人员联系”，还说整个事件属于高度机密，因此“你看完这封信后，应该把它烧掉”。[8] 1943 年 5 月，美英两国正式同意交流有关密码分析和情报方面的专家意见。①

丘吉尔和罗斯福担心斯大林可能计划与希特勒单独和谈，所以在 1943 年，美国人在华盛顿特区的郊区，即弗吉尼亚州的阿灵顿庄园（Arlington Hall）指派破译员对苏联的外交电文进行解密工作。战争期间，英国人主要关注的当然是德国人的电文，但也一直在搜集苏联格鲁乌的情报。[9]这为后来的“维诺那”合作提供了宝贵的经验，美国分析员们届时发现，他们的苏联情报不仅与外交话题有关，还涉及间谍活动。1945～1946 年，英国政府通信总部的密码组成员就得知了美国人的计划；②而美国联邦调查局直到次年才获悉此事。与此同时，

① 《1943 年英美协议》（BRUSA）是 1946 年 3 月正式颁布的，后来又扩展到包括加拿大、澳大利亚和新西兰在内。——作者注

② 关于英国政府通信总部的历史，见页边码第 207 页的作者注。——作者注

梅雷迪思·加德纳①——阿灵顿庄园的首席破译员和分析员——向他的英国同事们解释了自己的进展，1948 年初，英国正式参与了“维诺那计划”。[10]美国陆军信号情报局与英国同人之间的合作几乎毫无障碍。英国向阿灵顿庄园派遣了全职分析员，1949 年，琼·马隆·卡拉汉（Joan Malone Callahan）越过大西洋，成为第一位在伊斯特科特②工作的美国分析员和语言专家。1954 年，她回到阿灵顿庄园担任项目主管，加德纳在英国切尔特纳姆③的政府通信总部新中心接替了她的位置。[11]

215 梅雷迪思·加德纳是一位瘦弱的美国语言专家，在战争期间自学了俄语，正是他从 1946 年开始的工作才让“维诺那计划”有了生命力。苏联的电文是一串串明显随机的数字，几乎无法破解。1946 年夏天之后，加德纳开始分析性地重建俄语密码本，这才有了真正的进展。[12]那年 12 月，他取得了一个突破，有一条电文包含了“曼哈顿计划”主要科学家的名字。这是苏联监控原子弹研制的第一条线索。

加德纳继续一点儿一点儿地研究密码电文，并在 1947 年成功读出了一些小片段，但由于代号隐去了苏联特工的身份，这些电文的解读很混乱。加德纳逐渐搜集到几个克格勃的外号，1948 年 10 月，联邦调查局因苏联间谍的活动范围可能如此之大而倍感恐慌，并对间谍活动仍在进行的可能性有所警

① 梅雷迪思·加德纳（Meredith Gardner，1912—2002），美国多语通、密码破译员。加德纳在反间谍部门工作，在“维诺那计划”中负责破译苏联在美国的间谍活动的情报通信。他是德语硕士，在美国陆军信号情报局招募他破译德语密码之前任大学德语教授，入职情报局后又自学了日语和俄语。

② 伊斯特科特（Eastcote），伦敦西北部一地区。

③ 切尔特纳姆（Cheltenham），英格兰格洛斯特郡的一个自治市。

惕，于是指派特工罗伯特·兰菲尔①联络加德纳，确定这些人的身份。

在华盛顿，联邦调查局助理局长米基·拉德（Mickey Ladd）联络了军情五处和军情六处在英国大使馆的代表彼得·德怀尔。这种做法在伦敦也得到了体现，美国法律专员约翰·辛普曼（John Cimperman）自行拜访了军情五处和军情六处。联邦调查局第一次得知破译的克格勃电文后，拉德将此事通知了德怀尔，并派兰菲尔与德怀尔谈话，但要求兰菲尔小心谨慎。拉德之所以如此担心，是因为德怀尔也是军情六处的人，而军情六处与其美国同行中情局关系良好。拉德是个“彻头彻尾”的联邦调查局派分子，因此赞同胡佛的反中情局倾向，他担心中情局可能会风闻这个绝密的计划。然而，拉德的指示只是让联邦调查局特工的天生谨慎走了个形式，因为在兰菲尔看来，军情六处都是些讨价还价的马贩子，他们会兜售一些无关痛痒的情报，企图借此大有斩获。德怀尔精于此道，所以兰菲尔并不信任他。[13]

兰菲尔告诉德怀尔，“只要事关英国人的利益”，任何情报他都乐意分享。这个军情六处的人尖酸刻薄地回应说，他得到过不做任何限制的承诺，并断言“你无法事先知道某情报是否关系到英国人的利益”。德怀尔威胁要越过兰菲尔，直接去找米基·拉德了解自己想要的东西，在兰菲尔看来，这就代表他想要“洞悉一切”。1948 年初，军情五处决定要在华盛顿有自己的代表，新来的迪克·西斯尔思韦特（Dick Thistlethwaite）

① 罗伯特·约瑟夫·兰菲尔（Robert Joseph Lamphere，1918—2002），美国联邦调查局前特工，曾参与原子弹间谍克劳斯·福克斯、哈里·戈尔德、朱利叶斯和埃塞尔·罗森堡，以及英国间谍金·菲尔比的案件调查工作。

颇有外交手段，平息了与兰菲尔的争端。[14]随后，联邦调查局特工向他们透露了一条无疑关系到“英国人的利益”的情报——216 克格勃的电文片段，表明 1944 ~ 1945 年，英国驻华盛顿大使馆内有人向克格勃传递了美英之间通讯的情报。① 这条消息让这两个英国人大吃一惊，这表明英美两国政府之间的通讯发生了最高级别的泄露。

1948 年底，西斯尔思韦特回到伦敦，由杰弗里·帕特森接替他担任军情五处的联络员。然后在 1949 年夏末，德怀尔对兰菲尔说他要离开了，接替他担任军情六处联络员的将是金·菲尔比。在下一个戏剧性的突破口——位于“曼哈顿计划”核心的英国间谍被发现之时，苏联深入英国情报部门核心的双重间谍即将走向舞台的中央。②

与此同时，在发现了英国大使馆有内鬼的克格勃电文后，英国人利用美国和自己之间的协议，直接获取了解密的材料。此举绕过了联邦调查局的迂回包抄：英国的密码分析员已在阿灵顿庄园与美国同事合作，政府通信总部正式请求参与分析克格勃的通讯。结果到了 1949 年夏天，英国人直接与梅雷迪思·加德纳接触，伦敦的主管人员是军情五处负责联络政府通信总部的阿瑟·马丁（Arthur Martin）。政府通信总部的专业破译员与加德纳合作，这在解密过程中发挥了宝贵的作用。[15]

正是加德纳在 1949 年夏天的解密工作揭露了克劳斯·福

① 此事后来确定是唐纳德·麦克莱恩所为。——作者注

② 1949 年，菲尔比在军情六处土耳其站负责，其总部在伊斯坦布尔英国大使馆。9 月期间，他被召回伦敦述职，在那里得知了“维诺那计划”及两名间谍暴露的情况，后来被曝光此二人正是唐纳德·麦克莱恩和克劳斯·福克斯。——作者注

克斯的身份。八年来，福克斯一直非常小心翼翼——先是在默默无闻的英国乡下向“索尼娅”学习间谍技术；然后在纽约采取预防措施，为哈里·戈尔德的临时安排打掩护；最后在判断万事俱备时才去伦敦会合——但他却被雇主们出卖了，他们把同一份一次性密码本用了两次，从而给加德纳进入其神秘迷宫提供了方便之门。起初，在1944年6月寄给莫斯科中心的一封部分破译的电文中，只有零星的线索。最终破译出的那份神秘纸条①内容如下：[16]

发件方：纽约 217

收件方：莫斯科

编号：850

致“维克托”。

［1组词未能复原］从“雷斯特”收到MSN－12报告的第三部分——流体中的传出波动［37组词未能复原］。扩散［a］方法——关于他的专长的工作。

“雷［斯特］”对是否能在不引起怀疑的情况下留在“该国”（COUNTRY）表示了质疑。据“雷［斯特］”说，由于扩散研究工作的拖延，“岛民”（ISLANDERS）和“镇民”（TOWNSMEN）终于闹翻了。“镇民”曾对“海岛”（ISLAND）的代表说，在“海岛”建厂“将直接违背与《大西洋宪章》同时签署的‘伊诺穆斯’协议的精神”。目前，“海岛”驻“迦太基”的主管正在确认向

---

① “维诺那计划”解密的分类系统见第21章注释22的讨论。——作者注

> “海岛”转移工作的细节。“雷［斯特］”认为他将不得不在一个月或六周内离开。
>
> ［1944 年］6 月 15 日[17]

“维诺那计划”解密了其他的电文，其中没有一条提到“扩散”或“传出波动”①，不管那是什么意思，但从这些电文中，加德纳能够翻译出一些代号。因此，他知道了“维克托”就是苏联驻美国的情报部门负责人帕维尔·菲廷（Pavel Fitin）中将。他能够确定“该国”就是美国，“镇民”是美国人，“迦太基”是华盛顿特区，“海岛”是英国，“伊诺穆斯”指的是“曼哈顿计划”。然而，至关重要的线人“雷斯特”的身份仍然是个谜。

到 1949 年，加拿大境内有间谍这一情况早在三年前就已被发现了。如今截获的这份电文显示，美国的项目核心——英国原子弹代表团——里也有一名间谍在从事扩散的研究。该电文表明，此人在 1944 年 7 月曾认为自己会返回英国。

只有少数几位科学家满足从事扩散研究的条件。通过取证调查，大概有了足够多的细节来针对福克斯，因为他在 7 月 14 日与查德威克——“‘岛国’驻‘迦太基’的主管”——会面的记录，以及福克斯很快就会回到英国的预期，最终都可
218 能让他脱颖而出。不过，这要留待日后分析，因为当加德纳第一次破译出“维克托”的电报时，并没有什么更具体的内容来确定这个间谍的身份。之后又有两封电报得到了部分的破译，

---

① 事实证明，“传出”（Efferent）是“效应”（Effect of）一词的误写。——作者注

渔网开始收拢起来，这才发现了更多关于“雷斯特”的信息。

第一封电报是在1944年10月4日发出的，其中说：“‘雷斯特’的妹妹还没有回家。按照计划，‘呆头鹅’下一趟应该在10月12日去拜访她。”[18]所以“雷斯特”有一个妹妹，但是在哪里呢？

第二封是次日（1944年10月5日）发出的电文，其中显示“雷斯特”的代号从此被改为“查尔斯”。他的联系人“呆头鹅”将变成“阿尔诺”（ARNO）。这个新的词汇使此前无关痛痒的一份1944年11月16日的电文有了意义：[19]

> 最后一次拜访“查尔斯”的妹妹时，“阿尔诺”得知“查尔斯”并未前往“海岛”，而是在二号营。“查尔斯”飞去芝加哥，给妹妹打了电话。他说出了营地所在的州，并答应在圣诞节时前来度假。[“阿尔诺”] 正设法在“查尔斯”休假期间与他取得联络。“查尔斯”已去“海岛”的假设——［然后令人失望的是］40组词未能复原。

所以“雷斯特”和“查尔斯”（从现在起被如此称呼）是同一个人。这四份电文显示，在英国原子弹代表团里有一个从事扩散研究的间谍“查尔斯”，他在1944年下半年搬到洛斯阿拉莫斯“二号营”，他去过芝加哥，给妹妹打了电话，并答应圣诞节来度假。与此同时，在那年10月，“查尔斯”的妹妹大概见到了他的苏联信使。①

---

① 除此之外，可另见第八章注释22。——作者注

“呆头鹅”与“阿尔诺”同义的这份新词汇表，后来将赋予 1944 年 12 月 20 日的一份电文以重要意义：[20]

> 发件方：纽约
> 
> 收件方：莫斯科
> 
> 编号：1797 号
> 
> 致“维克托”。
> 
> 我们一直在和“阿尔诺”讨论他的掩护问题。“阿尔诺”关于设立实验室的笔记已于 10 月 24 日随八号邮包寄出。至于工作的主题，“阿尔诺”选择了《生产条件下气体热扩散过程的实际应用问题》。“阿尔诺”在笔记中展望了与公司签订协议……关于“克朗”（KRON）办事处的详细报告已随九号邮包寄出。

219 即便无关紧要，这也是关于“查尔斯”的联络人的情报。然而，反间谍的部分技巧就在于收集这些琐碎玩意儿，将它们储存起来，并时刻牢记在心，因为起初看起来毫无价值的东西，偶尔可能会变成金子。

## “兹事体大”

1949 年 8 月，军情六处的中情局联络员彼得·德怀尔在英国驻华盛顿大使馆的任期即将结束。他和军情五处的同事杰弗里·帕特森评估了加德纳关于英国间谍的消息。8 月 16 日，德怀尔给军情六处反间谍部门的副主管莫里斯·奥德菲尔德（Maurice Oldfield）以及他在伦敦的上司发了一封电报：“我们发现了一些材料，尽管残缺不全，却似乎表明，1944 年有一位英国或英国资助的、在这里从事原子能或相关课题研究的科学家向俄国人提供了政策情报和文件。”德怀尔接着说：“有一次，他通过接头人转交了一份题为‘MSN－1［原文如此，另见本章注释 17］（第三部分）’的报告，报告的部分内容似乎是流体或射线的波动。”他对情况的评估像预言般掷地有声：“我不希望在现阶段引起不必要的恐慌，因为残缺的材料还在研究中，［但］我目前认为兹事体大。”[21]

同一天，帕特森在给他的上司、军情五处总管珀西·西利托爵士的信中强调了这一消息：“我们的第一个问题是决定［‘查尔斯’］的国籍。您和我们一样对此一无所知，但我们显然不能排除他是英国人的可能性。”帕特森补充说，“一旦我们能得到这里的某些档案”，他和德怀尔就很有可能解决这个问题。[22]然而经过一周彻查无果后，帕特森向伦敦承认，他们从华盛顿的档案中找出“查尔斯”身份的希望已经落空了，他请求“1944 年与该项目有密切关系的人提供帮助”。[23]

德怀尔和帕特森的通信表明，英国大使馆的成员对原子能问题简直一无所知，而他们在伦敦的同事们起初对此的了解也好不到哪里去。8 月 29 日，莫里斯·奥德菲尔德和军情六处的瓦伦丁·维维安上校会见了军情五处的阿瑟·马丁和反间谍部门的副主管约翰·马里奥特（John Marriott）。此时，他们甚至不知道这个间谍所从事的科学项目。他们只知道“查尔斯”传递的科学报告的一个断章取义的标题，仅此而已；军情五处和军情六处的人对政治和哲学比科学问题更熟悉，没有一个人知道标题的含义，也无法鉴定其真伪。然而，提到的《大西 220

洋宪章》更合他们的胃口。马丁对此进行了深入分析，并问道："与《大西洋宪章》同时签署的指导科学项目的协议是哪个？"[24]在讨论过谁最适合回答这些问题后，罗杰·霍利斯同意由反间谍部门的负责人迪克·怀特与原子能当局的迈克尔·佩林谈一谈，"必要时可以把事情的来龙去脉告诉他"，但不要透露消息的来源。[25]

在美国，根据罗伯特·兰菲尔多年后的回忆录，正是他"在一份新破译的克格勃电文中发现了一个片段"，这个片段"似乎直接来自'曼哈顿计划'内部"。[26]这就是上述电文的第一份中提到的"MSN 12"文件。兰菲尔向原子能委员会（Atomic Energy Commission，简称 AEC）索要了该文件的副本，还获得了英国代表团全部科学家的姓名。兰菲尔在回忆录中说："短短的两天内，我们就得知克劳斯·福克斯是这篇论文的作者。"联邦调查局通知了英国人。

按照兰菲尔的说法，联邦调查局是整个调查的推动者，"短短的两天内"就查出了福克斯的身份，并且在通知军情五处后，"几周内"就得到了答复。这种说法当然与 J. 埃德加·胡佛后来的说法不谋而合，即功劳应该是联邦调查局的。我们可以确定的是，杰弗里·帕特森从华盛顿发来一份电报，这份电报在 9 月 2 日星期五到了英国人手里，他们得知，联邦调查局已经确定了"维诺那计划"中提到的英国报告，而报告的作者是克劳斯·福克斯。[27]然而，同一封电报却扩大了调查范围，传来的消息说"纽约有两位英国科学家"与"查尔斯"的行踪一致。一个是福克斯；第二个被确认为"**福克斯**的密友"鲁道夫·派尔斯。

国安部门现在不得不与英国的原子能人士协商，以评估这一消息的全部意义。周末过后的9月5日星期一，迪克·怀特立即向迈克尔·佩林通报了情况。

## “查尔斯”就是福克斯或者派尔斯

迈克尔·佩林在战争期间曾是“合金管计划”的领导，到1949年，他已是“原子能生产（技术政策）副主计长”了。这个拗口的官僚主义称呼掩盖了他的重要地位。亨格福德的波特尔子爵成为战后英国原子能项目的行政主管，而佩林则是实际运作的专家——负责确保政府在原子能领域的政策与科技发展保持同步——只是没有首席执行官这个头衔而已。佩林 221
在白厅很有名气，在政府官员们工作之余享用午餐或参加商务活动的伦敦各俱乐部里，随处可见佩林的身影。

佩林的工作是向政治家和公务员解读科学。无论是战争期间，还是身处霍尔斯特德堡的现在，他对原子弹的研究都很了解，对这项工作的安全影响也很警惕。这就是为什么怀特要向佩林请教“维诺那”电文的意义和严重性。民间有传闻说佩林回应道：“看来福克斯一直在与俄国人合作。”[28]

第二天，也就是9月6日，佩林回到了位于河岸街（the Strand）的英国供应部总部——壳牌梅克斯大楼（Shell Mex House），他和怀特在那里会见了阿瑟·马丁和反间谍部门的詹姆斯·罗伯逊（James Robertson）上校。一旦确定了“查尔斯”的身份，日常的调查工作将由罗伯逊的部门负责。这是罗伯逊初次接触此案，他将在接下来的六个月里全职处理这个案件，这将成为他职业生涯中具有决定性意义的调查。①

---

① 詹姆斯·罗伯逊与“塔尔”·罗伯逊没有任何关系。——作者注

佩林向国安人员证实，“泄露的文件”是“MSN 12：氮气流的波动影响”，该文件是“**福克斯**博士在英国［原文如此］的时候写的，发表于1944年6月6日”。[29]他解释说，扩散是纽约的英国团队当时在“曼哈顿计划”的初步阶段讨论的课题。佩林还说，英国人一直考虑在英国建立一座扩散设备，而福克斯则是被推荐调往那里的科学家之一。佩林同意拿出一份“MSN 12”的副本，以“确定其流传量和所有副本目前的下落”。

他还应要求协助处理另一件事，此事与“查尔斯”无关，而与苏联的联络人、代号为“呆头鹅”（或“阿尔诺”）的人有关。军情五处从1944年12月20日的破译电文中得知，“呆头鹅”写了一份科学文件，标题为“气体热扩散……实际应用问题”。作为确定“查尔斯”的联络人身份的可能途径，佩林被要求尝试识别这份文件。

“呆头鹅”或“阿尔诺”的身份主要是联邦调查局要解决的问题。在伦敦，当务之急是确认“查尔斯”的身份。扩散，
222 洛斯阿拉莫斯，日期：只有派尔斯和福克斯完全满足条件。①佩林向怀特和罗伯逊介绍了这两位科学家的情况以及他们在国家安全方面的相对重要性。他解释说，虽然派尔斯从“一开始”就一直是原子弹研究的领导者，因此有条件将情报传递给俄国人，但他现在就职于伯明翰大学，远离机密研究的核心。如果“查尔斯”就是派尔斯，至少国防的威胁已经过去了。然而在佩林看来，“查尔斯”是福克斯的可能性却是一场

① 另外两名英国科学家托尼·斯克姆和克里斯托弗·基尔顿（Christopher Kearton）都是嫌疑人，但很快就被排除了。——作者注

噩梦。福克斯是哈韦尔理论物理学部门的负责人，与英国的核能发展关系密切。佩林至少可以告诉怀特这些情况。然而，只有寥寥数人知道，英国正在设计自己的原子弹，而福克斯是威廉·彭尼研制原子弹的重要顾问，佩林正是这少数人之一。如果说“查尔斯”就是福克斯的话，那么英国秘密研制原子武器的情况，如今在苏联已经成了众所周知之事。

# 第十四章　父还是子？1949 年 9 月

223 在英国供应部的总部壳牌梅克斯大楼的情况介绍会之后，反间谍部门的詹姆斯·罗伯逊上校立即在军情五处的总部——梅费尔区柯曾街的莱肯菲尔德大楼（Leconfield House）——召开会议，计划展开调查。他和军情五处与政府通信总部的联络人阿瑟·马丁、马丁·弗尼瓦尔·琼斯和 C 部门（负责审查）的科勒德上校，以及罗伯逊在 B 部门（负责反间谍工作）的同事龙尼·里德[①]和吉姆·斯卡登一起参加了会议。

政治上的情况极其微妙，特别是因为“查尔斯”的间谍活动看来是在美国从事的，这可能会使战时为他担保的英国感到难堪。关于“查尔斯”的警报也是由美国人发出的，所以英国国安部门面临着证明自身价值的压力。这个案子当然也非常重要，因为他们的头号嫌疑人直到如今，每天还在处理绝密的情报。因此，罗伯逊上校在起草计划性策略时，与总管珀西·西利托爵士一起审查了一番。[1]

考虑到“维诺那”消息来源的保密性，英国与联邦调查局的所有联络都是通过帕特森进行的，甚至连联邦调查局在伦敦的代表约翰·辛普曼也被排除在外，因为英国人不确定他是否被获准处理“维诺那”的事项。辛普曼对此事毫不知情，

---

① 龙尼·里德（Ronnie Reed，1916—1995），英国广播公司无线电工程师，二战期间加入军情五处并负责管理双重间谍。

因而后来在他的上司 J. 埃德加·胡佛那里给自己和英国人都带来了麻烦。[2]军情五处在哈韦尔的耳目、安全官员亨利·阿诺德只得知有一些尚未言明的安全漏洞，而在几个嫌疑人中，福克斯是唯一一个在哈韦尔的。[3]罗伯逊对所需的异常安全级别非常担心，以至于当他拦截福克斯通信的申请被批准后，便采取了非常步骤，调查了当地邮局“包括邮差在内的邮政总局（GPO）有关人员的诚信”。[4]

福克斯在伦敦受到了军情五处执勤人员的监视。然而，在哈韦尔进行监视风险不小，而且罗伯逊判断这“不太可能产生任何有价值的结果”。他命令阿诺德检查福克斯家的布局， 224
看看是否有任何可以隐藏麦克风的地方，以及他是否有任何影印文件的手段。[5]

阿诺德被告知，除非有军情五处的命令，否则他不能对哈韦尔的其他人谈起此事，也不要自行打探情况。当前，罗伯逊要阿诺德提供的是“脑海中现有的东西，比如说福克斯的生活习惯、定期的活动、朋友、个人特征、当前地址、电话分机号码等”。罗伯逊决定由吉姆·斯卡登负责与阿诺德联络。作为最后一道安全保障，“大家同意，阿诺德提供的信息落在书面文件上的要尽可能地少”：阿诺德将前往军情五处总部口头汇报。[6]

总管赞同这个计划，但又补充了一个警告：“我认为调查计划是好的，它几近完美，我承认这对于成功至关重要，但有一点要注意。由于计划的完整性，[非法活动的] 苏联 [（?）字迹不清] 间谍（如果他是间谍的话）或犯罪分子‘察觉’自己受到监视的可能性就越大，所以我相信大家都会非常小心。在此期间，我将亟待事态的发展。”[7]

9月8日莫里斯·奥德菲尔德来信后，军情五处加强了对福克斯的注意。奥德菲尔德告诉阿瑟·马丁，军情六处早已得知，克劳斯的哥哥格哈德·福克斯不仅在1930年代曾是活跃于瑞士的共产党员，还是党内杂志《警示》的编辑。[8]第二天，也就是9月9日，马丁收到了身在华盛顿的彼得·德怀尔关于"查尔斯"妹妹的消息。这直接使注意力集中在了福克斯身上："几乎可以确定的是，福克斯的妹妹就是克里斯特尔·**海涅曼**，她的名字出现在［加拿大间谍］案子的伊斯雷尔·**霍尔珀林**的文件中。"[9]德怀尔自信满满地补充道："请通知'C'——军情六处的负责人斯图尔特·孟席斯爵士。"

与此同时，军情五处重新审查了15年来关于福克斯的档案，并发现他们在1947年对他的监视终究还是发现了一些东西：福克斯当时收到一封来自"马萨诸塞州剑桥市湖景大道9号K. F. 海涅曼夫人的信，署名为**克里斯特尔**"。马丁在9月10日给华盛顿发去了电报："身份已确认。"[10]

军情五处现在知道，福克斯在美国有个妹妹。在这一阶段，缺乏的派尔斯妹妹的证据似乎被视作查无此人，罗伯逊的做法就好像现在知道了"查尔斯"和福克斯是同一个人一样。军情五处的官员们如今昼夜不停地监视着他们的目标，并制作
225 了一份他的活动日志。他们含糊其辞地指出，福克斯"经常选择在他哈韦尔的密友**斯金纳夫妇**家里睡觉。他和斯金纳太太的关系比通常认为的友好更密切一些"。[11]军情五处知道，斯金纳夫妇计划在半年后搬去利物浦，届时，赫伯特·斯金纳的时间大约"一半在利物浦，一半在哈韦尔"。由于福克斯把相当多的社交时间都花在了斯金纳夫妇身上，所以军情五处制订了窃听他们电话的计划。

阿诺德呈交罗伯逊的特征说明里把福克斯描述成一个“寡言少语、意志坚强的人。尽管如此，他对威士忌和女人都很喜欢，而且豪饮不醉。他不仅智力超群，而且从实际的角度来看，也是个非常精明的人”。他还说福克斯最近病了，疑似肺结核，这段时间，是斯金纳夫人在照料他。

监视的一个问题是“哈韦尔社区规模不大，而且紧挨着主要设施外围的居民区人口密集”，这将造成“非常大的困难”。反间谍部门负责人迪克·怀特赞同总管的看法，现在又补充说：“虽然我们有必要抓紧时间尽快调查，但你们时刻都应尽量避免被福［克斯］发现。因此，有时候为了安全，可能必须要牺牲速度。”[12]

怀特领导的 B 部门的后起之秀迈克尔·汉利（Michael Hanley）① 回顾了此案，他说道：“**福克斯**的通信可能会导向苏联驻伦敦大使馆，这一点不容忽视。在如此隐秘而重要的事情上，参与的人越少越好。**福克斯**和苏联驻伦敦大使馆之间的接头人或许是个无足轻重的人，这实际上大有可能。必须重申，苏联人经常为此目的而利用妇女，而且与苏联驻伦敦大使馆有联系的某些人（如果这一假设属实的话）可能被利用为伦敦方面的接头人。”[13]这导致军情五处对福克斯和埃尔娜·斯金纳在伦敦的女性联系人产生了兴趣。

汉利现在对福克斯做出了关键性的评论：“如果此人是间谍，那么他如今已是个老手了，因此对苏联情报部门采用的安全措施非常熟悉——换句话说，福克斯应该是反侦察专家。”汉利的结论清醒而透彻：“所以，［拦截邮件］或电话检查不

---

① 汉利在军情五处逐级晋升，1972 年担任了军情五处的总管。——作者注

太可能直接［汉利强调］帮助破案。我们认为，**福克斯**最近
226 没有公开表达他的共产主义观点，而且他的上司（约翰·科克罗夫特爵士）认为他对安全防范措施一丝不苟，但在我们看来，这些事实都不重要。”[14]

军情五处的官员正式将工作的重点放在了克劳斯·福克斯身上，但9月11日《星期日快报》（*Sunday Express*）上的一篇文章让鲁道夫·派尔斯重新成为人们关注的焦点，几乎立即就分散了他们的注意力。这篇题为《科学家警告不要在酒店谈话》的报道提到，9月26日至28日，派尔斯将作为英国代表之一，参加在加拿大乔克里弗①举行的国际原子能会议。这在军情五处内部引起了一些人的惊慌。他们似乎并不知道这次出访，同时在关注福克斯之后，他们现在担心实际上派尔斯才是间谍，而且可能会在加拿大失踪。

他们讨论了是否有什么办法可以在不“过于危及公正或安全”的情况下提醒加拿大人。[15]为了掩盖一切，他们也策划对派尔斯进行一次邮件拦截，在向内政部提出的要求中，再次从“俄国人”的角度出发：“此人有一位俄国裔妻子，从事对国家有重大意义的秘密工作，希望能调查他的活动和联系人。”军情五处的内部备忘录还提到：“就像福克斯的情况一样，必须对安全问题给予最密切的关注。”[16]

杰弗里·帕特森此时给军情五处发来消息，说“派尔斯可能有个嫁了人的姐姐住在美国”。这进一步重新燃起了人们对派尔斯的兴趣，军情五处表示，联邦调查局的“首要任务”应该是“找出派尔斯的姐姐”。与此同时，军情五处加强了对

① 乔克里弗（Chalk River），加拿大安大略省东部一个村庄。

监视派尔斯即将访问加拿大的准备工作，其中包括他在美国的时间。一个担心是，军情五处如何与加拿大皇家骑警（RCMP）互动，同时保护其最敏感的消息来源——“维诺那”解密文件。9 月 20 日，军情五处正式通知帕特森：“不再重复：不打算通知加拿大皇家骑警”，但“如果你认为有必要的话，可以向联邦调查局说明此事”。[17]第二天，帕特森回应说：“我们将继续推进［派尔斯一案，但］仍然认为**福克斯**是可能性大得多的人选。”[18]

在 R. J. 兰菲尔的回忆录中，直到这时，即 9 月 20 日前后，他才成为福克斯事件的核心人物——在得知苏联的炸弹试验后，他才意识到“曼哈顿计划”中可能有一个大间谍。虽然时间的流逝可能混淆了他记忆中的事件顺序，[19]但联邦调查局对这一事件的记录确实是在 9 月的下半月才做的，尽管其中包含了早期的一些实打实的调查结果。[20]当时给局长的一份联邦调查局备忘录中提到“1944 年有一位苏联特工用的代号是‘雷斯特’或‘查尔斯’，据信就是克劳斯·福克斯”。有关“他专业的研究”让联邦调查局关注到了这篇论文的作者——福克斯，虽然严格来说，没有理由做出这样的推论。军情五处 227
“还提出了”派尔斯和另外两个人的名字作为“查尔斯”的候选人，从这种说法中我们可以清楚地看出，联邦调查局内部有人与军情五处进行了交流。联邦调查局的这一初步举动似乎是由费城站的负责人 H. B. 弗莱彻（H. B. Fletcher）负责的，他在月底给助理局长米基·拉德做了一个总结。[21]

联邦调查局之所以把注意力集中在福克斯身上，起初因为他不仅是泄密文件的作者，而且在他们的档案中也有两份关于他的“负面情报”：他的名字出现在伊斯雷尔·霍尔珀林的日记中（联邦调查局的档案中把此人列为苏联特工），也出现在战争结束时他们所掌握的德国共产党人主要人物的名单里。[22]9 月 26 日，反间谍部门负责人利什·惠特森（Lish Whitson）将一份摘要草稿发给了弗莱彻，并指示——“如果你同意的话”——这份关于福克斯的备忘录应该被交给“特工 R. J. 兰菲尔，他将像过去一样，亲自呈交给［此处辑除］”。[23]这里指的大概是德怀尔或帕特森，因为他们是与军情五处交流的核心人物。①

不管怎么说，帕特森如今总算把注意力集中在福克斯身上了，但他想出了一个办法，即在不引起派尔斯和福克斯怀疑的情况下获得他们的情报：“多亏了正在这里举行的会议，我们希望能够在不引起过度批评的情况下获得这些科学家的个人档案。**福克斯**和**派尔斯**的档案更具启发性，现在我们对他们的情况有了更多的了解，这也许能让我们发现我们想要的人。”[24]

## 撒网

9 月 20 日，罗伯逊上校前去哈韦尔，在附近马尔凯姆（Marcham）村的亨利·阿诺德家中见了他，两人制订了监视福克斯的计划。[25]阿诺德告诉罗伯逊，福克斯曾对自己说，想用车的时候可以开他的车，这样阿诺德就可以记下他的里程数。罗伯逊问起了福克斯的隔壁邻居，认为或许可以挖掘他作为窃听者提供情报，但阿诺德认为那位工程师并不是个“非常好的人选”。[26]

军情五处对福克斯越来越感兴趣，原因很实际：派尔斯如

① 很可能是兰菲尔在发现了这两条“负面情报”后，将注意力集中在福克斯身上的，但他的时间顺序和跨度隐含着对军情五处步步落于人后的批评，他的记忆似乎因时间的流逝而失实了。——作者注

今只是非常间接地参与了机密工作，而福克斯则完全沉浸在绝 228
密项目的研发中。查出并惩罚“查尔斯”过去的不当行为是理想之举，而制止现在或将来的间谍活动则势在必行。

尽管“维诺那”暗示，1944 年，福克斯很可能在美国活动，但无法估计他在“1949 年不同的世界形势下”在英国活动的可能性。罗伯逊判断说：“在 1944 年，他可能觉得把自己的一部分脑力产物交给我们当时的盟友——俄国人——是合理的。但 1944 年支持这种态度的论据如今已经不适用了。因此在福克斯的脑海中，背叛的冲动可能已经不复存在。另外，他暗地里可能一直都是个坚定的共产主义者，认为自己无论在 1944 年还是今年的情况下，帮助苏联都是正当的。”因此，本次调查的主要目标是“证明这些假设中的哪一个是真的——取得关于福克斯是否仍是间谍的证据。至于这两个假设，要证明哪一个都不容易，而要证伪也许甚至比证明有罪更难”。[27]

调查的根本性难题在于“维诺那”情报中关于 1944 年泄露事件的微妙之处。正如罗伯逊所理解并始终强调的那样：“调查的任何阶段都不能采取可能以任何方式损害信源安全的行动。”甚至在军情五处内部对“维诺那”情报的共享也被限制：“这意味着，各专业领域的侦察人员必须合作展开调查，在只掌握部分情况时必须谨慎行事。他们从一开始就被捆住了手脚。”[28]

如果军情五处的唯一检举证据是通过“维诺那”得来的，那么他们将无能为力，因为它不但不会向司法机关透露证据来源，任何合格的辩护律师都会削弱其作为确凿证据的说法。福克斯就是“查尔斯”的证据只属于间接证据，但令人信服；然而“查尔斯”的实际罪状则完全依赖于解密。真实的电文由一串串符号组成，实际上只是一片乱码；这些信息指的是一个叫“查尔斯”的特工，其特征指向克劳斯·福克斯，这完全是破译员们的功劳。①

为了保证成功，军情五处需要当场抓住福克斯。这就导致
229 了第二个难题。军情五处为此大伤脑筋，因为福克斯向苏联情报部门传递情报的可能途径“几乎无限制的”。他可能是通过某一位与职业军官接触的中间人。军情五处评估说，该中间人要么是哈韦尔方面的用人，要么是伦敦或者福克斯去过的其他任何地方的某个泛泛之交。他们的结论是：“因此，我们只能通过了解福克斯每天 24 小时的一举一动，才能确定他是不是间谍。”[29]9 月底，军情五处盯上了福克斯和派尔斯，同时也监视着福克斯的情妇埃尔娜·斯金纳和她的丈夫赫伯特。

这样的监视包括从一开始就使用监听设备。9 月 21 日，福克斯家中的活动日志记录了“动作和谈笑声”，表明他和埃尔娜·斯金纳在那里吃过午饭。之后，房间里的谈话声常常听起来“遥远而模糊”。他们的声音很容易辨别，“[埃尔娜] 说了一些模糊不清的奇怪话语，但 [福克斯] 却没有响应”。[30]

三天后，亨利·阿诺德似乎进行了第一次尝试，企图给福克斯使绊子。那个星期六的早上，阿诺德到福克斯家里去看望他，“因为有消息说”苏联引爆了一颗原子弹。这一次，阿诺德试图做一个内线和业余侦探，却无功而返。他首先证实，福克斯前一天见过斯金纳，并且完全知道了这个消息。他问道：“我不知道这是怎么回事，你知道吗?”福克斯回答说：“我们

① 在美国，“维诺那”导致了几个间谍的身份遭到指认，他们成功地逃脱了起诉，因为“维诺那”是唯一能证明他们有罪的证据。拒绝认罪的洛斯阿拉莫斯原子弹间谍西奥多·霍尔就是一个例子。——作者注

也不知道——我的意思是，我们很想知道具体情况。”阿诺德继而猜测，这可能不是原子弹，而是“失控”——核物理中心的某种意外灾难——并建议说：“大概是他们的精密加工不如我们的好。”[31]

如果说阿诺德希望福克斯会不留神说些关于苏联技术方面的诀窍的话，那么随着谈话变得更加偏向于交际，他不免就要失望了。阿诺德递给福克斯一支香烟：“或者说你还是不抽烟?”福克斯的回答“含糊不清”。阿诺德说福克斯的房间“相当舒适”。然后，他把话题引回到自己的主要目标上，问福克斯对苏联原子弹爆炸后的各方权力的平衡一事有何感想。福克斯回答说，他“昨天花了很多时间到处找人”，为的是当报纸公布苏联原子弹的新闻时，“他们不会因为那一则特殊的公告而联想起［哈韦尔］”——换句话说，是为了确保工作人员放心，哈韦尔不是在制造原子武器。福克斯说，虽然人们“非常清楚”不该谈论这个新闻，不过“一旦报纸的人得知此事，他们就免不得要发表一番意见”。[32]

阿诺德转移了话题，问福克斯如何解决吃饭的问题，并建议福克斯“请一位管家或娶个太太”。这时，一个叫玛乔丽的 230
女人来了。她说她不会久留，但会帮福克斯清理早餐的用具。阿诺德和福克斯聊了大约 5 分钟关于汽车的事，这时，玛乔丽也干完了活儿，她和阿诺德一起离开了。行动证明，虽然这次没有什么重要的结果，但在福克斯的客厅里是可以偷听到谈话内容的。

罗伯逊虽将注意力集中在福克斯身上，但总管珀西·西利托爵士敦促他谨慎行事。9 月 30 日，他写信给华盛顿的帕特森，后者 9 月 21 日的来信把福克斯列为主要嫌疑人。西利托虽然“原则上”同意帕特森对这两个人选的评价，却说“对日期过于重视是有危险的”。[33]

这指的是来自“维诺那”的情报，其中暗示“查尔斯”预计将在7月下旬或8月返回英国，即6月15日之后的“一个月或六周内”。这似乎符合福克斯的日程表，而与派尔斯的
231 不符，例如联邦调查局认为，“［派尔斯］被派往［洛斯阿拉莫斯］后，在7月就立即去英国，不过这种说法不太可能”。[34]西利托也认为这种可能性非常微弱，需要更多的确凿证据才能最终明确。

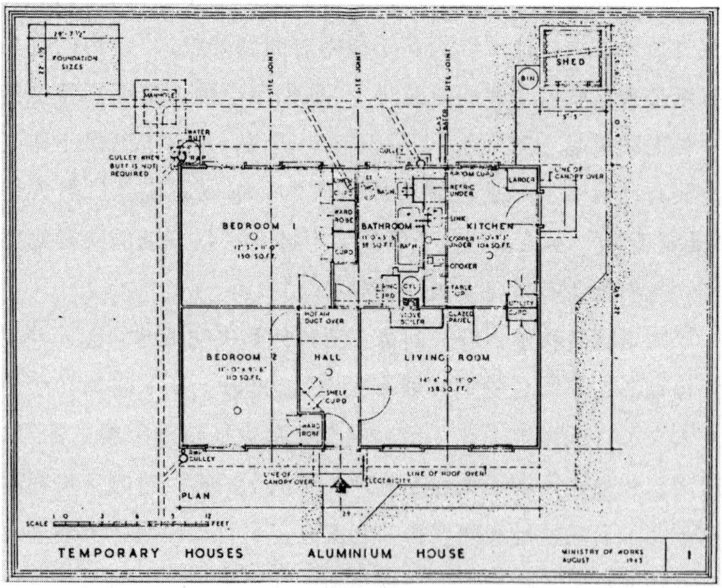


**福克斯的预制板房平面图**

西利托还在怀疑派尔斯，他继续说道：“我们希望看到有关此事的某些档案，或许才能弄清楚这一点。”西利托的立场

是，军情五处必须“努力掩护两个嫌疑人，并且必须继续如此，直到我们能够明确除去其中一人的嫌疑”。[35]

第二天，也就是 10 月 1 日星期六的上午，罗伯逊列出了一份优先名单，将西利托的战略付诸实施。福克斯排在第一位，派尔斯被列在第四位，在斯金纳夫人和一个叫埃利泽·亚波（Elieser Yapou）的人之后，亚波这位以色列的新闻专员“在伦敦的俄国人聚居地”有新闻工作上的联系人。怀疑埃尔娜·斯金纳的理由是“她过去的历史不为人知”（她来自奥地利），“与**福克斯**关系亲密，以及她在 1949 年 9 月 20 日与**福克斯**一起到访了**亚波**的公寓”。[36]

要在次日（也就是星期天）监视亚波，就产生了一个问题。他住在兰开斯特路（Lancaster Close），这个幽静的地段距离俄国人的居住区很近。军情五处担心监视人员“不是被一些俄国人注意到，就是被亚波本人发觉”，会有很大的风险。因此，罗伯逊指示他的小组，除非在此期间发生了什么不寻常的事情，否则周日暂停监视。斯卡登和罗伯逊在周末做好了必要时进行电话咨询的准备。10 月 4 日检查了亚波的电话，事实上，亚波与此案无关。这张网撒得越来越大，军情五处的资源也越来越分散。

与此同时，派尔斯正在加拿大参加乔克里弗会议，军情五处等着他下周返回英国的时间和地点的消息，因为如果他在前往伯明翰的途中经过伦敦，应该有可能派一两个人去盯梢。斯卡登向政治保安处的伯特（Burt）巡官描述了派尔斯的情况，其中有一个非常精确的说法：“他身高五英尺七英寸半。”[37]军情五处希望能得到他的航班详情，但如果他在没有事先通知的情况下到达伦敦机场，他们要求伯特通知他们，并查出派尔斯的目的地。

在大众的印象中，对嫌疑人的侦查要动用一队监视人员，他们总是比自己的猎物领先一步，且行动协调一致，就像交响乐团中的演奏家们排练直至尽善尽美。然而现实中的情况往往受制于人性弱点的变幻无常——这次就是这样。军情五处检查英国海外航空公司（BOAC）的乘客名单时，发现派尔斯将离
232 开纽约飞往苏格兰的普雷斯特威克（Prestwick），然后转飞伦敦的希思罗机场，而且罗伯逊得知派尔斯将于 10 月 5 日星期三抵达伦敦。如果他们根据这个情报行事，就会提早一天——看来线人给的是从北美出发的日期，而军情五处的分析人员没有考虑到这是夜间的航班。幸运的是，这个时间被更新成了“6 日星期四”，预计派尔斯将在中午前到家。[38]

即使如此，他们的情报还是出了岔子，因为 10 月 6 日，派尔斯在通过普雷斯特威克的入境检查站时，政治保安处的官员取得了他于上午 11 点从纽约抵达的记录。他将乘坐中午的航班前往伦敦。他们通知军情五处总部说，派尔斯已到国内，将乘坐国内航班抵达希思罗机场。军情五处设法抽调了一两个人去盯着他，行动终于开始顺利进行了。这些现场人员报告说，派尔斯身穿“一件有腰带的破旧防水风衣，戴黑色镶边、帽檐翘起的深灰色软帽”，“胡子刮得很干净，戴着眼镜，是犹太人的装扮，”并确认他“身高五英尺七英寸半”。他们一路跟踪他从希思罗机场到了维多利亚长途汽车站，他在那里取了“一个破烂的行李箱”。他从那里去了帕丁顿①车站，监视人员看到他“在一号月台的男士卫生间洗

① 帕丁顿（Paddington），伦敦辖下威斯敏斯特市的一个地区。

了个澡"，然后登上了开往伯明翰的火车，火车"晚点两分钟出发"。[39]

派尔斯到家了，他对那些无声的监视人员毫不知情，他们像被某种珍奇鸟类迷住了一样，默默关注着他的行动。他没有进行秘密联络，没有接收机密文件，也没有存放违禁品让别人来取。他也没有见过福克斯。总而言之，他长途旅行之后的归程一切正常。

罗伯逊现在为 10 月 8 日到 9 日的这个周末制订了侦查计划，并安排了足够的人手来掩护"对**福克斯**的突击行动"。由于目标是抓到正在进行间谍活动的福克斯，并确认其联络人，罗伯逊开列了一个各种可能情况的表格。在罗伯逊这位监视行动总指挥的策划下，至少计划的过程是非常高效的。他向团队介绍了总体策略："主要目标是 24 小时盯住**福克斯**本人。但有时也会发生一些情况，比如说，**福克斯**的某个已确认身份的联络人引起了人们的兴趣，以至于值得重视的程度甚至高于**福克斯**。发现**福克斯**本人与他人联络时，对被接触者的监视只限于识别其身份。"[40]

罗伯逊继而设想了事态可能的各种进展，并对每一种可能的结果做好了规划。首先，如果联络人再次与福克斯会面，他 233
们将成为第一优先。但如果 24 小时后没有接触，注意力就将再次被集中在福克斯本人身上。

罗伯逊坚信，总体上的优先考虑不应只给予福克斯，也应给予"被调查的他的全部联络人"。因此，与这些人相比，**派尔斯**将被列为次优先事项。不过，如果发现**派尔斯**与**福克斯**见面，则应按照上述适用于其他任何联络人的原则，决定对其进行监视的优先次序"。

事实证明，这些接洽都没有发生。根本不需要罗伯逊的复杂计划，这也许是件好事，因为在计划的编排上有许多棘手的策略。他似乎一直对派尔斯持怀疑态度，尽管如此，在 10 月的头两个星期里，帕特森在华盛顿发来的一连串信件显然使福克斯入彀。福克斯在 1944 年前往并调任洛斯阿拉莫斯的时间无疑与“查尔斯”的时间相吻合，而派尔斯的时间却无甚相关。西利托对日期的担心消除了。

帕特森记录了他在华盛顿“仔细研究”了关于“我们的两个宠儿和两个局外人”的档案。[41]他找到了派尔斯 1944 年春夏两季的旅费报销单。这些文件显示，“**派尔斯**于 6 月 2 日离开纽约，前往新墨西哥州的阿尔伯克基。他于 6 月 20 日返回，其间都在新墨西哥州。档案还显示，派尔斯被派驻洛斯阿拉莫斯是在 1944 年 5 月底定下来的，将于 7 月初执行”。[42]这与“查尔斯”的行程并不一致，他在 6 月中旬还不能确定自己的未来，只知道“6 ~ 8 周”后要被调动。另外，福克斯的“MSN 12”论文的撰写日期是 6 月 6 日，因此在派尔斯离开之前不可能完成，可当派尔斯还远在他处的时候，这篇论文就被交给了在纽约的俄国人。[43]

此外，事后看来，10 月 5 日，军情五处从帕特森那里收到的关于福克斯在美国行踪的两页笔记，或许是关键的突破。碰巧，帕特森的笔记是在 9 月 30 日寄出的，也就是西利托写信建议他对“日期”持谨慎态度的同一天；这两封信似乎正好在邮寄过程中擦肩而过，因为帕特森的长信中没有提到西利托的信。帕特森此时附上了这样一个消息：“1944 年 7 月 14 日，[福克斯] 去 [华盛顿] 看望了查德威克。”[44]这几乎就像是发现了“查尔斯”就是克劳斯 · 福克斯的确凿证据一样，因为 1944 年 6 月 15 日发往莫斯科的第一封“维诺那”电文中提到，“查尔斯”——“在 4～6 周内”——预计返回英国，当时查德威克正在决定“查尔斯”的未来。这一联系似乎过了几天才得到注意，因为直到 10 月 10 日，军情五处才要求佩 234
林确定“福克斯 7 月 14 日与查德威克会面的目的”。[45]

## 福克斯以父亲作为开局一招

福克斯就是“查尔斯”这一点如今已经证据确凿了。10 月 11 日，伦敦从帕特森那里收到了华盛顿积累的关于福克斯的长篇情报概述。首先，帕特森报告说，克劳斯不仅和他的妹妹克里斯特尔有联系，还与 1946 年的加拿大间谍案有关。帕特森写道：“联邦调查局有一本伊斯雷尔·霍尔珀林的通讯录，是他们在 1946 年 2 月加拿大间谍案中他被捕时发现的。通讯录中有这样的条目：‘克劳斯·福克斯，M. 玻恩的助手，爱丁堡大学格兰奇巷 84 号，苏格兰 N 营。L 营拘留所——克里斯特尔·海涅曼，沃特敦市卡维尔路 55 号’。”“L 营”这个词被圈起来了。联邦调查局的记录表明克里斯特尔是福克斯的妹妹，她在 1941 年 1 月之前就住在这个地址。“换句话说，霍尔珀林在他被捕五年前就有克里斯特尔·海涅曼的住址了。”[46]

联邦调查局的记录显示，克里斯特尔的丈夫罗伯特·海涅曼至少从 1941 年开始就是一名共产党员了，资历绝不算浅。帕特森还报告说，联邦调查局发现，在 1941 年苏联被入侵时，纳粹分子将克劳斯·福克斯的名字——被描述为哲学系学生——列入了一份要验明正身的名单中；福克斯希望这份文件不会落入美国人之手。这份迟来的文件证实了盖世太保 1938 年的说法，即福克斯与共产党有联系。帕特森的档案提供了无可置疑的证据，证明克劳斯·福克斯不仅有机会向俄国人传递原子弹机密，而且还确定了一个动机：他的共产主义过往在此前仍属秘密，现在总算大白于天下了。

帕特森来信最后一段中的一句话后来引起了巨大反响："本地的军情六处代表将上述内容的要点发送到总部。"这是彼得·德怀尔最后的行动之一，因为此时恰逢他在英国驻华盛顿大使馆担任军情六处代表的最后一个星期。就在那一天，他的接替者到任：金·菲尔比——这个双重间谍的真正雇主在莫斯科。9 月在伦敦的时候，莫里斯·奥德菲尔德向菲尔比介绍了"维诺那"，以及洛斯阿拉莫斯有一个间谍的情况。10 月 10 日，他一到美国就要面对现实，因为德怀尔对菲尔比的接待是给伦敦发去一封电报，说"查尔斯"极有可能就是克劳
235 斯·福克斯。[47]军情五处是在 10 月 11 日收到这个情报的，而此时，由于菲尔比的背叛，莫斯科很可能也知道福克斯有麻烦了。[48]

军情五处在监视福克斯，但没有机会抓住他的间谍行为，因为他在六个月前就已经停止了与苏联人的联系。在菲尔比发现联邦调查局和军情五处都在跟踪福克斯之后，即使福克斯没有主动终止联络，莫斯科也会这样做的。虽然军情五处如今已经确定，福克斯就是那个被称为"查尔斯"的科学家，但并不知道他向俄国人传递了什么情报，也不知道他是如何与俄国人取得联系的。因此，国安部门需要找到福克斯的联络人，并评估他们的背景。

就像我们刚刚看到的那样，这些决定性的突破发生在 10 月的第一个星期，并在 10 月 11 日出现在军情五处的档案中。福

克斯在两天后①——可能是巧合，也可能是在得到线报之后——出人意料地去见亨利·阿诺德，说他的父亲搬去了德国的俄占区。福克斯表达了自己的烦恼，他担心苏联人会利用父亲的情况，向身处哈韦尔的他施加压力。福克斯暗示阿诺德可以给他一些建议，阿诺德拐弯抹角地提议他们在“几天后”再进一步讨论这个问题：阿诺德被福克斯的消息吓了一跳，他需要时间去征询军情五处的意见。

罗伯逊安排阿诺德每周一到莱肯菲尔德大楼来见他，10 月 17 日，阿诺德把福克斯父亲的消息告诉了他。他们决定，阿诺德一定要告诉福克斯，“如果他对父亲的行动有任何控制权的话，那么让他搬去德国俄占区的做法就有失明智”。如果有必要解释的话，理由是福克斯早就知道的——即父亲的这种行动会让苏联人“拿他当作人质，考虑到福克斯本人的情况，他们也许会对此加以利用”。[49]

由于事态的发展，罗伯逊安排立即对福克斯写给他父亲的所有信件实施检查。

三天后，阿诺德和福克斯在前者的办公室里再次见面。阿诺德问福克斯是否对“他父亲的事情”有进一步的考虑，并解释说：“安全当局认为，生活在适用于《官方机密法令》的地点和从事适用于该法令之工作的人员均不应与苏联控制的国家有密切的联系，此事至关重要。”

阿诺德现在施加了一点压力。他指出，福克斯的父亲已经 236
73 岁了：他在这个年纪“突然间”得到了莱比锡的一个教席，

① 10 月 17 日，阿诺德告诉罗伯逊说此事发生在 10 月 13 日，而阿诺德在 10 月 24 日的手写声明则将日期定为 10 月 12 日星期三。阿诺德和福克斯于 10 月 20 日再次见面。——作者注。

难道福克斯不觉得很意外吗？福克斯承认自己闪过这个念头。有鉴于此，阿诺德问道——如果能在英美区给他安排类似的职位，会不会吸引福克斯的父亲拒绝莱比锡？福克斯回答说，他认为父亲不会这样做，因为他对德国西方国家占领区的政府“希望破灭”了。

随后，福克斯和阿诺德对其他事情发了一会儿议论，但后来当阿诺德问到福克斯，如果父亲被捕，是否担心随之而来的压力时，他们就又回到了原来的话题上。“如果那样的话，你会有什么反应？”福克斯答道：“目前，我认为自己还不至于因此而合作，但是当然啦，如果情况发生了变化，那还真说不清。”福克斯接着问了阿诺德一个关键问题：“如果我父亲接受了这个职位，我是否应该辞职？”阿诺德告诉福克斯，这是由“行政人员”决定的。

他们分手时，阿诺德建议福克斯好好想想，然后两人再讨论这个问题。然而，阿诺德的“印象却是除非我去找他，否则福克斯并不打算这样做”。

福克斯将这个情报以“绝对机密”的形式交给了阿诺德。[50]阿诺德也以同样的方式，将其转呈军情五处。

# 第十五章　私人生活：1949 年 10 月

如今我们知道，1949 年 10 月以来，军情五处对克劳斯·福克斯的侦查没有机会在他从事间谍活动时将其当场拿获。然而，这确实让人了解到福克斯的生活和人际关系，而这些情况也成了不久之后压倒他的那些重大事件的背景。监听福克斯电话的现场跟踪人员每日记录的报告，以及军情五处总部会议所做的情报分析，都揭示了安全工作的真实情况，与小说和电影中对间谍的描写形成了鲜明的对比。但与任何一个虚构的神秘故事一样，福克斯事件也有不少虚假的线索。 237

虽然罗伯逊上校现在已经相当确定，福克斯就是那个被称为“查尔斯”的科学家，但他还是不知道情报是如何传给苏联人的，也不知道传递的情报是什么。罗伯逊需要找到福克斯的联络人，这让他回顾了福克斯第一次来英国时的情况，以及与其担保人罗纳德·冈恩的关系。事后看来，一连串错失的机会浮出了水面。[1]

冈恩是英国人，出生于 1899 年，安全局的记录显示，他曾两次访问俄国，第一次是在 1932 年，第二次是在 1936 年 6 月。冈恩曾在 1933 年为福克斯移民做担保，福克斯的档案里也写着冈恩的地址。然而布里斯托尔警方和军情五处在 1934 年收到盖世太保关于福克斯共产主义背景的报告时，都没有把冈恩和苏联关联起来。

1941 年，首次评估福克斯是否适合参加绝密的“合金管计划”时，冈恩在军情五处档案中的前科就更加丰富了。1940 年 5 月，他因“有共产主义或纳粹主义倾向”而引起了布里斯托尔警方的注意——当时《苏德互不侵犯条约》仍旧有效。1941 年，他因与当地共产党人来往，以及涉嫌组织布里斯托尔防空运动委员会而再次引起注意，该委员会被认为是共产党支持的。同年，他被解除了空袭警报员的职务。

238 因此，冈恩是一个逃离纳粹的共产主义难民进入英国的天然通道。1943 年，当福克斯被调往美国，“曼哈顿计划”即将开始时，冈恩的背景再次引起了人们的质疑。但除了盖世太保那份不可靠的报告，以及与冈恩的关联之外，没有任何东西显示福克斯有罪。[2]

## 和埃尔娜在一起的日子

军情五处在揭穿福克斯的间谍活动方面或许棋差一着，但在曝光其私生活这一方面却要麻利得多：“福克斯与埃尔娜·斯金纳有染。［后者］37 岁上下，体态丰腴，个头矮小（五英尺四英寸到五英寸半），是黑发［并］迷人的犹太女人类型，通常穿戴整齐但往往略显邋遢。”[3]福克斯与斯金纳家的电话交谈是在纽伯里电话局监听的，电话记录从一开始都是些闲言碎语。9 月 20 日的通话记录：“16 点 37 分，福克斯致电斯金纳夫人。接下来他问她是否需要自己的支持，并［补充说］赫伯特要到下午 6 点以后才能回家。”当福克斯说他可能会在下午 5 点前后来看她时，监听人解释说：“福克斯［似乎要］利用斯金纳先生不在家的机会来见斯金纳夫人。”[4]第二天，福克斯起居室里的窃听设备收听到这一对在午间约会的内容，这是对他们私生活的第一次窥探。[5]

尽管福克斯似乎并没有意识到有人侵犯了自己的隐私，但军情五处的记录里却有蛛丝马迹表明，福克斯在数周之内便察觉自己遭到了外部世界的监视。军情五处边干边学，并且看来斩获超过了他们的预期。

斯卡登和罗伯逊在 9 月第一次评估哈韦尔时，他们立即意识到这个团体联系密切，军情五处的人做不到悄无声息地融入其中。这就是选择阿诺德作为驻场情报源的原因。由于车流稀落，乘车跟踪福克斯也就不太现实。因此，计划是让阿诺德监视福克斯的旅行证申请，并告知军情五处他是乘汽车还是火车。如果搭火车，他们会尽量从迪德科特站开始监视，一直监视到终点站或是目的地的地址。如果乘汽车，监视人员会根据他声称的目的地，在最有可能的主干道上候着他。

军情五处的三名工作人员被借调到纽伯里电话局，监听打给福克斯和斯金纳的电话。作为掩护，他们声称要对通过交换机的电话进行统计调查。他们每天准备一份完整的纸质记录，把监听电话的情况和在福克斯家中窃听到的活动记录在案。一 239
个信使每天晚上会取走这些资料，然后驱车把报告送到伦敦。紧急事务会通过电话传达。① 为了保证公开线路的安全，相关市镇都被分配了代号。斯劳（Slough）当时以一种略带揶揄的幽默被叫作**普尔**（POOLE），梅登黑德（Maidenhead）是**弗吉尼亚**（VIRGINIA），而剑桥则是乡下（BACKWOOD），这样的决定一定是受到了某个牛津大学毕业生的启发。[6]

---

① 罗伯逊在 9 月 26 日便知道福克斯前一天晚上不在家，其效率可见一斑，参见页边码第 240 页。——作者注

9月22日，福克斯去了位于温布利（Wembley）的通用电气公司，这是对他们计划的第一次考验。前一天，有人听到秘书之间的谈话，说福克斯和斯金纳第二天将开车去那里，"［他们］大概是［开］福克斯的（车），但也有可能开斯金纳的"。[7]阿诺德不知道他们何时出发，但他"猜测"是上午11点左右。

9月22日，监听人注意到福克斯在上午9点25分离开了家——"从那时起就没有动静了"[8]，然后在11点左右听到他和斯金纳在一间办公室里。11点35分，阿诺德打电话说有两辆车刚刚离开：斯金纳开着一辆莱利（Riley）小轿车，有一名乘客陪同；另一辆是福克斯的名爵（MG），车里只有他一个人。[9]阿诺德证实，他们是去温布利的。在军情五处总部，指挥监视小组的斯托里尔先生得到了通知。他立即将计划付诸实施，在泰晤士河畔亨利市（Henley-on-Thames）郊区牛津广场和马洛等路的交叉路口①准备好一辆车，那里距离哈韦尔大约半小时的车程。

1949年时，汽车在伯克郡乡下并不常见。中午12点10分，监视人员看到斯金纳的莱利车沿着开阔的费尔麦尔路向亨利市驶来。[10]他们留在原地，因为这辆车在向左急转进入马洛路之前，车速降到几乎停了下来。但没有发现福克斯的名爵车的踪迹。20分钟过后，斯托里尔才收到阿诺德的最新消息：福克斯把车留在了斯金纳家，现在正和斯金纳乘同一辆车。没有记录说明亨利市的监视人员是如何接到通知的，甚至都不知

---

① 这两条路是费尔麦尔路（A4130公路）和马洛路（A4155公路）。——作者注

道他们是否接到了通知。与此同时，对此毫不知情的另一队人等候在伦敦郊区西部大道的希灵顿环岛，他们在五分钟后看到了斯金纳的车，车里有三个人。福克斯总算处于监视之下了。

这次没有造成任何损失，但得到了教训。阿诺德最初的信息有误导性，一个小时之后才弄清了事实。幸运的是，其他监视人员发现了福克斯——这纯属偶然。同时，监听电话的情报 240
也起了作用。[11]

阿诺德和罗伯逊在 9 月 26 日的下一次会面既是事后剖析，也是为下一次出击福克斯做准备。这个时间点很偶然，因为就在当天早上，罗伯逊收到了纽伯里探子们的消息，说福克斯前一天晚上失踪了。星期天傍晚 7 点 40 分左右，监听设备中听到了“钥匙插进锁里的声音”，接着是汽车“发动”的声音。然后，福克斯家里一片寂静，直到他们监听到他回家——那已是星期一凌晨“4 点 08 分”了。[12]

在调查期间，在早期就跟丢了主要嫌疑人，让罗伯逊很是担心。他向阿诺德提出了这个问题，并第一次了解到哈韦尔小团体生活中的小道消息：“阿诺德认为，**斯金纳**教授可能在事发当晚不在哈韦尔，而是乘坐卧铺列车去了利物浦。如果是这样的话，**福克斯**当天可能与**斯金纳**太太共度了大半个良宵。”[13]

罗伯逊显然对此很满意，转而谈到他们第一次尝试外部监视的草率性。总的来说，他觉得第一次尝试已经“相当理想”了。然而，在接下来的 48 小时里，他们不得不小心翼翼，因为福克斯将出席在伦敦皮卡迪利街附近的皇家研究院（Royal Institution）举行的会议，这个为期两天的会议将讨论有关原子弹的“最高机密事项”。[14]这次会议无疑会给福克斯提供值得传给俄国人的新情报，因此，福克斯极有可能主动与他的信使联系。

关于福克斯对这一事件可能采取的行动，第一条情报来自纽伯里电话局的窃听人员，他们侦听了福克斯秘书打来的电话。她为福克斯订购了“两张旅行券，都是从迪德科特到帕丁顿的往返票（头等舱），一张是明天星期二的，另一张是星期三的”。[15]福克斯计划在这两天独自乘坐火车往返于伦敦。军情五处启动了一项重大的监视行动。除了从凌晨 4 点 30 分开始在迪德科特站派驻一名监视人员，以及在帕丁顿和皇家研究院外派驻增援外，他们还担心福克斯可能会在途中与雷丁①火车站的某人联系，因此还增派人员监视那里的活动。

然而，军情五处不知道的是，福克斯在最后一刻改变了计划。

## “福克斯是个神经质的司机”

241 星期一晚上 9 点 24 分，窃听人员听到福克斯的前门猛然关上，然后汽车引擎启动了，这是前一天晚上所发生之事情的离奇重演。他家整夜都很安静，第二天早上 5 点半，报告——也许是受阿诺德前一天与罗伯逊讨论的影响——蹩脚地得出结论：“据推测，［福克斯］在外面过了一夜。”[16]

亨利·阿诺德推测的福克斯和埃尔娜·斯金纳“在一起度过了［25 日的］大半个良宵”这一点，最起码预见到了福克斯第二次失踪：埃尔娜后来证实，9 月 27 日“凌晨”，在福克斯一直犹豫是否该坐火车之后，“他们决定开车去”。[17]军情五处的监视人员再次落空：他们把资源集中在大西部铁路上，

① 雷丁（Reading），英格兰东南区域伯克郡的一个自治市镇。

但福克斯却不见踪影。尽管如此，就像9月22日一样，阿尔伯马尔街上的特工注意到福克斯在上午走进皇家研究院时，他们就又阴差阳错地跟踪上了他。

午餐时分，福克斯走出皇家研究院的前门，去阿尔伯马尔邮局打了两个电话。军情五处的监视人员一定离福克斯很近，因为此人记录下了第一个号码——大西部酒店的号码，第二个号码后来被确认是赫伯特街一处私宅的号码。然后，福克斯叫了一辆出租车，驶向皮卡迪利街，军情五处的盯梢人员坐另一辆出租车追赶。两辆车向西驶过海德公园角的威灵顿拱门，进入骑士桥[1]地区。福克斯的出租车随后改道钻进小街，走了大约1英里后，他在赫伯特街下了车。监视人员在附近停留了一个小时左右，直到福克斯再次出现并返回皇家研究院处理下午的事务。

军情五处如今在赫伯特街安排了一个岗哨。下午2点30分，他们发现一名男子离开那里，徒步去了帝国学院，走进科学实验室。该男子后来被确认是福克斯的同事华莱士·哈珀（Wallace Harper）博士，但在当时的情况下，他被军情五处升级为福克斯的潜在联络人。

下午5点，皇家研究院结束了一天的会议，军情五处又开始了追踪。他们当天上午没有在火车上看到福克斯的原因现在显而易见，因为他去车库取车了。监视福克斯的人又成功地跟踪了他，他开车去了赫伯特街，从车上取下一个手提箱进了屋。45分钟后的晚上7点45分，他和埃尔娜以及哈珀博士及
其妻子一起出来了。他们都上了福克斯的车，监视人员们准备 242

① 骑士桥（Knightsbridge），伦敦市中心西部的一个地区。

采取进一步的行动。[18]

福克斯被跟踪，他开车走了 1 英里左右，穿过伦敦市中心来到切尔西堤岸①和蓝鹦鹉餐厅②，那是当时伦敦社交界的艺术家、科学家和放荡不羁之人最喜欢去的地方。

蓝鹦鹉的签名簿上记录的顾客里有威廉·乔伊斯③这个被称为“哈哈勋爵”的叛国者，但除了军情五处的档案外，福克斯当晚出现在那家餐厅没有留下记录，而军情五处只是记录了一行四人去那里吃晚餐，大约一个小时后才出来。军情五处随后跟踪他们回到赫伯特街，两个女人在那里下了车。然后，福克斯和哈珀博士开车到布朗普顿路的一家修车厂，把汽车留下，他们步行回到半英里外的赫伯特街。一切平淡无奇。

福克斯和埃尔娜在哈珀夫妇家过夜。

第二天早上，纽伯里的窃听人员打来电话说，他们当晚在福克斯家中没有听到任何动静（不出所料）。[19]与此同时，伦敦的监视人员在早上 7 点半就已到位，近三个小时保持警惕，直到 10 点多福克斯出现。他们先是乘公共汽车，随后步行，跟随他到了皮卡迪利街和皇家研究院。中午时分，他们再次充分警觉起来，因为他和威廉·彭尼一起出现了，两人在皮卡迪利酒店的餐厅共进午餐，然后下午又回到皇家研究院直至会议结束。

---

① 切尔西堤岸（Chelsea Embankment），伦敦市中心西南部的一个区域，位于泰晤士河北岸。

② 关于蓝鹦鹉（Blue Cookatoo）的历史简介和描绘餐厅当时情况的一幅油画见：http：//www. masterart. com/Christopher – Sanders – Wakefield – Yorkshire – 1905 – 1991 – The – Blue – Cockatoo – PortalDefault. aspx？tabid = 53&dealerID = 8929&objectID = 664577. ——作者注

③ 威廉·乔伊斯（William Joyce，1906—1946），出生于美国的英国法西斯主义政治人物，第二次世界大战期间纳粹德国对英国广播的播音员，1946 年因叛国罪在伦敦被处以绞刑。

福克斯又一次从皇家研究院两侧都是科林斯式仿古柱的门厅出来，沿着阿尔伯马尔街出发。他独自一人走在路上，其间被军情五处的两名现场人员一路跟踪到车库，他在那里取了自己的车，然后开去赫伯特街，接上了埃尔娜。不过他们并没有开车回家，而是去贝斯沃特①拜访了埃尔娜的朋友。直到晚上7点25分，他们才最终出发前往哈韦尔，军情五处的汽车沿西部大道紧随其后。

军情五处成功地进行如此细致和密集的监视，而且监视了这么久，福克斯能毫无察觉吗？至少在他的回程中，监视人员比较谨慎，实施的策略是不在畅通的道路上连续跟踪，而是在途中多次检查。即便如此，他们还是注意到，福克斯数次停车，先是在阿克斯布里奇②附近给汽车加满汽油，然后又在威
科姆③附近的乡间停留了大约20分钟。这有反侦察的味道， 243
尤其是因为军情五处说："福克斯是个神经质的司机。"[20]然而没有任何记录表明，还有其他人回忆说福克斯是个神经质的司机。他的同事们似乎都喜欢搭乘福克斯的车，更何况他经验丰富。例如他在洛斯阿拉莫斯时，曾在鲁道夫和吉尼亚·派尔斯的陪同下驾车去墨西哥城旅行。[21]爱德华的妻子奥古斯塔·泰勒（Augusta Teller）和他们一起去的，爱德华很高兴妻子能参加这次旅行，因为福克斯是个"开车的好手"。[22]他在哈韦尔的旅行记录显示，他经常到牛津做短途旅行，并定期远行开去伯明翰和剑桥（其中包括我们提到过的改道去帕特尼与俄国联络人见面）。1947年12月，他曾驱车前往南安普顿，"从'伊

① 贝斯沃特（Bayswater），大伦敦地区西部的一个地区。
② 阿克斯布里奇（Uxbridge），伦敦西部的一个大镇。
③ 威科姆（Wycombe），英格兰东南部的一个地区。

丽莎白女王号'（Queen Elizabeth）邮轮上接回赫伯特·斯金纳”。[23]军情五处所说的“神经质”行为，似乎更可能是由于他开车经过伦敦市中心的街道时，一直留意着盯他梢的人。

福克斯和埃尔娜这时继续驶向亨利市，在那里把车停在公牛饭店（Bull Hotel）。从晚上 9 点半开始的近一个小时里，他们都在“喝双份的杜松子酒”。[24]（很难指责军情五处如此密切关注细节，但这进一步提高了福克斯对他们的警惕。）无论几杯“双份杜松子酒”让开车的福克斯不再那么神经质，还是增加了事故的风险，他们还是在“晚上 11 点 15 分”安全回到了哈韦尔，记录证实，军情五处整整跟了他两天。

军情五处并不知道福克斯起了疑心，10 月 7 日，他们再次错过了线索，当时福克斯回到伦敦，去河岸街的壳牌梅克斯大楼参加每周五的科学会议。午饭后在河岸街散步时，他与同事们分开，到多隆德与艾奇逊（Dolland and Aitchison）摄影商店询问柯达胶卷的情况。他浏览了商店的橱窗，然后“匆匆忙忙地逛了逛”“特拉法尔加广场（Trafalgar Square）附近的另外四家摄影用品店”。军情五处核实，他询问的是“一种电影摄影机的胶卷或是一种很小的胶卷”。[25]进出商店的过程持续了大约 40 分钟，随后福克斯回到了壳牌梅克斯大楼。军情五处自然产生了怀疑，阿诺德在随后的星期一早上来参加每周例会时，罗伯逊问他福克斯是否“拥有一台相机，大概是 35 毫米或其他小型的”。阿诺德“不能确定”，但他“认为［福克斯］没有相机”。[26]对于福克斯的行为，除了这是试图确认盯梢的一种经典手段之外，没有其他的解释。

9 月 28 日，他们到家后，从埃尔娜的反应就可以看出他
244 已经感受到了压力：她说福克斯“看起来很不舒服”，她“直

接让他去睡觉了”。[27]他的行为似乎证实了吉尼亚·派尔斯的经验，即每当他面临背叛朋友的压力时，就会感到不舒服，尽管这可能是一连串耗费体力的会议和外宿，外加一个小时的痛饮双份杜松子酒，所导致的。

10 月 10 日，赫伯特·斯金纳去牛津参加一个会议。电话监听设备和现场的窃听器表明，福克斯和埃尔娜在迪德科特度过了一个下午，喝过“晚茶”后，他们回到福克斯的预制板房，前半夜都一起待在那里。从当晚 10 点到 11 点多，福克斯家中的窃听器记录到的活动似乎来自远离客厅的地方。接收的内容“几乎没有对话”，也“完全听不到”福克斯的声音，而“斯金纳太太发出了一些听不真切的奇怪声响”。[28]23 点 26 分，赫伯特打电话问她何时回家。仅仅过了半个多小时后的午夜时分，她就在福克斯的陪同下离开了。20 分钟后，他独自回家。[29]

至于福克斯和埃尔娜·斯金纳是否有染，军情五处起初很矛盾。11 月，罗伯逊判断福克斯“喜欢女人”，至于斯金纳夫人：“我们没有证据证明她是福克斯完全意义上的情妇。以我自己的印象来看，她不是。”[30]三个月后，持续不断的监视证实，福克斯与埃尔娜在一起的时间似乎比他单独待在自己的预制板房里的时间还多，而且随着窃听器也偷听到了他们的谈话，罗伯逊的看法发生了变化：“事实证明，她做他的情妇有一段时间了。”三年后，当他回顾这段传奇故事时明确地肯定：“埃尔娜·斯金纳，当然是福克斯的情妇。”[31]

克劳斯·福克斯和埃尔娜·斯金纳相互支持的程度比许多已婚夫妇更亲密，但他们是否属于“完全意义上的”情人则不得而知，这对他们的情感关系而言可能也是次要的。福克斯是个独行客，一个智力强度接近于自闭症的单身汉；长期害怕孤独的埃尔娜·斯金纳看起来像一只母鸡，照顾另一个迷失的灵魂也有助于填补自己生活的真空。她在情感上的极度不安全感在哈韦尔众所周知。军情五处的监听报告称她患有“焦虑症”。吉尼亚·派尔斯因为埃尔娜与男人的调情方式而责备她：“如果你一定要吹肥皂泡，就不要用香皂。”[32]

由于埃尔娜的丈夫赫伯特正从哈韦尔调去利物浦大学担任教授，经常不在实验室，所以埃尔娜有很多空闲时间和福克斯
245 一起度过。然而，她有一次陪着赫伯特去了利物浦。她从那里写给吉尼亚·派尔斯的一封信充满了抑郁的味道：“我很绝望。气氛阴郁到了极点。我只能尽全力地摆脱恐慌。”[33]

福克斯与埃尔娜不同，他（正如亨利·阿诺德评价的那样）意志坚强——对于一个过了八年双重生活的人来说，这是最起码的要求。但累积的压力已经造成了伤害。他经常生病，与苏联信使会面前后，总是感到疲惫不堪。他的牙齿有严重问题，戴着一副假牙托，需要定期去看牙医，此事一生都在提醒他纳粹暴徒对他的虐待。他抽烟饮酒，这在那个时代并不罕见，但在今天会被认为是烟酒过度。他分内的巨大工作量对于一个 30 岁健康人的体质来说都是一种考验，更何况是一个承受着巨大压力、年近 40 的人。福克斯会为威廉·彭尼和英国原子弹计算到深夜，这是他在哈韦尔的公开职责之外秘密承担的义务。他从不休假，吉尼亚·派尔斯也越来越担心他的健康。他在 1949 年 4 月决定与克格勃断绝联系，并在那个夏天与斯金纳夫妇共度了一个难得的假期，部分原因可能是防止自己彻底崩溃。[34]

10 月中旬，军情五处尽管还没有任何可以控告福克斯的

证据，却对他的生活方式有了相当详细的了解。根据他们的记录，他离开哈韦尔的次数相对较少，而且差不多都是为了公务。他在闲暇时间通常是在哈韦尔住宅区与有限的熟人圈子中的某个人或某些人一起度过的。他最亲密的朋友“无疑”是斯金纳教授和夫人，“他晚间经常和他们一起度过”。[35]

星期天上午福克斯一般都会待在家里，而下午和晚上都会和斯金纳夫妇在一起，直到午夜。这种亲密关系体现了哈韦尔团体的性质。专业人士的生活是围绕着机密建立起来的，因此，社交活动也围绕着那些秘密的当事人而展开。哈韦尔还是个偏远的地方，是科学家们从事只有他们自己知道的工作或彼此讨论的密闭空间。在某种程度上，福克斯和监视他的工作人员都是这样。军情五处的工作人员也必须保持国家机密这个安全的封闭世界和《官方机密法令》之外的世界之间的界限；除非同事们都和自己一样，受到同样的约束，否则完全放松是绝无可能的。因此，封闭空间里的原子科学家们形成了一套相互认同的价值观，而国安部门的人则与同行在同样的背景下工作，只能在这个受限制的群体中检验自己的想法。

对于军情五处的一线工作人员来说，似乎只有福克斯的私
生活才能缓解监视他的乏味。1949 年 11 月 12 日，军情五处 246
再次评论了他与斯金纳夫妇的关系：“［他］最亲密的朋友无疑是埃尔娜·斯金纳夫人，她有可能是他的情妇，不过这一事实似乎并不妨碍赫伯特·斯金纳教授本人将福克斯视为朋友——至少直到最近都是如此，但根据报告，这两个男人的关系可能在某种程度上恶化了。”[36]

这段八卦指的是一份关于福克斯和斯金纳在伦敦出差期间的行为的报告。军情五处的监视人员在迪德科特车站就位，准

备迎接开往伦敦的火车，上午 8 点左右，斯金纳开车到前院停好车。5 分钟后，福克斯乘坐哈韦尔机构的公共汽车到达。两人都用旅行证换了车票，但在站台上没有互相打招呼，“尽管彼此显然都看到了对方”。他们乘坐同一节头等舱车厢前往伦敦帕丁顿总站，“但坐在不同的隔间里”。在帕丁顿会合后，他们一起乘地铁前往壳牌梅克斯大楼，但“没有看到他们说话，地铁里即使有相邻的座位，他们也是分开坐的”。[37]

军情五处被福克斯和斯金纳妻子的关系转移了注意力，他们认为这种婚外情是造成这两位科学家如此行事的原因。然而，斯金纳似乎容忍了埃尔娜与外人调情，甚至还鼓励他们。军情五处当时还不知道福克斯有从事间谍和反侦察工作的长期经验，似乎没有考虑过另一种解读：福克斯感觉到自己被人监视了，在戏弄监视他的人。事实上，正如他后来告诉吉姆·斯卡登的那样，他曾向伦敦的俄国联络人保证，他“知道如何确保”自己不被跟踪。[38]他决定在火车上远离斯金纳而坐，很可能是拉伸监视人员的注意力从而使他们暴露的一种策略。根据我的亲身经历，即使到了 1980 年代，迪德科特火车站也是一个偏僻的地方，那里的常客彼此都很熟悉，新面孔的出现非常醒目。而在 1949 年，迪德科特还是一个零星村落的中心小镇，军情五处的监视人员要想不引人注意就更难了。福克斯经过八年的间谍生涯，对周围的环境会特别敏感。

## 长着鹰钩鼻子的女人

国安部门没有任何不利于福克斯联络人的记录。然而，他与埃尔娜的友谊却让人对她产生了“某些怀疑”。原因似乎主
247 要体现了军情五处的偏见：“斯金纳夫人的奥地利血统”；她

曾在“欧洲某个不为人知的地方”结过婚又离了，而她的国际友人们“支持左翼人士”。[39]

军情五处注意到，埃尔娜有两个特别的朋友，其档案记录显示她们“持左翼观点”，甚至是“坚定的亲苏分子”。她们是以色列使馆新闻专员的妻子伊迪丝·亚波（Edith Yapou）——军情五处认为她参加了以色列的情报部门，还有女演员塔季扬娜·马勒森（Tatiana Malleson），军情五处对她很感兴趣，因为她“持强烈的共产主义观点”，“是苏联的坚定崇拜者”。据悉，当年早些时候，埃尔娜曾参加过苏联大使馆的革命 30 周年庆祝活动。[40]

在军情五处看来，福克斯“多少有点儿兴趣”的联络人，“与其说是福克斯本人的，倒不如说是斯金纳夫人的”朋友们，所以军情五处开始怀疑埃尔娜——她嫁给了哈韦尔一个部门的主管，并且罗伯逊越来越确信她还是另一个部门主管的情妇——可能是机密材料的中转人。

10 月 13 日和 14 日，福克斯又到伦敦参加一个正式会议，埃尔娜也再次前往。这次短行很有意思，原因有二。首先，这与福克斯提醒阿诺德说他父亲搬去了莱比锡是同时发生的，与臭名昭著的双重叛徒金·菲尔比住进华盛顿大使馆的时间也只隔了三天，菲尔比就是在那里发现联邦调查局和军情五处对福克斯产生了兴趣。其次，军情五处这两天的行动记录说明他们对福克斯事件投入了大量资源。

和往常一样，军情五处事先就知道斯金纳和福克斯计划去伦敦。福克斯说他会去取“那辆车”，然后去接埃尔娜。因此，军情五处并不知道这指的是谁的车，也不知道是三个人一起去还是其中一个人搭火车前往。

为了把这两种可能性都涵盖，军情五处制定了如今的标准程序：从早上 8 点半开始，在帕丁顿车站和通往伦敦的西部大道上同时派驻岗哨。即便如此，他们直到下午 3 点 35 分才看到福克斯，当时有人跟踪发现，他开着自己的名爵车去了摄政公园附近的德文郡广场 10 号。陪同他的有埃尔娜和一名监视人员不认识的妇女，他们在报告中称后者为“B”。

下午 4 点 40 分，福克斯、埃尔娜和“B”离开了，福克斯驱车去了不远处的牛津广场，“B”在那里下了车。军情五处的两名军官目睹了这一切。其中的一位戴维·斯托里尔（David Storrier）现在跟着福克斯和埃尔娜绕到西区的利文（Ley-One）餐厅。斯托里尔把车停在那里继续监视，直到他们两个小时后出来。斯托里尔以非凡的效率，既确认福克斯付了账，又设法跟着福克斯的车离开了伦敦。他直到这辆车到达
248 返回哈韦尔途中的阿克斯布里奇才停止了监视。到目前为止，与 9 月的上一次出动十分相似。

与此同时，福克斯停车让“B”下车时，斯托里尔也如法炮制。斯托里尔的同事现在步行跟着那个女人“B”走下台阶，到了地铁站。接下来的事情就像冷战惊悚片的剧本一样。“B”有 50 岁出头，身高约五英尺，剪短的黑发有些发灰，“鹰钩鼻子”，身材微胖。她身穿有天鹅绒领子的黑色衣服，上配白色罩衫。一副“厚镜片的角框眼镜”补齐了她韶华已逝的造型。最后，她走起路来还“一瘸一拐”的。她坐地铁前往泰晤士河以南，然后继续乘公交车前往萨瑟克①。她步行到波科克街的圣阿尔菲奇教士之家（St Alphege Clergy House），

① 萨瑟克（Southwark），中伦敦的一个地区，北面近邻泰晤士河。

那里的一名“身穿教士服装”的男子打开门，“B”进去了。时间是下午 5 点 15 分。

斯托里尔的同事在附近徘徊，尽量不引人注意，直到下午 6 点 30 分“B”出门前往圣阿尔菲奇教堂——一个位于詹姆士王街和兰开斯特街拐角处的圣公会圣地。“B”走到“祭坛前，几乎立即便转身离去，经查明［她］去了肯宁顿路 122 号［约 1 英里远］，在下午 6 点 50 分用自己的钥匙打开了门”。

她进门不久，顶楼房间的灯就被打开了。军情五处的人检查了门柱上的名字，发现顶层寓所是“皮托小姐”的。他继续监视该建筑直到晚上 9 点 30 分，但“B”没有再离开。

第二天，福克斯在自己的办公室里。和往常一样，纽伯里电话局一丝不苟地记录着进进出出的所有电话。与此同时，在伦敦的斯托里尔早早地和同事一起继续监视“皮托小姐”的家。没有发生什么让人感兴趣的事情，直到上午 11 点 15 分前门大开，“B”出门沿着街道出发了。[41]盯梢人员跟着她去了十个门脸之外的一家商店，她在那里付了账。斯托里尔似乎是军情五处两个盯梢里资格较老的，他问了店主，得知账单上的名字是 R. 皮托小姐。25 分钟后，“B”回到家里。中午时分，她又出门去了好几家食品店，然后回家，几分钟后才提着两个行李箱再次出现。她叫住一辆出租车，军情五处跟踪她到了帕丁顿车站。

她在帕丁顿车站上了 13 点 20 分开往迪德科特的火车。斯托里尔打电话给罗伯逊，把这个消息告诉了他，并说他的同事已经和“B”一起上了火车。由于军情五处无法在途中联系到他们的人，斯托里尔建议罗伯逊给阿诺德打电话，并向他描述了“B”的情况，这样阿诺德就可以亲自去迪德科特监视她的

249 到来。如果阿诺德认出了这个女人，就可以告诉军情五处的人停止跟踪。

在通俗小说和电影中，盯梢被描绘成“一台运转良好的机器”，而在现实中此刻却发展成了一场闹剧。首先，阿诺德不在办公室，罗伯逊联系不上他。于是罗伯逊联系了一位伍德豪斯先生，他是斯托里尔的团队中的一员，当时正在总部。他们一致认为，安排阿诺德和监视人员之间进行任何接触都是不可取的，因为阿诺德和监视人不认识彼此，“可能会出现混乱”。但是，如果阿诺德到迪德科特站去接火车，目的是查明他所知道的任何乘客的身份，就不会造成任何损失。

罗伯逊最终在 14 点 15 分找到了阿诺德，并把情报给了他。现在时间不多了，因为火车将于 14 点 28 分到达离哈韦尔约 5 英里的迪德科特站。阿诺德赞成最好的办法是让他去接应火车，并确定他是否认识任何乘客。他从办公室赶去取车，在开往迪德科特的乡间公路上花掉了这宝贵的时间。阿诺德接近车站前院时，看到信号标升起，引擎里喷出的烟云在建筑物上方飘荡，火车开始驶出车站。待阿诺德停车的时候，已经有一些人出站了。他不能肯定自己是否看到了每一位下车的乘客，但他一个都不认识。没有任何公务用车在等待哈韦尔人员，他很确定“没有一辆为女人准备，或是由女人驾驶的交通工具”。

然而，阿诺德在匆忙中忽略了另一个显而易见的选择，那就是当地的公共汽车。阿诺德不认识的军情五处监视人员看到“B”上了去哈韦尔的 30 路公交车，该车在阿诺德到达十分钟后的下午 2 点 40 分发车。这期间阿诺德在干什么我们不得而知，但“B”一定在汽车站等了几分钟，她的行李箱被放在地上，因为军情五处的监视人员设法读出了她行李上的标签：

“物主：波利；地址：哈韦尔南大街 3 号。”行李搬运工问她是否需要帮助时，她回答说：“谢谢你，不用了。我住在这里的［哈韦尔］原子能科学研究院。”[42]

之后不久，军情五处收到了从斯金纳家侦听到的消息：“一个叫薇拉·波利（Vera Pohle）的女人刚到哈韦尔，住在斯金纳家。”于是，好几位监视人员经过两天的不懈努力，最后才发现他们一直在追捕的是斯金纳家的女管家。关于当晚福克斯的消息也并没有更重要的意义：他和朋友一起去牛津的剧院看了《仁心与冠冕》（*Kind Hearts and Coronets*），并约好第二天和斯金纳太太一起吃午饭。[43]

这三个例子可作为每天监视克劳斯·福克斯的日志记录的 250
典型代表，这种监视最终持续了四个月。他很可能知道自己被跟踪了。军情五处正在追捕一个无法将其绳之以法的人，这一点倒是肯定的。到 1949 年 10 月底，大量的资源显然正被投入到一场疯狂的追逐中。是时候改变策略了。

福克斯把他父亲搬去东德的事告诉阿诺德，这意味着如果俄国人通过他父亲向他施压，他可能会与他们合作。根据反间谍部主管、罗伯逊的顶头上司迪克·怀特的判断，在苏联原子弹试验后几周内进行这种干预似乎是计划好的。事后我们可以思考一下，福克斯在菲尔比向莫斯科发出警报后的几天内便采取行动，究竟仅仅是巧合还是收到了提示。① 不管怎样，10 月

① 很耐人寻味的是，六个月后菲尔比得到消息，说联邦调查局对福克斯在哈韦尔的一位共产党同事布鲁诺·蓬泰科尔沃感兴趣，而后者也会采用类似的策略。1950 年 9 月，蓬泰科尔沃叛逃去了苏联。见 Frank Close, *Half Life: The Divided Life of Bruno Pontecorvo, Scientist or Spy* (Basic Books and OneWorld, 2015), p. 152。——作者注

26 日，怀特认为福克斯的举动证实了他们的怀疑，即他确实就是特工“查尔斯”，但来自“维诺那”的证据非常敏感，不能用于任何起诉。军情五处一直在集中一切可能的资源监视福克斯，希望能将他抓个正着，但没有成功，到 11 月时，调查走进了死胡同。他们必须以某种方式逼迫福克斯犯致命的错误，或者在传递情报的过程中抓住他。怀特建议现在就约谈福克斯。[44]

# 第十六章　盖伊·利德尔的追捕：1949年11月和12月

如果盖伊·利德尔1933年没有去纳粹德国并对来自盖世 251
太保的情报价值形成了负面评价的话，或许就会严肃对待他们关于克劳斯·福克斯的报告，这一切就都不会发生，世界历史的进程也将发生改变。然而事实上，1949年10月31日，此时担任军情五处副总管的利德尔却在和他的上司、总管珀西·西利托爵士讨论着福克斯事件。

西利托身材魁梧，虽然威风凛凛但缺乏自信。他曾是肯特郡的警察局局长，1946年戴维·皮特里爵士的“乏味领导”结束后，他成为军情五处的总管。[1]盖伊·利德尔原本是这个职位的内部热门人选，但他婚姻破裂，孩子们被他们的母亲带去了美国，让他“委屈沮丧”。不管是因为他的个人情况，还是白厅对军情五处在战争中的表现不满，这个职位都与利德尔擦肩而过了。利德尔等老资格的人都认为西利托是个外来者，是政府有意遏制军情五处的自主权而强加给他们的。不过话说回来，西利托反倒觉得身边的这些同事“更聪明，受过更好的教育”，而他公然不信任那些“牛津剑桥的人”，认为那些人在会议上“引用他不懂的拉丁文讽刺诗”来取笑他。[2]他的副手利德尔以前也是一名警察，但在利德尔供职军情五处20年后，主要的参与者都熟悉并尊重他。虽说西利托是军情五处的总管，因此正式负责代表军情五处向政府交涉——也要负责监督与他在联邦调查局的对手 J. 埃德加·胡佛之间错综复杂的关系——但在军情五处内部，官员们都会向利德尔寻求建议，所以他的判断也很有分量。

迪克·怀特关于约谈福克斯的建议造成了一系列问题。首先，军情五处的证据来自美国，所以要有联邦调查局的批准，
252 才能根据这些材料，在不透露其来源的情况下约谈福克斯。利德尔提出了一个根本性问题："我们到底想要达到什么目的？"

这里的"我们"可以指军情五处、原子能管理局（AEA）或政府。如果福克斯确实向苏联传递了情报，就违犯了《官方机密法令》，法律将因此而坚决惩罚他。然而，即便是在当前，福克斯对原子能管理局和国家的事业也有着极大的价值。与盟友分享机密情报可能还没有令人反感到需要从当前迫在眉睫的冷战中除去国家的一位最优秀的科学家，这听起来固然有些太仁厚。但如果福克斯在军情五处的追捕下警觉起来，选择将他的技术和知识带到德国东部地区或苏联去，结果可能更糟。

利德尔思考了他自己的问题："我们是否要让他招供，这在我看来都成问题。如果他招供了，就很难被获准留在原子能科学研究院；而且他分明会感觉到，无论在这里还是在美国，他都没有前途。因此，他的迫切要求是去找俄国人。"作为一贯的实用主义者，利德尔随后概述了他的首选策略：向福克斯指出，"根据他对［亨利·］阿诺德所说的关于他父亲的声明，如果他继续留在原子能科学研究院，无论对我们还是对他来说都很尴尬"。此举可以使福克斯脱离危险地带，而会引起麻烦的一段历史也就此被掩盖起来。利德尔补充说："我们会

尽最大努力，为他找到其他合适的工作。”[3]

总管珀西·西利托——他在当警察时就有“犯罪克星”的美誉——的目标，则是获取定罪的证据，而不是与罪犯做务实的交易。他从不喜欢权宜之举，通过这些动作，涉嫌的间谍倒是远离了机密工作，却可以在其他地方继续生活。利德尔把自己的想法写在日记里：“如果我觉得会有这样的证据，就会同意这么做。”[4]

## 准备

一周后，此案仍然被称作“**福克斯**和**派尔斯**案”。[5]事实证明，在英国代表团中可以相当容易地排除“查尔斯”的其他人选，但利德尔在 11 月 8 日记录道：“在对**派尔斯**的情况确认之前，还需要进行大量的调查。虽然**派尔斯**有一个姐姐，但不能确定关键时刻她在美国，而且他的行踪与我们所知的嫌疑人的行踪并不吻合。”实际上，派尔斯的姐姐安妮（·克雷布斯） 253
一直住在纽约市河对岸的新泽西州蒙特克莱（Montclair），而且事实证明，福克斯和派尔斯的行踪日期才是最为关键的。[6]利德尔根据收集到的证据总结说，他“确信此人就是**福克斯**”。在下一阶段之前，需要解决两个微妙的政治因素：“关于是否可以在某些保障措施之下审问他，我们已经征询了美国人的意见。同时，原子能科学研究院也被要求说明他们到底想达到什么目的。”在利德尔看来：“到目前为止，可以说相当确定的是，无论案件的结果如何，他们都急于将**福克斯**从原子能科学研究院中清除出去。”[7]

“维诺那”的“主人”、美国军队安全局（US Armed Forces Security）局长厄尔·E. 斯通（Earl E. Stone）将军批准

了对福克斯的约谈。联邦调查局向杰弗里·帕特森证实，他们不反对审讯福克斯，但在任何情况下都不能公开原始资料的来源。[8]必须不惜一切代价，维护“维诺那”的高度机密性。

11 月 16 日，军情五处策划了一次“与原子能科学研究院的高层会议”。前一天，利德尔、罗伯逊上校和其他高级官员会面，“试图理清思路”。对福克斯的调查也许是冷战初期军情五处所有工作中最敏感的，他们一致认为不能无限期地进行下去，因为“如果要维持目前的大规模调查，费用太高、负担太重，而且性价比也太低了”。[9]对福克斯的 24 小时监控，以及确认其苏联联络人的尝试，都让该机构的资源捉襟见肘。他们最后还有一个长期的担心，那就是福克斯会因为军情五处的疏忽或不经意的泄露而听到他们调查的风声。他们的安全网络中可能存在的漏洞此时开始显现出来了。

比如说，福克斯的电话出现了故障——这与调查无关——但福克斯需要找人修理。哈韦尔方面通常负责监督电话侦听的高级工程师当时不在，所以一位初级工程师在此期间处理了这个故障。亨利·阿诺德无意中听到这个年轻人对同事说，“故障可能与连接有关”。罗伯逊与阿尔伯特·登曼（Albert Denman）少校谈起此事，后者曾直接参与了电话窃听器的安装。登曼坦言：“在像哈韦尔这样的小机构里，不可能对三四个线路工程师掩盖已经安装了某些异常电路的事实。”然而，登曼认为，即使有一两个助理工程师发现了这些特殊电路，布线的方法也“不会引起哈韦尔任何人的特别注意”。[10]

254 到 11 月中旬，军情五处的窃听人员已经工作了近两个月。他们收集到了有关福克斯生活方式的相当详细的情况，不过还没有任何可以控告他的证据。调查似乎无懈可击，而且福克斯也好像对此无知无觉，至少哈韦尔方面没有惊动他，这实在令人称奇。不过，他似乎不太可能对跟踪他的人一直毫无察觉。

审讯福克斯的准备工作仍在继续，但当局很担心此事的影响。利德尔如今对能否在福克斯与苏联联络人在一起时将其拿获开始不抱希望了，他写道："总的来说，我觉得最好是设法把**福克斯**排挤出来，给他找个其他合适的工作，而不是尽一切努力让他招供，但这必须由原子能研究院决定。我们弄清楚目标后，就能更好地给他们提供建议了。"[11]

两个星期后的11月28日，一切都没有什么变化。认为福克斯有罪的信念更加坚定了，但没有任何实质性的发现。利德尔在总结当天的会议时说："我们得出的唯一结论是，原子能科学研究院的'D'［科克罗夫特］必须十分清楚在**福克斯**被审讯之后要怎么处理他。如果有必要的话，他们应该马上为他准备好某个工作。"[12]

他的日记很难公正地评判拟议中的审讯福克斯会引起怎样激烈而令人担忧的辩论。军情五处"缺乏训练有素的审讯人员"，因此他们为福克斯找来了吉姆·斯卡登——两年前，这位政治保安处的官员曾被福克斯以前的联络人乌尔苏拉·伯尔东（"索尼娅"）耍得团团转。斯卡登与罗伯逊详细讨论了战术，与利德尔等人的会议也开了很久。

最初计划的是在伦敦的壳牌梅克斯大楼进行审讯。[13]他们关心的第一个问题是，在审讯之后福克斯会怎么做？他们判断，如果福克斯还是个间谍，他就会不顾风险，试图和同伙取得联系。他们决定安排阿诺德事后开车送福克斯回哈韦尔。这会让福克斯明白国安部门一直在监视他，并给他一个进一步的机会，"在他还没有从审讯产生的精神紧张中放松下来之前就吐露实情”。[14]

其次是福克斯可能会试图逃往国外。他们讨论了是否在审讯时要求扣留他的护照，以便在他的心理上起到威慑作用，防止他计划离境。此外，应将福克斯的照片和描述分发给“各港口指定的政治保安处官员”。[15]

255 时间从 11 月到了 12 月。12 月 5 日，迈克尔·佩林再次拜访利德尔，讨论福克斯案。利德尔记录道：“我们试图设想每一种可能出现的情况。我向佩林明确表示，在我们看来，他得到自己想要的答案的机会极其渺茫。或许会有好运，但总的来说，此事似乎更有可能的结果是悬而不决，甚或疑云密布。”利德尔建议，“现在就应该努力探讨给他换个工作的可能性，因为在约谈和最终处理**福克斯**之间出现任何间断都是不可取的”。[16]

考虑到情况的严重性，一些现实问题就没那么突出了。由于福克斯是公务员，任何解雇都可能引起劳资纠纷，并“导致相关工会或福克斯的同事的抗议”。[17]因此，在福克斯的审讯问题还没有解决的情况下，利德尔同意探讨关于开除一名公务员的法律立场，而佩林则会调查能否在大学里为福克斯谋得一份工作。

更让人担心的是，福克斯事件会在下议院引起质疑，甚至导致进行调查的需求。精于政治的利德尔察觉到了这一事件的可能走向。他在私人日记中写道：“［我的］经验是，部长们遇到这种困难时，倾向于说情报部门辜负了他们，除非允许他们把事实告诉下议院。”[18]由于担心某个部长可能会被迫透露他的消息来源，利德尔判断，保守“维诺那”的秘密比对福克斯采取行动更重要。当然，在这一阶段，军情五处怀疑的只是福克斯在六年前传递了一小部分情报，而且或许只是偶尔的那么一次。

十天后的 12 月 15 日，军情五处的高级官员全体集合。利德尔当晚日记中的一句话概括了他们脆弱的立场：“我们把**福克斯**的案子谈了个遍，但或多或少地又回到了起点。”[19] 然而，会谈做出了一个决定：吉姆·斯卡登将于 12 月 21 日在哈韦尔约谈福克斯。他们商定了脚本：嫌疑人的父亲将去苏占区的消息造成了安全隐患，这就要求哈韦尔方面把克劳斯·福克斯从秘密工作中剔除出去。佩林说，赫伯特·斯金纳即将调任利物浦大学，可以通过斯金纳的安排将福克斯调往利物浦，斯金纳可能会欢迎福克斯到那里去。有人干脆地补充说，斯金纳夫人大概也会。

与此同时，福克斯一定意识到了军情五处对他的兴趣。到
12 月，他的行为愈发反复无常了。斯金纳夫妇和福克斯原定 256
于 12 月 10 日去伯明翰见派尔斯夫妇，但福克斯在前一天突然取消了行程。埃尔娜打电话给吉尼亚解释说，“克劳斯已经把自己彻底毁了”，因为“满脑子的想法让他直到凌晨 4 点才睡着，现在睡得像死猪一样。他说他觉得自己起不来床了”。紧张的气氛也许令人越来越难以忍受。军情五处做了记录，让亨利·阿诺德去了解情况。[20]

## 吉姆·斯卡登

根据军情五处的官方文件，斯卡登曾是伦敦警察厅的探长，在审讯嫌疑人方面是“全国最有名的高手”。[21] 这让人联想到军情五处基于金·菲尔比对斯卡登“严谨有礼”的审讯方式的描述，在福克斯案后对斯卡登的正面刻画。菲尔比对斯卡

登的做法了如指掌，因为他至少十次智取了后者。斯卡登的记录中有对另外两个双面间谍的两次败绩：安东尼·布伦特用“上流社会的虚张声势”让斯卡登相信他是无辜的；约翰·凯恩克罗斯在被斯卡登审查后“立即逃往国外”。[22]乌尔苏拉·伯尔东/“索尼娅”已经在这份遗憾的名单上了，所以菲尔比的正面评价与其说是对斯卡登的公正褒奖，不如说是自我吹嘘，为的是宣传自己骗过军情五处这个最优秀分子的聪明才智。尽管如此，它仍有助于维持斯卡登这个大审判官的形象。在菲尔比的版本中，斯卡登“用他的方式逐渐取得了福克斯的信任”，直到福克斯崩溃。[23]这与迪克·怀特的观点形成了鲜明对比，他对斯卡登不以为然，并在后来说：“斯卡登的审讯实令我大伤脑筋。”[24]

斯卡登的角色要求他远离公众的目光。现存的一张罕见的照片是他和亨利·阿诺德在1950年走进老贝利街，从中可以看出他是个瘦子，留着整齐的长方形小胡子。12月19日，他与利德尔、迪克·怀特和罗杰·霍利斯会面讨论战术。斯卡登当然知道军情五处证据的基本内容，但不知其来源，特别是他对“维诺那”及其对福克斯罪责的影响一无所知。计划是让斯卡登把重点放在福克斯在纽约的那段时间，以便让后者相信军情五处知道他是个间谍。利德尔和怀特一致认为这一点至关重要，否则福克斯可能会推说苏联的原子弹爆炸使国安当局怀疑有泄密行为，并鉴于他的共产主义过往而对他大做文章。实际上，福克斯可能认为军情五处真的是在虚张声势，所以什么也不会说。

257 斯卡登可以自由决定约谈的具体形式。但如果福克斯看起来准备招供，需要某种形式的保证，斯卡登有权对他说，“只有完全坦诚，才能改善他的处境”。[25]

军情五处虽在 12 月 21 日审讯的棋盘上精心摆放了棋子，却没有通报所有的棋手。10 点前不久，约翰·科克罗夫特爵士召见阿诺德，让他告诉福克斯，“今天上午会有人南下和他谈他父亲在德国苏占区的问题”。[26]阿诺德现在意识到自己不知道应该说多少，所以马上打电话给罗伯逊确认。

罗伯逊态度坚决。“事先向福克斯发出关于审讯的警告是最不可取的。如果他在斯卡登到达并被传唤到局长办公室之前什么都不知道，就好得多了”。阿诺德现在做好了充分的准备，他在迪德科特车站接上斯卡登，带他去了哈韦尔，并把他引见给科克罗夫特。然后，斯卡登把他的约谈策略告诉了科克罗夫特。

斯卡登解释说，他打算把调查的两个部分严格分开。一部分是福克斯父亲的问题；另一部分则是关于福克斯的间谍活动。福克斯父亲身处德国的苏占区造成了安全隐患，英国供应部正在积极考虑这个问题，为此军情五处正在“提供建议”。而与福克斯的间谍活动有关的事情则只有军情五处知道。

约翰·科克罗夫特爵士“对这种责任分工感到满意”，并要求阿诺德把福克斯带去他的办公室与斯卡登见面。11 点过后不久，监控记录显示阿诺德带着科克罗夫特的口信来到福克斯的办公室。阿诺德提醒福克斯，“他几天前曾说过，要调查**福克斯**父亲的案子”。他补充说“有人南下来见你了”。[27]斯卡登以“塞登先生”之名被介绍给了福克斯，这个化名（*nom-de-guerre*）是为了掩盖现场有军情五处审讯员的存在。阿诺德随后就离开了。

## 第一次约谈

“这些叛徒和间谍都经过精心的培训，编起故事来头头是道，怎么才能让他们崩溃?”苏格兰场的高级警官伦纳德·伯特（Leonard Burt）在福克斯事件发生时如此反问道。[28]经验丰富的间谍对抛给他们的每一个难题都排练了一个答案，然而掌
258 握调查的方法就可以击垮他们，让他们“和盘托出”。伯特认为，关键在于“心理方面的洞察力”，语气的微妙变化就能揭穿谎言。这个技巧不是以审讯作为开始，而是进行“人与人的对话”，本质上就是，你要让你的嫌疑人开口。如果有罪——正如斯卡登对于福克斯的预判那样——福克斯的主要兴趣是想知道斯卡登已经掌握了多少情况。在某一时刻，斯卡登将不得不摊牌，但关键在于不要让福克斯扭转局势，利用谈话来发现斯卡登到底掌握了多少证据。

伯特的第二条公理是，一旦嫌疑人开口说话，他往往会替你做事。因此，不要马上提出探究性的问题；如果提到一个可能非常重要的细节，要尽量显得无动于衷。在这种情况下，即使是像福克斯这样聪明的嫌疑人，也可能会不知不觉地试图解释。一旦他知道你怀疑他，他就会“急不可待地想要为自己的行为辩护”。[29]

伯特的经验是，犯罪嫌疑人往往会干警察的活儿，这一点在福克斯案中得到了证实。福克斯在苏联原子弹爆炸后几周内就向阿诺德征求意见。福克斯是否希望阿诺德建议他辞职，以便他清清白白地离开哈韦尔，就算罪行暴露也可以既往不咎?不管他的理由是什么，结果是福克斯为当局提供了约谈他的最佳借口。

斯卡登的报告和利德尔的日记表明，审讯就像一场扑克牌游戏，斯卡登虚张声势，说自己有一手好牌。他设下陷阱，但福克斯巧妙地避开了它们。

斯卡登按照伯特的方案：先从友好的交谈开始。斯卡登解释说，福克斯之所以到那里被约谈，是因为他的父亲在德国苏占区，鉴于福克斯所从事的“极端机密工作”的地位和身份，这存在着相当大的安全风险。福克斯确认自己明白这一点。斯卡登还说：“我想问你许多问题，其中有些问题你可能会觉得很粗鲁，但我必须这样做，以便我们能公正地评估有关的风险。”[30]

福克斯表示同意，斯卡登继续使用安全局的标准调查策略：确定嫌疑人的家庭背景。

在约谈的初始阶段，斯卡登证实，福克斯承认他对英国的效忠誓言是一桩严肃的事情，也是“应该遵守的承诺”。但与此同时，福克斯声称，“如果英国出现类似于 1932 年和 1933
年德国的情况”，他有凭自己的良心行事的自由。福克斯说， 259
在这种极端的情况下，他将“根据他对大众的忠诚行事”。[31]

这是福克斯想要“解释”自己的第一次尝试。他在表面上友好的谈话中不断地露马脚。斯卡登了解到，福克斯和他的父亲都曾是德国社会民主党的成员，而克劳斯在反纳粹的活动中与共产党有联系。希特勒上台后，福克斯去了巴黎。在那里，他参加了 1933 年 8 月的一次国际代表大会，那次大会是由“统一阵线”组织的；福克斯说，“如今它被称作共产主义阵线”。

他证实了斯卡登已经知道的关于他飞往英国和在布里斯托

尔时的情况，并补充说，除了参加一个捍卫西班牙民主的委员会外，他并没有参与政治。他说他“非常感谢英国对他的友好接纳，并为自己能够入籍表示感恩”。他随后描述了自己在加拿大被拘留的情况。

他承认自己参加了拘留营的政治活动，但他说，这些活动不过是与拘留营和拘留犯有关的内部问题。他与汉斯·卡勒有联系，汉斯·卡勒的活动是说服拘留营当局不要用拘留犯交换在德国的加拿大战俘。正如福克斯所解释的那样，虽然他本人不是犹太难民，但大多数拘留犯都是，而且有一种“普遍的焦虑，担心他们被送回希特勒的手中”。[32]①

福克斯解释了他在伯明翰期间与派尔斯一起生活的情况，由于他当时正在处理一个极其保密的问题，所以“放弃了与卡勒及其同类的联系，这些人大约是在同一时间从拘留营回来的”。他说与他们唯一的接触还是他去伯明翰之前的事了。他们曾于1941年初在爱丁堡见过他，他还曾在伦敦拜访过卡勒一次。福克斯对1941年4月的这次决定命运的旅程的说法是，卡勒带他去了一个叫作“自由德国青年”的组织，该组织在汉普斯特德地区有一家餐馆。福克斯对斯卡登手里的牌并不了解，为防范斯卡登知道自己和于尔根·库琴斯基之间的任何接触，他补充说自己就是在那一次遇到了“难民中的一个”，此人后来试图在伯明翰与他再续旧谊，但“我甩开了这个人”。

260 至于从纽约开始的美国生活，福克斯给出了他的前后几个住址，并说自己“很少有时间参加社交活动”[33]，因为工作占

① 霍利斯等人似乎没有注意到“犹太难民”这个细节，他们仍然认为拘留营里主要是纳粹分子，而福克斯和卡勒都是被误关于此。——作者注

据了他的全部时间。然而，他确实设法在 1943 年圣诞节去马萨诸塞州剑桥市看望了他的妹妹和妹夫，并在次年 4 月或 5 月再次拜访。福克斯没有提到 1945 年初的那次做客，那一次他还见了哈里·戈尔德。

他们谈了一个多小时后，斯卡登开始进入正题："我认为你在纽约时接触了一位苏联官员或代表，并向他传递了与你的工作有关的情报。"

福克斯大吃一惊。他张了张嘴，好像很惊讶，然后又很快放松下来露出了笑容。他打起精神，"摘下眼镜擦了擦"。[34]然后他摇了摇头说："绝无此事。"

那么，到底有没有呢？斯卡登直视福克斯的双眼说道："我掌握的确切情报表明，你曾代表苏联从事间谍活动。例如你在纽约期间，就曾把有关你工作的情报传给他们。"[35]

福克斯只有片刻的思考时间。他知道，他在两大洲有长达七年之久的秘密谍报生涯，地点从伯明翰经纽约到洛斯阿拉莫斯，再到哈韦尔，在这幅壮阔的全景中，斯卡登从纽约向他发起了挑战。这就是斯卡登的认知范围，还是说斯卡登的"举例"意味着这类似于拍卖中的开价？福克斯现在必须隐藏自己的紧张，否则一切就都结束了。他再次答道："绝无此事。"

斯卡登说这是个模棱两可的回答，但这样一来，他就失去了主动权；他没能一剑穿喉，给了福克斯机会聚精会神。斯卡登的做法有盘问的特征。福克斯寸步不让："我不明白。也许你会告诉我证据是什么。我从来没有做过任何这样的事。"

斯卡登试图重新控制这场遭遇战："我并不是真的在盘问你，我是在陈述事实。不过我想问你的是，你是如何提供情报，又是如何联络的，以此来确定你所犯罪行的完整内容。"

这可能会让一个新手间谍感到不安，但正如伯特从理论上说明的那样，斯卡登此时面对的是一名顽固的间谍，他一定为这样的时刻做好了准备。斯卡登泛泛而谈、缺乏细节的威胁，对福克斯这样一个坚定的高智商敌人是不起作用的。从表面上看福克斯很平静，坚持自己无罪："我帮不上你的忙，并且坚决否认我该对这种泄密事件负责。"

福克斯现在试图把斯卡登的整个想法当作无稽之谈，说他
261 一直在竭尽全力帮助打赢战争。斯卡登注意到了福克斯说辞中的模棱两可。居心叵测的辩护人可能会声称，向盟友传递原子弹情报符合"打赢战争"的目的。因此，他问福克斯是否知道盟国已经做出了不与苏联共享情报的决定。

福克斯现在必须要做出决定了。如果斯卡登有他从事间谍活动的铁证，此时也许可以声称自己不知道苏联虽然是盟友，但也是禁区，希望能将自己的罪行从可能的叛国罪减轻到令人遗憾的误会。然而，福克斯很聪明，他知道这种策略注定会失败。不与苏联进行任何协商，对洛斯阿拉莫斯的每个人来说都是不言而喻的。斯卡登很容易就能证明福克斯在撒谎，这就等于是招供了。所以福克斯确认道："我很清楚，盟国已经做出了不与苏联共享情报的决定。而且我认为从科学的角度来看，这是一个相当好的主意，因为美国人有足够的装备来进行所有必要的实验。总之，我并不关心这一决定背后的政治动机。"

斯卡登决定继续拿出更具体的证据，并问福克斯他的名字为什么会出现在伊斯雷尔·霍尔珀林的日记中，而后者在1947年被指控为间谍，然后又洗脱了罪名。福克斯坚称自己不认识霍尔珀林。然后斯卡登告诉福克斯，在霍尔珀林的日记中，福克斯的名字就写在他妹妹克里斯特尔·海涅曼的名字

旁边。

斯卡登把克里斯特尔引入这场争论，对福克斯来说一定是个打击。现在他仿佛第一次想起，正是在他被拘留期间，他的妹妹向数学家霍尔珀林提出交涉，请后者把《物理评论》和其他科学杂志寄给哥哥，让哥哥在拘留营里阅读。福克斯补充说，他从未见过霍尔珀林。

到现在，约谈已经进行了近两个小时，斯卡登还没有向福克斯提出任何有力的证据或任何实质性的东西。而且，福克斯清楚自己已经传递了七年的机密，所以他一定会想，斯卡登之所以把焦点放在纽约，是因为军情五处对他的全部情况一无所知，还是要引君入瓮。福克斯于是问斯卡登："你的全部证据都是这一类的吗？"斯卡登回答说，他不能失信于线人，只有在这方面守信，他才能履行职责。同时，斯卡登指出，他也不会失信于福克斯，如果福克斯"在乎做事坦荡，他可以信任
[斯卡登] 会确保他的行动得到最有利的呈现"。[36]这是斯卡登 262
所说的给予福克斯"许多机会坦白"的第一次。

斯卡登知道福克斯不会崩溃，至少现在不会。他回到最初的友好调查策略，转而谈起了英国派驻纽约代表团的组成、职责和安全措施。他想了解这次行动，以便最终看看福克斯——或者他人——是如何为苏联人获得关键文件的。福克斯对如何招募下级员工一无所知，并建议道，如果斯卡登想了解更多的行政细节，最好去咨询派尔斯。他继续装出热心协助斯卡登调查的假象，补充说他认为包括派尔斯在内的五六位科学家都不可能从事间谍活动。当然，所有这些人对福克斯的评价也大致如此。

斯卡登接着问福克斯关于代表团成员所著论文的安全问

题。福克斯说，起初这些论文是在办公室内复写的，但在某个阶段，蜡纸被送出去油印了。福克斯告诉斯卡登自己可以查阅自己手里的这些论文的副本，大致确认一下这一常规工作发生变化的日期。

此时大约是差一刻1点钟。福克斯趁着“自己秘书不在”的机会回办公室（与阿诺德的办公室在同一栋楼里）取论文。斯卡登和他一定讨论了15分钟左右，因为有人听到福克斯在1点10分将文件送回了自己的办公室。[37]

这些文件表明，做法的改变是在1944年2月，大约与福克斯到达驻纽约的英国代表团同期。1944年1月至7月，在那里产生的17篇论文中，有10篇是福克斯一人所为。对斯卡登来说，它们“深奥的数学计算”证实了福克斯的说法，即他在这一时期“从黎明到黄昏都在工作”。他在英国代表团之外的主要联系人是哥伦比亚大学数学物理系主任卡尔·科恩①博士，此人是公认的同位素分离专家。[38]

福克斯承认自己习惯性地随身携带一些论文回家研究。他出门旅行时也会这样做，而且他认为去看妹妹时可能也带了一些。他认为这不至于能让她趁机将情报传给外人。他同意斯卡登的说法，即他的妹夫“有共产主义倾向”，但他不相信自己的妹夫是任何党派的成员。

这些看似不重要的言论，却在斯卡登心中埋下了疑惑。除了军情五处认为福克斯向纽约的俄国人传递了一些情报外，他对福克斯其人几乎一无所知。他丝毫不了解福克斯的工作细

---

① 卡尔·科恩（Karl Cohen，1913—2012），美国物理化学家，后成为数学物理学家。他帮助开创了核能与反应堆发展的时代。

节，也不知道他的工作环境。斯卡登不能排除有人冒充克劳斯·福克斯的可能性。这个人可能是英国技术代表团的成员，可能是能接触到文件的秘书，也可能是参与官方油印过程的人，或者是与福克斯的妹妹合作的伊斯雷尔·霍尔珀林。所以，克劳斯·福克斯会不会是一个上当受骗的无辜者？ 263

此时已是“下午 1 点半左右”，他们停下来吃午餐，直到“下午 2 点多”。斯卡登让福克斯单独吃饭，以便“考虑他说过的话”。如果说斯卡登还真希望福克斯会崩溃，那么当他们在半小时后继续谈话时，他就要失望了。下午的会议实际开始的时间被推迟了，因为福克斯有更紧急的事情要处理：他的假牙床断了，很不舒服。2 点过 5 分时，福克斯给牙医打电话，预约了 12 月 23 日的门诊。他当然在 2 点 30 分之前回去与斯卡登见面了，因为福克斯的秘书告诉一个来电者，说他“在开会”。[39]

斯卡登继续施加压力，但午休时间似乎让福克斯下定了决心。到了下午，他成功地揭穿了斯卡登的虚张声势，一举扭转了局势。斯卡登没有什么可以归罪于福克斯的。他准备在这次会谈结束时说，斯卡登部门以外的人都不知道福克斯从事间谍活动的情况，关于其未来的任何决定，都将取决于他父亲所在的地点。然后斯卡登令人不解地表示，如果他提交给国安部门一份给他们留下良好印象的报告，可能会起到让福克斯留在哈韦尔的效果，福克斯说他最乐意留下。[40]斯卡登的提议无意中给福克斯留下了一个印象，那就是军情五处认为他所做的任何事情顶多是一些小过失，只要他承认就可以洗清罪名。这是斯卡登第二次给福克斯一个“坦白的机会”。后来在福克斯被捕后，斯卡登的这种相当于引诱福克斯招供的言论给控方律师带来了不少麻烦。

除了保持联系外，不清楚斯卡登希望通过这一提议达到什么目的。福克斯几乎不会承认自己从事了间谍活动，满心期望随后的报告会对自己有利。反过来说，福克斯又能说些什么来确保斯卡登以乐观的心态离开呢？四个小时以来，福克斯什么也没承认，而斯卡登却两次断言他犯了间谍罪，好似这是没有任何争议的事实，但斯卡登却没有提供任何确凿的证据。

福克斯答道："在没有任何不利证据的情况下，我完全无法对您的调查提供协助。"[41]

此言有理，即便考虑到福克斯的两面性也是如此。他假装无辜，隐含的意思是如果斯卡登真的想弄清隐隐约约指向福克
264 斯的谜团的真相——但这可能是由于认错了人，或是有人偷了福克斯的文件造成的——那么他非常乐意帮忙，但他只能在斯卡登说得更具体的情况下才能这样做。

然而福克斯此刻还是看出来了，国安部门显然对他很感兴趣，即使只是因为他父亲的处境。福克斯因此认为，他或许会在"深思熟虑之后，觉得万万不可在哈韦尔工作了"。他还说："如果我得出了这样的结论，就会提出辞职。"[42]他认为在大学里找一个职位没有问题，也不会有任何经济上的不利。但福克斯明确表示，目前在哈韦尔的工作才是他的兴趣所在。

会议持续了四个多小时，在大约差一刻 4 点[43]才结束。斯卡登起身告别时对福克斯说："我是你认识的唯一一个可以从间谍活动的角度和你讨论这个案子的人。如果你想到了什么有用的信息，或者改变了主意，可以随时通过亨利·阿诺德来联系我。"

斯卡登最后又提到了福克斯的父亲引起的安全问题。"你为什么认为应该请阿诺德中校注意这件事呢？"

福克斯回答说："我认为，俄国人很可能想从政治上利用我那并非共产党员的父亲在苏占区安静工作的事实。我也担心父亲会因为他自己的原因而给他带来麻烦。虽然他目前很满意那里的情况，但或许将来他会产生不满，而且会坚决地说出来。"福克斯补充说，在亨利·阿诺德提出来之前，他并没有想过父亲会给自己带来压力。斯卡登回答说，他认为这是一个需要考虑的重要问题，而且"可能性并不是很小"。[44]福克斯对此表示同意。

## 万分尴尬

经过这次审讯，斯卡登还是不能确定福克斯是否有罪。他在第二天，即 12 月 22 日写的报告透露了自己的两难处境。"根据［福克斯］在约谈期间的举止，两种情况都有可能。如果他是无辜的，那么他如此冷静地接受这种指控，着实令人惊讶，但这也许与他具有数学头脑的、缜密的生活方式相吻合。"这更说明了说是斯卡登对善于作数字计算的人的态度；他的结论更接近事实："也可以说他是一个老牌的间谍， 265
对这样的盘问是有所准备的"。[45]

军情五处提醒窃听人员，福克斯已接受审讯，罗伯逊上校将"从现在起对他们可能获得的关于福克斯反应的任何迹象特别感兴趣"。[46]他们尤其被告知，如果在任何时候收听到福克斯打算离开哈韦尔的迹象，应立即报告。

然而，福克斯却始终很冷静。盖伊·利德尔在 12 月 21 日的日记中写道："福克斯的言行举止始终如一，他要么有罪，要么无辜。因此，我们现在面临的局面万分尴尬。"[47]

福克斯的反应如何？12 月 21 日下午 3 点 46 分，他的秘书刚刚接到了一个来自壳牌梅克斯大楼的电话，而就在此刻，结束了斯卡登的审讯、回到办公室的福克斯亲自接听了电话。谈话中提到了他的某篇物理学论文中的一个细节。

福克斯“似乎心事重重”，但被另一个电话打断了。这通来自雷丁的电话其实是打错了。然后他在下午4点喝了茶，这是他在伯明翰时从派尔斯那里学来的习惯，然后下班回家。

他现在独自一人，可以权衡一下斯卡登来访的意义了。声称的理由是他父亲要搬到苏占区去，但福克斯知道，斯卡登提出的指控千真万确。另外，斯卡登似乎是在钓鱼。福克斯最大的希望是，苏联的原子弹试验使国安部门怀疑可能有人向他们传递了情报，但他们不知道是谁干的。果真如此的话，斯卡登就是在虚张声势。

随后是一连串可以写进间谍小说的情节。在那个打错的电话两小时后的下午6点，福克斯预制板房里的电话又响了。军情五处在当天下午第二次记录下“错误号码”这一信息。不久后：“门被猛地关上。后来很安静。**福克斯**出门了。”9点15分，有人敲他的门却无人应答。11点59分，当天的日志相当牵强地结束了：“**福克斯**还没有回家。”看来他直到凌晨都在外面。无论他在哪里，都不是和埃尔娜·斯金纳在一起，因为她在次日上午10点45分给他打电话说：“你睡得真沉。我昨晚给你打了一个半小时的电话，直到凌晨2点。”[48]

1949年12月21日的那个夜晚是一年中最长的一夜，天气干爽。[49]不过，那晚也是新月之后的两天，哈韦尔周围的偏远乡村本就一片漆黑，此时在里奇韦沉思散步很不合适。经过几个月的追捕，在福克斯可能与苏联人取得联系，或者在极端

情况下可能惊慌失措地叛逃甚至企图自杀的时刻，① 军情五处 266
却不知道他的去向。

第二天，也就是 12 月 22 日，利德尔和佩林讨论了这个案子，他们一致认为最紧迫的问题是如何“处置”福克斯。佩林建议应该与供应部的原子能负责人波特尔勋爵和哈韦尔的主管约翰·科克罗夫特爵士会面，以决定福克斯的未来。尽管利德尔面对的是一场具有国际影响的危机，但他还是被告知波特尔在圣诞节前没空。[50]会议被正式安排在 12 月 28 日星期三上午 10 点举行。

所以圣诞节后的三天，利德尔、迪克·怀特和斯卡登代表军情五处与佩林和约翰·科克罗夫特爵士会面，波特尔主持会议。军情五处负责联络英国政府通信总部的阿瑟·马丁也在场。利德尔复述了基本情况，斯卡登介绍了福克斯在审讯中的态度，然后他们得出结论：福克斯所说的话要么与有罪相吻合，要么他就是无辜的。波特尔终于意识到了福克斯事件的深刻意义，他做出了正确的判断，在结束会议时表示把福克斯留在哈韦尔太冒险了。但他首先需要仔细思考一下，并决定军情五处应“想办法找借口与福克斯再谈一次，以防他有任何崩溃的迹象”。[51]

这次会议还有一个结果产生了深远的影响。英国政府通信总部一直在与罗伯特·兰菲尔合作破译大量的苏联电文，这可能是军情五处在 9 月时得知“呆头鹅”与一篇关于热扩散的论文有联系的原因。现在，马丁建议：“政府通信总部应该向华盛顿索取有关特工‘雷斯特’［‘查尔斯’］的［‘维诺那’］

---

① 后来福克斯确实向埃尔娜·斯金纳透露他曾考虑过自杀，见第 19 章。——作者注

工作单。这将使政府通信总部能够自行检查这些信息，并有可能填补上一些空白。”[52]

## 1949 年 12 月 30 日星期五：第二次约谈

1949 年 12 月 30 日，也就是之前那次审讯的九天后，斯卡登回到哈韦尔。为了给这次审讯做准备，当天上午 10 点钟，阿诺德去见福克斯并讨论了一些实验室的事务，然后若无其事地说“之前和你谈话的那个人”打来电话，问福克斯当天能否再来见他。为了掩饰这就是他来访的目的，阿诺德继续讨论
267 了一些科学家是否应该把安全文件带回家的问题。阿诺德说他不喜欢这样做，福克斯则“不置可否”。[53]

阿诺德中午再次给福克斯打电话，确认斯卡登将于当天下午提前到达。福克斯与埃尔娜共进午餐，然后回到办公室。斯卡登在快到下午 3 点时到达。[54]

首先，斯卡登问福克斯是否想起了什么有帮助的事情。[55] 他回答说“没有”。斯卡登直接问道，他是否决定彻底坦白自己为俄国人做的间谍活动？福克斯再次回答“没有”，还说他对斯卡登的指控考虑了很久，但想不出有什么办法能说清楚。斯卡登觉得福克斯冷静自若。

斯卡登现在转入正题，详细询问福克斯有关他妹妹克里斯特尔的情况。这样做有两个目的：一方面，如果“查尔斯”确实就是福克斯，就可以显得掌握了很多背景资料，以增加对他的压力；另一方面，这也有助于他判断“查尔斯”就是福克斯，还是另有他人冒充他。克里斯特尔的名字出现在一个所谓的间谍——伊斯雷尔·霍尔珀林——的日记中，这里有一个明显的可能性：例如，克劳斯可能在她面前对文件漫不经心，

让她得以复制。于是，斯卡登开始确定克里斯特尔和她丈夫的行踪，并评估她的名字在霍尔珀林日记中的重要性。

福克斯描述了 1936 年克里斯特尔是如何经由英国前往美国的。他写信不勤快——他们之间每年只通一两封信——并声称对她在美国的生活知之甚少。他尤其不清楚她是如何与霍尔珀林取得联系的。他确认自己曾去看过她两次，但故意给人的印象是，他是从纽约去看望克里斯特尔的，而没有提到 1945 年 1 月他在洛斯阿拉莫斯期间去的那次，那一次他还见到了哈里·戈尔德。

福克斯说，妹妹没来纽约看望过他，他在那里也没有什么可以称得上朋友的人。他说克里斯特尔有三个年幼的孩子，照料他们占用了她相当多的时间。福克斯认为，她只有在 1944 年年中才离开家到海边度了一次假。

克里斯特尔以某种方式利用克劳斯的身份作为间谍活动的掩护，这种可能性在斯卡登看来是最低的。他问福克斯，卡勒是否在纽约与他有过接触。福克斯回答说自己和任何与他早年生活有关的人都没有联系，“无论是直接的还是间接的”。

斯卡登又回到了第一次约谈时的问题：福克斯在纽约认识谁？福克斯证实，他唯一联系的大学是哥伦比亚大学，他认识那里的科恩博士——“在纽约唯一与他建立起友谊的人”。他 268
认为自己去洛斯阿拉莫斯是最机密的事情，因此一直小心翼翼地不告诉任何人。他说，科恩博士问他要去哪里时，他就“装聋作哑”。[56]

约谈将近尾声时，斯卡登告诉福克斯，供应部无疑会免除他的任职，因为他父亲在莱比锡生活，这造成了很大的安全风险。斯卡登还说，他需要再次约谈福克斯，福克斯也答应随叫随到。福克斯自始至终“没有因为约谈或任何问题而感到丝毫的不安”。唯一的紧张迹象是福克斯的“嘴唇干裂”，斯卡登离开办公室时注意到了这一点。尽管如此，福克斯的诚意还是令人信服的，以至于斯卡登对迪克·怀特说：“你找错了对象。福克斯是无辜的。”[57]

阿瑟·马丁建议英国政府通信总部检查“维诺那”的部分解密抄本，结果出乎意料。一周之内，马丁“深入”研究了“刚刚提供给我们”的英国档案，并注意到其中“数次提到美国海军部对热扩散过程的研究”。他写信给华盛顿的帕特森说：“你应该还记得［这］是［‘呆头鹅’］写的一篇论文的主题吧。”[58]马丁进一步挖掘，注意到哥伦比亚大学的科恩博士——正是福克斯向斯卡登提到的那个科恩——1944 年就在从事热扩散的工作。这所大学与当时在纽约的福克斯和派尔斯都有合作，马丁指出，科恩在这项工作中“与福克斯地位相当”。此外，福克斯曾告诉斯卡登，科恩是“唯一与他经常接触的美国人”。

所以“维诺那”强调了“呆头鹅”和热扩散之间存在联系。这使调查在确定福克斯的美国联络人这一点走上了正确的轨道。不过很遗憾，由于注意力被集中在科恩这个名字上，调查的方向至少在目前还是错误的。

## 1949 年 12 月 31 日星期六：斯金纳的除夕聚会

埃尔娜的新年聚会已经策划了几个星期。这次聚会是为了庆祝哈韦尔大功告捷，以及它作为国家在 20 世纪下半叶新原子时代的巨大希望而举办的，知名人士都受到了邀请。派尔斯夫妇将从伯明翰赶来，克劳斯·福克斯在里奇韦酒店为他们预

订了房间。客人名单中包括来自牛津大学的西蒙夫妇——早在 269
1942 年，弗朗茨·西蒙就曾是派尔斯和福克斯的铀扩散设备理论设计的实验导师。约翰·科克罗夫特爵士和夫人的出席为哈韦尔历史上的这一时刻增添了光彩——科克罗夫特夫人同意烤制蛋白甜饼。克劳斯·福克斯像往常一样扮演着代理主人的角色，他为大家倒酒，始终甘当绿叶。[59]

福克斯的副手奥斯卡·比内曼的妻子玛丽·比内曼帮助埃尔娜做准备。12 月 29 日，玛丽打电话对埃尔娜讲起了“她生命中的一次割舍”。一年多来，玛丽一直与福克斯团队里的年轻成员布赖恩·弗劳尔斯有着一段暴风骤雨般的私情，一边是丈夫奥斯卡和孩子，另一边是她对布赖恩·弗劳尔斯的热情，在与自己的良心进行了一段纠结之后，玛丽选择“做正确而高尚的事”，试图挽救自己的婚姻。所以不足为奇的是，她在聚会上承受着巨大的压力，喝了太多的酒。

那天晚上发生之事的起因是前两周的其他事情，那些事困扰着整个团体。在聚会的前几天，记者查普曼·平彻发表了一篇关于哈韦尔情报泄露的报道——此事纯属巧合。阿诺德曾试图找出平彻的消息来源，甚至还和福克斯谈过此事，但都没有成功。当然，福克斯的问题已经够多的了，但随着媒体对泄密事件的无端猜测，气氛也越来越紧张。玛丽后来回忆说，她确信自己的电话被窃听了：“我们的电话是人工交换的，不时有‘接通’或回响的声音，然后就是暂时中断了对话的轻微啪嗒声。”[60]玛丽可能是在回忆她经常打给埃尔娜·斯金纳的电话，后者的电话确实被监听了。如果她的记忆是准确的，我们必须假定福克斯也知道这一切——他家和他办公室的电话，当然还有斯金纳夫妇的电话，此时都已被监听了几个星期。

在这样的背景下，当着众人的面，玛丽——“我在酒精的作用下心情更糟糕了，但还不至于记不清自己到底说了什么、做了什么”——决定逗逗克劳斯·福克斯。她悄悄地走到他身边，用全场都听得见的声音说：“你为什么要把那些机密都给了俄国人?”福克斯的“眼皮从来没有眨得这么快过”，他说：“我为什么要这么做呢?”据她描述，多年后老友们回忆道：“你说克劳斯·福克斯是个间谍时，我就在现场。”

# 第十七章　追捕“狐狸”：1950年1月

## 1月1日星期天：盖伊·利德尔

对于盖伊·利德尔来说，新的一年意味着一本新的日记。270
他开始写日记时，原子武器的影响占据了他的头脑：“［1949年的］年度大事是苏联的原子弹爆炸，这是谁都没预料到的。”1945年8月，两颗原子弹把广岛和长崎变成一片废墟。现在，苏联原子弹始料未及的引爆动摇了西方世界的主导地位，这意味着原子武器的军火库可能很快就会威胁到英国的安全。利德尔写道：“明摆着，到1957年，苏联拥有的炸弹就足够把这个国家从地球上完全抹去了。”[1]

## 1月2日星期一：军情五处

福克斯事件对国家的重要性在新的十年的第一天就得到了正式确认，1月2日星期一，利德尔到唐宁街十号向首相克莱门特·阿特利总结了事态的发展。他告诉阿特利，军情五处是如何“通过排除法”决定审问福克斯的。利德尔解释说，福克斯的父亲住在德国苏占区的消息如何给军情五处开了一个口子，而这造成了安全问题，可能会干扰他继续在哈韦尔的工作。

接着，他向阿特利提供了审讯的“大致轮廓”，并说福克斯的言论符合“要么有罪，要么无辜”的情况。他报告说，“虽然还没有做出最后的决定”，但波特尔勋爵认为，福克斯不能继续留在哈韦尔了，因为这样做的安全风险太大了，故建议“在某个大学为他谋得一个教职”。利德尔补充说：“在采取任何行动之前，我们［将］与波特尔勋爵举行进一步的会
271 议。”他在日记的最后写道：“首相说，他认为波特尔勋爵会将正式决定通知他的。”利德尔现在准备与波特尔和科克罗夫特会面，计划下一步的行动。[2]

## 1月4日星期三：军情五处

1月4日星期三，利德尔、科克罗夫特和波特尔就如何将福克斯从哈韦尔调离而又不致令其投敌进行了讨论。福克斯向俄国人提供了有关原子弹的情报，这已经让人极为难堪了；如果现在他们的行动导致他把自己所有的知识和经验直接带入苏联的原子弹项目，那将是一场灾难。[3]

他们一致认为，科克罗夫特应该先和赫伯特·斯金纳谈谈。现在的说法是“由于**福克斯**的父亲已经接受了东区的职位，哈韦尔不可能再留他了，国安当局在这一点上态度相当坚决”。[4]科克罗夫特确信，斯金纳会在某所大学为福克斯找到一个空缺。

接下来，科克罗夫特将与福克斯本人谈话。他在这里的任务也是举出福克斯父亲在东德的问题，并说安全局坚决要求福克斯离开哈韦尔。福克斯也许必须待到复活节，在此期间一场“有序”的人事调动正在被安排。这是军情五处准备接受的风险。他们的判断是对现实情况的一种辨认：“如果他试图获得任何文件，那简直是疯了。只要他还活着，无论他在这里还是

在其他地方，都有可能把他所知道的一切转交给俄国人。”[5]

军情五处讨论了是否再给一次让“**福克斯**坦白的机会”。利德尔指出，关键是“向他暗示，鉴于他妹妹受到牵连，他到现在都不愿意坦白。随后可以向他保证，他告诉我们的一切都不会传给美国人”。[6]斯卡登第三次约谈福克斯的计划必须等到哈韦尔的主管约翰·科克罗夫特爵士告诉福克斯他不能再留在实验室之后。

## 1 月 5～10 日星期四到星期二：哈韦尔

然而，科克罗夫特似乎并不急于行动。他第二天见到福克斯时，对后者的情况只字未提，可能是因为他想先和斯金纳谈
谈。他们反而讨论了科克罗夫特必须在当天下午晚些时候提交 272
的一篇物理学论文。[7]

1 月 10 日星期二，科克罗夫特按计划在上午 9 点 30 分[8]见了福克斯，后来又见了斯金纳。就算在风华正茂的年纪，科克罗夫特也是个内向、难以沟通之人。他会摘下眼镜一边擦拭一边茫然地目视远方。他在这个场合特别不自在，因为他不喜欢对抗，总是回避主题。[9]

至于福克斯，科克罗夫特表示会帮他找一个大学的职位，并建议斯金纳教授或许可以在利物浦接纳福克斯，还说澳大利亚的阿德莱德也有一个理论物理学的职位。科克罗夫特很尴尬，他说个不停以免冷场：他提到了阿德莱德，与把福克斯留在可及范围之内的策略背道而驰，这种策略既是为了让他的专业知识随时可以派上用场，也是为了国安部门在事态紧急时对他加以控制。军情五处因此将科克罗夫特把阿德莱德牵扯进来形容为一个“大麻烦”。[10]幸运的是，福克斯说，尽管他一度曾

想去大学工作，但并不想去阿德莱德。他说希望能推迟调动，直到他一直在研究的哈韦尔快速反应堆产生结果。不过这还要好几个月的时间，科克罗夫特知道，这将超出军情五处所能接受的时间安排。

科克罗夫特说，只有他、波特尔、佩林和阿诺德知道这个决定，安全局改变意见的唯一机会是福克斯提供关于他本人及其生活和背景的全部资料。但科克罗夫特的这番表态却把事情搞得一团糟。福克斯心系哈韦尔，而科克罗夫特无意中暗示，如果福克斯合作的话，就可以达成协议。

然而在和斯金纳谈话的时候，科克罗夫特可能也越界了。科克罗夫特是哈韦尔唯一一个知道福克斯的职位事关重大的科学家。作为安全官员的阿诺德知道福克斯受到了怀疑，但不清楚来龙去脉。在这个阶段，斯金纳也不了解具体情况，应该只得知福克斯是因为父亲在东德的职位有泄密的危险而不得不离开。无论如何，斯金纳了解到的“关于福克斯事件的情况大大多于他依照权限应该知道的”，因此他“在某种程度上出于个人原因”决定采取措施，以确保让福克斯留在哈韦尔。[11]军情五处也许是对保密的约束含糊其辞，给科克罗夫特贴上了罪魁祸首的标签，但似乎更有可能是福克斯本人通过埃尔娜把消息泄露给了赫伯特·斯金纳。导致此事被知
273 晓和福克斯事件收场的一连串事件始于1月10日，即在他与科克罗夫特面谈之后。这就是事情的经过。[12]

## 1月10日星期二：福克斯与埃尔娜

埃尔娜·斯金纳很绝望，急需从哈韦尔的幽闭隔离生活中去休息一下。赫伯特转去利物浦大学对她来说很艰难，因为他

有一半的时间不在哈韦尔，在的时候也埋头于业务。星期一，也就是福克斯去见科克罗夫特的前一天，埃尔娜与其他科学家的妻子们通了两个电话，电话里谈到了去伦敦的事情。星期二上午，监听人员听到了她和埃莉诺·斯科特（Eleanor Scott）的长谈，后者是赫伯特部门的约翰·斯科特（John Scott）博士的妻子。她们通话一开始，埃尔娜就在思索未来几天去伦敦的事情，后来逐渐升级，先是想“离开一个月”，然后又说要“待到 2 月底”。

她们讨论了去滑雪的可能性。埃莉诺问：“克劳斯还有假期吗？”埃尔娜笑答：“有，无穷无尽！”然而对赫伯特来说，利物浦和哈韦尔的组合意味着他“连一个周末都不能休息”。例如，整个 1 月他“几乎都在利物浦”。

福克斯和赫伯特·斯金纳都是工作狂。在整整七年的时间里，除了 1945 年与派尔斯夫妇一起去墨西哥的公路旅行，以及与他们和斯金纳夫妇在法国和瑞士的一些日子之外，福克斯只休过几天假。但是，赫伯特·斯金纳似乎一直很健壮，可以承受偶尔的疲惫而不至于得重病，而福克斯却永远处在崩溃的边缘。他的假牙床麻烦不断，圣诞节前后，咳嗽又复发了几天，这可能是斯卡登审讯的压力所致。代价必然是巨大的，埃尔娜形容福克斯“眼睛肿胀，脸色发青”。[13]

埃尔娜在那个星期二的早晨做着逃跑的梦时，福克斯却在和科克罗夫特密议，讨论自己的未来。离开科克罗夫特的办公室后，福克斯见到了当天以哈韦尔顾问的身份访问实验室的派尔斯。即便如此，福克斯还是设法在午饭前抽时间给埃尔娜·斯金纳打了电话。前几天，他已习惯了斯卡登的两次约谈，状态似乎好了很多，但埃尔娜现在突然间发现他“又变得古怪起来”。[14]

他的紧张一定显而易见，因为埃尔娜马上问道：“你是不是又惹麻烦了？”他的状态起伏对她来说是个“谜”，她问道：“怎么回事？”福克斯遮掩道：“我刚刚开了个长会。”

274 他告诉她，会议在午餐后还要继续开一个小时，派尔斯随后就回伯明翰了。埃尔娜问福克斯那时是否有空。对于埃尔娜的询问，福克斯问道：“你感觉如何？”埃尔娜回答说她“精疲力竭”，“再也无力承担这一切了”。

看来，福克斯和埃尔娜曾讨论过她需要休息的问题，他们各自也在衡量是否可能一起离开。埃尔娜又说自己“可以走，但我不想造成任何牺牲或痛苦”。在暗示了这种可能性之后，她给了福克斯一个推脱的法子：“我不知道你有多忙。”福克斯明确表示他当天下午走不开，这似乎让埃尔娜相信，她的白日梦是万万做不到了：“我想我们最好推迟此事。”

福克斯突然采取了主动。他问道：“下周怎么样？”然后，他完全不按常理出牌，宣布道：“实际上，我想我要请一整个星期的假！”

埃尔娜很惊喜：“为什么？因为你太累了吗？”

福克斯犹豫了一下，不知道该说什么。埃尔娜追问道：“告诉我，为什么？难道你厌烦了吗？”

福克斯带着些戒备地回答道：“不是，我只是该休假了。”

福克斯如此疯狂地偏离常规的行为——“禁欲论”——似乎是科克罗夫特的最后通牒所致。[15]福克斯已经习惯性地连续工作了几个月，积累了相当多的假期。他在洛斯阿拉莫斯期间也同样很少休息，以至于派尔斯都开始担心他的健康了。

1946 年，福克斯要开始在哈韦尔工作时，派尔斯在他开始工作前曾敦促哈韦尔方面允许他休息一段时间。不过福克斯没有休息，而是从第一天开始就全力以赴地工作。如果他要离开哈韦尔（现在看来很有可能），就将丧失长达六周的假期。福克斯如今决定挣脱束缚，哪怕只是谨慎地挣脱：和埃尔娜·斯金纳去伦敦待上三天。

他们商定，斯金纳家 15 岁的女儿伊莱恩可以在开学前“照顾自己两天”。然后，埃尔娜决定：“我们可以在星期一夜里北上。你同意吗？”福克斯回答说：“我同意。”埃尔娜回道：“那就这样！”[16]这次幽会就这样定了下来。

## 1 月 13 日星期五：第三次约谈

希望多于期待，军情五处安排吉姆·斯卡登第三次约谈福
克斯。斯卡登对此持怀疑态度。第二次约谈后，他曾对迪克· 275
怀特说自己相信福克斯是无辜的。怀特知道“维诺那”的证据，他指示斯卡登“回去继续审问”。虽然还不知道斯卡登早在 1947 年就被乌尔苏拉·伯尔东骗得团团转，但怀特仍然对斯卡登的弱点形成了中肯的看法，并告诫他：“真诚是一种美妙的伪装。”[17]

怀特就职军情五处之前是一名校长，他总是倾向于“达成理解而不是［要求］服从”。他后来回忆说：“我希望斯卡登能够理解并认可那些值得做的事情。”同时，军情五处负责联络英国政府通信总部的阿瑟·马丁也知道“维诺那”的情况，他莫测高深地怂恿斯卡登：“我知道他有罪。”[18]于是斯卡登在 1 月 13 日出发前往哈韦尔。[19]他到了实验室后，便“争分夺秒”地告诉福克斯，他是来查福克斯的纽约地址的。[20]福克

斯立即答道："哦，好，是巴尔比宗广场。"斯卡登随即指出，虽然他有兴趣知道他下榻的两家旅馆中第二家的名字，但他要的是福克斯的公寓地址。

福克斯说，如果有地图的话，他也许就能确定那里的准确地点了。斯卡登有备而来。他拿出一张纽约地图，福克斯开始对着地图仔细研究。最后他认定公寓在靠近中央公园的西 77 街，位于哥伦布大道和阿姆斯特丹大道之间的街区中央。福克斯答应在自己的记录里寻找准确的地址，并提议将地址交给亨利·阿诺德。

福克斯再次否认自己曾向苏联人或其代表传递过任何情报。斯卡登回答说，如果福克斯说的是真话，那么他有责任进行这样的调查，还福克斯一个清白，而且若是福克斯能提供帮助的话，对自己是有好处的。斯卡登保持着"好好先生"的形象，几乎是以亲密的口吻向福克斯询问他目前的处境。福克斯说，有人告诉他，他必须离开哈韦尔，但这事儿倒也没有多急，他还没有认真打听过要不要另谋高就。他觉得这不会太难。

无为而治的约谈方式突然变成了更直接的对抗。为了动摇对手，斯卡登声称，福克斯离开纽约后，一个俄国联络人拜访了他的公寓。福克斯"毫不惊慌"，并说他"认为这种拜访极不可能发生"。[21]

斯卡登的记录是："福克斯镇定自若。"这并不出人意料：
276 斯卡登几乎没有提过什么犀利的问题，而且只关注福克斯大量间谍活动中有限的部分，福克斯没有理由过分担心。更何况福克斯从未利用自己的公寓进行过非法活动，他知道，如果这是军情五处关注的全部内容，那就没什么可担心的。

经过这次，也就是第三次约谈，福克斯现在甚至可以认为军情五处对他的所作所为一无所知。斯卡登采取的是零敲碎打的方式，虽然偶露锋芒，但缺乏明确的后续行动。据他自称是来查福克斯的纽约地址的；福克斯知道，他说有个俄国人到那里拜访过，这对他毫无威胁。

从福克斯的角度来看，对斯卡登提出的那些问题的一种解释是，“雷蒙德”——戈尔德——已经被捕，而“雷蒙德”拜访克里斯特尔的消息以某种方式被泄露了。斯卡登拐弯抹角到这种程度，以至于福克斯可能会怀疑克里斯特尔是联邦调查局的重点关照对象，而国安部门对他的实际参与一无所知。但这也够让他担心的了。他们的外祖母、母亲和一个姐姐都是自杀身亡，几周前，克劳斯得知克里斯特尔现在也是精神严重失常。10 月中旬，父亲曾提醒克劳斯说，他“没有得到克里斯特尔的任何好消息。事情似乎并未好转”，月底克劳斯收到了克里斯特尔本人的来信。她被关在精神病院里，因孩子们不在身边而绝望，这让她“非常心痛。我一定要马上见到他们”。这封来信表明她的精神状态相当脆弱。福克斯现在开始担心，如果联邦调查局对克里斯特尔施加压力，她有可能会自戕。[22]

窃听人员又一次失去了福克斯的踪迹。从周五傍晚 5 点半，“门砰然关上，福克斯出去了”，直到第二天上午 11 点 15 分埃尔娜打来电话，建议他“整天待在床上”，军情五处都没有关于他的记录。[23]

福克斯很可能是在斯金纳家待了相当长的时间，午夜之后才回家，所以没有被监听到。埃尔娜的吩咐表明，福克斯在斯卡登约谈后心力交瘁，她担心这会给福克斯带来压力。

## 1月16日星期一~1月19日星期四：克劳斯和埃尔娜的幽会

1月16日至20日，赫伯特·斯金纳外出。[24]他在利物浦待了两天，然后去伦敦的皇家学会开会。埃尔娜·斯金纳和克劳斯·福克斯用幽会填补了赫伯特的缺席。福克斯的假期将在1
277 月16日星期一午餐后开始；埃尔娜在电话中告诉埃莉诺·斯科特说她将外出，“四五点钟之后”出门，而且“不知道会去哪里”。同时，管家薇拉·波利将照顾斯金纳的女儿伊莱恩，而不是让她独自一人在家。[25]

福克斯告诉秘书说他将“离开几天”。军情五处的监视人员偷听到了这一切，但似乎没有人试图跟踪他。直到后来，军情五处才将他的行踪拼凑起来，即便如此，他们也不清楚他还遇到了什么人，或者更重要的，关于自己的情况，他对埃尔娜·斯金纳说过些什么。

他们两人开着福克斯的车离开，暮色渐暗。他们驱车大约30英里，到了泰晤士河畔的梅登黑德。在那里，他们以“家住哈韦尔希尔赛德路17号的K.福克斯博士和夫人”的身份入住里维埃拉酒店。他们“被带去自己的房间，在那里一直待到第二天早上”。[26]这一刻，军情五处关于福克斯的唯一记录是：“23点20分，预制板房里仍然安静。”[27]

早上，他们在吃过英式早餐后退了房。他们继续前往伦敦，随后的两晚，一起在伦敦西郊里士满的棕榈园旅馆度过，福克斯是在间谍活动中从联络人那里得知此地的。[28]与伊莱恩·斯金纳后来声称其母与福克斯外出时总是有薇拉·波利陪护的说法相反，波利并没有和他们一起去。[29]关于这次幽会，埃尔娜的说法有一定的欺骗性，这种欺骗后来影响了军情五处声称她是福克斯情妇的明确断言。

斯金纳住所的电话通话记录显示，1 月 17 日，玛丽·比内曼给埃尔娜打了电话，却从薇拉那里得知，埃尔娜“周末之前都不在家”。[30]当天晚上，埃尔娜致电薇拉，薇拉告诉她伊莱恩去了电影院，以及婚姻也陷入了困境的埃莉诺·斯科特，当晚就睡在她家里。然后薇拉提到“那天晚上”哈韦尔有一个聚会，埃尔娜回答说她“认为自己不能参加”。接着她又说：“如果你想给克劳斯打电话，地址是里士满 0066 号棕榈园旅馆。”埃尔娜补充说，这是以防万一，但她认为“不太可能发生”。[31]

薇拉·波利远不止是个女伴，她更像是个共谋者，因为埃尔娜随后便设下骗局，她对薇拉说，如果赫伯特打电话来，就“告诉他说我在电影院，会晚点儿回来”。她告诉薇拉，让后者说她“一切都好，星期四［19 日］午餐时会给在皇家学会的他打电话”。她最后说这期间自己不会再给薇拉打电话了，但星期四晚上她们就会见面了。

克劳斯·福克斯和埃尔娜·斯金纳在伦敦度过了 1 月 18 日，[32]薇拉·波利则继续在斯金纳家里接听电话。[33]当晚，福克斯从伦敦打电话给薇拉，询问一个“关于埃莉诺［·斯科特］的奇怪消息”，说是她“精神崩溃”了。尽管从外表看来福克斯是个社交能力低下的典型“书呆子”，但他非常关心团队成员的幸福，特别是团队里的两个人——奥斯卡·比内曼和约翰·斯科特——的婚姻动荡。薇拉证实，埃莉诺昨晚很不好过，但今天看起来倒是兴高采烈的，她要去伦敦，下午 6 点 50 分到帕丁顿。福克斯问薇拉是否把“我们的”（原文如此） 278

电话号码给了埃莉诺。薇拉说是的，并补充说埃莉诺要去伦敦，还“希望今晚能见到你”。根据军情五处的说法，福克斯的反应好像是认为这是一个“恶作剧”。随后，薇拉问起埃尔娜怎么样，但福克斯“回避了这个问题”。[34]

两个月后，媒体报道福克斯与埃尔娜·斯金纳曾在梅登黑德的一家旅馆过夜，这令军情五处的总管火冒三丈。难道罗伯逊上校不知道有一名间谍和赫伯特·斯金纳教授的妻子一起出走了，而这位教授竟然是哈韦尔原子能科学研究院约翰·科克罗夫特爵士的副手吗？为什么在福克斯据说受到24小时监视的时候，却没有人告知总管有这样一个奇怪的安全漏洞？对此，罗伯逊提出了以下的修正说法：

> **福克斯**与**斯金纳**夫人离开哈韦尔时……正值人们认为案件的下一步发展将是他从哈韦尔辞职的时候，而我们正逐步降低对他的监视程度。在这个特殊时刻，由于知道他离开哈韦尔是为了休假，而且他是和**斯金纳**夫人在一起，所以决定不对他进行监视。这一决定在1月17日得到了审查和确认，通过电话检查，确定他住在里士满的一家旅馆。[35]

罗伯逊又无缘无故地补充道：“众所周知，**斯金纳**太太当他的情妇已经有一段时间了。她对丈夫不忠，这在哈韦尔家喻户晓。”[36]

这三天三夜的大量密谈似乎导致了福克斯的恐慌和坦白。[37]埃尔娜知道，伦敦的“某人”曾跟克劳斯面谈过他父亲搬去俄占区的事。她很可能认为，福克斯调离哈韦尔是对其父

亲在德国俄占区的一种严厉惩罚，于是妄下结论，认为当局对 279
福克斯的操守有所怀疑，也可能是福克斯把斯卡登的指控告诉了她：他俩在幽会期间详谈的内容只有他俩知道。我们知道的只是，1 月19 日午餐时间，埃尔娜给皇家学会的赫伯特打了个电话，“苦恼地”告诉他，福克斯已经向她“坦白”了。[38]

据埃尔娜说，福克斯告诉她，自己即将离开哈韦尔。她一定向他逼问了斯卡登对他父亲感兴趣的事，因为福克斯“承认［原文如此］还有别的事”，但他“认为那没什么大不了的”。[39]然后他向她透露，他把自己在扩散设备的工作分享到了比当局允许的范围更广的地方。

两年后，赫伯特·斯金纳在写给亨利·阿诺德的信中称，“克劳斯向埃尔娜坦白了扩散设备的事情”，但“福［克斯］向埃［尔娜］否认了关于原子弹的情况”。斯金纳的回忆有多可靠呢？[40]他明确表示“福向埃否认了原子弹的情况”，而这只有在事先对福克斯在研制过程中的作用进行过一些讨论的情况下，才有上下文的意义。有可能是福克斯说了一些对自己有利的话，把范围限制在其早期的工作——毕竟斯卡登把注意力完全集中在纽约上，当时讨论的事项只有扩散。这与赫伯特·斯金纳的记忆是一致的，福克斯曾提到过扩散，并认为自己的行为“没什么大不了的”。

我们也可以确定埃尔娜告诉赫伯特这件事的日期。1 月 19 日她给“在皇家学会的”他打了电话。当天，皇家学会考虑选举福克斯为院士。派尔斯提名了他，虽然这一申请在前一年没有成功，但到了 1950 年，已经有更多的人意识到，福克斯是全国首屈一指的全职原子能理论家。[41]赫伯特·斯金纳是委员会成员，当天也在伦敦的学会总部，所以斯金纳日记中的日期——“1 月 19 日”——是有把握的。埃尔娜的“苦恼”表明，她是在这次伦敦的假期末尾的时候才明白了福克斯“坦白”的深刻意义的。

这个关键的电话没有记录，说明埃尔娜是在白天致电赫伯特，而且用的是不在军情五处监控范围内的伦敦那边的电话。赫伯特知道妻子有神经官能症，他没有立即通知当局，可能还和妻子约定等他回家后再讨论这个问题。应该被通知的人自然是亨利·阿诺德，但后者因为母亲刚刚去世，当时不在哈韦尔。

埃尔娜·斯金纳从未透露她和克劳斯·福克斯之间发生了什么，以及他“坦白”的性质。三十多年后，福克斯对他当时的个人动荡提供了一个新的角度。他回忆说，“私交甚笃的
280 朋友”赫伯特·斯金纳告诉他，“克劳斯，你受到了指控，但如果你告诉我们这些都是子虚乌有，那么我们所有人都会支持你，和你一起抗争”。福克斯以为自己已经做好了一切可能的准备，对任何问题都能随时作答，但他回忆说，这是一个“他始料未及”的时刻。作为间谍，他“应该很高兴地”接受这种支持，但作为一个人，“与你的朋友有如此密切的关系，以至于他们给予你完全的信任［就太过分了］。我没法说谎，在这一刻，我坦白了”。[42]

当晚 8 点，福克斯回到在哈韦尔的家。晚上 9 点 30 分，他的电话响了，是他的副手奥斯卡·比内曼打来的，说有“私事”，不能在电话里谈。[43]他的妻子玛丽与布赖恩·弗劳尔斯断绝关系的决心动摇了。

福克斯正要去斯金纳家，不想在这么晚对奥斯卡进行一次精神指导式的拜访。然而福克斯是个内心复杂的人，总是关心

下属的幸福：“如果事情非常重要，我一定会来，如果你认为今晚有什么我可以做的事情，如果有什么想要我帮忙的……”奥斯卡插话道：“不，没有那么紧急。”在福克斯确认过“你确定自己没事吗？”之后，他们约定第二天再讨论。

军情五处的窃听人员指出：“亟待解决的问题是当地的丑闻”，更直截了当地说，是“比内曼妻子的不端行为”。[44]

## 1 月 20 日星期五～1 月 22 日星期天：阿诺德归来

次日上午 10 点 45 分，福克斯被奥斯卡的电话吵醒了。福克斯安排在十分钟后见他。这次会面被监听了，军情五处注意到，福克斯和奥斯卡谈了近一个小时，内容都是奥斯卡的“私人问题”。军情五处在此期间得知，奥斯卡·比内曼想离开哈韦尔，并请求福克斯帮他在其他地方找工作。福克斯已经为自己在哈韦尔的未来感到不安，现在又为他的一个员工而卷入了类似的危机。

1 月 20 日，福克斯和埃尔娜的密谈开始有结果了。亨利·阿诺德从母亲的葬礼上回来，发现等着他的是赫伯特·斯金纳的一封信。

斯金纳得知了斯卡登和科克罗夫特对福克斯的约谈。他知道福克斯非常焦虑，很可能会离开哈韦尔；他要求阿诺德当天上午来见他，讨论这一切事项。阿诺德现在进退两难。他不在的这段时间里，事态已经失去了控制，他迫切需要了解最新的 281
情况。于是，他一直拖到下午 5 点，以便军情五处能指示他什么该说，什么不该说。

阿诺德还不知道埃尔娜与福克斯的幽会，他怀疑科克罗夫特给了斯金纳什么暗示，比如“希望福克斯能更合作一些”。[45]

这个消息惊动了军情五处总部。出于安全第一的方针，军情五处决定，如果斯金纳向阿诺德提出任何问题，阿诺德应该只承认合乎规范的三个事实：最近有国安部门的人拜访福克斯；这是因为他父亲在德国苏占区的情况，阿诺德以前曾向当局报告过；当局对他父亲的情况很重视，因此福克斯将辞职。阿诺德要提醒科克罗夫特，说斯金纳会给他打电话，而他应该采取同样的口径。阿诺德同意了，并说他不打算让斯金纳知道福克斯辞职的消息，除非很显然斯金纳早已知道此事。

埃尔娜在星期六黎明前的 4 点 50 分至 5 点 15 分之间给福克斯打了三次电话，但福克斯不是还没睡醒，就是选择不接。10 点 50 分，她打通了电话，说自己半夜牙疼得厉害。她打过电话，但他没有回应。福克斯向她道了歉，埃尔娜说赫伯特正带人参观哈韦尔，福克斯说他现在就过来。

那天，福克斯没有去其他地方。看来，他是在花时间权衡自己的选择。

克劳斯·福克斯还是个孩子的时候，生活在父亲埃米尔·福克斯这个牧师家庭里，星期天的早晨就意味着做礼拜。这个星期天，已经年近四十的他在哈韦尔的预制板房里醒来时，眼前是一片冷寂。去教堂的日子早就成了往事。在里奇韦的山坡上，耳边没有教堂的钟声，除了实验室与世隔绝的封闭社会外，没有其他同伴，实验室的砖墙建筑像工业园区一样，把风景破坏了。福克斯无事可做，只能复盘吉姆·斯卡登的审讯并评估其影响。

中午前不久，他给斯金纳家打了电话。埃尔娜说她的牙痛轻了一些，并问福克斯是否和亨利·阿诺德达成了什么约定。这说明他们在里士满的谈话中曾争论过福克斯是否应该和阿诺德谈谈他的未来。福克斯说他还没有。他谢绝了共进午餐的邀请，但被说服来吃了“一小块布丁”。

1 点 37 分，福克斯打电话给阿诺德，说听到他母亲去世的消息很难过，想找个时间见见他。阿诺德起初以为是来谈奥斯卡·比内曼的，但随后他感觉到可能有更重要的事情。他们 282
约好第二天中午共进午餐。福克斯说他要去见奥斯卡，然后和阿诺德讨论了“比内曼事件”。阿诺德说，由于福克斯的副手比内曼和新秀布赖恩·弗劳尔斯都处于感情危机之中，福克斯的部门有可能被“搞得一团糟”，最好的解决办法可能是“让布赖恩［·弗劳尔斯］调走”。[46]

## 1 月 23 日星期一：“私下长谈”

上午 10 点，阿诺德致电莱肯菲尔德大楼。他告诉罗伯逊，福克斯想和他“私下长谈”一番，因此他们约好当天一起吃午饭。阿诺德还提到了玛丽·比内曼。他解释说，作为理论物理学部负责人和朋友的福克斯很担心比内曼，并向阿诺德提到了此事。

罗伯逊反问阿诺德是社会工作者还是安全官员。阿诺德解释说，他认为自己的职责是确保哈韦尔的运行安全高效，而福克斯团队的个人危机已经威胁到了这一点。如果福克斯要离开哈韦尔，这一系列冲击对实验室和整个国家原子研究计划都将是灾难性的。不过阿诺德强调他确信这并不是福克斯希望与他谈话的主要原因。埃尔娜·斯金纳在要求阿诺德“今天下午”去拜访她的同时，还随口说她打算讨论福克斯和他的“操守”，这更加剧了他迫在眉睫的危机感。[47]因此，阿诺德预计她会问起“福克斯事件”。

阿诺德向罗伯逊保证，他会对埃尔娜说自己不能讨论这个问题，但会听取她可能不得不说的话，因为“从我们的角度来看，这可能会对福克斯事件有所启发”。阿诺德说了句不吉利的话：“关于福克斯即将辞职以及他父亲在苏占区的消息，已经逐渐在哈韦尔传开了。”[48]

罗伯逊回答说，军情五处会就阿诺德应该说些什么形成一个方案，罗伯逊将在“当天上午晚些时候”回复他。

阿诺德现在去见福克斯，安排他们的午餐之约。由于还不知道该如何进行，他把注意力放在了比内曼事件上。11 点左
283 右，阿诺德从福克斯的办公室给斯金纳打电话，说他要过来看看玛丽·比内曼是否能和他一起去见她的父母。然后福克斯打电话给比内曼，让他到自己的办公室来。

斯金纳现在意识到，除了福克斯的问题外，比内曼的危机也迫在眉睫，他把和埃尔娜的利物浦之行推迟到了下一周，在利物浦订了 1 月 31 日晚上的旅馆。

阿诺德回到自己的办公室，他几乎是在最后一刻才接到罗伯逊的电话，所取军情五处对自己与福克斯共进午餐的指示。罗伯逊强调说，首先，阿诺德除了与福克斯父亲迁往苏占区有关的事之外，不能透露任何有关福克斯辞职的情况。他建议阿诺德听完福克斯的说法，并鼓励后者把心中所想的一切说出来。如果福克斯说了什么新情况，阿诺德就要说会向当局报告——罗伯逊清楚地意识到，决不能让任何胁迫暗示有机会影响到最终的审判。但阿诺德带有这层意思的话都必须推迟到谈话的最后阶段再说。

军情五处担心福克斯可能会试图以坦率来预先换取某种豁免的保证，因此罗伯逊强调：“无论如何都不要向福克斯做任

何形式的保证或承诺。”[49]如果有压力的话，阿诺德应该说他本人对整个事件的了解太有限了，没有权力这样做。阿诺德得到指示后，便在 12 点 15 分去见福克斯。

阿诺德和福克斯去老铁道大厦旅馆吃饭，那是哈韦尔附近史蒂文顿（Steventon）的一家酒馆式餐厅。午餐时，阿诺德保持着顾问和知己的形象。他的这位朋友看起来“精神压力很大”，“大概已经准备好招供了”，尽管他们此前只是公事上的关系，但四年来福克斯已经成了他的朋友。[50]

前一年夏天，福克斯的父亲来哈韦尔时，阿诺德曾见过他，如今阿诺德的母亲又刚刚去世，他们谈起了家族史。阿诺德随后小心地把话题转到了政治上；英国工党政府的规定任期即将结束，还有三个多星期就要大选了。① 埃米尔在德国俄占区的任命成了这次午餐中的幽灵，谈话于是转到了更广泛的政治上。福克斯接着说，他不赞成共产主义——“因为它是在苏联实行的”。但在阿诺德听来，这句话暗含的意味是福克斯 284
认为共产主义的原则大体上是可以接受的；无论如何，这个限定条件对阿诺德来说都很重要。[51]

阿诺德随后提出了福克斯与“塞登先生”（斯卡登上次用过的化名）会面的问题。这似乎突破了福克斯的防线。作为回应，他要求与斯卡登进一步谈话，并要求在他自己的家里进行。

午餐后，阿诺德一回到哈韦尔就打电话给罗伯逊，说他见过了福克斯，后者要求与斯卡登再谈谈。阿诺德说，他觉得福克斯“非常想谈，而且会说很多”，可能已经准备好坦白了。

① 1 月 11 日宣布了大选。——作者注

约谈定于第二天上午在福克斯位于哈韦尔的家中进行。这将是第四次约谈。

## 1 月 24 日星期二：第四次约谈

上午 11 点，斯卡登到了福克斯家。门打开时，斯卡登并没有说“上午好”或“你好吗?”之类的问候语。这不是社交聊天。相反，他开门见山地说：“你要求见我，我就来了。”福克斯答道：“是的，不如说现在一切都取决于我了。”[52]

他们面对面地坐在福克斯客厅里的两把扶手椅上，分坐在温暖了这间简陋住所的炉火两侧。福克斯开始说话了，但他似乎不愿贸然行事。两个小时里，福克斯拐弯抹角地给斯卡登讲述了他的人生故事。斯卡登在第一次约谈中听过一些原始的细节，但现在福克斯开始透露更多的内在自我。福克斯从与阿诺德的密谈开始，一路讲到了他在德国为共产党地下组织所做的工作，以及他与纳粹的斗争；除了苏联以外，他觉得没有一个国家真心实意地努力打败纳粹及其所代表的一切。他在战争爆发时被捕并被遣送到加拿大一事，在某种程度上强化了这种观念，当时他本想更积极地参与英国的抗战。

到了这个阶段，福克斯似乎比前一天与阿诺德在午餐时的谈话更进了一步。这是因为他在自己家里比在大众餐馆感到更自在，还是因为阿诺德的友谊使他放松下来，创造了他现在可以坦白的环境，这一点很难说清。当然，到目前为止，斯卡登
285 似乎只是在倾听。如果福克斯坐在分析师的椅子上，而斯卡登是心理顾问，这就是标准的做法。斯卡登推断福克斯“承受着相当大的精神压力”。

到目前为止，这次约谈很符合伯特警官的论点——有罪的

一方会开诚布公，解释他们的动机。然而到了某个时刻，就需要做个了断了。最后斯卡登插话说：“你给我讲了一个很长的故事，提供了行为的动机，但对行为本身却只字未提。”福克斯继续他的独白，但令斯卡登失望的是，他没有承认任何间谍活动。斯卡登建议福克斯应该“把整个故事都告诉我，从而卸下思想包袱，也好无愧于良心”。然而，斯卡登试图扮演告解神父的角色，却一无所获，因为福克斯反驳说：“我是绝对不会被你哄得开口的。”[53]

此时已是 1 点钟，他们起身去吃午饭。[54]福克斯开车，两人去了阿宾顿，在市场广场的女王饭店（Queen's Hotel）吃饭。女王饭店是阿宾顿当时最豪华的饭店，以其亚麻桌布，身着深色西装、领口上浆的服务员而闻名。[55]吃饭过程中，福克斯“相当心不在焉”，在斯卡登看来，“似乎正在下决心”。这已经是福克斯连续第二天在大众餐馆与安全官员一起用餐了。他与阿诺德的午餐使他决定去见斯卡登，现在“他们就坐在这里”。福克斯促成了这次会面，但似乎无法将其进行到底。

然而，一定是圣主显灵了，因为福克斯似乎突然拿定了主意，建议他们“赶快回他家”。斯卡登判断福克斯“急于立即继续审讯”。

回到哈韦尔后，福克斯告诉斯卡登，他判断“回答斯卡登的问题对他最有利”。他神秘地说，他“目前问心无愧，但非常担心自己的行为会对他在哈韦尔建立的友谊产生影响”。

福克斯到现在还没有开腔，这只是大幕拉开前的序曲而已。斯卡登直觉地观察到了福克斯的弱点，于是乘胜追击，直接问他：“你有没有把情报传递给俄国人？”福克斯回答说，他从“1942 年中期到大约一年前”一直在从事间谍活动。[56]

直到那一刻之前，从没有人怀疑过福克斯整整做了七年的间谍。面对唯一一位目瞪口呆的听众，福克斯的故事徐徐展开。斯卡登发现“在不定期但频繁的会面中，不断有关于原
286 子能的情报被传递出去”。福克斯告诉斯卡登，他是在无人与他接洽的情况下主动开始的，并描述了第一次见面和后来的会合是如何安排的。独自坐在福克斯客厅里的斯卡登了解到福克斯对俄国人有多重要。①

福克斯说，他一开始是把自己头脑的产物传给了别人（按照利德尔的判断，这“显然在一开始减轻了他的良心负担”），但“最终把他能弄到手的原子弹的全部细节都给出去了”。[57]

福克斯介绍了见面的性质，这些碰头一般都很短。他解释了自己如何传递文件资料，以及对方随后会安排下一次见面的情况。对方有时会向他提出一些问题，但他觉得这些问题来自其他人员，而不是来自他的联络人。福克斯说，他传递给俄国人的最糟糕的东西是“原子弹的制造方式”。

即便对于斯卡登这个对核物理一窍不通，但对广岛和长崎的影响了如指掌的人来说，这番供词也一定令他大吃一惊。福克斯仿佛是在为自己找借口，说他除了解释一般原理外，不可能再做更多的事情，而且这种武器的基础设施还需要俄国人进行工业规模的开发。福克斯补充说，俄国人在 1949 年 8 月引爆原子弹时，他“多少有些吃惊”，因为他认为虽然他们或许在科学上足够先进，但“从商业和工业的角度来看，不相信

---

① 尽管罗伯逊和阿诺德曾讨论过在福克斯家中和办公室安装麦克风的安排，而且档案中也充斥着窃听的证据，但作为事件高潮的这次对话的记录不是丢失就是被扣留了。——作者注

他们能做到此事”。[58]

福克斯强调，他的妹妹克里斯特尔对他的非法活动一无所知。如果她在波士顿看到了什么，可能会认为这“只是她早年间在德国参加过的地下活动的延续”。克劳斯·福克斯承认自己从事了七年的间谍活动，这让他的妹妹克里斯特尔沦为一个小角色并免于被起诉。他在给克里斯特尔的信中也这样暗示：“我们陷得太深，必须为此付出代价，［并且］我们一般不会抱怨［所付出的］代价。”[59]

现在，福克斯开始支吾其词地解释他为什么选择坦白。与他对阿诺德所说的话相呼应，他这时向斯卡登解释说：“我仍然相信共产主义，但不是像今天在苏联实行的那样。”[60]他“最近”决定自己“只能在英国定居”。英国向他提供了庇护，他 287
尊重英国的自由主义理想。他的同事尊敬他，他也尊敬他们。派尔斯夫妇接他回家，像家人一样待他。福克斯非常担心自己的行为会影响到这些友谊。后来的事件表明，他可能还补充说自己被埃尔娜·斯金纳迷住了，并已向她坦白。如果事实如此，军情五处却并没有公开宣传：这将是属于斯卡登的胜利。①

斯卡登从福克斯的供词中回过神来，说自己愿闻其详，他们同意在 1 月 26 日星期四再次见面。军情五处公布的记录没有透露这顿午餐是谁付的账。

斯卡登随后致电军情五处，告诉罗伯逊上校说福克斯已经“全面供认了从 1942 年到 1949 年 2 月期间曾代表俄国人从事

---

① 后来在 1952 年，福克斯和赫伯特·斯金纳的往来信件表明，福克斯曾对埃尔娜说过，军情五处正在追捕他，并解释了原因（TNA KV 2/1259）。——作者注

的间谍活动”。[61]罗伯逊的震惊可想而知：“维诺那”指出了1944年的一次单一事件，而现在福克斯承认了七年的间谍活动，其中包括他在哈韦尔的这段时间。他越听越吃惊，福克斯承认曾向俄国人提供了“他所掌握的有关英美两国原子弹研究的全部资料”。斯卡登在电话的最后说，福克斯没有牵连其他任何人，并声称不知道任何联络人的身份。特别是他没有说出“1942年”在英国首次将他引入苏联间谍系统之人的名字。①

斯卡登同意第二天上午10点在总管办公室做详细的报告。[62]

斯卡登离开哈韦尔后，阿诺德注意到，福克斯一直在办公室的办公桌上把大量文件整齐地堆放在一起。阿诺德前一天下午也看到他做同样的事情，但他没有想过其中的意义。他现在认为有必要报告此事，因为这可以看作是福克斯正在计划“脱身”的一个迹象。当然，也有可能是福克斯在为最终的继任者把事务安排妥当。

288 阿诺德决定，他只要有机会就会进入福克斯的办公室，弄清楚福克斯一直在整理什么类型的文件，有什么目的。不过，只要他在下班后看到福克斯还在办公室里，就会进去询问后者

---

① 1月24日，福克斯告诉斯卡登，他“从1942年”开始从事间谍活动。1月26日，他说，“比1941年10月稍晚一些，在［我］被批准从事绝密工作时……，［我］向一位朋友表示，希望给俄国人传递秘密情报”。福克斯把他早期从事间谍活动的时间变成了比实际情况晚大约六个月。这个不正确的时间表从未受到军情五处的质疑，并成为福克斯传说的一部分。看来，福克斯是在刻意隐瞒他1941年的间谍活动，很可能是因为他最初的接触是在《苏德互不侵犯条约》依然生效的时间内——该条约直到1941年6月前都有效。——作者注

在干什么。反正对阿诺德来说，这都是正常的行为。

同时，当晚8点10分，罗伯逊提醒窃听人员，晚上要注意监听福克斯办公室里的动静。半小时后，他们打来电话说福克斯在家里生火。[①] 他可能是在销毁文件，但"这只是猜测"。罗伯逊决定提醒阿诺德，但他"不在哈韦尔，电话也打不通"。当晚10点，罗伯逊联系到了阿诺德，但他的电话是在开放线路上，这限制了谈话的内容。阿诺德说，第二天他也许能进入福克斯的家，但会非常小心，以免被人发现。

---

① 这表明对福克斯家的窃听仍在进行（见页边码第286页作者注）。——作者注

# 第十八章　收网：1950 年

## 1 月 25 日星期三

289 次日上午 10 点，军情五处的主管们在莱肯菲尔德大楼会合，听斯卡登做报告。他讲完之后，会议室一片震惊。福克斯叛国的程度及其影响令人难以置信。

会议持续了一个小时。与会人员一致认为，必须确保福克斯保持目前的精神状态，以使正式审讯的成功机会最大，并为该案具有法律效力做好准备。盖伊·利德尔当天的日记透露了军情五处的副总管是如何看待这出正在上演的大戏的。他不明白福克斯为何会突然坦白，而且采取了如此隆重的方式：

> 很难说**福克斯**在要求约谈时心里的决定性因素是什么……他得知自己不得不离开哈韦尔时，科克罗夫特曾对他说，很遗憾他没有对安全当局开诚布公。[我想，] 他曾与自己在哈韦尔的顶头上司斯金纳谈过此事。同时，他与斯金纳夫人过于亲密的关系也被曝光了。所有这些因素，再加上他早先接受斯卡登的审讯也有一定程度的精神消耗，可能导致他想卸下心头的包袱。[1]

与此同时，亨利·阿诺德在哈韦尔与福克斯进行了半小时的谈话，福克斯为自己对他“守口如瓶”表示了歉意。[2]福克斯还暗示，他相信阿诺德知道的“远比自己承认的要多”。“阿诺德没有透露任何消息。”[3]利德尔身处军情五处谍报系统中心的位置，他的叙述暴露出他全然无视福克斯的供认是局外人阿诺德多年耐心培养的结果。阿诺德早已是福克斯的知己，这在 1 月 24 日他们共进午餐时结出了成果，当时阿诺德以即将举行的大选为切入点，福克斯随即表明了自己的政治立场。斯卡登 290
必须完成这个任务，利德尔认识到这需要相当高的技巧。他在日记中继续写道：“根据［福克斯］的话，虚荣心显然起到了很大的作用。他用两个小时试图解释自己的心理构成，但对他因此而做的事情却只字不提。”

“他在谈话中明确表示，在他看来，他在哈韦尔是个不可或缺的角色，应该保留他的职务。他显然认为自己不费吹灰之力就能说服当局保留他的职务。我想这就是他的虚荣心和自大狂的根源所在。”[4]

“虚荣心和自大狂”是军情五处用来诋毁其猎物的方便标签，虽然福克斯无疑表现出了这样的特点，但这些并不能真正描述他的处境。福克斯完全明白自己对英国原子弹战略的独特的重要性。首先，他了解军情五处不知道的事情：英国正在制造自己的原子弹，而他是这个项目的关键人物。他是世上最了解这种武器的专家之一，到 1950 年，他对原子弹的了解无疑要比英国包括原子弹之父鲁道夫·派尔斯在内的任何人都多。更重要的是，福克斯对热核武器——氢弹——的深入了解也是独一无二的。克劳斯·福克斯不仅对哈韦尔的民用核项目不可或缺，对威廉·彭尼和他的霍尔斯特德堡团队力图使英国成为国际核武器强国的工程也必不可少。

利德尔不清楚这种科学和地缘政治的背景，他断定，“**福克斯**显然是一个世上难寻的思维混乱的好例子。从心理学的角度来说，这个案子非常有意思，因为它显示了我们所面对的是个什么样的人”。接下来，利德尔转而评估了军情五处的主要问题：他们过去是否犯了明显的错误，以至于让福克斯漏网了；以及最重要的、从务实的角度来看，他们可以采取怎样的措施来避免在未来重蹈覆辙。

当然，事后的分析可以作为前车之鉴，但从一开始，军情五处的主管们似乎就想表明，无论导致福克斯背叛的原因是什么，他们都不可能合理地采取更多措施来加以阻止。利德尔当天就在日记中开始了这种“非我之过”（*non est mea culpa*）的表述：

> 迪克［·怀特］、罗杰［·霍利斯］和我一直在从我们在此案和许多其他案件中所采取行动的角度来审查［福克斯］的泄密情况。战争期间，**福克斯**被派往美国时……连温斯顿［·丘吉尔］都认为反纳粹是有价值的
291 宝贵财富。**福克斯**就是在这种氛围中得到录用的。他回国后，在我们被要求审查他之前，就已经在哈韦尔了。关于此事有相当多的争论，我们最后决定，还是有责任把所知的情况告诉原子能科学研究院，但在我们看来，此举并没有什么积极意义。我们当时知道的只是**福克斯**曾与某个青年运动有联系，该运动在德国与纳粹做斗争；他被关在加拿大时，曾与拘留营里的共产党人弗里茨·**卡勒**结交。这不足为奇，因为其他许多囚犯都是亲纳粹的［本书作者强调］。当然，我们本来可以对**福克斯**在哈韦尔的［就

> 业］问题采取更强硬的立场，但我十分肯定，鉴于他过去在原子能方面所做的工作以及他在整个项目中所任职务的重要性，我们将一无所获。如果我们总是采取完全僵化的路线，政府部门只会碍于情面说“哦，好吧，安全局当然会驳回这样的要求”，最终我们给出的任何建议都会遭到忽视。我认为从反间谍角度来说，毫无疑问，如果我们在**福克斯**回到这个国家时，就以过去六个月的方式对他穷追不舍，我们无疑就会戳穿他的谎言。但根据现有的资料，我们很难理解为什么在已经登记在册的那么多人中间，要把他作为特别调查的对象。[5]

后一点当然是真的，但其余的大部分内容都纯属虚构。首先，说福克斯在纳粹德国与“某个青年运动”有联系，是极其委婉的说法；给军情五处的情报——尽管它源于盖世太保，多少算是个污点——无误地指出，他曾参加过共产党地下组织。其次，正如福克斯在第一次约谈时向斯卡登解释的那样，加拿大拘留营的囚犯主要是德国犹太人，肯定不是“亲纳粹”分子。与霍利斯一直以来的解读相反，福克斯与卡勒的关系并非无足轻重。利德尔似乎也还不知道，简和约翰·阿彻在 1946 年就曾认为福克斯“很可能”是间谍。最后，也最令人不安的是，利德尔断言福克斯“在我们被要求审查他之前”就在哈韦尔了。利德尔似乎忘记了，福克斯在 1943 年就因为要转去美国而受过审查——或者说本应如此——而当时军情五处对美国人故意隐瞒了关于其“倾向”的信息。

评价完过去的经验教训后，利德尔最后提出了对目前情况的看法。鉴于此案绝非无懈可击，他或许过于乐观地总结道： 292

“现在可以对福克斯提出指控了。”[6]福克斯确实已经坦白，但当时的情况有诱导的味道。他既没有受到警告，也没有签署书面声明，所以当局仍然没有任何有法律价值的东西来证明他有罪。军情五处现在确定了他们的猎物，但他们还没有任何证据可以将其告上法庭。

## 1 月 26 日星期四

在哈韦尔进行那次决定性约谈的两天后，吉姆·斯卡登再次去见福克斯，希望能有些白纸黑字的收获。这是第五次约谈了，但福克斯还没有得到警告。当天上午早些时候，福克斯曾去拜访阿诺德，阿诺德直截了当地问他：“你是否向俄国人透露了关于原子研究的非常重要的情报？”福克斯承认了。阿诺德继续追问，福克斯确认这些情报“是机密”。[7]斯卡登当天上午来了，和上次一样，在福克斯的客厅里与他会面。[8]福克斯相当合作，但在联络人的问题上含糊其辞，故军情五处怀疑他是在保护那些人。福克斯坦承自己是在保护妹妹；间谍活动的潜规则如今要求他保持沉默，以保护莫斯科的联络人。

斯卡登从头开始询问福克斯的间谍活动始于何地，又是如何开始的。福克斯说，他认为是始于比 1941 年 10 月稍晚些的时候，在伯明翰与派尔斯教授一起获准从事绝密工作后，他向一位朋友表示，希望把重要情报转交给俄国人。实际上，当然，福克斯早在 1941 年夏天就已经开始活动了，而且他的首批动作开始得更早。[9]

福克斯向斯卡登坦率地说明了时间和地点——尽管在后来的各种场合被问及这些情况时，细节有所改变——但在人的问题上始终含糊其辞。例如，他说第一次见面是在伦敦海德公园南边的一栋私人住宅里，他在那里遇到了一个“他认为是俄国人”并且“可能穿着制服”的男人。这可能是福克斯在时隔九年后搞混了，也可能是故意给出的虚假情报：如果从劳恩路的房子向北走五分钟，就能看见汉普斯特德荒野绵延无际的青翠草地。至于他与“索尼娅”的会面：是“在班伯里附近的一条乡间小道上与一个外国女人会面”。福克斯对纽约事件的描述是，他与一个“大概是俄国人”的男子“见过三四次面”。当然，实际上他与哈里·戈尔德——一个美国人——见过七八次；此后，在他1946年返回英国之前，还“可能”在 293
圣达菲见过两次。

福克斯“最渴望”能尽快解决自己的前途问题。讽刺的是，他想知道当局是否会“清楚地理解他的立场”，但他似乎没有意识到他的供词所造成的情况的严重性。斯卡登利用福克斯希望得到理解这个缺口，问他是否愿意做一份书面声明，“包括他认为应该记住的全部细节”。[10]福克斯同意了，他们商定次日，即1月27日星期五，在伦敦见面。

与斯卡登会面后，福克斯立即投入到解决他的理论物理学团队的幸福问题中，那里正在上演另一场大戏。在那些决定命运的日子里，正如我们看到的那样，他的行动揭示了他准备面对自己的“磨难”时的真实想法。回想一下，玛丽·比内曼在新年前夜试图与布赖恩·弗劳尔斯分手，以此来挽救自己的婚姻，但以失败告终。这发展成一场危机，玛丽经历了精神崩溃，这导致她被送进了牛津的沃恩福德医院，这家精神病院在当时备受争议。根据军情五处的档案记录，当时的残酷说法是，玛丽因为“精神失常”而被关进了“疯人院”。[11]亨利·阿诺德开车送她去了那里；玛丽后来回忆说，他当时“心事重重”。

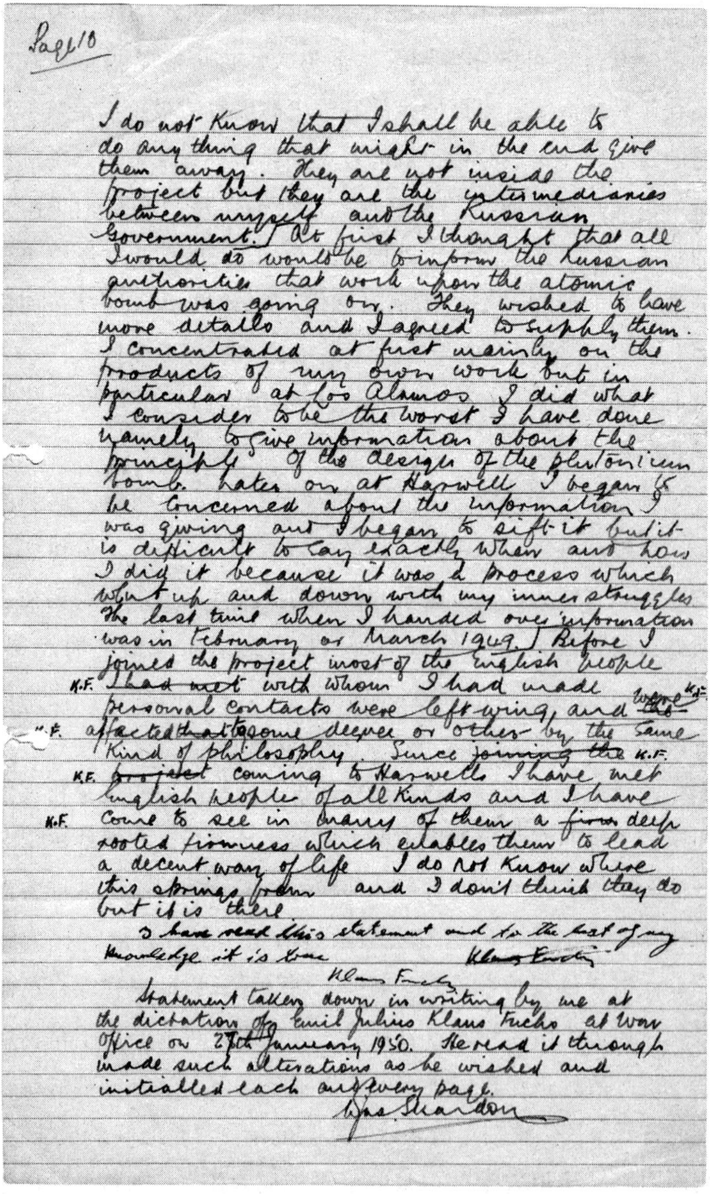

Page 10

I do not know that I shall be able to do anything that might in the end give them away. They are not inside the project but they are the intermediaries between myself and the Russian Government. At first I thought that all I would do would be to inform the Russian authorities that work upon the atomic bomb was going on. They wished to have more details and I agreed to supply them. I concentrated at first mainly on the products of my own work but in particular at Los Alamos I did what I consider to be the worst I have done namely to give information about the principle of the design of the plutonium bomb. Later on at Harwell I began to be concerned about the information I was giving and I began to sift it but it is difficult to say exactly when and how I did it because it was a process which went up and down with my inner struggles. The last time when I handed over information was in February or March 1949. Before I joined the project most of the English people K.F. ~~I had met~~ with whom I had made personal contacts were left wing, and were K.F. ~~the~~ K.F. affected ~~that~~ to some degree or other by the same kind of philosophy. Since ~~joining the~~ K.F. K.F. ~~project~~ coming to Harwell I have met English people of all kinds and I have K.F. come to see in many of them a ~~firm~~ deep rooted firmness which enables them to lead a decent way of life. I do not know where this springs from and I don't think they do but it is there.

I have read this statement and to the best of my knowledge it is true. Klaus Fuchs

Klaus Fuchs

Statement taken down in writing by me at the dictation of Emil Julius Klaus Fuchs at War Office on 27th January 1950. He read it through made such alterations as he wished and initialled each and every page.

Wm. Skardon

斯卡登誊录的福克斯供词，经福克斯确认

1 月 24 日，布赖恩·弗劳尔斯去看望她，这正好是福克斯向斯卡登坦白的时间。第二天上午，福克斯见到弗劳尔斯，听说了玛丽的情况后，他提出下次去医院时开车送弗劳尔斯，因为福克斯觉得自己可以给她一些有益的忠告。1 月 26 日下午，他结束了与斯卡登的约谈之后就去了。但他在动身之前给埃尔娜打了电话，他们的谈话揭示了他内心的不安。[12]

埃尔娜说福克斯听上去很虚弱，并暗示他在这项社会工作中承担了过多的责任。他回答说：“刚才，我还在延续一切事项都亲力亲为的习惯。”

“哦，你**千万别**这么干，”埃尔娜告诫道，“我更坚强，也更理智。”

她问克劳斯能不能找别人带布莱恩去见玛丽，但福克斯坚持要亲自去。然后，她说了一句引起巨大共鸣的话，向他提出了挑战：“好吧！你能开车吗？因为如果你要像最近载我那样开车的话……！”[13]埃尔娜的话呼应了军情五处跟踪人员的说法，即福克斯这位经验丰富的安全驾驶者那次开得很古怪。毫无疑问，福克斯肯定早就知道自己被跟踪了，而埃尔娜的评论表明，他的反侦察手段并不完美。 295

福克斯带弗劳尔斯去医院看玛丽时，根本不需要盯梢。后来她回忆说，福克斯“善良而温柔”。他劝她下定决心，坚持自己的信念，话语中带着对自己心境的诡异洞察。他说，他的成长经历教会了他，如果某个行动方针“毫无疑问是正确的”，就应该坚持下去而不理会任何反对意见。福克斯说，“每个人都有自己的良心，必须服从良心的命令”。[14]

那天，玛丽·比内曼和克劳斯·福克斯用无私的决定解决了各自的危机。玛丽决定，她必须把孩子们的需要放在首位，留在丈夫身边。福克斯决定，与自己的前途相比，他必须以保护妹妹为重。

## 1 月 27 日星期五

第二天上午 10 点 45 分，斯卡登准时在帕丁顿车站与福克斯见面，陪他到陆军部 055 室。这已经是斯卡登和福克斯的第六次谈话了，后者直到现在才得到警告。如果福克斯现在三缄其口，国安部门可就完蛋了；福克斯肯定会被调离哈韦尔，但不会遭到起诉。斯卡登问福克斯是否还愿意让他录下口供。这是一个关键时刻。福克斯说："是的，我很理解，希望您继续下去。"[15]就这样，一连串的事件开始了，这些事件不仅让福克斯锒铛入狱，还导致苏联在北美的间谍网元气大伤，埃塞尔和朱利叶斯·罗森堡①也最终伏法。

为了呼应前一天他对玛丽·比内曼说过的话，福克斯口述道："人的内心总有一些不能无视的道德行为标准。在行动时，自己的头脑必须清楚它们是对是错。"[16]福克斯在收尾时说，他最急于知道自己的前途，不想把时间浪费在澄清问题上。福克斯似乎认为，他把所有的事情都说出来了，现在他和朋友们的关系也就清清白白，至于他的职业生涯，不管是在哈韦尔还是在某所大学，一切的不确定最终都会迎刃而解。福克斯后来告诉亨利·阿诺德，他的自白书"是为几个人写的，你是其中之一"。[17]至于福克斯在哈韦尔的未来，斯卡登避重就轻，说是"正在积极考虑中"。福克斯在供述中提出可以提供

---

① 埃塞尔·罗森堡（Ethel Rosenberg，1915—1953）和朱利叶斯·罗森堡（Julius Rosenberg，1918—1953）夫妇是冷战期间美国的共产主义人士。他们被指控为苏联进行间谍活动，判决与死刑的过程轰动了当时西方各界。

他传递给俄国人的所有技术资料。斯卡登表示，如果福克斯有 296
此意愿的话，自己准备在 1 月 28 日星期六和 29 日星期日去见他，以跟进此事，但“认为休息一下对他有好处”。福克斯请求休息一下，并同意在 1 月 30 日星期一去见供应部负责原子能的科学专家迈克尔·佩林，告知其有关技术泄露的全部细节。佩林不仅想知道他所交出的科学情报的确切细节，还想知道福克斯从俄国人那里所收到的调查表的细节，因为这可以提供有关苏联技术状况的线索。

福克斯随后回到了哈韦尔。埃尔娜去牛津看戏了，晚上 10 点 30 分打电话问福克斯“是过来还是要她去预制板房?”福克斯说他会过去。他直到第二天早上 4 点 15 分才回家。[18]他在告知斯卡登如此多秘密时所表现出的风度和热情，不仅表明他卸下了心头的重担，还暗示了他根本不了解自己的处境有多严峻。

在莱肯菲尔德大楼，斯卡登的消息被认为“极其重要”，因为从现在开始，成功起诉福克斯似乎“绝非毫无可能”。[19]迪克·怀特提醒佩林，安全局也许在“今天或明天”就必须通知联邦调查局了。[20]怀特还说，福克斯在审讯中“拒绝承认间谍活动应被视为犯罪的事实，在这方面，他曾提请注意，他本人在美国获得情报后也曾提供给英国人”。福克斯在这里指的是他在美国获得的，并以民主的方式与英国和苏联“分享”的氢弹情报。

利德尔在当晚日记的总结中流露出对揭穿福克斯的满意之情，但他也开始认识到现在可能出现的深刻的法律问题：

**福克斯**向斯卡登做了供述，这份供述让他罪责难逃。

> [在任何法律程序中]阿诺德和科克罗夫特的供述都会支持这一点。但困难之处在于要避免任何临时性诱供的指控，例如，如果福克斯说，有人告诉他，如果他供认不讳就可以留在哈韦尔，而且他是出于这一动机才向我们和阿诺德做出供述的，那么，起诉即便不是完全不可能，也会极其困难。[21]

在这段文字里，利德尔找到了军情五处的弱点。他似乎担心斯卡登为了让福克斯招供，可能会做得太过火，并对福克斯进行
297 了诱供，哪怕只是暗示。在称职的辩护团队看来，福克斯有可能对一切起诉造成破坏。福克斯的行为似乎都符合他受到蒙蔽的情况，他认为自己的所作所为只是一个小小的过失，只要他配合调查就可以既往不咎了。利德尔慎重考虑该如何对此做出回应，并评估了反方的论点：

> 反之，如果他只是在催促之下把整件事说出来，并向他一直欺骗的雇主说明自己的真正用意，那情况就很清楚了。事实上，他在供述中非常强调道德的一面，但我倾向于认为他很可能动机不纯。当然，我们始终可以说，如果有人建议他留在哈韦尔工作，那也只适用于他承认自己的热情在战争年代便消耗殆尽，而且在他加入哈韦尔时，这种活动就已经停止了。事实上，当然，他现在告诉我们的是他一直活跃到1949年2月。[22]

在最后这两句话中，利德尔事实上承认了诱供的存在，否则为什么要费尽心思考虑辩护词呢？福克斯承认他离开美国后

仍在积极从事间谍活动，军情五处在极端情况下可以利用这一点，声称“是的，我们同意把战时的违法行为一笔勾销，但福克斯随后却把他的罪行提升到了一个新的高度”。

现在还剩下三项任务。第一，了解福克斯向俄国人传递的技术细节，这需要迈克尔·佩林约谈福克斯。为此，军情五处将此项工作安排在 1 月 30 日星期一，在陆军部进行。第二，有必要借助法律咨询为本案的起诉做准备，如果此举合法，就着手逮捕福克斯。第三，也是最迫切最重要的，必须仔细监视福克斯，确保他不会失踪或销毁任何证据。

## 1 月 28 日星期六和 29 日星期天

随着抓捕福克斯的目标在望，军情五处越来越紧张了。周六傍晚 6 点 45 分，纽伯里的窃听人员提醒罗伯逊上校，福克斯在办公室里待了 20 分钟，听起来像是在清理。罗伯逊给阿诺德打电话，后者解释说，那天到哈韦尔的访客数量不少。福 298
克斯因此不得不在办公室里接待其中的几个人，所以事后可能必须要收拾一下。阿诺德说：“如果福克斯星期天出现在办公室里，那就更不寻常了。”[23]

第二天又发生了类似的事件。他们听见福克斯在上午 10 点左右起床生火，然后回到床上。军情五处似乎一整天都没有记录他的任何行动。当最终在下午 6 点前不久恢复了联系时，窃听人员报告说，有人听到福克斯在办公室里，似乎在“撕毁东西”。这种情况持续了大约一个小时。

罗伯逊打电话给阿诺德，后者这次认为，福克斯出现在办公室里很不正常。阿诺德决定第二天早上在清洁工到来之前去福克斯的办公室检查一下废纸篓，“碰碰运气，看看是否能发现福克斯在做什么”。罗伯逊提醒阿诺德要小心，因为福克斯本人可能第二天一大早就在办公室了，因为他上午 11 点在陆军部有一个约会。

## 1 月 30 日星期一

窃听人员在“8 点 13 分到 9 点之间”听到福克斯在他的预制板房里，然后他打电话叫车送他去迪德科特车站。阿诺德检查了福克斯的办公桌和废纸篓，然后在上午 9 点 45 分打电话给罗伯逊说，前一天晚上福克斯确实出现在办公室里，但在他看来不必恐慌。阿诺德证实，福克斯现在正前往迪德科特车站，准备去伦敦与斯卡登见面。

事情发生的顺序与星期五相同：10 点 45 分，福克斯的火车驶入帕丁顿车站时，斯卡登正在那里等候，他们一起前往陆军部，再次来到 055 室，但这次是去见佩林。

在佩林到场之前，福克斯告诉斯卡登，自己有话要对他说。福克斯表示，他在与俄国人接触的过程中，认为还有其他人向他们传递情报。此外，福克斯表示，他未能到场的最后一次见面地点定在了帕特尼的“斑点马”酒馆，或者是他以为的伍德格林地铁站附近的另一家酒馆。福克斯的行为与他讨好的愿望是一致的，仿佛他还可以通过合作来赎罪一样。实际上，他提到的地点都已经没有任何意义了，没有增加任何有助于识别其同伙的东西。

佩林和斯卡登做了笔记，而军情五处监视部门的秘书格里
299 斯特夫人的任务是誊写会议的录音。然而，罗伯逊听到这段录音时，意识到其中包含了高度机密的事项，其程度超出了格里斯特夫人的安全许可级别。他采取了务实的做法：他“警告

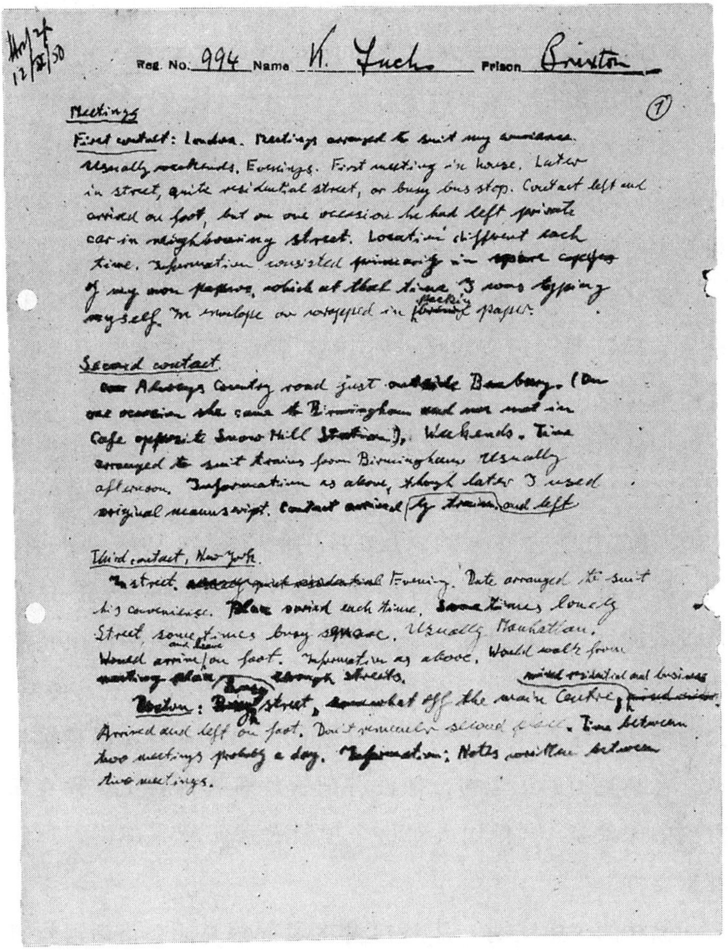

12/II/50

Reg. No. 994 Name K. Fuchs Prison Brixton

(1)

Meetings

First contact: London. Meetings arranged to suit my convenience. Usually weekends. Evenings. First meeting in house. Later in street, quite residential street, or busy bus stop. Contact left and arrived on foot, but on one occasion he had left private car in neighbouring street. Location different each time. Information consisted primarily in copies of my own papers, which at that time I was typing myself. In envelope or wrapped in packing paper.

Second contact

Always country road just outside Banbury. (On one occasion she came to Birmingham and we met in Cafe opposite Snow Hill Station). Weekends. Time arranged to suit trains from Birmingham. Usually afternoon. Information as above, though later I used original manuscript. Contact arrived by train and left.

Third contact, New York

In street. quiet residential. Evening. Date arranged to suit his convenience. Place varied each time. Sometimes lonely street, sometimes busy square. Usually Manhattan. Would arrive and leave on foot. Information as above. Would walk from meeting place through streets.

Boston: Busy street, somewhat off the main Centre in mixed residential and business. Arrived and left on foot. Don't remember second fossil. Time between two meetings probably a day. Information: Notes written between two meetings.

福克斯给斯卡登和联邦调查局记录的手写书面证明体现了布里克斯顿监狱的文具质量

格里斯特夫人把对录音的了解控制在尽可能小的范围内”。罗伯逊与迪克·怀特讨论了这个问题，之后他又下达了更明确的命令：“记录以及在录音过程中可能做的任何笔记，都要由［格里斯特夫人］保存在安全的地方。”为了避免引起怀疑，她被告知这是因为将来某个时候“可能需要在短时间内进行抄录”。[24]这种对安全的担心有些可笑，因为即使格里斯特夫人理解钚、内爆和中子吸收截面的概念，福克斯也已经把所有情报都交给俄国人了。

佩林将福克斯承认的间谍活动分为四个时期，第一个时期是从“1942 年［原文如此］到 1943 年 12 月”。[25]佩林记录道，此时福克斯认为原子弹计划“充其量”也只是有“用于发电的远期可能性”，并打算只交付自己的工作内容。他在伯明翰复制了“MS 系列”的文件。

“第二期”是在纽约，从 1943 年 12 月到 1944 年 8 月。福克斯告诉佩林，他在这个时期了解了美国建造大型气体扩散设备的计划。他对钚没有实际的认知。他去过一次蒙特利尔，知道那里的重水反应堆正在建设。但他对此并无兴趣，因为他认为这是一个长期的核电项目，并没有与武器直接挂钩。在福克斯的记忆中，他没有把这件事告诉特工。福克斯得到的印象是，“俄国人对这个项目普遍很感兴趣，并理解其重要性”。[26]

佩林的“第三期”是 1944 年 8 月起福克斯在洛斯阿拉莫斯的两年时间。福克斯到了那里之后，才意识到这项事业的全部性质和规模。他了解了钚的重要性，以及在橡树岭的一座反应堆里制造钚的计划。他告诉佩林，他把有关钚的情报和“三位一体”炸弹的草图交给了一个人，他推断那人是位工程师，但不是核物理学家。

1946 年 7 月，福克斯离开洛斯阿拉莫斯，这就到了“第四期：1946 年夏到 1949 年春”。其间福克斯在哈韦尔，他声称，这时他“对传递情报的疑虑越来越大”。福克斯说，1947 年俄国人问他关于“氚弹”的问题时，他很惊讶。[27]福克斯还说，1948 年，他被要求提供一份乔克里弗的详细报告，而他从未见过这份报告。福克斯声称：“所有这些问题都证实了［我的］观点，即俄国人可以从其他的一个或多个来源获得情 301
报。”佩林在其报告的空白处强调了这一点。

我们不清楚这些消息的来源是在乔克里弗、洛斯阿拉莫斯还是在哈韦尔，但福克斯对佩林说的一番话补充了他在车上对斯卡登说过的内容，并使军情五处怀疑有其他间谍在行动，而这些间谍很可能就在哈韦尔内部。[28]1950 年 2 月和 3 月，军情五处对哈韦尔方面可能的泄密行为进行了适当的检查，并调查了其雇员与共产主义者的关联。这使得布鲁诺·蓬泰科尔沃①——哈韦尔的一位世界级科学家，也是福克斯的同事——在 4 月去找亨利·阿诺德，告诉他说自己有“共产党亲戚”，后来又（在 1950 年 9 月）投奔了苏联。[29]福克斯还告诉佩林，1949 年 8 月苏联原子弹爆炸的消息让他很惊讶；他判断，如果他的情报是他们所掌握的全部内容的话，那就“太快了”。这进一步证明，福克斯并非孤军奋战。

会议开了四个小时，中间有午餐时间。斯卡登安排第二天

① 布鲁诺·蓬泰科尔沃（Bruno Pontecorvo，1913—1993），意大利裔苏联核物理学家，恩里科·费米的早期助手。他是高能物理专家，尤其专注于中微子的研究。1950 年投奔苏联后继续从事 μ 子和中微子的研究工作。

去见福克斯，想确认他的俄国联络人。福克斯已经告诉斯卡登，他的会面都是在星期六晚 6 点至 8 点进行的，所以军情五处决定从那个周末开始，每个星期六晚上监视帕特尼和伍德格林的酒吧，监视将持续一个月。他们还计划询问酒馆老板们"星期六晚上的这段时间在他们的酒馆里看到过什么外国人"。[30]

福克斯回到哈韦尔，晚上 8 点 50 分致电埃尔娜·斯金纳，她问他为什么不早点儿打电话来——她已经"等了好几个小时"了——还有他为什么不直接来见她？福克斯告诉她，他回家照看一下炉火，但现在就会骑自行车来见她。

他们在一起待了几个小时。军情五处提到福克斯"在 22 点 46 分回到预制板房。23 点 35 分就寝"。[31]

## 1 月 31 日星期二

福克斯在 9 点前后起床了。纽伯里电话局的监听人员听到他在 9 点半之前都在预制板房中活动，之后他又在办公室里被跟踪了一上午。12 点 40 分，他会在哈韦尔的正门被人接去伦敦，与斯卡登进行下午的会议。

虽然哈韦尔没有人知道即将压垮克劳斯·福克斯的危机有多严重，但人们感觉到一切都不太妙。斯金纳夫妇所承受的压力显而易见。埃尔娜 10 点半给福克斯打电话，说赫伯特累得瘫在床上。她让福克斯从伦敦回来后直接来见她。

302 她接着问道："你睡得怎么样？"

"哦——呃，还好。"福克斯答道。

埃尔娜不甘心地叹了口气："这正是我一直担心的。"

福克斯为了让她放心，说自己"没事"。埃尔娜的母性本能现在占了上风。

“你真的没事?”她追问道。

福克斯说没事，她又问道：

“你去［伦敦］没关系吗?”

福克斯向她保证道：“没关系的。”

“好吧，那我们晚上见。”[32]

见过斯卡登后，福克斯在晚 7 点回到家，有人听到他在家里活动了两个小时，然后去见了埃尔娜·斯金纳，把自己今天的情况说给她听。他半夜回家，但凌晨 1 点电话响了，埃尔娜叫他回去。他在那里住了一夜，天亮前才回自己的预制板房。

当天下午，福克斯与斯卡登的约谈从 2 点半一直持续到 4 点。斯卡登向他展示了“目前或曾经在英国的俄国男女”的大约 1000 张照片，其中包括“苏联外交信使”、“苏联大使馆和苏联贸易代表团成员”，以及“1946 年到 1949 年 3 月期间在英国的俄国人”。然而，这份详尽的名单并不详尽，因为西蒙·克雷默和阿纳托利·雅兹科夫都不在其中。从一众俄国面孔中，福克斯选出了 24 个“熟悉”的人。[33]军情五处还收集了“英国共产党员”和若干人的 40 多张照片，“其中有许多英国人”，他们“已知或被怀疑从事了情报活动”。[34]福克斯将他的一个联络人描述为一个“女人，外国人——尽管英语说得很好——个头矮小，30 多岁，毫无姿色”，他和她见面的地点是在“班伯里附近的一条乡间小道上”。在军情五处听来，这像是乌尔苏拉·伯尔东，斯卡登在 1947 年约谈过她，但没有成功。军情五处后来一直未能证实他们强烈的怀疑，即她是个苏联间谍，或者至少曾经是。他们的档案神秘地记录了她“碰不得”；在打字版的备忘录上加了一个铅笔注释，解释说她应该是一个“难缠的家伙”。罗伯逊将她的一张照片列入了斯卡登收集的证物中。

除了乌尔苏拉·伯尔东之外，还有汉斯·卡勒和于尔根·库琴斯基的照片。我们不知道福克斯是以什么顺序看到这些照片的，也不知道当这三人组的图片出现时，他的眼神会有多么厌倦，但据我们所知，他在一些从未亲自见过面的面孔中发现了“熟悉感”，不过并没有从在他早期的间谍活动中扮演过如
303 此核心角色的三人组中选出任何一个人。福克斯保持了间谍的沉默准则。军情五处的结论相当不具有说服力：“虽然已给**福克斯**看了大量的候选照片，但他无法确定其中任何一张是那个女人的。如果没有进一步的信息，似乎不可能确定这个联络人的身份。”[35]

即使在事后看来，这似乎也是一种非常失败的反应。我们现在知道，伯尔东在福克斯被捕前后离开英国去了东德，可能是金·菲尔比走漏的消息。[36]同年晚些时候，军情五处官员伊夫琳·麦克巴尼特（Evelyn McBarnet）认为，“班伯里的女人”与伯尔东相符，并建议将她的照片再次给福克斯看。似乎可以肯定福克斯在1月时有所隐瞒，因为他在1950年11月立即从他此前否定的同一张照片上认出了伯尔东。[37]此时，伯尔东已安全离开了英国，我们不清楚福克斯如何或者是否知道这一点。

不过在1月31日，福克斯还没有准备好出卖那些他曾传递过机密的人。4点30分，他已在前往帕丁顿车站乘火车回家的路上了，斯卡登与利德尔等人一起去见苏格兰场政治保安处的伯特警官。

国安部门没有逮捕权，因此最后的行动掌握在政治保安处的手中，而伯特警官现在将成为主角。利德尔“当着迪克

[·怀特]、约翰[·马里奥特]、詹姆斯[·罗伯逊]、斯卡登和[军情五处的法律顾问]伯纳德·希尔(Bernard Hill)的面"，给他讲了关于福克斯的故事。[38]

军情五处的官方会议记录平淡无奇地写着："会议的剩余时间里讨论了可能起诉**福克斯**的法律问题。"[39]这是委员会典型的混淆视听的做法，旨在提醒在场的人注意发生了什么，同时向外人掩盖全部辩论的内容。然而，利德尔的私人日记揭示了伯特意识到案件有可能"以诱供为由而拒绝受理"时的焦虑情绪。军情五处随即与伯特一起翻阅了福克斯的完整陈述。

他们的全部证据都来自一个秘密的消息来源，而这个消息来源是不能被法庭采纳的，此外还有福克斯的供词，他们也越看越觉得不靠谱。伯特提出要从福克斯那里再录一份口供，然而这样做有可能风险很大。利德尔和他的同事们：

> ……意识到，如果这就是我们想要的那种口供，即他的坦白主要是希望与朋友们和解以及做出补救以便自己问心无愧，那么，被提议的做法就会有相当大的好处。如果他[反过来]拒绝做口供也并无大碍，但如果他接受了这一建议，然后又说是因为有人向他暗示说这样做就有可 304
> 能留在哈韦尔才坦白的，那么我们的处境就会非常尴尬。

我们再次看到了利德尔私下里的想法，这揭示了他一直以来的恐惧——在正式会议记录中是看不到的——他认为斯卡登有些过分了。利德尔的十字总结很有说服力："[伯特]认为我们应能逃过一劫。"[40]然而伯特考虑到世事无绝对，说他希望采取法律的手段。他将在第二天早上再来见大家。

## 2 月 1 日星期三

伯特很可能对利德尔说过，他认为他们可以“蒙混过关”，但第二天早上他心中的疑虑仍然存在。利德尔的结论是最好先听听检察官（Director of Public Prosecutions，DPP）的意见，“如果他对目前的案情不满意，那么我们应该非常感激伯特再做一次笔录的提议”。[41]伯纳德·希尔和斯卡登被安排当天下午去见检察官。

希尔的正式备忘录记载：“希尔先生向检察官指出，本案中存在诱导因素，即斯卡登先生于 1949 年 12 月 21 日的诱导行为，约翰·科克罗夫特爵士于 1950 年 1 月 10 日约谈福克斯博士时重复了这一做法。”[42]

这进一步证明了福克斯后来的说法，即斯卡登曾说自己

> ……得到授权以向我保证，如果我承认指控，就不会被起诉，并会获准保留我在哈韦尔的职务。如果我否认指控，也不会被起诉，但他会通知供应部，由于我父亲住在东德被视作安全风险，我可能会被要求辞职。斯卡登少校急于让我不要把这看成威胁，事实上，他表示愿意协助我在政府其他部门找到另一个工作。[43]

目前还不清楚斯卡登心目中的哪个“部门”与福克斯有关，也不清楚斯卡登在那里有什么影响力，但福克斯这里的申辩值得注意，因为斯卡登的报告中并没有提及这些内容，但这些内容与检方在审判前对诱供的普遍担忧是一致的。

305 军情五处在福克斯被捕前写的《关于埃米尔·尤利乌

斯·克劳斯·福克斯的报告》中承认了这一核心问题，该报告明确指出：

> 关于斯卡登先生 12 月 21 日约谈时的诱导，**福克斯**博士说：“我得到了招供［间谍活动］并继续留在哈韦尔的机会，否则就会被清理出去。我对自己留在哈韦尔没有足够的把握，因此我否认了这一指控，决定离开。”[44]

军情五处和起诉团队都松了一口气，因为检察官“表达了他的强硬观点，认为所提到的诱供并不妨碍自愿的供词被接受为证据”，并判断“可以成功起诉”。这需要总检察官哈特利·肖克罗斯（Hartley Shawcross）爵士的授权，但他目前在加的夫①。利德尔兴高采烈地记录道，检察官“连睡衣都没拿”就去了加的夫。军情五处确信终于可以追究福克斯的责任了，他们计划在第二天，即 2 月 2 日，逮捕福克斯。

虽然确信福克斯就是他们要抓的人，但对鲁道夫·派尔斯的怀疑仍然存在，罗伯逊安排重新开始对他进行监视。[45]至于他们的主要目标，计划是让佩林第二天传唤福克斯到伦敦来，下午 3 点在壳牌梅克斯大楼佩林的办公室开会。同时，伯特警官将于下午 2 点 30 分到达那里，这样，福克斯一到，伯特就将其逮捕。

那个星期三的上午，福克斯在哈韦尔要求见亨利·阿诺德。阿诺德知道发生了重大事件，但他不清楚细节，也不知该如何处理真相，所以他在中午给罗伯逊打了电话，请求指示。

---

① 加的夫（Cardiff），英国四个构成国之一威尔士王国的首都和最大城市。

罗伯逊建议他洗耳恭听。如果被问到任何“尖锐的问题”——关于福克斯在哈韦尔的未来或者是否有可能被起诉——阿诺德应该“假装不知情”，并告诉军情五处福克斯说了些什么，“特别是有关起诉的内容”。[46]

当天下午他们见面时，福克斯问阿诺德，斯卡登是否把审讯的情况告诉了他。阿诺德说他“不知情”，并装作不理解福克斯的问题。福克斯告诉阿诺德，他预计星期四下午斯卡登会再来一次，在那之前他将“忙于应付各种会议”。[47]

随着福克斯事件进入尾声，他的间谍活动成果继续产生影响的时机十分离奇，1 月 31 日，针对苏联的原子弹试验，美国总统哈里·杜鲁门指示美国原子能委员会“继续进行一切
306 形式的原子武器研究工作，包括所谓的氢弹或超级炸弹”。[48]第二天，军情五处截获了奥托·弗里施打来的电话。数年前，正是弗里施和派尔斯在原子弹上的突破，为福克斯堕落为间谍拉开了序幕。如今，在杜鲁门宣告之后，奥托·弗里施立即被要求在 2 月 3 日星期五做一次关于氢弹的讲座，他在所有的人里面选择了福克斯，并就安全方面的影响打电话来征求福克斯的意见。

弗里施担心自己会说出任何触及保密边界的话。他曾与科克罗夫特谈过，后者“认为这样做是合乎规定的，但建议他与派尔斯或福克斯联系”。[49]弗里施将于周五参加在伦敦举行的核物理学家会议，并希望届时能见到福克斯，以便秘密讨论氢弹的问题。福克斯说派尔斯会去参会，但他“不确定是否会去”。

弗里施认为最好“和［哈韦尔的］某个了解安全问题的负责人讨论此事”。然后福克斯说，他最好能与派尔斯讨论，

但如果不能的话，弗里施"应该再和自己联系"。弗里施说他正有此意；然后，福克斯仿佛事后又想起了什么，反复说自己"不确定是否会在星期五去伦敦"。[50]

## 2 月 2 日星期四

克劳斯·福克斯仍然专注于哈韦尔物理学家团队的福祉，好像他自己的问题还不够多似的。为了挽救自己的婚姻，奥斯卡·比内曼孤注一掷，他曾要求福克斯帮助他在哈韦尔以外的地方找一份工作。奥斯卡告诉福克斯，他"得到了玛丽的同意，希望放弃房子"。[51]这将造成个人和行政上的问题。好像福克斯自己的麻烦还不够多一样，他现在还要为身处危机中的一个部下做一个明智的顾问。

不知怎的，福克斯的职业生涯仍在继续，纽伯里的窃听人员勤奋地记录了他最后的自由时光。[52]他们接下来记录了派尔斯"在 10 点 36 分"打来的电话，是关于氢弹讲座的。奥托·弗里施接受了福克斯的建议，与派尔斯讨论了这个问题；现在，派尔斯也向福克斯咨询安全方面的影响。

派尔斯在电话中告诉福克斯，他"偶然听说福克斯明天不去参加会议"。派尔斯说自己也不能去了，并解释说"今天"要去技术委员会，星期六（2 月 4 日）还要去伦敦一趟。 307
此外，派尔斯还邀请了他们俩的前同事莫里斯·普赖斯博士星期五在伯明翰大学举行座谈会，所以他的工作非常紧张。

派尔斯问："怎么样，一切都好吗？"福克斯答："很好。"随后佩林在 11 点 07 分打来电话，启动了连锁反应："您能不能在下午 3 点来［伦敦］？"福克斯回复，"如果事情真的很紧急的话"，那么他可以。佩林确认事态紧急。福克斯显然以为这是为了安排他未来在哈韦尔的行政方面的细节，或者是转去某所大学，于是同意前往。

军情五处记录了福克斯在哈韦尔生活的最后一幕。11 点 40 分，他的秘书订了一辆出租车，送他去迪德科特搭乘 13 点 05 分的火车。接下来的一个小时，他一直待在办公室里；12 点 40 分，实验室运输部门的一辆车在大门口接走了福克斯，他最后一次离开了哈韦尔。送福克斯去车站的司机被告知不要理睬跟在他们后面的黑色汽车，但他后来回忆说，他看到“车厢里的人紧跟在福克斯博士后面上了车”。[53]他有一张回伦敦的旅行证，并一如既往地准时前往佩林的办公室，去赴 3 点钟的约会。

波特尔勋爵现在意识到，福克斯事件可能会对英美在原子领域的合作产生深远的影响。波特尔希望一开始就向美国当局表明，福克斯在美英两国都从事了间谍活动。他强调说：“如果不这样做，福克斯在英国被捕一事肯定会引起对英国安全的不满，即使后来的披露会使人明白主要的泄密事件发生在洛斯阿拉莫斯，但最初的诽谤可能再也洗刷不清了。”[54]为了应对这个潜在的问题，他们分别提出了两项指控：一项是关于福克斯在美国的活动，另一项是在英国的。

然而，国安部门希望省略对其在美国活动的指控，因为“这可能会让联邦调查局在调查美国一方的事件时感到尴尬”，并造成两个机构之间的紧张关系。因此，盖伊·利德尔和迪克·怀特在最后关头去外交部拜访了罗杰·梅金斯①，讨论了波特尔的观点，并决定如何对福克斯提出具体的指控。迈克

---

① 罗杰·梅金斯（Roger Makins，1904—1996），英国外交官，时任英国外交部常务次长，后于 1953～1956 年任英国驻美国大使。

尔·佩林也参与了这次讨论，他现在期待着福克斯出现后立即将其逮捕。

外交部虽然对指控福克斯在美国的活动可能会有“政治操纵的味道”表示了一定程度的焦虑，但认为波特尔提出的观点极其重要，因此同意加进对其在美国活动的指控。他们将给英国驻华盛顿大使馆的军情五处代表杰弗里·帕特森发一封电报，“指示他将大致的事实和所提出的指控告知美国国务 308
院，但在与新闻界打交道时，只说整个事件尚在审理之中，因此不能透露”。[55]

然而，利德尔回到他的办公室时，却发现检察官出于法律原因，急于略去对其美国活动的指控，而出于政治原因，外交部和军情五处刚刚达成一致意见，同意将其列入。检察官和利德尔现在向彼此提出了自己的论点，直到最后检察官找到了一个折中的办法：将有两项指控，但英国的那项指控先提出，美国的那项指控随后追加。利德尔的记录是，“这可以用第二项指控需要额外证明福克斯的英国国籍这一事实来适当解释”。[56]

在对其美国活动的指控中，检察官删去了将马萨诸塞州波士顿作为福克斯与苏联特工会面地点的提法，而含糊地用“在美国”来代替。利德尔随即与罗杰·梅金斯爵士谈话，批准他向华盛顿发电报。伯特警官被告知，现在逮捕福克斯的一切手续都已准备就绪。然而，由于对福克斯的指控迟迟未定，伯特已经赶不上与佩林在下午 2 点 30 分的约会了。

下午 3 点，佩林独自一人待在自己的办公室里，电话铃声响起，他在外间办公室的秘书告诉他，福克斯已经到了。佩林让她通知福克斯，佩林在一个会议上耽搁了，让他等一下。伯特最终还是赶到了，他与佩林的约会迟到了大约 50 分钟，他知道福克斯可能在秘书办公室，于是直接从走廊进入佩林的办公室，避开在接待室与福克斯和秘书见面。

佩林和福克斯曾是同事，不愿意在福克斯被捕时出现在现场。所以，在伯特终于现身时，佩林给秘书打电话，让她请福克斯进来，然后他在福克斯从另一扇门进入之前几秒钟溜到走廊上。

福克斯一直在接待室里耐心等候，期待着自己将要达成的某种留在哈韦尔的交易。但他现在走进佩林的办公室，面对的却是一个完全陌生的人，后者宣布他被捕了，他被控违犯《官方机密法令》，传递了可能对敌人有用的情报。福克斯震惊之下，“踉跄着坐到佩林的椅子上”，“状态很糟糕”，似乎“被眼前的局面吓坏了”。[57]福克斯对此事的描述比较正面：“我［对佩林］非常生气。他居然为我打开办公室的门，让我面对巡官，然后就一言不发地消失了。我只好再打电话给他，说出我脑海
309 中闪现的第一句话，让他难受几分钟。”[58]佩林此刻从秘书办公室通过福克斯刚才走过的那扇门进来。福克斯质问他：“你知道这意味着什么吗?”佩林说：“我觉得这意味着我们将剥夺你在哈韦尔的职务。”福克斯脱口而出：“不止——哈韦尔将难以为继。”[59]

这里的“哈韦尔”是英国核设施的代号。英国正在制造自己的原子弹，而福克斯是这方面的顶尖专家。但他无法打出这张王牌，因为这是连军情五处都不知道的秘密。

讽刺连连。福克斯为苏联服务了八年。到 1950 年，他继续为俄国人提供的服务充其量也十分有限，却对英国有巨大的潜在价值。随着他的被捕，军情五处无意间让英国失去了最宝贵的原子科学家。

在追求原子武器霸权的过程中，苏联赢得了双重的胜利——

首先是从福克斯那里获得了让他们得以制造原子弹的情报，然后又眼见着英国丧失了超越他们的能力。

罗伯逊在预料到福克斯会被捕的情况下，已经为潜在的影响做好了准备。2 点 15 分，他部署了“密切监控，侦查［军情五处正在监听］其电话的所有俄国人的一切明显反应”。[60]接着，他打电话给阿诺德，告诉后者要密切关注哈韦尔方面早已引起军情五处注意的其他可疑分子。总之，罗伯逊建议，阿诺德要“留意他们的动向”。[61]

4 点 30 分，罗伯逊再次致电阿诺德，说他预计很快就会听到福克斯被捕的消息，一旦他们得到了消息，就会通知阿诺德。伯特警官随后将前往哈韦尔进行搜查，但未必能在 6 点之前到达。阿诺德应在大门口迎接伯特，安排他瞒天过海进入哈韦尔，“尽量不引起注意”。

伯特有福克斯保险柜的钥匙。此次搜查的目的是为警方收集证据。罗伯逊补充说，在他们带走文件后，余下物品“可能会引起安全局的兴趣”。在这方面，军情五处希望阿诺德代表他们搜罗福克斯的“私人信件、日记、旧笔记或记事本，以及他在任何时期的任何行动迹象，无论是官方的还是其他的。这不仅与他在哈韦尔的时候有关，也适用于他在美国或英国的时候”。[62]

5 点钟，罗伯逊致电阿诺德，确认福克斯已经被捕，因此
伯特很快就会前往哈韦尔。被捕的消息预计最早要到第二天才 310
会公开，而且“更有可能是在晚上而不是早上”。这让阿诺德有更多的理由“尽其所能使哈韦尔保持平静，并防止事情过早泄露。”[63]

2 月 2 日晚上，军情五处没有斯金纳家的电话记录。埃尔娜以为会见到克劳斯，但他已经不在那里了。

# 第六部分

# 最后阶段　1950年

# 第十九章　逮捕

## 国土不安全

苏联在1949年8月进行原子弹试验的消息引起公众注意 313 的时候，恰逢联邦调查局局长埃德加·胡佛也正承受着巨大的压力。一年多以来，他一直对杜鲁门总统采取报复性的策略，意在揪出政府中的共产党人。然而在1949年3月，总统得知胡佛是个同性恋。这本身并没有引起杜鲁门的关注——他说："我不关心一个人在空闲时间做什么，我感兴趣的只是他在工作时做了什么。"——但三个月后，当联邦调查局以所谓的性行为不端为由追捕总统的两名助手时，胡佛的虚伪让他大感震惊。[1]

胡佛被公开羞辱时，总统对这位联邦调查局局长如果还有任何残存的支持，也都在那个夏天受到了严峻考验。政府核心部门的苏联间谍活动并不限于英国：1949年6月，美国司法部雇员朱迪丝·科普朗（Judith Coplon）与苏联外交官瓦连京·古比切夫（Valentin Gubitchev）同时被捕，她的包里有28份联邦调查局报告的摘要。[2]法官在审判中命令联邦调查局出示原件，以确定其真实性。这将是联邦调查局原始档案首次公开，胡佛很担心——与其说担心档案中包含任何机密情报，不如说是因为其中大量未经核实的小道消息是从未经授权的窃听中整理出来的，也是联邦调查局充满政治偏见的证据。胡佛游说总统干预未果，在法庭上出示这些文件最终令各方大为难堪。更严重的是，审判暴露出联邦调查局窃听了科普朗与她的律师之间的特许谈话。联邦调查局随后销毁了记录和磁带，更让这个丑闻雪上加霜，“这种掩人耳目的行为只有经过了埃德
314 加［·胡佛］的批准才会发生”。[3]杜鲁门差一点儿就解雇了至今已上任25年的胡佛。①

由于不习惯这种公开的批评，越来越没有安全感的胡佛开始相信，华府集团正在对他实施报复。那年秋天，著名的公民自由卫士伯纳德·德沃托（Bernard de Voto）在《哈泼斯杂志》（*Harper's Magazine*）上发表文章，批评联邦调查局的行为。胡佛的反应是让特工们调查德沃托的背景。

联邦调查局开始渗入大学校园，他们通过向大学当局提供有关候选人的负面信息，从而影响学术任命。胡佛还向参议员乔·麦卡锡（Joe McCarthy）提供情报，并助长了被称为麦卡锡主义（McCarthyism）的对共产主义分子的政治迫害。苏联在8月进行原子弹试验的消息，以及有人怀疑这是美国共产党间谍所为（事实证明的确如此），都助长了日益高涨的歇斯底里的情绪，自由和祖国被认为受到了威胁。“维诺那”在同月披露一名英国间谍“在曼哈顿计划”的核心部门工作而未被发现，这无疑让苏联得以制造出自己的武器，胡佛立即将注意力集中在两个目标上：第一，证明这种未被美国发现的间谍活动是别

---

① 科普朗两次因法律技术问题而无罪释放，该案也最终告吹。联邦调查局因无法披露其证据源自“维诺那”而束手无策。见 R. J. Lamphere and T. Shachtman, *The FBI-KGBWar: A Special Agent's Story* (Random House, 1986), chapter 6。——作者注

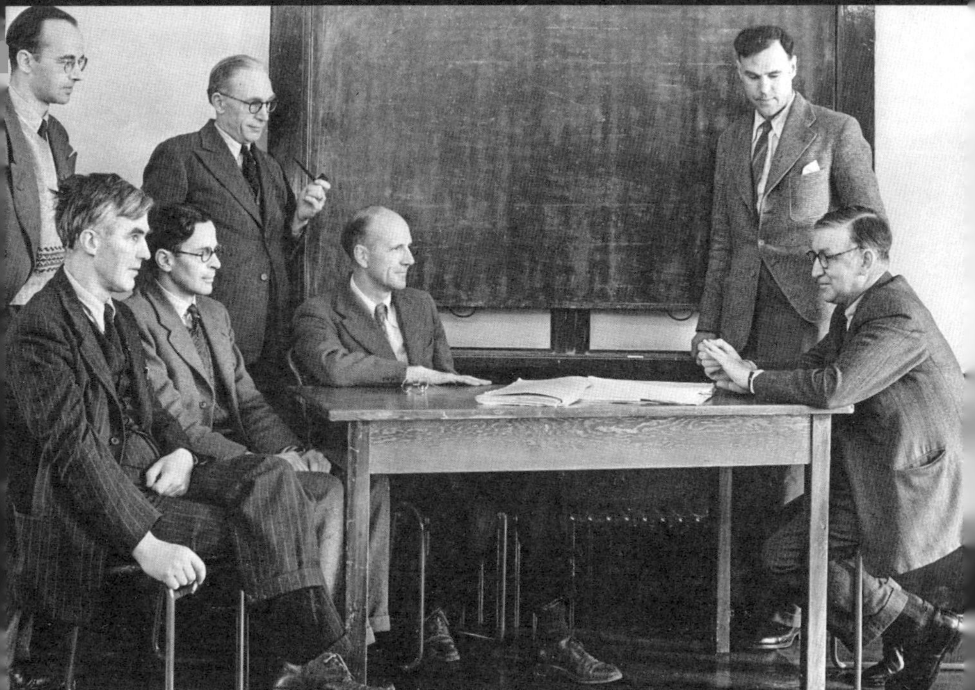

上图：*16.* 哈韦尔的 B329 楼，克劳斯·福克斯和亨利·阿诺德的办公室都在这座楼里。

下图：*17.* 哈韦尔的资深科学家们，1948 年。克劳斯·福克斯站于左侧，在坐着的普通物理学部负责人赫伯特·斯金纳身后。他们对面坐着的是院长约翰·科克罗夫特爵士。坐在桌旁、胳膊放在桌上的科学家是核物理部的负责人埃贡·布雷切尔。其他科学家分别是 B. 查默斯（B. Chalmers）、H. 唐（H. Tongue）和 R. 斯彭斯（R. Spence）。

上图：*18.* 哈韦尔部分园区的鸟瞰图，1950 年前后。一位居民称其外观『像刑场』。圈中为福克斯的预制板房。

下左图：*19.* 从希尔赛德路看去的哈韦尔预制板房，福克斯家附近，1950 年前后。这大概就是福克斯从自己的窗子望出去的景象。

下右图：*20.* 福克斯所住的预制板房（希尔赛德路 17 号）后院的景象，拍摄于 1950 年 2 月他被捕后。

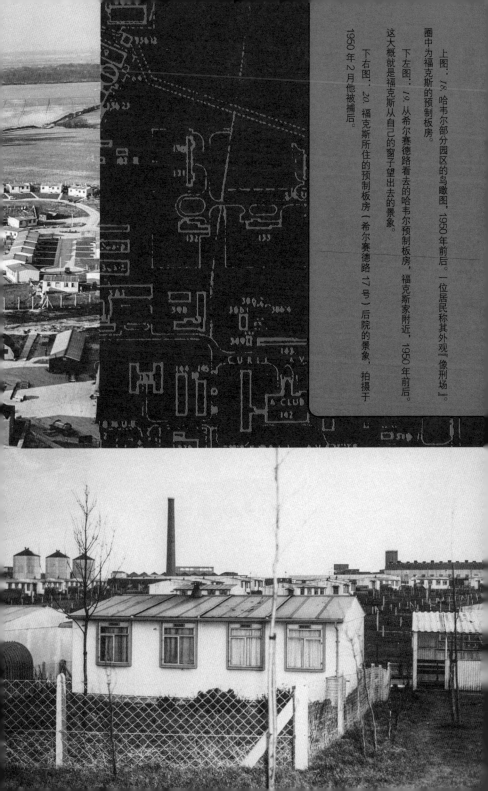

上图：*21.* 疲惫远足者们，瑞士，1947 年 4 月。在前景中，鲁道夫·派尔斯身后跟着的是穿深色衣服的吉尼亚。最左边的克劳斯·福克斯身穿黑裤子白上衣，正在鼓励龙尼·派尔斯继续走下去。加比·派尔斯在右边。

下图：*22.* 1949 年夏，埃米尔·福克斯来访期间在哈韦尔附近的一次野餐。左侧的福克斯正在做计算；他的父亲和外甥在画面右侧。年轻的女子是伊莱恩·斯金纳；她身旁的女人是她的母亲埃尔娜·斯金纳。后面是斯科特博士，他是福克斯理论物理学团队的一员；只能看见双腿的站立男子可能是赫伯特·斯金纳。

23. 在滑雪的克劳斯·福克斯，他身后是吉尼亚·派尔斯，他们正在度假。

上图：*24.* 哈韦尔 BEPO 反应堆落成典礼庆祝会，1948 年 7 月 5 日。后排右起第三人为福克斯，第七人为斯金纳，第九人为比内曼，第十人为科克罗夫特，派尔斯在第 12 位，布雷切尔在第 15 位。盘腿坐在前方的右起第三人是亨利·阿诺德，右起第四个人，也就是他身边的小男孩是克里斯托弗·科克罗夫特。派尔斯身后的高个男子是克里斯托弗·欣顿（Christopher Hinton，后来获封勋爵），他负责监督了世上第一座大型商用核电站考尔德豪尔（Calder Hall）的建设。

下左图：*25.* 1950 年 12 月 7 日，哈里·戈尔德在到达费城的美国联邦地区法院后，治安副官约翰·D. 莱希（John D. Leahy）打开了他的手铐。戈尔德因间谍活动而被判 30 年监禁，1966 年 5 月获假释。

下右图：*26.* 军情五处的威廉·“吉姆”·斯卡登和哈韦尔安保官员亨利·阿诺德，他们在克劳斯·福克斯案开审日，也就是 1950 年 3 月 1 日，到达了老贝利街。

*27.* 这个曾经热爱英国的人？克劳斯·福克斯在德意志民主共和国阅读《泰晤士报》，1960年前后。

人的错，联邦调查局并无责任；第二，一旦间谍克劳斯·福克斯被绳之以法，他要最大限度地扩大联邦调查局的功劳，巩固他个人的权力和影响。

胡佛认为，他的联邦调查局为破解原子弹间谍的“世纪犯罪”“提供了线索”，这种狭隘的观点忽视了其他参与者的作用，尤其是拥有并破译了“维诺那”的美国陆军信号情报局。[4]事实上，1949 年 11 月，军情五处正是向美国陆军信号情报局的局长斯通将军提出了约谈福克斯的请求。他同意了，但条件是“在任何情况下都必须保护消息来源”。[5]同时，作为英美协议的一部分，英国政府通信总部的密码分析员与美国陆军信号情报局联络了一段时间，并帮助破译了一些密码，才导致福克斯及其信使哈里·戈尔德的暴露。[6]

围绕着“维诺那”的过度保密使胡佛能够宣称联邦调查局大获全胜，这种声明无法被公开驳斥，而他的偏执有可能会破坏联邦调查局和军情五处之间的合作。在福克斯被捕前不到一周，胡佛对伦敦没有向他寄送斯卡登对嫌疑人的前三次约谈
报告感到不满，指责军情五处对情报“守口如瓶”。2 月 1 日， 315
珀西·西利托爵士写信给帕特森，让他解释说“我们没有打算隐瞒情报。事实上［我们］并不掌握联邦调查局还不知道的东西”。这位总管继而暗示福克斯即将被捕：“然而，事态的发展显然已经超出了你们的要求，你们当然会继续收到来自后期审讯的所有信息，我们希望这些信息能够消除联邦调查局可能持有的任何怀疑。”[7]

2 月 2 日，胡佛一收到福克斯被捕的确认消息，就立即行动起来。首先，他致电总统的特别顾问悉尼·索尔斯（Sidney Souers）海军上将，说自己“从英国得到消息”，他们的一位

“曾在这里工作过”的顶级科学家供认“把原子弹的全部技术交给了俄国人”。胡佛随后评论道：“上将不妨把这个信息告诉总统。”震惊之下的索尔斯表示他会这么做的，胡佛旋即补充说，福克斯“从1941年起就受雇于俄国人”，1943年来到美国，并且“当然得到了英国人的批准”。胡佛紧接着对这场危机自卖自夸，他主动告诉上将：“当然，我们已经调查福克斯有一段时间了，正是因为我们把在这边得到的情报给了英国人，他们才抓住了他。”胡佛先发制人，意在避免遭到让一个外国卧底潜入“曼哈顿计划”的指责，所以他早就开始了动作，并把他后来披露的所有功劳都揽在自己身上。[8]

胡佛继续说道：“福克斯的几个同伙还在这个国家工作，我们当然也会调查他们。”他还说将派联邦调查局反间谍部门的负责人利什·惠特森去伦敦“协助审讯”福克斯。胡佛的策略是让福克斯把他引向“呆头鹅”，进而可能会暴露在美国的其他苏联特工；同时，索尔斯觉察到惠特森的借调可以为美国人的间谍活动创造绝好的机会。不久后，索尔斯回电胡佛，把自己的想法告诉了他。索尔斯指出，福克斯是一个“非常著名的科学家”，可能了解关于英国原子科学状况的情报。这位海军上将说出了自己的设想：联邦调查局对这位科学家的审讯可以评估英国对氢弹和原子武器的总体知识。胡佛对此表示同意，并吹嘘说，联邦特工将能够约谈福克斯，因为正是在联邦调查局的帮助下才得以确认他的身份。[9]

316 胡佛接下来与原子能委员会的成员、未来的主席刘易斯·斯特劳斯（Lewis Strauss）将军交谈，此人恃才傲物，许多人认为他是四年后起诉J. 罗伯特·奥本海默一案的始作俑者。[10]胡佛曾把福克斯即将被捕的消息通过信件告知斯特劳斯，而后者从中既看到了威胁，也发现了机遇。他对公布逮捕消息表示看好，因为这将“使总统下定决心”促成被斯特劳斯直截了当地称为“总统几天之前做出的决定”——美国应该研制氢弹。斯特劳斯起初听到胡佛的消息时，他调查了福克斯曾经的工作内容，并沮丧地发现，这名间谍对氢弹的情况了若指掌，至少了解1946年他离开洛斯阿拉莫斯之前的情况。胡佛的备忘录中记录了斯特劳斯暗指福克斯“对我们如此关注的最后一个词的研究”。[11]福克斯被捕与总统公开宣布制造氢弹在时间上的巧合令斯特劳斯非常关注，但他与胡佛不同，知道福克斯在该领域的参与程度。

斯特劳斯认为，公开福克斯被捕的消息，可以威逼其他科学家“在公开场合小心说话”。他告诉胡佛，他想知道1947年福克斯访美期间所接触的科学家的姓名，具体而言，就是普林斯顿的联邦调查局特工是否能查到福克斯当年有没有访问过高等研究院。斯特劳斯是该研究院的理事，曾在1947年任命J. 罗伯特·奥本海默为院长的过程中发挥过重要作用。然而，1949年，奥本海默在国会原子能联合委员会（Congressional Joint Committee on Atomic Energy）的听证会上作证时，两人的关系发生了灾难性的决裂。斯特劳斯是个业余物理学家，对自己的专业知识水平自视甚高，他提出了一些建议，而奥本海默对此并不认同。从不乐于忍受傻瓜的奥本海默在媒体的众目睽睽之下，“犀利地嘲笑”了斯特劳斯的意见。斯特劳斯大发雷霆，他的“脸上显出了很少能在一般人那里看到的恨意”。[12]从那一刻起，奥本海默就成了斯特劳斯的心腹大患（*bête-noire*）。斯特劳斯知道，胡佛固执地认为奥本海默有共产主义倾向，其实言外之意就是认为他是苏联间谍。[13]他对福克斯和普林斯顿的好奇心表明，他早就动了要毁灭奥本海默的念头，如果福克斯可以祸及奥本海默，这对胡佛和他本人都有政治上的好处。

福克斯准备在拘留所度过他的第一个夜晚时，华盛顿的政治阴谋也在酝酿之中。

## “在科学家中间掀起一场风暴”

317 克劳斯·福克斯被捕后的 24 个小时内，此事在英国仍是个秘密。第二天，即 2 月 3 日，派尔斯在伯明翰大学物理系主持了莫里斯·普赖斯的研究讲座。当听众事后聚在一起享用茶点时，派尔斯的秘书进来说，有人给他打来了紧急电话。原来打来电话的是一位记者，他“突如其来地”给派尔斯带来了“最惨痛的经历”。派尔斯得知福克斯被捕了，被控向俄国人提供了秘密情报。“您对此有何看法?”记者问道。“没有。”派尔斯回答。[14]

派尔斯先给家里打了电话，接电话的是他的女儿加比。他让吉尼亚一回来就给他回电话。然后他致电哈韦尔，但斯金纳不在那里。派尔斯设法和佩林通了话，后者除了证实福克斯因为联邦调查局收到的情报，以及被控违犯《官方机密法令》而被捕外，几乎没有其他的话可说。对派尔斯而言，这让新闻记者歪曲或误解情况的一切希望都破灭了。

派尔斯第二次拨通家里的电话，跟吉尼亚联系上了。早已做好准备的军情五处监听并录音了这通电话。[15]派尔斯单刀直入：“发生了可怕的事情。我从伦敦得到一个消息，福克斯今天在治安法庭上被控违犯了《官方机密法令》。”[16]

吉尼亚惊讶地插嘴道：“福克斯?”

“是啊，据说是被控向俄国人提供了情报。”

"天哪!"她惊呼道。派尔斯继续说:"我给哈韦尔所有的人都打过电话了,但一个人都不在。我联系了佩林,他当然什么也不能告诉我。我正试着联系斯金纳,他在利物浦,可能还不知道这件事。"他告诉她,自己是从美联社那里得知此事的,"他们希望[我]对此事发表[一些]看法"。

吉尼亚勃然大怒:"我认为这完全是无稽之谈!"派尔斯证实,福克斯无疑是遭到了起诉,而且是联邦调查局提供的情报所致,她惊呼道:"天哪!谁能干出这种事来?"

派尔斯说自己一定要去伦敦见福克斯,否则他会觉得"大家都与他断绝了联系"。吉尼亚确信是某个第三方"做了这件肮脏的事情",而福克斯是"在联邦调查局的要求下"被捕的。[17]

派尔斯的消息是对吉尼亚世界观的考验。对他们两人来说,克劳斯·福克斯是位值得信赖的朋友,像家人一样和他们 318
一起生活过几年,他们看待他"几乎就像儿子一样"。[18]对吉尼亚来说,这位安静、礼貌、可靠的同事因联邦调查局的情报而被捕,让她产生了恶势力在作祟的念头。过去在俄国的经验让她对国家的权力心存谨慎,并且怀疑其动机。[19]在俄国,吉尼亚的家庭成员曾遭到监禁(见第一章)。福克斯被捕的消息再次引发了噩梦,她害怕英国现在也可能会发生同样的事。派尔斯计划去监狱探望福克斯的消息让她感到不安:根据经验推断,可怕的后果可能是这样的:福克斯在监狱里,派尔斯去探监,派尔斯也消失在迷宫里。她用俄语叮嘱说:"但是亲爱的,你自己也同样有危险啊!"

派尔斯说他无妨。她诘问他:"[你此话]怎讲?"

他回答说:"我也不知道,但反正我现在也管不了那么多了。”

吉尼亚坚称：“这对我可大不一样。”她确信有一只邪恶的手在作祟，她想，“谁会做这种肮脏的事呢?”然后用俄语说：“哎呀，哎呀，哎呀！会是谁呢？他最后一次去美国是什么时候？是谁在陷害他?”

派尔斯回想起1930年代以及福克斯在德国的日子，理论上说“现在可能是老共产党人在给大家下绊子”。

吉尼亚的反应就像一个母亲毫无保留地信任自己的孩子一样，她声称：“可他连一个俄国人都不认识啊。”

向来逻辑严密的派尔斯回应道：“你能证明吗?”

他们一致认为需要确定所有的细节，并确保福克斯有一个经验丰富的法律代表。派尔斯说他会“给布里克斯顿［监狱］打一个电话，看看什么时候允许我见他”。

“好，今晚就打，”吉尼亚催促道，“这样你明天就有的是时间去找个律师。”

她提出自己致电哈韦尔，因为她觉得埃尔娜会“陷入歇斯底里”。然后，她自己也不遑多让，未经深思熟虑就提出了草率的建议：他们应该给罗伯特·奥本海默打电话，必须“在科学家中间掀起一场风暴”。

派尔斯叮嘱她小心行事：“不能这样。你会把自己弄进监狱的。”

“胡说八道。一定都是美国人干的。”

“是的，但这事儿一定符合某人的意愿……”吉尼亚插话道，“我为什么不能说那个人就是……”

不幸的是，这里对克劳斯·福克斯的证明从未被记录下
319 来，因为吉尼亚激动之下口齿“不清”。她希望采取行动，责

备派尔斯“太冷静了”，监听人员记录说她的话“变得很不连贯”。[20]

派尔斯让她平静下来后，意识到研讨会演讲者和嘉宾们还在等他，就说他必须走了。这对夫妇原本安排演讲人莫里斯·普赖斯当晚来家里吃饭，但如果派尔斯要去伦敦，就得取消了。吉尼亚同时会给斯金纳家打电话，希望能给他们捎个信，因为他们此前都在利物浦。

下午4点半刚过，鲁道夫又给吉尼亚打了电话，说他要坐6点钟的火车去伦敦，不等斯金纳的电话了。他会住在雅典娜俱乐部，吉尼亚应该取消与普赖斯的晚餐。然而，在他动身去伦敦前不久，赫伯特·斯金纳打来了电话，说他听说了这个消息，然后又神秘地补充说：“你可以想象过去两周发生了什么。”

派尔斯目瞪口呆，斯金纳继续说道：“我们隐约知道这事已经有两个星期了。我们只知道一些事实，其余的只能猜测。”①

斯金纳放大了声音：“嗯，我没想到会到这个地步，不过——唉，已经到这个地步了，而且大概很严重。”

派尔斯追问下去，斯金纳却退缩了：“没什么好讨论的，你看——因为我什么都不知道——我只模模糊糊地知道一些正在发生的小事。”

派尔斯回答说，他认为如果没有“至少从表面上看来严重的一些证据，他们不会采取行动”。斯金纳表示同意。

---

① 两年后，军情五处内部认为，福克斯向埃尔娜承认，他曾把有关扩散的事情告诉了俄国人，但否认自己泄露了有关原子弹的事情。斯金纳在这通电话中的说法表明，他至少承认了其中第一条。——作者注

派尔斯解释说，与其从伯明翰打电话给监狱长要求见福克斯，不如亲自去那里。他说，当务之急是给福克斯找一个好律师。

斯金纳说："他这几个星期表现得非常好，一切正常。"

派尔斯惊问道："他其实知道会发生这样的事情?"

"哦，是的。天呐，其实他几个月前就知道了。我当然不知道，但他知道。"

"但连你都不知道具体的指控是什么吗?"

"不知道。我只能猜测。"

"那他知道吗?"

"我想是的。"

320 派尔斯现在重新评估了一下情况，并向斯金纳解释道："我以为他完全被打了个措手不及，所以……"

斯金纳插话说："不，没有这种事！真的不是这样，我可以向你保证。没什么算得上措手不及的。"

埃尔娜随后接了电话，语气不祥地告诉派尔斯："克劳斯答应过我什么都不做，但如果你去看他，就一定要提醒他。"

派尔斯怔住了，他需要确定她在暗示什么，于是说道："我不明白。"

"你想想看。"埃尔娜回答。

所以，福克斯也许曾考虑过自杀。如果是这样，而且埃尔娜也了解此事的话，那就可以解释为什么她在两星期前给赫伯特打电话时"惊慌失措"了。

派尔斯准备挂电话了，因为他要去赶火车。赫伯特在结束聊天时说这是"非常可怕的事情"。[21]

军情五处分析这通电话时判断，斯金纳的反应表明他事先就知道福克斯有隐情，但他们很难判断他了解的程度。

## “我们真是大开眼界”

派尔斯在伦敦的雅典娜俱乐部开了一个房间，晚上 9 点 15 分，他给苏格兰场的政治保安处打去了电话，请求允许他见福克斯。他被要求早上再次致电。伯特警官与军情五处讨论了他的这一请求，大家一致认为应该让他们见见面，“但应做出适当安排来掩盖此事”。[22]

派尔斯在星期六上午再次打来电话时，伯特建议派尔斯“也许愿意来见见他”，“他们在伯特的办公室谈了大约一个小时”。[23]伯特问派尔斯（他本人仍有嫌疑，但他自己并不知道）是否准备把他所知的有关福克斯的一切都说出来，以及是否反对把福克斯在他们见面时说的话写成书面记录。派尔斯说他不反对。

伯特还问派尔斯是否愿意协助当局。派尔斯回答说，这将取决于他是否能确信福克斯犯下了被控的罪行，他不会同意做任何会使福克斯的处境比现在更糟的事情。但是，如果他确信福克斯有罪，就一定会把福克斯可能会提到的其他涉案人员的情况转告伯特。[24]

2 月 4 日，派尔斯与福克斯在布里克斯顿监狱的会面从下午 2 点 15 分开始，仅持续了一刻钟。政治保安处的史密斯警长在场，但派尔斯和福克斯说话的声音很低，他们说的很多话 321
含糊不清，无法被记录在案。当时也在场的副监狱长报告说，这两人似乎很尴尬，对话缓慢而艰难。派尔斯试图引导福克斯说明他为什么要这么做。警探偷听到的回答是，他认为“原子研究的知识不应该是任何一个国家的私有财产，而应该与全世界分享，为人类造福”。[25]

派尔斯认为福克斯一定是崩溃了。福克斯“颇为自豪地”告诉派尔斯，对他的指控“完全是靠他自己承认的”。正如派尔斯第二天回忆的那样：“我满脑子萦绕的想法是，如果这是真的，我相信他已经精神崩溃了，现在要么凭空想象出自己没做过的事情，要么就是夸大或歪曲他做过的。”他还说：“我们是否该相信他，这一点非常重要，因为我们大概要靠他自己的口供来估计他到底泄了什么密，而这是最关键的。在过去的两年里，他在工作上花足了心血，几乎没有休息过，而且还生了重病。”[26]

见过福克斯后，派尔斯立即用俄语给吉尼亚打了电话。谈话内容被翻译出来后，罗伯逊上校第一次了解了这些事件对派尔斯夫妇的深刻影响。

派尔斯在开场白中证实，他去见了福克斯，“案情非常严重”。[27]然后，他用英语重复了三遍，“我们真是大开眼界”。吉尼亚意识到派尔斯非常担心，问他是否单独见的福克斯。

“不，还有一个人在场。我劝你不要提这事了。我从他自己口中得知了这一切——他把一切都告诉了我。他终于意识到了这一切是邪恶的。”

吉尼亚脱口答道：“你的意思是他之前没有意识到？”

“不，不——他很清楚自己在做什么。”

她回答说：“那他一定是改变了看法。”当派尔斯再次确认福克斯承认了一切时，她问道：“这事是不是很严重？”

派尔斯难过地回答：“是的，确实很严重。”

吉尼亚问苏联原子弹试验成功是不是福克斯的功劳。派尔斯先是说不知道，后来想了想又承认：“可能吧。等我回家后，我会把一切都告诉你的。”

她说："我看，他完了。"派尔斯表示同意："确实。"

吉尼亚现在考虑到了国际影响："想象一下美国的反应吧。"

"的确。"派尔斯回答道。然后吉尼亚问了一个犀利的问题："他以前为什么不这样做［自首］?"

派尔斯说自己不知道，并反复说"所有的情报都是福克 322
斯主动提供的"，福克斯"不清楚当局是否知道些什么"。

吉尼亚问："这对你会有什么影响?"

"我还不知道。我觉得自己完全是个白痴。我们不要再谈这个了。"派尔斯口气低沉地结束了通话。

监听人员在记录本上加了一个注释："**派尔斯**听上去对整件事情感到非常不安。"[28]

## 第一反应

派尔斯回到伯明翰后，给斯金纳家打了个电话。他告诉他们，福克斯一天只能有一位访客，所以他们应该通过伯特警官来安排。赫伯特认为他们可以在"星期一或星期二"去。派尔斯解释说，福克斯在医院里，不是因为他身体不舒服，而是"因为［那里的］住宿条件更好"。他说，在他们的会面开始时，福克斯似乎"还算正常，但到最后就有点儿不高兴了"。埃尔娜问派尔斯，福克斯得知她要去见他的消息时说了什么。派尔斯说，福克斯表示，"如果她愿意的话就来吧"，但"似乎并不认为此事刻不容缓"。赫伯特觉得这可能是因为"福克斯犹豫不决，不想给埃尔娜惹麻烦"。派尔斯解释说会面始终有第三方在场，斯金纳回答说："因此必须相当小心。"埃尔娜说她"明天试着睡一觉，这样她周一就可以［去见福克斯］了"。[29]

派尔斯来访后，克劳斯·福克斯立即写了他在狱中的第一封信，这封信是写给埃尔娜和赫伯特·斯金纳的——收信人的前后顺序“严格按字母排序排列”。他开头说：“我以前不敢写信，但我刚见过派尔斯，这对我有一点儿帮助。”由于监狱部门提供的文具很简易，他写的字难以辨认。福克斯的笔迹时深时浅，时粗时细，潦草地盖满了那张劣质的信纸。开头部分的几行字几乎完全无法理解，但随着他逐渐掌握了技巧，信的内容也越来越清晰可辨。他意识到了这封信可能会造成的影响，并试图以轻松的方式劝说他们不必担心——“请不要认为这封信的笔迹是我心境的表达。这是劣质文具所致”。

福克斯随后委婉地提到了他与赫伯特的某些对话，对话时间大概是在 1 月 19 日埃尔娜惊慌失措地给丈夫打电话之后。“你还记得吗，赫伯特，当时你告诉我，我太把自己当回事
323 了？是的，我当时只想到了自己，还有对我来说最容易的出路。我所要做的就是保持沉默，不在意你和别人对我的看法，然后一走了之。”

然后，福克斯试图呈现出积极的态度：“自那天晚上以来，我一直在做我认为对哈韦尔最有利的事情。我说的都是真话，我相信自己说服了［斯卡登］。但这个决定并不是他做的。”这里所说的“决定”似乎是指他在哈韦尔的前途，只要他向斯卡登坦白，就有望保住自己的事业，继续在实验室工作——这“对哈韦尔最有利”。福克斯继而承认，“作为最后的手段”，他曾考虑过自杀——用他的话说“还有一条出路”。而他之所以没有这么做，是因为他以为自己的未来还是有保障的，直到“精明的佩林让我猝不及防”。福克斯继续莫测高深地说道：“现在我只想让哈韦尔知道全部的真相，这就是我要

为自己辩护的原因。”

他在长信中请求斯金纳夫妇告诉他们的女儿伊莱恩，“有的人 15 岁就长大了，有的人 38 岁才长大，在那种年龄段，是一个痛苦得多的过程”。然后他又回到自己被捕的话题上，为那个“对佩林提出的愚蠢问题”道歉。福克斯一直“对他非常生气。［佩林］只是为我打开办公室的门，让我面对巡官［伯特警官］，然后就一言不发地消失了。我只得打电话把他叫回来，说出我脑海中出现的第一句话，让他难受几分钟。很傻，是吧？”

最后，他暗示自己染上了烟瘾，以此来缓解一下气氛。“我可以买烟，但每次想抽烟时都要找人借火。有助于减少肺病，我想那就是这种管制的原因吧。”

在最后几句话中，福克斯回归自己内心深处的感受，并透露出对埃尔娜的爱：“当你想起我的时候，请微笑，埃尔娜。我想起你的时候，也正努力这么做，尽管眼泪总是妨碍着我。但我会学着微笑，就像我学会了哭泣一样。不要对我太苛刻，赫伯特，虽说对我苛刻是应该的，但我现在无法忍受了。”[30]

2 月 3 日，福克斯被捕的消息公开后，他的朋友们根本不相信，包括那些在不知情的情况下，前几个月一直被军情五处监视的人。女演员塔季扬娜·马勒森在 2 月 4 日早上第一时间致电斯金纳夫妇，和“格雷丝”通了话，斯金纳夫妇不在家的时候，后者负责照看他们的房子。塔季扬娜说她“无法表达自己的难过之情，我一晚上都没睡好”。格雷丝认为这“非常可怕”，说自己“一个字都不相信”。塔季扬娜也不相信：“这完全是胡说八道，他们只是因为某人是外国人就为难他。”格雷丝对此表示赞同说：“如果他们像我们一样了解他，就会 324

知道他不可能做这样的事。”塔季扬娜同意并补充说：“他的朋友们一定很害怕。可怜的小家伙。”[31]

科学界对福克斯被捕消息的反应几乎是一致地怀疑，就像他们刚刚得知某人突然过世的消息一样，但并不是每个人都对他的共产主义背景感到惊讶。马克斯·玻恩的儿子古斯塔夫在牛津寄宿在弗朗茨·西蒙家。玻恩在报纸上读到福克斯被捕的消息后，“脸色惨白”地走进房间，相当震惊。他大声对西蒙说，他不明白当局怎么会不知道福克斯亲共产主义，“在爱丁堡大学人人都知道”。[32]这可能属于事后诸葛亮，但有证据表明，福克斯的亲苏甚至积极的共产主义信仰是众所周知的。回想一下，古斯塔夫的父亲马克斯·玻恩早在 1942 年就给福克斯写过一封信：“你对俄国人的信心现在证明是对的，这一定让你很欣慰。”[33]

对爱德华·泰勒来说，福克斯的被捕让他茅塞顿开。泰勒曾在洛斯阿拉莫斯与福克斯密切合作，并从他关于氢弹的一些想法中得到启发，但除了在物理学上的合作之外，泰勒发现福克斯“沉默寡言到了病态的程度”。据说泰勒听到福克斯被捕的消息时惊呼道：“原来如此！”[34]泰勒还回想起 1949 年深秋与福克斯的最后一次见面，是在阿宾顿泰晤士河畔一座宜人的豪宅——科斯纳大楼（The Cosener's House）举行的核反应堆安全会议上。这次会议探讨的是反应堆遭到破坏导致核事故的可能性，泰勒说他认为这种可能性不大。发言者不同意，说“甚至就在这张桌子旁边都可能坐着一名叛徒”。泰勒回忆说：“克劳斯·福克斯就坐在［我］旁边。就算他闻言畏缩了，我也没注意到。”[35]对玛丽·比内曼等其他人来说，这个消息有如揭开了一层面纱。她仍然被婚姻的危机压得喘不过气来，当时没有被公开记录的言论，但她后来意识到了福克斯在与她的丈夫奥斯卡说话时对自己在德国的过去缄口不言的个中意味。

2 月 6 日星期一，派尔斯致信莫里斯·普赖斯：“很抱歉，星期五时我离你而去；我还感到抱歉的是，那个下午的事情太混乱了，但我相信你能理解。关于那个问题我现在不能多说，但这一切很让人痛心……我希望有机会再请你来，到时我们可以在更理智的情况下谈一谈。”

普赖斯回复说他不必道歉：“在这件事上，我深切地感受到了你的痛苦。我刚刚在广播里听到了今天在鲍街（Bow
Street）发生的新闻。”然后普赖斯概括了福克斯所有同事的感 325
受：“可怜的克劳斯前几年一定郁郁寡欢。”克劳斯·福克斯深受许多同事的爱戴，尽管事实上他背叛了他们。[36]

## 吉尼亚的信

2 月 5 日晚，鲁道夫·派尔斯打电话给“白厅 1212”——苏格兰场当时的著名号码——要求与政治保安处通话。电话接通后，他说他有一封信，想在第二天早上送到伯特警官那里。他不想邮寄，提出想把信交给从伯明翰开往伦敦的火车上的警卫；他问能否有人在尤斯顿车站①接车，把信取走。这趟列车下午 5 点钟驶出伯明翰，将在晚上 7 点 55 分到达尤斯顿。苏格兰场的接听人离开电话一段时间后回来说，“没问题——会有人从警卫那里取走信的”。

派尔斯显然确信福克斯有罪，他在信中对伯特警官说：“我现在承诺，将以你希望的任何方式毫无保留地帮助你。”

---

① 尤斯顿车站（Euston station），伦敦市中心的一个铁路车站。

他还说："你想必会明白我在亲耳听到我所听到的事实之前没有全力支持的原因。"尽管如此，派尔斯"还是对一些前后矛盾的事情感到困惑。我现在可以相信，他可能的确有那么强大的自制力，以至于欺骗了所有相信自己是他朋友的人。但即使承认了这一点，他的一些话也不大对头"。[37]

举例来说，派尔斯评论了福克斯声称的对共产主义的态度。派尔斯曾问福克斯是否"真的相信苏联制度的优越性"，福克斯回答说："你一定还记得我在纳粹统治下所经历的一切。"派尔斯说他理解，但对福克斯"在美国时还继续相信这一切"很惊讶。福克斯承认确实如此，但他补充说自己打算"在俄国人接管一切后挺身而出，对这个制度尽陈自己认为的错误之处"，以此来解释自己的所作所为。派尔斯觉得这种"天真傻气"的程度完全不符合他的性格"。派尔斯还说，福克斯在被捕时对佩林的惊讶反应表明，这"听起来好像他还期望能逃脱惩罚"。

派尔斯以自己的深刻洞察解读了这些事件，认为这可能表
326 明福克斯的"看法并没有发生变化；他直到最近都一直与特工有联络，现在他自己岌岌可危，就想保护他们"。按照派尔斯的判断，福克斯"仍在扮演一个角色，而且是一个相当艰难的角色。[这]就可以解释整件事为何看起来不对头了。这还可以解释他为什么急于向人们保证自己最近没有泄露任何机密"。[38]

派尔斯曾试图说服福克斯说出"他所知道的一切"。福克斯回答说他在被捕前曾经畅所欲言，但现在不会再讲了，因为"这看起来会像是他想自救"。派尔斯认为这不合逻辑，因为他在被捕前比被捕后更像是那样。

福克斯向军情五处提供了他告诉俄国人的细节，但没有透

露联络人的丝毫信息。派尔斯的结论是，福克斯的联络人很可能是“他的同事都没有见过的人”。派尔斯补充说：“我不想欺负他——对于曾经如此亲密的友人，一个人不可能一下子就重新调整自己的态度。然而，我与曾对福克斯有过很大影响的妻子分享了自己对这些事情的了解，她给他写了一封信。我们相信这封信有可能会打动他。”

鲁道夫·派尔斯说要帮助伯特警官找齐缺失的“拼图”，作为这个提议的一部分，吉尼亚·派尔斯现在将施加自己的特殊压力。吉尼亚的信将成为她一生中最重要的行动之一。派尔斯把吉尼亚的信附在他给伯特的短笺之后，因为“你应该知道我们在做什么，也因为我希望你能安排这封信在最短的时间内送达他手中，也许能避免在路上被太多人看到”。[39]

派尔斯把这两封信交给伯明翰车站的警卫，然后回家给斯金纳夫妇打了电话。吉尼亚也和赫伯特交谈了一番并问道：“你是什么时候知道的？”他回答：“两个星期前。”他还证实，福克斯是自愿传递情报的，没有受到胁迫，不过在吉尼亚追问之下，他同意这是他和埃尔娜的推断，并不是如此确定。

吉尼亚随即迟疑地告诉赫伯特：“我写了一封信。”

在一番试探性的回合之后，赫伯特察觉到她深感不安，于是提出：“嗯——是一封让人很不愉快的信吗？”

吉尼亚先是否认，随后透露了更多的内容：“不。嗯，算是吧。如果你喜欢兜个大圈子的话，我那是恳求了。”[40]

她现在显然非常担心自己的信可能会对福克斯造成影响，但信已经在去伦敦的路上，她无力回天了。

与此同时，在布里克斯顿监狱，克劳斯·福克斯在派尔斯来访之后的2月6日开始给吉尼亚写信。他先是说派尔斯的来

327 访让他非常高兴，然后带着虚假的逞强写道，“尽管我做不到任何事让他高兴”。福克斯内心的动荡显而易见，因为在写了一个小时之后，他只设法补充说：“有机会我将试着向您描述一下我在想些什么，但您必须非常有耐心。”[41]就在这个时候，吉尼亚给他的信到了。

吉尼亚·派尔斯对人性有着深刻的有直觉力的理解，而对她来说，克劳斯·福克斯“几乎就像儿子一样”。她先是回忆起他们共同享受过的自由，打乱了他树立的一切防线：

> 我在起居室的火炉前给你写信，我们常在那里谈起许多事情。这封信很难写，也许读起来更难，但你很了解我，不要指望我讲情面了。

她也从没讲什么情面：

> 我比其他的人更容易接受这一切，因为我在俄国度过的童年和青年时代教会我不要相信任何人，要把每一个人都当作共产党的特工。20 年的英国自由生活让我变软弱了，我学会了喜欢和信任别人，或者至少喜欢和信任其中的一些人。我过去当然也相信你。甚至，我认为你是我所认识的人当中最正直的人。即使是现在，我也是这样认为的。这就是我给你写信的原因。

她开始刺痛他的良心：

> 你意识到自己的审判会对这里和美国的科学家产生什

么样的影响吗？特别是在美国，他们中的许多人［在麦卡锡的政治迫害下］处境艰难。你是否意识到，他们不仅会被官员怀疑，而且会被自己的朋友怀疑，因为如果你可以这么干，他们为什么不可以？

为了你的事业，你不必和他们有如此友好的私人关系，不必和他们的孩子们一起玩耍，也不必跳舞喝酒聊天。你是个沉默寡言的人，你本可让自己变得更加冷漠的。你正享受着你所要破坏的世界的美好。这绝非诚实。

在某种程度上，我很高兴你失败了，因为这些人教会了你温暖和自由等人性的价值。你对他们做了什么，克劳斯？不仅仅是他们对正直和人性的信心被动摇了，而且在未来的岁月里，他们会被怀疑和你一起参与其中。也许你当时没有想到，但你现在必须想到。

*

福克斯曾告诉鲁道夫，他不想透露联络人的名字，因为这 328
可能会被理解为企图讨好法官，从而争取轻判。对于这一点，吉尼亚在信中给予了简短的回应：

克劳斯，别太孩子气了！这是学童对荣誉的理解。印象并不重要。你个人并不重要。就此而言，问题太重要了。你知道的，否则你就会采取自杀这种对你个人来说简单的、唯一的方式了。谢谢你没有那么做。你不能把这一切可怕的烂摊子留给别人去解决。这是你的工作，克劳斯。

福克斯对她的背叛，以及她对其处境感到悲伤的强烈情感，在

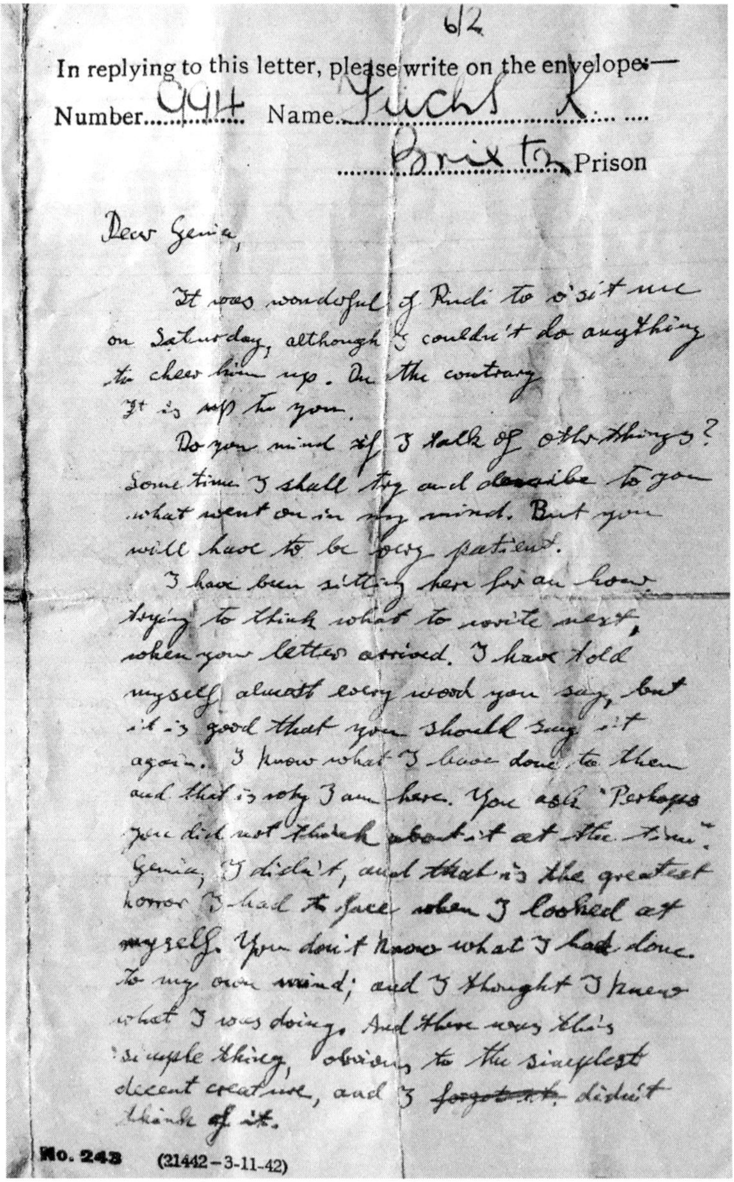

6/2

In replying to this letter, please write on the envelope:—

Number 994 Name Fuchs K.

Brixton Prison

Dear Genia,

It was wonderful of Rudi to visit me on Saturday, although I couldn't do anything to cheer him up. On the contrary
It is up to you.

Do you mind if I talk of other things? Sometime I shall try and describe to you what went on in my mind. But you will have to be very patient.

I have been sitting here for an hour trying to think what to write next, when your letter arrived. I have told myself almost every word you say, but it is good that you should say it again. I know what I have done to them and that is why I am here. You ask "Perhaps you did not think about it at the time". Genia, I didn't, and that is the greatest horror I had to face when I looked at myself. You don't know what I had done to my own mind; and I thought I knew what I was doing. And there was this simple thing, obvious to the simplest decent creature, and I ~~forgot it~~ didn't think of it.

No. 243 (31442-3-11-42)

福克斯写给吉尼亚·派尔斯的亲笔信

此刻导致她恳求的语气达到了高潮：

> 哦，克劳斯，我的眼泪要把字迹冲掉了。我是那么喜爱你，那么希望你能幸福，而现在你再也不会幸福了。
>
> 我还是觉得你是一个诚实的人。这意味着，你在不惜代价地做你认为正确的事情。[现在] 做正确的事情吧。尽你所能地保存体面、温暖和宽容，在过去的十年里，这个自由的国际科学界给了你那么多。你现在正经历一个人所能经历的最艰难的时刻，你已经烧毁了你的神。愿上帝保佑你！[42]

福克斯深感不安，他的信因为收到吉尼亚的来信而中断了，现在继续写道："您说的每一句话，我几乎都对自己说过，但您能再说一遍多好啊。"他试图解释他是如何在背叛朋友信任的情况下还能维持友谊的，并声称这是"克制型精神分裂症"。除了"我没有抑制这种克制，是它抑制了我"之外，他还承认，"试着清理自己的烂摊子是我的分内之事。这种责任恐怕我一开始确实是推卸了，于是烂摊子就更大了"。信中继续说，他相信自己可以与当局达成协议，他声称当局"给我指了一条明路。我本可以离开哈韦尔，以自由之身去大学，摆脱一切，摆脱朋友，不带任何信仰地开始新的生活"。更重要的是，福克斯写道，如果他承认"其中一件小事 ['维诺那' 所揭露的在纽约的间谍活动]，而对其他一切保持沉默"的话，"我甚至可以留在哈韦尔"。

他在信中解释说："我搞砸了'自杀'那个阶段；是的，在被捕之前，我也经历了这一阶段。"他的绝望之情溢于言
330 表。他的信里有一个附言："对不起，没有人帮我打这封信。

我希望你能读懂。如果你看不到眼泪，也不要担心。我已经再次学会了哭泣，也学会了重新去爱。克。”[43]

吉尼亚的恳求戳到了克劳斯·福克斯的痛处。他现在同意再去见吉姆·斯卡登，后来还同意见联邦调查局的两名探员。但他又遇到了一个新的难题。一方面，他必须安抚自己的良心，保护他在科学界的前同事及其家人不受国安部门的怀疑和起诉，但另一方面，他仍然觉得不能透露可能会让他的联络人入狱的信息。

## 后果

赫伯特和埃尔娜·斯金纳原本计划在2月7日星期二去探望福克斯，但前一天晚上他们遭到了“一家丑闻报纸的电话”围攻。由于担心媒体的狂轰滥炸，他们决定由他们的管家薇拉·波利应付来访，而他们在不惊动媒体的情况下，有望在星期三来探监。赫伯特承认：“我们今天收到了你的感人来信。我只能说我相信你，我之前就已经意识到了，但我还是对过去心有余悸。余不赘言。赫伯特。”

埃尔娜的信随赫伯特的一起寄来，她的来信更令人鼓舞。她说她会“尽快”来探监，但鲁道夫已经先行一步，去了解福克斯的个人需要，因为“我可能会崩溃，毫无用处”。她附和了赫伯特的消息，“现在媒体让我们很为难，但我们会尽快来的。请为我微笑”。她又加了一则附言：“要继续写信哦。”[44]

2月7日，来探望福克斯的不是斯金纳夫妇，而是他的一个表妹。旁听的狱警记录了他们的谈话内容，大部分是在彼此问候健康，以及“他是否需要把什么东西送进来，等等”。唯一值得注意的是，福克斯说：“如果你写信给我父亲，告诉他我只做了自己认为正确的事。”[45]

然而，斯金纳夫妇最终在2月8日探望他时，却打破了这种表面上的平静。现在，福克斯第一次看到了他的行动所带来的意想不到的后果。埃尔娜收到一封来自她父亲的美国电报，告诉她说自己病得很重，并要她和赫伯特去那里看望他。然而，这个家里的急事却因为军情五处的介入而受阻，军情五处通过亨利·阿诺德说，斯金纳夫妇去美国是“极不可取的”，因为他们会在那里遭到“媒体记者的围攻，并会承受巨大压力，被迫发表有关**福克斯**案的声明”。尽管如此，赫伯特还是认为他们应该去，但受到了当局的恐吓，当局提醒他说，“他是受《官方机密法令》约束的政府公务人员，因此不能透露任何有关［他通过工作了解到的］事项的信息，尤其是与**福克斯**有关的事项”。此外，他还被“警告说，他的妻子应认为自己处于同样的地位，因为她对事情的了解都是来自他”。[46] 331

就在他们前去探望狱中的福克斯之前，这个消息赶到了，显然定下了会面的基调。事后，福克斯写信给他们说，他一直“期待着你们的到访，但对你们带来的消息却毫无准备。我惊呆了，不知道该说什么”。“除了我给你们俩带来了严重的伤害”之外，其他的一切显然都不重要了。这让他有了一种“可怕的无助感——我试图掩饰这种感觉”。他请他们“不要太担心我”，而且由于他一天只被允许接受一次探望，所以下次探监要提前告诉他，因为他不想“把这个特殊待遇用在别人身上”。最后他说：“请破涕为笑吧——为了我。”[47]

赫伯特在两天后的回信中讲了一个好消息，那就是埃尔娜的父亲已经有所好转，所以他们终究没有必要再去美国了。然而，斯金纳却把自己的感受说了出来：“我们也许有一天会再去看望你，但目前我认为谈心毫无意义。”[48]一周后的2月19日，埃尔娜的来信显示了她动荡不安的情绪起伏，她在信中开头说：“上周我不能写信，因为我非常痛苦，可能会伤害到你。”这三页勉强可辨的信劝他不要担心报纸上可能出现的谣言，如“我是你的姐姐”和“我和赫伯特已经逃亡国外”等。她还写了一些关于生命本质的伪哲学，并答应“尽快设法再来看你”。[49]

第二次探监是在2月25日星期六。福克斯似乎已经开始适应环境变化的现实了，因为两天后他给斯金纳夫妇写信时承认，“当我在等待时，我希望你们不要来，但后来我很高兴你们来了”。在充满希望的开头之后，这封信很快就不知所云。接下来是两页关于友谊本质的内容，写得很抽象笼统，不大会引起斯金纳夫妇个人的共鸣，其中提到了他过去的一个不知名的情人，那时他还是个“不成熟的理想主义者”。福克斯和这个神秘女人都是“左翼知识分子”，为了“同一个目标”而工作，“这对于魔鬼来说是个理想的伙伴关系，而她就是魔鬼”。他写道，她已经离开了他，福克斯说完这个就去睡觉了，因为他重新提笔时说，“现在是星期二的早晨”，“我就随便胡说几句，到此为止”。[50]

这封放纵自我的长信没有表现出任何悔意。它的基调暗示
332 福克斯受到了蒙蔽，认为他们的友谊只是遭遇了一段小插曲。他可能会“从这一切中挽回一点儿自尊”这种笨拙的暗示，表明他对斯金纳夫妇的情感完全没有同理心。

两个星期过去了，埃尔娜才发来一封简短的回信。她开头说道，“也许有一天，我会给你写一封更完整的信”——但目前显然还做不到。“我觉得你还不了解你让我们大家有多么失望”，她写道，如果他需要任何引导才能多一些理解的话，她就会以

“如此公然被骗”、“受伤”和“将被证明难以治愈”的描述作为开始。赫伯特在埃尔娜的信尾加了几行字，对缓解福克斯的痛苦毫无作用：“你对我们撒下了弥天大谎，这需要很长的时间来消解。”赫伯特指出，福克斯对“整个国家”造成了损害，“你加入了哈韦尔，虽然你在建设过程中提供了很多帮助，但你犯罪的某些后果也波及了此地”。虽然赫伯特还是主动想要跟他和解，说自己“不是在盛怒之下［而是］带着尚存的感情写的”，但他无疑触及了福克斯的痛处：“你的所作所为没有任何借口，而且，我可以努力去理解，但还是无法做到。”[51]

福克斯的被捕使“索尼娅”（乌尔苏拉·伯尔东）离开英国成为“当务之急”。她立刻想知道的是，福克斯活动的暴露与她有多大的关系。她确信没有任何证据表明他们见过面，因为他们从来没有去过对方家里，而且他们足够专业，知道自己在乡下的会面没有被人看到。她认为自己唯一的风险是被福克斯出卖，或者是军情五处联想到德国共产党这个环节——她的哥哥知道此事。英国媒体随后宣布，福克斯是“在班伯里与一个黑发外国女子见面”。“索尼娅”现在预计自己“随时”可能被捕。[52]她决定，如果发生了这种情况，她将拒绝招供。

她在2月28日（福克斯审判开始的前一天）离开英国，从伦敦飞往汉堡，然后转飞东柏林。[53]她始终不知道，军情五处没有把她和福克斯联系起来到底是无能所致，还是“因为更多的发现会增加他们的耻辱”，从而允许她远走高飞。[54]如果是后者的话，阴谋论者长期以来一直在争论，到底是为了“不打草惊蛇”，不要引起轩然大波——就像后来金·菲尔比的叛逃一样，还是军情五处中有为苏联工作的人保护了她。这个问题一直悬而未决。

# 第二十章 审判与磨难

333 福克斯1950年2月2日被捕，被关押在布里克斯顿监狱，等待2月10日在鲍街裁判法院出庭。2月8日，检控团队和主要证人——吉姆·斯卡登、亨利·阿诺德和迈克尔·佩林——会见了检察官西奥博尔德·马修爵士（Sir Theobald Mathew）和国安部门的法律顾问希尔先生。这次会面被安排在下午茶时间，地点在圣殿广场（Temple Gardens）控方律师的办公室，出席的人中有一位大律师，名叫克里斯马斯·汉弗莱斯（Christmas Humphreys）先生，这是一个可以为狄更斯的小说增色不少的名字。除了给被告人定罪这样一般性的问题外，还有两个涉及国家和国际利益的问题。首先，国安部门所掌握的证据非常秘密，不能与检方分享，更不用说法院了；因此，福克斯的供词将在审判中发挥独一无二的作用。这可能会引发一些问题，既与斯卡登诱导福克斯的危险暗示的性质有关，也因为这可能会导致公众认为军情五处表现无能，忽视了福克斯七年来的两面派行为。其次，对于外交部来说，还有一个与美国人关系的微妙问题：福克斯的很多间谍活动都是在美国进行的，他的作用也因为“维诺那”的证据而得以暴露。曾经的原子弹合作者在未来的关系将受到诉讼程序的严重考验。[1]

汉弗莱斯先生一拿出他事先拟定的开场白草稿，这些棘手的问题很快便暴露出来。希尔做了一些修改，使之符合外交部对此事的态度；佩林随后又提出了进一步的建议，以涵盖供应部立场的各个方面。[2]来自英国政府的指示让佩林的任务变得困难重重：政府“不承认俄国人引爆了原子弹”，甚至不承认他们有原子弹，所以不能提及福克斯提供了让他们得以做到这些的情报。政府最多只承认“俄国人引爆了一颗［来源不明的］ 334
原子弹”。佩林认为，如果在公开的法庭上传出消息，说福克斯向俄国人提供了第一颗钚弹的全部细节，“将在这里和美国引起惊恐和沮丧”。这一决定有其政治动机：当时英国正在进行大选活动，距离投票日——2月23日——只有两周的时间。

检察官和汉弗莱斯先生接受了这个说法，并与佩林商定了最终的开场白。希尔要求多拿一份汉弗莱斯开场白的副本，因为他“答应给联邦调查局的代表一份，代表目前在英国与我们合作办案”。[3]会议接下来审议了主案所仰仗的斯卡登的证据。

## 在鲍街

两天后，克劳斯·福克斯从布里克斯顿监狱被带到鲍街裁判法院进行首次提审。首席裁判官劳伦斯·邓恩爵士（Sir Laurence Dunne）主持了审判。三号法庭位于三楼，是一个可以容纳25人的红木镶板小房间。然而在开庭前两小时，就有大约60名记者在法庭外等候了，“其中有许多是美国人”。提审时公众不得入内；为数不多的座位已经坐满，其余的记者“在拥挤的人群中飞快地记录着”。[4]

福克斯后来回忆起了当时的情景。[5]为了从下面的牢房到达法庭，他通过楼梯，走向用围栏隔开的给被告人留的长凳。他的辩护律师问道：“你知道最严重的判刑是什么吗？”福克斯回答说：“在我看来是死刑。”“不是！”律师回答说，“是14

年。”福克斯回忆说：“我愣了一下。对一个已经接受生命终结的人来说，突然被告知可以继续活下去——你必须适应这种想法。14 年，有多少天，多少个小时，你在那段时间里要做什么?”福克斯接下来要么表现出了他的人性，要么可能是后来重新做人了，他声称为了打发这段时间，他决定“必须帮助监狱里的其他人。你必须和他们一起生活。他们中的很多人都不快乐，不知怎么就到了那里，［这样做］可以让我忙起来，有助于我渡过难关”。

至少在多年后福克斯是这样回忆的。克里斯马斯·汉弗莱斯起身向法庭宣布，根据 1911 年《官方机密法令》第 1.1
335 （c）条，对福克斯有两项指控。第一项罪行是“1947 年某日，［福克斯］出于损害国家安全或利益之目的，向一位无名人士传递了有关原子弹研究的情报，而这些情报估计可能会直接或间接地对某个敌人有用”。他补充说：“这一罪行是在英国发生的。”第二项罪行是，福克斯“作为英国国民”，“在 1945 年 2 月某日，出于损害国家安全或利益之目的，在美国做了类似的事情”。[6]

检方只关注 1945 年后福克斯在洛斯阿拉莫斯和哈韦尔时的间谍活动。他在伯明翰时期的间谍活动并不在指控文书上。

汉弗莱斯是个瘦弱的男人，鹰钩鼻和锐利的目光让人想起夏洛克·福尔摩斯，他身穿丝绸长袍，头戴假发，在众人中显得相当突出。他预示会传唤三名证人，福克斯对他们每个人都曾“做过口头供述，相当于承认了这两项指控”。福克斯向斯卡登做了一份书面供述，“一切适当的预防措施已被采取，以确保［该供述］是在没有威胁或承诺的情况下自愿做出的”。正如我们所看到的，也正如检方团队持续担心的那样，关于

“在没有承诺的情况下”做出的说法是值得商榷的。三名证人的证据和那份书面供述构成了检方的主张。

汉弗莱斯简要介绍了福克斯的早年生涯，他曾“加入了德国共产党”，并作为难民——“如他所言”——为逃离纳粹的压迫而来到英国。汉弗莱斯提到了福克斯被拘留的情况，接着说：“1942 年［原文如此］原子弹研究在不止一个国家得到了加强，当然在英国也是如此。”[①]他继而总结了在战争的这个关键时刻聘用福克斯的原因：“需要最优秀的头脑来协助这项研究，而像福克斯博士所拥有的这种头脑确实非常罕见。”他说福克斯是“在世的最优秀的理论物理学家之一”，他“伟大的头脑”在伯明翰大学与鲁道夫·派尔斯“在对他的背景和精神状态进行了非常仔细的审查之后，被用到了原子弹的研究中”。

汉弗莱斯出示了福克斯在 1942 年 7 月 31 日宣誓效忠和他归化为英国国民的证据，他在宣誓中发誓“忠诚并依法向英王乔治六世陛下、他的继承人和继任者效忠”。现在，汉弗莱斯言辞恳切地向法庭陈述，虽然福克斯给他的上级留下的印象一直是个有充分保密意识的人，但“如今显而易见的是，对 336
于一个思想上无可挽回地与共产主义原则紧密结合的人来说，这样的效忠誓言毫无意义”。汉弗莱斯断言，福克斯在入籍之前“签署了通常的保密承诺书”。[7]汉弗莱斯叙述了福克斯的间

---

① 1942 年这一提法是对福克斯的审判中第一次被公开说出的年份，并被流行的观点错误地确定为福克斯开始从事间谍活动的时间。例如，1950 年 2 月 11 日《每日电讯报》的标题是《杰基尔与海德始于 1942 年的背叛》，并提到“第一次见面……是在 1942 年初”。TNA KV 2/1263, s. 29a. ——作者注

谍生涯，“在很长一段时间里，他提供的情报仅限于他自己头脑的产物，但随着时间的推移，发展出了更多的东西”。福克斯证实，他的联络人“无疑都是俄国裔，但往往有其他国家的国籍”。汉弗莱斯精辟地总结了福克斯受到的压力：“他说，他意识到这是手提着脑袋过日子，但他在隐蔽于德国的时期就已经这样做了。”

检方希望确保对福克斯间谍活动的目标没有任何疑问。“法官阁下，为了避免有任何疑问，他的情报是传给苏联的，而不仅仅是给一个虚无缥缈的外国势力代理人，他在做书面供述之前告诉斯卡登先生，最初与俄国人的会面都是在伦敦，有一次他还拜访了位于肯辛顿宫花园的苏联大使馆。”

汉弗莱斯说，“要我在这里透露”传递给俄国人的情报中“有多少是他自己的研究结果，有多少是从他的同事那里获得的”，这样做“既不可取，也无必要”。然而，“你们将听到专家们的证据，证明他所透露的情报对潜在的敌人具有最高价值”。汉弗莱斯接着说，“他确实收了钱”。这是指福克斯在其间谍活动初期接受了费用，“1946 年回到英国后不久就拿了 100 英镑”。这不过是一种“象征性的姿态，表明他对［共产主义］事业的顺从”。然而，“他多次重述的供词表明，他的真正动机无疑是坚定不移地献身于苏联共产主义事业”。

现在，汉弗莱斯利用福克斯声称将自己的思想一分为二的说法，对其大加讽刺。他认为，“被告的思想可能是独一无二的，并在心理学界开创了一个新的先例”。他说，福克斯思想的一半“超出了理性的范围和事实的影响，另一半则生活在正常的人际关系和同事友谊的世界里”。福克斯将其自我描述为“克制型精神分裂症”，这是“英国文学中不朽的二元性——杰基尔医生和海德先生①的经典例子”。

汉弗莱斯将福克斯的杰基尔医生——“一个正常的公民，乐于在科学事业中应用他的聪明才智”——与“海德先生”相提并论，“他周复一周地背叛自己的效忠誓言、保密承诺，以及朋友间的友谊。在周围的人看来，表面上他是一个忠实的归化英国人。而周围的人都不知道的是，他内心深处却是一个 337
被外国势力收买的政治狂热分子”。汉弗莱斯暗示，他之所以“突然”接触阿诺德，并“主动透露了他父亲的消息”，可能是因为他怀疑调查已经在进行之中了。[8]

阿诺德此刻成了汉弗莱斯叙述的核心。汉弗莱斯解释说是福克斯把他父亲在东德的情况告诉了阿诺德，阿诺德这才向军情五处报了警，然后福克斯便受到了斯卡登的询问。在“直截了当地否认了对其开门见山的叛国指控后，他突然主动回答了问题”。在汉弗莱斯的叙述中，“[福克斯] 终于在今年1月26日明显发生了心理危机。他向阿诺德先生承认自己传递了大量情报”。[9]在此之后，福克斯向斯卡登做了书面供述，而这份供词将在法庭上出示。在向法庭宣读了福克斯供词的缩略版之后，汉弗莱斯补充说，福克斯还向佩林先生提供了一份技术情报的供词，而佩林先生将作证说，这是“对潜在的敌人具有最大价值的情报”。

随后传唤了三名证人。[10]首先是伯特警官，他出示了总检察官“同意诉讼的手令”，即物证一；并出示了1942年7月31日的福克斯入籍证明和效忠誓言，即物证二。法庭上没有

---

① 苏格兰小说家罗伯特·路易斯·史蒂文森的小说《化身博士》（*Strange Case of Dr Jekyll and Mr Hyde*，1886）中的人物，讲述了体面绅士的亨利·杰基尔医生喝了自己配制的药剂，分裂出邪恶人格海德先生的故事。

出示他签署过《官方机密法令》的证据。

下一位证人是空军中校亨利·阿诺德。他作证说自己一直在向福克斯灌输保密和保护官方情报的必要性，而且福克斯表现得像一个“最具保密意识的科学家”。他继续说道：“1950年1月26日，也就是**福克斯**博士会见斯卡登先生的那天上午，**福克斯**博士来见他（阿诺德）。”阿诺德随后“问**福克斯**博士是否确实向俄国人透露了某些关于原子弹研究非常重要的情报”时，福克斯证实他透露了，并在谈话结束时“说这些情报都是机密”。[11]

新闻媒体恰当地报道说，福克斯首先向阿诺德认了罪。[12]在法庭上，阿诺德没有受到盘问；不过，下一个证人斯卡登接受了盘问，但他没有纠正阿诺德证词中给人的印象，显然也没有说福克斯在1月24日就向他坦白了。福克斯的律师哈尔索尔先生问及福克斯的配合情况，斯卡登说，“从1950年1月24日下午开始，**福克斯**博士就一直与他配合，并尽其所能地帮助他”。[13]这种策略似乎是要尽量淡化对斯卡登所做的可能带有诱导性质的第一份供词，仿佛这种行为从未发生过。斯卡登出示了他于1月27日根据福克斯的口述记录下来的自愿供述
338 原件，这是物证三。他还证实入籍证明上的笔迹是福克斯的。

最后一位证人是佩林先生。他说福克斯在伯明翰期间传递了“对潜在的［原文如此］敌人非常有用的”情报。佩林对福克斯在美国的间谍活动和战后在哈韦尔的间谍活动做了类似的评价。①

① 福克斯在伯明翰时，苏联并非英国的敌人，但到了1950年，两国已经交恶。在指控文书上，福克斯在哈韦尔的间谍活动与佩林的描述一致。——作者注

佩林“后来出示”的物证四是“1944 年福克斯签署的保密承诺书”。[14]这发生在他被借调去美国之前。同样，没有证据表明他在 1941 年签署了《官方机密法令》，也没有证据表明佩林曾满足了希尔在 2 月 6 日提出的索取这份文件的要求。正如我们看到的，对福克斯的指控只涉及 1945 年在美国和 1947 年在英国的时候；指控中遗漏了他早先的间谍行为，可能是因为缺乏证据表明他在 1942 年之前签署过《官方机密法令》。尽管如此，佩林的证据还是包括了福克斯在这一时期的间谍活动。

同时，新闻界要求得到物证三——福克斯对斯卡登的供述的副本。然而，这份供述被定为机密材料，由伯特警官保存。因此，不可能将福克斯在法庭上实际说的话与据说他在认罪时说过的话进行比较。一个后果是，“对潜在的敌人有用”一语成为公众对福克斯犯罪行为的看法的一部分。

不出所料，首席裁判官劳伦斯·邓恩爵士对于有案可查颇感欣慰，并正式起诉了福克斯。在整个诉讼过程中，福克斯“一言不发”，“没有表现出任何情绪化的迹象”。[15]福克斯的辩护律师哈尔索尔先生为他做了“无罪”辩护，并在辩护过程中始终持此态度。福克斯被移交给老贝利街的中央刑事法院，在始于 2 月 28 日的开庭期接受审判。他将在首席法官戈达德①勋爵面前出庭受审，而戈达德勋爵将同时担任法官和陪审团。

---

① 雷纳·戈达德（Rayner Goddard，1877—1971），1946～1958 年任英格兰首席法官。尽管他是第一位由工党政府任命的首席大法官，也是第一位拥有法律学位的大法官，却以严厉的判决和总体上属于保守的观点而闻名。

## 军情五处受到严厉批评

2月18日，总检察官哈特利·肖克罗斯爵士致信检察官
339 西奥博尔德·马修爵士，随函附上了曾在纽伦堡审判中担任美国首席法律顾问的特尔福德·泰勒[①]准将的一封信。这为福克斯事件在北美的影响提供了早期的线索。消息“紧随氢弹的广泛宣传”传遍北美。这使得它在美国引起了“巨大的轰动”，而当《纽约时报》刊登了一篇重大新闻，说“联邦调查局轻而易举地发现，福克斯有支持共产主义的长期背景”时，事情发生了“非常不祥的变化”。一位著名的参议员曾“宣称自己无法解释这样的事实，即福克斯博士多年从事原子弹事务，而英国人却显然并不了解这个背景”。

泰勒用不祥的双关语评论说，“整个事件有爆炸性的可能”。他对于这一事件对英美关系的影响表示关注，因为它已经“被那些误入歧途之人所利用，他们认为保密和安全总是同义词，反对任何形式的国际合作，甚至反对与我们在秘密武器领域最信任的盟友合作”。泰勒建议，如果有“任何可以披露的事实，可以使英国人对这一问题有更好的认识，那么，现在是时候披露出来了，以免人们形成先入为主的观念，再去根除为时已晚”。[16]

肖克罗斯也是一名议员，并准备参加大选。这时他从兰开夏郡圣海伦斯（St Helens）的选区办公室发来一封信，向检察官建议：“无论谁接替我现在的职务并接手福克斯的起诉案，

---

① 特尔福德·泰勒（Telford Taylor，1908—1998），美国律师，以其在二战后纽伦堡审判担任起诉方律师、1950年代反对参议员约瑟夫·麦卡锡，以及1960年代坦率批评美国在越南战争中的所作所为而闻名。

都希望能得到非常充分的情况介绍。”然后他谈到了一个最尖锐的、可能是致命的谜题：“在我看来，一个并非犹太人的德国难民，想必是由于支持共产党而成为难民的，竟然被放在了一个如此高度保密的职位，而且这么长时间都没有被发现，这恐怕确实是件咄咄怪事。”他接着警告说：“我担心军情五处会受到严厉的批评，我认为，如果此人认罪，总检察官［本人］最好在开庭时，或在他被定罪之后，就军情五处未能发现他支持共产主义的情况做一些说明。”[17]

两天后，检察官打电话给安全局的法律顾问希尔，说肖克罗斯收到了“下议院两位议员”的来信，信中说他们认为军情五处显然未能发现“共产党员”福克斯，建议在审判时发表声明。希尔避重就轻，说“不能立刻做出决定”，并商定由检察官正式写信给利德尔。[18]

2 月 22 日，就这一问题，利德尔和他的部门主管与希尔进行了讨论。他们认为没有必要在审判中发表声明，因为 340
“汉弗莱斯先生在裁判法院的开庭陈述中已经做出了充分的阐述”。[19]然而他们认识到“下议院会提出一些问题，询问为何允许**福克斯**留在哈韦尔，以及他的间谍活动为何在如此长的时间里都未被发现”。他们同意反间谍部门应编写一份声明，回答如下三个问题。

第一，“为什么**福克斯**在哈韦尔工作会审查通过?”他们一致认为这个问题必须由英国供应部来回答。第二，“为什么没有早一点儿发现他的间谍活动?”第三，“联邦调查局比国安部门更早知道**福克斯**的共产党活动，这是事实吗?”主管们认为，如果按照这些思路编写一份声明，并与供应部达成一致，那么就可以作为“可以合理预见到的会对本案提出的任何问题”的依据。[20]

利德尔随后向检察官解释说，军情五处决定目前不发表声明。

## 审判前夕

老贝利街审判福克斯的日期定在了 3 月 1 日。2 月 28 日晚，哈特利 · 肖克罗斯爵士召开会议，审议第二天可能会出现的要点。[21]

佩林在开场白中说，他已与波特尔勋爵和供应部常务次长阿奇博尔德 · 罗兰兹爵士（Sir Archibald Rowlands）讨论过此案。福克斯有可能会撤回他的供词，即本案唯一的证据。鲁道夫 · 派尔斯关于福克斯可能会精神崩溃的话让他们感到担忧。如果福克斯声称自己最多犯了一些轻微的行为不检，并将其长篇大论的供词归咎于狂热想象力的产物，那该怎么办？在福克斯作供时，始终没有任何法律顾问在场，军情五处现在担心，狡猾的辩护律师可能会制造麻烦。

佩林说，波特尔和罗兰兹都认为，关于福克斯传递给俄国人的情报范围，在裁判法院说得不够多。他们知道福克斯的间谍活动历时七年，而指控文书却只集中在检方有证据表明他违反了 1944 年保密协议的这一小段时间上。佩林提交了一份他们认为应该提到的文件。概括地说，这份文件说明福克斯在伯
341 明翰时就曾透露了分离 $^{235}$U 的方法，而这种方法可能被用于制造原子弹。后来，他又在纽约与美国机构的一个部门密切合作，该部门是负责设计和建造橡树岭的一座生产设备的。这个设备采用了与福克斯在伯明翰研究的分离 $^{235}$U 相同的工艺。佩林补充说，任何声明都应该包括一点，那就是福克斯在这两个

时期传递的情报“在两个方面对苏联有很大的价值。第一，披露了一种分离铀同位素的方法所依据的基本原则；第二，表明英美两国政府对该项目的重视，并证实了当时的猜测，即事实证明，用纯$^{235}U$设计和制造原子弹很可能是可行的”。

冗长的陈述继续，涵盖了我们已经看到的大部分内容，但现在还加上了对福克斯背叛行为会产生何种影响的专家评价。佩林表示，福克斯关于钚的情报将使俄国人在生产这种“原子弹的爆炸性成分”方面省去“很长一段时间的研发努力”，他没有明说，但显然暗示几个月前的苏联原子弹试验就是福克斯间谍活动的直接结果。

在佩林描述了战争期间福克斯的背叛所产生的影响之后，除了福克斯将温斯凯尔生产钚的详细情况与美国的数据一并传给俄国人，让后者得以推断出西方抵御核威胁的能力之外，他在哈韦尔继续进行的间谍活动似乎相对较少。可以说，福克斯战后的间谍活动对英国最具危险性。在第二次世界大战期间，还有其他间谍的情报与福克斯相印证、相重复；而且，苏联当时是盟友。在哈韦尔，福克斯向冷战时期的敌人提供了情报，而如今人们已经知道，当时斯大林对西欧有所图谋。苏联通过福克斯知道了美英两国的备战状况。最后，佩林说福克斯把氢弹背后的基本原理也告诉了他的苏联联络人。[22]

他建议由总检察官在开庭陈述中提出这一证据，或由佩林在证人席上提出。毫无疑问，这将使法庭相信福克斯极端背信弃义，但外交部的罗杰·梅金斯爵士对此表示反对，因为“在审判中讨论耸人听闻的信息，将为美国新闻界提供更多的爆炸性新闻”。[23]他们达成一致，这些内容都不能在公开法庭上被提及，而且如果可以避免的话，秘密进行诉讼程序的任何部分都是非常不可取的。因此，会议决定不采纳佩林的建议。

342 肖克罗斯于是提出了对军情五处明显失败的担忧，他曾向利德尔提过这点，但收效甚微。在肖克罗斯看来，首席大法官很可能会问，既然福克斯“从1942年以来［原文如此］”就是一名众所周知的共产党员，那么他又是如何受雇于哈韦尔的。他说，当局知道福克斯是共产党员，而且此事“在内政部档案中有记录”。迪克·怀特立即反驳了这一点，他指出，军情五处“不知道福克斯曾经是英国共产党员”，他们知道的只是盖世太保的报告，而这份报告“从来没有被这个国家的警方报告所证实”。[24]

会议记录没有显示是否还有进一步的讨论。检方将完全依赖福克斯的供词，估计他的辩护人将质疑其性质和法律效力。在当前的最后一刻出现了违反程序的情况，如果预先知道这一点，如果由一个偏见较少的法官来监督审判，就会影响审判的结果。检察官不知从哪里得知，福克斯的辩护律师柯蒂斯－本内特先生认为福克斯确实编造了整个故事。派尔斯的猜测似乎让辩方很有感触，也可能是军情五处从窃听中选取的片段让他们心生疑惑。无论如何，检察官担心的是，福克斯已在裁判法院做了“无罪”抗辩；如果他在老贝利街的审讯中坚持这一抗辩，此外还声称他的供词不过是自己的想象，那么控方就有必要在法庭上提出高度敏感的证据。这将破坏避免秘密审理的策略。因此，在老贝利街审判的前夕，检方完全违反程序，“据此安排佩林先生在当晚的迟些时候会见柯蒂斯－本内特先生”，明确希望佩林能“使他相信［福克斯的］故事是真实的”。[25]

佩林成功了。柯蒂斯－本内特准备承认福克斯的供述的确属实，对此毫无异议。一切终于就绪，福克斯终于可以自责了。四个月后，福克斯为控方和他的律师之间的阴谋诡计补充了一个精彩的后记。在谈到斯卡登的“交易”——只要他招供就可以留在哈韦尔而不被起诉——时，福克斯说：“虽然［这些］事实在争取减刑的抗辩中会有很大的价值，但我通过律师同意在审判中不做提出。”然后，在解释他为何做出这一决定时，他说：“因为在检方看来，这可能会损害国家的利益。”[26]

## 最后的探视

2月28日，也就是福克斯受审的前一天，鲁道夫和吉尼 343
亚·派尔斯去探监，问了他一些他们根本无法理解的事情。他喝了酒，尽管一直很清醒，但一个间谍怎么能冒这样的风险呢？他即将收养一个外甥——他那个在纳粹统治下自杀了的姐姐的儿子。福克斯的父亲埃米尔一直在照顾这个孩子，但他现在上了年纪；而克劳斯的生活中有这个可怕的秘密，怎么能把孩子和自己绑得这么紧呢？福克斯无法解释这一切，但他确实让他们相信，这些指控都事出有因。

这是吉尼亚唯一一次在监狱里见到福克斯，也是三个朋友最后一次见面。

## 绞刑法官

雷纳·戈达德是最后一位绞刑法官，他是一个霸道、狠毒的恶棍，很喜欢在宣布死刑判决前戴上黑帽子。据他的书记员说，戈达德对拥有这种权力的变态快感是如此的极端，以至于他在宣判犯人死刑的时候会射精，“在那些场合必须带一条新裤子上庭”。[27]幸运的是，戈达德在判决克劳斯·福克斯时不需要这种送洗服务，因为在战时向盟友——苏联至少在 1941 年 6 月之后享有这样的地位——传递机密不是死罪。尽管如此，戈达德对无法以叛国罪处死福克斯的挫折感还是在诉讼中表现得非常明显。

在老贝利街，福克斯的间谍罪如今被分为四项指控。它们的内容基本上与裁判法院的相同，但第一项指控提到了“1943 年某日在伯明翰市”；第二项是“1943 年 12 月 31 日至 1944 年 8 月 1 日之间的某日在纽约市”；第三项是“1945 年 2 月某日”在马萨诸塞州波士顿；最后一项是“1947 年某日在伯克郡”。任何对福克斯可能会对案件提出质疑的担心，都随着他的“认罪”而烟消云散了。[28]

总检察官哈特利·肖克罗斯爵士与克里斯马斯·汉弗莱斯先生一起出庭代表控方，福克斯由柯蒂斯－本内特先生辩护，马尔科姆·莫里斯（Malcolm Morris）先生协助。肖克罗斯面容和蔼可亲，半月形的眼镜使他看起来像个书生。他形容此案“极其严重”，“与根据本规约起诉的所有案件一样重要”。为
344 了强调这一点，他解释说，虽然福克斯传递的情报“可能延续了七年”，但起诉书只涉及“四个具体案件”。他还向已经信服的戈达德勋爵强调，“接受情报的国家不一定是实际或当前的敌人。这个外国只要是潜在的敌人就足够了，由于情况发生了一些不愉快的变化，该国可能会成为真正的敌人，但在传递情报的时候可能还是友国”。

总检察官停下来稍事喘息，戈达德勋爵在帮助检方结辩时说：“或者可能永远不会成为敌人。”肖克罗斯回应道：“法官大人，在这个案件中，情报其实是传递给苏联政府的特工的。”他意识到这一案件将被广泛报道，因此补充说，英国与

苏联的关系“还有很多需要改进的地方，但并不是敌对的关系”。然而，为了确保他对福克斯的起诉能保持最大的威力，他继续说：“但无论如何，对犯人来说，他一定很清楚，如果这个国家真的成为一个实际上的和公开的敌人，他向该国政府特工传递的情报将具有最大的价值，他显然认为这是可能的”。

接下来，为了“对犯人公平，也为了警示他人”，肖克罗斯说了“一两句关于动机的话”，因为这“可以解释那些在没有明确动机的情况下可能最难以理解的事实”。他首先说，“犯人是名共产党员，这既是本案的解释，也的确是本案的悲剧所在”。肖克罗斯高谈阔论地说起那些“被灌输了共产主义信仰”的人“误入歧途”，由于这种“建立新世界”的愿望将不可避免地意味着“由一个强国所主宰的世界”，而这个强国就是苏联，所以福克斯对他归化的，同时也收留了他的国家造成了“巨大的伤害”。

他概述了福克斯直到 1933 年离开德国之前的早年生涯，这时戈达德做了第二次发言：“你知道他离开德国是否因为害怕迫害?”肖克罗斯回答说“是的，法官大人”，并详细介绍了背景。然后他谈到了福克斯在英国的时期和他在伯明翰的工作。

在这一点上，肖克罗斯的起诉变得谬误百出。首先，他声称福克斯“直到 1942 年初”都被关押在加拿大。但我们知道，他从 1941 年 5 月起和派尔斯共事，同年就已经开始去见苏联人了。他获释后，肖克罗斯说他在“格拉斯哥”而不是爱丁堡大学。这些纰漏让人无法相信肖克罗斯下一个奇怪的说法，他第一次提出了物证四，那是“一份文件，其中提请人 345

们注意福克斯工作的保密性质，事实上，提请注意的正是福克斯如今遭到起诉所依据的法规规定”。这份物证明确提到，福克斯签署《官方机密法令》的日期是“1942年6月18日［原文如此］”。日期不是打字错误，因为肖克罗斯继续说：“在接下来的那个月（原文如此），他申请入籍为英国国民”——1942年7月31日，福克斯在《效忠誓言》上签了字。[29]除非肖克罗斯在这里是错上加错，否则，福克斯似乎已经与派尔斯合作一年多了，而且我们现在知道，他接触苏联特工的时间也差不多有那么长时间了，却仍未走完国安部门的官僚主义程序。对于意义如此巨大的审判来说，这些都不是什么小问题。如果说肖克罗斯关于福克斯何时宣誓效忠的说法是错误的，那么就会引起关于他何时在《官方机密法令》上签字的问题，或者说他是否在1944年之前就签了字。这对于福克斯与派尔斯的关系以及1941年“莫德”秘密研究的影响至少是模糊不清的。[30]

肖克罗斯接着按照类似于裁判法院公开的情况，仔细查看了福克斯的供述和历史，直到他谈到一个微妙的问题：“我［福克斯］当时面对的证据是我在纽约泄露了情报。我得到了招供并继续留在哈韦尔的机会，否则就会被清理出去。我对自己留在哈韦尔没有足够的把握，因此，我否认了这一指控，并决定自己必须离开哈韦尔。”

戈达德勋爵现在插话道：“他的意思是说，这是他自己的想法？”戈达德说这话似乎是在确认福克斯是被诱供的，还是他自愿做出的决定。肖克罗斯回答说：“法官大人，他似乎就是这样理解的。这不是对事情的正确描述，但他似乎就是这样理解的。他所面对的是美国的事件。他的全部行径当时还没有被发现。”

讨论肖克罗斯的这一答复是否完全属实没有实际的意义。无论如何，福克斯的律师没有提出任何问题，而肖克罗斯强调福克斯的“全部行径”尚未被人发现，这就巧妙地给军情五处开辟了一条后路：如果辩方声称曾向福克斯提供过机会，肖克罗斯可以回答说，这是在他们意识到福克斯间谍活动的程度之前。

接下来，肖克罗斯攻击了福克斯的道德观。他说，福克斯违背了“他对这个曾经善待他的国家的忠诚，这个国家曾让他得以完成训练并成为伟大的科学家，本该自然而然地指望他报以忠诚”。福克斯把“给予他英国国籍待遇”的国王的忠诚“抛在一边，转而效忠苏联的共产主义”。

一周之前刚刚举行了大选，肖克罗斯的工党以微弱的多数
票当选。凭借精明的政治眼光，肖克罗斯现在为随之而来的媒 346
体——并通过它们为英国公众——创造了一个神话，即福克斯的背叛并没有让英国的原子弹机密一览无余。“法官大人，至于他确实传递的情报的价值，除了以下的内容之外，也许说太多并不符合公众的利益，当然，有许多原子研究领域，以及正在进行的有关原子能的一般性、实验性及发展性的工作他都不知道，这些领域因此受到了保护，免于被他出卖。”

虽然确实有一些原子及核结构方面的工作正在进行之中，但福克斯对此只能算旁观者而不是参与者，不过这些工作主要是在公开的文献中发表的。在与该审判相关的领域——原子能与核武器，福克斯是研究项目的先锋，并且他已传递了一切真正有意义的东西。在提供了这副安慰剂之后，肖克罗斯确定他没有削弱自己的论据，并强调福克斯的泄密“确实非常

严重”。

最后，为了国际社会的利益，他提醒法庭说，英国并没有诱导嫌疑人“在经过长期秘密隔离监禁之后，想方设法以某种不为人所知的手段取得邪恶供词，而这种手段已成为某些外国诉讼的特点”。福克斯的供词是“在他还是自由身的时候做出的，他可以任意出入，与朋友协商，听取律师的意见，在他被捕后，他立即受到了审判，而在大人您的面前接受审判时，他对自己受到的指控表示了认罪”。

戈达德勋爵帮助放大了总检察官的观点：“也许大家知道，此人最近在2月2日被捕，2月10日被交付审判，3月1日受审。”对此，肖克罗斯补充道：“在他自己选择的法律顾问的协助下，他在这段很短的延迟期后，来到法官大人您的面前。”

他说，这些都是事实，他不打算调用任何证据。代表福克斯的柯蒂斯-本内特先生现在要求传唤斯卡登先生作证。斯卡登向法庭表示，他曾见过福克斯数次，而且在柯蒂斯-本内特的要求下，他确认“在他向福克斯录取口供之前，没有任何证据可以用来起诉［福克斯］。福克斯向［斯卡登］做了一份绝对自由的长篇供述”。戈达德勋爵核实“1月21日和24日，［福克斯］没有被捕”，斯卡登回答说“没有，法官大人”。

347 斯卡登说，他没有“以任何方式”向福克斯“施加过压力”。他现在实际上成了辩方的证人，因为他确认福克斯已尽了“一切努力与［他］合作，以尽量减少自己所犯的错误”。

福克斯的辩护律师柯蒂斯-本内特先生被佩林说服了，他认为福克斯的故事是真实的，从未质疑过福克斯供词的性质。他唯一的辩护建立在两个方面之上。首先，由于对其委托人不利的唯一证据是福克斯的自愿供述，他希望能从轻判处。为此，他长篇大论地描述了福克斯的早年生涯，他在纳粹统治下的生活，反法西斯运动，然后又提到了福克斯亡命英国。但他随后又过度发挥，声称福克斯在英国并没有隐瞒他的共产党员身份。戈达德勋爵插话道："我不知道你是否在暗示，当局知道［他在本国与共产党人的关系］?"

柯蒂斯－本内特结结巴巴地答道："我不知道——但没有隐瞒事实。"

戈达德反驳道："我想他在入籍、就职哈韦尔，或是去美国时，应该没有宣布自己是共产党员吧?"

柯蒂斯－本内特试图保留一些主动权，"如果我说错了，检察官先生会纠正我的。本国内政部的记录上写着他是德国共产党员"。

肖克罗斯居中调停："敌国外侨法庭在战争初期审查他的时候意识到，他是一个逃避纳粹迫害的难民，因为他在德国时曾是一名共产党员。"他解释说，没有任何证据表明福克斯与英国共产党有过牵连，所有的调查都倾向于表明他沉浸在学术研究中，对政治根本不感兴趣。

柯蒂斯－本内特坚持己见，并提出了肖克罗斯本人已向检察官提出的观点："德国人都知道他曾是共产党员。我不再对此做任何评论。我只陈述一个事实。这个在 1942 年成为英国国民的人，如果我们不知道他在德国的政治立场，是不可能入籍的，我认为这一点显而易见。"他接着说，对福克斯这个"众所周知的共产党员"而言，显然，"凡是读过任何马克思主义理论的人都一定知道，任何一名共产党员，不管是在德国还是异国他乡，在掌握情报时的反应都是完全一样的。不幸的是，他们几乎都会不由自主地把对共产主义意识形态的忠诚放在第一位”。因此，传递机密“不是为了伤害本国”，而是“因为在他的心目中这是正确的事情”。

柯蒂斯－本内特在介绍了共产党人福克斯的思想性质后，
348 现在转到第二个论点，提出福克斯承受了巨大的精神压力——福克斯将其把秘密生活和职业生活分开的能力描述为“克制型精神分裂症”。戈达德勋爵不接受这种说法。他插话说，他不能理解这种“形而上的哲学或者不管你喜欢叫它什么。我不关心这个。我关心的是，这个人泄露了对本国至关重要的秘密。站在我面前的他是一个正常人，而不是精神分裂症或其他什么病的患者”。

柯蒂斯－本内特拼命地试图辩解：“如果大人不认为一个人的行为所基于的心态与判决有关……”但他被法官打断了：“这种心态的人是国家海岸线内最危险的人。”[31]

福克斯的辩护陷入了困境。福克斯已经认罪，但柯蒂斯－本内特却从来都没有辩护说这是诱供的结果。始终没有一个人提请注意福克斯的宣誓证词，即“我得到了招供［自己在纽约泄露了情报］并继续留在哈韦尔的机会，否则就会被清理出去”。[32]柯蒂斯－本内特从未对指控的日期和地点的准确性提出质疑。相反，他孤注一掷，辩称在福克斯的整个间谍活动中，苏联一直是英国的盟友。他指出，在 1943 年、1944 年和 1945 年都是如此，但他这样做在无意中提醒了戈达德注意福克斯叛变的程度，而戈达德并不需要任何提醒。当他以福克斯“因为相信共产主义而向俄国人提供援助”的说法来结束这段话时，戈达德插话说：“而且按照他自己的说法，他的援助一直给到了胜利的时候，即 1949 年 3 月。”

柯蒂斯－本内特没有放弃。他提醒法庭说，起诉书涵盖的时期都在苏联是盟友的时候，“如果这个情况对这三项罪名的量刑问题不重要，那就是我弄错了”。他提出了一个勇敢但无望的理由，要求宽大处理福克斯。他提请戈达德“了解 1932 年和 1933 年发生的事情在［福克斯］心目中的作用”。最后，他徒劳地企图奉告戈达德，英国法院是著名的“一切正义的泉源”，对福克斯的判决将“透出大人在审理每一个案件时始终表现出来的仁慈”。如果柯蒂斯－本内特受到追问，他一定会为这种绝望的奉承竭力辩护。

不到 90 分钟审判就结束了。当有人问福克斯他在宣判前是否想说些什么时，他并不愿多谈此事。“我犯了被指控的罪行，希望得到判决。我还犯了其他一些在法律上不属于犯罪的罪行——伤害我朋友的罪行，当我要求律师把某些事实公之于 349
众时，并不是为了减轻自己的刑罚才这样做的。我这样做是为了弥补其他的那些罪行。我得到了公平的审判，我要感谢你们，以及我的法律顾问和律师们。我还要感谢典狱长和布里克斯顿监狱的工作人员对我的体贴对待。”

听到这些谦卑痛悔的话，戈达德勋爵竟然开始厉声指责福克斯，那高高在上的语调仿佛来自悬浮于法庭之上的某个布道坛。他说，福克斯“利用”了英国的庇护之恩，“以最严重的变节背叛了英国给予你的款待和保护”。他似乎认为福克斯的间谍活动是在 1942 年才开始的，因为他告诫福克斯，后者当时就“开始出卖至关重要的机密”，以此作为对自己获得英国国籍的“回报”。福克斯企图“促进一种政治信条”，而这种信条“为这个国家的绝大多数人所憎恶”。他“危害了其他人的庇护权”：“我们现在还敢于为可能是这种有害信条之追随者，并自我伪装，然后背信弃义、恩将仇报的政治难民提供庇护吗？”

更有可能让福克斯深感不安的言论是，他对同事们背信弃义，并“让那些人受到了最严重的怀疑，他们被你虚伪地称作朋友，并受到误导而信任你”。也许是考虑到美国人对诉讼程序的强烈兴趣，戈达德也看到了政治后果，即福克斯“危害了这个国家和国王陛下与之结盟的伟大的美利坚共和政体之间的友好关系”。

然后，戈达德拆穿了福克斯的供述，他说：“［这］向我展示了像你这样的人可以堕落到什么程度。对我来说，你的罪行与叛国罪的区别微乎其微。在这个国家，我们严格遵守法治，由于从严格意义上讲，这不是叛国罪，所以你没有因这一罪行而受到审判。”他随即评估了一下应该判什么刑，因为够不上叛国罪，所以排除了死刑。“我判刑并不是为了惩罚，因为对你这种心态的人来说，惩罚毫无意义。我的职责是保卫这个国家，我怎么能保证心态在你的那番供述中被表现得淋漓尽致的人，不会在其他任何时候由于某些奇怪的思维运作而进一步出卖对这片土地具有最大价值和重要性的机密呢？”[33]

如果法律允许，勋爵肯定会判处福克斯绞刑。但事实是，尽管是自由招供，他还是给福克斯判处了最高刑期：14 年监禁。

# 第七部分

## 结果 1950～1959年

# 第二十一章 追捕戈尔德

福克斯被捕并最终被定罪后，英国人和美国人都对其间谍活 353
动对世界力量平衡的影响深感担忧。但除此之外，他们关于他的目标也有分歧。在英国，当局有两个主要目标。首先是国家安全的问题，以及在英国可能仍有福克斯的俄国联络人，包括他调动去美国之前在伯明翰和战后在哈韦尔之外的地区从事间谍活动期间的联络人。其次，如果能找到福克斯的联络人，这些人对他情报的反应以及他们向他提出的问题，可能会提供关于苏联原子物理专业知识的线索。英国政府关心的是国内公众的反应，而且在美国的国土上，一个英国公民做出了有着毁灭性影响的背叛行为，英国政府也同样关注福克斯事件对其与美国政治关系的影响。

从美国的角度来看，关切是相似的，但优先事项不同。美国的政治活动即将被参议员麦卡锡对共产党人的迫害所取代。在赢得战争的原子科学家中发现了活跃的共产党员，这将投下一道长长的阴影，导致“曼哈顿计划”的科学领袖 J. 罗伯特·奥本海默在 1954 年遭到邪恶无耻的迫害。到 1950 年 2 月，“维诺那”暴露了许多间谍的证据，对于他们中的大多数人，我们只知道他们的苏联代号，但没有（至少还没有）哪一个人看起来像克劳斯·福克斯那样危险。[①] 回想一下，J. 埃德加·胡佛的目标是确保联邦调查局从中

---

① 这些人中最重要的可能是特德·霍尔，他是在洛斯阿拉莫斯工作的年轻科学奇才。他的故事见 J. Albright and M. Kunstall, *Bombshell: The Secret Story of America's Unknown Atomic Spy Conspiracy* (Times Books, Random House, 1997)。——作者注

354 获得最大的荣誉，以及他自己被视为英雄。为了达到这些目的，联邦调查局的当务之急是找出那个从“维诺那”解密中得知的特工，即“呆头鹅”——福克斯称其为“雷蒙德”的纽约联络人。

“维诺那”的保密性给胡佛及其与手下高级职员的关系带来了问题。美国的联邦调查局特工被要求进行具体的调查，却不知道他们的调查是围绕着哪个旋涡展开的。就连约翰·辛普曼这个美国驻伦敦大使馆的“法务参赞”和秘密情报的正常渠道也对这次追捕行动一无所知。相当讽刺的是，胡佛因为得不到福克斯的供词细节而大骂辛普曼。辛普曼惊呆了，他告诉胡佛，说自己直到福克斯被捕前都从未听说过此人。胡佛给西利托的一封电报首次暗示了这一“重大”事件的爆发，电报说胡佛计划派他的反间谍头子利什·惠特森去伦敦。在福克斯被捕的当晚，辛普曼才获知了第一批细节，而且还是从军情五处那里得到的！他无法就福克斯的供词对他们进行任何调查，因为英国人认为此案有待审理。惠特森前往英国时，辛普曼评估说，这件事是在最高层处理的，他的作用是协助而不是干涉。

胡佛发现辛普曼一问三不知后非常生气，把这种“糟透了的处理”归咎于他的副手昵称叫“米基”的 D. M. 拉德和华盛顿的特别探员负责人 H. B. 弗莱彻。他责备他们说：“我被蒙在了鼓里，没想到辛普曼也一样。”这说明胡佛本人一直对“维诺那”的日常解密工作敬而远之。[①] 拉德为自己辩护，

① 罗伯特·兰菲尔回忆说，他“给胡佛写了一份备忘录，胡佛在每一页上签署姓名的首字母证明自己看过了，但没有做重要批示”。现有的联邦调查局档案显示，没有证据表明胡佛在福克斯被捕之前有任何主动要了解的兴趣（R. J. Lamphere and T. Shachtman, *The FBI-KGB War: A Special Agent's Story* (Random House, 1986), and FBI FOOCASE files 65 - 58805, vol. 1）。——作者注

指责辛普曼撒谎时，事态进一步升级了。根据拉德的说法，辛普曼曾收到“大量的备忘录”。胡佛回应说“这太惊人了”，他在 2 月 21 日将辛普曼叫到了华盛顿。[1]

就算随后的争论被记录了下来，它们也没有出现在现有的福克斯档案中。这段插曲说明精心控制的“维诺那”“按需了解”规则引起了一些误解，以及胡佛本人感受到的巨大压力。虽然胡佛可以在华盛顿只手遮天，但他却无法如此轻易地对英国施加控制。他很快就发现必须尊重被他称为“狡猾的英国人”的法律程序和政治敏感性。[2]

胡佛计划控制政治局面，为此他必须将福克斯的供词存档。他曾让华盛顿的政治同行们相信，获得这份供词是小事一 355
桩，但当惠特森告诉这位长官说，英国人拒绝他接触福克斯，而且也不愿交出福克斯的约谈副本时，那桩小事却变成了困境。胡佛的反应虽没被记录在案但也可想而知，因为西利托判断这需要长官与长官之间的直接接触，于是发了一份标题为“胡佛先生亲启”的回复电报。他解释说，虽然“真诚地希望充分合作，但我受到英国法律程序的约束，无法提供这些供述。**福克斯**的供词将于下周五［2 月 10 日］作为法庭的证物，因此将服从法庭的指示”。事实上，英国总检察官告知，如果法院得知福克斯的供词曾被讨论过，那么该供词将不能作为证据使用，审判也将失败。更何况传递这份供词的副本会被视作非法行为，案件也将被驳回。[3]尽管如此，西利托还是竭力避开了法律上的限制，他补充说自己会确保惠特森收到他认为可能会对联邦调查局有帮助的“一切个别的情报”。[4]同时，军情五处安排惠特森在外交掩护下隐姓埋名参加审判，以确保他不被传唤为证人。

## 徒劳无功①

联邦调查局猜想，找到“呆头鹅”就有可能破获一个苏联间谍集团，事实证明正是如此。因此，联邦调查局急需约谈福克斯，英国人同意一旦其审判结束就可以这样做。斯卡登将代表联邦调查局约谈犯人并提出问题。与此同时，1950 年2 月2 日，也就是福克斯被捕的同一天，联邦调查局的两名特工迈出了寻找“呆头鹅”身份的第一步：他们在波士顿拜访了福克斯的妹妹克里斯特尔和她的丈夫罗伯特·海涅曼。

克里斯特尔此时患上了精神分裂症，已在马萨诸塞州的韦斯特伯勒（Westboro）州立医院被关了好几个月。[5]2 月 2 日，医院认为她“神智完全清醒”，适时接受了约谈。她被问及希特勒上台后克劳斯的情况时，她说她与哥哥见面不多，但“记得 1933 年在德国见过他，1935 年他被驱逐出德国后又见过一次”。她声称对他当时的活动一无所知，但“记得他被驱逐后去了法国”。她解
356 释说，克劳斯在加拿大拘留营时结识了伊斯雷尔·霍尔珀林，后者“给了他香烟”以及物理学论文。据克里斯特尔说，与霍尔珀林之间的纽带是波士顿的物理学家温德尔·弗里（Wendell Furry），后者“与她丈夫都是同一个共产党俱乐部的成员”。[6]

罗伯特·海涅曼也在同一天接受了约谈。他承认自己“过去”一直是共产党的积极分子，认识克劳斯·福克斯，但不知道福克斯多长时间去看望他的妻子一次，因为他“有几次并不在家”。他表示愿意翻阅自己的记录，看看其中是否有

---

① 原文“Wild Goose Chase”在此处一语双关，除了有“徒劳无功”这层意思，还与“追捕‘呆头鹅’戈尔德”相关联。

任何关于福克斯的资料。

2 月 3 日再次接受约谈时，海涅曼承认自己曾加入青年共产主义联盟（Young Communist League，简称 YCL），但“自 1941 年以后就不是了”。联邦调查局官员在报告中表现出怀疑的态度，评论说：“尽管有相反的证据”。海涅曼没有任何关于福克斯的有用情报，并声称“几乎每一次”他来访时自己都不在现场。如果福克斯像他所说的那样只来过两次，那么这种说法就很奇怪了，不过事情过去了五年，海涅曼的回忆可能有所偏差。

联邦调查局特工似乎认真考虑了罗伯特·海涅曼有无可能参与福克斯的间谍活动。他们指出，海涅曼“不愿意指认他的同伙，也不完全合作，而且肯定在撒谎”。

他们于次日（2 月 4 日）晚上返回。在第三次约谈中，海涅曼终于承认他是“共产党的积极分子”，并补充说，党派集会就是在他家举行的。他拒绝透露其他共产党员的姓名，但“愿意提供任何可能与间谍活动有关的信息”。

特工们就直接问他，在福克斯探望妹妹时，有谁打电话去找过他。海涅曼提到了一位名叫马丁·多伊奇（Martin Deutsch）的科学家——曾是福克斯在洛斯阿拉莫斯的同事，并主动提供信息说，1946 年福克斯和克里斯特尔从物理学家维克多·魏斯科普夫[①]那里借车去过斯克内克塔迪[②]，拜访了洛斯阿拉莫

---

① 维克多·魏斯科普夫（Victor Weisskopf，1908—2002），生于奥地利的美国犹太裔理论物理学家。他曾随海森堡、薛定谔、泡利和玻尔做博士后工作，二战期间在洛斯阿拉莫斯国家实验室参与了“曼哈顿计划”。1930 年代至 1940 年代，魏斯科普夫对量子理论的发展，尤其是量子电动力学领域做出了重大贡献。

② 斯克内克塔迪（Schenectady），美国纽约州一座城市，旧译“列市地”。汉斯·贝特作为顾问的美国通用电气公司总部原本就在此处。

斯的另一位前同事汉斯·贝特。[①] 这两个无辜的联系人催生了联邦调查局进一步的线索调查，但毫无结果。例如，联邦调查局起初曾怀疑多伊奇是福克斯的联络人，直到他们在洛斯阿拉莫斯的记录中发现，多伊奇“在 1945 年 2 月福克斯去马萨诸
357 塞州剑桥与其联络人联系的相关时期，一直都在实验室里”。维克多·魏斯科普夫后来成为欧洲核子研究中心（CERN）杰出的总干事，却因为一个简单的慷慨行为而受到了迫害。

罗伯特·海涅曼随后提供了突破口。他描述了“一个身份不明的人，此人在 1945 年曾三次造访他家”。联邦调查局的特工们有些激动，意识到这可能就是福克斯的苏联联络人，于是记录了对此人的描述：“面容丰满，五官端正，身材魁梧，头发乌黑稀疏，有秃顶的迹象，身高五英尺八英寸，（1945 年时）约 30 岁”。[7]克里斯特尔于 2 月 10 日再次接受约谈时同意这一说法，但给出他的年龄是“40 多岁了”。她回忆说，该男子是步行到家的，在此之前“乘火车抵达这座城市”。她认为他的名字像是罗伯茨或罗宾逊。他提到了妻子和孩子，还说自己是个化学家。[8]联邦调查局现在有事可做了。

在伦敦，军情五处整理了福克斯的美国联络人的资料，这些资料不仅来自他们的审讯，还有些来自一份解密的“维诺那”电文。[9] 2 月 4 日，这些资料被传给了胡佛的新任特使利什·惠特森。除了“呆头鹅”的体貌特征和他与福克斯会面日程的信息外，摘要中还包括出自“维诺那”的消息，即“呆头鹅”可能与 1944 年美国海军的一个“热扩散”项目的

---

① 汉斯·贝特在伊萨卡的康奈尔大学工作，但他也是通用电气公司的顾问，并在斯克内克塔迪见过福克斯。见 TNA KV 6/135，s. 163a. ——作者注

“实际执行”有关，并得出结论说，他可能已经考虑建立自己的实验室了。[10]哈里·戈尔德在一次会面时问过福克斯关于热扩散的问题，但福克斯从来没听说过热扩散——1941年福克斯开始工作之前，英国人就认为这不是个可行的工艺流程。然而，戈尔德却告诉福克斯他曾研究过此事。那么，找到一篇标题为《生产条件下气体热扩散过程的实际应用问题》的论文，其作者就会透露“呆头鹅”的身份。

联邦调查局早在1949年9月就掌握了“呆头鹅”的一条线索。当时对“维诺那”的解密还很不完整。[11]梅雷迪思·加德纳的团队在阿灵顿庄园的破译足以显示，1944年10月，“呆头鹅”把一个代号“建筑商”的特工的情报给了克格勃在纽约的代表。破译后的电文显示：“根据‘呆头鹅’的最新建议，‘建筑商’已经停止了在农业化工设计公司的工作”，并进一步提到“建筑商”“在他位于东32街114号的实验室……组织了［原文如此］他自己的公司，并提议在两三个星期内完成气溶胶和滴滴涕的工作”。[12]

这里大量的信息让联邦调查局得出了结论，“建筑商”“已被确认为阿贝·布罗特曼（Abe Brothman）”。[13]布罗特曼与联邦调查局有过节，哈里·戈尔德和其他人正是通过他而被他们登记在册的。此外，布罗特曼是一名化学工程师。从寻找福克斯 358
的美国联络人开始，联邦调查局就把重点放在了布罗特曼身上，认为他是通往找到“呆头鹅”的渠道，或者就是幽灵本身。

如果说每一场暴风雨都是由一滴雨开始的，那么哈里·戈尔德的失败及其对几个人的生活造成的可怕且深远的影响可以追溯到1945年的一天，为苏联作间谍的美国人伊丽莎白·本特利（Elizabeth Bentley）金盆洗手，并向联邦调查局自首了。

当时的交易是她以充当线人为代价换取了自由。她指认了几十个人，其中包括阿贝·布罗特曼。

布罗特曼一直在为苏联人从事工业间谍活动，本特利则是他的联络人。早在戈尔德遇到福克斯之前的 1941 年，苏联人就决定，如果布罗特曼的联络人具备技术知识，他的工作将更加有效（本特利是意大利文学专业的毕业生），于是他们用哈里·戈尔德取代了本特利。戈尔德成了布罗特曼的信使，直到 1943 年底，他被告知“彻底放弃与阿贝·布罗特曼的联络，永远不要再见他”。[14]这时，戈尔德才知道自己要给克劳斯·福克斯当信使了。

时间前进到 1946 年，福克斯在那时回到了英国。现在有两件事共同促成了戈尔德的入彀。首先，在战后的大环境下，公司正在裁员，戈尔德被解雇了。他很快找到了新工作——在阿贝·布罗特曼的“农业化工设计集团”。加拿大间谍事件的曝光使苏联将特工们冷藏了一年左右，这可能是戈尔德精神涣散并违犯间谍基本法则的原因：他作为苏联匿名信使的秘密生活与他作为哈里·戈尔德的真实生活混在了一起。[15]无论如何，结果就是布罗特曼现在知道了他以前的信使的名字：哈里·戈尔德。1947 年，布罗特曼面对大陪审团时，说出了戈尔德的名字，联邦调查局随后便审问了他。然而，本特利的指控没有一项成立，结果是联邦调查局没有对布罗特曼和戈尔德采取任何行动。但现在两人在联邦调查局都有档案，且联邦调查局认定他们——尤其是布罗特曼——可能是苏联的信使。

事后看来，经过布罗特曼和“维诺那”通向戈尔德的路线看似直接，但在当时却很难发现。“维诺那”已经揭示了“呆头鹅”和热扩散之间的联系，而它与“建筑商”和布罗特曼的联系则比较渺茫。福克斯被捕时，联邦调查局不具说服力地总结说“有各种嫌疑人”，其中“主要的一个”是布罗特曼的前合伙人，名叫格哈德（·格斯）·沃兰（Gerhard [Gus] Wollan）。[16]不过，克格勃对特工的身份隐藏得比较好，没有给已经叫格斯的人起一个“呆头鹅”的代号，所以沃兰很快就被排除了。联邦调查局于是竭尽全力，在档案中彻底搜查有政治嫌疑的化学家和工程师，并在科学期刊中翻找特定的论文。359
根据罗伯特·兰菲尔的说法，对有政治嫌疑的化学家和工程师的追查产生了一千多名嫌疑人。[17]如果情况属实，这既说明了当时政治偏执的极端程度，也说明了该局所面临的任务有多艰巨。

联邦调查局埋头查阅了纽约哥伦比亚大学和凯莱克斯集团的扩散专家名单，每一个专家都曾在1944年参与过英国团队的工作，他们还检查了原子能委员会橡树岭工作人员的档案。哥伦比亚大学的卡尔·科恩博士成为早期的嫌疑人，因为他的名字曾出现在斯卡登对福克斯的审讯中。《化学物理学报》（*Journal of Chemical Physics*）的编辑——约瑟夫·迈耶（Joseph Meyer）——受到了调查，他是未来的诺贝尔奖得主、核物理学领域的玛丽·格佩特·迈耶①的丈夫——这种偶然的关联在当时看来很可疑。为了寻找恶意（共产主义）活动的迹象，他们的生活被翻了个底朝天，有人搜集闲言碎语，衡量他们的政治倾向和表态。最终，这一切都没有给寻找“呆头鹅”的工作带来任何重大的影响，尽管在迅速酝酿的麦卡锡主义风暴中，档案里依然存在着积累了很多的文件，这些文件潜藏着未来的威胁。

① 玛丽·格佩特·迈耶（Marie Goppart Meyer，1906—1972），德裔美国物理学家，1963年因提出原子核壳层模型而获得诺贝尔物理学奖。她是继玛丽·居里之后第二位获得此奖的女性。

## 中间人斯卡登

2月8日，也就是福克斯在裁判法院出庭的前两天，他要求见斯卡登。[18]他们在布里克斯顿监狱会面了大约半个小时，福克斯告诉斯卡登，他在大使馆见到的那个名叫“**亚历山大先生**”的俄国人。他还说，他不知道这是不是那个人的真名，但当他提到这个名字时，“他看到的就是起初在海德公园南边
360 的宅子里介绍给他的那个人”。① 福克斯还告诉斯卡登“在1946年或1947年”，一个俄国联络人给了他一个巴黎的地址，说去那里“可能对他有好处”，因为可以与“具备技术知识的人更充分地讨论他透露的内容”。“1949年2月或3月”最后一次会面时，他又重复了这个地址，但福克斯从未去过那里。军情五处充分调查了法国的联络网，但没有成功。[19]

---

① “海德公园南边”这个描述和福克斯与库琴斯基会面的其他任何描述都不相符。其他全部证据都表明，这次会面是在汉普斯特德荒野以南的劳恩路进行的。参见页边码第46页脚注②，九年后，福克斯的记忆——或者说是为了保护同伙而故意欺骗——有可能把在海德公园苏联大使馆对克雷默的拜访与劳恩路混为一谈。如果我们采纳这一假设，事件就会与查普曼·平彻未说明来源的说法相一致，即福克斯是在1941年4月的聚会上被介绍给克雷默的（Chapman Pincher, *Treachery: Betrayals, Blunders and Cover-Ups: Six Decades of Espionage against America and Great Britain* [Random House, 2009]）。对于福克斯故意骗人这一表现进一步支持的证据是，军情五处用车将福克斯从布里克斯顿监狱带出去，以确定他向斯卡登说过的邱园附近的情报秘密放置点的位置。他照做了。军情五处还提出带他去指认海德公园南面的宅子，即福克斯说他第一次见到克雷默的地点。然而，福克斯声称，“开车去那个地区是没用的”。他搪塞说，“他去公园的南边只是自己的印象”。军情五处的记录是，“尽管进行了密集的询问”，他们发现，“让他回忆起任何有助于确定宅子位置的细节都是不可能的”（Skardon report, 4 December 1950, KV 2/1256, s. 762a）。——作者注

福克斯证实了他此前对“呆头鹅”的描述，并补充说，他“相当魁梧，脸盘圆润”，“可能是第一代美国人”。他们是在大街上见面的，福克斯说如果给他看纽约地图，他也许就能确定地点。然而，他拒绝把自己最初的介绍人的名字告诉斯卡登。福克斯只表示那是“一个外国男人，不住在伯明翰。此人是共产党员，但可能已经改变了观点，想作为难民来到这个国家”。这似乎是福克斯释放的假消息，或者是斯卡登的误解，因为于尔根·库琴斯基在见到福克斯之前就已经移民来英国了。斯卡登的记录是：“不过，他暗示说我们找不到这个人。”

福克斯现在提供了更多有关库琴斯基的情报，斯卡登记在心间，后来他利用这些情报，从福克斯那里哄骗出更多的内容。斯卡登记录说，这位最初的联络人“是个正直的人，[福克斯] 认为，如果 [库琴斯基] 知道**福克斯**将参加一系列的会面，他就根本不会参与安排了”。福克斯称，库琴斯基曾特别问过他是否打算不止一次地与俄国人见面，福克斯说：“不！”他还补充说，“当时他的目的只是想让俄国人知道，原子弹的研究工作正在进行之中”。[20]

福克斯还说，他“上周”核验照片时“相当仔细”，并要求再看一下他挑选的那些看上去眼熟的照片。不过，福克斯表面上的配合是一种伪装。他再次查看了选定的照片，这些照片对案件都不重要，但他并没有重新审查包括乌尔苏拉·伯尔东的在内的其余照片。①

---

① “[斯卡登] 约谈克劳斯·福克斯的记录，1950 年 2 月 8 日”，TNA KV 2/1251，s. 479b。乌尔苏拉·伯尔东的照片就混在给福克斯看的照片中间。1950 年 5 月，这张照片的副本被放进伯尔东的档案中（TNA KV 6/43，s. 224b）并附有一份说明：“乌尔苏拉·伯尔东的照片不在他（转下页注）

361 两天后的2月10日，斯卡登在福克斯见过地方执法官后设法与他交谈。福克斯在纽约地图上指认了他与戈尔德第一次见面的亨利街的位置。斯卡登还有一张邱园地区的地图，福克斯在地图上指认了基尤路和斯坦莫尔路拐角处的一栋房子，那里大概就是他扔出做了记号的杂志的地方；他还指认了斯坦莫尔路北面的一堵栅栏，他会在那里做标记提醒俄国人注意，还有邱园车站前的商店林立的通道，那里的粉笔记号表示有危险。

斯卡登向福克斯展示了联邦调查局提供的三张照片。这些照片上都没有哈里·戈尔德，福克斯也确认没有一张像他的美国联络人。接下来，斯卡登交给他一份联邦调查局关于他的联络人和会合方法的问题清单，但“由于时间紧迫”，斯卡登要求福克斯稍后完成回答。他还向福克斯出示了“挑选的照片，以期确定他在英国的联络人”[21]，福克斯马上挑出了克雷默上校的照片，认为这就是他认识的那个“亚历山大”。

福克斯又一次选择性地提供了情报。他对克雷默的指认毫不费力。他当然知道克雷默早已离开英国，因为正是克雷默在1942年的离去，才迫使福克斯在当年更换了俄国联络人。从军情五处的角度来看，这当然更让人觉得福克斯非常乐意帮忙。

2月15日，斯卡登回到布里克斯顿监狱见福克斯。军情五处已经确认了在福克斯第一阶段的间谍活动中克雷默就是他

---

（接上页注①）放在一边的照片中。”1950年5月20日，罗伯逊上校就“她的间谍活动”建议再次约谈她的时候，几乎就要将她绳之以法了，因为“福克斯的被捕或许会让她大为震惊，并可能深感恐慌”（TNA KV 6/43, s. 228）。然而，军情五处甚至直到现在都不知道她在福克斯被捕后不久就离开英国，前往东德了。——作者注

的联络人，如今正在追查 1946～1949 年指挥福克斯的俄国人。[22]斯卡登给福克斯看了苏联大使馆工作人员和贸易代表团成员的照片，并从中选出了三个可能的匹配对象。然后，斯卡登带福克斯看了联邦调查局列出的“呆头鹅”嫌疑人的照片，但他没有认出任何一个人。照片里有一张是阿贝·布罗特曼，但没有哈里·戈尔德。

接下来，斯卡登向福克斯追问他在波士顿与苏联间谍会合的情况。联邦调查局曾通知军情五处，说福克斯在他妹妹家里见过“呆头鹅”，但福克斯声称“对此事毫无印象”，他声称自己也不记得妹妹告诉过他“那个叫**罗伯茨**或**罗宾逊**的人到她家打听过他的情况”。他向斯卡登坚称，“没有人在他妹妹 362
的住所与他见过面”，他对此“相当确定”。福克斯供认的部分原因是为了转移人们对他生病的妹妹的注意，他的策略是尽可能地让她与自己的行动保持距离。

最后，斯卡登又回到了福克斯第一个联络人的话题上，是企图唬住他，让他透露关于此人更多的情况。斯卡登先是告诉福克斯，“正如他所猜测的那样”，军情五处一直在进行调查，并“逐渐拼凑出一个故事，似乎表明他的朋友在引荐他的过程中只起了很小的作用”。实际上，斯卡登了解的情况并不比福克斯已经告诉他的更多，他是从福克斯先前所说的库琴斯基不太热衷于此的情况，做了一个最起码的推断。斯卡登接着提到了一个名叫吉米·希尔兹（Jimmy Shields）的人，此人是共产党员，在前一年去世了，按照斯卡登的说法，他“是链条中的一个环节，设立该链条的目的在于把福克斯介绍给俄国人”。斯卡登的这种说法让人无法理解，因为在相关档案中没有一处提到希尔兹，他在福克斯事件中也没有扮演过任何角色。尽管如此，斯卡登在此基础上又提出了一个妙论，即“他的朋友几乎是无辜的，我们最急于亲自发现他到底在多大程度上参与了此事”。斯卡登充满期待地继续说道：“在这种情况下，提到他的名字时，福克斯不会像之前那样沉默寡言。”

福克斯解释说，他以前没有提供这一情报，是因为斯卡登“没有特意提及这个问题”。福克斯继而声称“估计”这是他“唯一隐瞒的事项”。斯卡登向军情五处报告说，他“让福克斯在心里把这件事想清楚”，并提议福克斯“下次见面时让我来替他做决定”。[23]

2 月 23 日，斯卡登了解到了更多的福克斯在 1946 年返英时与俄国人接触的情况。福克斯解释说，他在美国时曾得到指示，要去北伦敦的莫宁顿街站会合，但他从未赴约。他与苏联情报部门的联系“直到 1946 年底或 1947 年初才恢复”。1947 年期间，他希望恢复接触，并试图找到第一次把他介绍给苏方的“那个人”——福克斯继续隐瞒库琴斯基的身份。斯卡登向罗伯逊报告说，福克斯没能找到此人，于是他接下来“找了一个他不确定其身份的女人［汉娜·克洛普斯特克］，但他相信她是德国人或捷克人，而且是共产党员，并问她是否能找到自己最初的介绍人［库琴斯基］”。[24]克洛普斯特克无法做到此事，因此福克斯向她承认，他希望恢复与俄国人的联系。她同意帮忙，于是二者就恢复了接触。福克斯说，当他与俄国人
363 重新见面后，却因为通过共产党取得联系而受到了警告。福克斯拒绝向斯卡登透露克洛普斯特克的身份。

与此同时，在美国，对哈里·戈尔德的身份确认也逐渐清晰起来。2 月 11 日，在搜索联邦调查局的纽约档案时，他第

一次作为“呆头鹅”潜在的众多嫌疑人之一浮出了水面。联邦调查局探员在月初约谈海涅曼夫妇时，曾被告知，神秘人的名字中可能含有“Rob”。于是，罗宾、罗宾斯、罗伯茨等名字的化学家也得到了彻查。

2月24日，利什·惠特森给军情五处的约翰·马里奥特发去了一份联邦调查局与海涅曼夫妇会面的摘要。此外，他还附上了“供展示给**福克斯**”的四名嫌疑人的各一张照片，而其中一张是哈里·戈尔德的。[25]

2月28日，斯卡登在第二天老贝利街的审判前最后一次见到了福克斯。斯卡登是否认为这是他依靠福克斯的最后机会？有可能，不过，如果福克斯认为通过配合，他可能会减少自己的刑期，那他将会很失望。斯卡登又一次向福克斯展示了军情五处提供的一系列照片，以及刚刚通过惠特森从美国发来的四张。福克斯再次声称不认识包括哈里·戈尔德在内的任何一个人，这是他第一次否认自己认识戈尔德。

斯卡登此时提出了上次见面时留给福克斯的问题，即他是否“考虑过把介绍人的姓名告诉我”。福克斯现在同意这样做，条件是如果这是这些人唯一有罪的行为的话，那么斯卡登要保证不伤害他们，而且“不向任何外国情报组织透露他们的姓名”。

斯卡登同意了这个条件。然后，福克斯说出了他在苏格兰认识的共产党员汉娜·（乔安娜·）克洛普斯特克的名字，并补充说，她曾在1947年帮助他与于尔根·库琴斯基取得了联系，“他目前是柏林大学的教授”。[26]福克斯解决了他的难题，因为到了这个阶段，克洛普斯特克和库琴斯基都住在德国东部地区，不在西方国安部门的管辖范围内。然而，他的美国联络人和那个“班伯里女孩”的身份，他仍未透露。

## 福克斯造成了混乱

审判结束后，福克斯的供词副本与法庭诉讼记录一起被送
364 到了美国。[27]然而，联邦调查局约谈福克斯的希望又一次被推迟了。起初他们的约谈要安排在福克斯提出上诉的时间过后，但日期被进一步推迟到议会对此案的质询结束之后。胡佛确信英国人在拖延时间，无意让联邦调查局约谈福克斯。[28]

斯卡登仍然是他们的中间人。3 月 6 日，联邦调查局发给他 16 个问题，让他向福克斯提出，并附上了 27 张照片。3 月 10 日，他们又发来 5 个问题。在此期间的 3 月 8 日，斯卡登再次拜访了当时被关押在虫木林（Wormwood Scrubs）监狱的福克斯，并向他展示了照片。

福克斯检查了这些照片，逐一做出了否认。然后他留下了一张，“仔细地看了几分钟”后说：“这个人有点儿眼熟。”这不是哈里·戈尔德，而是一个叫约瑟夫·阿诺德·罗宾斯的人，似乎是因为他是个名字里带有“Rob”的化学家而被选中的。福克斯用手指捂住额头，重新端详了一下照片说：“我不能发誓，但我很肯定这就是我在美国遇到的那个人。”斯卡登让福克斯仔细看看照片，同时回忆一下他在曼哈顿的联络人。福克斯照做了，并确认道：“我认为就是这个人。”[29]

与此同时，福克斯听到狱友说，军情五处正在寻找 1 月 16 日晚与他一起住在梅登黑德的那个女人。他告诉斯卡登，他很担心这会给她带来麻烦。斯卡登告诉福克斯——“坦白地说”——“我们知道她是谁”，并说出了斯金纳夫人的名字。福克斯同意这是事实，斯卡登告诉他军情五处对“那种探险”不感兴趣时，他松了一口气。如果福克斯知道军情五

处的了解程度，以及他们认为她“对丈夫不忠在哈韦尔已家喻户晓”的话，可能就不会那么乐观了。他向斯卡登保证，斯金纳夫人没有参与任何形式的间谍活动，但她的朋友中有一些“活跃的共产主义者”，可能很容易遭到怀疑。军情五处早有此意，他们在记录中不厌其烦地指出，埃尔娜·斯金纳的“声誉和可靠度还有待提高”。[30]

在胡佛看来，联邦调查局无法约谈福克斯，罪魁祸首就是斯卡登。军情五处的审讯员认为，他与福克斯的关系很好，如今在福克斯被判入狱14年的极端严厉的刑罚后，想重新建立这种关系。他告诉福克斯，联邦调查局想约谈他。这又引起了福克斯对妹妹克里斯特尔安危的忧虑。福克斯说，他希望斯卡登——特别是联邦调查局——明白，海涅曼一家跟此事无关。他补充说，他的妹妹曾是一名“活跃于德国的共产党地下党 365
员”，她可能推断出这种接触是“他在德国地下工作的延续”。对他来说，关心克里斯特尔的安危似乎始终是至关重要的。苏联情报部门记录了克里斯特尔在德国的时间，并将她记入档案，代号为“蚂蚁”。[31]她哥哥大概对此一无所知。

斯卡登向福克斯保证，不会强迫他与联邦调查局的审讯人员见面。胡佛得知此事后大为震怒，“我们都与英国人合作过那么多年了”；在他看来，斯卡登“过于傲慢，能力太差”，此人可能是想取得突破，把功劳占为己有。[32]

胡佛在3月中旬开始行动。他在给美国司法部长J. 霍华德·麦格拉思（J. Howard McGrath）的信中提到，英国人的“拖延战术”“严重影响了我们彻查福克斯的美国联络人的努力，并阻碍了［我们的］调查”。[33]他敦促麦格拉思游说国务卿迪安·艾奇逊（Dean Acheson）向英国人施加压力。接下来，胡佛写信给索尔斯海军上将，并将延误归咎于英国内政部的常务次长弗兰克·纽塞姆（Frank Newsam）爵士。根据胡佛的说法，纽塞姆“强烈反美”，曾“指责美国人是野蛮人”。[34]至于联邦调查局与军情五处的关系，胡佛断言“这种所谓的合作只是一派胡言”。[35]

他下令联邦调查局不再“自愿向英国人提供［有关此案的］情报”，并敦促刘易斯·斯特劳斯将军通过原子能委员会在原子能领域也照此办理。斯特劳斯同意，认为委员们应该终止与英国人的信息交流，“直到并除非”他们向联邦调查局提供有关福克斯案的材料。

英国人也为能否长期“占有”福克斯而担忧。3 月 9 日，杰弗里·帕特森判断，一旦“呆头鹅”的身份曝光，“联邦调查局就会希望福克斯在美国作证，［这］将导致国会调查和媒体风暴”。[36]珀西·西利托爵士坚决认为这种情况不会发生，并向帕特森保证：“从来都没有允许被依法羁押的人离开管辖区的先例。如果需要福克斯的证据，可以在这里委托取得——美国国务院必须通过英国外交部援用这一程序。”西利托补充说，内政部和总检察官将提出“各种反对福克斯在美国现身的意见”，最终的结论是，整个想法“完全不可能”。[37]

366 至少现在，斯卡登将继续充当中间人，代表联邦调查局在伦敦行事。3 月 16 日，他再次到虫木林监狱探望福克斯，向他展示更多的从联邦调查局送来的照片。罗宾斯的照片是 1943 年拍摄的，福克斯曾认定他可能是“呆头鹅”的嫌疑人之一。新的一组照片里有一张是同一个男子在几天前拍摄的。这张照片看起来与福克斯以前看到的那张大不相同，福克斯现在同意，他“绝不会认定这个人是他的联络人”。

然后，他慢慢地浏览了其余的照片，挑出了两张詹姆斯·J. 罗宾斯（James J. Robbin）的（他与此前的约瑟夫·罗宾斯［Joseph Robbins］毫无关系，只是在“Rob”搜查中被选中的）。他说，照片并没有显示足够的信息让他表达这样或那样的观点。他要求看拍得更清晰的该男子照片。

斯卡登把这一请求转给美国大使馆的约翰·辛普曼，由他转达给联邦调查局。对于这种通过第三方来回的长距离踢皮球，美国人的失望是显而易见的，他们继续要求获得更多的情报和更大的接触权。① 机密笔录以及福克斯对斯卡登代表联邦调查局提出的问题的答复被继续送交胡佛。

3 月 20 日，美国驻伦敦大使馆的中情局联络官向军情五处索要他们的审讯结果，特别是“行动细节”，以及福克斯“向苏联泄露原子能情报［的程度］，加上英国对由此造成的危害程度的评估”的详细信息。[38]最后一个问题包含了一个陷阱——英国对这个问题的判断也会向美国人透露英国在原子能方面的技术状况，而此时美国人停止与英国人分享情报已有四年了。

盖伊·利德尔巧妙地避开了这个陷阱，他回答说：“这不是本部门直接关注的问题”，然后提醒美国人，“已达成协议”由英国驻华盛顿大使馆与美国国务院分享情报，并“由后者转交给美国有关机构”。[39]他建议美国人向他们自己的国务院提出这个问题。

原子能联合委员会主席、参议员麦克马洪认为，英国人做

---

① 联邦调查局的档案还显示，福克斯对罗宾斯的指认被排除了，因为他没有写过任何关于热扩散的论文（Fuchs FBI FOIA file 65 - 58805 - 1156；30/3/50）。——作者注

得“很糟糕”，“担心我们获得的情报会让他们难堪”。他承诺
367 会向英国大使提出此事。胡佛告诉麦克马洪，英国“还有两个”连英国人都“不知道”的间谍使局势变得更加紧张。胡佛继续说：“我已经建议我的代表就此事照会英国人，虽然这消息是最可靠的，但他不能说出消息来源，也不能说明消息的可靠性如何。”胡佛至少很诚实地对麦克马洪承认，“我们自己也不知道他们是谁”。[40]

## 联邦调查局的探视

4月，内政部决定不允许联邦调查局与福克斯进行任何约谈，担心会开创一个不好的先例。珀西·西利托爵士对此非常发愁，杰弗里·帕特森奉命亲自去见胡佛，并说明西利托正在急切地试图废除这一限制。

这很难让脾气暴躁的胡佛放心。联邦调查局有许多真正的或可疑的共产党员的档案，以及各种各样的间谍活动证据。胡佛担心，逮捕的消息可能会让福克斯在美国的联络人警觉到即将到来的危险，从而使他的调查受挫。他以通知帕特森要在原子能联合委员会作证来继续向军情五处施压。这个强大的机构可以阻止与英国的合作，因此，如果他告诉其成员军情五处不合作，可能会产生毁灭性的后果。[41]

胡佛进一步刁难英国人，他暗示说，即使他们同意让联邦调查局接触福克斯，但“鉴于长期的拖延，他也没指望有什么收获”。[42]他还巧妙地化威胁为契机，告诉参议员麦克马洪说，联邦调查局正在监视美国的几个与福克斯案有关的人，但他的努力受到了英国人的阻挠。言外之意是，如果联邦调查局找不到“呆头鹅”，英国人就是罪魁祸首。[43]通过麦克马洪施加

压力得到了回报：5 月 8 日，英国内政大臣詹姆斯·丘特尔·伊德（James Chuter Ede）决定，由于“特殊情况”，允许联邦调查局特工审问福克斯。[44]

5 月初，联邦调查局准备同时约谈哈里·戈尔德和阿贝·布罗特曼。然而 5 月 6 日对布罗特曼办公室的一次“偷袭”① 产生了结果，计划被搁置了。用联邦调查局档案中隐晦的话语来说，“一个可以进入布罗特曼办公室的委以机密的消息人士”提供了一份“打字文件”，其内容“提到了热扩散过程的 368
工业应用”，“似乎与‘呆头鹅’选择的主题非常吻合”。[45] 然而，该文件上并没有作者的名字，也无法确定该人的身份。不过这个发现至少可以证明，联邦调查局关注布罗特曼和戈尔德是正确的。

戈尔德住在费城，5 月 15 日，联邦调查局特工布伦南和米勒在费城该局的办公室约谈了他。给戈尔德看福克斯的照片时，他说自己认出了这张脸，因为他在《新闻周刊》上见到过。当戈尔德被问到“去西部”的旅行情况时，他否认曾经去过密西西比河以西。他们同意在一周后再次见面。

5 月 18 日，联邦调查局特工罗伯特·兰菲尔与联邦调查局助理局长休·克莱格（Hugh Clegg）一起来到伦敦。在斯卡登的陪同下，他们于该月底在虫木林监狱约谈了福克斯数日。他们告诉他，说他们已经约谈了克里斯特尔，以此向他施加压力，但没有透露所发生的任何细节。

前往伦敦途中，兰菲尔和克莱格在从华盛顿到纽约时带上

---

① “偷袭”（Bag-job）是美国的俚语，指执法人员为收集信息而秘密闯入私宅，这通常是非法的。——作者注

了哈里·戈尔德的一段电影胶片，那是在戈尔德在费城受到监视的时候拍摄的。他们找人从这部影片中获取了一些静止的图像，并在5月20日第一次探视福克斯时，将这些图像和其他潜在嫌疑人的图像一并带去。这主要是一次介绍性的会面，克莱格在见面时解释说，他来英国是“借助胡佛先生的权威”来进行调查，并“凭借他自己的权威”便能做出决定，而“无须参考美国方面的意见”。他告诉福克斯，说后者没有义务回答任何问题，并对福克斯同意见他们表示感谢。

克莱格和兰菲尔要求福克斯描述他的联络人，然后向他展示了“若干照片”。福克斯“否定了其中五张之外的其他所有照片”：其中两组照片是电影胶片的“定格画面”，还有一张同类型的全身照片。斯卡登认出这些都是哈里·戈尔德的，“有一张护照照片在早些时候给**福克斯**看时被他否定了”。[46]福克斯现在说，他不能将此人“排除”在考虑之外。

5月21日，布伦南和米勒特工在费城再次见到戈尔德，并与他面谈了四个小时。他继续否认自己认识福克斯，但承认他对热扩散很感兴趣，并希望开设一个实验室研究其工业应用。他允许给他照相，还同意他们拍一部电影短片。最后他答应第二天在他家里继续面谈。

369 5月22日，联邦调查局在两大洲分头活动。首先，兰菲尔和克莱格在伦敦时间的上午向福克斯展示了戈尔德的电影胶片，这是在他被监视时偷偷拍摄的（前一天布伦南和米勒经他同意拍摄的影片当然还在美国）。上午11点左右，在虫木林监狱里架起了放映机和屏幕，房间的窗户也被蒙上了黑布，福克斯看了两遍电影。戈尔德的影片是在大街上拍的，这让福克斯很明显地感觉到联邦调查局正在积极地跟踪戈尔德。据福克斯所知，戈尔德有可能已经被逮捕了，但如果这样的话，联邦调查局的探员现在为什么还要这么麻烦呢？福克斯不能冒向联邦调查局确认戈尔德角色的风险，即使他确定“呆头鹅”就是六年前遇到的那个人——“雷蒙德”。露马脚的地方是“呆头鹅”一直扭头向后看，好像被人跟踪了一样，这和福克斯在纽约见到“雷蒙德”时的举止一样，这在当时让他很是困扰。福克斯拐弯抹角地说：“我不能绝对肯定，但我认为很可能是他。”[47]

下午4点30分，伦敦的约谈结束了。大约在同一时间，也就是费城的上午晚些时候，联邦调查局的特工正在搜查戈尔德的家。当然，戈尔德已经谨慎地清除了所有显然可能让他受到牵连的文件，但就像任何经典的犯罪惊悚片一样，他犯了一个致命的错误。特工们在他书架上的书后面发现了一张圣达菲的地图，上面有一个“X”，标记着他计划与福克斯见面的地点。这正是福克斯为了他们1945年的会面而给戈尔德的地图。戈尔德现在陷入了困境，因为他此前曾声称自己从未去过密西西比河以西。

联邦调查局的这两个人建议戈尔德“不妨坦白”。[48]戈尔德现在已经筋疲力尽，没有力气从自己挖的坑里逃出来了。相反，他就像是为了显示自己到底有多重要一样，不顾一切地承认福克斯就是通过他传递原子弹情报的。阿尔伯克基办事处的特工们在镇上的希尔顿酒店找到了哈里·戈尔德名下的一张登记卡，登记时间是1945年9月19日晚——他与克劳斯·福克斯在圣达菲会合的日子，联邦调查局圆满地完成了证据的追踪。

第二天，即5月23日，在伦敦的克莱格和兰菲尔去见福克斯。起初，他们对戈尔德被捕一事只字未提，并向福克斯询问了名字出现在克里斯特尔日记中的伊斯雷尔·霍尔珀林的情况。福克斯现在很迷茫，他担心联邦调查局继续对他脆弱的妹妹感兴趣，而且倘若她开口了的话，他也仍然不知道她说了些什么。他搪塞了过去。

5 月 24 日，联邦调查局的两个人又来了。克莱格现在宣
370 布，戈尔德已被逮捕，他供认不讳，并交代了与福克斯会面的细节。[49]与此同时，戈尔德的新胶卷和照片已由美国海外航空公司 176 号航班的机长负责带去了伦敦。这架飞机于当天上午 9 点 45 分抵达伦敦，辛普曼去接应，他收到文件后迅速将其送到兰菲尔和克莱格的手中。[50]

联邦调查局人员当着斯卡登的面给福克斯放映了 5 月 21 日在戈尔德家中拍摄的新影片。福克斯得到了戈尔德已被抓获的明确证据——例如戈尔德向联邦调查局提到，在他们第一次见面时，他带着一本绿色的书，而福克斯的手里拿着一个网球——直到此时，他才认可“安排的情况正是如此”。

毫无疑问，在后来的整个审讯过程中，福克斯（至少）隐瞒了部分真相。斯卡登在 2 月向福克斯出示戈尔德的照片时，福克斯曾表示不认识。5 月 20 日，联邦调查局给他看了一张放大的照片，福克斯对此搪塞，并根据这个证物说“他不能把戈尔德就是其美国联络人排除在考虑之外”。5 月 22 日，联邦调查局给他看了一部在戈尔德被捕前拍摄的影片，斯卡登认为，这部影片“有相当大的机会可供辨认”，福克斯也初步确认了此人，但“他不能绝对肯定”。直到 5 月 24 日，福克斯得知戈尔德被捕后，才准备好“肯定地说戈尔德就是他的美国联络人”，并于 5 月 26 日签署了一份大意如此的供

述。[51]联邦调查局已从戈尔德本人那里得知了情况，在该局的催促下，福克斯这才“想起他把自己的美国联络人叫作‘雷蒙德’”。然而，在早先对斯卡登的供述中，福克斯声称“他从来都不知道其联络人的名字”。

即使到了此时，福克斯也小心翼翼地避免透露不必要的信息。例如，他“不记得1945年9月‘雷蒙德’和他本人见过两次面”。联邦调查局提出，一次会面“发生在9月1日，同月在圣达菲还有第二次会面”。[52]克莱格最后说，他将编写一份关于他们之间约谈的书面报告，并提交给福克斯阅读、认可和签字。这将需要他“花一点儿时间来准备”，因此下一次会面将在第二天下午，即5月25日进行。

这一次，克莱格向福克斯出示了他的报告初稿，福克斯口头上认可了这份报告。此外，克莱格还询问了福克斯与戈尔德在皇后区会面的具体地点。次日（5月26日）上午，联邦调查局的两个人与迈克尔·佩林会面，讨论采用福克斯传递技术情报的供词是否合适。佩林告知，原子能委员会可能不愿意让这些细节出现在报告中，因此克莱格安排就这方面单独编写一份文件，并在对哈里·戈尔德的诉讼中，在提交大陪审团的供 371
词里略去任何此类的技术细节。

当天下午，福克斯在供词上签了字，并确认哈里·戈尔德就是他在美国的联络人。虽然联邦调查局在几天内继续询问福克斯与戈尔德接触的具体细节，试图确定福克斯是否掌握他们感兴趣的其他潜在间谍的信息，但他们的主要目的已经达到了：哈里·戈尔德已被确认为福克斯的信使，加上福克斯签署的供述，作为最终审判的先决条件，联邦调查局有足够的证据将戈尔德带到大陪审团面前。

1950 年 12 月 9 日，哈里・戈尔德被判处 30 年监禁。对克格勃来说，这是一场灾难的开始，因为他们在北美的情报网络遭到了严重的破坏。戈尔德的被捕导致更多苏联特工的暴露，1953 年 6 月，朱利叶斯和埃塞尔・罗森堡最终被处以电椅极刑。

福克斯一直在隐瞒情报，只有在他知道事情已经败露的情况下才会交代。尽管如此，在克格勃看来，福克斯没有保守住他与戈尔德接触的秘密，罪不可恕，这个案子暂时被归档了。

# 第二十二章　余波

福克斯的暴露导致了苏联在美国的间谍团伙的现形和肢 372
解。相比之下，他在英国的联络人早已逃之夭夭，当局的兴趣更多地集中在其间谍活动的国际影响上——苏联从他提供的信息中获得了多少好处，以及对英美两国脆弱的原子领域关系造成了什么损害。英国外交部非常清楚英美关系受到的威胁。福克斯事件已经让他们非常尴尬了，但当它在不到一年后引发了英国体制内的一连串此类尴尬事件时，情况变得更加复杂。

首先在原子领域，布鲁诺·蓬泰科尔沃在10月突然逃往苏联，是福克斯被定罪的直接后果。蓬泰科尔沃是福克斯在哈韦尔的同事，也是一名秘密共产党员，他和家人一起失踪，最终在苏联重新露面。福克斯传递完情报后，对苏联已经没有用处了，而蓬泰科尔沃则是诺贝尔奖级别的科学家，是世界上研究核反应堆、氚，以及利用核物理学定位铀等矿物的方法的顶尖专家之一。在苏联急需原子弹和氢弹原料之时，蓬泰科尔沃是无价之宝。[1]

这些事件后不久，唐纳德·麦克莱恩和盖伊·伯吉斯①在

---

① 盖伊·伯吉斯（Guy Burgess，1911—1963），英国外交官、苏联特工、“剑桥五杰”成员。1935年，他在后来成为双面间谍的金·菲尔比的推荐下，被苏联情报部门招募。1944年进入英国外交部工作。1951年5月，他与麦克莱恩同时失踪，直到1956年在莫斯科举行的简短新闻发布会上露面时，西方国家才知道他们的下落。

1951 年 5 月叛逃了，他俩既是英国外交官，也是苏联特工。约翰·凯恩克罗斯、安东尼·布伦特和金·菲尔比——人称“剑桥五杰”（Cambridge Five）的其他三名成员——的活动是在后来才被曝光的，尽管在整个 1950 年代，英国体制内到处都是疑云密布、故作不知和官官相护。

这些事件在大西洋两岸的政治影响不同。1950 年，共和党人已经离开白宫近 20 年了，此时正是将间谍活动的曝光描
373 述为民主党人失败的最佳时机。在英国，这段传奇故事横跨了全部的政治领域，主要的政党都无法占据制高点。“剑桥五杰”在二战前开始其背叛行为时，一直是保守党在执政；福克斯在战争期间受聘时，执政的是联合政府；战后，他是在克莱门特·阿特利的工党政府的支持下被招募到哈韦尔的。在美国，共和党人监管着对共产主义的政治迫害，而在英国，却没有政治欲望来利用间谍事件的失败。当时“［关于］间谍活动和国家安全的公开辩论非常少”，英国也没有“像典型的麦卡锡主义当道时那样，陷入野心勃勃的煽动家和受到围攻的公众人物的指控与反指控的混乱嘈杂之中”。[2]

## 相互责难开始了

对莱斯利·格罗夫斯将军来说，福克斯的被捕是毁灭性的。格罗夫斯希望在“曼哈顿计划”中实行隔离管理，而洛斯阿拉莫斯的科学家们一直反对这种做法，理由是它抑制了辩论和自由讨论，格罗夫斯建立了一个他认为万无一失的安全制度，却被其中的一个科学家破坏了。[3]急需寻找替罪羊的格罗夫斯把责任推给了英国国安部门。“我从不相信英国人对［福克斯的背景］做过任何调查，”他如此写道，并接着说，“据说，

[英国代表团的] 每一个成员都受到了彻查，就像我们从事同类工作的雇员一样。”[4]在这里，格罗夫斯暗示美国的调查程序更有效，会在早期就发现福克斯是一个安全隐患，因为如果英国人“给了我关于他背景的一丁点儿暗示，福克斯就不会被获准加入这个项目，但他们没有”。格罗夫斯在这里提到，军情五处可能犯了最严重的失误——1944 年决定隐瞒对福克斯“倾向”的了解。[5]

格罗夫斯将军杀气腾腾，不容异议：“［审查英国科学家］是英国的责任。作为原子弹领域的伙伴，每个国家必须对自己的人员负责。英国不仅辜负了我们，也辜负了它自己。”[6]无论对错如何，格罗夫斯都不得不指责英国人，因为联邦调查局暗中把失败归咎于他。在英国，军情五处一直负责对“合金管”雇用人员的政治可靠性提出建议，后来“曼哈顿计划”中的英国特遣队也是如此，而他们的美国同 374
行联邦调查局却在 1943 年应陆军部的要求，把“曼哈顿计划”的安全责任全部转给了军队（见第七章）。因此，当福克斯、洛斯阿拉莫斯机械师戴维·格林格拉斯（David Greenglass），以及后来的特德·霍尔都被证明是洛斯阿拉莫斯的间谍时，联邦调查局逃过了严厉的批评。相比之下，军情五处在英国则面临着责难。

“由于在英国原子弹团队中发现了一名苏联间谍，在人们的记忆中，很少有哪个政府部门在公众心目中的地位像军情五处这样急剧下降。军情五处直到最近还被认为是世界上同类组织中最有效率的组织。而今，它名誉扫地。”“一个前特工”在英国《星期日电讯报》（*Sunday Dispatch*）上如此写道。[7]这名特工也许是向以前的同事致意，他随后为军情五处开脱，认为他们只是“顾问”而已。他把责任归咎于供应部[①]，因为“很明显，福克斯的内政部文件、移民文件和入籍文件都在向供应部彰显着他的共产党背景”。但是，正如我们所看到的那样，他们就是没有从这些文件看出端倪。

军情五处开始了反攻，詹姆斯·罗伯逊上校准备了一份应对和解释清单，以备审查。[8]最严重的指责是军情五处未能发现福克斯的间谍活动。为了反驳这一点，罗伯逊回顾说，福克斯在纳粹德国从事“地下”活动，这是“如今众所周知”的事了，他是在积累了相当丰富的经验后，主动与俄国人接触的。因此在 1941 年 8 月，当军情五处第一次注意到福克斯是否合适的问题时，他已经养成了“自律的习惯和搞两面派的能力”。“旷日持久的招募期”绝非国安部门发现其活动的最佳时机。此话不假。然而罗伯逊辩护的借口是福克斯最初的间谍活动是在战争期间进行的，当时“英美两国的安全当局的注意力主要针对德国特工”，这一理由不够充分。在这里，罗伯逊忽略了军情五处对共产主义活动的关注，并巧妙利用了它在 1943 年故意对美国人隐瞒福克斯的“倾向”。

但罗伯逊的评估中有一点很重要，那就是福克斯在军情五处开始调查前六个月就放弃了间谍活动。这使得安全局不至于因为得到他从事间谍活动的提醒却迟迟不动手抓捕而受到指
375 责。不过，这也留下了雇用活跃的共产党员担任如此敏感职务的归责问题。

罗伯逊在此指出：“1941 年 8 月要求他从事的工作对战争

---

① 虽然供应部做出了决定，但它是根据军情五处的建议做出的。罗杰·霍利斯特别赞成聘用福克斯，因为他非常重要，而且没有确凿的证据表明他与共产党有联系。——作者注

极为重要，而且没有其他具备适当资格的人。”备忘录使人想起，“负责聘用的部门”——在此案中是供应部——在“权衡了当时所掌握的不利信息，以及缺乏他在英国定居期间所获得的确证”之后，做出了这一决定。罗伯逊强调，福克斯的案件一直在定期复审，但由于“同事们对他的信任度越来越高，而且他本人也对原子能项目做出了杰出贡献”，这种评估对他越来越有利。这话也没错。

最后，罗伯逊说到了那个恼人的问题：“为什么美国人似乎对**福克斯**博士的共产党历史了如指掌，而英国人却一无所知呢?”他断然否认了这个前提：“没有任何官方证据表明，美国人掌握的任何情报可以改变英国人对**福克斯**博士安全记录的评估。”他指出，如果美国人对福克斯有任何这方面的了解，他们就会警告英国人了。“但我们没有收到这样的警告。”[9]

在这里，罗伯逊提到了福克斯事件中的一个阴暗面。联邦调查局的档案里有特工罗伯特·兰菲尔认为的关于福克斯的两份“贬损情报”。[10]首先是一份缴获的盖世太保文件，该文件是在战争结束时被发现的，因此已是福克斯在美国那段时间之后。这份文件显示：“1933 年，一个叫克劳斯·福克斯的人被确认为德国共产党员，盖世太保如能找到他，便会将其逮捕。”这正是令福克斯担心的那份文件，他曾要求哈里·戈尔德通知苏联，只要这份文件出现就销毁它。第二个“有损福克斯名声”的情报是他的名字出现在伊斯雷尔·霍尔珀林的通讯录中，联邦调查局在古琴科事件中得知后者是“格鲁乌派驻加拿大的特工之一”。

整个事件在美国的历史脉络相对清楚一些。1945 年 6 月 15 日，联邦调查局派驻伦敦的人员约翰·辛普曼从美国陆军情报局获得一卷胶卷，上面有一份“［纳粹］情报部门感兴趣之人”的名单，这份名单是在1941年春天，即德国入侵苏联之前拟订的。名单上有被纳粹视为帝国之敌的德国共产党人的名字，其中就有克劳斯·福克斯，他被认定为“德国共产党中相当重要的人物”。胶卷洗印后，照片被送到联邦调查局的费城办公室进行翻译。这项工作在1946年3月完成，结果由联邦调查局主管比尔·哈维（Bill Harvey）掌握，此人在该机
376 构中波折不断，他于1947年夏天“辞职”，更多是被迫而非自愿。在他被解职后，德国文件和霍尔珀林的资料才被妥善记录下来，然而当时它们已经没有什么特别的意义了——福克斯已离开美国，也没有什么特别的理由去关注他。直到1949年9月，“维诺那”发现了“查尔斯”之后，福克斯的名字成为焦点，联邦调查局才发现了这两样东西。他们判断，“未能采取更及时的行动”是“前特工主管威廉·哈维”① 所导致的。[11]

这就解释了为什么从德国收集的情报没有出现在军情五处的记录中。不过，要说霍尔珀林的通讯录，似乎错在英国人身上。加拿大皇家骑警曾特别提到了包括福克斯在内的四个英国人的名字，但罗伯逊的声明断然否认对此知情。这个疏忽是如何发生的始终没有定论。可用的军情五处档案对此没有什么记载。然而，联邦调查局的档案中却有提及。根据他们的说法，皇家骑警正“与当时军情六处派驻加拿大的彼得·德怀尔就［古琴科］案件密切合作”。因此，联邦调查局没有试图调查通讯录中提到的“逾700人”中任何一个住在英国的人。古

① 即前文的联邦调查局主管比尔·哈维，比尔是威廉的昵称。

琴科案是发生在加拿大的事件，因此主要是加拿大皇家骑警的责任，据联邦调查局说，“加拿大皇家骑警向彼得·德怀尔提供了霍尔珀林的资料，但他没有接受”。[12]我们至今仍不清楚他为何拒绝这些资料。查普曼·平彻声称，这次情报的处理不当是因为罗杰·霍利斯是军情五处的苏联内奸。虽然军情五处公布的档案确实显示霍利斯在评估福克斯的威胁（事实上也包括后来证实的其他间谍或叛逃者）时表现得异常放松和开明，但没有证据证实平彻的推测，就算联邦调查局所言不虚，也无法解释军情六处为何没有采取行动。[13]无论原因是什么，军情五处都不知道福克斯的这些过去。[14]

与此同时，福克斯的被捕在美国公众中引起了轩然大波。五个月前（也就是1949年9月）的苏联原子弹爆炸比预期的要早，这个新闻充斥了媒体的版面。① 如今，福克斯的被捕揭示了苏联此次取得进展的一个可能的原因。美国各地的媒体社论口径一致：认为对福克斯的判刑过轻，与罪行的严重性不相称。有几位作家甚至认为死刑都不算过分。然而他们承认，14年是英国法律允许的最高刑期，并赞许诉讼程序完成的速度， 377
而美国的速度则要慢得多。

《圣保罗电讯报》（*St Paul Dispatch*）写道：“他在背后捅了一个国家的刀子，而这个国家曾在1933年接纳了他，从希特勒手中拯救了他的身体和灵魂。”在《坦帕论坛报》（*Tampa Tribune*）看来，福克斯“惊人地忘恩负义，实际上背叛了所有的西方文明”。在如火如荼的麦卡锡主义气氛中，

① 试验发生在1949年8月29日，但这个消息直到9月中旬才被公开。——作者注

《华盛顿明星晚报》（*Washington Evening Star*）认为，这个案例“甚至在智力超群的人身上”都展示出共产主义意识形态的力量，以至于“任何地方的共产党员都可以放心地被视为潜在的叛徒”。《纽约先驱论坛报》（*New York Herald Tribune*）得出了一个被时间所证实的结论：“我们在怀疑、机密和安全的纷乱纠缠中越陷越深。福克斯对自由世界的最大背叛就起源于此。”[15]

格罗夫斯将军在宣扬自己的观点上从来不落人后，他认为错在英国国安部门；同时，J. 埃德加·胡佛也在利用每一个机会获得最大的荣誉，他毫不掩饰地声称，联邦调查局是发现福克斯间谍活动的最大功臣。

珀西·西利托爵士对胡佛的投机以及他本人无法做出公开回应表示失望——尤其是因为真正的消息来源是“维诺那”，该项目的解密工作与英国政府通信总部密切相关，但也因为他自己部门隐身幕后——这种懊丧在给首相克莱门特·阿特利的照会中流露了出来：“公众的印象是，一个臭名昭著的共产党员被安全局粗心大意地批准在国防研究最秘密的部门工作，如果不是联邦调查局明察秋毫，他直到今天还在那里工作呢。”[16]

首相3月9日星期四在议会发言的问题清单已经准备就绪。议员弗兰克·梅德利科特（Frank Medlicott）准将要求首相“针对公众的不安”发表声明，而戴维·甘曼斯（David Gammans）议员则要求他“特别说明这次泄密事件是如何被美国特勤局而不是我们自己发现的”。这是军情五处手忙脚乱的一个完美例证，迪克·怀特建议说，“讨论美国人或我们自己的情报来源不符合公众利益”。同时，雷蒙德·布莱克本（Raymond Blackburn）议员要求供应部解释，“一名共产党员和前外籍人士”在何种情况下可以“通过警方检查并获得国家安全岗位的任命”。[17]

军情五处向首相介绍了福克斯的一段过于乐观的历史，其中充斥着混淆事实的错误。首先，军情五处企图推卸责任，指出虽然提示风险是安全局的职责，但是否聘用福克斯的“最 378
终决定”“在于招聘部门”。军情五处随后列举了从“1941 年10 月（从发放外国人兵役许可）”开始的五次对福克斯进行审查的情况。[18]没有人提醒首相说福克斯从当年 5 月起就与鲁道夫·派尔斯合作了，而军情五处对此是知情的。军情五处当时并不知道，他在 6 月的剑桥会议上已经掌握了秘密，并在 8 月将其传给了苏联。外国人兵役许可审查的迟缓性被隐藏在福克斯“1941 年 8 月”离开爱丁堡的虚假说法背后。[19]

军情五处自创的参考资料起了作用。首相认为他们清白无辜：“我认为国安部门没有丝毫的污点；事实上，我认为他们只要有任何可以遵循的路线，就会迅速有效地采取行动。”他顺便向下议院保证，无论是现政府、前几届政府，“或任何官员”，都没有任何责任。他最后说：“我认为这在我们这里是一个相当特殊和例外的案例。”[20]可悲的是，不到半年后哈韦尔物理学家布鲁诺·蓬泰科尔沃的失踪表明，事实并非如此。

## “维诺那”：真正的英雄

如果不是“维诺那”解密项目，福克斯有可能在余下的职业生涯中继续在英国从事核物理工作，没有人会怀疑他凭借着对纳粹的仇恨和对归化国的热爱，在全心全意的爱国科学家之外，还有其他的身份。给出英国驻纽约代表团中有间谍的第一条线索的，正是“维诺那”，而不是联邦调查局或军情五处。它还提供了更多的线索：在“呆头鹅”和热扩散论文之间建立了联系，否则的话，哈里·戈尔德可能永远也不会被发现。[21]“维诺那”显示“呆头鹅”还与美国间谍活动的另一个源头有关，这个源头被莫斯科称为“建筑商”，联邦调查局已经确认他是阿贝·布罗特曼，也就是被伊丽莎白·本特利“揭发”的那位化学家。正如我们所见，关于“呆头鹅”的热扩散突破似乎来自英国政府通信总部，同时，梅雷迪思·加德纳在阿灵顿庄园的团队也发现了其与“建筑商”的联系。无论功劳如何分配，两个密码机构之间的深度合作都盖过了胡佛所声称的联邦调查局的胜利。[22]

联邦调查局的大量档案显示，从 1950 年 2 月开始，联邦
379 调查局对布罗特曼进行了严密的监视行动，希望能借此找到“呆头鹅”。他们早在 2 月就确定了哈里·戈尔德是“呆头鹅”的嫌疑人，但由于福克斯没有确定他的身份，加上福克斯选择了罗宾斯的照片，他们被引入了迷宫。除了对阿贝·布罗特曼进行 24 小时监视外，联邦调查局还核查了大量其他嫌疑人的档案，并将他们的行踪与福克斯对他与“呆头鹅”会面的描述进行比较，最后才回到戈尔德身上，确定了他的身份。

“维诺那”还详细披露了美国境内苏联特工的代号和关联，让联邦调查局有迹可循。这与英国形成了明显的对比，在英国，福克斯联络人的唯一消息来源就是他本人。在整个审讯过程中，福克斯隐瞒了部分真相，他遵循间谍的章程，拒不透露仍属自由之身、当局可手到擒来的那些同事的身份。他只有在明确戈尔德已被逮捕并承认自己的角色后，才确认了戈尔德的身份。福克斯对乌尔苏拉·伯尔东（“索尼娅”）、于尔根·库琴斯基和汉娜·克洛普斯特克等人一直坚不吐实，直到所有

的人都安全进入东方阵营。他唯一向军情五处交代的就是他自己；还有一个人让他坚守秘密，那就是他的妹妹克里斯特尔。

克格勃的档案如今证实，克里斯特尔在克劳斯·福克斯事件中扮演了重要角色。福克斯早在 1943 年就把克里斯特尔的详细资料给了“索尼娅”，为他去美国做准备。苏联人把她作为特工“蚂蚁”记入档案。她参与了哥哥的间谍活动，甚至成了文件的保管员，并在家里的窗户上显示信号，提醒哈里·戈尔德在安全的时候打电话取文件。福克斯在美国的最后一天离奇地没能赶上飞机，有可能是被他要传给哈里·戈尔德的最新情报耽搁了。无论如何，福克斯一定是太天真了，没有意识到他已经把妹妹卷入了他的背叛行为，而她在美国可能会面临死刑。为了确保患有精神疾病的妹妹克里斯特尔保持清白，不至于像他们的母亲、外祖母和姐姐伊丽莎白那样自杀，同时不要让她面临间谍罪的死刑，福克斯付出的代价就是承认自己的参与。而他分三次宣称自己的间谍活动延续了长达八年之久，成功地把克里斯特尔塑造成了一个无足轻重的人物，在他的三幕剧中，她只是其中一个片段里的一个跑龙套的角色。

“维诺那”暴露了福克斯并指向哈里·戈尔德，但由于只有寥寥数人知道它的存在，胡佛完全可以宣传胜利的神话，即抓获福克斯和戈尔德完全是其联邦调查局的功劳。这是极度投机主义的行为——尽管成功地查明哈里·戈尔德的身份并将他绳之以法，以及破获其他的间谍网络，确实让他的特工们付出 380
了许多艰苦努力。胡佛成功地把功劳全都归于他的组织，以至于美国媒体无法报道说福克斯设法从“曼哈顿计划”的核心地带传递情报长达两年，而联邦调查局却对这个事实毫不知情。

这与英国国安部门相对低调的做法形成了鲜明对比，后者的这种态度让他们有可能被指责为无能。然而，军情五处非常清楚福克斯有投奔苏联的真正危险，而他没有这样做，全是他们调查之功。但是，他们对其联络人的调查上却没有功劳。在军情五处确认了福克斯在英国的所有联络人时，这些人早已杳无音信了，在所有的案例中，国安部门都是在福克斯本人告诉他们时才知道这些人的名字，而他总是在情报失效后才告诉他们。军情五处没有将乌尔苏拉·伯尔东视为嫌疑人，而且她在 1947 年轻而易举地击败了吉姆·斯卡登和迈克尔·瑟普尔，这些都是军情五处不甚光彩的历史。

同时，由于胡佛利用公众对“维诺那”的无知为联邦调查局邀功，而军情五处无法透露英国（尤其是政府通信总部）在暴露克劳斯·福克斯上的作用，所以俄国人同样对福克斯的“失败”原因一无所知。莫斯科仍然不知道福克斯被验明身份是因为“维诺那”破译了他们的密码，于是莫斯科开始寻找其队伍中的叛徒。

## 苏联的疑虑

莫斯科从驻伦敦大使馆发来的一封简短的电文中，得知了发生在其王牌间谍身上的灾难。“1950 年 2 月 3 日，伦敦的各家晚报刊登了关于克劳斯·福克斯被捕的文章。在扣押期间，他被控两项罪名。第一项是 1947 年将可能对敌人有用的原子能情报传递给一个无名氏；第二项是 1945 年 2 月在美国传递情报。”[23]

对于莫斯科中心来说，急需解决的问题是：福克斯是如何暴露的？他们中间是否有叛徒？克格勃的行动受到了多大的影响？克格勃不知道罪魁祸首是苏联大使馆自己的外交电报，他们在自己的特工中间寻找线索。他们起初的怀疑都集中在哈里·戈尔德——“阿尔诺”身上。当务之急是查清“阿尔诺”是否已经被捕。

苏联驻纽约大使馆的武官得知福克斯已经被捕了，媒体报道他曾向一个“无名氏”提供材料。“阿尔诺”将于2月5日 381
与另一个联络人会面。克格勃担心会面会危及对这个联络人的掩护，并且联邦调查局可能会利用哈里·戈尔德作为诱饵，于是命令此人不要去会合地点。不过，戈尔德不认识的另一名特工被派去监视“阿尔诺”是否会现身，如果他来了的话，那么是否表现正常。有人看到“阿尔诺”来了；没有任何迹象表明他被联邦调查局监视，观察者报告说：“‘阿尔诺’似乎很自在。”[24]

所以哈里·戈尔德目前还是清白的。但克格勃确信他背叛了福克斯，因为戈尔德是唯一知道福克斯材料的性质，并在美国见过福克斯的人。克格勃的一位分析家是这样评估形势的：

> 考虑到“查尔斯”被指控于1945年2月在美国传递过组装原子弹的材料，而这的确是事实，可以推测“查尔斯”失败的原因与他在美国期间的工作有关。由于“阿”是“查”在美国唯一有过联系的人，也是唯一知道所传材料性质的人，因此可以推测“阿”向美国反间谍部门出卖了“查”。[25]

这只是克格勃第一次指向了戈尔德。有内线告诉他们，军情五处曾向法国情报部门询问过有关阿纳托利·雅兹科夫——

“约翰”的问题，而戈尔德曾在纽约把福克斯的材料交给了他，这进一步加深了他们的怀疑。福克斯对此一无所知。由于雅兹科夫从未在英国工作过，克格勃正确地推断出“英国人对他的兴趣只能通过对‘阿尔诺’［和］‘查尔斯’的调查来解释。甚至连‘查’本人也不知道雅兹科夫参与过‘查尔斯’案件的事，唯一有可能谈及此事的人是［雅兹科夫］在 1944～1945 年经手过的‘阿’”。[26]

此事看来如此严重又确凿，外交部副部长兼情报委员会主席瓦莱里安·佐林（Valerian Zorin）直接向斯大林发出通知。“虽然‘阿尔诺’说他没有向联邦调查局提供过对任何人的不利证据，但分析‘查’被捕的情况和‘阿’在碰头时的举止，我们有理由认为‘查’是被后者揭发的。我们正在仔细研究‘查’的被捕情况，目的是认真考虑其失败的原因和情形。”[27]文中没有解释为何会提到戈尔德“在碰头时的举止”。那天，
382 他们的特工只是确认戈尔德来到了计划中的会合地点，而且举止很正常。执笔人可能认为应该提供一些“证据”给人以掌控一切的假象，从而为斯大林的报复盖上一层伪装。

无论如何，将戈尔德作为唯一嫌疑人的论调，在斯大林的苏联的特殊环境下是无法持久的。当克格勃审查福克斯的档案时，更多的疑点出现了。他们想起自己的竞争对手格鲁乌早在 1943 年就向他们推荐了福克斯。在为格鲁乌工作期间，他一直和他们的英国站长“索尼娅”——乌尔苏拉·伯尔东保持着联系。克格勃现在对 1947 年 9 月吉姆·斯卡登和迈克尔·瑟普尔拜访“索尼娅”的事越来越关注。“两名反间谍官员来见‘索’，说他们知道她在瑞士为苏联情报机构工作的事，并要她把这项工作告诉他们。不过‘索’否认了一切，没有提

供任何证据。"[28]所以“索尼娅”一直坚称自己什么都没说，但果真如此吗？疑心重重的克格勃将“索尼娅”和她的哥哥于尔根·库琴斯基——克格勃档案中的“卡罗”，加入其“失败的可能原因”之中。[29]

另一名嫌疑人是克里斯特尔：“‘查尔斯’的妹妹突然神经错乱了。她的病有可能是由于她被美国反间谍机构审问所致。"[30]与此同时，克格勃向驻柏林的苏联部门发出命令，要求“对住在柏林苏占区的于尔根·库奇斯基和汉娜·克洛普斯托克［原文如此］展开调查”。[31]这两个人于1942年招募福克斯并在与他保持联系方面发挥过重要作用，汉娜在1947年再次提供了帮助，但除此之外，他们都是这个传奇故事中的小角色。

在福克斯的父亲埃米尔的帮助下，俄国人制订了一个狡猾的计划，即聘请一位经验丰富的律师为福克斯辩护。他们的想法是，经验丰富的辩护人可以迫使英国反间谍部门传唤“他们曾在美国和英国用来调查‘查尔斯’的人”作证，从而帮助确定“‘查尔斯’暴露的真正原因”。[32]由于审判只持续了两天，到3月1日就结束了，苏联方面没有时间聘请合适的辩护律师，所以这个计划还是夭折了。

他们制订了一个新计划：埃米尔将试图让此案得到复审，以达到减刑的目的，作为一种策略，在复审期间从军情五处套出信息。即使在不太可能成功的情况下，塔斯社的干预也造成了一个问题。哈特利·肖克罗斯爵士在法庭上的陈述，即福克斯将原子弹机密传给了苏联特工，被塔斯社称为“纯属捏造，因为苏联政府不认识福克斯，也没有任何苏联政府特工与福克斯有关联”。[33]塔斯社不受欢迎的干预让克格勃的计划付之东

流。这是因为埃米尔“与［克格勃］没有任何关系，因此他的英国贵格会熟人和反间谍机构可能会了解到［俄国的］兴
383 趣，而反间谍机构无疑会利用这一点发起反苏运动，特别是在塔斯社的辩驳之后”。[34]

2 月 28 日，“索尼娅”偷偷溜出英格兰中心牛津郡的大罗尔赖特，去了东柏林，她认为“留在英格兰很危险”（见第 21 章）。[35]3 月 18 日，她向柏林的克格勃报告了她与福克斯工作的情况，并形容他在政治上十分“软弱”。在她看来，他的整个供词“不是出于恶意，而是出于政治上的短视”。她认为克格勃应该花更多的精力对其特工进行“教育工作”。她自信而又冒险地断言，“如果‘查尔斯’是由［我］经手的，［我］会抽出时间对他进行政治教育，此事就不会有如此遗憾的结果”。[36]“索尼娅”在莫斯科享有盛誉，她的建议得到了重视。莫斯科制定了对特工进行“教育”的计划。

克格勃如今在绝望中徘徊，提出了招募福克斯的哥哥格哈德的建议。他们的疯狂想法是，一旦格哈德成为他们的特工，就可以去英国与他的兄弟见面，并“从他那里了解他暴露的情况”。[37]这个方案是克格勃在 3 月中旬策划的，不过似乎并没有实施。相反，随后的档案只记录了“家属”——格哈德的代号——“于 1951 年 1 月在柏林死于肺结核”。[38]

到 1950 年 5 月底，关于“维诺那”的情报似乎已经在苏联系统中传播开来，真正的罪魁祸首被确定了。“致 J. V. 斯大林同志。通过调查研究我们的特工‘查尔斯’失败的情况……结果确定了以下内容。”随后，佐林给斯大林送去的一定是一份难以讨好的备忘录，不啻是自杀遗言。文中说道：

……美国解密部门对“查尔斯”在美国居留期间的1944～1945年从克格勃纽约站发出的一封电报进行了长时间的研究。由于无法将这封电报完全解密，美国人于1949年将它寄给英国反间谍机构［本书作者强调］，该机构能够将其完全解码，并确定“查”是一名苏联情报特工，他向我们传递了关于他就职的美英原子弹中心的重要情报。这封密电是以曾经用于另一封密电的一次性密码本处理的，这就是反间谍部门能够破译其文本的原因。[39]①

这是一个令人震惊的坦白，即有人违反了一次性密码本的使用程序——“一次性密码本”的精髓当然就是它只能使用一次。“我们的专家让英国人得以破解了我们重复使用一次性密码本处理过的电报。”[40]至于这次失败的进一步影响，以及克格勃打算如何处理，佐林继续说道： 384

根据“查尔斯”的证词，哈里·戈尔德——我们的长期特工“阿尔诺”——在今年5月24日［写这封信的五天之前］被捕了；他曾在1944～1945年从“查”那里得到关于原子弹的材料，我们在1945年12月停止用他接收材料。1950年初，为了防止情报委员会的人员受到牵连，我们召回了曾经负责特工“查尔斯”的伦敦站员工费克利索夫和曾经负责特工“阿尔诺”的纽约站员工加

① 克格勃的档案表明，与J. 埃德加·胡佛为联邦调查局所做的一心谋私利说法相悖，这一关键性的突破涉及英国政府通信总部的重要作用（另见第13章注释21）。莫斯科能获知这种程度的细节，说明金·菲尔比在监测“维诺那计划”方面非常高效。——作者注

> 米涅夫。目前，在英国和美国没有这些特工可能认识的苏联人员。此外我们还采取了措施，把以前与“阿尔诺”有联系的四名特工从美国调回，如果“阿”招供，他们也会遭受暴露的威胁。[41]

然而，保护其北美间谍团伙的行动并没有获得多大成功。首先，哈里·戈尔德指认了洛斯阿拉莫斯的另一个情报源头，一个名叫戴维·格林格拉斯的机械师。格林格拉斯在6月被捕，并承认给戈尔德提供了关于用于启动内爆的爆炸透镜的秘密情报。审问之下，格林格拉斯带领联邦调查局找到了苏联在美国的间谍集团的核心人物——他的姐夫朱利叶斯·罗森堡。

罗森堡是费克利索夫负责的一名间谍。早在1944年9月，罗森堡就向费克利索夫建议，让他招募他的妹妹露丝及其丈夫戴维·格林格拉斯①。格林格拉斯是一名公开的共产党员，他在军中服役，被军队派往洛斯阿拉莫斯。1944年11月，露丝去阿尔伯克基探望丈夫并要他转发该计划的情报。于是，戈尔德在访问圣达菲时，不仅会遇到福克斯，还会遇到格林格拉斯。

根据哈里·戈尔德的情报，联邦调查局约谈了戴维·格林格拉斯。他同意坦白自己的活动，并同意指证朱利叶斯·罗森堡和埃塞尔·罗森堡，以换取妻子露丝的豁免权。作为这项交易的一部分，露丝作证说，罗森堡夫妇曾敦促她招募戴维从事间谍活动，而这项交易自此以后就陷入了争议。

---

① 原文如此。实际上，戴维·格林格拉斯是朱利叶斯·罗森堡的内弟，其妻子露丝与罗森堡并无血缘关系。

戴维·格林格拉斯被判处十五年监禁；1960 年，他在服刑九年半后获释——与克劳斯·福克斯的监禁情况相似。他们 385
是比较幸运的。其他因福克斯被捕和招供而被抓的人面临着极端的惩罚：1953 年 6 月 19 日，罗森堡夫妇被电椅处决。这段传奇故事由此表现出美国司法的特点之一——供认和指认同谋可以仅受相对较轻的处罚从而脱身，但链条上最后一个拒绝供认或指认他人的人，即使没有更多的罪名，也会受到最严厉的处罚。毫无疑问，相对于哈里·戈尔德从克劳斯·福克斯那里得到的情报来说，罗森堡夫妇通过戴维·格林格拉斯得到的情报是微不足道的，但只有拒绝招供或指认他人的罗森堡夫妇付出了生命的代价。①

## 英国原子弹的余波

莫斯科的损失就是联邦调查局的收益，因为逮捕福克斯和随后对苏联间谍的定罪帮助 J. 埃德加·胡佛重塑了全美英雄的形象，让他如愿以偿。然而，对于强烈地想要拥有原子弹的英国来说，福克斯被捕的时机再糟糕不过了。

自 1946 年英国被迫“单干”以来，福克斯的专业知识对威廉·彭尼来说至关重要。美国在 1946 年的《麦克马洪法案》中终止了罗斯福和丘吉尔之间的——一直是非正式的——原子弹协议，因为美国国会认为原子弹是“美国的财产，不应该拱

---

① 根据 F. M. Szasz, *British Scientists and the Manhattan Project: The Los Alamos Years*（Macmillan, 1992），p. 86，福克斯被捕导致另外 8 人被捕，并使 45 起新的间谍案被曝光。Szasz 的书是基于 A. Belmont 在 1951 年 2 月 28 日给 Mr Ladd 的一份报告，FBI 65 - 58805，vol. 41，s. 1457 - 1500。——作者注

手相让”。丘吉尔喜欢强调“英语国家人民”之间的“特殊关系”，但这只是一种修辞性的花招。实际上，“美国核政策的基础就是保留对原子弹的垄断权和排斥包括英国在内的其他所有国家”。[42]

1946 年，随着加拿大间谍网络的曝光，人们对英国的安全产生了怀疑，更为核政策提供了方便的借口。格罗夫斯将军认为，英国科学家“没有将原子弹爆炸的日期提前一天”，因此将英国列入《麦克马洪法案》具有明显的合法性。[43]实际上，正如我们所看到的那样，因政治原因选择移居外国的科学家对“曼哈顿计划”至关重要，仅派尔斯和福克斯对钚内爆这一关
386 键问题的贡献就能够证明这一点。如果没有他们，原子弹的研制进程就会被大大推迟，而且很可能无法在战争结束前研制成功。

在 1946 年《麦克马洪法案》之后，英国被迫发展自己的原子武器，但同时在外交上努力恢复与美国的合作。英国手中有两张牌。首先，早在 1944 年罗斯福和丘吉尔承诺“全面有效的合作”时，协议中就已经包含了这两个国家中的任何一方均有反对使用原子弹的权利。战后，美国几位有影响力的国会议员发现英国掌握了对他们的这种权力，感到非常震惊，很希望用某个新的协议来解放美国的原子弹政策。其次是一个紧迫的现实问题。全球的铀供应是通过协议共享的，而美国日益增长的需求超过了现有的供给。1948 年，两国签署了一个“临时协议”：英国将放弃其否决权，允许美国获得更大比例的铀供应，而作为回报，美国人将允许一些两国间关于原子弹情报的交流。[44]到 1949 年底，由于苏联出人意料地在 8 月引爆了一颗原子弹，英国在原子能委员会和美国国务院内找到了恢

复合作讨论的依据。一个技术性的障碍是美国国会对修改《麦克马洪法案》的支持。尽管如此，1950 年 1 月初，英国内阁还是相信可以达成某种协议。[45]

就在 2 月 9 日，也就是福克斯被捕后整整一周，美国参议员约瑟夫·麦卡锡在西弗吉尼亚州惠灵（Wheeling）的一次演讲中，发起了以他名字命名的偏执举动。[46]麦卡锡无情地利用福克斯被捕的天赐良机，指责他有共产主义阴谋，并声称国务院有一份 205 名共产党员的名单。逮捕福克斯的时机对于英国来说也是祸不单行，因为和英国一样，1950 年也是美国的大选年。美国的国会选举意味着“不可能向本届国会提出任何协议的提议草案，特别是由于今年是大选年，国会大概会过早地解散，不可能以适当的形式为他们提出提案”。[47]

同时，格罗夫斯将军“对英国代表团在审查福克斯的问题上对他撒谎感到愤怒”。[48]这些感受也许是合理的，因为英国人并没有说出关于福克斯的全部真相，但格罗夫斯把原子弹视作美国人的创造这种相当短视的看法，却引起了一些美国政客的共鸣。福克斯被捕三天后，俄亥俄州的共和党参议员约翰·W. 布里克（John W. Bricker）表示：
“我一直反对在原子弹项目上使用外国科学家。福克斯的被 387
捕使我更加肯定自己的看法是正确的。”[49]早在 1946 年《麦克马洪法案》诞生时就被利用过的间谍因素，现在有可能破坏 1950 年的恢复合作。

尽管如此，1950 年夏天，英国人对来年取得成功的希望越来越大。首先，美国项目缺少铀，而英国可以提供铀作为彩礼。其次，反对与英国合作的美国国防部长路易斯·约翰逊（Louis Johnson）被更亲英的乔治·马歇尔（George Marshall）

将军所取代，他是战后重建欧洲的“马歇尔计划”的灵感来源。美国人起草了一份合作提议，该提议允许英国科学家在美国从事武器研究。迈克尔·佩林对这一前景感到非常兴奋，因为这样的话似乎只有氢弹仍然是禁区。[50]

与此同时，在哈韦尔，福克斯被定罪的后果导致了对根除一切共产主义员工的兴趣被重新拾起。福克斯的同事布鲁诺·蓬泰科尔沃担心自己秘而不宣的共产主义倾向会被曝光，所以在那年 8 月逃往莫斯科。美国又爆发了对英国可靠性的怀疑，英国恢复与美国进行合作的希望也破灭了。英国原子能代表团的亚历克·朗盖尔（Alec Longair）常驻华盛顿，他直言不讳地回忆道：

> 美国的排外活动猖獗，其中有一个人叫刘易斯·斯特劳斯（将军），他是美国原子能委员会的委员，最终［1953 年］成为该委员会主席。关于该项目，所有能有效交流科学情报的希望实在是微乎其微，直到 1954 年前后，英国的工作取得了长足进展，以至于了解情况对美国大有好处，形势才有所好转。[51]

## 停战

在此期间，两国的国安部门都不得不面对自己的失败。联邦调查局和军情五处之间的关系继续紧张。在华盛顿驻英国大使馆，军情五处的杰弗里·帕特森向伦敦发送电文：“联邦调查局对军情六处代表［菲尔比］和我本人的态度”已经变得“有些冒失”，双方的关系因为“福克斯案的影响而紧张”。颇有些讽刺意味的是虽然布鲁诺·蓬泰科尔沃的叛逃暂时扼杀了两国在原子弹领域的合作，却给联邦调查局和军情五处带来了某种形式的停战。军情五处在1944年掩盖了关于福克斯共产主义“倾向”的情报，而联邦调查局对蓬泰科尔沃的了解也 388
同样漫不经心。尽管他从1939年起就是一名共产党员了，却从1940年到1943年一直住在美国，随后在加拿大工作，从事“曼哈顿计划”中的英加反应堆项目。联邦调查局知道这一“倾向”，但当英国人在1943年对他进行审查时，却不明不白地没有通知他们。

最终，联邦调查局和军情五处同意相互掩盖双方犯下的错误。尽管这两个机构彼此之间自由交换了情报，但它们却向各自的政府隐瞒了完整的情况。军情五处的记录显示，一封寄给美国国务院戈登·阿尼森（Gordon Arneson）的信遗漏了一个关键段落，从而掩盖了两个机构的错误。会议记录中的一个注释写道：“这些事实当然最好不要公开。”[52]

这种掩饰在两个机构都达到了最高水平。珀西·西利托爵士在1950年秋会见了J. 埃德加·胡佛，两人商定：“在未得到对方的批准之前，谁也不发表关于对方机构的新闻声明。”这在某种程度上是为了修补隔阂，因为英美两国的媒体都被各自的机构灌输了一些厚此薄彼的倾向性引述。然而，关于西利托和胡佛会面的报告，军情五处内部揭示了一个更阴暗的目标：“切记不要说任何可能让人觉得联邦调查局没有把他们［关于蓬泰科尔沃‘倾向性’］的情报传递给英国当局的话。”[53]这是一个令人愤慨的说法，暗示联邦调查局可能不过是官僚主义疏忽的失误与英国国安部门的蓄意行为不分轩轾。无可争议的是，军情五处很幸运，它自己的大量胡言乱语一直都不为人所知。1944 年，该机构认为“向美国当局提及［福克斯的］倾向似无可取之处”，胡佛对此并不知晓——在半个世纪的时间里，这个建议一直隐藏在机密档案中。

## J. 埃德加·胡佛的遗产

胡佛继续烦扰军情五处，他声称只要联邦调查局能接触到福克斯，“呆头鹅”案就会迎刃而解。双重含义是英国人一直无法获得情报，若不是英国人如此靠不住，就能更早地查出哈里·戈尔德了。杰弗里·帕特森写信给西利托，为他所看到的
389 建立记录。[54]最初的线索来自“维诺那”，而“呆头鹅”和热扩散之间的联系似乎源于英国政府通信总部，福克斯也对军情五处说他的联络人问过这个主题。2 月 4 日，“维诺那”的情报已经被转给了利什·惠特森，而联邦调查局寻找一位对热扩散感兴趣的化学家，原因就在于此。联邦调查局直到 5 月 15 日才约谈戈尔德，就在他们从伦敦听说福克斯在一张照片上确认了戈尔德身份的一个小时之前。帕特森最后指出，联邦调查局从未向他暗示过戈尔德是他们的首要嫌疑人，并说联邦调查局的态度开始变得“冒失”起来。

当然，这一切在当时都不为大众所知，其后又隐瞒了三十多年。所以人们几十年来一直认为，胡佛对联邦调查局的领导是侦破此案的关键。1951 年，他名声大振，人们认为他是把国家从英国制造的间谍灾难中解救出来的“守护天使”，如果不是他，美国可能早就被共产主义颠覆了。民主党人入主白宫已近 20 年，一些著名的共和党人敦促胡佛在即将到来的选举中竞选总统。胡佛拒绝了，声称自己凌驾于政治之上，

尽管他可能觉得，如果继续掌管他的窥探大军、把握住控制权的话，他自己那些不可告人的秘密就会更安全。相反，他利用自己相当大的威望支持了战争英雄德怀特·D. 艾森豪威尔，后者当时还是一位年轻的国会议员，他给竞争对手罗织的肆意诽谤以其无情的效率给作为他竞选伙伴的胡佛留下了深刻的印象。素来在规避正当程序的同时无耻地窃听“敌人”的住所，并通过销毁记录来掩盖证据（就像科普朗案那样）的胡佛支持理查德·米尔豪斯·尼克松（Richard Milhous Nixon）作为副总统的候选人。

## 福克斯与英国的氢弹

福克斯被捕、蓬泰科尔沃叛逃后，英美两国停止了原子能方面的合作。① 由威廉·彭尼监督的英国秘密制造原子弹的项目现在面临着生存危机，因为随着福克斯入狱，彭尼失去了 390
“最好的理论家”。[55]彭尼急于寻找改进钚生产的方法，他说在英国只有四个人有“知识和能力”胜任此项工作。其中一个是彭尼本人，“其他两个是大学教授，他们除了提供建议之外，不愿意揽下更多的事情”，而第四个人“如今身陷囹圄”。[56]

1952 年春天，英国的第一件原子武器已经组装完毕，准备在 6 月 5 日运往澳大利亚的试验场，它的钚核是根据福克斯

① 这种情况持续了八年。1958 年 7 月 3 日，美英两国签署了《共同防御协定》。苏联于 1957 年 10 月 4 日发射了“斯普特尼克号”人造卫星，而英国则宣布他们于 1957 年 11 月 8 日成功进行了氢弹试验。英国在探测和分析炸弹试验产生的碎片方面也处于世界领先地位，这是美国迫切需要获得的技术。——作者注

的设计灵感而制造的。[57]彭尼一直在“梳理福克斯直到被捕之前的工作”，并为福克斯似乎没有被问及他把在哈韦尔的多少工作交给了俄国人而感到担心。看起来福克斯“只是回答了俄国人的具体询问”。彭尼现在希望“根据最近的事态发展”将此事弄清楚。为此，5 月 28 日，他希望盖伊·利德尔批准他去福克斯的“牢房”里探视。[58]1952 年 6 月，彭尼去斯塔福德监狱看望了福克斯。

虽然他们长时间会面的内容一直没有得到披露，但一看其日期便知，彭尼想就即将进行的原子弹试验咨询福克斯。然而，利德尔在 6 月 10 日才做出回应，此时原子弹已经离开英国了。利德尔还明确表示，需要得到斯塔福德监狱（福克斯现在被关押在那里）典狱长的许可，所以这个预约不可能立即确定。没什么可着急的，但当彭尼完成咨询时，对即将来临的、如今已在公海上的原子弹进行任何修改都是不切实际的。① 彭尼有可能在最后时刻对俄国人如何有效地监测和分析落尘有一些想法，并希望发现福克斯是否向他们提供了哈韦尔在这一领域的专业知识的细节，但这些似乎也没有什么实际意义，并不值得在这么长时间后去见福克斯。

然而还有另一个“最新发展”，且就此与福克斯进行紧急磋商可能是非常宝贵的。原子能委员会着眼于未来，决定开始研究氢弹，为此，彭尼和约翰·科克罗夫特爵士被要求在 5 月 15 日提交一份文件。[59]英国的原子弹如今正在运往澳大利亚的途中，有两个月时间不在彭尼的控制范围内，而这个新的研发

---

① 钚核仍需空运到试验场，但如果彭尼对此有所顾虑，那么在随时都可以这样做的情况下，此时再去征求福克斯的意见，似乎就太晚了。——作者注

391 项目——氢弹——成了工作的中心。在1952年的英国，人们对氢弹非常无知，有人认为它只是“被重新设计的大型原子弹”。[60]总的来说，彭尼很可能希望得到基本的指导，而这种详细介绍的天然源头就是克劳斯·福克斯。

彭尼在退休时销毁了他的文件，有关福克斯参与英国原子弹和氢弹的一切记录都消失在了公众的视线之外。英国核威慑的官方历史记录提出了一个令人信服的问题：“如果福克斯的情报对苏联科学家有如此宝贵的价值，那么他同时给了英国多少信息，且又有多重要呢?”[61]1950年对福克斯的文件进行检查时，被发现其中有一些关于氢弹的资料，但在他的保险箱里没有发现任何重要的东西。福克斯的继任者布赖恩·弗劳尔斯说：“他对自己的绝密文件做了什么，也就是保险柜的用途，只有上帝知道。”[62]这可能解释了1950年1月29日呈交阿诺德的报告为何会说他们监听到福克斯在撕毁文件，同时还在生火。

有一些间接的线索支持彭尼就氢弹问题征求福克斯意见的说法。1953年2月9日，原子能总管弗莱迪·摩根爵士（Sir Freddie Morgan）写信给彭尼说：“福克斯正在继续就其他各种问题提供合作。”[63]同月，丘吉尔首相询问英国氢弹的可行性时，他被告知：“彻韦尔勋爵已经在征求彭尼的意见了。”4月，彻韦尔告知丘吉尔，福克斯已将“他所知道的关于［氢］弹的一切情况”告诉了苏联。[64]1950年1月30日，福克斯与佩林的面谈没有得出这样的结论，而彻韦尔勋爵的报告表明，彭尼给利德尔的信中提出的问题现在已经有了答案。

原子时代德高望重的科学家和历史学者的普遍共识是，福克斯在氢弹项目的早期阶段发挥了关键作用。[65]如果像彻韦尔证明的那样，福克斯把他所知道的一切都告诉了苏联人，那么他也不可能对英国人少说一句。至于他的总体作用，英国氢弹项目的官方历史学者洛娜·阿诺德对我做了一个精辟的评价："英国、苏联和美国氢弹的渊源长期以来一直争论不休，但我怀疑克劳斯·福克斯是氢弹之祖。"[66]

# 第二十三章 父与子

## 父亲的故事

军情五处没能在福克斯仍活跃于间谍活动之时将其拿获，392
为此倍感尴尬，如今倒开始纠缠起派尔斯了。他们坚信他更赞同苏联的而非英国的目标。在麦卡锡主义兴起以及对真正的和想象出来的共产主义者大肆追捕的背景下，美国对共产主义的恐惧被煽动起来。虽然对社会主义者和“同路人”的极端迫害没有传到英国，但出于对左翼知识分子的怀疑，军情五处将目标锁定在原子科学家协会——一份档案将其描述为“共产主义阵线组织”——特别是其主席鲁道夫·派尔斯身上。

原子科学家协会有三个主要作用：对英国公民进行核能教育，就核问题向政府提供建议，以及促进对核武器的国际控制。当时这些恐怖发明的性质还没有得到广泛的理解，人们对协会专家们的告诫还持有怀疑的态度。派尔斯以原子科学家协会主席的身份写了一些文章，这些文章引起了白厅的不满。例如，他在一篇文章中说，“如果盟军［在日本的主要城市之外］投下一枚示范性炸弹，我们在道义上就更有优势”。[1]这一观点被记录在军情五处的档案中，在美国则被联邦调查局用来证实其对原子科学家协会是一个“共产主义阵线组织”的偏见。

整个1950年，官方对派尔斯的多疑慢慢升温，谣言、影射和分析让人想起女巫遭受水刑的时代。这始于他在英国共产党报纸《工人日报》（*Daily Worker*）上发表的一篇文章，这篇文章碰巧发表于福克斯被捕的同一天，即1950年2月2日。

11位原子科学家发表声明，呼吁现在就做出“最大努力”
393 “消除原子战争”。他们发出这一呼吁的原因及其时机是美国计划研制氢弹的新闻，这种装置意味着种族灭绝，这在原子科学家看来是显而易见的，但政治家们尚不了解其中的意味，更不用说一般公众了。科学家们的敦促在今天看来是比较温和的：“必须尽最大努力消除原子战争，要么通过新的措施，解决有效控制原子能的问题，要么对广泛的国际关系问题做出新的贡献。”签名者包括诺贝尔物理学奖获得者G. P. 汤姆森和为英国早期推进原子弹制造工作做出过巨大贡献的派尔斯。然而，在1950年的狂热气氛中，左翼报纸上的这篇声明让国安部门提高了警惕。一份副本被摘录到派尔斯的档案中。[2]

原子科学家协会的电话被人监听了。有人听到该协会的秘书宣读了派尔斯的一封信，信中写道：“也许［福克斯和纳恩·梅案的］教训就是，世上最好的安全系统都无法在原子能计划这样大的项目上发挥作用，除非人们准备毫无保留地建起一道‘铁幕’，像苏联那样营造出怀疑的气氛。如果为了安全，要付出的代价是建立类似的气氛，这一切值得吗？”[3]

对派尔斯的过去和吉尼亚家庭背景的询问蔓延开来。珀西·西利托爵士写信给伯明翰警察局局长多德，询问他是否了解任何情况，但强调“请勿当面质询”。西利托随信附上了派尔斯的简历摘要，上面写着：“1934年从苏联抵达。1950年被认为支持左翼。”第一条肯定是错的，他是1932年从德国来的；而后一条似乎是基于他在《工人日报》上表达的关于原子武器的警告。[4]

多德的观点似乎受到了西利托简明履历的影响，但他的答复火上浇油：“我最近收到了一些关于这个前外籍人士的资料，所有这些资料都倾向于证实他的政治观点比温和左派更加极端。”他没有提供任何细节或解释，只是说：“我的情报来源在过去一直是可靠的，所以就派尔斯而言，我没有理由怀疑其真实性。”[5]

西利托回信询问更多细节，但没有收到答复。两个月后，西利托于8月30日再次写信。又过了两个星期，多德才做出答复，“可靠的情报”开始细化。线人根据“许多小事和零星的谈话”来“发表意见”，指出派尔斯“与大学里已知的共产党人关系友好”。例如，派尔斯还是一位名叫帕斯卡尔①的教授的朋友，后者的妻子是一位“狂热的”俄国卫士。[6]

若不是几天内爆发了新的危机，事情可能就这样结束了， 394
布鲁诺·蓬泰科尔沃叛逃去了苏联，他在战争期间曾在加拿大与艾伦·纳恩·梅一起工作，并在过去两年里一直在哈韦尔与克劳斯·福克斯共事。出生于意大利的蓬泰科尔沃的出逃，除了使英美之间本已充满矛盾的关系更加紧张外，还把人们的注意力集中到了因政治原因移居外国的科学家们身上，比如在英国从事原子能研究的派尔斯。媒体风暴包括10月29日《星期日快报》的一篇文章。这篇标题为《不安分的人》的文章以

① 罗伊·帕斯卡尔（Roy Pascal，1904—1980），英国教师，德语文学学者，1939～1969年任伯明翰大学德语教授。帕斯卡尔是共产党的支持者，其妻法尼亚是俄语教师。

排外的狂热论调宣布："在英国从事绝密原子研究、出生于外国的原子专家们对蓬泰科尔沃教授的失踪及其对舆论的影响深感不安。"文章称，"一些甚感忐忑的科学家认为，作为忠诚的象征，他们应该交出英国护照不再出国"。这篇文章以派尔斯的一张照片作为亮点，图片的说明性文字暗示任何忠诚都是善变的："出生于德国，在美国三年，现为英国人。"作为所谓的"不安分的人"之一，派尔斯写信给编辑，揭露这篇文章是作者想象的产物，几乎或根本没有事实依据，但已造成了恶劣的影响。

在英国国安部门、他们的美国同行和英国供应部——英国原子能计划的主宰者——之间的交流中，对派尔斯忠诚度的质疑持续增长。警察局局长多德提出了他的看法，他写信提醒珀西·西利托爵士，以防此事未能引起军情五处的注意："派尔斯是蓬泰科尔沃教授的密友，后者离开这个国家一直是新闻界大肆评论的主题。"[7]

军情五处如今精心准备了一份书面草案，权衡了派尔斯的忠诚度和他对国家安全的风险。派尔斯在 1931 年访问过俄国，1934 年在高加索度假，1937 年又参加了在那里召开的物理学会议。该报告令人信服地评估说，鉴于"共同的职业兴趣"、"其中三位朋友的俄国血统"以及（事后补充的）"鉴于**派尔斯**夫人的俄国血统"，鲁道夫和吉尼亚·派尔斯与"伯明翰的共产党人和支持者"的亲密友谊并非不正常。情报"表明他们是诚实忠贞的公民"。然而，由于无法证明一个否定的事实——派尔斯并未背叛——评估员选择了万无一失的做法，他得出了一个令人费解的结论："这种联系必然引发疑虑，即**派尔斯**接触机密情报真的不会产生某种程度的安全风险吗？"[8]

同时，在 12 月，有一个四人的科学代表团对印度进行了为期三周的访问，派尔斯是成员之一，新德里收到了一封电 395
报：“**派尔斯**与共产党人及其同路人关系密切。其妻子是俄裔。”[9]

军情五处当月的一份会议记录指出：“美国人盯上了**派尔斯**，并将其视为一个安全隐患。”[10]这个进展中的传奇故事的结果是，军情五处向佩林咨询了派尔斯的情况，特别是派尔斯是否有机会接触到与美国共享的机密。虽然军情五处了解派尔斯的背景和生活方式，但对他在原子能和国家项目上的具体贡献却一无所知。佩林对这些怀疑不屑一顾，并坚决维护这位科学家。[11]他要求提供怀疑派尔斯的“全部事实和确切理由”。听到军情五处的评估后，佩林表示了惊讶，并说这些报道“完全不符合这个人的性格”。随后，他解释了派尔斯的所作所为，称他是“少数几个了解原子能项目全貌的人之一”。佩林受制于《官方机密法令》，说派尔斯“奠定了原子能项目的基础”，是“［佩林］见过的头脑最清晰的人之一”。在佩林看来，派尔斯总是“比别人领先两步”，因此，停止派尔斯的机密研究对他就原子能的了解程度没有什么影响，因为他自己就可以“预知未来五年的一切进展”。因此，佩林解释说，国家“留下他继续工作好处颇多，损失极小”。

佩林与派尔斯相识近十年，他对于针对后者的中伤持怀疑态度，并问美国人的猜疑是否有任何依据。在得知这“靠的是鼻子而非事实”后，佩林明确表示，在没有具体证据的情况下，他不愿接受这种说法。科克罗夫特和彭尼也支持派尔斯，认为他是一位宝贵的专家，并表示如果他们决定终止他作为哈韦尔顾问的合同，就不得不面对“相当多的媒体宣传报道”。波特尔勋爵强调说：“军情五处应该尽全力从美国人那里获得他们所掌握的有关**派尔斯**的情报。如果这种情报不过是怀疑而已，就应该明确说出来。”[12]联邦调查局之所以怀疑派尔斯，似乎就因为他“把福克斯介绍给了原子能委员会”。

派尔斯受到原子能科学领域主要研究人员的高度评价，但他的风格和聪明才智也给他招来了一些强大的敌人。丘吉尔的科学顾问彻韦尔勋爵就是敌人之一，他促成了人们认为派尔斯是一个秘密共产党人的看法：“派尔斯宣称他将无法参加他所属的一个委员会的重要会议，‘因为他必须去苏联大使馆’。”还有一次，彻韦尔评论说：“派尔斯在安全问题上经常表现得像头蠢驴，而且似乎还不遗余力地宣扬他认为安全纯属无稽之
396 谈这一事实。这可能是一种极其聪明的虚张声势，其原则是如果一个人表现得像傻瓜一样，就不会被怀疑有什么阴险的行为了。”彻韦尔的另一次完全没有道理的人格中伤是他说，派尔斯“不可信任，如果情况发生变化，派尔斯确信抛弃这个国家对他个人有利的话，就肯定会这样做”。[13]这与查尔斯·达尔文爵士——国家物理实验室主任，也是那位著名博物学家的孙子——的积极评价形成了鲜明对比。达尔文引用已故的卢瑟福勋爵欧内斯特·卢瑟福的话说：“派尔斯会成为一个优秀的英国人。”达尔文将派尔斯对安全的态度归结为“自由主义观点的结果，这是派尔斯担任主席的原子科学家协会的特点”。[14]

面对英国人的催促，联邦调查局提交了他们就派尔斯调查的报告，报告是杰弗里·帕特森从华盛顿转来的。[15]联邦特工们约谈了几个人，但对其证据的解读似乎受到了先入为主的影响，即认为派尔斯是一个威胁。例如，爱德华·泰勒对派尔斯

给予了经过仔细论证的公平的支持。他说 1928 年在莱比锡第一次见到派尔斯，并解释说当时共产党在德国是完全合法的，所以派尔斯没有任何理由隐瞒对共产主义的任何赞同。泰勒补充说，派尔斯没有明显的政治兴趣，也没有表示过对共产党的支持。

然而，联邦调查局对泰勒的证词提出了质疑，因为 1941 年纽约市共产主义工人学校的名册上有一个人是政治经济学教师的爱德华·泰勒。不管这个人是谁，都绝非物理学家爱德华·泰勒，他"坚决否认"自己就是那个人，尤其是他"绝对没有任何背景或资格让他得以在工人学校教书"。[16]但由于泰勒夫人在华盛顿特区的"妇女购物者联盟"的"会员名单"上，而众议院非美活动委员会认为该联盟是由共产党控制的前沿组织，因此，人们的疑虑越来越大了。

这些似是而非的噪声都没有妨碍泰勒后来在 1954 年导致 J. 罗伯特·奥本海默被定罪的证词得到法庭的采纳，然而在 1951 年，这似乎抵消了他对派尔斯的支持。维克多·魏斯科普夫在战前和整个原子弹计划期间都认识派尔斯，他的正面评论失去了作用，因为据称魏斯科普夫曾说过："苏联在试图维护和平方面比美国做出了更大的牺牲，他建议美国为了和平而销毁其储存的炸弹。"[17]

联邦调查局的报告指出，1946 年，派尔斯曾是英国科学工作者协会（British Association of Scientific Workers）委员会的成员，该委员会里"有 A. 纳恩·梅博士"。鉴于大多数顶尖的原子科学家都曾与纳恩·梅、福克斯或蓬泰科尔沃一起工作过，全体人员都因为这种关联而受到连累。派尔斯在 1949 年 4 月的《原子科学家公报》（*Bulletin of Atomic Scientists*）上发表的言论导致了更直接的自我毁灭。他写道："关于持有某种颠覆性观点的科学家，人们听到了很多说法，幸运的是，这些说法在这个国家并没有得到认真的对待。我相信你们大多数人都知道，在美国，这方面的事情相当麻烦。"[18]在美国猖獗的麦卡锡主义环境中，这番陈述将派尔斯归为"颠覆者"。

派尔斯感受到了监视带来的影响，尽管他并不知道自己正受到监视。比方说，由于签证问题或因为美英政府未经解释便将他从邀请名单中除名，他原本计划的赴美之旅被取消了。再比如，1951 年 8 月，派尔斯被列入一个英国代表团的名单，该代表团将访问美国，就原子能问题进行非公开的讨论，但他的签证申请遭拒，因为美国原子能委员会"对派尔斯提出了进一步的反对意见"。这些反对意见包括派尔斯在原子科学家协会这个"共产主义阵线组织"中担任副主席的角色，尽管彻韦尔勋爵等人也是副主席。英国内阁办公厅说其中一些反对意见是"纯粹的麦卡锡主义"——例如，"派尔斯是某代表团成员，该代表团向内政大臣请愿，要求减轻对艾伦·纳恩·梅的判刑"，并引用了他写的一篇文章，其中写到如果盟军"向日本投掷了一枚示范性炸弹"，我们在道义上就更有优势。军情五处评论说，"所有这些都被证明要么是空口无凭，要么毫无意义"。[19]

在英国的抗议下，派尔斯的签证得到了批准，但 8 月 30 日还是出现了一个小插曲。一封来自华盛顿的绝密电报声称，原子能委员会"迫切希望英国扣留印有代表姓名的新闻稿，因为虽然原子能委员会不反对派尔斯参加，但《芝加哥论坛报》（*Chicago Tribune*）却攻击说派尔斯'不可信赖'。如果公开宣布派尔斯将随英国团队前往，将给原子能委员会带来很大的麻烦”。[20]代表团启程前往美国，当局本不希望此行得到过多关注。然而，《每日邮报》（*Daily Mail*）在9月5日以派尔斯的名字作为文章的导言，这篇文章近乎诽谤：“派尔斯动身前往美国。美国媒体攻击了他。这位被某些美国报纸贴上同路人标签的原子科学家今天与英国原子科学家的官方团队一起离开伦敦，于9月14日至16日就保护原子弹情报的手段进行会谈。”[21]

这篇报道引发了一系列被派尔斯的律师描述为“严重诽 398
谤的文章”。[22]例如，那个月的《情报文摘》（*Intelligence Digest*）提到了伯明翰大学，“这是一个深受共产党影响的机构，那里有一位非常重要的教授（核物理学专家），他曾在家中款待福克斯长达一年左右”。这份小报有恃无恐，更在10月变本加厉。它在《必须清除的人》的标题下写道：“福克斯教授的一位密友最近被委派了一项绝密工作，这一事实表明危险性从未如此之大。这个（出生于外国的）人却通过了国安部门的审查，只是因为该部门里有不可信赖的人。一位近亲表示，此人的妻子是共产党员。然而，此人却刚刚得到了目前世界上最秘密的一项工作。”

《情报文摘》肆无忌惮地在下一期发表了以《叛徒的朋友不可信》为题的文章。这篇文章在这个大字标题下问道：“信任福克斯的一个来自外国、妻子是共产党员的朋友，这符合常理吗？人们会认为，即使除此以外再无证据，这样的人也应该被限制在不太重要的工作上，而不能把我们的最高机密托付给他。令人担心的是，正是在最高层，一些有权势的官员支持那些共产主义社团的人，拒绝承认纳恩·梅、福克斯、蓬泰科尔沃和外交官等案件带来的影响。”[23]

虽然该文对吉尼亚·派尔斯的断言有可能是诽谤，但它巧妙地利用派尔斯的情况来论证，真正的腐败在于“最高层”的“有权势的官员”，是他们对存在的威胁视而不见。虽然金·菲尔比的双重身份已经遭到国安部门的怀疑，但他仍然平安无事，并在十年之后叛逃到苏联；又过了一段时间他那些背信弃义的程度才为人所知，比如，试图向纳恩·梅和福克斯通风报信，在 1950 年 8 月很可能对蓬泰科尔沃的叛逃提供协助，以及他在盖伊·伯吉斯和唐纳德·麦克莱恩的逃亡中发挥的作用。[24]

在派尔斯看来，这些论战的导火索是全国性的《每日邮报》。他的律师质问该报编辑：“你们的文章明确指出我们的当事人是这个国家的叛徒，文章也明显暗示，他将和声名赫赫的英国科学家们一起去美国，并很可能会滥用他的科学知识来损害这个国家。你们的文章所造成的危害在于，虽然你们自己只是在复述这些说法，但你们与这些说法绝对脱不开干系。”

《每日邮报》的编辑不得不让步，即使没有完全撤回这些含沙射影的言论，也设法与该报保持距离：“《每日邮报》希
399 望与这些对派尔斯教授名誉的攻击完全脱离关系。在记录下那些攻讦之词时，可能让人们觉得我们完全支持那些言论，对此我们深感遗憾。”[25]

派尔斯还抵制对知识分子生活的政治干预，比如他在原子科学家协会上说，他“毫不妥协地拒绝对学术任命的候选人进行政治测试”。这一点也被注意到了。在 1930 年代，派尔斯、福克斯和其他科学家曾躲过了法西斯的迫害；而 20 年后的今天，派尔斯开始帮助左翼科学家躲避另一场右翼迫害——美国的麦卡锡政治迫害。例如，后来成为世界主要核理论家之

一的美国人格里·布朗[①]，在 1954 年加入派尔斯的伯明翰团队之前，就被列入了美国的黑名单。这引发了军情五处的一份说明："我们感觉到，联邦调查局绝不满足于**派尔斯**与**福克斯**的关系是清白的，他们因这次与**布朗**的接触而重生疑虑，他们以非黑即白的眼光看待安全风险的倾向会使他们把**派尔斯**归于邪恶之列。"[26]

鲁道夫·派尔斯的电话和邮件持续受到监视，1954 年之前，他都被针对共产主义者的猎巫行动迫害。直到那时，由于军情五处一直无法重新解读事实，以符合他们对派尔斯可信度的先入为主的看法，国安部门这才合上了他的档案。军情五处自我检讨的结论是派尔斯因连带而获罪：（1）他是福克斯的密友，但福克斯的被捕令他感到震惊；（2）派尔斯夫妇是共产党人的密友，但从科学和他妻子的俄国血统来看，这毫无反常之处；（3）他的妻子出生在俄国。[27]

然而，对派尔斯的怀疑又持续了几年。例如，1957 年，他在哈韦尔的顾问工作受到危及，他收到一封信，说"为行政便利起见"，他将不能再看到机密文件。派尔斯觉得这封信很"奇怪"，问这是例行公事，还是"背后有更多的原因"。他被告知这是"例行公事"，对所有合同到期的高级顾问来说都是如此。这种奥威尔式的逻辑无可厚非，因为派尔斯的合同是第一份，也是当时唯一一份到期续约的合同。

派尔斯告诉我说，他后来得知，美国曾要求英国原子能部不让他接触美国的机密文件。派尔斯的反应是，虽然美国有权

---

① 杰拉尔德·爱德华·布朗（Gerald Edward Brown，1926—2013），美国理论物理学家，其研究领域为核物理和天体物理学。1968 年起担任石溪大学教授。

如此，但哈韦尔却是在试图欺骗他。1957 年，他因此辞去了顾问工作。

派尔斯在福克斯事件中成为附带损失。媒体上不时出现一
400 些流言蜚语，暗指派尔斯像福克斯一样是个叛徒。在这种情况下，1979 年，通俗史家理查德·迪肯①在误以为派尔斯已死的情况下，发表了在派尔斯看来“毫无根据的可耻”言论——英国法律中没有针对死者的诽谤罪。这个错误是在迪肯的书出版前不久被发现的，但这时已经售出了几本。派尔斯获得了一大笔赔偿金。在回答记者关于他对自己已故的说法的反应时，派尔斯回答说：“它和书中的其他内容一样，纯属无稽之谈。”[28]

早在 1941 年，派尔斯在英国艰难的时刻聘用了福克斯，无意中在国家对外作战期间引入了一匹特洛伊木马。因此，作为英国原子弹之父的派尔斯在英国受到国安部门的纠缠，分担了他的美国同事 J. 罗伯特·奥本海默的一些痛苦，1954 年，奥本海默受到美国政治势力的摧残。虽然派尔斯的职业生涯得以延续，国家后来也承认了他工作的重要性，但被挚友背叛的创伤对鲁道夫·派尔斯和他的家人都是毁灭性的。

1952 年，在克劳斯·福克斯先是入狱、又被威廉·彭尼探监的两年后，他的英国国籍被取消了，这件事让他“泪流满面”。[29]福克斯付出了最大的代价，并且似乎还在继续为国家

① 理查德·迪肯（Richard Deacon，1911—1998），本名乔治·唐纳德·金·麦考密克（George Donald King McCormick），二战期间曾为海军情报人员，后任《星期日泰晤士报》驻外记者。他是一位高产的历史题材作家，著有 *The British Connection: Russia's Manipulation of British Individuals and Institutions*，1979）等。

出谋划策，他觉得自己受到了两次惩罚。

作为模范囚犯，福克斯因表现良好而获得了完整的减刑。他的释放日期被定在1959年6月23日。这一消息成为头条新闻，在英国议会中引起轩然大波，并再次引发了人们对国安部门效率的质疑。他即将获释也凸显了福克斯在这个国家的反常身份，如今他的公民身份都被取消了。他将何去何从？

被定罪后，福克斯没有设法与派尔斯联系。1959年6月15日，派尔斯给克劳斯·福克斯写了如下这封短信：[30]

亲爱的克劳斯：

我从报纸上看到，你很快就会获释了。如果你在生活中需要任何帮助，无论是经济上的还是其他方面的，或者需要建议，请告诉我，我将尽我所能。

此致

R. E. 派尔斯

英国人取消他的国籍，这种被背叛的感觉深深地影响了福克斯。他没有理会派尔斯的提议，也没有回复这位他最熟悉的老友。福克斯在余生里再也没有尝试与鲁道夫·派尔斯和吉尼亚·派尔斯，或者埃尔娜·斯金纳联系。 401

## 儿子

1957年夏，克劳斯的父亲埃米尔和外甥小克劳斯到监狱探望他。因为减刑，他有希望再过两年就能获释。不过他解释说，因为他在英国名誉扫地，所以未来前景黯淡，社会主义国家也不大可能要他。他父亲不同意，坚持认为克劳斯会受到德意志民主共和国的欢迎。民主德国的国安部门似乎已经约谈过埃米尔，因为根据克格勃的档案记载，他曾向克劳斯保证，后者将“在民主德国为自己找到一份合适的工作”。[31]

翌年1月，《每日快报》报道说，英国安全部门将试图阻止福克斯前往东德，因为他知道原子弹的秘密。这是一个奇怪的说法，因为他脱离研究近十年了，他之前所掌握的知识现在已经远远落后于技术前沿。塔斯社在1958年1月28日转载了《每日快报》的文章，莫斯科中心问柏林方面，福克斯的父亲是否知道些什么。然而埃米尔却已经“两个月”没有克劳斯的消息了。

福克斯的传奇故事沉寂了15个月，直到1959年4月，英国报刊发表文章宣布福克斯将在三个月后获释，东德和莫斯科当局才开始活跃起来。此外，他显然打算去莱比锡与父亲会合，当一名“工农学院的哲学教员”。[32]克格勃现在向东德同行施加压力，并责备他们情报匮乏；在这个阶段，莫斯科唯一的消息来源显然是公开的英国报刊。克格勃如今说出了他们的期望：“鉴于［福克斯］即将获释，必须采取一切可能的措施——通过他的父亲和德国朋友——确保他搬去东德并找到一份工作。”在福克斯被捕近十年后，克格勃迫切地想知道“他被指控的罪名是什么，英国反间谍部门对我们与他合作的细节了解多少，以及他暴露的原因”。[33]福克斯的供词让他们困扰了多年。1953年，克格勃曾记录说福克斯“背叛了他的信使”，“罗森堡夫妇的失败是福克斯的背叛所致”，以及“福克斯暴露的原因至今尚未准确查明”。[34]如今福克斯即将获释，克格勃
402 希望他留在民主德国有两个原因：一个原因是为了有机会就他的“失败”而与他面谈；另一个原因显然是为了让福克斯成为

他们在东德的特工，这符合他们绝不让特工获得自由的政策。苏联的目标是让福克斯在东德担任高级科学职务，理由是他的经验会产生“积极而重要的影响”。其政治目标是游说民主德国抓住这个难得的机会，但“不告诉他们［福克斯］是我们的特工”。[35]

埃米尔向德国统一社会党（SED）中央委员会提出申请，要求克劳斯成为东德公民。申请得到了批准，埃米尔也收到了文件，但现在他无法决定如何处理这些文件。他不信任邮政，于是考虑派管家带着文件去见克劳斯。克劳斯最终通过迂回的途径收到了这个消息。1959 年 5 月 13 日是埃米尔的 85 岁生日，他被授予“为祖国服务金质勋章”以示庆祝。[36]这给了埃米尔与德国和西方记者见面的借口，他在会上提到克劳斯已经获得了东德国籍。英国媒体报道了这个消息，估计克劳斯最初也是通过媒体得知此事的。

一个月后的 6 月 23 日，刚刚出狱的克劳斯·福克斯立即飞往东柏林。如此一来，他便实现了 1933 年使他得以逃离纳粹的那些人的梦想，即“在德国革命之后，需要有科技知识的人去建设共产主义德国”。抵达机场时，他受到了德国统一社会党中央委员会成员代表团的接见。其中“在舷梯上”的是东德事务部新闻处前处长的遗孀——格蕾特·凯尔松。[37]

凯尔松在中央委员会任职，现年 53 岁的她自青年时代起就是共产党的强硬派成员。她正是 1933 年在巴黎与克劳斯相识的那个格蕾特，当时他们正忙于逃离希特勒政权（见第二章）。格蕾特是由福克斯的外甥克劳斯·基托斯基带到机场的，然后在大批记者的追赶下，一行三人开车去了万德利茨湖（Wandlitzsee）边克劳斯父亲的度假别墅。[38]在过去的四分之一个世纪，没有任何关于克劳斯与格蕾特之间联系的记录，然而在四个月后的9月9日，他们结婚了。考虑到克格勃对福克斯的持续关注，以及格蕾特在共产党内的高层地位，克格勃为其牵线搭桥也并非不可能。[39]

不过，还有一个可能更为单纯的解释。克劳斯·福克斯在东德是个英雄，对格蕾特这种背景的人来说更是如此。因为两人共同经历了对抗希特勒的地下斗争的恐怖和刺激，她27岁
403 就认识了他这个21岁的学生。这个瘦弱、知性、极富原则的男人高调地再度现身，对于守了六年寡的格蕾特来说，一定具有巨大的吸引力。至于克劳斯，他一直需要身边有女人，年长的女人——埃尔娜·斯金纳、吉尼亚·派尔斯——仿佛是已故母亲的替代品。不管是克格勃还是媒体让他们走到了一起，他们的故事似乎都是克劳斯·福克斯人生经历的另一个秘密。

十多年前，福克斯曾对他的俄国联络人说过他的梦想："我想帮助苏联，直到它能够进行原子弹试验。然后我想回东德的家，那里有我的朋友。我可以在那里结婚，安安静静地工作。"[40]福克斯已经帮助苏联造出了原子弹，如今回东德结婚了。然而，他那和平与安宁的梦想却不那么容易实现。

## 福克斯的失败

1959年底，福克斯担任了位于罗森多夫（Rossendorf，德累斯顿）的东德中央核能研究所（Central Institute for Nuclear Research）副所长和德累斯顿工业大学（Dresden Technical University）的教授。在阔别专业领域十年后，他再次为核物理学做出了贡献。这是他自1941年以来第一次能够从双重生活的压力中解脱出来，继续他的科学激情。然而，他似乎并没

有像他以为的那样完全摆脱了那段过去。1959 年 12 月 14 日，克格勃驻柏林代表与莫斯科讨论了“我们的代表和福克斯会面，了解福克斯曾经给英国人的证词”的想法。他们还想评估福克斯目前在政治上的可靠性和他“对苏联科学的看法”，以便“在去苏联旅行时与苏联的科学家们对话”。[41]那么，第一步将是克格勃的“特工人员”和福克斯在柏林会面。

1960 年 3 月初，苏联驻柏林大使馆的一名工作人员与东德共产党中央委员会科学部门的负责人就此事进行了交谈。他建议邀请福克斯去苏联，以便参观杜布纳①的重点实验室，并“熟悉苏联”。[42]苏联大使馆认为这是“权宜之计”。5 月 17 日，苏联共产党中央委员会“同意”邀请福克斯作为民主德国代表团的成员，参加 5 月联合原子核研究所（Joint Institute of Nuclear Research）学术委员会的会议，该研究所是华沙条约组织里的类似欧洲核子研究中心的机构。

克格勃的备忘录继而回顾了福克斯因之而被捕的伟大工
作，并以此为由让他参加在苏联各地为期 20 天的免费旅行， 404
“以便他能看到莫斯科、列宁格勒、基辅和索契，并熟悉［那里］正在进行的公开工作”。然而，他们真正的目的在于，这次长时间的访问是“为了执行研究他的任务”。讽刺的内容随后而至：“在这次访问期间，我们将采取步骤，巧妙地从克劳斯·福克斯那里了解他被捕的情况和可能的原因。”[43]

5 月 24 日，包括克劳斯和格蕾特在内的代表团出发前往莫斯科。然而，计划中的 20 天访问在一周后就被福克斯缩短

---

① 杜布纳（Dubna），莫斯科北方伏尔加河畔的一座科学城，1956 年设市。该城是联合原子核研究所所在地。

了，据说是因为“业务需要，福克斯必须在6月初回东德”。这可能是真的，尽管杜布纳的一些物理学家认为中止这次访问的决定是突然做出的。克格勃的记录证实，福克斯在5月24日到达，但行程被“缩短”，他在5月31日就回国了。[44]

至少在某些人看来，对杜布纳的访问证实，福克斯的行程是受到严格控制的。杜布纳研讨会的听众中有布鲁诺·蓬泰科尔沃，他是福克斯在哈韦尔的前同事。福克斯被捕半年后，蓬泰科尔沃和家人就消失了，随后在苏联再次现身。杜布纳的一位科学家记得福克斯的谈话“相当乏味”，但“非常兴奋”的蓬泰科尔沃评论说：“恩里科·费米对科学家的评价非常严厉，但他认为福克斯是第一流的明星。”[45]如果这是对费米观点的准确描述，那一定反映了他关于福克斯与约翰·冯·诺伊曼对氢弹贡献的评价。当时费米已经证明了最初的设计是有缺陷的：福克斯的其他工作，虽然均属一流，但与洛斯阿拉莫斯的其他理论家相比，并非独一无二，而且他发表的著作也没有对核物理学领域做出根本性的贡献。福克斯最擅处理方程——如果你想解决数学问题，克劳斯当仁不让——但他不是一个创新者，没有创造过新的途径，也没有激发出一派追随者。但蓬泰科尔沃显然对福克斯很是推崇，这是基于他们在英国两年的相处。如此一来，总的来说一无所获的研讨会在结束时发生的事情有了一定的意义。他们离开大厅时，蓬泰科尔沃很“激动”。他是个外向的人——“老兄，好久不见啦！”——这种场合总是第一个伸出手来表示欢迎。但这一次，蓬泰科尔沃没有把精力花在与福克斯这位老友的重逢上，也没有和前同事打招呼。一位与会者的解释是，蓬泰科尔沃被命令不得与福克斯说话，除了事先正式商定的内容之外，克格勃对任何接触都有所限制。

虽然我们无法证实这一点的真实性，也无法证实在民主德国的“业务”是因为福克斯的行程意外终止、为挽回面子而 405
找的一个方便的借口，但福克斯却因为发现派给他的两名“科学家”实际上是克格勃的卧底而感到不安。

克格勃的档案显示，代表团访问了莫斯科，在欢迎宴会上，福克斯很担心他两个助手的行为。不管情况是否真的如此，如果代表团团长“汉斯”的报告能说明问题的话，福克斯似乎已经感到不安了。“汉斯”是福克斯认识的科学家，他是“克格勃……在民主德国的……特工”。[46]克格勃曾希望利用福克斯作为线人，但首先需要确定他是否还可靠。为此，在与“汉斯”的一次谈话中，苏联大使馆的一位官员“若无其事地提起了福克斯博士［的名字］”。莫斯科原本梦想着他们这位先是在英国、随后又在美国工作的明星特工福克斯如今将在东德重生，但当“汉斯”说在他看来，“福克斯还没有从被捕入狱的精神创伤中恢复过来”时，他们的梦想破灭了。他“封闭”“沉默寡言”“从不与任何人讨论过去的事情”，而且他“甚至不［与‘汉斯’］分享他对莫斯科的印象”。

按照代表团的路线，“汉斯”说福克斯得到了一个“绝好的机会”，即赞助他们夫妇去旅行。“汉斯”与苏联官员之间互动的性质表明，他已经意识到福克斯不会完成这次旅行了。

让福克斯下定决心的关键事件似乎是在 5 月 28 日，当时与 L. R. 克瓦斯尼科夫①和 D. N. 普隆斯基（D. N. Pronsky）

① 列昂尼德·罗曼诺维奇·克瓦斯尼科夫（Leonid Romanovich Kvasnikov, 1905—1993），苏联化学工程师、间谍。他之前是内务人民委员部人员，后服务于克格勃，从事科技情报工作。

“同志”的会面“给他留下了深刻的印象”。这至少是克格勃的判断，这两位同志正是该机构的员工。这次会面后，福克斯立即结束了访问，理由是“他身体不适”。[47]

会面是在莫斯科的一家中餐馆进行的，持续了两个多小时，当时店里几乎没有人。两人自我介绍说，他们是“他曾为之工作的组织的代表”，他们首先对福克斯在“困难时期”为苏联所做的一切表示感谢，并对“形势结束了这种合作”表示遗憾。他们为“不得不勾起痛苦的回忆”而道歉，然后要求福克斯解释“与他的暴露有关的情况”和“他在受审期间的行为”。

福克斯对他们的部分陈述揭示了他在 1949 年接受吉姆·斯卡登审问时的目的和两面性。他向这两个俄国人解释说，“很快就发现英国人怀疑［我］从事情报活动，尽管他们没有
406 任何不利于［我］的证据”。此外，福克斯还判断，“如果不是他自愿承认，事情的发展就不会超过那次谈话”。在被捕之前，他曾告诉军情五处，他之所以停止间谍活动，是因为他对苏联的东欧政策的正确性产生了怀疑。当时他曾描述了这次心态转变的原因，并告诉英国审讯人员，他现在心系英国的生活方式和他所发展出的友谊。十年后的今天，他对这两位俄国同志讲了一个不同的故事。他对他们说，他产生疑虑的原因是受到了“资产阶级政治宣传和远离真实信息来源”的影响。[48]

他还强调，他唯一指认的人是哈里·戈尔德。福克斯描述了当时的情况。他说，有人给他看了戈尔德的两条摄影胶片，在第一条片子中，福克斯发现戈尔德“像一个处于紧张不安状态的人，察觉出自己被跟踪了”。虽然他知道这就是他原先的联络人，但福克斯说，他“在看过这条胶片后并未承认自

已认识戈尔德”。[49]

福克斯声称，第二条胶片是在戈尔德“已经入狱后”拍摄的。根据福克斯的说法，他“在这条片子里看起来就像胸口上刚刚卸下了一副重担一样”。福克斯说，他直到此时才明悉戈尔德已经被捕了，这才指认了后者并做出对其不利的证词。

福克斯承认，他告诉英国人自己传递过原子弹的机密，但声称英国人并不知道他传递了有关氢弹的情报。福克斯通过这种编造，企图从俄国人那里挽回一些尊严，即他没有让军情五处了解到他为苏联方面所做的大量工作。当然，这是完全错误的，因为在 1950 年，佩林认为福克斯已经透露了“他所知道的关于氢弹一般原理的全部情况”。[50]

不出所料，在这次交锋中，没有一个人是完全坦诚的。同志们“再次感谢［福克斯］过去对我们的帮助，祝愿他在今后的生活和工作中取得成功，并告诉他，今后如果他有什么问题，可以向我们寻求友好的支持”。不到一个月，一份关于福克斯历史的批判性报告就出现在尼基塔·赫鲁晓夫主席的案头上。看来克格勃审讯人员对福克斯的盘问比斯卡登和佩林更有效，国家安全局局长对福克斯的行为做出了劣评。局长的报告强调，“尽管”英国人“没有对他不利的直接证据”，他也没有被捕或暴露的危险，但福克斯完全是“主动”地“承认了代表苏联进行的情报活动”。虽然“没有受到英国人的沉重压力”，但福克斯还是证实了他的配合，并“指认了他用来向我 407
们传递美国情报的特工”。简而言之，他违反了间谍守则，从而给克格勃在北美的行动造成了严重破坏。

同志们最后以自我安慰的方式，揭示了他们与福克斯谈话背后的动机以及克格勃对他们伟大的原子弹间谍的判决："谈话开始时，福克斯对自己感到很不自信，戒心很重，［所以］我们在查明自己感兴趣的事项时，使用了一定的技巧［：我们］对他过去帮助苏联表示感谢。同时，我们也对当时他的供词导致了重大失败表示非常遗憾。"[51]

# 尾　声

## 真实的与想象中的间谍：福克斯、卡勒和霍利斯

媒体对福克斯的故事的兴趣，让他引起了广大公众的注 409
意，其中很多人有故事可讲。军情五处收到了一些来信，写信者确信自己曾在各地看到福克斯与神秘的陌生人在一起，而且某些信件里的想法相当古怪。不过，有一个联络人特别有趣，是一个 1940 年被关在加拿大拘留营的前政治犯。迈克尔·瑟普尔在 1950 年 3 月 23 日约谈了他。这位只被叫作“A”的线人首先表示了歉意：“我不能说太多，希望你不要指望……”

瑟普尔打断了他：“好吧，不管你能告诉我们什么，我们都非常感谢。”

“其实只有一件事：我和**福克斯**一起被关押过。我们在一起大概有五个月，那是在加拿大。而和他被关在一起的人里，有很多人都知道他是共产党员。”

瑟普尔证实了“A”所在的拘留营确实与福克斯相同。他们曾在马恩岛一起生活过，后来又同在前往加拿大的“埃特里克号”蒸汽船上，但直到抵达后才见上面。一番题外话之后，瑟普尔进入正题：是什么原因让人认为福克斯是共产党员？他没有得到直接的回答，因为“A”承认，时间都过了这么久，“很难再回忆起到当时的情况”揭露这个人或那个人是

“纳粹压迫下的难民”，还是“反纳粹分子”或“共产党员”了。

令瑟普尔印象深刻的是，“A”注重细微地区分人们对希特勒的不同程度的仇恨，这与罗杰·霍利斯简单粗暴地称拘留营为纳粹支持者的巢穴并不一样。“当时那些拘留营里有很多反纳粹分子吗?”他惊讶地问。“哦，当然!”“A”回答说，“你想啊，这个拘留营里其实主要是犹太人。”

1946 年时，瑟普尔曾认为福克斯与共产党特工汉斯·卡勒的关系可能意义重大，但罗杰·霍利斯却以福克斯和卡勒是
410 两个被“错误”安置在纳粹支持者拘留营的反纳粹分子为由，否定了这一说法（见第 11 章）。瑟普尔确认自己没有听错：

“哦，是吗?”

“是的！主要是犹太人。”

对话在相互误解中持续了几分钟，瑟普尔想要确立犹太人的角度，而“A”的回答则像是在辩论种族和宗教偏见，以及如何定义“反纳粹”。

瑟普尔将盘问带回了正轨：

“我感兴趣的是：你自己是不是说过，在［拘留营］里有很大比例的纳粹分子?”

他的线人插话道：“哦，不是！营里主要是反纳粹分子。”

“主要是反纳粹分子吗？这一点毫无疑问吗?”

“是的，没错。总共 700 人，大概有 600 个犹太人。”

“我明白了。”

“并且是天生的反纳粹分子。”

他们就这样继续下去，瑟普尔想在不引导线人的情况下确定事实，而线人却没有听懂瑟普尔的问话：“你要知道，我说

犹太人反纳粹，并不是说非犹太人就不反纳粹了。”

“不，不。我不是这个意思，”瑟普尔插话道，“我只是想从大处着眼，你看，因为必须放在同样的背景下才能理解，如果一个只是左翼的人被包围在大量的纳粹分子当中，他的观点自然会被推到聚光灯下，不是吗？这会凸显他的观点。但你却告诉我，说这主要是一个反纳粹的群体。”

“是的。没错！”

瑟普尔于是开始逼问“A”，以确定这位线人是否能“分辨出［谁是］共产党员”。线人描绘了拘留营的情形：九座营房，每座营房里挤着大约80名拘留犯，各营房都有几个代表出席拘留营的委员会，委员会向拘留营负责人提出交涉。“A”就是这样认识福克斯的。从这些会议上的言论，比如对苏联的态度，“**福克斯**肯定是我们知道的那些［共产党员］中的一个”。

瑟普尔问“A”在拘留犯中有多少人被认定为共产党员，他被告知“大约有十个人”。他要求报出一些人名，线人第一个提到的就是汉斯·卡勒。

在霍利斯做出相反断言的四年后，瑟普尔已经确定，那里绝不是一个狂热纳粹分子的营地，营里有犹太人，并且主要是左翼的各种反纳粹分子。在形形色色的人中，卡勒尤其醒目，福克斯也一样。

这次约谈是在1950年3月被录音并抄录的。[1]然而在1951 411
年9月，艾伦·穆尔黑德向军情五处索要资料以助其出书时，他得到的既定说法是：福克斯和卡勒被误关在纳粹分子拘留营中。[2]

1956年，罗杰·霍利斯成为军情五处的总管，后一直担任这一职务，直到1965年封爵退休。迈克尔·瑟普尔虽对福克斯的分析非常到位，却被从伦敦调去了新加坡，1962年，他以远东安全情报局局长的身份结束了自己的职业生涯。

1981年，有指控称罗杰爵士曾是苏联的秘密特工。军情五处的官方网站解释说："这些指控经调查后被发现毫无根据。"[3]霍利斯对福克斯和卡勒的错误描述传到了穆尔黑德那里，却在不知不觉中玷污了近半个世纪的历史。

## 回到未来

直到1952年12月，在福克斯被捕近三年后，哈韦尔才任命他的理论物理学部负责人这一职务的继任者。新的领导人是布赖恩·弗劳尔斯。媒体强调布赖恩·弗劳尔斯是一位神职人员的儿子，因此无可指摘，这才缓解了公众对他可能存在安全风险的担忧。他们显然忘记了福克斯的父亲也曾是一名牧师。

福克斯的前副手奥斯卡·比内曼错过了这个令人羡慕的职位，因为他离开了哈韦尔，在远离弗劳尔斯的剑桥大学任职，希望以此挽救他和玛丽的婚姻。然而，他和玛丽还是离婚了，1951年10月，她改嫁弗劳尔斯。一位牛津大学的同事当时风趣地评论说，弗劳尔斯"先是抢走了比内曼的妻子，现在又抢走了他的工作"。[4]

弗劳尔斯还得到了众人艳羡的其他很多好处。2010年，他在和玛丽的金婚纪念日前不久去世了。在此之前，他被封为弗劳尔斯勋爵，曾任帝国学院校长、伦敦大学副校长，根据《卫报》的讣告，他是"那一代人中杰出的科学和学术管理者"。

赫伯特·斯金纳调任利物浦大学，担任物理系主任。1960年，他在访问欧洲核子研究中心时去世。埃尔娜·斯金纳在利物浦痛苦不堪，借酒浇愁。她在赫伯特过世 15 年后死于心脏病发作。他们的女儿伊莱恩一直否认母亲与福克斯有染，并声 412
称他们去旅馆过夜时是有人陪着的。

2009 年，玛丽·弗劳尔斯（以前叫玛丽·比内曼）写了一本回忆录，1950 年，她的婚姻破裂与克劳斯·福克斯的危机同时上演，这本回忆录揭示了她对福克斯和埃尔娜·斯金纳“亲密关系”的作为知情者的看法。

她在其中把福克斯描述为柏林人所说的“家庭主妇之友”——一个伺候女主人的男人，全家也接受他为丈夫的备胎。“有人会简单地称这样的人为情人，但这是一种过于简单化的说法。对埃尔娜来说，一个男人永远不够，她总是与一个候补伴侣交往。”在玛丽看来，埃尔娜“显然没有打算离开赫伯特”，如果这种情况能让埃尔娜开心，赫伯特也就接受了。“她渴望得到男人的关注，而且通常都能得到。他们的婚姻已经承受了几次这样的冒险。”

在弗劳尔斯继任福克斯的那一年，供应部出版了一本小册子，概述了哈韦尔的历史。[5]小册子里没有提到福克斯是理论物理学部门的前负责人，他的科学论文也没有被列入最后的清单。福克斯在改写后的哈韦尔历史中被一笔勾销了，这倒是可以为他在东德苏联占区的新主子增光。①

定居在德意志民主共和国的福克斯受到高度评价，实现了党在 1933 年的希望：“在德国革命之后，需要有科技知识的人去建设共产主义德国。”他被授予爱国功勋勋章和“东德国家

---

① 60 年后，福克斯得到了应有的评价。在实验区 B77 大楼外的一座新雕塑中，福克斯也是哈韦尔的杰出人物之一。——作者注

科学功勋成就奖”。1979 年，他获得了东德的最高荣誉——卡尔·马克思勋章。十年前，该奖项曾被授予于尔根·库琴斯基。

克劳斯·福克斯没有再为克格勃工作。他还拒绝与可能为他立传的任何传记作家合作，考虑到他一生中复杂多变的关系，这也许并不奇怪。他与格蕾特结婚，在罗森多夫（德累斯顿）度过了余下的职业生涯，担任核能研究所的副所长，直到 1979 年退休。他于 1988 年 1 月 28 日去世，享年 76 岁。他的骨灰被安葬在柏林腓特烈斯费尔德公墓社会主义者纪念碑旁的“名人墓地”。格蕾特·福克斯 - 凯尔松于 1999 年去世，享年 93 岁。

1951 年，美国国会曾评估说：“福克斯一个人对于人们安
413 全的影响和所造成的危害超过了美国历史乃至全世界历史上的其他任何间谍。”[6]但在东德和苏联，福克斯在让俄国人有机会研制原子弹方面所起的作用，几十年来一直没有得到承认。1950 年代，他的外甥克劳斯·基托斯基被要求从他的学校简历中抹去以下句子：“我的舅舅在 1950 年被判处监禁，因为他为苏联从事了间谍活动。”据基托斯基说，被提出这样的要求的原因是，据说苏联没有从事过任何间谍活动。[7]在福克斯的葬礼上，东德和苏联之间的摩擦显而易见。民主德国研究部长的悼词只是说，福克斯先是在洛斯阿拉莫斯工作，然后来到民主德国，但没有提到他在苏联原子弹诞生中的作用，也没有提到他的监狱时光。[8]

如果说苏联对福克斯的贡献有过正式认可，那也是在他去世后，听从了民主德国的建议的结果。1989 年 6 月，在民主德国建国 40 周年前夕，苏联克格勃东德代表处提出申请，要

求苏联政府追授“德国统一社会党前中央委员、原子物理学领域的重要科学家克劳斯·福克斯”。苏联授予福克斯“人民友谊勋章（追认）”，以表彰他促进了苏联科学文化的发展。[9]

然而，即便如此，他也没有被明确承认对苏联原子弹研制的独特贡献：苏联继续忽视间谍活动在其原子弹或氢弹研制中的作用，以免“贬低［苏联］科学家在原子武器研制中的作用”。[10]直到苏联解体后，尤利·哈里顿①院士的一篇文章才首次公开承认，苏联原子弹是在间谍活动（特别是克劳斯·福克斯提供的情报）的帮助下，仿照美国模式研制的。[11]

与此同时，鲁道夫·派尔斯在1963年成为牛津大学理论物理学教授，我正是四年后在公园路12号那里偶遇了他。1967年，我第一次见到他，进入他的书房，并加入他的研究团队时，从来没有预料到这会发展成长久的友谊，也未曾预料我会了解到他如此多的非凡过往。

除了吸引顶尖科学家来牛津大学之外，派尔斯还带来了他在洛斯阿拉莫斯期间培养的团队精神。对于1940年代的许多科学家来说，他们在洛斯阿拉莫斯的时间是他们职业生涯的巅峰。他们当时大多还很年轻，不到30岁，如今这个年纪的人 414
应该还是研究生或初级学术人员。然而在洛斯阿拉莫斯，他们是历史上规模最大、最独特的教师队伍中的成员，集合的人才甚至超过了1930年代的剑桥大学，或战后岁月中的伯克利、斯坦福和哈佛等大学。物理学把他们团结在一起，他们在那里

---

① 尤利·哈里顿（Yulii Khariton，1904—1996），苏联物理学家，被认为是苏联核武器计划的带头人之一。自1943年约瑟夫·斯大林启动原子弹计划之后，哈里顿就是“核武器首席设计师”，随后40年里都与该计划保持着关系。

的社会生活也使他们充满活力并释放了创造力。这反过来又促成了个人之间的终生友谊，他们来自世界各地，却有着极其重要的共同目标。

在1967年的第一天，鲁道夫·派尔斯就告诉我，物理学将在我面前敞开大门，并建议我参加系里的研讨会，尽管我一开始不大能听得懂。但有一条强制性的命令："我们每天上午11点见面喝咖啡。"正是在这样的非正式聚会中，思想才得以萌芽，才有了被历史学者洛娜·阿诺德称为"泡咖啡馆"的研究。

理论物理学系每年年底都有聚会，这沿袭了英国代表团在洛斯阿拉莫斯办过的庆祝活动。我正是在给这些聚会打杂期间逐渐了解"教授"的，后来又认识了他的妻子吉尼亚，以及他们的小女儿乔，并开始体会到他与克劳斯·福克斯的关系对他的影响。在派尔斯的一次聚会上，我问他怎么看尽管蓬泰科尔沃和福克斯两人的性格大相径庭，但布鲁诺·蓬泰科尔沃也可能把情报传给苏联。[12]他一时间显得魂不守舍，陷入了沉思，然后他带着深深的忧伤，用低沉得近乎耳语的声音说："很难说啊。"

我觉得这种反应表明了福克斯事件对鲁道夫·派尔斯造成的悲痛之深。对于某些人而言，这四个字也一直是他们对派尔斯本人的看法，他与克劳斯·福克斯的关系让人怀疑他也是个轻率冒失的人，或者更糟。[13]多年来，吉尼亚的俄国血统一直影响着军情五处对她丈夫的看法。直到1959年，国安部门关于克劳斯·福克斯和鲁道夫·派尔斯的30卷档案才最终结案。即使如此，英国机构也要再过十年才能正确认识派尔斯。我在牛津大学期间，派尔斯对科学的独特贡献和对自由的追求得到了认可，被授予了爵位。鲁道夫·派尔斯爵士在 1985 年出版了他的回忆录。他于 1995 年去世，吉尼亚·派尔斯夫人于 1986 年先于他而去。

在派尔斯的葬礼上，弗劳尔斯勋爵发表了一篇言辞优美的演说，称他是“核时代最伟大的人物之一。他是第一个表明核武器可行的人。后来他又试图告诉我们如何在拥有核武器的 415
世界里更安全地生活”。弗劳尔斯最后为派尔斯写了墓志铭：“我们将永远记住他的诚实和正直，他的思维敏捷，他那温和但有说服力的幽默感……［以及］我们在他与吉尼亚共同打造的家中受到的热烈欢迎，那里舒适惬意、其乐融融。”[14]

弗劳尔斯在福克斯被捕时一直处在风口浪尖上，他在这篇墓志铭里分离出派尔斯性格中对福克斯危机影响最大的两个特点，也是了解福克斯内心感受的关键。福克斯曾对苏联说“核武器是可行的”，并把同事们的工作传给了苏联方面，他自己认为这些行为都是正义的。但他无法调和的是自己背叛了那些曾在家中给予他“热烈欢迎”以及“舒适惬意、其乐融融”的人们。派尔斯夫妇收留了一个难民并给予他救助，但此人却利用了他们的慷慨，让他们自己的“诚实和正直”受到了质疑。1950 年，杰出的物理学家弗里曼·戴森①曾在伯明翰的派尔斯家做过房客，亲眼见到了福克斯被捕时吉尼亚的反应。“吉尼亚长期生活在对苏联警察的恐惧中，对她来说，生存的关键就在于拥有可以信任的朋友，而背叛这种信任是不可饶恕的罪过。”吉尼亚·派尔斯，这位多年后被戴森的孩子们

---

① 弗里曼·戴森（Freeman Dyson，1923—2020），英裔美国数学物理学家，普林斯顿高等研究院教授。1964 年，戴森获得诺贝尔物理学奖提名。他获得了许多科学奖项，但从未获得诺贝尔奖。

亲切地称为“大嗓门夫人”的女人，竟“一时间被气得说不出话来”。[15] 1959 年福克斯出狱时不能回应鲁道夫·派尔斯的帮助，也没有再给他最亲密的朋友、那个在某些方面把他当作儿子的人写信，说明九年的正式监禁伴随着一生的耻辱，他无法面对那些最爱他的人。尽管如此，他还是觉得可以给戴森写信，因为戴森和他一样，也曾是派尔斯夫妇的房客。“在福克斯去世前不久，我收到了他的来信，想重新建立联系。我的回信传达了鼓励的信号，但他不久之后便意外去世了。”[16]

军情五处关于鲁道夫·派尔斯的文件几十年来一直是保密的，有关克劳斯·福克斯的文件直到最近才公之于众。即便如此仍有许多删节，特别是军情五处窃听福克斯家里和办公室的记录。另外，关于氢弹的文件以及福克斯在英国原子弹中发挥的作用，在 60 年后仍然属于机密，福克斯关于 1945 年费米氢弹讲座的笔记也一样。这很有些讽刺意味。首先，福克斯当时曾将这些笔记寄往莫斯科，而在叶利钦时代，这些笔记在那里公开出版了。其次，1946 年，费米演讲的笔记副本被送到了华盛顿的詹姆斯·查德威克那里，他又给一些著名的英国物理
416 学家制作了副本，其中一套给了乔治·汤姆森爵士，在他的私人文件中可以自由查阅。最后，整个讲座的一套经过轻度编辑的详细笔记可以在美国找到（见第九章）。我认为这三份笔记对重建历史都很有帮助。

福克斯被捕的几个月后，他的同事蓬泰科尔沃就叛逃去了苏联，跨大西洋的关系高度紧张起来。国安部门的声誉也受到了影响。1953 年，军情五处赞助出版了一本名为《叛徒》（*The Traitors*）的书，以此来对抗公众的批评。该书的作者艾伦·穆尔黑德曾是国防部的公共关系官员，但他在此书出版之

前已经打算离职并“回归私人生活”。[17]本书对国安部门技能的高度赞扬至今仍在军情五处的网站上被作为权威性的广告。

穆尔黑德的部分说法是，军情五处的首席调查员吉姆·斯卡登几乎是单枪匹马地摧毁了福克斯的意志。正如我们看到的那样，斯卡登事实上得益于亨利·阿诺德这位哈韦尔安全官员长期耐心的工作，在对福克斯的审判中，他第一次认罪的功劳被归于阿诺德（尽管这也可能是为了避免对福克斯向斯卡登认罪的情况进行仔细审查，那份供词确实有诱供的嫌疑）。亨利·阿诺德活到了 90 岁。他一直与许多年轻人保持着友谊，还是唯一一个与福克斯保持联系的人。退休后，他在午餐时间会与从前的同事一起沿着哈韦尔实验室的小路和运动场散步。大约 40 年前我还是个青年物理学者的时候，一天午餐时间在去哈韦尔壁球俱乐部的路上，一位同事指着正在散步的两个老人说：“那就是让克劳斯·福克斯崩溃的人。”

# 后　记　克劳斯·福克斯是谁?

417　70年后，我们可以从一个与克劳斯·福克斯所在的世界全然不同的角度来看待他的一生——也许除了一个方面：原子时代地球生命的存活可能要归功于鲁道夫·派尔斯和奥托·弗里施所预见的、福克斯和特德·霍尔帮助促成的“相对保证毁灭”。1955年，中子的发现者、“曼哈顿计划”中英国代表团的团长詹姆斯·查德威克爵士对英国国会议员塔姆·戴利埃尔①说：“我非常了解他们（原子弹间谍们）。我虽然不赞成他们的所作所为，但我理解他们的动机。你们这一代人可能会对他们心存感激。”[1]

至于福克斯本人以及决定他一生的客观环境，却仍是疑窦丛生。帮助福克斯在英国立足的冈恩夫妇是谁？他为什么在七年的间谍活动后突然招供？还有一个猜谜游戏：如果“维诺那”没能暴露洛斯阿拉莫斯间谍的身份，福克斯在英国机构中的地位会上升到怎样的高度？

首先是冈恩一家的作用，他们是福克斯在布里斯托尔读书期间的担保人和房东，并在20年后他入狱期间与他保持着联系。他们是帮助可怜难民的无辜的、爱好和平的施惠者，还是像军情五处怀疑的那样，是某些更深层次的共产主义目标的一部分？

---

① 塔姆·戴利埃尔（Tam Dalyell）在2001～2005年是“下院之父”（任期最长的国会议员）。——作者注

1950 年的普遍观念是，福克斯在布里斯托尔期间参与了左翼活动，部分原因是他与冈恩夫妇的关系。我读过罗纳德·冈恩的档案，得益于在那个目光短浅的时代过后半个世纪才看到这些，冈恩明显是一个和平主义者，这使他在国家处于危险时成为对立情绪的焦点。当然，这与福克斯关于冈恩是贵格会教徒的描述是一致的。尽管如此，冈恩的档案还是揭示了他活动于共产主义的边缘，他在 1930 年代对列宁格勒的访问、来 418
自莫斯科的邮件，以及与布里斯托尔地区有名的共产主义者的联系，都为军情五处保持对他的关注提供了足够的助力。然而，没有证据表明冈恩参与过共产主义小组，更没有证据表明他是让福克斯在英国立足的长期计划中的知情方。福克斯坚持把冈恩说成是贵格会教徒，这可能是单纯地在保护一个帮助他在新家园定居的人，避免把冈恩拖入泥潭。

这就给我们带来了最大的谜团：克劳斯·福克斯是谁，他为什么要招供？关于他的性格和动机的观点似乎随着它们第一次显现出来是在哪个时代而变化。例如，最早的作品写于冷战时期，受当时麦卡锡主义盛行的背景影响，将他描绘成一个狡诈的共产主义叛徒。诺曼·莫斯[①]和罗伯特·查德威尔·威廉姆斯[②]更加细致入微地描述福克斯的作品则写于 1980 年代，其优势得益于当时的偏见少于麦卡锡时代，但他们缺乏军情五处和俄国档案的帮助。我研究福克斯生涯的部分灵感来自已故

① 诺曼·莫斯（Norman Moss，1928— ），英国作家、记者、电台节目主持人，著有《克劳斯·福克斯：偷走原子弹的人》（*Klaus Fuchs: The Man Who Stole the Atom Bomb*，1987）等书。

② 罗伯特·查德威尔·威廉姆斯（Robert Chadwell Williams，1938— ），美国作家、历史学者、教育家，著有《原子弹间谍克劳斯·福克斯》（*Klaus Fuchs, Atom Spy*，1987）等书。

的洛娜·阿诺德，这位杰出的历史学者在福克斯的哈韦尔时期就认识他了。她坚持认为他没有得到理解，他是一个忠于自己原则的、值得尊敬的人，而这些原则既有人强烈反对，也有许多人表示认同。如何决定“对”或“错”是一个深刻的道德哲学问题，中立的界限本身就随着时代的发展而移动。在洛娜看来，福克斯是一个还没有得到公正审判的人。我希望能对此有所贡献。

我震惊地发现约谈福克斯的方式如此轻率，而且有一种令人不安的感觉，那就是重要的证据仍然秘而不宣，这不是出于国家安全的原因，而是为了掩盖严重的错误。能说明此点的一个例子是，福克斯的家中安装了窃听设备，但吉姆·斯卡登在那里的约谈却没有记录。检方试图在审判前夕影响福克斯的辩护律师，这是一种惊人的违反道德规范的行为。话虽如此，但福克斯数年来蓄意犯法，所以法庭的判决我们无法去指责。评估哪些文件要继续隐瞒，哪些可以公布的决策过程似乎是在撞大运。一方面，费米在洛斯阿拉莫斯的氢弹讲座笔记仍被禁止，但在剑桥的其他场所，从洛斯阿拉莫斯，甚至从苏联本身，都可以获得这些笔记！同时，英国人默许向美国人隐瞒福克斯的共产主义“倾向”，如今也被公之于众，证明 J. 埃德加·胡佛的批评是正确的。

对福克斯的审判非但没有全然解决，倒是又提出了许多问
419 题。他是否受到了公正的审判，是否被诱供？前者最好由法律专家来衡量，他们可以评估其供词的意义，他的供词是在没有任何法律援助的情况下写成并签字的，但他是否会因此而被定罪就值得怀疑了。诱供的问题是整个过程的一个主旋律，一些线索表明至少斯卡登引导了他。

我们只有斯卡登对审讯的描述，是他几天后写的，且没有独立的佐证。福克斯在接受约谈时既没有得到任何法律咨询，也没有为自己做任何记录。福克斯后来声称，斯卡登撒了个谎，给出确保福克斯能留在哈韦尔的提议——福克斯写信给埃尔娜说道："我只要承认一件小事，就可以留下来……"——不过福克斯在这里不一定是个可靠的证人。福克斯说，有人出于国家安全的考虑，劝告他不要在审判中提出这个问题，他居然就顺从了，这简直令人难以置信。显然，在福克斯承认这一切之前，军情五处只是在追查"一件小事"，与他达成交易仍然存在现实的可能性。然而，当他间谍活动的深刻性质暴露出来后，角力的性质就发生了变化。

但有些线索表明，福克斯的声明或许有其可取之处，斯卡登的口头承诺比他书面记录的更多。首先，审判前关于诱供的讨论有记录在案，盖伊·利德尔在确信他们可能会"脱罪"时的轻松心情很能说明问题。毫无疑问，福克斯的预制板房被装了窃听器——这个决定是在 1949 年 10 月做出的，而且多次提到听见福克斯"烧火"的声音，还有周围其他动静的记录，都暗示着这些都得益于传声器。然而，斯卡登与福克斯在那个房间里的对话却没有记录，军情五处积累的日常记录中也有几页被扣下，这些都表明有一项关键的潜在证据无法为我们所用。最后，在法庭上提出阿诺德是福克斯第一次供词的来源，这要么是企图转移人们对斯卡登的注意，要么证明斯卡登的叙述有误，至少在时间顺序上是错误的。

至于审判本身，法官戈达德勋爵对"克制型精神分裂症"的说法不屑一顾。虽然这与福克斯的罪责没有关系，但既然我们了解福克斯的家庭背景，在解释他现在如何行动时就不该被轻易忽略。尽管他使用的是这个词在口语中的含义，指的是人格分裂而不是有妄想症状的严重精神疾病，但从其外祖母开始的三代人的自杀——母亲是精神分裂性抑郁症患者，而妹妹克
420 里斯特尔也患有这种病——使得克劳斯很可能也有一些这样的倾向。他处于极端否认的状态，似乎无法认识到自己犯了大罪。克制型精神分裂症的描述可能比他自己意识到的还要真实，也是他为何能够如此成功地长期过着两种平行生活的原因。“克制型”精神分裂症也许是可以忍受的，只要它仍然受控。福克斯从来没有受到过挑战，直到 1949 年底，事件第一次不再受他的控制。

虽然我们如今可以比过去更冷静地评价福克斯的间谍活动，或许也可以同情他的理由，但同样毫无疑问的是，福克斯始终都是一个兢兢业业的间谍，具有这种角色所要求的专注于此的两面性。

他把他的听众想听的告诉他们，而且只有在对他有利的时候才提供情报。例如，他向克格勃否认自己曾向军情五处或联邦调查局承认过传递了有关氢弹的情报，但实际上，正如迈克尔·佩林和弗雷德里克·林德曼所记录的那样，福克斯向英国人承认自己“说出了所知的一切”。1949 年，福克斯在斯卡登的压力下，声称他停止间谍活动是因为对苏联在欧洲的野心不满，也是因为他逐渐喜欢上了英国人的生活方式；然而后来他对克格勃声称，这是由于他接触到了资产阶级的政治宣传。他隐瞒证据，或者在时机成熟时一点一点儿地道出事实。例如，斯卡登和联邦调查局给他看有可能是联络人的照片时，他从来都没有指认乌尔苏拉·伯尔东（“索尼娅”）的照片，却挑出

了西蒙·克雷默——福克斯知道他人在苏联，鞭长莫及。他在哈里·戈尔德显然已被逮捕之后才指认了戈尔德；在数次约谈中，他关于两人见面的故事一直在变化，有时是一些琐事，比如他管联络人叫什么，但为了保护克里斯特尔的安全，并掩盖他们在妹妹家见面的事实，也有更加蓄意的做法。

一旦怀疑落在福克斯身上，他的唯一目标就是确保克里斯特尔可以逃脱谴责。他试图坚持间谍的规则——隐瞒包括自己在内的一切联络人的身份，但失败了。福克斯必须隐瞒一个关于他本人的事实，即他开始从事间谍活动的日期，他成功地做到了。他不断提到 1942 年，从而污染了斯卡登、联邦调查局对他的约谈和法院审理的记录，这个时间在当时所有媒体的报道中成为根深蒂固的认知，在 20 世纪后来的（甚至最近的）文献中又变成了“1941 年底”。[2]然而，我们现在知道，福克斯 421
早在 1941 年 8 月就把情报传给了苏联方面的信使西蒙·克雷默，而且他们在这之前，可能是在库琴斯基的庆祝会上就已经见过面了。不管 1941 年 4 月汉普斯特德的聚会上发生了什么，福克斯肯定是应库琴斯基之邀前往的，而且正是库琴斯基把福克斯介绍给克雷默的。此事如果曝光，福克斯也许会被指控在《苏德互不侵犯条约》仍有效的时期帮助了苏联，这显然十分危险。福克斯至少在此事上设法把水搅浑了，这也许是得益于英国人无法提供证据，证明 1942 年之前他就在《官方机密法令》上签过字。

在他双重生活的孤独岁月里，福克斯一定花了很多时间来为有朝一日事情超出其“控制”做准备。他显然知道自己在伦敦和火车上被人跟踪了，埃尔娜对他“最近”的驾驶水平的担忧就证明了这一点。他在关键时刻从军情五处的视线中消失，比如他在两次审讯后都神秘失踪，而他和尚未摆脱嫌疑的埃尔娜·斯金纳一起离开时也无人盯梢，这些都对福克斯和监视的效率提出了至今无法回答的疑问。

乍看之下，现有的军情五处档案似乎暗示着严重的不称职，尤其是“索尼娅”这个黑色喜剧——1947 年被斯卡登和迈克尔·瑟普尔约谈，1950 年被所有人忽视，直到她逃到东德后才被确认。人们在为他们辩护时可以说，虽然今天的电子数据存储可以使乌尔苏拉·伯尔东和福克斯之间立显直接关联，但 1950 年的现实却大不相同。比如说，1947 年斯卡登去见伯尔东，但他要到三年后才会知道福克斯参与间谍活动的事。他们第一次知道福克斯在班伯里附近与一个信使见面的情况是在他被捕之后，即 1950 年 2 月。在我看来，一个惊人的疏忽是罗伯逊上校在 1950 年 5 月建议约谈伯尔东，因为福克斯被捕的消息可能会打草惊蛇，但这仍然没有在福克斯和在英格兰中部地区的一个女人之间建立起更直接的联系——军情五处长期以来一直怀疑那个女人积极参与了间谍活动，而这种怀疑准确无误，并且福克斯也已主动提出自己在上述地区见过一个女性联络人。和其他很多事情一样，这段传奇故事中虽然没有证据表明军情五处有内奸，更没有证据表明是罗杰·霍利斯所为，但同样难以抑制几十年来持续燃烧的怀疑之火。

福克斯最重要的存在理由是实现共产主义理想、他的德国传统，以及重建他父母所知的那个业已消失的社会主义德国这
422 一目标。福克斯自己是否觉得自己成功了，这一切都值得吗？他有遗憾吗？他从没有写过回忆录；他去世前不久成为东德一个电视节目的话题，但他的回答并不能让人更深入地了解他的情感，就像一个体坛偶像在赛后被问及“你感觉如何”时的

解释一样。

被捕后的几天里，福克斯自相矛盾的心理在作祟。他已不再计较自己的代价，但似乎还没有意识到别人付出的代价，直到他在狱中读到吉尼亚·派尔斯的来信。正如威廉·华兹华斯所写的那样，“孩童乃成人之父”，福克斯人生剧本的定稿正是在他的童年时期。他把自己幼年生活描述为“幸福”，但对母亲却只字未提，说明这个悲剧性的女人隐身幕后，家里的思想焦点被奋发严谨的和平主义者父亲埃米尔所控制。小埃米尔选择用别名克劳斯来称呼自己，是某种程度的反叛，但主要是为了确立他的个人身份；同时克劳斯和他的兄弟姐妹继承了父亲的高尚原则和“不惜一切代价做正确之事”的口号。

自由主义伦理道德至上的风气成为所有孩子的准则，而纳粹压迫的政治气候则让他们的信仰变得更加明确了。当时很多德国人都和福克斯家族有同样的感受，然而克劳斯却在反暴政斗争的中心，在具有改变战争和全球权力性质的深厚潜力的环境中，偶然地扮演了一个角色，如果不按照自己的良心行事，那就是个人的失败。1941 年，当他的苏联政治偶像们加入反对希特勒的战争时，福克斯几乎无须温斯顿·丘吉尔的劝勉就能倾力相助。当福克斯的生命即将在东德走到尽头，他的声明表明，无论他在 1950 年的危机中说了些什么，都从未失去对共产主义理想的基本信念。他在服从自己良心的召唤，而克劳斯·福克斯在即将面对自己的“磨难”时给玛丽·比内曼的忠告，让人难得地看到了他的灵魂。

与军情五处对峙时，福克斯为了救妹妹，甘愿放弃自己的自由。不过，从家族史来看，这个决定是出于自私的基因——克里斯特尔曾作为团队的一员参与过克劳斯的间谍活动，如果她（和他们家族的其他成员一样）自杀了，克劳斯会永远良心不安。至于其他视其为友但没有血缘关系的人也要付出代价，他对此明白得太晚了。他背叛了同事们，甚至对派尔斯夫妇这两个几乎像领养家庭一般的朋友也是如此。他在狱中对吉
423 尼亚来信的反应似乎是他第一次正视这种责任。几天后，他的行为使斯金纳夫妇探望埃尔娜生病父亲的美国之行陷入麻烦，这个消息为吉尼亚的书面劝告提供了实证，也让福克斯明白了自己的行为所带来的更广泛的影响。我觉得他很惭愧，第一次无法面对自己。令我吃惊的是，在他入狱期间，以及后来在东德的岁月，居然还与物理学同事尼古拉斯·库尔蒂[①]以及在他的暴露和定罪中起过作用的安全官员亨利·阿诺德都保持着联系！然而，他却与派尔斯夫妇和斯金纳夫妇断绝了联系，他们是他真正的朋友，实际上是多年来唯一的、真正的朋友。就斯金纳夫妇而言，不清楚这究竟是出于他们的还是福克斯的意愿；而就派尔斯夫妇而言，福克斯甚至拒绝对他们在 1959 年伸出援助之手表示感谢，这透露出一些深层次的情感。我觉得福克斯羞于与这两个与他如此亲密的人见面，因为他无法面对后果，无法面对信任的丧失，也无法面对他欺骗了他所爱的人和爱他的人的证据。

“维诺那”的解密不够完整，这就是英国政府通信总部在 1950 年初的贡献如此重要的原因。如今已解除机密的“维诺那”电文是它们的最终形态，无法查到它们被破译的历史，所以我们不知道在某一特定时间了解了多少。有线索表明，政

---

① 尼古拉斯·库尔蒂（Nicholas Kurti，1908—1998），匈牙利裔英国物理学家。二战期间，他在美国参与“曼哈顿计划”，1945 年返回牛津。1955 年获得费尔南·奥尔韦克奖；1956 年被选为英国皇家学会院士。

府通信总部是完成“呆头鹅”与热扩散之间联系的关键，因为这个信息出现在军情五处 1950 年 1 月 6 日的一份总结中，直到 2 月 4 日福克斯被捕后才通过利什·惠特森传给联邦调查局。公布的联邦调查局档案在此之前没有提过这一联系，措辞也与英国人提供的信息一致。这份报告的格式具有政府通信总部的特征（见第 22 章注释 22）。

我们也不清楚证明特工“雷斯特”（后来被确认是“查尔斯”）存在的电文的解码时间顺序。对福克斯在哈韦尔的未来做出决定时，对这些信息的理解程度也鲜为人知。在这位科学家本人供认之前，其间谍活动的程度并不明显；如果今天唯一的证据就是当前“维诺那”的成熟版本，就不可能推断出福克斯间谍活动的深刻性质和程度。早在 1949 年 9 月，残缺不全的资料让人相信，把 MSN－12 号文件传给哈里·戈尔德，只是一个科学家向另一个科学家泄露了一个微不足道的情报。

洛斯阿拉莫斯还有一名间谍，其重要性与福克斯类似，那就是特德·霍尔。当受到联邦调查局的质疑时，霍尔否认了一切。因此，他的身份直到 1990 年代才被人们普遍了解，而他作为生物物理学家的职业生涯也很漫长。霍尔作为美国公民， 424
移民去了英国，并在剑桥大学担任研究职务。由于联邦调查局不愿意仅凭“维诺那”立案，所以无法对霍尔进行审判。非同寻常的是，胡佛从 1950 年春天就知道了霍尔的情况，却继续喋喋不休地指责英国人对福克斯的疏忽，而对霍尔——这个被称为“小伙子”的特工——带来的难堪保持沉默。霍尔拒绝招供以及他后来的科学生涯，对克劳斯·福克斯一案有重要的启示，因为如果福克斯像霍尔一样保持沉默，他未来的事业很可能星光灿烂，20 世纪后半叶英国的很多机构都会发生变化，也许是彻底的变化。

这难免让人想象可能会随之而至的另一种未来。福克斯本来会在 1950 年春当选英国皇家学会院士，并继续担任哈韦尔理论物理学部门的负责人。如此布赖恩·弗劳尔斯就不会有成名的机会。弗劳尔斯的天赋无论如何都会让他走得更远，但他在 20 多岁时就成为英国核物理学第一团队的领导者，这块跳板既锻炼了他作为一个干练的管理人的技能，又让他能够作为一个鼓舞人心的科学家发挥影响力，事实证明，这种天赋最终将他带到了英国体制的巅峰。

福克斯在哈韦尔的同事们也不会受什么连带影响，尤其是布鲁诺·蓬泰科尔沃。虽然福克斯作为数学物理学家能力超群，但蓬泰科尔沃是一个罕见的天才，他在实验和理论物理学方面的能力可以和欧内斯特·卢瑟福和恩里科·费米等人相提并论。蓬泰科尔沃的工作至少抵得过两个诺贝尔奖，他如果继续留在英国，将对新的粒子物理学领域产生深远的影响。

粒子物理学研究的国家实验室——卢瑟福实验室——是 1950 年代中期紧邻哈韦尔而建的，其首批工作人员是哈韦尔的科学家。欧洲核子研究中心的创建灵感来自爱德华多·阿马尔迪①，他是蓬泰科尔沃的前同事和最亲密的朋友，在打造英国在该欧洲机构中的角色方面，蓬泰科尔沃的作用可想而知。蓬泰科尔沃和福克斯这两个智力上的核心人物在距离牛津大学仅 12 英里的英国物理学新中心工作，而鲁道夫·派尔斯在

---

① 爱德华多·阿马尔迪（Eduardo Amaldi，1908—1989），意大利物理学家。他在与费米的对话中创造了“中微子”一词，用来与较重的“中子”做区分。二战后，阿马尔迪成为意大利国家核物理研究所和欧洲空间研究组织的共同创始人。他还曾任欧洲核子研究中心早期阶段的秘书长。

1963 年成为那里的理论物理学部门的负责人，将创造出一个强大的国际研究组织。

可事实证明，英国政府通信总部的数学家们的作用是揭开这个梦想的关键。政府通信总部是英国在跨大西洋技术联盟中的王牌，它与梅雷迪思·加德纳团队在“维诺那”解密中的 425
合作直到多年后才变得清晰。特别是在揭示“呆头鹅”与热扩散之间的联系方面，政府通信总部发挥了关键作用，事实证明，这种作用在联邦调查局制定福克斯联络人的搜索策略时得到了非常显著的体现。他们对其他电文的解码，特别是与克劳斯·福克斯有关的电文的解码所做的贡献不得而知，但可以肯定的是，这一事件的英雄是“维诺那”以及数学家和语言学家之间的合作。

如果不是“维诺那”，福克斯的间谍活动很可能一辈子都不会被人发现。他最亲密的朋友鲁道夫·派尔斯被封为爵士；他的年轻同事布赖恩·弗劳尔斯和英国原子弹项目的领导人威廉·彭尼也都被封为贵族。难道英国原子武器项目的幕后推手、哈韦尔的大师福克斯获得的荣耀会少吗？如果将美国和苏联的氢弹之父——爱德华·泰勒和安德烈·萨哈罗夫——与英国氢弹之父、“红男爵”吕瑟尔斯海姆的福克斯勋爵三位一体地加以纪念，那会是多大的讽刺。

# 附 录 裂变与聚变

427 质子显示为实心圆，而中子为空心圆。

**1. 裂变**

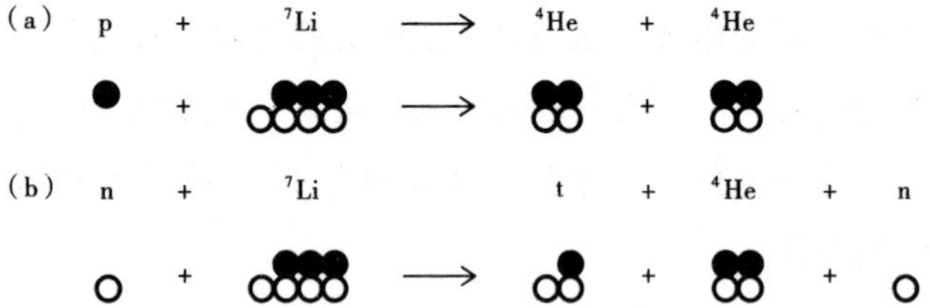


锂-7有三个质子和四个中子。被一个质子击中时（a），锂裂变为两个氦-4原子核（又名“α粒子”）。被一个中子击中时（b），裂变产生一个氦-4、一个氚核和一个中子。这个中子的能量过低，无法引发锂-7的进一步裂变，因而此时不可能发生连锁反应（实际上任何轻核都不可能做到）。就铀-235（c）等重核而言，释放的中子有足够的能量引发进一步的
428 裂变。

中子被铀-235的原子核吸收。原子核变得不稳定并像水滴一样晃动。变形的原子核一分为二，其产物是钡和氪等较轻元素的原子核以及两三个中子。能量也被释放了出来。其中的一个中子可能会击中另一个可裂变的铀核，从而发生连锁反应。如果有一个以上的中子诱发了另一次裂变，就会爆炸性地

（c）

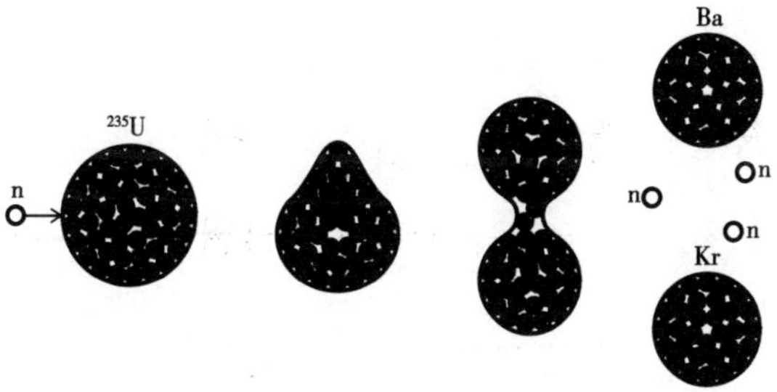


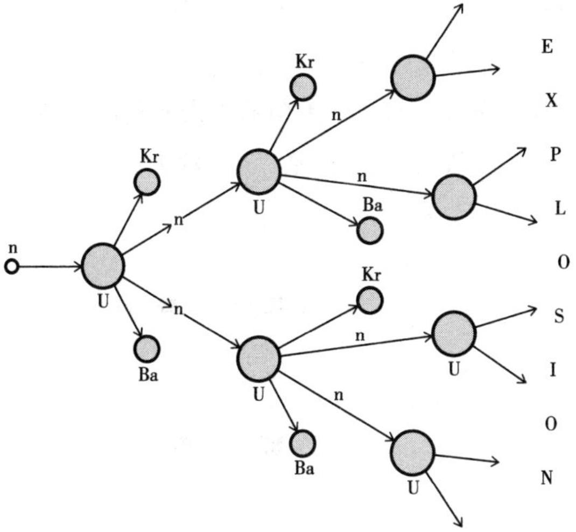


释放能量。

**2. 氘的聚变**

无论氘单独熔合（a）还是与氚（b）熔合，都会产生一个中子。如果这个中子击中铀或钚，就有可能发生裂变。因此，通过在钚或铀中加入一些氘或氚，可以提高常规原子弹的 429
威力。

要发生核聚变，两个 D 核或 T 核必须相互接触。它们的质子的电斥力阻止了这种情况的发生。如果两个原子核的方向

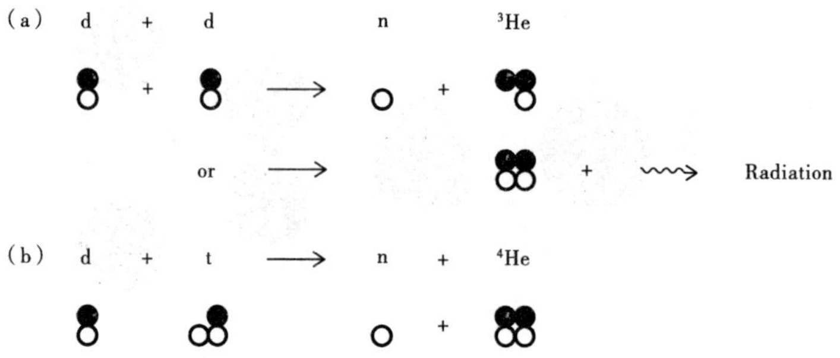


碰巧是质子在后，两个中子相触的概率就比较高。这种机会在有两个中子的氚（t）上比氘（d）的大。

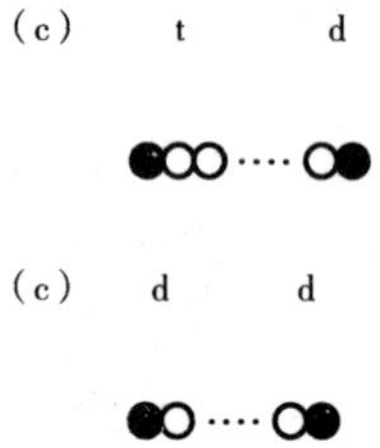


**3. 氢弹内的氚的生成**

锂-6由三个质子和三个中子组成。被中子击中时（比如说来自原子弹爆炸中的铀或钚的裂变），锂-6会分裂成一个氦-4核和一个氚核。

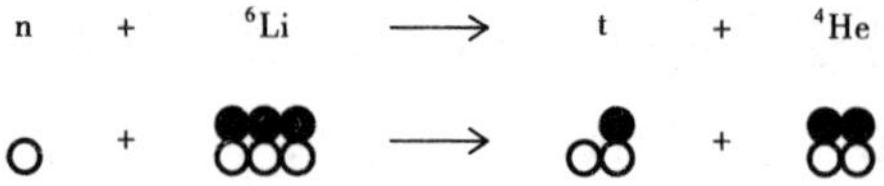

# 参考文献


Albright, J. and M. Kunstall, *Bombshell: The Secret Story of America's Unknown Atomic Spy Conspiracy*. New York: Times Books, Random House, 1997

Andrew, Christopher, *Defence of the Realm: The Authorized History of MI5*. London: Allen Lane, 2009

Andrew, Christopher and Oleg Gordievsky, *KGB: The Inside Story*. London: Harper Collins, 1990

Andrew, Christopher and Vasili Mitrokhin, *The Mitrokhin Archive*. London: Penguin, 2000

Arnold, Lorna and Kate Pyne, *Britain and the H bomb*. London: Palgrave, 2001

Baggott, Jim, *Atomic: The First War of Physics and the Secret History of the Atomic Bomb, 1939–49*. London: Icon Books, 2009

Badash, Lawrence et al. (eds), *Reminiscences of Los Alamos 1943–1945*. New York: Springer, 1982

Benson, Robert L., *The Venona Story*, Center for Cryptologic History, National Security Agency, Washington DC, 2012

Bernstein, Jeremy, 'A Memorandum that Changed the World', *American Journal of Physics*, vol. 79 (2011), pp. 440–46

Bernstein, Jeremy, *A Bouquet of Dyson, and Other Reflections on Science and Scientists*. London: World Scientific, 2018

Bethe, Hans, *The Road from Los Alamos*. New York: American Institute of Physics, 1991

Born, Max, *My Life: Recollections of a Nobel Laureate*. New York: Charles Scribners Sons, 1975

Bower, Tom, *The Perfect English Spy: Sir Dick White and the Secret War 1939–1945*. London: Heinemann, 1995

Brinson, C. and R. Dove, *A Matter of Intelligence: MI5 and the Surveillance of Anti-Nazi Refugees, 1933–50*. Manchester: Manchester University Press, 2014

Broda, Paul, *Scientist Spies: A Memoir of My Three Parents and the Atom Bomb*. London: Matador, 2011

Burke, David, *The Spy who Came in from the Co-op: Melita Norwood and the Ending of Cold War Espionage*. Martlesham, Suffolk: Boydell Press, 2008

Burke, David, *The Lawn Road Flats: Spies, Writers and Artists*. Martlesham, Suffolk: Boydell Press, 2014

Burt, Leonard, *Commander Burt of Scotland Yard*. London: Heinemann, 1959

Cathcart, Brian, *Test of Greatness*. London: John Murray, 1994
Cave Brown, Anthony, *Treason in the Blood*. London: Robert Hale, 1994
Close, Frank, *Half Life: The Divided Life of Bruno Pontecorvo, Scientist or Spy*. New York: Basic Books, 2015; London: OneWorld, 2015
Cohen, Karl, *The Theory of Isotope Separation as Applied to the Large-Scale Production of U-235*. New York: McGraw-Hill, 1951
Dalitz, Richard H. and Sir Rudolf Peierls (eds), *Selected Scientific Papers of Sir Rudolf Peierls with Commentary*. London: World Scientific and Imperial College Press, 1997.
Dombey, Norman, 'The First War of Physics', *Contemporary Physics*, vol. 51 (2010), pp. 85–90, esp. p. 89
Farmelo, Graham, *The Strangest Man: The Hidden Life of Paul Dirac, Quantum Genius*. London: Faber and Faber, 2009
Farmelo, Graham, *Churchill's Bomb: A Hidden History of Science, War and Politics*. London: Faber and Faber, 2013
Feklisov, Alexander, *Overseas and on the Island: On First-Hand Intelligence and Espionage* / За океаном и на острове: О разведке и шпионаже из первых рук. DEM: Moscow, 1994.
Feklisov, Alexander (with the assistance of Sergei Kostin), *The Man Behind the Rosenbergs*. New York: Enigma Books, 2001
Fermi, Laura, *Atoms in the Family*. Chicago, IL: University of Chicago Press, 1954
Flowers (Bunemann), Mary, *Atomic Spice: A Partial Autobiography*, unpublished, 2009. http://homepages.inf.ed.ac.uk/opb/atomicspice/
Ford, Kenneth, *Building the Bomb: A Personal History*. London: World Scientific, 2015
Fort, Adrian, *Prof: The Life of Frederick Lindemann*. London: Jonathan Cape, 2003
Frisch, Otto, *What Little I Remember*. Cambridge: Cambridge University Press, 1979
Fuchs, Emil, *Mein Leben*, vol. 2. Leipzig: Koehler and Amelang, 1959
Fuchs, Klaus, 'Klaus Fuchs – Atomspion', interview with East German television in 1983, transcribed in *Zelluloid*, 31 March 1990, ISSN 07 24-76 56
Fuchs-Kittowski, Klaus, 'Klaus Fuchs and the Humanist Task of Science', *Nature, Society and Thought*, vol. 16, no. 2 (2003), pp. 133–70
Gibbs, Timothy, 'British and American Counter-Intelligence and the Atom Spies, 1941–1950'. Ph.D. thesis, Faculty of History, Cambridge University, 2007
Glees, Anthony, *The Secrets of the Service*. London: Jonathan Cape, 1987
Goncharov, G. A., 'American and Soviet H-Bomb Development Programmes: Historical Background', *Physics–Uspekhi*, vol. 39 (1996), pp. 1,033–44
Goncharov, G. A., 'Beginnings of the Soviet H-Bomb Project', *Physics Today*, vol. 49 (November 1996), pp. 50–55.
Goncharov, G. A., 'On the History of the Creation of the Soviet Hydrogen Bomb', *Physics-Uspekhi*, vol. 40, no. 8 (August 1997), pp. 859–67
Goncharov, G. A. and P. P. Maksimenko (eds), *USSR Atomic Project: Documents and Materials, vol. 3, Hydrogen Bomb 1945–1956*. State Corporation for Atomic energy, 2008

Goodman, M. S., 'The Grandfather of the Hydrogen Bomb? Anglo-American Intelligence and Klaus Fuchs', *Historical Studies in the Physical and Biological Sciences*, vol. 34, part 1 (2003), pp. 1–22

Gorelik, Gennady, 'A Russian Perspective on the Father of the American H-Bomb' (April 2002): http://people.bu.edu/gorelik/Minnesota_02_web.htm

Gosling, F. G., *The Manhattan Project: Making the Atomic Bomb. DOE/MA-0001; Washington, DC: History Division, Department of Energy (January 1999)*

Gowing, Margaret, *Britain and Atomic Energy, 1939–1945*. London: Macmillan, 1964

Gowing, Margaret and Lorna Arnold, *Independence and Deterrence, vol. 2: Policy Making*. London: Macmillan, 1974

Gowing, Margaret and Lorna Arnold, *The Atomic Bomb*. London: Butterworths, 1979

Greenspan, Nancy Thorndike, 'The End of the Certain World – The Life and Science of Max Born'. New York: Wiley, 2005

Groves, Leslie, *Now It Can Be Told*. London: Harper, 1962

Hance, Nicholas, *Harwell: The Enigma Revealed*. London: Enhance Publications, 2006, p. 103

Hennessy, Peter, *The Secret State: Whitehall and the Cold War*. London: Penguin, 2002

Hinsley, F. H. (Harry), *British Intelligence in the Second World War*. London: HMSO, 1979

Holloway, David, *Stalin and the Bomb*. New Haven, CT, and London: Yale University Press, 1996

Hughes, R. Gerald, Peter Jackson and Len Scott (eds), *Exploring Intelligence Archives: Enquiries into the Secret State*. London: Routledge, 2008

Hyde, Montgomery, *Atom Bomb Spies*. London: Ballantine Books, 1980

Jeffery, Keith, *MI6: The History of the Secret Intelligence Service 1909–1949*. London: Bloomsbury, 2010

Jeffreys-Jones, Rhodri, *In Spies We Trust: The Story of Western Intelligence*. Oxford: Oxford University Press, 2013

Jones, R. V., *Most Secret War: British Scientific Intelligence 1939–1945*. London: Penguin, 2009

Kimball, Warren F. (ed.), *Churchill and Roosevelt: The Complete Correspondence*, vol. 1. Princeton, NJ: Princeton University Press, 2015, p. 371

Lamphere, R. J. and T. Shachtman, *The FBI–KGB War: A Special Agent's Story*. New York: Random House, 1986

Laucht, Christoph, *Elemental Germans: Klaus Fuchs, Rudolf Peierls and the Making of British Nuclear Culture, 1939–1959*. London: Palgrave Macmillan, 2012

Lee, Sabine, 'The Spy that Never Was', *Joint Intelligence and National Security*, vol. 17 (2002), pp. 77–99

Lee, Sabine, *Sir Rudolf Peierls: Selected Private and Scientific Correspondence*, vol. 1. Singapore: World Scientific, 2007

Lota, Vladimir, *The GRU and the Atomic Bomb*. Moscow: Olma Press, 2002

Louis, William R. and H. Bull (eds), *The Special Relationship: Anglo-American Relations since 1945*. Oxford: Oxford University Press, 1986

Lycett Green, Candida, *The Dangerous Edge of Things: A Village Childhood*. London: Doubleday, 2005.

Mason, Katrina, *Children of Los Alamos*. New York: Twayne Publishers, 1995

McIntyre, Ben, *Double Cross*. London: Picador, 2012

Miller, A. I., *Deciphering the Cosmic Number*. New York: W. W. Norton, 2010

Ministry of Supply and Central Office of Information, *Harwell: The Atomic Energy Research Establishment*, London, 1952

Monk, Ray, *Inside the Centre: The Life of J. Robert Oppenheimer*. London: Jonathan Cape, 2012

Moorehead, Alan, *The Traitors: The Double Life of Fuchs, Pontecorvo and Nunn May*. New York: Dell, 1952

Moss, Norman, *Klaus Fuchs: The Man who Stole the Atom Bomb*. London: Grafton Books, 1987

Pearce, Martin, *Spymaster: The Life of Britain's Most Decorated Cold War Spy and Head of MI6, Sir Maurice Oldfield*. London: Bantam, 2016

Peierls, Rudolf, *Bird of Passage*. Princeton, NJ: Princeton University Press, 1985

Percy, Antony, *Misdefending the Realm*. Buckingham: University of Buckingham, 2018

Perutz, Max, *Is Science Necessary? Essays on Science and Scientists*. Oxford: Oxford University Press, 1992

Philby, Kim, *My Silent War: The Autobiography of a Spy*. London: Arrow, 2018

Pincher, Chapman, *Treachery: Betrayals, Blunders and Cover-Ups: Six Decades of Espionage against America and Great Britain*. London: Random House, 2009

Radosh, R. and J. Milton, *The Rosenberg File: A Search for the Truth*, 2nd edn. New Haven, CT, and London: Yale University Press, 1997

Rhodes, Richard, *The Making of the Atomic Bomb*. London: Penguin, 1988

Rhodes, Richard, *Dark Sun: The Making of the Hydrogen Bomb*. New York: Simon and Schuster, 2005

Rossiter, Mike, *The Spy who Changed the World*. London: Headline, 2014

Shifman, Mikhail, *Love and Physics: The Peierlses*. London: World Scientific, 2019

Smith, Michael, *The Spying Game*, London: Politico's, 2004

Smith, Ralph Carlisle, *Summary of the British Mission at Los Alamos*, 18 July 1949, LAB-ADCS-127, in Ralph Carlisle Smith Collection of papers on Los Alamos, Online archive of New Mexico.

Summers, Anthony, *Official and Confidential: The Secret Life of J. Edgar Hoover*. London: Victor Gollancz, 1993

Szasz, Ferenc, *The Day the Sun Rose Twice: The Story of the Trinity Site Explosion, July 16, 1945*. Albuquerque, NM: University of New Mexico Press, 1984

Szasz, F. M., *British Scientists and the Manhattan Project: The Los Alamos Years*. London: Macmillan, 1992

Teller, Edward (with Judith Shoolery), *Memoirs: A Twentieth-Century Journey in Science and Politics*. New York: Perseus, 2001

Theoharis, Athan and John Stuart Cox, *The Boss: J. Edgar Hoover and the Great American Inquisition*. Temple, AZ: Temple University Press, 1988

Vassiliev, Alexander, *Alexander Vassiliev Papers, 1895–2011*, US Library of Congress. https://www.loc.gov/item/mm2009085460/

Watson, Peter, *Fallout, Conspiracy, Cover-Up and the Making of the Atomic Bomb*. New York: Public Affairs, 2018

Werner, Ruth (Ursula Beurton), *Sonya's Report*. London: Vintage, 1999

Williams, Robert Chadwell, *Klaus Fuchs, Atom Spy*. Cambridge, MA: Harvard University Press, 1987

# 注　释

## 第一章　从柏林到伯明翰

1. Quoted by Rudolf Peierls, *Bird of Passage* (Princeton University Press, 1985), p. 19.
2. Ibid, p. 26.
3. Quoted by R. Peierlson W. Pauliin in *Biographical Memoirs of Fellows of the Royal Society*, vol. 5 (February 1960), pp. 174 - 92.
4. Quoted by A. I. Miller, *Deciphering the Cosmic Number* (W. W. Norton, 2010), p. 108. 但派尔斯在 *Bird of Passage*, p. 50 中说这“不是泡利的风格”，并认为此话是苏联理论家 Lev Landau 所言。
5. R. E. Peierls, ‘On the Kinetic Theory of Thermal Conduction in Crystals’, *Annalen der Physik*, vol. 3 (1929), pp. 1, 055 - 1, 101; ‘On the Theory of Electric and Thermal Conductivity of Metals’, *Annalen der Physik*, vol. 4 (1930), pp. 121 - 48.
6. Quotes from Peierls, *Bird of Passage*, p. 63.
7. Peierls papers, Bodleian Library, supplementary collection, File A2.
8. Peierls, *Bird of Passage*, p. 64.
9. 跟在我于 *New Scientist*, 1986 上发表了 *Bird of Passage* 书评后的吉尼亚给福克斯的私人通信。
10. ‘The Englishman of Etretat’, in Guy de Maupassant, *The Entire Original Maupassant Short Stories* (Createspace Independent Publishers, 2017).
11. Peierls, *Bird of Passage*, p. 68.
12. Ibid, p. 90ff.
13. H. A. Bethe and R. E. Peierls, ‘The Neutrino’, *Nature*, vol. 133 (1934), pp. 532 - 3 and 689 - 90. 1956 年，中微子在实验中被发现了，并成为高能粒子物理学的重要工具。

14. H. A. Bethe and R. E. Peierls, ' Quantum Theory of the Diplon ', *Proceedings of the Royal Society* (1935), A148, pp. 146 – 56. "Diplon" 即如今所称的氘核，也就是在重水中发现的氘的核子。他们的捕获中子的理论解释了普通的水为何能吸收低能中子，以及含氘的重水为何在某些核反应堆里被用来减慢中子速度的问题。
15. Quote from Peierls, *Bird of Passage*, p. 129.
16. Ibid, p. 130.
17. TNA KV 2/1658, s. 1a.
18. Letter 31 August 1939, entry 294, p. 678 in Sabine Lee, *Sir Rudolf Peierls: Selected Private and Scientific Correspondence*, vol. 1 (World Scientific, 2007); Peierls papers, Bodleian Library, File A38.
19. Letter 13 September 1939, entry 298, ibid, pp. 682 – 4.
20. 16 February 1940, Peierls papers, Bodleian Library, File A38. 派尔斯的英国公民身份终于在 1940 年 3 月 26 日获得通过，他在 3 月 27 日进行了效忠宣誓。
21. Letter to Sir William Bragg, 6 December 1939; entry 302, p. 688, in Lee, *Sir Rudolf Peierls*, vol. 1.
22. Peierls, *Bird of Passage*, p. 148.
23. 由偶数个质子和中子组成的同位素，即"偶 – 偶"，比由偶数个一种粒子（在铀的例子中为质子）和奇数个另一种粒子（中子）组成的同位素，即"偶 – 奇"，要消耗更多的能量。其结果是"偶 – 偶"核往往比"偶 – 奇"核略轻一些。$^{235}$U 吸收了一个中子后就形成了 $^{236}$U，它是"偶 – 偶"的，因而比原来的 $^{235}$U 和自由中子的组合更轻。当该中子被 $^{235}$U 吸收后，即使中子几乎没有移动，也会有能量剩余。这种多余的能量导致瞬态 $^{236}$U 不稳定，从而发生了裂变。这与一个中子撞击 $^{238}$U 时的情况形成了鲜明的对比。这个中子的加入形成了"偶 – 奇"的 $^{239}$U，因此比普通的质量稍大。除非入射中子提供了产生这种额外质量所需的一些显著的能量，否则无法引发裂变。来自 $^{235}$U 裂变的中子能量太小，无法引发 $^{238}$U 的裂变，它会被 $^{238}$U 所捕获，形成同位素 $^{239}$U。
24. 大约 20 亿年前，加蓬的奥克洛（Oklo）有一座天然的铀反应堆。在史前时代，$^{235}$U 的浓度比较高。（$^{235}$U 的稳定性比 $^{238}$U 差，因此，这期间有更多的 $^{235}$U 衰变消失了。具体来说，在大约 70 万年的时间里，一半的 $^{235}$U 样本会随机衰变。这个"半衰期"相对于 $^{238}$U45 亿年的半衰期而言是很短暂的。）奥克洛的地下水似乎起到了调节剂的作用，即将中子的速度减缓到引发裂变效率最高的程度，而岩石中的$^{235}$U 含量也足够丰富，于是便有了一座天然的反应堆。它释放了数千年的能量，直到$^{235}$U 的含量被天然的放射性衰变所消耗殆尽。另见 https：//en. wikipedia. org/wiki/Natural_ nuclear_ fission_ reactor。

25. N. Bohr and J. A. Wheeler, ‘The Mechanism of Nuclear Fission’, *Physical Review*, vol. 56 (1939), p. 426ff. 这篇文章建立在玻尔早先 2 月 7 日教学信件的基础上，‘Resonance in Uranium and Thorium Disintegrations and the Phenomenon of Nuclear Fission’, *Physical Review*, vol. 55 (1939), p. 418。
26. Quoted in Richard Rhodes, *The Making of the Atomic Bomb* (Penguin, 1988), p. 314, and Graham Farmelo, *Churchill's Bomb* (Faber and Faber, 2013), p. 129. 这三个人或独自或结伴拜访了爱因斯坦不止一次。关于这封信的由来，完整的故事见 Rhodes, *The Making of the Atomic Bomb*, pp. 302 – 8。
27. Farmelo, *Churchill's Bomb*, p. 129.
28. A. V. Hill, ‘Uranium 235’, 16 May 1940, TNA AB 1/9.
29. A. O. Nier et al., ‘Nuclear Fission of Separated Uranium Isotopes’, *Physical Review*, vol. 57 (1940), p. 546，纽约的编辑于 1940 年 3 月 3 日收到这篇文章，3 月 15 日发表。对于弗里施和派尔斯的备忘录来说，这个时间颇具讽刺意味。在那个年代，期刊是通过海路运输的，即使在和平时期也会有几个星期的延误。另见 Jeremy Bernstein, ‘A Memorandum that Changed the World’, *American Journal of Physics*, vol. 79 (2011), esp. p. 442。
30. Margaret Gowing, *Britain and Atomic Energy, 1939 – 1945* (Macmillan, 1964), p. 391.
31. Otto Frisch, *What Little I Remember* (Cambridge University Press, 1979), p. 126.
32. 这段情节在 Peierls, *Bird of Passage*, p. 155 处有所提及。“掘地求胜”指的是英国政府鼓励人民在二战时将花坛改造成菜园以满足粮食需求的运动。
33. TNA AB 1/210.
34. Graham Farmelo 在 *Churchill's Bomb*, p. 161 讲述了“莫德计划”的更多背景和历史。

35. G. P. Thompson [ sic ] to Air Marshal Saundby, Assistant Chief of the Air Staff, 3 May 1940. TNA KV 2/1658, s. 3a.

36. TNA AB 1/106.

37. Quoted in Adrian Fort, *Prof: The Life of Frederick Lindemann* (Jonathan Cape, 2003), p. 306. 这次会面的日期不明确，但大概是在 1940 年 6 月间。

38. 关于“莫德”研究进展的详细历史记录，见 Gowing, *Britain and Atomic Energy, 1939 – 1945*, esp. chapter 2。派尔斯在战时撰写的论文目录被列于 *Selected Scientific Papers of Sir Rudolf Peierls with Commentary*, eds R. H. Dalitz and Sir Rudolf Peierls (World Scientific and Imperial College Press, 1997), pp. 790 – 94。

39. Gowing, *Britain and Atomic Energy, 1939 – 1945*, p. 54. 关于截面估计错误的技术原因，更多的讨论见 Bernstein, ‘A Memorandum that Changed the World’, pp. 440 – 46, esp. p. 441, right-hand column。

40. Peierls taped interview about Fuchs, Peierls papers, Bodleian Library, File A176.

41. Peierls, *Bird of Passage*, p. 112; Graham Farmelo, *The Strangest Man: The Hidden Life of Paul Dirac, Quantum Genius* (Faber and Faber, 2009), pp. 248 and 313 – 15.

42. Peierls, *Bird of Passage*, p. 163.

43. Peierls papers, Bod leian Library, File D53: 13 November 1978 letter to Andrew Boyle.

44. TNA AB 1/572.

## 第二章 “红狐狸”

1. Klaus Fuchs statement to William Skardon, 27 January 1950; MI5 files, TNA KV 2/1250, s. 439c, p. 1.

2. MI5 files, TNA KV 2/1250 s. 439c, p. 3.

3. 1950 年 1 月 27 日，福克斯在给军情五处的一份秘密供述中说此话是其父所言，TNA KV 2/1250 s. 439c, p. 1。在福克斯被捕后，吉尼亚·派尔斯在 1950 年 2 月 6 日给他的信中也提到了这句话，TNA KV 2/1251, s. 466——见第 18 章。这暗示了福克斯与派尔斯夫妇讨论的亲密程度。

4. Klaus Fuchs to Herbert Skinner, TNA KV 2/1252, s. 518a.

5. Klaus Fuchs to Kristel Heineman, 5 June 1950, TNA KV 2/1255, s. 689.
6. Genia Peierls, taped interview, Peierls papers, Bodleian Library, File A176.
7. Robert Chadwell Williams, *Klaus Fuchs*, *Atom Spy* (Harvard University Press, 1987), p. 10.
8. Emil Fuchs, *Mein Leben*, vol. 2 (Koehler and Amelang, 1959); cited by Williams, *Klaus Fuchs*, p. 12.
9. “我在学校里没有朋友，后来的朋友关系总是建立在相同的政治理念的基础上。” Letter to Erna and Herbert Skinner, 27 February 1950, TNA KV 2/1253, s. 563d.
10. TNA KV 2/1250, 439c and TNA KV 2/1263 中包括福克斯对其早期生活的叙述，是在 1950 年 1 月 27 日向威廉·斯卡登坦白时所说。其后的引语均来自这些文件。
11. Klaus Fuchs statement to William Skardon, 27 January 1950, TNA KV 2/1263, p. 1.
12. Robert Heineman to FBI, 28 February 1950, Fuchs FBI FOIA files 65 - 58805 - 408.
13. Quoted in Norman Moss, *Klaus Fuchs: The Man who Stole the Atom Bomb* (Grafton Books, 1987), p. 6.
14. TNA KV 2/1250 s. 439c, p. 1.
15. Williams, *Klaus Fuchs*, p. 15.
16. Cited in ibid, p. 9.
17. Klaus Fuchs statement to William Skardon, 27 January 1950; MI5 files, TNA KV 2/1263, p. 3.
18. Bernard Lovell, as reported in Moss, *Klaus Fuchs*, p. 15.
19. Klaus Fuchs-Kittowski, ‘Klaus Fuchs and the Humanist Task of Science’, *Nature, Society and Thought*, vol. 16, no. 2 (2003), pp. 133 - 70, esp. p. 136.
20. Medical report, 15 December 1940, TNA KV 2/1253, s. 549.
21. Klaus Fuchs statement to William Skardon, 27 January 1950; MI5 files, TNA KV 2/1263, p. 3.
22. “1933 年 3 月 1 日秘密警察搜查了福克斯的家，发现了共产党的书籍”，基尔警察局的报告，1934 年 10 月 11 日转交给德国驻布里斯托尔的领事馆；TNA KV 2/1245 s. 1a。盖世太保是 Hermann Göring 在

1933 年 4 月 26 日组建的。

23. Williams, *Klaus Fuchs*, p. 16.
24. 在福克斯家里发现了夏季课程学生证的影印本，1950 年 2 月。TNA KV 2/1253, s. 567a。他的共产主义活动继续引起人们的注意，1933 年 10 月 3 日，而且他被大学开除了（TNA KV 2/1253, s510b, item 73）。但此时他已逃离德国。
25. Klaus Fuchs statement to William Skardon, 27 January 1950; MI5 files, TNA KV 2/1263, p. 4.
26. 从登记卡副本上找到的地址，参见 TNA KV 2/1245 s. 18a。
27. Mike Rossiter, *The Spy who Changed the World* (Headline, 2014), p. 45, and Rossiter interview by author, 7 January 2016.
28. Mrs J. Gunn to Chapman Pincher, 8 February and 25 April 1983, as reported in Williams, *Klaus Fuchs*, p. 223, n. 3.
29. Chief Constable Maby of Bristol to Brigadier Harker, Director General of MI5, 15 May 1941, KV 2/3223 s. 7.
30. 罗纳德·冈恩在 1932 年首次引起了英国安全局的注意，当时他乘坐一艘俄国船，从伦敦的海斯码头出发，去列宁格勒进行为期三周的访问（见 TNA KV 2/3223; serial 1 and 2; 1932 年 7 月 19 日出发，1932 年 8 月 7 日返回）。政治保安处记录他在 1936 年再次造访列宁格勒（见 TNA KV 2/3223; serial 3; 1936 年 6 月 2 日出发，返回日期未被记录）。这两份旅行文件似乎是在军情五处开始为冈恩建立详细档案时找到的，该档案的重点是他与共产党的联系。然而，在 1941 年审查福克斯进入派尔斯的实验室、1943 年他去美国，以及 1946 年他再次回到哈韦尔工作时，对冈恩的这种归类似乎都没有起到任何作用。无论如何，军情五处关于冈恩的证据只会证实他们对福克斯的看法：他与社会主义者沆瀣一气。冈恩的档案显示，在 1940 年，有关他的一切证据都不过是在不列颠战役肆虐、国家前途岌岌可危的时候，由全国对第五纵队的恐惧所驱使的流言蜚语而已。然而到了 1941 年，冈恩因“他与［布里斯托尔］共产党有关的活动”而受到了监视。在同事们提出抗议后，他辞去了防空警报员的职务，他们声称冈恩利用自己的职位“进一步进行共产主义宣传”。虽然没有什么具体的证据，但证据的积累导致了这样的结论：“冈恩与共产主义纠缠不清。”
31. Date and quotes from immigration report, TNA KV 2/1245, s. 3.

32. Descriptions from MI5 file on Ronald Gunn, TNA KV 2/3223 s. 7.
33. Registration card, University of Bristol archives, accessed 1 November 2017.
34. Statement by Rev. L. Folkard, 1934 Chairman of Bristol University Sociaist Society, to R. Reed of MI5, 13/4/50, in TNA KV 2/1255, s. 648a.
35. Memories of Neville Mott: http://www.bristol.ac.uk/physics/media/histories/11 - mott.pdf 'Most of the physics staff': Brian Pollard, email to author, 18 October 2017. 不过，赫伯特·斯金纳似乎并非协会的成员，至少在1941年军情五处获得了一份成员名单时如此，那份名单“被人看见是从冈恩的车上掉下来的”。该名单在复制后还给了冈恩。(TNA KV 2/3223, s. 8)。这个团体是在1935年1月成立的。
36. Letter from Chief Constable to MI5, 26 May 1940, TNA KV 2/3223, s. 4.
37. TNA KV 2/1245 s. 1a 中1934年8月7日的信声称“学童 Claus［原文如此］的护照有效期不能延长”。
38. Copy dated 6. 10. 34 found in Fuchs' house, February 1950, TNA KV 2/1252, s510b, item 267.
39. Klaus Fuchs university registration card, University of Bristol archives, accessed 1 November 2017. “申报人适合从事理论物理学博士或硕士研究（科学会议记录，1935年6月4日）。”
40. Letter from Peierls to Neville Mott, 20 November 1936, in Fuchs' papers, TNA KV 2/1252, s. 510b, item 184.
41. Mott to Peierls, 4 December 1936, entry 201, p. 496, in Sabine Lee, *Sir Rudolf Peierls: Selected Private and Scientific Correspondence*, vol. 1 (World Scientific, 2007).
42. Peierls to Mott, 9 December 1936, entry 202, p. 499, in ibid. 福克斯用了整整一年的时间才完成了这篇论文，而且他与派尔斯的通信仍在继续；letter from Peierls to Fuchs, 25 January 1938, in Fuchs' papers, TNA KV 2/1252, s. 510b, item 183.
43. K. Fuchs, 'The Conductivity of Thin Metallic Films according to the Electron Theory of Metals', *Proceedings of the Cambridge Philosophical Society*, vol. 34 (January 1938), pp. 100 - 108.
44. Manfred Boniz, as cited by Fuchs-Kittowski, *Klaus Fuchs and the Humanist Task of Science*, p. 134.
45. H. Skinner, TNA KV 2/1259, s. 968, p. 8.

46. ‘Notice re registration of German nationals subject to military service’, letter from German Consulate, Bristol, to Klaus Fuchs, 6 May 1936, in Fuchs’ papers, TNA KV 2/1252, s. 510b, item 269.
47. TNA KV 2/1245, s. 16。
48. TNA KV 2/1245, s. 18A.
49. TNA KV 2/1245, s. 16.
50. TNA KV 2/1259 s. 961b.
51. Letter from Born to Fuchs 7 December 1941, TNA KV 2/1252, s. 510b, item 131.
52. Max Born to Aliens Tribunal, 30 October 1939, TNA KV 2/1259, s. 962a.
53. Entry of 2. 11. 39 in Alien Registration Form included in ‘Papers handed over to [MI5's] representative in Edinburgh by the Edinburgh City Police referring to Emil Julius Klaus FUCHS’, TNA KV 2/1259, s. 962a.
54. Statement of Harry Gold to FBI, 10 July 1950, reprinted in Williams, *Klaus Fuchs*, p. 207.
55. Christoph Laucht, *Elemental Germans* (Palgrave Macmillan, 2012); e-version loc 509.
56. Williams, *Klaus Fuchs*, p. 17. This version of Elizabeth's demise also appears in Rossiter, *The Spy who Changed the World*, p. 64.
57. Moss, *Klaus Fuchs*, pp. 17 – 18.
58. 关于“阿兰多拉星号”的沉没：http://www.scotsman.com/lifestyle/seventy-years-after-the-arandora-star-was-sunk-with-loss-of-713-enemy-aliens-the-last-scots-italian-survivor-is-able-to-forgive-but-not-forget-1-814409；2017年10月28日查阅。
59. Max Perutz, *Is Science Necessary? Essays on Science and Scientists* (Oxford University Press, 1992), p. 102.
60. 关于这船敌侨的更多情况，见‘Voyage of SS *Ettrick*: Conditions in Canadian Camps on Arrival’, available at TNA HO 215/265 or via http://discovery.nationalarchives.gov.uk/details/r/C2455133。
61. “在当时的混乱中，他被送去了加拿大的一个只为活跃的纳粹分子准备的拘留营”, attachment to letter to author Alan Moorehead, 24 September 1951, ‘Summary of Security Action in Fuchs’ Case’, TNA KV 2/1257, s. 868a。

62. Ibid.
63. Ibid.
64. ‘Supplementary notes on Fuchs’ background given to Mr Alan Moorehead on 24 September 1951’, TNA KV 2/1257, s. 869a.
65. Max Born, letter to Sir Thomas Holland, Principal of Edinburgh University, 29 May 1940, TNA KV 2/1246, s. 136z. 福克斯并非此时唯一被释放的物理学家。来自汉堡的数学物理学家、激进的反纳粹分子奥斯卡·比内曼也回到了英国和曼彻斯特大学（Bunemann letter to the secretary of the Society for Protection of Science and Learning, 20 January 1941; reference 138 in Christoph Laucht, *Elemental Germans: Klaus Fuchs, Rudolph Peierls and the Making of British Nuclear Culture, 1939–1959* [Palgrave Macmillan, 2012]）。他后来（1947 年）成为福克斯在哈韦尔理论物理学部的副手，见第 11 章及后文。被拘留的科学家是在皇家学会整理了名单之后才获得释放的。派尔斯直到 1943 年才入选皇家学会，所以皇家学会在福克斯获释的过程中没有起到直接的重要作用。（这与 Antony Percy, *Misdefending the Realm* [University of Buckingham, 2018] 第九章中称派尔斯参与了释放福克斯的“阴谋”有明显的不同：“1940 年夏，[派尔斯] 和马克斯·玻恩密谋让福克斯和其他的重要科学家从拘留营获释，以便加入该项目”）；查德威克以德国移民的身份向派尔斯征询提名，派尔斯于 1940 年 7 月 12 日作答，他提出了一些建议，并劝告查德威克向振兴科学与学习协会（Society for Protection of Science and Learning）咨询。根据玻恩、Thomas Holland 爵士和查德威克的推荐，福克斯的释放于 1940 年 10 月 17 日获批，TNA KV 2/1248, s. 344z, p. 8。
66. 福克斯于 1940 年 10 月 17 日获准释放，参见 TNA KV 2/1248, s. 344。
67. 在 TNA KV 2/1879 s. 546A 中，福克斯告诉军情五处的审讯员吉姆·斯卡登，说他“曾在好几个场合偶遇于尔根·库琴斯基，并认为后者实际上就是党在这里的负责人”。福克斯在这里提到的是 1942 年与库琴斯基的一次尝试性的接触（见第六章）；那么，此前的“几次”就与 1941 年 4 月的这次造访和他们在关押之前的初次见面是一致的。福克斯在 1949 年 12 月 21 日与斯卡登的约谈中提到了卡勒的作用，TNA KV 2/1249, s. 388a。
68. Edinburgh Police file A29/107, TNA KV 2/1259 s. 962B.
69. Fuchs to Skardon, 8 February 1950, TNA KV 2/1251, s. 483.

70. Memo on Klaus Fuchs' GRU (Soviet Military Intelligence) history in KGB file 84490, vol. 2, p. 127, as transcribed by Alexander Vassiliev in 'Yellow Notebook #1', *Alexander Vassiliev Papers, 1895 - 2011* (US Library of Congress), p. 86.
71. Chapman Pincher, *Treachery: Betrayals, Blunders and Cover-Ups: Six Decades of Espionage against America and Great Britain* (Random House, 2009), chapter 15.
72. Metropolitan Police files, TNA KV 2/1259.
73. Rudolf Peierls to Klaus Fuchs, TNA AB 1/572.

## 第三章　捍卫疆土

1. TNA CAB 16/8, October 1909; see also chapter 1 in Christopher Andrew, *Defence of the Realm: The Authorized History of MI5* (Allen Lane, 2009).
2. TNA FO 1093/68; Andrew, *Defence of the Realm*, p. 3.
3. Andrew, *Defence of the Realm*, p. 29.
4. Gustav Steinhauer, Head of British Section in the German Admiralty's Intelligence Service, quoted in ibid, p. 51.
5. Chief Constable C. G. Maby to Sir Vernon Kell, 5 November 1934, TNA KV 2/1245, s. 1.
6. Remarks by Sir Dick White, as reported in Tom Bower, *The Perfect English Spy: Sir Dick White and the Secret War 1939 - 1945* (Heinemann, 1995), p. 20, and Andrew, *Defence of the Realm*, p. 131.
7. Andrew, *Defence of the Realm*, p. 190.
8. Quotes are from Guy Liddell's report, 'The Liquidation of Communism, Left-wing Socialism and Pacifism in Germany (Visit to Berlin 30. 3. 33 - 9. 4. 33)'. TNA KV 4/111.
9. TNA KV 2/1245, s. 3.
10. KV 2/1245；军情五处掌握的“情报并不比我们 1934 年 11 月 21 日会议记录中的情报晚”。
11. Andrew, *Defence of the Realm*, p. 117.
12. Ibid, p. 120.
13. Ibid, p. 121.
14. Ibid, p. 127.
15. Ibid, p. 182.

16. Ibid, p. 220.
17. Liddell remark from Liddell diary, 6 December 1940, quoted in Andrew, *Defence of the Realm*, p. 131.
18. Ibid, p. 129.
19. Chapman Pincher, *Treachery*: *Betrayals*, *Blunders and Cover-Ups*: *Six Decades of Espionage against America and Great Britain* (Random House, 2009), chapter 7.
20. 伊灵网球俱乐部的记录显示，西斯莫尔当天以访客的身份给怀特做了登记。这个日期也符合与霍利斯有关的其他时间顺序，见 Pincher, *Treachery*, chapter 7, loc 1069。迪克·怀特也证实了这个情况；interview with Andrew Boyle, reported in Bower, *The Perfect English Spy*, p. 54。
21. Andrew, *Defence of the Realm*, pp. 207 – 8.
22. Remark by Kell to French Foreign Intelligence Service, 31 January 1939, quoted in ibid, p. 185.
23. May 1938, File to Miss Sissmore, TNA KV 2/1567 s. 5a.
24. TNA KV 2/1567 s. 1a.
25. 8 June 1938, GPO intercept correspondence, TNA KV 2/1567 s. 5a.
26. David Burke, *The Lawn Road Flats*: *Spies*, *Writers and Artists* (Boydell Press, 2014), chapter 4.
27. TNA KV 2/1871, quoted in s. 33a dated 5 October 1939.
28. Mike Rossiter, *The Spy who Changed the World* (Headline, 2014), p. 58.
29. TNA KV 2/1871, minute 37, 22 November 1939.
30. Sissmore (Archer) memorandum, 10 November 1939, TNA KV 2/820 s. 13a. 简·西斯莫尔对克里维茨基的约谈详述可见于 Andrew, *Defence of the Realm*, pp. 264 – 8。
31. Ibid, p. 263.
32. Ibid, p. 264.
33. Ibid, p. 265.
34. Ibid, p. 267.
35. Ibid, pp. 267 and 341.
36. TNA KV 2/1871, s. 73x, 26 March 1940. 军情五处将乌尔苏拉·伯尔东的申请与于尔根·库琴斯基的个人档案 no. 42628 进行了交叉比对。伯尔东的离婚状况尚不清楚。一些现代的传记（如 https://

en. wikipedia. org/wiki/Ursula_ Kuczynski#Librarianship_ marriage_ and_ politics）说她是在 1939 年离婚的；军情五处的档案指出，她与莱恩·伯尔东的婚姻，是在没有合法结束第一次婚姻的情况下获得英国护照的一种手段。

37. Bower, *The Perfect English Spy*, p. 21.

38. F. H. Hinsley, *British Intelligence in the Second World War* (HMSO, 1979), p. 12, as quoted in Bower, *The Perfect English Spy*, p. 35.

39. “相貌堂堂却不太聪明”为不知名的前安全官员所言，引自 Andrew, *Defence of the Realm*, p. 128；“无能”为简·西斯莫尔－阿彻所言，引自同上，p. 220。

40. Quoted in Bower, *The Perfect English Spy*, p. 40.

41. Guy Liddell diary, 18 November 1940; Andrew, *Defence of the Realm*, note 29 on p. 911.

42. Andrew, *Defence of the Realm*, p. 236.

43. Roger Hollis to Col. Vivian, MI6, 9 December 1940. 霍利斯在 1941 年 1 月 16 日提到了维维安于 12 月 18 日的回复。TNA KV 2/1246, s. 118b2。

44. 福克斯父母的名字似乎早在 1938 年就出现在他的内政部档案之中：extract from Home Office files F. 1167 and 1167/3 for FUCHS Emil Julius Klaus, TNA KV 2/1246, s. 136z。

45. Pincher, *Treachery*, loc 1576.

46. TNA KV 2/1872, s. 121k, December 1940, copied to Jurgen Kuczynski's personal file, 29 January 1941.

47. TNA KV 2/1872, s. 128x.

## 第四章　克劳斯·福克斯在伯明翰

1. 例如，斯卡登问福克斯是在“1942 年”的什么时候与苏联情报机构首次接触的。福克斯回答说“当时……”，并没有说明更早前的参与，TNA KV 2/1879, s. 545a and 546a。1950 年 1 月 30 日，英国原子弹计划的行政负责人迈克尔·佩林约谈了福克斯，并记录道，“福克斯按时间顺序向我提供了……从 1942 年到 1943 年底……的全部细节”（KV 2/1250, s. 443b）。在对福克斯的审判中，克里斯马斯·汉弗莱斯先生给出的日期是 1942 年，例如见《每日电讯报》1950 年 2 月 11 日，KV

2/1263, s. 29b, 以及 KV 2/1263 中有关汉弗莱斯先生声明的记录。"1941 年底" 的说法，见 Norman Moss, *Klaus Fuchs: The Man who Stole the Atom Bomb* (Grafton Books, 1987), p. 38。

2. 1999 年 5 月 29 日，Nicholas Farrell 在《旁观者》(*The Spectator*) 杂志中声称，派尔斯本人就有可能是名间谍，1999 年 7 月 23 日，Nigel West 对这一说法进行了讨论。也许最值得注意的是，这些文章是在派尔斯过世四年后写的，但这一假设缺乏任何有力的证据。当 FOGEL 被确认是田纳西州橡树岭的 Russell McNutt 时，认定派尔斯用的就是这个苏联间谍代号的看法就不攻自破了。See the final two pages of Dombey: http://www.tandfonline.com/doi/pdf/10.1080/00107510903184422; and the forensic analysis by Richard Dalitz, 'Sir Rudolf Peierls Was Not a Spy', *Physics World*, vol. 12, no. 10 (1999), and Sabine Lee, 'The Spy that Never Was', *Joint Intelligence and National Security*, vol. 17 (2002), pp. 77 - 99. 关于在派尔斯生前提出的指控都失败了，另见第 22 章。

3. 13 November 1978 letter to Andrew Boyle, Peierls papers, Bodleian Library, File D53.

4. 代表检察官做出的法庭发言，1950 年 2 月 10 日，KV 2/1263, s. 27b, p. 2。

5. Rudolf Peierls, *Bird of Passage* (Princeton University Press, 1985), p. 163.

6. Born's letter of 29 May is at KV 2/1246, s. 136z. 除非另有引用之外，本节随后的所有引文均来自派尔斯和玻恩之间的通信，TNA AB 1/572 or Peierls papers, Bodleian Library, File C140。

7. Ibid.

8. Max Born, *My Life: Recollections of a Nobel Laureate* (Charles Scribners Sons, 1975).

9. Harold Urey, 'Separation of Isotopes', *Reports on Progress in Physics*, vol. 6 (1939), pp. 48 - 78. 对于像氧这样轻的元素，尤里认为电解和化学反应是理想的方法。而对于较重的元素，他考虑使用离心机或根据它们不同的扩散速度来区分同位素。尤里的论文只对不重于锌的元素分析了这些替代方案，但其中两种同位素——$^{64}$Zn 和 $^{68}$Zn——质量相差约 6%。对于重三倍以上的铀来说，$^{235}$U 和 $^{238}$U 之间的差别仅为 1%，因此派尔斯要寻找一种有效的方法来分离"重"元素的同位素。

10. 派尔斯接受美国物理学口述历史研究所 (American Institute of Physics Oral Histories) Charles Weiner 的访谈，12 August 1969, p. 94. Available

at, http: //www5. aip. org/history - programs/niels - bohr - library/oral - histories/4816 - 3。

11. Quotes from here on between Peierls and Born are from TNA file AB 1/572.

12. Peierls to Birmingham University, 21 November 1940, Peierls papers, Bodleian Library, File C140.

13. orn, *My Life*, p. 284, and TNA file AB 1/572. 后文引用的派尔斯与玻恩的通信均出自该文件。

14. Peierls, *Bird of Passage*, p. 163.

15. Born, *My Life*, p. 286.

16. TNA AB 1/572.

17. Permission to reside temporarily in Birmingham issued by Edinburgh Police, 13 May 1941; KV 2/1259 s. 962b.

18. 文件 AB 1/572 中有玻恩在“星期一”手写的一封信，但没有日期。这与 5 月 12 日星期一（派尔斯来信的日子）一致，因为玻恩对派尔斯的“来信和给福克斯工作机会”表示了感谢。

19. Dates from Fuchs' identity registration certificate, TNA KV 2/1245, s. 18a. 他的住宿费是每星期 2 英镑，年薪 400 英镑，这比他在爱丁堡大学获得的每年 250 英镑的卡内基奖学金有了很大的提高（letter from Birmingham Chief Constable to Home Office, 6 May 1942, TNA KV 2/1245, s. 30a）。The children's birthdates, August 1933 and September 1935, are in *Request For Information From Home Office Records* (*of Rudolf Ernst Peierls*), KV 2/1658, s. 37a。

20. “你对待他……就像父亲对儿子一样。” Nobel Laureate Max Perutz to Rudolf Peierls, 19 May 1987, Peierls papers, Bodleian Library, File D56.

21. Genia Peierls, taped interview, Peierls papers, Bodleian Library, File A176.

22. Rudolf and Genia Peierls remarks to Frank Close, undated; Jo Hookway (Peierls), interview 11 May 2015.

23. 克劳斯、福克斯和鲁道夫·派尔斯：《对化合物分子同位素分离的影响》, DTA (Directorate of Tube Alloys) report no. MS. 44, TNA AB 4/838 (1941, no month given) and DTA MS. 12A, TNA AB 4/878 - dated 'early 1942' according to p. 303 in Richard H. Dalitz and Sir Rudolf

Peierls ( eds ), *Selected Scientific Papers of Sir Rudolf Peierls with Commentary* (*World Scientific and Imperial College Press*, 1997), 将其发表时间定为“1942 年初”, 而第 793 页的文献目录将其定为“1941 年底”。

24. Peierls personal papers, letter to Hans Halban, TNA AB 1/575.

25. Peierls, quoted in Margaret Gowing, *Britain and Atomic Energy, 1939 - 1945* (Macmillan, 1964), p. 262.

## 第五章 业余间谍

1. ‘Mr Winston Churchill's Broadcast on the Soviet-German War’, 22 June 1941. Transcript at: https: //www. ibiblio. org/pha/timeline/410622dwp. html.

2. 苏联驻伦敦大使馆在 1941 年 8 月 10 日发给莫斯科中心的电文被解密了, 电文中说福克斯是克雷默的“故交”: https: //ia600504. us. archive. org/17/items/1941_ 10aug_ barch_ mtg/1941_ 10aug_ barch_ mtg. pdf。该解密项目被称为“维诺那”, 这是个虚构的词, 并无特殊意义。

3. Interview of Fuchs by Skardon, Brixton Prison, 30 November 1950; TNA KV 2/1879 serial 546a. 福克斯对斯卡登说, “我用最笼统的表达方式把我的情报类别告诉了他 [库琴斯基], 然后就回伯明翰了”。正如后文讨论的那样, 福克斯在这里可能把 1941 年和 1942 年的事情混为一谈了。他的旅行记录显示, 他仅有的两次连夜行程是在 1941 年 4 月 (他当时从苏格兰去见库琴斯基, 大概还见了克雷默), 以及 1942 年 5 月 (他当时通过汉娜・克洛普斯特克, 前往苏格兰重新与库琴斯基建立了联系)。他可能是从伯明翰出发去伦敦一日游, 从而与库琴斯基取得了联系。福克斯给斯卡登的证词意味着他与库琴斯基的联系并不容易——就像 1942 年由克洛普斯特克再次引荐时一样——但福克斯在 1950 年小心翼翼地控制着透露给斯卡登的信息, 所以其证词的可靠性仍有疑问。文中的叙述与他的陈述一致, 但不能确定。

4. 1943 年, 对福克斯的管理从格鲁乌转移到克格勃时, 他的新主子收到了一份他的活动总结。KGB file 84490, vol. 1, p. 22, as transcribed in Alexander Vassiliev, ‘Yellow Notebook #1’, *Alexander Vassiliev Papers, 1895 - 2011* (US Library of Congress), p. 67, 称“根据于尔根・库琴斯

基的线索，克雷默于 1941 年 8 月招募 F 在英国从事情报工作”。库琴斯基通过“官方关系”认识克雷默源自 Vassiliev's ‘Yellow Notebook # 1’, p. 86 的格鲁乌备忘录。

5. 克格勃（KGB）是国家安全委员会（*Komityet Gosudarstvennoy Bezopasnosti*）的缩写。克格勃成立于 1954 年，接替 1946 年成立的苏联国家安全部（MGB）。MGB 的前身是存在于 1943 年至 1946 年的国家安全人民委员会（NKGB），后者在此之前是运作于 1934 年至 1943 年的内务人民委员部（NKVD）。想要了解这些机构的详细历史，见 Christopher Andrew and Oleg Gordievsky, *KGB: The Inside Story* (Harper Collins, 1990), p. 9。不过为了便于理解，我在正文中把所有这些机构都称作克格勃，以区别于独立的第二个苏联情报机构、成立于 1926 年的红军情报总局——格鲁乌（*Glavnoye Razvedyvatelnoye Upravleniye*）。

6. 福克斯起初是格鲁乌的成员，参见 GRU archives, edited by Vladimir Lota, *The GRU and the Atomic Bomb* (Olma Press, 2002), as quoted by Chapman Pincher, *Treachery: Betrayals, Blunders and Cover-Ups: Six Decades of Espionage against America and Great Britain* (Random House, 2009), chapter 15，以及作者与 Michael Goodman 的通信。1943 年之后，福克斯是克格勃的间谍。克格勃档案馆审核了他的格鲁乌生涯，并在 file 84490, vol. 2, p. 127 中确认了 1941 年 8 月 8 日这个日期，as transcribed in Vassiliev, ‘Yellow Notebook #1’, p. 86。亦可参见 VENONA decrypts, n. 2。

7. Documents found in Fuchs' home, February 1950, TNA KV 2/1252, s. 505a.

8. Margaret Gowing, *Britain and Atomic Energy, 1939 - 1945* (Macmillan, 1964), p. 68.

9. Ibid, p. 55. The listing of his work in Richard H. Dalitz and Sir Rudolf Peierls (eds), *Selected Scientific Papers of Sir Rudolf Peierls with Commentary* (World Scientific and Imperial College Press, 1997), leads to the estimate of ‘nine’.

10. 裂变产生的中子速度很快，所以核反应堆的关键是减缓中子的速度，然后将中子重新引入铀中，在铀中引发进一步的裂变。这就是核反应堆中材料排列的基础。铀通常以 $^{235}U$ 的形式被浓缩，然后加工成直径约 1 厘米的棒状物。这些铀棒被放置在石墨的通道中，形成一个网格，铀棒之间相隔约 20 厘米。当一根铀棒发生裂变时，次级中子就会逸出到周边的石墨中，因此这些中子在材料中扩散时，其速度就会变慢。这些热化中子里的一部分碰巧进入其他铀棒，在那里它们是诱导裂变的理想选择。在随后的裂变中产生的次级中子逃逸到石墨中，这个过程继续进行下去。如果去除部分石墨，中子将保留其能量并被铀吸收，即裂变将停止。因此，从组件中取出石墨的能力是关闭核反应堆的安全程序的一部分。

11. ‘Rabbit’ is described in TNA AB 4/919, ‘cascade of cascades’ in TNA AB 4/921 and 939, ‘cul-de-sac’ in TNA AB 4/872, 874 and 876.

12. Their joint paper ‘Effect on Separation of Isotopes of Compound Molecules’, DTA MS. 44, was written in the late summer of 1941 (TNA AB 4/878). Later that year, or early in 1942 (see note 23 in chapter 4), they produced ‘Separation of Isotopes’, DTA MS 12A (AB 4/838), which is an updated version of Peierls’ 1940 manuscript DTA MS12 (AB 4/837), ‘Efficiency of Isotope Separation’.

13. VENONA decryption at, https://ia600504.us.archive.org/17/items/1941_10aug_barch_mtg/1941_10aug_barch_mtg.pdf.

14. A GRU memorandum included in KGB file 84490, vol. 1, p. 25, as transcribed in Vassiliev, ‘Yellow Notebook #1’, p. 68, records the dates of the first two shipments of Fuchs’ information in Moscow to be 22 and 30 September 1941.

15. Notes by Fuchs on Contacts and Meetings, 24 February 1950. TNA KV 2/1252, s. 518d.

16. 在 1950 年 1 月 27 日给斯卡登的供词的第 8 页（审判中的物证三，TNA KV 2/1263），福克斯说："我一开始主要是集中精力在自己的心血结晶上。"请注意，他说的是"主要"而不是"完全"，这与普遍的误解相反。实际上，他几乎所有的资料似乎都是通过克雷默发送的。

17. Lota, *The GRU and the Atomic Bomb*, p. 40.

18. ‘Operational letter from the GRU General Staff of the Red Army to the Director of the London *rezidentura* with a task for K Fuchs’; Document 1/10 in Riabev, Atomnyi Proekt SSSR, pp. 447 – 8, quoted in David Holloway, *Exploring Intelligence Archives-Enquiries into the Secret State*, eds. R. Gerald Hughes, Peter Jackson and Len Scott (Routledge, 2008), p. 138, n. 6.

19. Gowing, *Britain and Atomic Energy, 1939 – 1945*, p. 46. 另见 Graham Farmelo, *Churchill's Bomb: A Hidden History of Science, War and Politics* (Faber and Faber, 2013), p. 185。"莫德"报告的前期草案中并没有提到辐射；最终版本"根据派尔斯的建议"，说爆炸附近的辐射会对人类生命造成长期的危害（Gowing, *Britain and Atomic Energy, 1939 – 1945*, p. 86）。
20. Gowing, *Britain and Atomic Energy, 1939 – 1945*, p. 53.
21. Reports on German publications, Peierls to Chadwick, 23 September and 20 November 1941, Churchill College Archives, CHAD I/19/6. Reports on Current German Literature, February and August 1942, TNA AB 3/94 and AB 1/356 initialled by 'K. F [and] R. P.' Review of recent German Literature, prepared by Fuchs and transmitted by Peierls to Chadwick, 28 March 1942, TNA AB 1/356. 他们的工作一直持续到 1943 年，因为派尔斯在 1943 年 2 月 22 日通知佩林："福克斯和我已经浏览了文献，不日便可报告我们的发现。"参见 TNA 1/356。
22. TNA AB 1/356.
23. 'Report by Fuchs on paper by F Houtermans (Energy consumption in separation of isotopes)', 16 March 1942, TNA AB 1/356。
24. Peierls to Perrin, 29 August 1942, TNA AB 1/356. 福克斯和派尔斯调任北美后，对德国工作的兴趣仍在继续，在 1945 年依然活跃。1944 年 5 月 19 日，派尔斯给查德威克寄来了"可能在从事我们感兴趣的工作"的德国物理学家的名单：entry 369, p. 813, in Sabine Lee, *Sir Rudolf Peierls: Selected Private and Scientific Correspondence*, vol. 1 (World Scientific, Singapore, 2007)。在 1944 年 12 月 19 日科学和工业研究部致卡文迪许实验室 N. Feather 博士的一份关于德国文献的信中，通信人说"我希望将来每隔一段时间就能编写一些其他的笔记"。这些档案中没有任何迹象支持 Peter Watson 在 *Fallout* (Public Affairs, 2018) 中的说法，即英国人或美国人"从 1942 年夏天就知道德国人没有原子弹"，并在 1944 年就意识到德国的工作已经进入了"死胡同"。
25. Aliens Control (E. 4) to Miss Bagot (F. 4. b (2)): 'Request for enquiries about Fuchs' activities in the United Kingdom', 6 August 1941, forwarded to Director General 9 August. TNA KV 2/1245, s. 5.
26. Women Spies: Milicent Bagot: https://girlspy.wordpress.com/2010/06/08/

millicent - bagot; accessed 20 November 2017.

27. Anthony Glees, *The Secrets of the Service* (Jonathan Cape, 1987), p. 348; Michael Smith, *The Spying Game* (Politico's, 2004), p. 88, and Christopher Andrew, *Defence of the Realm*: *The Authorized History of MI5* (Allen Lane, 2009), p. 281, 均认为负责的是“监督共产主义和其他左翼颠覆活动的 F2 部门”。
28. Director General to Chief Constable Moriarty of Birmingham, 9 August 1941. TNA KV 2/1245, s. 6.
29. Chief Constable Moriarty to Sir David Petrie, 11 August 1941, TNA KV 2/1245, s. 8.
30. TNA KV/2 1245, s. 7. From an unidentified member of section F. 2. b to Robson-Scott (E. 1. a).
31. TNA KV 2/1245, 9 August, s. 7; 29 August, s. 9.
32. TNA KV 2/1245, minute 5, 18 September 1941.
33. 目前还不清楚福克斯何时在《官方机密法令》上签的名——如果他确实签过名的话。他收到了一份日期为 1941 年 10 月 11 日的“关于《官方机密法令》的官方通告”，1950 年在他家中发现了这份通告 (TNA KV 2/1252, s. 505a)，但不清楚这是否导致了什么行动。M. Perrin in a letter to B. Hill for Fuchs' trial gave the date as 18 June 1942 (*sic*), TNA KV 2/1264, s. 90a. 福克斯入英国籍的时间是 1942 年 7 月 30 日；TNA KV 2/1263, serial 19a。然而，福克斯签名的证据在审判时未被提供（见第 20 章注释 7）。
34. D. Griffith (F. 2 b) to Mr Cochrane-Wilson (sic) (E. 4), 8 October 1941. TNA KV 2/1245, minute 6. KASPAR's identity is revealed to be a Dr Kurt Schreiber, in TNA KV 2/1252, s. 509b.
35. 本段中的所有引文均出自 J. Robertson, 'Emil Julius Klaus Fuchs', 23 November 1949. TNA KV 2/1248, s. 344z, pp. 2 and 3。
36. Maurice Oldfield (MI6) to Arthur Martin, 8 September 1949, KV 2/1246, s. 118b.
37. This refers to the source mentioned by Roger Hollis, letter to Colonel Vivian (MI6), 9 December 1940 (*sic*). KV 2/1246, s. 118b2.
38. D. Griffith (F. 2 b) to Mr Cochrane-Wilson (E. 4), 8 October 1941. TNA KV 2/1245, minute 6.
39. 18 个月后，“卡什帕”的情报在 1943 年 1 月 29 日（原文如此）出现在军情五处的档案中，并“于 1943 年 2 月 3 日被进行了翻译”(Memo from Alien control E. 5 to Daphne Bosanquet, F. 2. b. , TNA KV 2/1245, s. 21a)。其中有一种说法，即克劳斯·福克斯“和他的哥哥格哈德一样……隶属于德国共产党，但他从未在德国取得过任何显赫的地位”。然而“卡什帕”的情报并不准确，因为情报声称克劳斯“作为难民去了布拉格”。“卡什帕”接着又说，尽管克劳斯在布拉格“没有沉迷于任何政治活动”，但“格哈德却是在［那里的］共产党机构工作”。这个消息没有提到“70 人俱乐部”；见本章注释 59，该注释表明“Victoria”把这个情报转给了捷克人而不是“卡什帕”。

40. J. O. Archer (D 3), ‘Application for Employment at Birmingham University’. TNA KV 2/1245, s. 11, 10 October 1941.
41. J. O. Archer, ‘no objection’, 18 October, minute 13.
42. Stephens to Archer, 15 October 1941, TNA KV 2/1245, minute 12.
43. In 1950 some documents relevant to this chronology were found in Fuchs’ house. They are listed in TNA KV 2/1252, s. 505a, items, 240 – 42. ‘Correspondence with M. A. P. re completion of formalities connected with FUCHS’ employment at Birmingham’, June 1941; Circular letter from M. A. P. , ‘Official circular warning re Official Secrets Act’, 11 October 1941; letter from Box 666, Parliament Street, ‘Confirming approval of employment at Birmingham University, 22 October 1941.’ 本清单中提到的原始文件似乎已经遗失了。
44. ‘Registration Card of Emil Julius Klaus Fuchs’, entry of 3 November 1941; TNA TNA KV/2 1245, s. 19a.
45. KGB file 84490, vol. 2, p. 127; Vassiliev, ‘Yellow Notebook #1’, p. 86: “为了通知克雷默见面，福克斯偶尔会给他打电话（但是不清楚打的是工作电话还是家庭电话）。”
46. Vladimir Lota in *The GRU and the Atomic Bomb*, as quoted by Pincher, *Treachery*, chapter 16, and communications between the author and Michael Goodman. This ‘remarkable’ occasion is also mentioned by MI5 in TNA KV 2/1256, s. 756, p. 7, and by Fuchs to Skardon in TNA KV 2/1252, s. 519.
47. Genia Peierls, taped interview, Peierls papers, Bodleian Library, File A176.

48. Pincher, *Treachery*（第 16 章）称传递了三次，而 Mike Rossiter, *The Spy who Changed the World*（Headline, 2014）, p. 100, 中说是四次，尽管这些说法都没有出处。福克斯被调到克格勃时，格鲁乌关于他活动的报告给出了情报被发送给莫斯科的七个日期，前两个分别是在 1941 年 9 月 22 日和 30 日（Vassiliev,'Yellow Notebook #1', p. 68; KGB file 84490, vol. 1, p. 26）。然后直到 1943 年 5 月 26 日才再次提到了批次，但与克雷默和后来的"索尼娅"（乌尔苏拉·伯尔东）还有其他的会面。例如，福克斯在 1941 年 8 月见了克雷默，并在同年的晚些时候去过伦敦的苏联大使馆。这七个日期中也提到了 1943 年 4 月的一次会面，这一次，福克斯推荐了当时在剑桥大学工作的恩格尔贝特·布罗达作为格鲁乌的联络人，但福克斯不知道布罗达已经被克格勃招募了，招募后者的时间大概是在 1942 年底或 1943 年 1 月，参见 Paul Broda, *Scientist Spies: A Memoir of My Three Parents and the Atom Bomb*（Matador, 2011）, pp. 150 – 51。
49. Lota in *The GRU and the Atomic Bomb*, as quoted by Pincher, *Treachery*, chapter 15, and communications between the author and Michael Goodman.
50. Gowing, *Britain and Atomic Energy, 1939 – 1945*, p. 128.
51. Ibid, p. 71.
52. 他在 1942 年 4 月 30 日的申请中说他住在伯明翰的派尔斯家，职业是"研究工作者"，他的推荐人是爱丁堡的 C. G. Barkla（1917 年的诺贝尔奖得主）和 E. G. Whittaker, Ronald Gunn 和 Neville Mott。TNA KV 2/1245.
53. Quote from Chief Constable of Birmingham, letter to Miss Bosanquet, F. 2. b., 29 July 1943. TNA KV 2/1245, s. 30a.
54. Vetting（Mrs Wyllie C. 3. b）to Home Office, 12 May 1942, TNA KV 2/1245, s. 15.
55. D. Griffith（F. 2. b）to Mrs Wyllie（Vetting, C. 3. b）, 11 May 1942. TNA KV 2/1245 s. 15 in response to Ref. No. F. 1167/2（Nat Div）, '"National Interest" case for the favour of your early report', dated 30 April, sent from P. O. Box No. 2, Bournemouth; name of requestor unknown.
56. Quote from Chief Constable of Birmingham, 6 May 1942, TNA KV 2/1245, s. 30a. There is no indication of the nature of the 'discreet

enquiries' or when they were made.

57. TNA KV 2/1245, minute 17, 30 May 1942.

58. Extract from Home Office files F. 1167 and 1167/3 for 'FUCHS Emil Julius Klaus', TNA KV 2/1246, s. 136z. 福克斯于 1942 年 7 月 31 日签署了效忠誓言，入籍证书于 8 月 7 日颁发。

59. 14 February 1950, Unsigned note to Robertson, 'Dr Klaus FUCHS', TNA KV 2/1252, s. 509b.

60. J. Robertson, 9 November 1949, 'Emil Julius Klaus FUCHS', TNA KV 2/1248, s. 344z, p. 9.

## 第六章 原子工业

1. Margaret Gowing, *Britain and Atomic Energy, 1939 – 1945* (Macmillan, 1964), p. 88.

2. Graham Farmelo, *Churchill's Bomb: A Hidden History of Science, War and Politics* (Faber and Faber, 2013), pp. 164 – 7.

3. Richard Rhodes, *The Making of the Atomic Bomb* (Penguin, 1988), pp. 317 and 332.

4. Gowing, *Britain and Atomic Energy, 1939 – 1945*, p. 88.

5. James Chadwick interview 20 April 1969; www. aip. org/history/ohilist/3974_4. html as quoted in Farmelo, *Churchill's Bomb*, p. 179.

6. Gowing, *Britain and Atomic Energy, 1939 – 1945*, p. 109. 主席是埃克斯，科学家包括詹姆斯·查德威克、弗朗茨·西蒙、汉斯·哈尔班、派尔斯，还有一位来自帝国化工的斯莱德博士。

7. Gowing, *Britain and Atomic Energy, 1939 – 1945*, p. 116.

8. Quoted in Farmelo, *Churchill's Bomb*, p. 174.

9. Ibid, p. 182.

10. Roosevelt to Churchill, 11 October 1941, TNA CAB 126/330.

11. Sir John Anderson as reported in Farmelo, *Churchill's Bomb*, p. 204.

12. Quoted in ibid, p. 205. 这句话没有确切的版本，可能纯属子虚乌有。有关的讨论另见 Richard Langworth: https: //richardlangworth. com/churchills – naked – encounter。

13. Farmelo, *Churchill's Bomb*, p. 207.

14. Gowing, *Britain and Atomic Energy, 1939 – 1945*, p. 131. 'Teleprinter

request for permission to travel to USA'. TNA KV 2/1658, f. 5a, and 6a. This request, dated 20 February, states 'leaving UK 21 Feb.'

15. Ibid, pp. 128 and 141.
16. Ibid, p. 139.
17. Rhodes, *The Making of the Atomic Bomb*, p. 10.
18. Memo from Akers, 11 June 1942, TNA CAB 126/166. See also Farmelo, *Churchill's Bomb*, pp. 214 – 15.
19. This is defined in chapter 1, p. 23. Their report, 'Equilibrium time in a separation plant', is DTA rept. MS. 47A, May 1942 (TNA AB 4/882), Richard H. Dalitz and Sir Rudolf Peierls (eds), *Selected Scientific Papers of Sir Rudolf Peierls with Commentary* (World Scientific and Imperial College Press, 1997), p. 793.
20. KGB file 84490, vol. 1, p. 131; Alexander Vassiliev, 'Yellow Notebook #1', *Alexander Vassiliev Papers, 1895 – 2011* (US Library of Congress), p. 77.
21. Edinburgh Police File A29/107, TNA KV 2/1259, s. 962B. 此行名义上是去见玻恩，这一点从 1942 年 5 月 24 日在福克斯家中发现的一封信中可以清楚地看出来，参见 TNA KV 2/1252, s. 505c, item number 112。
22. TNA KV 2/1872, serials 79a and 80a.
23. "我们在英国的非法情报站负责人""索尼娅"：GRU memo to KGB file 84490, vol. 2, p. 127, Vassiliev, 'Yellow Notebook #1', p. 86。"索尼娅"此时也是在英国的主要苏联女特工 Melita Norwood 的管理人（Christopher Andrew and Vasili Mitrokhin, *The Mitrokhin Archive* [Penguin, 2000], p. 153）。Norwood's story is told in David Burke, *The Spy who Came in from the Co-op: Melita Norwood and the Ending of Cold War Espionage* (Boydell Press, 2008).
24. Robert Chadwell Williams, *Klaus Fuchs, Atom Spy* (Cambridge, MA, 1987), p. 59.
25. GRU memoir of Klaus Fuchs in KGB file 84490, vol. 2, p. 127, Vassiliev, 'Yellow Notebook #1', p. 86.
26. Ruth Werner (Ursula Beurton), *Sonya's Report* (Vintage, 1999), chapter 6. 本章中"索尼娅"回忆的内容即出自此书。
27. Quoted without source in Chapman Pincher, *Treachery: Betrayals, Blunders*

*and Cover-Ups*: *Six Decades of Espionage against America and Great Britain* (Random House, 2009), chapter 19. “索尼娅”在其回忆录中并无这样的说法，只在另一个场合里提到过一份“100 多页长的报告”移交。虽然我们不知其联络员之间的材料分配情况，但总数肯定是相当大的，因为福克斯为“合金管计划”做了大量工作，他没有理由隐瞒任何材料。

28. Ursula Beurton interview with Don Chapman, *Oxford Mail*, 1981. Article in *Oxford Mail*, 6 August 2010.

29. Werner, *Sonya's Report*, chapter 6.

30. Peierls papers, Bodleian Library, File C152. Letters of 15 July and 2 August found in Fuchs' house, TNA KV 2/1260. Vassiliev, 'Yellow Notebook #1', p. 68, gives the shipment dates for Fuchs' materials in his Birmingham period as 22/9/41; 30/9/41; 26/5/43; 17/6/43; 12/7/43; 16/9/43; and 28/10/43.

31. K. Fuchs, G. J. Kynch and R. Peierls, 'The Equation of State of Air at High Temperature', DTA rept. MS61 (1942), TNA AB 4/897. 这篇论文的分析后来被福克斯和派尔斯应用在洛斯阿拉莫斯的钚内爆上，参见本书第七章和第八章的内容。

32. Werner, *Sonya's Report*, chapter 6.

33. *The Manhattan Project-Making the Atomic Bomb*, US Department of Energy, 1999, p. 16. 反应堆底部呈椭圆形，顶部宽约 1.8 米，中部宽 7.6 米。

34. Akers to Perrin, 21 December 1942, TNA CHAD I 28/2, quoted in Farmelo, *Churchill's Bomb*, p. 215.

35. R. V. Jones, *Most Secret War*: *British Scientific Intelligence 1939 – 1945* (Penguin, 2009), p. 474.

36. Gowing, *Britain and Atomic Energy*, *1939 – 1945*, p. 217.

37. 内维卡·莫特提名派尔斯担任院士，詹姆斯·查德威克附议。1942 年 10 月 20 日，查德威克表示愿意提名派尔斯：Chadwick to Peierls, entry 350, p. 778, in Sabine Lee, *Sir Rudolf Peierls*: *Selected Private and Scientific Correspondence*, vol. 1 (World Scientific, 2007). 10 月 21 日，派尔斯回信说，莫特已经递交了他的提名：entry 351, ibid。

38. Extract from 'Report of visit to Birmingham University on 11 May by Major G. D. Garrett, R. M.', TNA KV 2/1658, s. 8a.

39. Note for Personal File 62251 [Fuchs], 4 July 1943 TNA KV 2/1245, s. 23a.
40. TNA KV 2/1245, minute 24, 4 July 1943.
41. Memo on Klaus Fuchs by M. D. Bosanquet, 15 March 1943, TNA KV 2/1245, s. 22a.
42. Mrs Daphne Bosanquet to Captain Dykes, 7 July 1943, TNA KV 2/1245, s. 25a.
43. “聪明而危险”：戴克斯于7月15日的回复［KV 2/1245, serial 28a］证实福克斯“据称聪明而危险”，不过这句评语没有在任何公开的档案中出现过。博赞基特于7月19日的信件在提到戴克斯（经过编辑的）1943年7月11日的信时说，“我以为你曾向警方提过此事，因为你当时把他们对福克斯的看法告诉了我”（作者的强调）。这表明经过编辑的那封信提到了警方的这个意见。
44. D. Bosanquet to Captain Dykes, 14 July 1943, TNA KV 2/1245, s. 27a.
45. Dykes (signed by A. d' Arcy Hughes) to Bosanquet, 15 July 1943, TNA KV 2/1245, s. 28a.
46. TNA KV 2/1245, serials 23 – 30, July 1943.
47. TNA KV 2/1245, minutes 31 – 3.
48. H. Shillito [F2C], to Capt. Garrett [D2], after minute 32 in TNA KV 2/1245. 加勒特补充说：“我同意你的意见。” Michael Smith, *The Spying Game* (Politico's, 2004) 第82页提到了希利托早年的成功。
49. Gowing, *Britain and Atomic Energy, 1939 – 1945*, p. 228.
50. 军情五处直到1950年11月10日仍称她是“无名女子”，TNA KV 2/1256, m. 753. 11月30日，福克斯指认她就是乌尔苏拉·伯尔东，见TNA KV 1256, s. 759a。关于伯尔东身份的更多内容，见第20章和p. 358的脚注。
51. R. F. Peierls to Divisional Officer, C Division, National Fire Service, 24 July 1942. Peierls papers, Bodleian Library, File A38.
52. Farmelo, *Churchill's Bomb*, pp. 240 – 43.
53. “形色仓皇”：Gowing, *Britain and Atomic Energy, 1939 – 1945*, p. 171。《魁北克协议》签署于1943年8月19日，科学家们“在几个小时之内”就到了，见Farmelo, *Churchill's Bomb*, pp. 240 – 44。
54. TNA KV 2/1658, s. 9a 记录，派尔斯于8月10日申请了出境许可，以便随后访问美国。8月16日，“Barrs 先生批准了”这一申请（note

at point 10 in TNA KV 2/1658, s. 17a, 17 November 1943)。

55. 派尔斯于 1942 年致后备消防队的信，如今看来颇有先见之明。他辞去了职务，上交了装备。1943 年 10 月 21 日，“消防员派尔斯 587102”收到了一张收据，上书“制服帽和徽章、钢盔、防毒面具、橡胶靴、绑腿、腰带和小包、外套和工装服”各一套均已归还；“一件制服上衣和一条裤子随后归还”。Peierls papers, Bodleian Library, File A38.

56. Gowing, *Britain and Atomic Energy, 1939 – 1945*, p. 239. 11 月中旬，双方就合作的期限达成一致。

57. TNA KV 2/1658, s. 15a, 16a, 17a. 他们 8 岁和 10 岁的孩子已在加拿大得到了照顾，两个孩子是为了躲避闪电战而被安置在那里的。吉尼亚的申请解释说，孩子们将与他们在美国团聚。

58. Application for Grant of Exit Permit, 10 August 1943, TNA KV 2/1658, s. 9a.

59. “1943 年 4 月，福［克斯］提供了招募一名在英的奥地利科学家的线索，此人名叫布罗达，专业是物理化学”，KGB file 84490, vol. 1: ‘Charles’; Vassiliev, ‘Yellow Notebook #1’, p. 68. 恩格尔贝特・布罗达和艾伦・纳恩・梅的故事见 Paul Broda, *Scientist Spies: A Memoir of My Three Parents and the Atom Bomb* (Matador, 2011)。

60. Werner, *Sonya's Report*, chapter 6.

61. KGB file 84490 v. 1, p. 25; Vassiliev, ‘Yellow Notebook #1’, p. 67.

62. Leslie Groves, *Now It Can Be Told* (Harper, 1962), p. 4.

63. “曼哈顿计划”未能生产出适合工业分离铀同位素的可应用的离心机，1944 年 1 月，军方放弃了对气体离心机的支持，转而支持气体扩散。1950 年代研制出一种高效且耐用的离心机，这是目前首选的分离方法。关于同位素分离的历史，见美国能源部的“曼哈顿计划”官方历史中的第 5 ~ 6 页：F. G. Gosling, *The Manhattan Project: Making the Atomic Bomb* (DOE/MA – 0001; Washington: History Division, Department of Energy, January 1999, available online at https://www.osti.gov/opennet/manhattan-project-history/publications/DE99001330.pdf)。

64. Groves, *Now It Can Be Told*, p. 20.

## 第七章　新世界

1. See David Holloway, *Stalin and the Bomb* (Yale Univerity Press,

1996), p. 77.

2. Leslie Groves, *Now It Can Be Told* (Harper, 1962), p. 140 and chapter 10.

3. Ibid, p. 145.

4. Ibid, p. 146.

5. Ibid, p. 143.

6. Observation no. 10 on teleprinter application for exit permit, 17 November 1943, TNA KV 2/1245, s. 34a.

7. Milicent Bagot (F. 2. b) to Michael Serpell (F. 2. a), 22 November 1943, TNA KV 2/1245, minute 35.

8. Serpell to Garrett, 28 November, TNA KV 2/1245, minute 36.

9. Serpell to Garrett, 3 December, TNA KV 2/1245, minute 38.

10. TNA KV 2/1248, s. 349b.

11. Perrin to Garrett, 8 December 1943, TNA KV 2/1248, s. 40a.

12. Groves, *Now It Can Be Told*, p. 143.

13. W. Akers to Chadwick, 10 December 1944, Exhibit 2 in Summary Brief on Klaus Fuchs, 6 February 1950, Fuchs FBI FOIA file 65 – 58805 – 1202.

14. W. L. Webster to General Groves, 11 December 1944, Exhibit 2 in Summary Brief on Klaus Fuchs, 6 February 1950, Fuchs FBI FOIA file 65 – 58805 – 1202.

15. Groves, *Now It Can Be Told*, p. 143.

16. TNA KV 2/1257, s. 855b.

17. FBI interview with Dr Cohen, Fuchs FBI FOIA file 65 – 58805 – 642, p. 104.

18. AEC Oak Ridge records held at FBI Knoxville office, 15 February 1950, Fuchs FBI FOIA file 65 – 58805 – 394.

19. FBI interview with Dr Cohen, Fuchs FBI FOIA file 65 – 58805 – 642, p. 105.

20. Perrin to Major Garrett, 10 January 1944, TNA KV 2/1245, s. 41b.

21. Groves, *Now It Can Be Told*, p. 144.

22. Note from D. 2 to Major Garrett, 16 January 1944, TNA KV 2/1245.

23. Major Garrett, TNA KV 2/1245, s. 42a; 17 January 1944, and serials 39 – 42, 16 and 17 January 1944.

24. Mr Tolson to Hugh Clegg, 'Klaus Fuchs Espionage', 30 December 1953.

Fuchs FBI FOIA file, 65 - 58805 - 1543.

25. Exhibit in Summary Brief on Klaus Fuchs, FBI FOIA file 65 - 58805 - 1202.
26. Rudolf Peierls, *Bird of Passage* (Princeton University Press, 1985), p. 184. 这一地点来自 FBI file 65 - 58805 - 378。补充说明，华尔街 37 号的底楼是蒂芙尼公司的总部。
27. Fuchs to FBI, 1 June 1950, TNA KV 6/135. ‘End’ of February-FOIA 65 - 58805 - 642 p. 19 称，福克斯“据说在 1944 年 2 月 28 日从 ARMS 接手了这间公寓……而 ARMS 于 1944 年 2 月 28 日返英”。联邦调查局误以为福克斯从 1944 年 2 月 1 日开始就住在 128 号，而事实上他从那个月底开始住在 122 号。这个错误解释了 1950 年他们为何在 128 号找不到一个记得福克斯的人，尽管有几个居民已经在那里住了很多年。这也是 Rhodes 将福克斯与戈尔德的第一次会面定在 1 月而非 2 月的原因——Rhodes 为此推断，福克斯是从巴尔比宗广场酒店而非西 77 街的公寓出发的。联邦调查局是在 1950 年 2 月 11 日得到口头地址的（TNA KV 6/134, s. 156a）。最初的消息来源是英国代表团成员、物理学家尼古拉斯·库尔蒂，他在日记中记录了福克斯的地址。此信息存档于 TNA KV 6/134, s. 156a，其中清楚地显示了“地址：西 77 街 122 号”。但不知何故，这被误作 128 号，因为 2 月 13 日，J. Marriott 在 KV 2/1252, s. 505a 中称其为 128 号。这个错误的到来可以通过库尔蒂和军情五处的文件，以及 TNA KV 6/134 中哈韦尔安全官员亨利·阿诺德的文件来追溯。另见 FBI FOIA file 65 - 58805 - 642, p. 19。
28. Gold's original reports are available in KGB file 84490, vol. 1 and have been transcribed in Alexander Vassiliev, ‘Yellow Notebook #1’, *Alexander Vassiliev Papers, 1895 - 2011* (US Library of Congress), pp. 67 - 76.
29. Vassiliev 的笔记记载，与福克斯的首次会面被安排在 1 月的第三个星期六。福克斯在纽约从事间谍活动的日期是 2 月 5 日。这个日期出现在戈尔德当时发往莫斯科的报告中——Vassiliev, ‘Yellow Notebook #1’, p. 68——并附有 2 月 9 日的“维诺那”解密电文：“2 月 5 日，‘呆头鹅’和‘雷斯特’见面了。”见：https://www.nsa.gov/news-features/declassified-documents/venona/dated/1944/assets/files/9feb_atomic_energy.pdf。福克斯对与联络人哈里·戈尔德会面的路程的描述，与其出发点是巴尔比宗广场相一致，他至少在 1 月底之前还住在那里。Richard Rhodes, *Dark Sun: The Making of the Hydrogen Bomb*

(Simon and Schuster, 2005), p. 104 认为福克斯搬进公寓的时间是 2 月 1 日，因此将会面的时间定在了 1 月。另一种解读见本章注释 27。

30. Description based on Gold's report to Moscow, Vassiliev, 'Yellow Notebook #1', p. 68, and Fuchs' statement to FBI, FOIA file 65 – 58805 – 1324, p. 2.
31. This is based on the KGB agreed signals, Vassiliev, 'Yellow Notebook #1', p. 68. Some other versions-e. g. Norman Moss, *Klaus Fuchs: The Man who Stole the Atom Bomb* (Grafton Books, 1987), p. 164, and J. Baggott, *Atomic* (Icon Books, 2009), p. 240 均称发问者问去中央车站怎么走，但均未给出这种说法的最初来源。
32. Harry Gold confession as transmitted to John Cimperman, US Embassy, London, 23 May 1950. Fuchs FBI FOIA file, 65 – 58805 – 1196. 'Manny Wolf': Harry Gold statement, 29 May 1950, 65 – 58805 – 1355.
33. Fuchs FBI FOIA file 65 – 58805 – 1412, p. 12.
34. Report by Harry Gold to Moscow on meeting of 5 February 1944, Vassiliev, 'Yellow Notebook #1', p. 68. In 1950 he gave an account to the FBI in FOIA 65 – 57449 – 551, p. 1 et seq.
35. Harry Gold, FBI FOIA file 65 – 57449 – 551, p. 2.
36. 见面地点在巴尔比宗广场以北不到 1 英里的地方，与福克斯最后在中央公园另一侧的西 77 街住处的距离大致相等。
37. Harry Gold, the FBI FOIA file 65 – 57449 – 551, p. 2.
38. Vassiliev, 'Yellow Notebook #1', p. 68; KGB file 84490, vol. 1, p. 48.
39. Vassiliev, 'Yellow Notebook #1', p. 69.
40. Harry Gold's statement to FBI, 10 July 1950. FOIA 65 – 57449 – 551, p. 1.
41. Fuchs FBI FOIA file 65 – 58805 – 1412.
42. Gold FBI FOIA file 65 – 57449 – 551, p. 27. See Rhodes, *Dark Sun*, p. 108.
43. 后来气体扩散法耽搁了一段时间，热扩散被用作备选方法，并最终在为 1945 年 8 月投向广岛的原子弹分离 $^{235}$U 时派上了用场。
44. Fuchs to FBI, 24 February 1950, TNA KV 2/1252, s. 518a.
45. Fuchs interview 1950 by FBI in FOIA file 65 – 58805 – 1412, p. 14.
46. Margaret Gowing, *Britain and Atomic Energy, 1939 – 1945* (Macmillan, 1964), p. 254.

47. 福克斯和戈尔德对他们会面的回忆并不总是一致的，因而也不可能构建一段明确的历史。5 月 4 日和 6 月 9 日的会面在时间顺序上与其他既定的事件不一致，特别是 KGB file 84490 vol. 1，p. 49（转载于 Vassiliev，‘Yellow Notebook #1’，p. 70），该文件称派尔斯“刚结束了在 Y 营地的三周旅行回来不久”。（‘Его партнер [и непосредств-й руководитель] Пейерлс только что вернулся из 3 х недельной поездки в лагерь У.’乍看之下，“Y”似乎指的是洛斯阿拉莫斯，但出于某种原因，福克斯和戈尔德在这一阶段似乎把洛斯阿拉莫斯称作“X 营地”，例如，在戈尔德报告他们 3 月 28 日在布朗克斯的见面情况时，提到了“新墨西哥州的‘X 营地’”。当然，这也可能是福克斯或戈尔德的口误。派尔斯在 6 月 2 ~ 21 日去洛斯阿拉莫斯进行了为期三周的访问，而在瓦西里耶夫的报告中，显示他回来的时间却是在“1944 年 5 月 4 日”与“1944 年 6 月 9 日”这两次会面之间。）鉴于需要确保他们关于扩散的理论工作具有实际意义，再加上英国对在英格兰发展低分离度设备的兴趣，在这个时候访问橡树岭看来是合适的；Gowing，*Britain and Atomic Energy*，*1939 – 1945*，p. 252 说“英国专家们……参观了处理他们自己的那种工作的各个中心”，但并未特别提到派尔斯。派尔斯在其回忆录中没有提到参观的情况，但 Gowing 的书中提及此事的情况相当分散此事。Gowing 提到，派尔斯的同事基尔顿“没有获得参观［橡树岭］工业装置本身的许可”，这似乎是对于美国所施加的限制的评论，而且，单独挑出基尔顿来说，暗示派尔斯可能参观了橡树岭。与其编造一次没有其他证据的访问，不如说更有可能的解释是，这次见面是在 6 月底或 7 月初。这些文件没有时间顺序，也没有索引。瓦西里耶夫说（2018 年 11 月 6 日给作者的电子邮件）：“一个文件中可以找到一份电报，另一个文件中可以找到对它的答复。本应在特工个人档案中的文件却不在那里，而可能出现在业务通信档案中。这些档案没有索引，这意味着如果不逐页阅读，就不可能知道档案中包含何种信息。”收集工作的随意性似乎导致至少有一次把月份的编号搞错了，因为根据另外两份独立的报告，其他地方提到的 6 月 15 日的一次会面（Vassiliev，‘Yellow Notebook #1’，p. 70）是在 7 月发生的。戈尔德后来提到这次会面是在 7 月，这也与福克斯与查德威克会面的时间顺序一致，可见第八章。如果“1944 年 6 月 9 日”的会面记录应该指的也是 7 月，那么就与福克斯提到派尔斯已经从洛斯阿拉莫斯返回

（6 月 21 日）的情况一致了，与后者既定的访问日期相符。

48. Harry Gold, FBI FOIA file, 65 – 57449 – 551, p. 2.

49. KGB Archives, File 84490, vol. 1, p. 49, in Vassiliev, 'Yellow Notebook #1', p. 67, and VENONA decrypted message of 15 June 1944.

50. Harry Gold, FBI FOIA file, 65 – 57449 – 551, p. 3.

51. Harry Gold, FBI FOIA file, 65 – 57449 – 551, p. 4. 戈尔德有五分钟的时间等待雅兹科夫，因此“偷看”了材料；对内容的描述来自戈尔德。

52. Quoted in Graham Farmelo, *Churchill's Bomb: A Hidden History of Science, War and Politics* (Faber and Faber, 2013), p. 249, and the Chadwick memorandum on meeting with Groves, 11 February 1944, CHAD IV 3/2.

53. The history of UK-US nuclear relations during the war is in the chapter Farmelo, *Churchill's Bomb* 中 'Churchill's Nuclear Deal with FDR' 一章提到了战时英美的核关系史，Gowing, *Britain and Atomic Energy 1939 – 1945* 中广泛谈及了此事。

54. Farmelo, *Churchill's* Bomb, p. 241.

55. 'Reference to possible departure of REST', https://www.nsa.gov/news – features/declassified – documents/venona/dated/1944/assets/files/15jun_ departure_ agent_ rest. pdf. See also chapter 13, note 17.

## 第八章　“三位一体”

1. 军情五处档案 KV 2/1659 f. 113B 和 119 给出的派尔斯造访洛斯阿拉莫斯的日期是 1944 年 6 月 2 ~ 20 日。备忘录还记载：“他被派往洛斯阿拉莫斯是在 5 月底决定的，并在 7 月初进行。”

2. 戈尔德对这次见面的描述是，“在八十几街的一个艺术博物馆附近，就在第五大道的西边”。FOIA 65 – 57449 – 551, p. 6.

3. Fuchs to Peierls, 17 July 1944, 'I saw Chadwick on Friday [14th] and discussed with him the future of Skyrme and myself,' TNA AB 1/575.

4. James Chadwick to Rudolf Peierls, 14 July 1944. TNA AB 1/639. The full letter is quoted on pp. 116 – 17 of J. Bernstein, *A Bouquet of Dyson* (World Scientific, 2018), and also in 371, pp. 819 – 22, of Sabine Lee, *Sir Rudolf Peierls: Selected Private and Scientific Correspondence*, vol. 1 (World Scientific, 2007).

5. This question was raised by Brian Cathcart, unpublished, and brought to my attention by Jeremy Bernstein, email, 18 November 2015.
6. Handwritten note by Hoover in *Summary Brief on Dr Emil Julius Klaus Fuchs*, 1949: ‘Russia proposed to send F [uchs] back to G [reat] B [ritain]’; FBI files 65 - 58805 - 1202, p. 8, quoted in Richard Rhodes, *Dark Sun: The Making of the Hydrogen Bomb* (Simon and Schuster, 2005), pp. 111 and 604.
7. Perrin to Chadwick, 21 July 1944, TNA AB 1/639.
8. 20 岁的士兵 Val Fitch 也协助进行了一些试验，并对科学产生了兴趣。战后，他成为一名实验物理学家，并在 1980 年获得了诺贝尔奖。我对杰里米·伯恩斯坦提供的这些信息表示感谢。Fitch 获诺贝尔奖的传记见：https://www.nobelprize.org/nobel_prizes/physics/laureates/1980/fitch-bio.html。
9. Roy Glauber, Remarks in colloquium, Oxford University, 8 May 2015.
10. Quoted in Ferenc Szasz, *The Day the Sun Rose Twice: The Story of the Trinity Site Explosion, July 16, 1945* (University of New Mexico Press, 1984), p. 90.
11. Gaby Gross (Peierls), email to author, 5 January 2019. Katrina Mason, *Children of Los Alamos* (Twayne Publishers, 1995), p. 136.
12. Quoted in Brian Cathcart, *Test of Greatness* (John Murray, 1994), p. 33.
13. 这一“克里斯蒂装置”成为洛斯阿拉莫斯官方历史的一部分，此后便以克里斯蒂的名字为人所知。不过，专利为他们联合所有，但在权威的历史中，派尔斯被认为是它的灵感来源。Lorna Arnold and Kate Pyne, *Britain and the H Bomb* (Palgrave, 2001), p. 254, note 10, and Ralph Carlisle Smith, summary of British Mission at Los Alamos, 18 July 1949, LAB - ADCS - 127. Their joint patent, ‘Method and apparatus for explosively releasing nuclear energy’, was filed on 27 August 1946.
14. Ralph Carlisle Smith, Summary of British Mission at Los Alamos, 18 July 1949, LAB - ADCS - 127, quoted in Szasz, *The Day the Sun Rose Twice*, p. 149.
15. 这句常被人引用的话被归于费曼，但似乎出自诺曼·莫斯，*Klaus Fuchs: The Man who Stole the Atom Bomb* (Grafton Books, 1987), p. 68. Moss, however, gives no source。
16. Harry Gold confession to FBI, FOIA file 65 - 57449 - 551, p. 7.

17. 对公寓的这一描述见 Gold's to FBI, ibid, p. 9。

18. Ibid, p. 10.

19. KGB file 40159, vol. 3, p. 356 提到，“如果你在 1944 年 4 月 1 日前无法与福克斯建立联系，就通过他的妹妹海涅曼，她住在马萨诸塞州剑桥市湖景大道 144 号。她已经结婚了，和她的丈夫是同乡。口令：我们的人：‘马克斯让我向你致意’；她：‘哦，我听说马克斯生了一对双胞胎’；我们的人：‘是啊，七天前生的。’” See the ‘Black Notebook’ in Alexander Vassiliev, *Alexander Vassiliev Papers, 1895 - 2011*, US Library of Congress: https://www.loc.gov/item/mm2009085460, p. 112. 这有力地证明了克里斯特尔是心甘情愿地参与哥哥的事务的。

20. https://www.nsa.gov/news-features/declassified-documents/venona/dated/1944/assets/files/4oct_klaus_fuch_sister.pdf.

21. KGB file 84490, vol. 1, pp. 68 - 71, Vassiliev, ‘Yellow Notebook #1’, pp. 70 - 71.

22. 这段文字是基于戈尔德的联络人转达给莫斯科的戈尔德报告，后来由 Vassiliev 抄录（另见第 13 章注释 19）。戈尔德的报告提到了三次拜访——1944 年 10 月 24 日、11 月 2 日和 12 月 7 日——其中还有福克斯在 10 月 24 日至 11 月 2 日之间的某个时刻从芝加哥打来电话的消息。戈尔德在 12 月 7 日前来拜访时，克里斯特尔当时回忆起有关福克斯来电的进一步信息。另外，军情五处只有福克斯不在洛斯阿拉莫斯的两次记录，都是在 1945 年——2 月 13 ~ 22 日去探望妹妹，11 月去了一趟蒙特利尔，随后与派尔斯夫妇去墨西哥度假。所以一种可能性是，他是从圣达菲打的电话，但出于安全原因而声称自己在芝加哥。

23. 1950 年在接受联邦调查局的审问时，戈尔德回忆说克里斯特尔不清楚哥哥克劳斯在哪里，只知道他“在美国西南部的某个地方”。然而，戈尔德在 1944 年的报告中却明确提到了新墨西哥州，该报告还指出克里斯特尔“不清楚［克劳斯·福克斯］在新墨西哥州的确切地点”。

24. KGB 82702 ‘Enormos’, vol. 1, p. 237, Vassiliev, ‘Yellow Notebook #1’, p. 16; ‘Stayed for lunch’: File 84490, vol. 1, p. 69, 2 November 1944, Vassiliev, ‘Yellow Notebook #1’, p. 71.

25. KGB 84490, vol. 1, p. 71, Vassiliev, ‘Yellow Notebook #1’, p. 71.

26. Harry Gold to FBI. FBI FOIA file 65 – 57449 – 551, p. 12.
27. Klaus Fuchs to agents Clegg and Lamphere. FBI FOIA file 65 – 58805 – 1414, p. 15.
28. KGB file 84490, vol. 1, p. 79, Vassiliev, 'Yellow Notebook #1', p. 72.
29. KGB file 84490, vol. 1, p. 80, Vassiliev, 'Yellow Notebook #1', p. 73.
30. KGB file 84490, vol. 1, p. 115. 'The decision to use her as a contact for Ch [arles] was approved by the GRU RA before he was handed over to us.' Vassiliev, Yellow Notebook #1', p. 77.
31. KGB file 40159 v. 3, p. 478, Vassiliev 'Black Notebook', p. 133. 福克斯的妹妹被赋予代号这事未注明日期，但发生在 1945 年初，即 2 月 17 日之前，因为在安排戈尔德和福克斯于 2 月 21 日会面的电文中，她被称为"蚂蚁"; KGB file 40594, vol. 7, p. 77, Vassiliev, 'Black Notebook', p. 135。
32. KGB file 40594 v. 7, p. 59; Vassiliev, 'Black Notebook', p. 122.
33. G. A. Goncharev and L. D. Ryabev, 'The Development of the First Soviet Atomic Bomb', *Physics-Uspekhi*, vol. 44, no. 1 (2001), pp. 71 – 93. The quote is from M. S. Goodman, 'The Grandfather of the Hydrogen Bomb? Anglo-American Intelligence and Klaus Fuchs', *Historical Studies in the Physical and Biological Sciences*, vol. 34, part 1 (2003), p. 7.
34. KGB file 84490, vol. 1, p. 80, Vassiliev, 'Yellow Notebook #1', p. 73.
35. G. A. Goncharov, 'On the History of the Creation of the Soviet Hydrogen Bomb', *Physics-Uspekhi*, vol. 40, no. 8 (August 1997), p. 860.
36. Norris Bradbury in Lawrence Badash et al. (eds), *Reminiscences of Los Alamos 1943 – 1945* (Springer, 1982), pp. 161 – 75, cited in Arnold and Pyne, *Britain and the H Bomb*.
37. Rhodes, *Dark Sun*, p. 247. 讽刺的是，这种对使用$^{235}U$的远见卓识发生在日本，而那里似乎没有类似于派尔斯和弗里施对$^{235}U$本身的爆炸可能性的观察。
38. Arnold and Pyne, *Britain and the H Bomb*, p. 5.
39. KGB file 40594, vol. 7, p. 75; Vassiliev 'Black Notebook', p. 122. This is also reported in Vassiliev, 'Yellow Notebook #1', p. 73, where Gold's reference to money is also recorded.
40. The description of Fuchs' car is from Harry Gold's confession to FBI, FOIA 65 – 57449 – 551, p. 18.

41. Ibid, p. 20, and Fuchs to FBI, FOIA file 65 – 58805 – 1324, p. 7.
42. Harry Gold's confession to FBI, FOIA file 65 – 57449 – 551, p. 19.
43. Fuchs told Perrin in March 1950 he had 'already written [the report] in Los Alamos with access to the relevant files so that [I] could be sure that all figures mentioned were correct'. Michael Perrin interview with Klaus Fuchs, March 1950, TNA AB 1/695, p. 3.
44. Peierls letter to Brian Cathcart, quoted in Cathcart, *Test of Greatness*, p. 105.
45. KGB Archives, file 84490, vol. 1, p. 91, Vassiliev, 'Yellow Notebook # 1', p. 74.
46. Fuchs to FBI, FOIA file 65 – 58805 – 1324, p. 7.
47. Harry Gold's confession to FBI, FOIA 65 – 57449 – 551, p. 21.
48. This opinion of Yuri A. Yudin, ed., 'Manuscript on the History of the Soviet Nuclear Weapons and Infrastructure', www. ransac. org/new ~ web ~ site/ccc/history – manuscripteng. pdf, pp. 63 – 5, is quoted by Goodman, 'The Grandfather of the Hydrogen Bomb?', p. 6.

## 第九章　世界的毁灭者

1. Ferenc Szasz, *The Day the Sun Rose Twice: The Story of the Trinity Site Explosion, July 16, 1945* (Albuquerque, NM, 1984), p. 57.
2. Ibid, p. 77.
3. Ibid, p. 86.
4. Edward Teller, quoted by Richard Rhodes, *The Making of the Atomic Bomb* (Penguin, 1988), p. 672.
5. Roy Glauber, Remarks at Oxford University Physics Colloquium, 8 May 2015.
6. Philip Morrison, quoted in Rhodes, *The Making of the Atomic Bomb*, p. 673.
7. 1933 年，卢瑟福在英国科学工作者协会的一次演讲中说："[用质子轰击原子核] 是产生能量的一种很差的低效方法，任何在原子的转化中寻找动力来源的人都是在胡言乱语。" Reported in *The Times*, 12 September 1933.
8. Roy Glauber, Remarks at Oxford University Physics Colloquium, 8

May 2015.

9. I. I. Rabi, quoted by Rhodes, *The Making of the Atomic Bomb*, p. 672.

10. J. Robert Oppenheimer, quoted in ibid, p. 676.

11. Rudolf Peierls, *Bird of Passage* (Princeton University Press, 1985), p. 203.

12. 70 年后的今天，这些讲座在英国仍属机密，但美国最近公布了大量的细节（见后续参考资料）。此外，克劳斯·福克斯自己的笔记也传到了苏联，好几年前就可以公开查阅了：'The Super: Lecture Series by Fermi', in G. A. Goncharov and P. P. Maksimenko (eds), *USSR Atomic Project: Documents and Materials, vol. 3, Hydrogen Bomb 1945 - 1956* (State Corporation for Atomic Energy, 2008), pp. 31 - 8。

13. Enrico Fermi, 'Super Lecture No. 1: Ideal Ignition Temperature [notes by D. R. Inglis]', LA - 344 (1), 2 August 1945, Los Alamos National Laboratory, via Freedom of Information Act Request FOIA 09 - 00015 - H (Alex Wellerstein).

14. Enrico Fermi, 'Super Lecture No. 2: Electron Temperature Lag. Secondary Reactions [notes by D. R. Inglis]', LA - 344 (2), 7 August 1945, Los Alamos National Laboratory, via Freedom of Information Act Request FOIA 09 - 00015 - H (Alex Wellerstein).

15. Enrico Fermi, 'Super Lecture No. 3: Addition of Tritium [notes by D. R. Inglis]', LA - 344 (3), 18 August 1945, Los Alamos National Laboratory, via Freedom of Information Act Request FOIA 09 - 00015 - H (Alex Wellerstein).

16. Lorna Arnold and Kate Pyne, *Britain and the H Bomb* (Palgrave, 2001), p. 7.

17. Enrico Fermi, 'Super Lecture No. 4: Time Scale. Radiation Cooling [notes by D. R. Inglis]', LA - 344 (4), 11 September 1945, Los Alamos National Laboratory, via Freedom of Information Act Request FOIA 09 - 00015 - H (Alex Wellerstein).

18. 文本此处是经过编辑的。康普顿散射（以其发现者 Arthur Compton 来命名）是指一个带电粒子——通常是电子——吸收了一个高能光子，发生了反冲，并在此过程中辐射出一个光子，该光子的能量通常比原来的低。费米发现的是"逆康普顿效应"，即一个带电粒子吸收了一个低能量光子后会辐射出一个高能量的光子。其结果是能量从电子中泄漏出来，换句话说，就是电子的气体会冷却。

19. Enrico Fermi, ‘Super Lecture No. 5: Thermal Conduction as Affected by a Magnetic Field [notes by D. R. Inglis]’, LA – 344 (5), 17 September 1945, Los Alamos National Laboratory, via Freedom of Information Act Request FOIA 09 – 00015 – H (Alex Wellerstein).
20. Jeremy Bernstein email to author, 30 November 2015. 这个比喻源自物理学家 George Gamow，他用一团棉絮代表裂变弹，用一块木化石代表热核燃料，来展示 1940 年代末氢弹的状态。他点燃棉絮，看着它燃烧殆尽，而木头却不受影响。
21. Enrico Fermi, ‘Super Lecture No. 6 (Concluding Lecture): Loss by Particle Ranges [notes by D. R. Inglis]’, LA – 344 (6), 9 October 1945, Los Alamos National Laboratory, via Freedom of Information Act Request FOIA 09 – 00015 – H (Alex Wellerstein).
22. Chadwick made six copies of Moon's notes. ‘Copy No. 2 (of 6)’ was sent to G. P. Thomson and is in the Catalogue of the papers and correspondence of Sir George Paget Thomson, FRS (1892 – 1975), Trinity College, Cambridge, CSAC 75. 5. 80/J84.
23. Fuchs’ statement to FBI, 26 May 1950, FBI FOIA 65 – 58805 – 1324, p. 8.
24. This was the opinion of Hans Bethe, as transmitted to Jeremy Bernstein (J. Bernstein, communication to the author, 2 May 2018).
25. Remark made by Pike, in a letter to Brian Cathcart, communication to the author by Cathcart, 10 January 2018.
26. Klaus Fuchs confession to FBI, 26 May 1950, FOIA file 65 – 58805 – 1324, p. 8.
27. Moon's notes on Fermi's lectures about the hydrogen bomb have remained classified secret, but ‘Copy No. 2 (of 6)’ was sent to G. P. Thomson and was available in the Catalogue of the papers and correspondence of Sir George Paget Thomson, FRS (1892 – 1975), Trinity College, Cambridge, CSAC 75. 5. 80/J84. Fuchs’ own notes, which made their way to the Soviet Union, were displayed at the International Symposium, ‘History of the Soviet Atomic Project’, at Dubna in Russia in 1996; see https: // blogs. scientificamerican. com/guest – blog/the – riddle – of – the – third – idea – how – did – the – soviets – build – a – thermonuclear – bomb – so –

suspiciously – fast/. A printed version is ‘The Super: Lecture Series by Fermi’, pp. 31 – 8, in *USSR Atomic Project: Documents and Materials, vol. 3, Hydrogen Bomb 1945 – 1956* (State Corporation for Atomic Energy), compiled by G. A. Goncharov and P. P. Maksimenko (2008). 关于核武器的权威性描述，另见 Carey Sublette 的网站：“核武器档案馆”，http://nuclearweaponarchive.org。Alex Wellerstein 通过《信息自由法》申请获得了洛斯阿拉莫斯的费米讲座记录。第一次讲座是：Enrico Fermi, ‘Super Lecture No. 1: Ideal Ignition Temperature [notes by D. R. Inglis]’, LA – 344 (1), 2 August 1945, Los Alamos National Laboratory。其后的讲座都遵循这个验证方案。本章的叙述即基于此。福克斯也有可能把他本人笔记的一个副本给了查德威克，因为英国不对公众开放的档案都在不同程度上提到了 ‘Miscellaneous Super Bomb notes by Klaus Fuchs’, TNA ES 10/5; ‘Fermi lectures on the Super Bomb’, ES 10/4; ‘Super Bomb: Notes on wartime Los Alamos papers’, ES 10/3; and ‘Collected notes on Fermi's super bomb lectures’, ES 10/21。国防部根据《信息自由法》的以下豁免条款拒绝了对这些文件的请求：第 24（1）条，国家安全；第 26（1）条，国防；第 27（1）条，国际关系。（国防核组织秘书处致作者，2018 年 7 月 18 日。）因此，我们无法确定这些文件与本文所依据的公开文件的关系——如果有的话。

28. Fuchs’ role in stimulating Soviet research into the hydrogen bomb is described in detail in G. A. Goncharov, ‘On the History of the Creation of the Soviet Hydrogen Bomb’, *Physics-Uspekhi*, vol. 40, no. 8 (August 1997), pp. 859 – 67, and discussed by M. S. Goodman, ‘The Grandfather of the Hydrogen Bomb? Anglo-American Intelligence and Klaus Fuchs’, *Historical Studies in the Physical and Biological Sciences*, vol. 34, part 1 (2003), pp. 1 – 22. 作为福克斯在 1945 年 9 月 19 日传递这一情报的证据，Goncharov 引用了《美国国会原子能、政策与氢弹计划进展联合委员会。主要事件年表，美国政府印刷局，华盛顿特区（1953 年）》，但没有任何引向福克斯或戈尔德的文件可以证明这一点。Vassiliev 没有提到福克斯在这一天传递了这样的情报。福克斯后来也否认在美国时传递了关于氢弹的情报，不过这可能是为了自我保护。因此，福克斯有可能在很久以后，即返回英国后才交出了他的费米讲座笔记。另外，Rhodes, *The Making of the Atomic Bomb*, p. 624

表明福克斯可能向戈尔德提过氢弹，并引用了莫斯抄录的佩林与福克斯的对话（Norman Moss, *Klaus Fuchs: The Man who Stole the Atom Bomb* [Grafton Books, 1987], p. 144)：“我无法向［戈尔德］解释，因为他什么都不懂。我能给他们的只是一些纸面上的东西。”鉴于费米的讲座与福克斯和戈尔德在9月19日的会面如此巧妙地结合在一起，权衡之下，似乎他很可能提到了一些情况；福克斯对这些材料记忆犹新，而在那个时刻，对费米的讲座进行书面记录是一项相对简单的工作。此外值得注意的是，莫斯科的书面版本（上文本章注释12）没有提到费米最后一次讲座的材料，而这次讲座是在10月进行的，也就是在福克斯与戈尔德会面一个月之后。这进一步加强了一个论点，即福克斯确实在1945年9月向戈尔德通报了氢弹的情况。

29. 该揭秘项目被称作“维诺那”。这是个虚构的词，没有特别的意义。
30. H. Clegg to Mr Tolson, 30 December 1953. Fuchs FBI FOIA file 65 - 58805 - 1543, p. 1.
31. 1949年11月，总管珀西·西利托爵士发给军情五处驻华盛顿大使馆的联络官一封电报，电报中说“我们有提及霍尔珀林笔记本的记录，但除了加拿大蓝皮书第633或634页的那些内容之外，从来没有收到任何进一步的详细资料”（TNA KV 6/134, s. 25a)。西利托所说的“记录”可能是指1946年古琴科叛逃后收到的一封电报，电报中说，“大量的文件、论文和书籍被查封［原文如此］，但尚未经过检查。逮捕**霍尔珀林**的皇家骑警下士说，前者的笔记本上有从前不知道与此有关的其他拘留犯的名字。明天开始检查这些资料”（TNA KV 2/1421, 1946年2月16日)。西利托进而暗示，唯一的详细信息是在蓝皮书中，但此处列举的名字是“Eric & Jo Adams、Dr. Boyer、Nightingale、Fred Rose、Dave Shugar 等人”，没有明确提到福克斯。联邦调查局的记录称，加拿大警方把这些资料给了军情六处的彼得·德怀尔，但德怀尔“没有接受”。（FBI FOIA file 65 - 58805 - 1544，另见后文第21章。）这一疏忽的原因我们仍不清楚。See also the thesis of Timothy Gibbs, ‘British and American Counter-Intelligence and the Atom Spies, 1941 - 1950’, Ph. D. thesis, Faculty of History, Cambridge University, 2007. 我感谢托尼·珀西就这一问题进行的讨论。
32. KGB file 84490, vol. 1, p. 105; Vassiliev ‘Yellow Notebook #1’, in

Alexander Vassiliev, *Alexander Vassiliev Papers, 1895 – 2011* (US Library of Congress), p. 76; Klaus Fuchs confession to FBI, 26 May 1950, FOIA file 65 – 58805 – 1324, p. 9.

33. KGB file 84490, v. 1, p. 105; Vassiliev, 'Yellow Notebook #1', p. 76.
34. KGB file 40594, v. 7, p. 318; Vassiliev, 'Black Notebook', p. 125.

# 第十章　哈韦尔、氢和钚

1. See Richard Rhodes, *Dark Sun: The Making of the Hydrogen Bomb* (Simon and Schuster, 2005), chapter 22.
2. Truman Library online collection, www. trumanlibrary. org/whistlestop/study_collections, cited in Timothy Gibbs, 'British and American Counter-Intelligence and the Atom Spies, 1941 – 1950', Ph. D. thesis, Faculty of History, Cambridge University, 2007, footnote 291.
3. Margaret Gowing and Lorna Arnold, *Independence and Deterrence, vol. 2: Policy Making* (Macmillan, 1974), p. 23.
4. TNA AB 16/36, p. 13.
5. Graham Farmelo, *Churchill's Bomb: A Hidden History of Science, War and Politics* (Faber and Faber, 2013), p. 324; Peter Hennessy, *The Secret State: Whitehall and the Cold War* (Penguin, 2002).
6. 由于福克斯向苏联提供了大量情报，我们可以从苏联的资料推断出他们专利的某些特点。以下是他们的思想要点，其“最重要的意义后来变得显而易见”。See G. A. Goncharov, 'American and Soviet H-Bomb Development Programmes: Historical Background', *Physics Uspekhi*, vol. 39 (1996), p. 1, 033.
7. Lorna Arnold and Kate Pyne, *Britain and the H Bomb* (Palgrave, 2007), p. 7 etc. 例如，1951 年的“温室乔治”试验用一枚 50 万吨级的原子弹点燃了相邻舱的 1 盎司氘氚。泰勒的这一想法在部分程度上受到了福克斯和冯·诺依曼的启发，一位评论家将其描述为“就像用高炉点燃一根火柴”。Quoted in Rhodes, *Dark Sun*, p. 457.
8. Arnold and Pyne, *Britain and the H bomb*, p. 7; Rhodes, *Dark Sun*, pp. 252 – 4; G. A. Goncharov, 'Beginnings of the Soviet H-Bomb Project', *Physics Today*, vol. 49 (November 1996).
9. Arnold and Pyne, *Britain and the H Bomb*, p. 7. 辐射的主要形式是 X 射

线。这些射线将舱体及其内容物加热到完全电离的程度：原子内的全部电子都被释放出来。汽化的氧化铍舱让每个原子产生了 14 个带电粒子（氧有 8 个电子，铍有 4 个，还有 2 个原子核）。氘和氚各给出一个电子，如果把原子核也计算在内，则一共有 4 个电荷。其关键的特征是原子一一相抵，汽化舱的 14 个粒子在数量上超过了汽化内容物的 4 个。这一点为何重要？因为当两种气体处于平衡状态时，它们的压力之比与这些粒子的相对数量成正比。所以汽化舱对氘氚气体施加压力并将后者压缩。裂变弹直接命中以及辐射导致的舱体内爆这一套组合拳把氘氚混合物压缩到原来的十分之一，福克斯和冯·诺依曼经计算认为这足以点燃核聚变炸弹了。See Kenneth Ford, *Building the Bomb: A Personal History* (World Scientific, 2015), p. 101.

10. Rhodes, Dark Sun and Ford, *Building the Bomb* are excellent descriptions of the development of the hydrogen bomb, at least within the USA.
11. Arnold and Pyne, *Britain and the H Bomb*, p. 7.
12. Ford, *Building the Bomb*, pp. 99 – 102 讨论了乌拉姆 – 泰勒和福克斯 – 冯·诺依曼构思之间的技术差异。从根本上说，在福克斯 – 冯·诺依曼装置中，氘筒仍未被压缩，因此，它是改进经典超级炸弹点火的一种尝试。乌拉姆 – 泰勒在此基础上更进一步，也以阶梯式的方式压缩了核燃料。福克斯 – 冯·诺依曼的点火概念在 1951 年的“温室乔治”试验中得到了检验。裂变反应与氘氚舱分离，一条长长的管道将裂变爆炸的辐射导入舱内，使其点燃。即便如此，一筒氘也无法在福克斯 – 冯·诺依曼装置中维持燃烧。乌拉姆 – 泰勒扩展了这一点，并通过压缩主装药成功引发热核爆炸。乌拉姆 – 泰勒配置似乎是所有早期氢弹的通用配置。由于关于氢弹的许多资料仍然是保密的，因此很难准确地评估福克斯 – 冯·诺依曼的想法与产生了美国氢弹的 1951 年乌拉姆 – 泰勒概念中的辐射内爆特征之间有什么关系——如果有的话。G. A. Goncharov 在 1996 年 11 月的 *Physics Today* 中称，福克斯 – 冯·诺依曼的构思第一个使用了辐射内爆，“是未来的乌拉姆 – 泰勒配置的原型”。关于乌拉姆 – 泰勒构思的解密信息或公共领域出现的材料汇编，见 Carey Sublette 的网站：http: //nuclearweaponarchive. org/Library/Teller. html。
13. B. Taylor, 2017 年 5 月 6 日的采访，以及 BBC 第四台 2017 年 5 月 3 日的节目《英国核弹内幕》中的评论。Arnold and Pyne, *Britain and the H Bomb*, p. 7 and also note 25, Appendix 1, p. 232. 不过，英国原子弹的

研制似乎并不依赖于福克斯和冯·诺依曼。福克斯的想法被锁在威廉·彭尼的保险柜里，不幸被销毁了，留下了“英国氢弹史上永远无法填补的空白”（洛娜·阿诺德对本书作者说的话，2013 年 8 月 30 日）。

14. See section 2 in Goncharov, 'American and Soviet H-Bomb Development Programmes', pp. 1, 033 – 44.

15. M. S. Goodman, 'The Grandfather of the Hydrogen Bomb? Anglo-American Intelligence and Klaus Fuchs', *Historical Studies in the Physical and Biological Sciences*, vol. 34, part 1 (2003), pp. 1 – 22. 古德曼的文章全面评估了氢弹的早期开发，并分析了福克斯的作用。这段引文出自 Gennady Gorelik, 'A Russian Perspective on the Father of the American H-bomb'; http://people.bu.edu/gorelik/Minnesota_02_web.htm, pp. 8 – 9。

16. 'No question but that these documents went to the Soviets': US Congress Joint Committee on Atomic Energy, 1951. Letter to Chadwick, 18 June 1946, which enclosed copies of some notes that Fuchs 'wants to speak about': TNA AB 1/444.

17. Letter 24 June from Cockcroft: Fuchs was told of a Harwell steering committee meeting at Harwell on Monday 1 July at 09.30 at which he should be present. This information was sent to him c/o [his sister Kristel] Heineman on 25 June. TNA AB 1/444.

18. Letter about travel reimbursement from K. Fuchs to Geoffrey McMillan, British Supply Office, Washington DC, 27 June 1946, TNA AB 1/444.

19. Source: US departing income-tax statement, TNA AB 1/444.

20. Letter dated 8 March 1946 in Peierls papers, Bodleian Library, File C304, entry 393, p. 34 in Sabine Lee, *Sir Rudolf Peierls: Selected Private and Scientific Correspondence*, vol. 2 (World Scientific, 2007).

21. Peierls to G. P. Thomson, 12 March 1946. Catalogue of the papers and correspondence of Sir George Paget Thomson, FRS (1892 – 1975), Trinity College, Cambridge, CSAC 75.5.80/J89; and entry 394, p. 35, in Lee, *Sir Rudolf Peierls: Selected Private and Scientific Correspondence*, vol. 2.

22. Peierls to Gardner, 14 March 1946, Peierls papers, Bodleian Library, Box C. 汤姆森的想法及其对钚生产的影响是保密的，但它的发展需要解决具有更大的普遍性的许多技术问题，如磁场物理学。这些问题包括加德纳能够为他的论文进行调查的非机密问题。

23. Correspondence between Peierls and Thomson, Trinity College, Cambridge, CSAC 75. 5. 80/ J89; entries 393, 394, 397 and 400, in Lee, *Sir Rudolf Peierls: Selected Private and Scientific Correspondence*, vol. 2.

24. Peierls papers, Bodleian Library, File C304.

## 第十一章　1947 年：哈韦尔并不安全

1. Henry Arnold memorandum on Klaus Fuchs, October 1951, TNA KV 2/1257, s. 874a, p. 2.

2. Mary Flowers (Bunemann), *Atomic Spice: A Partial Autobiography*, unpublished (2009): http://homepages.inf.ed.ac.uk/opb/atomicspice.

3. Ibid, p. 96.

4. Jo Hookway (Peierls), interview, 11 May 2015.

5. Flowers, *Atomic Spice*, p. 125.

6. Lorna Arnold interview, 4 January 2013.

7. 本段和后续段落的引文均出自亨利·阿诺德关于克劳斯·福克斯的备忘录，October 1951, TNA KV 2/1257, s. 874a。

8. Fuchs to Arnold, 29 September 1946, TNA KV 2/1245, s. 45x. Minute 45a is Harwell on Fuchs and minute 46 their reply to 45a.

9. Quotes from Henry Arnold's correspondence and phone calls with T. A. Robertson of MI5, October 1946. TNA KV 2/1245, s. 45a and minutes 47 - 51.

10. Henry Arnold to Lt. Col. Collard, 1 October 1946, TNA KV 2/1245, s. 45a.

11. Collard to Arnold, 8 October 1946, ibid, s. 46a.

12. J. A. Collard, 10 October 1946, TNA KV 2/1245, minute 47. Designation of Section B. 1. c - Guy Liddell's diary, 27 September 1947, TNA KV 4/469.

13. T. A. Robertson, [B. 4], note about meeting with Arnold sent to [B. 1. A and B. 1. C], 15 October 1946, TNA KV 2/1245, minute 48.

14. TNA KV 2/3223, s. 8, and note 35 in chapter 2.

15. T. A. Robertson, [B. 4], note about meeting with Arnold sent to [B. 1. A and B. 1. C], 15 October 1946, TNA KV 2/1245, minute 48.

16. Ibid. 不知何人在这句话旁边写下了“哦，我的妈呀”。

17. TNA KV 4/469, 8 December 1947.

18. Ben McIntyre, *Double Cross* (Picador, 2012).
19. Robertson, TNA KV 2/1245, minute 48.
20. TNA KV 2/1245, minutes 32 to 43, as cited by Michael Serpell in minute 49. See also chapter 7, footnote, p. 114.
21. M. F. Serpell (B1c), 13 November 1946, TNA KV 2/1245, minute 49. 瑟普尔在此虚伪地暗示“难以说服［原文如此］科学和工业研究部”。第七章中军情五处与科学和工业研究部之间的交流显示，没有证据表明军情五处曾警告过科学和工业研究部，说福克斯在1943年或1944年将会是一个“危险”，所以根本没有“说服”的需要。他们的建议遭到否决的说法来自军情五处内部，T. A. 罗伯逊在1946年10月15日的会议记录48中认为，“倘若**福克斯**果真是危险人物，那么毫无疑问，要是他被从目前的工作岗位上撤下来，其技术水平将会让原子能科学研究院受到很大的影响”。这种不安似乎源自1941年福克斯获得外国人兵役许可时，飞机生产部的阿彻和斯蒂芬斯之间的交流（见本书第五章）。特别提到了科学和工业研究部以及1943年，这暗示了军情五处的恼怒，因为在福克斯已经代表科学和工业研究部前往美国的途中，军情五处才在事后得知他入籍的消息。(Serpell exchanges with Garrett, and Garrett with DSIR, November 1943 to January 1944, TNA KV 2/1245, minutes 34 - 43.) 瑟普尔在1946年的意见，即会议记录49，可能是那次经历的产生的结果。
22. M. F. Serpell, ibid. 该评估没有提到在霍尔珀林的日记或在德国被捕的共产党员名单中发现了福克斯的名字，联邦调查局当时已经掌握了这两个物证。(Fuchs FBI FOIA file 65 - 58805 - 479 and ibid, s. 1543. See also chapter 21 below.) 军情五处的档案只记录了他们在1949年掌握了这个情报（TNA KV 2/1247, s. 230C）。如果瑟普尔在1946年就能得到这些文件，那么在其评估中忽略了这些就简直不可想象了。
23. M. F. Serpell, 13 November 1946, TNA KV 2/1245, minute 49.
24. M. F. Serpell (B. 1. c), note KV 2/1245, minute 49, 13 November 1946; Roger Hollis, minute 55, and Guy Liddell, minute 57, in TNA KV 2/1245, 20 December 1946.
25. Roger H. Hollis (B. 1), 19 November 1946, TNA KV 2/1245, minute 50.
26. J. A. Collard to G/C Archer, 24 November 1946, TNA KV 2/1245, minute 51.

27. 阿诺德的备忘录写于 1951 年 6 月，回复了作家艾伦·穆尔黑德的问题。军情五处认为这份备忘录“太过私密，不宜展示给穆尔黑德”，于是它被留存在福克斯的档案中（Note D. G. White, 16 October 1951, TNA KV 2/1257, s. 874a）。

28. Minute 52 in TNA KV 2/1245, 27 November 1946.

29. Kim Philby, *My Silent War*: *The Autobiography of a Spy* (Arrow, 2018), chapter 7, also quoted in Christopher Andrew, *Defence of the Realm*: *The Authorized History of MI5* (Allen Lane, 2009), p. 341.

30. 几处均将简·阿彻误认为是这份备忘录的作者。平彻似乎是始作俑者，说她是被“哄骗回军情五处”的（chapter 34 loc 4751）。Mike Rossiter, *The Spy who Changed the World* (Headline, 2014), chapter 14, Tom Bower, *The Perfect English Spy*: *Sir Dick White and the Secret War 1939 – 1945* (Heinemann, 1995), and Wikipedia, https://en.wikipedia.org/wiki/Jane_Sissmore（2017 年 9 月 21 日查阅）都在宣传这个神话。维基百科上的条目，除了这些书之外，没有引用其他任何来源。在现有的文献中，似乎只有 Antony Percy, *Misdefending the Realm* (University of Buckingham, 2018) 在第八章中正确地将这份备忘录的作者确定为她的丈夫 J. O. 阿彻，并指出了之前的错误。这种张冠李戴是如何产生的，至今仍无法解释，但这可能是简特有的敏锐洞察力与她在战后回到军情五处的事实相结合的结果。不过，至于是什么时候，则是一个谜。克里斯托弗·安德鲁证实她回到了军情五处(email to author 13 May 2017)，但无法给出具体日期。在她重新加入军情五处时，值得注意的是，这位能人并没有被赋予任何部门的职责，而迪克·怀特和罗杰·霍利斯这两任总管过去都曾在她手下应聘、受训和服务。我发现有两处提到她的地方，对她后来的职业生涯问题有影响。在 Keith Jeffery, *MI6*: *The History of the Secret Intelligence Service 1909 – 1949* (Bloomsbury, 2010), p. 657，有一个含糊不清的句子：“[In September 1945 Philby] suggested Jane Archer or Roger Hollis from MI5。”然而，这句话的解释取决于“或”前是否有逗号。盖伊·利德尔在 1947 年 9 月 6 日的日记中提到了她，11 月的一篇被严重删节的日记中又提到了她，表明她涉及了一些值得军情五处和六处负责人以及内政部行政部门负责人 Edward Bridges 关注的问题。简·西斯莫尔 – 阿彻是提醒米莉森特·巴戈特注意菲尔比的幕后军师，这种可能性令人振奋，具体见第五章。虽然这对我们的主旨有些无关紧要，但我记录下来是希望以后的调查能揭示这一事件，并对简·西斯莫尔的整个职业生涯有所了解。

31. TNA KV 2/1245, minutes 47 to 51.
32. 30 November 1950, TNA KV 2/1245, minute 53.
33. Formally 'Examination of Credentials', Andrew, *Defence of the Realm*, Appendix 3.
34. J. O. Archer (C2), 27 November 1950, TNA KV 2/1245, minute 52.
35. Ibid, minute 50.
36. Ibid, minute 50; minute 52 (Archer); minute 53.
37. Ibid, minute 54.
38. Ibid, minute 55, 4 December 1946. 这一说法尽管在 1950 年 3 月 23 日遭到驳斥（TNA KV 2/1270, s. 687a），却也被列入 1951 年 9 月给作家艾伦·穆尔黑德的一揽子资料中（TNA KV 2/1257, s. 868a），见本书“后记”部分。
39. Chapman Pincher, *Chapman*, *Treachery*: *Betrayals*, *Blunders and Cover-Ups*: *Six Decades of Espionage against America and Great Britain* (Random House, 2009), chapter 34 独立强调了这一次序，并将其添加到自己的档案中，作为霍利斯为苏联工作的间接证据。
40. J. O. Archer, 5 December 1946, TNA KV 2/1245, minute 56. White wrote on the minute: 'I would like to attend [the meeting] and of course B1 too.'
41. TNA KV 2/1245, minute 57 is from Deputy Director General (Liddell) sent on 20 December 1946 to DC and C2 for information and to DB and B1 for action. 'I agree with B1 there is really nothing of a positive nature against either FUCHS or PEIERLS.' The memo is also in KV 2/1658, folio 21a, where someone has penned in '+1934' after the reference to 1937.
42. TNA KV 2/1245, minute 57.
43. TNA KV 2/1658, s. 22a.
44. TNA KV 2/1658, s. 24a.
45. Guy Liddell letter to Sir Alexander Maxwell, 23 January 1947, TNA KV 2/1658, s. 25a.
46. Guy Liddell, 22 May 1947, TNA KV 2/1245, minute 97. 尽管利德尔对阿彻提出的关切做出了回应，并亲自直接联系了内政部，但与他当时所考虑的其他事务相比，他似乎并没有把此事看作重大的问题。他的日记中没有 1947 年 1 月至 5 月的记录，因为他当时正在中东和远东考察；直到很久以后，日记里才提到了克劳斯·福克斯。

47. KGB file 84490, vol. 1, p. 117,“暂停与特工会面［1946 年 9 月 29 日的记录］。1946 年 8 月在伦敦的一次会面，查［尔斯］没有到场”。Vassiliev, 'Yellow Notebook #1', in Alexander Vassiliev, *Alexander Vassiliev Papers, 1895 - 2011* (US Library of Congress), p. 77. 1947 年 8 月起，苏联方面重新建立了与其特工们的联络。福克斯在 1947 年 7 月恢复了接触。我们不清楚他在此期间的流亡是莫斯科强加的，还是他个人的决定。
48. 哈里·查普曼和平彻三十多年来一直坚信罗杰·霍利斯是军情五处内部的苏联间谍。他最后的一部著作是 *Treachery: Betrayals, Blunders and Cover-Ups* (Random House, 2009)，其中他早期作品的内容也有收录。
49. Guy Liddell to Sir Alexander Maxwell, 23/1/47, Review of all people on highly secret projects, TNA KV 2/1658, s. 25a.
50. 派尔斯在英国原子科学家协会中的作用，以及该协会与政府的复杂关系，详细的叙述见 chapters 6 and 7 of Christoph Laucht, *Elemental Germans: Klaus Fuchs, Rudolf Peierls and the Making of British Nuclear Culture, 1939 - 1959* (Palgrave Macmillan, 2012)。
51. Peierls to Michael Perrin, 19 February 1948, TNA KV 2/1658, s. 46c.
52. The correspondence spans February and March 1948 and is in TNA KV 2/1658, s. 46. This particular quotation is from s. 46d.
53. Rudolf Peierls to Captain Bennett, 17 March 1948, TNA KV 2/1658, s. 46e.

## 第十二章　1947～1949 年：故技重施

1. Brian Cathcart, *Test of Greatness* (John Murray, 1994), p. 40.
2. K. Fuchs, G. J. Kynch and R. E. Peierls, *The Equation of State of the Air at High Temperature*, Tube Alloys Report MS 61, 1942, TNA AB 4/897.
3. Graham Farmelo, *Churchill's Bomb: A Hidden History of Science, War and Politics* (Faber and Faber, 2013), p. 325. The footnote on p. 182 of Margaret Gowing and Lorna Arnold, *Independence and Deterrence, vol. 2: Policy Making*

(Macmillan, 1974), lists Attlee, the Foreign Secretary (Ernest Bevin), Lord President (Herbert Morrison), Minister of Defence (A. V. Alexander), Dominions Secretary (Lord Addison) and Minister of Supply (John Wilmot).

4. Gowing and Arnold, *Independence and Deterrence*, *vol. 2*, pp. 181 – 2.
5. Lord and Lady Flowers, interview with Michael Goodman, cited in notes 22 and 24 of M. S. Goodman, 'The Grandfather of the Hydrogen Bomb? Anglo-American Intelligence and Klaus Fuchs', *Historical Studies in the Physical and Biological Sciences*, vol. 34, part 1 (2003), pp. 1 – 22.
6. Peierls to Fuchs, 27 March 1947, TNA KV 2/1658, s. 34a.
7. Gaby Gross (Peierls), email to author, 5 January 2019. Katrina Mason, p. 138, in *Children of Los Alamos* (Twyne Publishers, 1995).
8. KGB Archives, File 84490, vol. 1, p. 235; Alexander Vassiliev, 'Yellow Notebook #1', in Vassiliev, *Alexander Vassiliev Papers*, *1895 – 2011*, US Library of Congress, p. 80, and Fuchs' confession on technical details to Michael Perrin, MI5 files, TNA KV 2/1250 folio 443.
9. TNA KV 6/42, s. 170, shows this to have been on 13 September 1947, not 5 April, contrary to Chapman Pincher, *Treachery*: *Betrayals*, *Blunders and Cover-Ups*: *Six Decades of Espionage against America and Great Britain* (Random House, 2009), chapter 37.
10. Guy Liddell's diary, 23 June 1947, TNA KV 4/469.
11. TNA KV 6/42, s. 149b.
12. Ruth Werner (Ursula Beurton), *Sonya's Report* (Vintage, 1999), p. 278.
13. Ibid, p. 279.
14. Shakespeare, *Henry V*, Act 4, Scene 3, speech before the Battle of Agincourt.
15. White to Tom Bower, p. 95, in Tom Bower, *The Perfect English Spy*: *Sir Dick White and the Secret War 1939 – 1945* (Heinemann, 1995). 其他的人包括金·菲尔比和克劳斯·福克斯。
16. TNA KV 6/42, s. 181.
17. As arranged on 19 September and reported to Moscow, KGB file p. 235, Vassiliev, 'Yellow Notebook #1', p. 80. Fuchs' account given to Skardon on 9 March 1950 is in TNA KV 2/1253, s. 588d. The code phrases differ from what Feklisov remembered decades later, pp. 208 – 12 in Alexander Feklisov (with the assistance of Sergei Kostin), *The Man*

*Behind the Rosenbergs* (Enigma Books, 2001).

18. KGB Archives, File 84490, vol. 1, p. 264; Vassiliev, 'Yellow Notebook # 1', p. 80.
19. I used the form as agreed in KGB files. The quote is in a report of the meeting in KGB file 84490, vol. 1, p. 235; Vassiliev, 'Yellow Notebook # 1', p. 80. 有人说用的是一套不同的话，但未给出处。
20. Feklisov, *The Man behind the Rosenbergs*, pp. 211 – 12.
21. Fuchs to Skardon, 31 January 1950, TNA KV 2/1250, s. 443.
22. G. A. Goncharov, 'American and Soviet H-Bomb Development Programmes: Historical Background', *Physics Uspekhi*, vol. 39 (1996), p. 1, 037.
23. Goodman, 'The Grandfather of the Hydrogen Bomb?', p. 8.
24. 化学反应为 $n + {}^{6}Li\,[3p+3n] \rightarrow t\,[p+2n] + {}^{4}He\,[2p+2n]$。
25. J. Albright and M. Kunstall, *Bombshell*: *The Secret Story of America's Unknown Atomic Spy Conspiracy* (Times Books, Random House, 1997), 有证据表明，克格勃大约就是在此时准备重新起用霍尔从事间谍活动的。有间接证据表明他同意了，请参见 *Bombshell* especially pp. 189 – 92，以及作者在 2013 年 1 月 25 日和 5 月 1 日对 Joan Hall 的访谈。如果事实如此，那么霍尔很可能就是泰勒关于氘化锂想法的情报来源。
26. 苏联武器研制的“初衷”是使用裂变元素（铀或钚，以及氢的轻同位素）的同心层。在这个“夹心蛋糕”中，裂变层的爆炸压缩了热核燃料。使苏联氢弹得以成功研制出来的第三种想法是利用原子爆炸的辐射来压缩燃料。历史学家们一直在争论这个与福克斯 – 冯·诺依曼有相似之处的想法是来自福克斯，还是苏联独立发现的。See for example https: //blogs. scientificamerican. com/guest – blog/the – riddle – of – the – third – idea – how – did – the – soviets – build – a – thermonuclear – bomb – so – suspiciously – fast/by Gonnady Gorelik.
27. Ferenc Szasz, *The Day the Sun Rose Twice*: *The Story of the Trinity Site Explosion*, *July 16*, *1945* (University of New Mexico Press, 1984), p. 91.
28. Margaret Farrell interview, 1 May 2015.
29. 他是对的。青年物理学家特德·霍尔在洛斯阿拉莫斯提供了关于原子弹的重要技术情报，他在战后可能也提供了这类情报。见上文本章注释 25。
30. KGB file 84490, vol. 1, p. 383, Vassiliev, 'Yellow Notebook #1', p. 82.
31. Guy Liddell's diary, 13 November 1947, TNA KV 4/469.

32. Quotes from Cathcart, *Test of Greatness*, p. 104, based on a private letter from Corner to Cathcart.
33. Ibid, p. 104.
34. K. Fuchs to W. Penney, 2 March 1948; ES 1/493, s. E13.
35. K. Fuchs travel log, March 1948, TNA KV 2/1246.
36. KGB file 84490, vol. 1, p. 384, Vassiliev, 'Yellow Notebook #1', p. 82. In KGB file 84490, vol. 1, p. 267, Vassiliev 'Yellow Notebook #1', p. 81 特别提到福克斯"描述了费米和泰勒（Taylor）［原文如此；此为 Teller 的俄语误写］在芝加哥大学研究的氢弹的工作原理"。
37. Edward Teller (with Judith Shoolery), *Memoirs: A Twentieth-Century Journey in Science and Politics* (Perseus, 2001), p. 237.
38. Fuchs FBI FOIA file, 65 - 58805 - 915, p. 36.
39. Harwell to MI5, 19 November 1947, TNA KV 2/1245, s. 101a; MI5 response, J. Collard, 24 November 1947, ibid, minute 102.
40. Ibid, minute 103, M. Furnival Jones, 25 November 1947.
41. Ibid, minute 104, R. H. Hollis, 26 November 1947.
42. Ibid, minute 105, D. White to G. Liddell, 2 December 1947.
43. Roger Hollis report of the 8 December meeting, TNA KV 2/1245, minute 106, 10 December 1947.
44. TNA KV 4/469, 8 December 1947.
45. Report of visit to Harwell by Lt. Col. J. Collard, 18 March 1948, TNA KV 2/1245; minute 110, dated 6 April 1948.
46. Report of visit to AERE Harwell by Lt. Col. J. Collard, 18 March 1948, TNA KV 2/1245, s. 110a.
47. Ibid.
48. Ibid.
49. Ibid.
50. KGB file 84490, vol. 1, pp. 332 - 7, Vassiliev, 'Yellow Notebook # 1', p. 81.
51. KGB report on Fuchs meeting of 10 July 1948. KGB file 84490, vol. 1, p. 343, Vassiliev, 'Yellow Notebook #1', p. 82.
52. G. Peierls communication to the author, undated, and 'Talk about Fuchs', audiotape in Peierls papers, A176.
53. KGB Archives, File 84490, vol. 1, p. 235; Vassiliev, 'Yellow Notebook #

1’, p. 80, and Fuchs’ confession on technical details to Michael Perrin, MI5 files, TNA KV 2/1250, s. 443.

54. R. A. A. Badham to J. McFadden, 1 January 1948, TNA KV 2/1245, s. 109a.

55. J. McFadden (Ministry of Supply) to Major Badham, MI5, 14 August 1948, TNA KV 2/1245, s. 111a.

56. 在关于福克斯的聘用情况（署期为 1948 年 8 月 14 日）的会议记录 111 之后，档案 TNA KV 2/1245 以关于 Thirring 博士到访的会议记录 112（1948 年 11 月），以及提到了即将到来的“福克斯家族造访英伦”的会议记录 113a（1949 年 4 月 20 日）结档。档案 TNA KV 2/1246 以注有日期为 1949 年 9 月 7 日的会议记录 114 开篇，这份会议记录基于来自美国的情报，开启了对福克斯间谍活动的正式调查。

57. 启动对福克斯的调查后，第一个行动便是收集他的旅行记录。These are filed in TNA KV 2/1246. This records ‘12 Feb dep. Home or HQ 12 am; Car; From Harwell To Cambridge; Firm, Establishment etc. visited and name of individual contacted: Sir James Chadwick, Prof Feind (?) Prof Hartree. 13 Feb From Cambridge To Harwell; Home or HQ arr. 11pm; Miles by Private Motor Car: 200.’

58. Fuchs’ confession on technical details to Michael Perrin, MI5 files TNA KV 2/1250, folio 443.

59. Rudolf Peierls to Klaus Fuchs; 18/3/48, Bodleian Library, C111.

60. Harwell work on thermonuclear reactions. The papers and correspondence of Sir George Paget Thomson, FRS (1892 - 1975), Trinity College, Cambridge. CSAC 75. 5. 80/E88.

61. Ibid, Minutes of Technical Committee, 23/1/47, H. 881.

62. 从 1947 年 12 月 29 日科克罗夫特致汤姆森的信中我们可以清楚地看出，福克斯的小组密切地参与其中，该信证明“比内曼和艾伦现在正在这里从理论方面考虑［核聚变］问题”。1948 年 1 月 23 日，汤姆森致信克劳斯·福克斯，说自己前一天见到了科克罗夫特，比内曼将在 2 月 10 日这一周到帝国学院和汤姆森一起工作。这封信以红色笔记书写的信头为，“经空军中校阿诺德许可，取自比内曼在哈维尔的档案，1951 年 4 月 4 日”。有证据表明，1948 年比内曼和汤姆森有信件往来，1949 年在牛津的一次会议也有证据表明，这是一个持续的计划。

63. J. Gardner, 'Confinement of Slow Charged Particles to a Toroidal Tube', *Proceedings of the Physical Society*, vol. 62 (1949), p. 300.

64. Peierls to Fuchs, (?) October 1948, Bodleian Library, C111.

65. Peierls to Fuchs, 20 September 1949, Bodleian Library, C111.

66. Gardner to Peierls, 11 January 1950, Bodleian Library, C111.

67. 此事从未得到深究。事实证明，核聚变技术在工程上的挑战远远大于最初的预期，而且核反应堆也迅速成为培育钚的标准手段。在英国，温斯凯尔的建设始于 1947 年。在苏联，第一个可运行的研究反应堆于 1946 年 12 月 25 日开工，在这里反应堆也成为培育钚的手段。因此，到 1949 年，加德纳和他的俄国同行的工作均已处在武器计划的边缘了，这也许可以解释苏联为何也允许这项工作出现在公开的文献中。在福克斯被捕时，关于核聚变可以用来培育钚的想法已经走进了死胡同，在他的谍报工作中也没有提到这个项目。

68. Henry Arnold, Notes on Dr Klaus Fuchs, KV 2/1257, s. 874, October 1951.

69. 计划是在他"1949 年 2 月最后一次联系的大约六个月前"，在帕特尼的一个酒吧里被制订的（福克斯致斯卡登的信，1950 年 2 月 15 日，TNA KV 2/1252, s. 518d)。福克斯已经错过了两次任务（最近的一次在 5 月），因此在 7 月会面的时候安排计划似乎是自然而然的事。

70. This account follows from TNA KV 2/1256, s. 759a, which appears to be MI5's final assessment following earlier confusing versions in KV 2/1255, s. 700 and KV 2/1256, s. 757a. The specific location of number 14 is given in page 2 of Skardon's report of 14 February 1950, TNA KV 2/1252.

71. 军情五处内部沿袭的观点认为，福克斯与俄国人的最后一次见面是在 1949 年 2 月（例如 TNA KV 2/1252, s. 519)。克格勃的记录显示为 2 月 12 日（KGB file 84490, vol. 1, p. 393, Vassiliev, 'Yellow Notebook #1', p. 83)，但 KGB file 84490, vol. 1, p. 424 (Vassiliev, 'Yellow Notebook #1', p. 83) 记录 1949 年 4 月 1 日的另一次碰头才是他们的"最后一次见面"。

72. Skardon interview with Skinner, 28 June 1950, TNA KV 2/1255, s. 699b.

73. Vassiliev, 'Yellow Notebook #1', p. 83, KGB file, p. 393.

74. Summary of information received from Dr Fuchs regarding his espionage contacts, 2 March 1950, TNA KV 2/1253, s. 564b. Vassiliev, 'Yellow

Notebook #1', p. 83, KGB file p. 393.

75. TNA KV 2/1245, s. 112.

76. Memo to passport control, 18 March 1949, TNA KV 2/1245, s. 112. This letter also confirms Klaus Fuchs' address as Lacies Court in March.

77. Hanni Bretscher, note dated 1 April 1987, attached to a letter from Fuchs to Egon Bretscher, 13 May 1948, Egon Bretscher papers, Churchill College, Cambridge, H. 29. Christoph Laucht, *Elemental Germans: Klaus Fuchs, Rudolf Peierls and the Making of British Nuclear Culture, 1939–1959* (Palgrave Macmillan, 2012), note 61 称这次探访是在 1947 年秋，并持续到了 1948 年春。关于埃米尔·福克斯在这段时间始终待在哈韦尔，而福克斯却在积极从事间谍活动的想法相当怪异。签证申请表明，埃米尔和克劳斯的外甥在 1949 年 7 月至 8 月待了四个星期。TNA KV 2/1245, s. 112a, April 1949.

78. 军情五处认为这是"神来之举"，见 *The Case of Emil Julius Klaus Fuchs*, 31 March 1950, TNA KV 2/1256, s. 756, p. 6。

79. Guy Liddell's diary, TNA KV 4/471, undated. Other entries in the diary place this between 5 and 12 September 1949.

80. TNA KV 4/471, 13 September 1949. Halperin was Canadian, born of Russian immigrants.

81. 苏联的核弹试验发生在 1949 年 8 月 29 日。将近一个月后，英美科学家才有足够的信心通知本国的政府。利德尔是在 9 月 23 日与其他高级官员一起得知此事的（MI5 file TNA KV 4/471）。在 6、7 两月与俄国人失联后，苏联成功爆炸原子弹的消息可能给福克斯带来了退出的借口，因为在他看来，自己的工作已经完成了。

82. Guy Liddell's diary, 23 September 1949, TNA KV 4/471.

83. Ibid.

84. Ibid.

85. Ibid.

86. Ibid.

## 第十三章 "维诺那"密码

1. Quoted in Anthony Summers, *Official and Confidential: The Secret Life of J. Edgar Hoover* (Victor Gollancz, 1993), p. 158.

2. Quoted in ibid, p. 152.

3. Ibid.

4. Ibid, p. 153.

5. William Sullivan, quoted in ibid, p. 155.

6. Ibid, p. 156.

7. The NSA history of VENONA is given in Robert L. Benson, *The Venona Story*, Center for Cryptologic History, National Security Agency, Washington DC, 2012: https://www.nsa.gov/about/cryptologic-heritage/historical-figures-publications/publications/coldwar/assets/files/venona_story.pdf. “维诺那”解密的年表仍属保密内容，而公共领域的材料中“包含了尽可能多的内容，可以在不透露任何密码分析技术的情况下被公之于众，这些技术甚至可以部分破解截获的原始电文，这正是［只有公之于众的］每份报告的最终版本的原因之一”。(Correspondence with GCHQ Departmental Historian, 27 June 2018.)

8. Winston Churchill to President Roosevelt, 25 February 1942, in Warren F. Kimball (ed.), *Churchill and Roosevelt: The Complete Correspondence*, vol. 1 (Princeton University Press, 2015).

9. 伦敦的格鲁乌通信使用的是基本的“维诺那”密码系统，见 Benson, *The Venona Story*, p. 49。解密水平达到了何种程度不详。当然，名为“福克斯博士”的解密直到 1950 年或以后才达成。

10. Ibid, pp. 11 and 59.

11. Ibid, p. 51.

12. Ibid, p. 7. 关于这段代码的解密，见本书第九章。

13. R. J. Lamphere and T. Shachtman, *The FBI-KGB War: A Special Agent's Story* (Random House, 1986), p. 127.

14. Ibid.

15. See Timothy Gibbs, ‘British and American Counter-Intelligence and the Atom Spies, 1941 – 1950’, Ph. D. thesis, Faculty of History, Cambridge University, 2007, chapter 2 – ‘A SIGINIT partnership’, and footnotes 365 – 7 for analysis of this liaison. He notes a highly redacted FBI memorandum to L. V. Boardman, A. H. Belmont, 1 February 1956. FBI FOIA Electronic Reading Room, http://foia.fbi.gov/foiaindex/venona.htm，其中写道：“［ ］和［ ］两人都在研究这个问题，工作单已完成并呈送［ ］。此外，［ ］在英国有一个人与［ ］一起工作。而［ ］则有一位密码员在［ ］全职工作。”

这是加德纳在英国政府通信总部工作时写的。Lamphere, *The FBI-KGB War*, pp. 127 ff 给出了联邦调查局对这种合作的诞生和早期的看法。

16. https://www.nsa.gov/news-features/declassified-documents/venona/dated/1944/assets/files/15jun_departure_agent_rest.pdf. 这是1954年发表的最终报告，有源自英国政府通信总部的特点。请注意文本中出现了英式拼法的"speciality"，以及第22章讨论的其他特点。

17. 解密残缺不全，英国政府通信总部全程都有实质性的参与。关于此解密的第一次记录见"Status 16 April 1948: Messages involving cover name ENORMOS and the names of nuclear physicists, p. 1"。Report by Hugh S. Erskine, Lt. Col., Signal Carps, Chief CSGAS-93, TNA HW 15/58. 在这一阶段，密码破译者取得了如下成果：

 6F 报告 MSN-1* ［缺一位数字或一组字母］EFRENT FLUKTUATSIYA［? 传出波动?］-1F—2u—37F—…sion 方法—根据（? 他们的?）（? 专长?? 说明?）工作。（?? 辐射??［非常可疑］）—11F—岛民［英国人］和城里人［美国人］最终-14F——城里人向海岛［英国］代表表示，在岛上建设设备不可避免地会违背"伊诺穆斯"协议的精神。"由《大西洋宪章》（? 匆匆?）推断"。目前-1U——（关于）在"迦太基"［华盛顿］的海岛［英国］正在研究向"海岛"转移工作的细节。此项工作是-2U—经-1F-离开LAT［乱码?］这一事实的原因。

源自英国的档案中第一次提到解密的时间是在1949年8月17日，指的仍是MSN-1（第三部分），而不是MSN 12（本章注释21）。8月30日再次提到了MSN-1（'Unidentified Soviet Agent in the United States' TNA KV 6/134, s. 6a），这说明电文在当时还只是部分解密。这也引起了人们对兰菲尔在事件发生多年后所写说明的真实性的怀疑。另见第20章注释11。

18. https://www.nsa.gov/news-features/declassified-documents/venona/dated/1944/assets/files/4oct_klaus_fuch_sister.pdf.

19. https://www.nsa.gov/news-features/declassified-documents/venona/dated/1944/assets/files/16nov_klaus_fuchs_harry_gold.pdf. 联邦调查局展开调查时便已获悉了这三份电文，并在1949年9月21日致

J. 埃德加·胡佛局长的总结 Fuchs FOIA file 65 - 58805 - 3 中提到了此事。

20. https://www.nsa.gov/news - features/declassified - documents/venona/dated/1944/assets/files/20dec_ new_ lab.pdf. 这一解密似乎来自英国政府通信总部，但直到 1950 年 2 月才被向联邦调查局公布（见第 21 章注释 9 和注释 10，以及第 22 章注释 54）。联邦调查局在 1949 年 9 月时似乎还不知道这个东西，因为 FOIA 65 - 58805 - 3 或当时的其他备忘录中并无此物。美国国家安全局在 1974 年发布的最终报告——“301 号副本”——也有源自英国政府通信总部的痕迹，见本章注释 16 和第 22 章。

21. Dwyer to Oldfield, 16 August 1949; Oldfield to A. Martin of MI5, 17 August; MI5 file TNA KV 6/134, s. 1a. 奥德菲尔德这一时期职业生涯的描述见 in chapter 6 of Martin Pearce, *Spymaster: The Life of Britain's Most Decorated Cold War Spy and Head of MI6, Sir Maurice Oldfield* (Bantam, 2016)。

22. Patterson to Director General, 16 August 1949, TNA KV 6/134, s. 2a.

23. Patterson to Martin, 24 August 1949, TNA KV 6/134, s. 3a.

24. A. Martin note, 30 August 1949, TNA KV 6/134, s. 6a.

25. A. Martin note, 30 August 1949, TNA KV 6/134, s. 7a.

26. Lamphere and Shachtman, *The FBI-KGB War*, p. 134. 兰菲尔还回忆说，他在得知苏联进行原子弹试验一周后发现了这个片段，说：“很明显，俄国人从我们这里窃取了关键证据，无疑是用来制造原子弹的。”试验于 1949 年 8 月 29 日进行，但直到 9 月中旬才在西方得到证实（见第 12 章注释 5）。如果兰菲尔的说法是正确的，这意味着 9 月之前他一直不知道这个片段的存在（另见页边码第 226 页）。如果是这样，帕特森 9 月 1 日使用的联邦调查局消息来源可能是米基·拉德，见后文。

27. Patterson to MI5, 1 September 1949, TNA KV 6/134, s. 9a.

28. 这种说法似乎出自 Montgomery Hyde, *Atom Bomb Spies* (Ballantine Books, 1980), p. 143，但其中并未给出来源。没有同期记录表明佩林说过这句话，也没有何时说过此话的记录，尽管鉴于帕特森的电报，这显然是有可能的。

29. Report of 6 September meeting, by A. Martin, 7 September 1949, TNA KV 6/134, s. 14a. 佩林说福克斯是在英国写的，这大概是个错误，因为

这张纸条是在福克斯到纽约半年后写的。目前还不清楚佩林是将该文件确定为MSN 12，并纠正了MSN－1的错误，还是已经通过进一步解密确定了这一点。

## 第十四章　父还是子？1949年9月

1. J. Robertson, Report of meeting of 6 September, written on 7 September 1949. TNA KV 2/1246, s. 114a.
2. 在“克劳斯·福克斯简要介绍”（Fuchs FBI FOIA file 65－58805－1494）中，辛普曼的无知可见一斑。在辛普曼1950年2月21日致胡佛局长的一封信中，胡佛对于自己对这一事件一无所知感到愤怒，而辛普曼颇感尴尬，这些是这封信的主题所在，FOIA file 65－58805－705。另见第21章。
3. TNA KV 2/1246, s. 118a.
4. TNA KV 2/1246, s. 114a (meeting to discuss investigation) and 123a (letter to Colonel Allen advising discretion).
5. 在福克斯的起居室或他的电话上藏匿麦克风本来就很容易，档案TNA KV 2/1266至1269的几份福克斯起居室的监听报告表明这种安装已经完成，例如在9月24日苏联原子弹爆炸后，有他与阿诺德谈话的零星记录，TNA KV 2/1266, s. 18b，以及9月21日福克斯与埃尔娜·斯金纳“遥远而模糊”的对话，KV 2/1266, s. 9e。然而，在1949年10月到1950年2月他被捕的大量监视日志中，有许多记录似乎都被扣留了，特别是1950年1月他在那个房间里与斯卡登进行了重要的面谈，据说福克斯在此期间供认不讳，但没有同期的记录。
6. J. Robertson, Meeting with Arnold, 9 September 1949. TNA KV 2/1246, s. 121a.
7. TNA KV 2/1246, minute 117.
8. M. Oldfield to A. Martin, 8 September 1949, ‘Dr Gerhard FUCHS’. TNA KV 2/1246, s. 118b.
9. SLO Washington, 9 September, to A. Martin, received 10 September 1949. TNA KV 2/1246, s. 122a.
10. Telegram, A. Martin to SLO Washington, 10 September 1949. TNA KV 2/1246, s. 127a.

11. J. Robertson meeting with Arnold, 9 September 1949, TNA KV 2/1246, s. 121a.
12. Dick White, 15 September 1949, TNA KV 2/1246, memo 135.
13. M. B. Hanley, 16 September 1949, TNA KV 2/1246, memo 141.
14. Ibid.
15. TNA KV 2/1658, s. 64b.
16. Robertson to Colonel Allen, G. P. O. , 13 September 1949. TNA KV 2/1658, s. 60a.
17. Robertson to SLO Washington, 20 September 1949. TNA KV 2/1658, s. 71a.
18. A. Martin to SLO Washington, TNA KV 2/1658, s. 69a, 19 September, and Washington to Martin, s. 91a, 21 September 1949. 这个消息的起源是一封写于 1938 年的信。纽约的 George Newgass 代表派尔斯的父母联系了内政部，希望得到签证。11 年后的此刻，军情五处在检查派尔斯的档案时发现了这一点。Newgass 说，鲁道夫·派尔斯的父亲海因里希“的女儿和女婿在 1936 年移民美国，并打算成为美国公民”。军情五处现在注意到，海因里希·派尔斯夫人在 1940 年 2 月或 3 月离开英国前往美国，“可能在登陆时提供了女儿的地址”。曾向派尔斯的继母确认：“你能确定女儿一定是派尔斯的姐姐吗?”派尔斯的姐姐安妮（·克雷布斯）从 1935 年前后到 1980 年代一直住在新泽西州蒙特克莱。似乎没有证据表明军情五处曾确认过她的身份。
19. R. J. Lamphere and T. Shachtman, *The FBI-KGB War: A Special Agent's Story* (Random House, 1986). 兰菲尔误称其在 9 月底发现了这一情报，见第 134 页。
20. Memorandum for FBI Director, 21 (?) September 1949, Fuchs FBI FOIA file, 65 – 5 8805 – 3. 通信部分的日期显然是 9 月 21 日；备忘录抬头部分的日期模糊不清，但似乎是 9 月 12 日或 22 日。
21. H. B. Fletcher to D. M. Ladd, 27 (?) September 1949, Fuchs FBI FOIA file, 65 – 58805 – 7. 其他机构的图章表明，这份文件日期是在文件 58805 – 3 大约一个星期以后。
22. Fuchs FBI FOIA file, 65 – 58805 – 3, 21 (?) September 1949.
23. H. B. Fletcher to L. Whitson, 26 September 1949, Fuchs FBI FOIA file, 65 – 58805 – 9.
24. British Embassy, Washington to Arthur Martin, 21 September 1949, TNA

KV 2/1658, s. 91a.

25. TNA KV 2/1246, s. 144b gives Arnold's address as the Manor House, Marcham.

26. Robertson report of visit to Harwell, 20 September 1949, TNA KV 2/1246, s. 167a.

27. 此时关于福克斯传递的是“自己脑力产物”的评价源自军情五处。后来则被当作福克斯三阶段间谍活动的传记片而被归因于他本人。但福克斯说，“我起初关注的主要（原文如此）是自己工作的成果”。见 1950 年 1 月 27 日他向斯卡登的供述（审判他时的证物三，TNA KV 2/1263）以及第五章注释 16。

28. 'Appendix C. Difficulties presented by the investigation into the case of Emil Julius Klaus FUCHS', paragraph 4, undated (September 1949), TNA KV 2/1246.

29. Ibid, paragraph 6.

30. Report from Fuchs' home by 'R (H)', 21 September 1949, TNA KV 2/1266, s. 9e.

31. 'R (H)' to Robertson, 24 September 1949, TNA KV 2/1266, s. 18b.

32. 'R (H)' to Robertson, 24 September 1949, TNA KV 2/1266, s. 18b, p. 2.

33. Sillitoe to Patterson, 30 September 1949, TNA KV 2/1246, s. 191a.

34. SLO Washington to Martin, 21 September 1949, TNA KV 6/134, s. 44a.

35. TNA KV 2/1246, s. 92a and 191a.

36. Ibid, s. 204a.

37. Skardon to Commander Burt, 3 October 1949, TNA KV 2/1658, s. 97a. 这些信息似乎与派尔斯的护照有关，在其自传 *Bird of Passage* 的封面上可以看到。他的 1943 年 8 月 11 日的出境许可申请上写的是五英尺七英寸（而不是七英寸半）：TNA KV 2/1658, s. 9a。

38. R. Reed [B. 2. a] to J. Robertson, 3 October 1949. TNA KV 2/1658, s. 98a.

39. 军情五处于 1949 年 9 月 7 日要求得到派尔斯和福克斯的护照细节（TNA KV 2/1658, s. 55b and TNA KV 2/1246, s. 125b）。9 月 12 日收到了派尔斯的细节，TNA KV 2/1268, s. 56a。关于监视派尔斯的引文摘自 TNA KV 2/1268。

40. Robertson priorities for surveillance by section B. 4. d, 4 October 1949,

TNA KV 2/1247, s. 207a.

41. TNA KV 2/1659, s. 119, 19 October 1949. 'Outsiders' refers to Kearton and Skyrme; see chapter 13, note 29.

42. Telegram from Washington, 13 October 1949, TNA KV 2/1659, s. 113b.

43. Telegram from Washington, 13 October 1949, TNA KV 6/134, s. 57a. 这份副本与注释 42 中的电报相同，但包含了 MSN 12 中关键的额外项目（3）：“因此在派尔斯离开之前并未（重复一遍）完成。”

44. Patterson to Director General, 30 September 1949, received 5 October 1949. TNA KV 2/1247, s. 209F.

45. TNA KV 2/1247, memo 225; 10 October 1949.

46. TNA KV 2/1247, s. 230c; sent 4 October, received 11 October 1949.

47. Kim Philby, *My Silent War: The Autobiography of a Spy* (Arrow, 2018), p. 111; 菲尔比于 10 月 10 日报到上任，见 Anthony Cave Brown, *Treason in the Blood* (Robert Hale, 1994), p. 391。

48. Christopher Andrew and Vasili Mitrokhin, *The Mitrokhin Archive* (Penguin, 2000), p. 204; Andrew, *Defence of the Realm*, p. 376 称，“菲尔比［到达华盛顿］不久之后向莫斯科报告说，原子弹间谍……**查尔斯**……已被确认为克劳斯·福克斯，从而使莫斯科能够警告那些与福克斯打过交道的美国特工，让他们途经墨西哥逃离”。菲尔比在其回忆录 *My Silent War* 中也承认了此事，他在回忆录中第 12 章里说，“尽管我尽了最大的努力”，但福克斯还是被捕了。

49. Robertson's report: 'Visit of W/C Arnold, 17. 10. 49', TNA KV 2/1247, s. 248a.

50. H. Arnold to J. Robertson, 24 October 1949, TNA KV 2/1247, s. 278a.

## 第十五章 私人生活：1949 年 10 月

1. J. C. Robertson，福克斯可能与罗纳德·汉密尔顿·冈恩有联系，1949 年 11 月 7 日，TNA KV 2/1248, s. 311a。

2. 虽然在事后看来，冈恩的个人经历可能会引起安全部门足够的担忧，福克斯可能无法通过安全调查，但对冈恩的其他执念似乎是在浪费时间。1941 年，布里斯托尔警方报告说，冈恩与在布里斯托尔飞机公司工作的共产党员 Jacob Cooper 关系友好。Cooper 不仅因为与冈恩的关系而遭到怀疑，还因为他拥有一台“库塔克斯照相机”，并且“习惯于自己冲洗胶卷”。也许更重要的是，据说他“把布里斯托尔飞机公司的计划和图纸带回到住处”。1946 年，当艾伦·纳恩·梅博士因间谍罪而被捕定罪，并获判十年苦役时，在他的日记中发现了 Cooper 的名字和地址。这似乎没有多少意义，因为当时 Cooper 是伯贝克学院的讲师，因为职业关系而与伦敦国王学院的梅相识。尽管如此，以冈恩为中心、以福克斯为外围的一系列人名让安全部门心痒难耐，虽占用了资源却毫无进展。

3. Arnold to Robertson, 29 September 1949, TNA KV 2/1246, s. 185a.
4. TNA KV 2/1246, s. 157A；军情五处官员在日志中记录了他们从 1949 年 9 月到 1950 年 2 月逮捕福克斯的监视情况。这些档案可在国家档案馆 TNA KV 2/1266 至 TNA KV 2/1269 中找到。本章和第 16 章中任何未指明的引文都来自这些档案。
5. Report from Fuchs' home by 'R（H）', 21 September 1949, TNA KV 2/1266, s. 9e.
6. J. Robertson, 21 September 1949, TNA KV 2/1246, s. 160a.
7. B. 4. b to Robertson, TNA KV 2/1266, s. 7a, and Robertson memos TNA KV 2/1246, s. 163a, 167c.
8. Diary, 22 September 1949, TNA KV 2/1266, s. 11b.
9. Arnold to MI5 headquarters, TNA KV 2/1246, s. 171b.
10. D. Storrier to Robertson, Case F. 63, TNA KV 2/1246, s. 173a.
11. TNA KV 2/1246, Serials 167c, 171b, 173a.
12. 'R（H）' report on Fuchs' home, 25 September 1949, TNA KV 2/1266, s. 19b.
13. Robertson, 29 September 1949, TNA KV 2/1246, s. 175c.
14. Robertson to D. Storrier, TNA KV 2/1246, s. 151a.
15. 'Preliminary B. 4. d report on observation of Fuchs, 27. 9. 49', TNA KV 2/1246, s. 177b. 这与 Mike Rossiter, *The Spy who Changed the World* (Headline, 2014), p. 250 的说法相反，罗西特说福克斯“为前往帕丁顿的旅程［原文如此］申请了两张铁路旅行证”。罗西特由此得出结论，说福克斯计划与一名同伴一起出行，因此“在旅途中不会与苏联特工接头”。
16. 'R（H）' report on Fuchs' home, 26 September 1949, TNA KV 2/1266, s. 23b.
17. Erna Skinner to an unknown woman, telephone check on Skinner's home,

29 September 1949, TNA KV 2/1266, s. 31a.

18. D. Storrier report on Fuchs' movements on 27 September 1949, TNA KV 2/1246, s. 181b.
19. TNA KV 2/1246, s. 179a.
20. TNA KV 2/1246, s. 181b.
21. Rudolf Peierls, *Bird of Passage* (Princeton University Press, 1985), p. 205.
22. Edward Teller (with Judith Shoolery), *Memoirs: A Twentieth-Century Journey in Science and Politics* (Perseus, 2001), p. 223.
23. TNA KV 2/1246, Travel records of Fuchs, 1946 – 49.
24. TNA KV 2/1246, s. 183a.
25. D. Storrier report of Fuchs movements, 7 October 1949, TNA KV 2/1247, s. 223a.
26. 罗伯逊关于和阿诺德开会的报告，1949 年 10 月 10 日，TNA KV 2/1247, s. 221。
27. Phone log of 29 September 1949, Erna Skinner remarks to an unidentified woman, TNA KV 2/1246.
28. 'R (H)' report on Fuchs' home, 10 October 1949, TNA KV 2/1266, s. 86a.
29. Record of Fuchs' movements, 10 October 1949, TNA KV 2/1247, s. 229a.
30. Robertson, 21 November 1949, TNA KV 2/1248, minute 335. Also, Biographical Notes on Emil Julius Klaus Fuchs, 23 November 1949, TNA KV 2/1248, s. 344z.
31. J. Robertson memos, 9 March 1950, TNA KV 2/1253, s. 585, and 30 October 1952, TNA KV 2/1259, minute 975.
32. Norman Moss, *Klaus Fuchs: The Man who Stole the Atom Bomb* (Grafton Books, 1987), p. 102, and confirmed in Rudolf Peierls' annotated copy (courtesy of Jo Hookway).
33. Erna Skinner to Genia Peierls, 11 November 1949, MI5 files, TNA KV 2/1659, s. 154a.
34. 福克斯与其克格勃联络人的最后一次会面是在 1949 年 4 月 1 日。6 月 25 日和 7 月 2 日的补缺会面他也没有现身。KGB file 84490, vol. 1, p. 424, Alexander Vassiliev, 'Yellow Notebook #1', in Vassiliev,

*Alexander Vassiliev Papers, 1895 – 2011*, US Library of Congress, p. 83.

35. J. Robertson, 'Biographical notes of Emil Julius Klaus Fuchs', 23 November 1949, TNA KV 2/1248, s. 344z, p. 12.
36. Ibid.
37. D. Storrier (B. 4. d), 'Surveillance report F. 63; 4. 11. 49', TNA KV/2 1248, s. 309a.
38. Notes by Fuchs on contacts and meetings, TNA KV 2/1252, s. 518a.
39. J. Robertson, 'Biographical notes of Emil Julius Klaus Fuchs', 23 November 1949, TNA KV 2/1248, s. 344z, p. 13.
40. Ibid, p. 18.
41. Report by observer F. 63, 14 October 1949, TNA KV 2/1247, s. 244a.
42. Report summary, 14 October 1949, TNA KV 2/1247, s. 242.
43. Message from Newbury received 12. 00, TNA KV 2/1247, s. 245a.
44. TNA KV 2/1247, minute 280, 26 October 1949.

## 第十六章　盖伊·利德尔的追捕：1949年11月和12月

1. Tom Bower, *The Perfect English Spy: Sir Dick White and the Secret War 1939 – 1945* (Heinemann, 1995), p. 70.
2. Christopher Andrew, *The Defence of the Realm: The Authorized History of MI5* (Allen Lane, 2005), p. 320.
3. Guy Liddell's diary, TNA KV 4/471; 31 October 1949.
4. Ibid.
5. Guy Liddell's diary, TNA KV 4/471; 8 November 1949.
6. Rudolf Peierls, *Bird of Passage* (Princeton University Press, 1985), p. 141. 安妮比鲁道夫·派尔斯大 6 岁。1936 年前后，她和丈夫 Herman Krebs 移民美国，并一直生活在蒙特克莱的同一幢房子里，直至 1980 年代。
7. Guy Liddell's diary, TNA KV 4/471; 8 November 1949.
8. Telegram from Patterson to London, TNA KV 6/134; s. 68a.
9. Guy Liddell's diary, TNA KV 4/471; 15 November 1949.
10. TNA KV 2/1247, s. 278d; note to J. Robertson from B4, 24 October 1949.

11. Guy Liddell's diary, TNA KV 4/471; 15 November 1949.
12. Ibid.
13. TNA KV 2/1248, s. 337a; J. Robertson, 22 November 1949.
14. TNA KV 2/1248, s. 337a; 22 November 1949.
15. Ibid.
16. Guy Liddell's diary, TNA KV 4/471; 5 December 1949.
17. J. Robertson, 'Proposed interrogation of Fuchs', 16 December 1949, TNA KV 2/1249, s. 376c.
18. Guy Liddell's diary, TNA KV 4/471; 5 December 1949.
19. Guy Liddell's diary, TNA KV 4/471; 15 December 1949.
20. Telephone check on Skinner's home, 9 December 1949, TNA KV 2/1268, s. 390b.
21. Andrew, *Defence of the Realm*, p. 334.
22. C. Brinson and R. Dove, *A Matter of Intelligence: MI5 and the Surveillance of Anti-Nazi Refugees, 1933 – 50* (Manchester University Press, 2014), p. 207.
23. Kim Philby, *My Silent War: The Autobiography of a Spy* (Arrow, 2018), p. 169.
24. White as quoted by Bower, *The Perfect English Spy*, p. 96.
25. Paragraph 4 in 'Proposed interrogation of Fuchs', TNA KV 2/1249, s. 376c, J. Robertson, 16 December 1949.
26. TNA KV 2/1249, s. 382a: 21 December 1949; J. Robertson note on Fuchs interrogation.
27. TNA KV 2/1249, s. 383a and KV 2/1269, s. 464a; Fuchs movements on 21 December 1949.
28. Leonard Burt, *Commander Burt of Scotland Yard* (Heineman, 1959), p. 29.
29. Ibid, p. 32.
30. Paragraph 5 in J. Skardon report of interview, 22 December 1949, TNA KV 2/1249, s. 388a.
31. Ibid.
32. Guy Liddell's diary, TNA KV 4/471, 21 December 1949.
33. Paragraph 5 in J. Skardon report of interview, 22 December 1949, TNA KV 2/1249, s. 388a.
34. Burt, *Commander Burt of Scotland Yard*, p. 51.

35. Paragraph 14, TNA KV 2/1249, s. 388a.
36. Paragraph 17, TNA KV 2/1249, s. 388a. Other descriptions are based on Skardon's statement of 4 February 1950, TNA KV 2/1263, s. 15b.
37. “两个小时”根据的是斯卡登的报告。TNA KV 2/1249, s. 383a 提到了福克斯的行踪并确认了准确的时间。他看来是在 12：48 至 12：52 之间到了办公室，当时有人听见他关抽屉；13：11 至 13：13 之间再次回到办公室，因为又听到了抽屉的声音。这可能是他找文件去给斯卡登看，然后又把文件放回原处。
38. Fuchs to Skardon, TNA KV 2/1249, s. 388a, paragraph 22. Karl Cohen is famous for his monograph *The Theory of Isotope Separation as Applied to the Large-Scale Production of U－235* (McGraw-Hill, 1951).
39. TNA KV 2/1249, s. 383a. 福克斯打给牙医的电话见 1949 年 12 月 21 日的福克斯行踪。另见 1949 年 12 月 21 日斯金纳家的电话检查，TNA KV 2/1269 s. 465a。
40. Paragraph 25, TNA KV 2/1249, s. 388a.
41. Paragraph 5 in J. Skardon report of interview, 22 December 1949, TNA KV 2/1249, s. 388a.
42. Paragraph 25, TNA KV 2/1249, s. 388a.
43. TNA KV 2/1249 s. 384a, Fuchs movements on 21 December 1949 record '15. 46: At that moment Fuchs returned [to his office].'
44. Paragraph 5 in J. Skardon report of interview, 22 December 1949, TNA KV 2/1249, s. 388a.
45. Ibid.
46. Robertson memo, 21 December 1949, TNA KV 2/1249, s. 384a.
47. Guy Liddell's diary, TNA KV 4/471; 21 December 1949.
48. Skinner phone log, TNA KV 2/1269, s. 470a.
49. https://weatherspark.com/history/28729/1949/London – England – United – Kingdom.
50. 很多科学家认为，前空军少将波特尔领导的原子能科学研究院缺乏特色。一个例子就是波特尔“从来没有做过任何有助于原子能的事情”。G. Stafford interview, 20 December 2012.
51. TNA KV 4/471, 28 December 1949.
52. Arthur Martin memo, 29 December 1949, TNA KV 6/134, s. 96a.
53. TNA KV 2/1269, s. 504a.

54. 福克斯在2：16吃完午餐回到办公室。有人注意到，从2：51到3：42，“办公室里很安静，福克斯出去了吗?”这次约谈一定持续了半个小时。没有提到有人听见他离开，并且有记录不予披露，因此并不清楚约谈的准确时间和地点。参见 TNA KV 2/1269, s. 502a to 506a，但第505a页“根据《国家档案法》第3（4）条的规定予以保留；该决定做出的日期为2002年11月”。因此和以前一样，斯卡登与福克斯对话的唯一记录就是斯卡登本人。
55. 1949年12月30日斯卡登第二次约谈福克斯的报告，写于1950年1月2日。TNA KV 2/1249, s. 397a.
56. Ibid, paragraph 5.
57. Dick White interview with Tom Bower, quoted in Bower, *The Perfect English Spy*, p. 95, note 52.
58. Martin to Patterson, 6 January 1950, TNA KV 6/134, s. 113a.
59. 这些客人及其角色是根据 TNA KV 2/1268 中军情五处截获的斯金纳家电话交谈的内容重新构建的。
60. Mary Flowers (Bunemann), *Atomic Spice: A Partial Autobiography* (2009), p. 125: http://homepages.inf.ed.ac.uk/opb/atomicspice. 玛丽·弗劳尔斯的叙述是多年后所写，她说那次聚会好像是在圣诞节前不久，然后她去了曼彻斯特的父母那里。从上下文来看，年份毫无疑问是1949年。然而军情五处的记录显示，斯金纳夫妇唯一的一次聚会是在新年前夜，而玛丽和埃尔娜·斯金纳之间的电话交谈则将她去看望父母的时间定在她随后于1950年1月的崩溃之后。

## 第十七章 追捕“狐狸”：1950年1月

1. Guy Liddell's diary, 1 January 1950, TNA KV 4/472.
2. Guy Liddell's diary, 2 January 1950, TNA KV 4/472.
3. TNA KV 4/472, 4 January 1950. 此事于1月5日汇报给怀特和罗伯特，TNA KV 2/1249, s. 403a。
4. TNA KV 4/472, 4 January 1950.
5. Ibid, 5 January 1950.
6. Liddell's diary, 5 January 1950, TNA KV 4/472.
7. TNA KV 2/1269, s. 528a and s. 532a.
8. Diary of Sir John Cockcroft, Churchill College Archives, Cambridge.

9. 军情五处 1 月 5 日下午 3 点的会议记录证明，这次关键的会议被推迟了，而且有两次会议 TNA KV 2/1269, s. 528a and 532a，以及科克罗夫特 1 月 10 日会议的日记。福克斯在 1 月 10 日午餐时对埃尔娜·斯金纳说的话表明，他当天上午见过科克罗夫特，见 TNA KV 2/1269, s. 551a, 554a and 556a。在 1 月 13 日斯卡登约谈时，福克斯提到科克罗夫特已经见过他了，见 TNA KV 2/1250, 420a。
10. J. H. Marriott (B2), 13 January 1950 report of Cockcroft's account of his interview with Fuchs. TNA KV 2/1250, s. 415ab.
11. Telephone call from Perrin to Robertson, 27 January 1950, TNA KV 2/1250, s. 438a.
12. TNA KV 2/1250, s. 438a, written on 26 January 记录了斯金纳"大约一周前"得知此事。如果这是哈韦尔的福克斯所说，那应该被军情五处的监视记录下来。1 月 16 ~ 20 日，斯金纳在利物浦和伦敦。这实际上有可能是指斯金纳 1 月 19 日从埃尔娜·斯金纳那里得知的，后者刚从里士满与福克斯幽会回来。
13. Erna Skinner to Eleanor Scott, 29 December 1949, TNA KV 2/1269, s. 498a.
14. TNA KV 2/1269, s. 551a – 556a. 以下各段的逐字叙述基于 s. 551a。
15. 'Fuchs; Looks; Like an Ascetic; Theoretic.' AERE News, quoted in Norman Moss, *Klaus Fuchs: The Man who Stole the Atom Bomb* (Grafton Books, 1987), p. 98.
16. Fuchs refers to Elaine's age in a letter dated 3 February 1950, TNA KV 2/1252, s. 518a.
17. Dick White to Jim Skardon, as told by White to Tom Bower, cited in Bower, *The Perfect English Spy: Sir Dick White and the Secret War 1939 – 1945* (Heinemann, 1995), p. 95.
18. Tom Bower interview with Dick White, cited in ibid, p. 96.
19. 我们只有斯卡登的约谈记录。其他日期也有对福克斯办公室电话的监听记录，似乎被扣留了。In TNA KV 2/1269, s. 571a, the Fuchs diary records '10.40 Fuchs definitely in his office.' This is followed by 'The office line was then out of order.' Next: '11.30 Fuchs was to be interrogated; 17.05 He was thought to be in his office.' See also s. 569a and 570a.
20. TNA KV 2/1250, s. 420a.

21. Skardon's 18 January 1950 report of his third interview with Fuchs, held on 13 January 1950, TNA KV 2/1250, s. 420a.
22. Emil Fuchs to Klaus Fuchs, letter received 19 October 1949, TNA KV 2/1247, s. 259a; from Kristel in Westboro State Hospital to Klaus, mailed 24 October 1949, intercepted by MI5, 28 October 1949, TNA KV 2/1247, s. 286a.
23. TNA KV 2/1269, s. 572a: '19. 31 Fuchs went out. Nothing further was heard of Fuchs's movements. 00. 01 Still quiet in the prefab.' This record, titled 'Fuchs Diary', shows that Fuchs' home was bugged. 'Incoming call from Erna SKINNER; 11. 14 (14 January 1950)', TNA KV 2/1269, s. 573a.
24. MI5 surveillance reports were logged on a daily basis. TNA KV 2/1266 covers the month of October 1949; TNA KV 2/1267 covers November; TNA KV 2/1268 covers December, and TNA KV 2/1269 continues up to Fuchs' arrest on 2 February 1950. Material in this chapter is drawn from these logs and from Liddell's diary for 1950, TNA KV 4/472.
25. TNA KV 2/1269, s. 580a – 584a.
26. Det. Sgt. Cyril A. Warren of Berkshire Constabulary, to MI5, 4 March 1950, TNA KV 2/1253, s. 594a. Sgt. Warren 巡佐的报告把福克斯女伴的名字误写作 Gisela Wagner; 1950 年 3 月 8 日，福克斯向斯卡登确认那实际上是埃尔娜·斯金纳: TNA KV 6/135, s. 189a。
27. TNA KV 2/1269, s. 584a.
28. This event is recorded twice in the MI5 files: TNA KV 2/1259, minute 972, and TNA KV 2/1269, s. 589a. 福克斯在基尤路的联络人距离里士满火车站仅有十分钟的脚程。
29. Elaine Wheatley (Skinner), letter to Norman Moss, 17 August 1986; copy in Peierls papers, D57, Bodleian Library. 诺曼·莫斯的访谈，2017 年 5 月 9 日：莫斯说，“我问伊莱恩‘你母亲是否与福克斯有染’，她只说了这句‘没有!’”。也许是鉴于此，莫斯让福克斯和埃尔娜在梅登黑德各居一室，但经历的证词否认了这一点。
30. Telephone check on Skinner's home, 17 January 1950; TNA KV 2/1269, memo 586a.
31. Telephone check on Skinner's home (extract), 17 January 1950; TNA KV 2/1269, memo 585a.

32. Fuchs' diary, 18 January 1950. 'Fuchs was still on leave in London.' TNA KV 2/1269, s. 593a.
33. Telephone check on Skinner's home, 18 January 1950, TNA KV 2/1269, memo 592a.
34. Telephone check on Skinner's home, 18 January 1950. 'Incoming call from Fuchs from London to Vera.' TNA KV 2/1269, s. 592a.
35. Robertson to the Director General, 'Press comments on Dr Fuchs' espionage methods and contacts', 6 March 1950, TNA KV 2/1254, s. 621.
36. Ibid.
37. 'Letter to W/Cdr Arnold from Prof. Skinner. Received 22. 9. 52', TNA KV 2/1259, s. 965y. This led to considerable examination in MI5, summarized by E. McBarnet in TNA KV 2/1259, m. 972: "这次所谓的坦白可能发生于 1 月 17 日；那一天，**福克斯和埃尔娜·斯金纳**一起住在里士满的棕榈园旅馆。"
38. Ibid. Judgements in this paragraph are based also on MI5's assessments in TNA KV 2/1259, minutes 968, 972 and 975.
39. E. Skinner to H. Arnold, October 1952, TNA KV 2/1259, s. 971a.
40. E. Skinner to H. Skinner, 19 January 1950; H. Skinner letter to H. Arnold, 18 September 1952; 'K. confessed to Erna about the Diff. Plant a day or two prior to Jan 19th' and 'K. denied the bomb to E.' TNA KV 2/1259, s. 965y; also s. 969b 26/9/52.
41. 福克斯被捕后，提名被撤销了。派尔斯和皇家学会 David Brunt 之间的通信，22 and 24 April 1950, Peierls papers, Bodleian Library, b. 207, C111。
42. '*Klaus Fuchs-Atomspion*', Klaus Fuchs interview with East German television in 1983, transcribed in *Zelluloid*, 31 March 1990, ISSN 0724 - 7656.
43. There is a verbatim transcript of the call at TNA KV 2/1269, s. 599a.
44. Fuchs' diary, 19 January 1950, TNA KV 2/1269, s. 598a, s. 599a and telephone check on Skinner's home, 20 January 1950, s. 600a.
45. TNA KV 2/1250, s. 424b.
46. TNA KV 2/1269, s. 610b.
47. TNA KV 2/1250, s. 429a.

48. Ibid.
49. TNA KV 2/1250, s. 426a.
50. Arnold statement, TNA KV 2/1250, s. 430a; author interview with Norman Moss, 2 March 2017, and p. 138 in Moss, *Klaus Fuchs*.
51. 莫斯说，阿诺德直接问福克斯："你是否向外国特工传递过情报？"福克斯承认他做过。然而，他在给军情五处的报告中并没有同时提到这一点，在他们的档案（例如 KV 2/1250, s. 430a）中也没有任何提及。这可能是阿诺德记忆错误，毕竟是在事件发生二十多年后才回忆的，因为在对福克斯的审判中，阿诺德作证说自己提过一个类似的问题，然而是在 1 月 26 日上午，不是 1 月 23 日。阿诺德和福克斯之间关于大选的对话基于 1970 年代的哈韦尔坊间传说，我不能保证其准确性，尽管听起来很有道理。
52. W. J. Skardon, Report on 'Emil Julius Klaus FUCHS: Fourth Fifth, Sixth, and Seventh Interviews', 31 January 1950, TNA KV 2/1250, s. 443ab.
53. Ibid.
54. 'JIM was with FUCHS in the prefab. 10.59 - 12.59 [and] 14.22 - 16.00.' TNA KV 2/1269, s. 619a. Report on activity in Fuchs' home, 24 January 1950. 除了提到斯卡登在场外，此处并非发生情况的逐字记录。文中的叙述基于斯卡登的书面记录，KV 2/1250, s. 443ab。
55. Robert Chadwell Williams, *Klaus Fuchs*, *Atom Spy* (Harvard University Press, 1987) 只提到了"最豪华"的旅馆，但没有给出名字。Moss, *Klaus Fuchs*, p. 139 把这顿午餐定在 Crown and Thistle 旅馆。尽管这家旅馆在 1980 年代莫斯的书面世时可被称得上是"最豪华的旅馆"，但在 1950 年代，阿宾顿最豪华的是女王饭店。这家饭店在 1960 年代的"发展"中被吞并，在阿宾顿长期定居的人看来，这是那个时代最糟糕的过度行为的象征。它的部分门面仍保留在集市广场一家现代商店的上方。有关其历史详情，见：https://historicengland.org.uk/listing/the-list/list-entry/1283279。阿宾顿的人普遍认为，女王饭店是这一历史事件的发生地。对其氛围的描述来自 Margaret Faull（2015 年 6 月 29 日的采访），她记得小时候和父母一起去过那里。
56. W. J. Skardon, 'Report of fourth interview', 24 January 1950, TNA KV 2/1250, s. 443a, p. 1.
57. Guy Liddell's diary, 25 January 1950, TNA KV 4/472.
58. 斯卡登关于福克斯供词的报告写于 1950 年 1 月 31 日，在此事发生一个星期后。TNA KV 2/1250. 记录中没有同时期的报告。

59. Letter from Klaus Fuchs to Kristel Heineman, (?) February 1950, TNA KV 2/1251.

60. Klaus Fuchs to W. J. Skardon, ‘Report of fourth interview’, 24 January 1950, TNA KV 2/1250, s. 443a, p. 2.

61. TNA KV 2/1250, s. 434.

62. J. Robertson's note on Mr Skardon's telephone call, 24 January 1950, TNA KV 2/1250, s. 433a.

## 第十八章　收网：1950 年

1. Guy Liddell's diary, 25 January 1950, TNA KV 4/472.

2. Norman Moss, *Klaus Fuchs: The Man who Stole the Atom Bomb* (Grafton Books, 1987), p. 141, has Fuchs confessing to Arnold in this talk.

3. ‘Diary of events 25. 1. 50’, TNA KV 2/1250, s. 435a.

4. Guy Liddell's diary, 25 January 1950, TNA KV 4/472.

5. Ibid.

6. Ibid.

7. Taken from Arnold's testimony at the Magistrates' Court on 10 February 1950. TNA KV 2/1263, s. 28a.

8. TNA KV 2/1269, s. 632a 26 January 1950: “11:01—13:12, **吉姆和福克斯**在预制板房中。” 和第一次一样，没有逐字记录被公布。

9. GRU memo for KGB, ‘Fuchs recruited for intelligence in England in August 1941’, KGB file 84490, vol. 2, p. 127, Alexander Vassiliev, ‘Yellow Notebook #1’, in Vassiliev, *Alexander Vassiliev Papers, 1895 – 2011*, US Library of Congress, p. 86.

10. W. J. Skardon, Report on ‘Emil Julius Klaus FUCHS: Fourth Fifth, Sixth, and Seventh Interviews’, 31 January 1950, TNA KV 2/1250, s. 443, p. 2.

11. Telephone check on Skinner's home, 24 January 1950, TNA KV 2/1269.

12. Telephone check on Skinner's home, 26 January 1950, TNA KV 2/1269, s. 627a.

13. Ibid.

14. Mary Flowers (Bunemann), *Atomic Spice: A Partial Autobiography*

(2009): http://homepages. inf. ed. ac. uk/opb/atomicspice.

15. W. J. Skardon, Report on 'Emil Julius Klaus FUCHS: Fourth, Fifth, Sixth and Seventh Interviews', 31 January 1950, TNA KV 2/1250, s. 443, p. 3.
16. Fuchs statement to W. J. Skardon, 27 January 1950, TNA KV 2/1263, folio 2, p. 7.
17. Klaus Fuchs to Henry Arnold, 9 February 1950, TNA KV 2/1252, s. 507a.
18. 'Fuchs diary 27. 1. 50', TNA KV 2/1269, s. 638a, and telephone check on Skinner's home, 27 January 1950, s. 635a.
19. TNA KV 2/1250, s. 438a and 439c.
20. TNA KV 2/1250, s. 439b.
21. Guy Liddell's diary, 27 January 1950, TNA KV 4/472.
22. Ibid.
23. 'FUCHS Exchange of messages. 28. 1. 50', TNA KV 2/1250, s. 441a.
24. J. C. Robertson memo, 30 January 1950, "1950 年 1 月 30 日，福克斯在 055 房间约见佩林先生和斯卡登先生", TNA KV 2/1250, s. 442a。
25. 以下各段落和引文紧扣佩林的报告，该报告被保密了半个世纪。联邦调查局可以获得报告中的信息，供学者们使用。福克斯在 1942 年才开始从事间谍活动的这种普遍的看法，部分依据就来自这份报告。正如我们所看到的，苏联方面的记录和其他文件表明，实际上他在 1941 年 8 月就已经开始活动了，甚至可能更早。
26. 如今我们知道这是正确的：艾伦·纳恩·梅在 1942 年 11 月被苏联认定为潜在的情报来源；纳恩·梅当时在剑桥，而苏联方面已获悉他下一步要去加拿大了。另见 Paul Broda, *Scientist Spies: A Memoir of My Three Parents and the Atom Bomb* (Matador, 2011), p. 120。
27. 关于这一日期，具体说了些什么，以及它的影响，如今有一些争论，见 Richard Rhodes, *Dark Sun: The Making of the Hydrogen Bomb* (Simon and Schuster, 2005), p. 624 的详细说明。Rhodes 认为佩林误将此话归于 1947 年，理由是福克斯提到了戈尔德，而他只在 1946 年之前与戈尔德有接触。然而，现在很清楚的是，福克斯也从英国传递了有关氢弹的情报。所提到的询问确实是在 1947 年提出的，佩林的完整陈述中包含了关键的一句话，即福克斯被问及了氢弹"以及与之相关的一种高度机密的部件材料"。这句话没有出现在 Robert

Chadwell Williams, *Klaus Fuchs, Atom Spy* (Harvard University Press, 1987) 或 Moss, *Klaus Fuchs* 中，因为当他们写书时，这份报告还是机密。它指的是维持热核聚变和氚的来源问题，如使用氘化锂。

28. 军情五处不知道的是，“维诺那”已经查出了其他间谍，比如“小伙子”——特德·霍尔。联邦调查局方面还没有意识到霍尔在洛斯阿拉莫斯从事间谍活动的程度。See J. Albright and M. Kunstall, *Bombshell: The Secret Story of America's Unknown Atomic Spy Conspiracy* (Times Books, Random House, 1997), for an account of Hall.
29. 蓬泰科尔沃的故事见拙著 *Half Life: The Divided Life of Bruno Pontecorvo, Scientist or Spy* (Basic Books, 2015, and OneWorld, 2015)。
30. W. J. Skardon, Report on 'Emil Julius Klaus FUCHS: Fourth, Fifth, Sixth and Seventh Interviews', 31 January 1950, TNA KV 2/1250, s. 443, p. 3.
31. Fuchs' diary, 30 January 1950, TNA KV 2/1269, s. 654a.
32. Telephone check on Skinner's home, 31 January 1950, TNA KV 2/1269, s. 654c.
33. TNA KV 2/1251, s. 479B. 'Note on interview with Klaus FUCHS'.
34. Ibid. 'Lists of photographs shown to Fuchs: B. 2. b. list'.
35. TNA KV 2/1252, s. 513a.
36. The thesis of Timothy Gibbs, 'British and American Counter-Intelligence and the Atom Spies, 1941 – 1950', Ph. D. thesis, Faculty of History, Cambridge University, 2007, chapter 3, footnote 562, and TNA KV6/43, Sir Percy Sillitoe to Chief Constable of Oxfordshire, 25 July and 8 August 1950.
37. On 19 December 1950 M. B. Hanley reported, 'On 13 November 1950 Klaus FUCHS identified his second contact (1942/43) as Ursula Maria BEURTON.' TNA KV 2/1256, s. 780b. “13”似乎是“30”的录音打字错误，因为斯卡登在 11 月 30 日去斯塔福德监狱探视了福克斯，并于 12 月 1 日报告说福克斯确认了伯尔东的照片。Skardon's report of visit to Fuchs, 30 November 1950, TNA KV 2/1256, s. 759a.
38. Guy Liddell's diary, 31 January 1950, TNA KV 4/472.
39. J. C. Robertson, 'Meeting with Commander Burt, Special Branch; 1. 2. 50', TNA KV 2/1250, s. 444a.
40. Guy Liddell's diary, 31 January 1950, TNA KV 4/472.
41. Guy Liddell's diary, 1 February 1950, TNA KV 4/472.
42. 1950 年 2 月 1 日星期三在检察官办公室的会议说明，TNA KV 2/

1263, s. 4a。

43. Fuchs to Under-Secretary of State, Home Office, 28 June 1950, TNA KV 2/1255, s. 710a.

44. Report on Emil Julius Klaus Fuchs, 1 February 1950, paragraph 9 in TNA KV 2/1263, s. 3a.

45. 罗伯逊预料到福克斯的被捕，联系了邮政总局："如果贵方能重新实行在伯明翰市 15 区木匠路 18 号，以及在伯明翰市 15 区 Edgbaston 的大学对鲁道夫·派尔斯的 10801 号内政部执行令，我将不胜感激。" TNA KV 2/1661, s. 225a。

46. TNA KV 2/1250, s. 448a.

47. TNA KV 2/1250, s. 449a.

48. 为此，2 月 26 日，苏联部长会议通过了制造苏联氢弹的决议。苏联早期的研究方向是建立在克劳斯·福克斯传递的情报，特别是 1948 年 3 月 23 日情报的基础上的。See G. A. Goncharov, 'On the History of the Creation of the Soviet Hydrogen Bomb', *Physics-Uspekhi*, vol. 40, no. 8 (1997), pp. 859–67, and 'American and Soviet H-Bomb Development Programme: Historical Background', *Physics-Uspekhi*, vol. 39 (1996), p. 1, 033.

49. TNA KV 2/1661, s. 227a.

50. Telephone check on Fuchs' office, 1 February 1950, TNA KV 2/1270, s. 655a.

51. TNA KV 2/1270, s. 662a.

52. TNA KV 2/1270, s. 665a, telephone check on Fuchs' office, 2 February 1950. Peierls' call to Fuchs is also logged at TNA KV 2/1661, s. 228a.

53. Nicholas Hance, *Harwell: The Enigma Revealed* (Enhance Publications, 2006), p. 103.

54. TNA KV 4/472, 2 February 1950, p. 1.

55. Ibid.

56. Ibid. p. 2.

57. Leonard Burt, *Commander Burt of Scotland Yard* (Heineman, 1959), p. 58. 伯特称，福克斯迟到了 20 分钟，但这与佩林的说法不同，见 Moss, *Klaus Fuchs*, p. 147 所述，也与军情五处和利德尔关于筹备会议造成延误的记录所暗示的相悖。

58. Fuchs to Erna and Herbert Skinner, 4 February 1950 (dated incorrectly 3 February), TNA KV 2/1251, s. 469c.

59. TNA KV 4/472, 2 February 1950, p. 2.
60. TNA KV 2/1250, s. 455a.
61. TNA KV 2/1250, s. 456a. Three scientists were suspected of communist associations: Boris Davison, Morris Rigg and Nathan Shuman.
62. TNA KV 2/1250, s. 454a.
63. TNA KV 2/1250, s. 457a.

## 第十九章　逮捕

1. Quoted in Anthony Summers, *Official and Confidential: The Secret Life of J. Edgar Hoover* (Victor Gollancz, 1993), p. 172.
2. Athan Theoharis and John Stuart Cox, *The Boss: J. Edgar Hoover and the Great American Inquisition* (Temple University Press, 1988), p. 256.
3. Summers, *Official and Confidential*, p. 172.
4. Lamphere and Shachtman, *The FBI-KGB Wars*, p. 139.
5. Handwritten note, 2 November 1949, on memo by D. M. Ladd, FBI 65 – 58805 – 33. Telegram from Patterson to MI5, 10 November 1949, TNA KV 6/134, s. 68a.
6. Timothy Gibbs, 'British and American Counter-Intelligence and the Atom Spies, 1941 – 1950', Ph. D. thesis, Faculty of History, Cambridge University, 2007, footnote 366 引用了美国联邦调查局于 1956 年 2 月 1 日致 L. V. Boardman 和 A. H. Belmont 的备忘录："[ ] 和 [ ] 两人都在研究这个问题，备忘录已经编辑完成并发给 [ ]。另外 [ ] 有一人在英与 [ ] 一起工作。另一方面，[ ] 有一名密码员在 [ ]。" Gibbs 总结说："尽管文件的这一部分经过了高度处理，但我们似乎有把握认为，如果这些文字没有被涂黑的话，这句话讲的是英国政府通信总部和美国外交人员协会在'维诺那'上的合作。"克格勃档案也支持这一论点：KGB file 84490, vol. 3, p. 129; Alexander Vassiliev, 'Yellow Notebook #1', in Vassiliev, *Alexander Vassiliev Papers, 1895 – 2011*, US Library of Congress, p. 94; see also chapter 22。
7. Sillitoe to Patterson, 1 February 1950, TNA KV 6/134, s. 141a.
8. Hoover to Admiral Souers, 2 February 1950, Fuchs FBI FOIA file 65 – 58805 – 586.
9. Ibid.
10. Alden Whitman, obituary of Lewis Strauss, *The New York Times*, 22

January 1974.

11. Lewis Strauss to Hoover, 2 February 1950, Fuchs FBI FOIA file 65 – 58805 – 587.
12. The Atomic Energy Commission Chair David Lillienthal as quoted by Ray Monk, *Inside the Centre: The Life of J. Robert Oppenheimer* (Jonathan Cape, 2012), p. 539.
13. Ibid, p. 499.
14. Rudolf Peierls, *Bird of Passage* (Princeton University Press, 1985), p. 223.
15. Telephone conversations involving Rudolf and Genia Peierls, and the Skinners, are logged in MI5 file TNA KV 2/1661, s. 234.
16. TNA KV 2/1251, s. 478d, 7 February 1950, 'Copy of telecheck on PEIERLS dated 3. 2. 50 mentioning FUCHS'.
17. Ibid.
18. "你对待他……就像父亲对儿子一样。" Nobel Laureate Max Perutz to Rudolf Peierls, 19 May 1987, Peierls papers D56, Bodleian Library.
19. Genia Peierls' remarks to author, undated, probably at Ettore Majorana Centre, Erice, Sicily, July 1974.
20. TNA KV 2/1251, s. 478d, 7 February 1950, 'Copy of telecheck on PEIERLS dated 3. 2. 50 mentioning FUCHS'.
21. Telephone conversations involving Rudolf and Genia Peierls, and the Skinners, are logged in MI5 file TNA KV 2/1661, s. 234.
22. TNA KV 2/1661, s. 233A; Athenaeum receipt, s. 242A.
23. TNA KV 2/1661, s. 234b, p. 2.
24. J. Marriott memorandum, 6 February 1950, TNA KV 2/1661, s. 233a.
25. Notes by Special Branch, 6 February 1950, TNA KV 2/1661, s. 234a; Peierls to Burt, 5 February 1950, TNA KV 2/1251, s. 465a.
26. TNA KV 2/1661, s. 233.
27. Peierls' call from London to his wife, 4 February 1950, TNA KV 2/1251, s. 487a.
28. Ibid, p. 2.
29. TNA KV 2/1661, s. 234b.
30. 2 月 4 日信件的署期是 2 月 3 日，但提到了鲁道夫·派尔斯的到访，这表明福克斯写错了日期。打字誊本见"**福克斯**从布里克斯顿监狱寄给**斯金纳**家的信件副本"，TNA KV 2/1252, s. 518a。

31. Telephone check on Skinner's home, 4 February 1950, TNA KV 2/1270, s. 670a.
32. Sir John Cockroft's administrative assistant to Arnold as reported in J. C. Robertson, 'Visit by W/Cdr Arnold on 15. 2. 50', TNA KV 2/1252, s. 518b.
33. Letter from Max Born to Fuchs, 7 December 1941, TNA KV 2/1252, s. 510b, item 131.
34. As recalled by Max Perutz, *Is Science Necessary? Essays on Science and Scientists* (Oxford University Press, 1992), p. 142.
35. Edward Teller, *Memoirs: A Twentieth-Century Journey in Science and Politics* (Perseus, 2001), p. 275.
36. Quotes from correspondence between Peierls and Pryce are from Peierls' papers, Bodleian Library.
37. Peierls' interview of 6 February 1950 with Commander Burt and his letter to Burt that day are in MI5 file, TNA KV 2/1251, s. 462 and 468. See also TNA KV 2/1661, s. 233.
38. Peierls' letter to Commander Burt, 5 February 1950, TNA KV 2/1251, s. 465a, p. 2.
39. Peierls' letter to Commander Burt, 5 February 1950, TNA KV 2/1251, s. 465a.
40. Telephone check on Skinner's home, 6 February 1950, 9. 14 p. m., TNA KV 2/1661, s. 234c.
41. A typed transcript of Genia Peierls' letter to Fuchs is in MI5 file TNA KV 2/1251, s. 466. A photostat of Fuchs' handwritten reply is at s. 478a. The original is in Peierls papers D52, Bodleian Library.
42. Ibid, s. 466a.
43. Ibid, s. 478a.
44. TNA KV 2/1251, s. 474a. Letters to K. Fuchs from H. Skinner (s. 474a) and E. Skinner (s. 475a), 7 February 1950.
45. TNA KV 2/1251, s. 476. 这个表妹 Gisela Wagner 是伦敦的一名教师。除了给克劳斯·福克斯零星写过被军情五处拆检的几封信之外，她在这段传奇中没有起过其他的重要作用。
46. TNA KV 2/2080, s. 12c.
47. 'Copies of letters sent to SKINNERs by FUCHS from Brixton Prison',

TNA KV 2/1252, s. 518a.

48. TNA KV 2/2080, s. 12b. Abstract from Skinner's letter to Fuchs, 10 February 1950.
49. Erna Skinner to Klaus Fuchs, 19 February 1950, TNA KV 2/1252, s. 527a.
50. Klaus Fuchs to Erna and Herbert Skinner, 27 February 1950, TNA KV 2/1253, s. 563d.
51. Erna and Herbert Skinner to Klaus Fuchs, 17 March 1950, TNA KV 2/1254, s. 624a. 此后的书信往来稀少。赫伯特在秋天写了两封信，福克斯在 1950 年 12 月 20 日回复，埃尔娜在 1951 年 2 月 22 日致信福克斯，此前由于压力过大而无法提笔。TNA KV 2/2080 s. 19b. 他们之间没再有过任何通信记录。
52. Ruth Werner (Ursula Beurton), *Sonya's Report* (Vintage, 1999), p. 288.
53. 'Sonya flew into East Berlin on 28. 02. 50. It is dangerous to stay in England.' KGB file 84490, vol. 2, p. 205; Vassiliev, 'Yellow Notebook #1', p. 88.
54. Werner, *Sonya's Report*, p. 289.

## 第二十章　审判与磨难

1. M. Perrin to B. Hill, 7 February 1950, TNA KV 2/1263, s. 23A.
2. 'Note on conference held on 8. 2. 50 at Mr Christmas Humphreys Chambers', TNA KV 2/1263, s. 26a.
3. B. A. Hill to H. Morgan (for the DPP), 10 February 1950, TNA KV 2/1263, s. 27a.
4. *The Daily Telegraph*, 11 February 1950, TNA KV 2/1263, s. 29a.
5. '*Klaus Fuchs-Atomspion*', Klaus Fuchs interview with East German television in 1983, transcribed in *Zelluloid*, 31 March 1990, ISSN 0724 – 7656.
6. Address to the Court by Mr Christmas Humphreys, 10 February 1950, TNA KV 2/1263, s. 27b.
7. 指控中特别提到福克斯违犯了《官方机密法令》，但治安法庭似乎没有 1944 年以前的任何签名的副本。汉弗莱斯间接提到福克斯的间谍生涯，暗指的时间显然是在 1942 年或之后不久，但在任何阶段都没有明确提到 1944 年之前的任何日期。2 月 6 日，希尔要求佩林出示福克斯签署《官方机密法令》和“在星期三［2月8日］的会议上入籍的副本（TNA KV 2/1263, serial 21a）。那次会议的记录没有提到佩林是否出示了该文件，也没有为治安法官出示经签名的《官方机密法令》副本作为证据。审判时出示的证物没有提到福克斯在1944年之前签署过任何安全文件。所有的证据都表明，检方无法找到证据证明福克斯在1941年签署了保证书，因此对案件进行了相当巧妙的处理。

8. Address to the Court by Mr Christmas Humphreys, 10 February 1950, TNA KV 2/1263, s. 27b.

9. 这是一个重要的迹象，表明福克斯在向斯卡登自首前可能已向阿诺德坦白了。阿诺德后来对诺曼·莫斯可能也是这么说的，*Klaus Fuchs: The Man who Stole the Atom Bomb* (Grafton Books, 1987); see above, chapter 17, note 51。只是在 *The Traitors: The Double Life of Fuchs, Pontecorvo and Nunn May* (Dell, 1952) 一书面世之后，斯卡登才成为审问的英雄，这与法庭上的说法相反。正如我们所看到的那样，人们相当担心福克斯可能会根据斯卡登诱导他招供的说法而提出辩护，因此，通过在1月26日向阿诺德的供述作为发令枪，检方得以巧妙地处理这一微妙的问题。值得注意的是，1月24日与斯卡登的面谈是在福克斯被监听的起居室里进行的，罗伯逊和阿诺德曾讨论过窃听的问题。然而在当天关于福克斯行踪的报道中，却没有这次关键性谈话的记录。见第17章注释54。

10. Notes on Magistrates' Court taken by B. A. Hill, 10 February 1950, TNA KV 2/1263, s. 28a.

11. Ibid.

12. For example, 'Atom Scientist's Alleged Confession: I Told Russia', *Daily Telegraph*, 11 February 1950, TNA KV 2/1263, s. 29a.

13. Notes on Magistrates' Court taken by B. A. Hill, 10 February 1950, TNA KV 2/1263, s. 28a, section 3.

14. Ibid, section 4.

15. *Daily Telegraph*, 11 February, TNA KV 2/1263, s. 29a.

16. Brigadier Taylor to Hon. Elwyn Jones MP, 7 February 1950, TNA KV 2/1263, s. 54a.

17. Shawcross to the Director of Public Prosecutions, 18 February 1950, TNA KV 2/1263, s. 54a. 肖克罗斯连任了，因此他没必要提醒未来的总检察官。

18. Hill memorandum, 20 February 1950, TNA KV 2/1263, s. 49a.
19. B. A. Hill meeting note, 23 February 1950, TNA KV 2/1263, s. 56a.
20. Ibid.
21. 'Conference Preceding the Trial of Dr Klaus Fuchs', 28 February 1950, TNA KV 2/1263, s. 62a.
22. 佩林的报告提到，福克斯曾被问及氚武器之事。TNA KV 2/1250, s. 442a 说，福克斯交出了“就他当时所知的［所谓氢弹］如何工作的概貌”。到了 1953 年，人们认为福克斯已经交出了他所知的关于氢弹的“全部内容”，见 Lorna Arnold and Kate Pyne, *Britain and the H bomb* (Palgrave, 2001), pp. 37 – 8。后来在 1960 年，福克斯为克格勃创造了一个不同的版本。他告诉他们，虽然他向佩林承认他传递了原子弹的秘密，但他不承认传递了“氢弹材料”。见本书第 22 章。
23. 'Conference Preceding the Trial of Dr Klaus Fuchs', 28 February 1950, TNA KV 2/1263, s. 62a.
24. Ibid.
25. TNA KV 2/1263, s. 62a, 'Note of Conference Preceding the Trial of Dr Klaus Emil Fuchs'. 有身份不明的人士在旁边的空白处用铅笔画了两道竖线和一个感叹号，以引起大家的注意。
26. Fuchs to Under-Secretary of State, Home Office, 28 June 1950, TNA KV 2/1255, s. 710a.
27. This habit of Lord Goddard is recorded in many places, including *Inside Justice-Investigative Unit for Alleged Miscarriage of Justice*: http://www. insidejusticeuk. com/articles/a – principle – of – injustice/113.
28. The description of the trial follows from the Special Branch report of proceedings, 1 March 1950, TNA KV 2/1264, s. 63b.
29. Certificate of Naturalization and Oath of Allegiance, 31 July 1942, TNA KV 2/1263, s. 19a.
30. Mike Rossiter, *The Spy who Changed the World* (Headline, 2014), p. 330 也注意到了这种前后矛盾，并提请注意起诉书中没有 1941 年和 1942 年的内容，也没有任何证据表明福克斯于 1943 年在伯明翰［原文如此］真见到了“索尼娅”。
31. The description of the trial follows from the Special Branch report of proceedings, 1 March 1950, TNA KV 2/1264, s. 63b.
32. Page 7, line 14 in copy of Fuchs' statement of 27 January 1950, Exhibit

number 3 at his trial; page 8 of Fuchs' original handwritten signed statement. Both copies are in the 'Prosecution volume', TNA KV 2/1263, the National Archives.

33. The description of the trial follows from the Special Branch report of proceedings, 1 March 1950, TNA KV 2/1264, s. 63b.

## 第二十一章　追捕戈尔德

1. 21 February 1950. Fuchs FBI FOIA file 65 - 58805 - 705; Ladd's accusation of 2 March is in ibid, s. 706.
2. Hoover memo to Ladd, 28 February 1950, Fuchs FBI FOIA file 65 - 58805 - 447.
3. FBI Summary brief 65 - 58805, vol. 38, section C, 12 February 1951.
4. TNA KV 2/1263, s. 17a; telegram from Sir Percy Sillitoe to J. Edgar Hoover, 6 February 1950.
5. 根据联邦调查局的报告，她与丈夫分道扬镳，声称丈夫是个性骚扰者。她还声称，她三个孩子的父亲是一个叫 Konstantin Lafazanos 的人，曾是罗伯特在哈佛的同学，据说 Lafazanos 承认了这一事实。目前还不清楚这些是事实还是幻想，以及这些事实与她的崩溃有多大的联系。
6. TNA KV 6/135, s. 163a, Patterson to Director General, 24 February 1950, report of FBI interview on 2 February 1950.
7. Ibid, p. 3.
8. Ibid.
9. TNA KV 6/134, s. 145a. Undated summary, 'shown to Mr Whitson on 4 February 1950'. 文件中提到的"绝密消息来源"无疑就是"维诺那"。关于认定这是英国政府通信总部的突破的分析，可见下文。
10. 解密的"维诺那"电文中没有提到与海军有关的研究，戈尔德与美国海军也没有任何特殊的联系。1944 年，英国驻纽约代表团知道美国海军实验室正在"建设一个研究热扩散的实验设备"，见 FBI FOIA file 65 - 58805 - 188, 18 January 1950。似乎是在"呆头鹅"与扩散的联系被发现后，情报分析人员误以为"呆头鹅"参与了美国海军的这项研究。
11. 将联邦调查局当时的档案中对"维诺那"解密的引用——如 FOIA 65 -

58805 - 7——与本书第 13 章这里引用的最终公布的表格相比较，可以看出英国政府通信总部自 1949 年 12 月以来的分析把大量的细节放到了往往是框架式的结构中。另见本书第 22 章注释 22 和注释 27，具体归因于英国政府通信总部在解密中的作用。

12. VENONA 1390, 1 October 1944: https://www.nsa.gov/news - features/declassified - documents/venona/dated/1944/assets/files/1oct _ aerosols _ ddt.pdf. 这份报告采用了美国国家安全局的风格（见本书第 22 章注释 22），并包含了非英式英语的两个例子（至少在 1949 年如此）——拼写为“organized”而非“organised”，以及出现了美式英语“chucked”。
13. D. Ladd to H. Fletcher, ‘Purpose: Identification of REST and GOOSE’, 27 September 1949, Fuchs FBI FOIA file 65 - 58805 - 7.
14. Quoted in Richard Rhodes, *Dark Sun: The Making of the Hydrogen Bomb* (Simon and Schuster, 2005), p. 93, and Gold FBI FOIA files 65 - 57449 - 591.
15. R. Radosh and J. Milton, *The Rosenberg File: A Search for the Truth*, 2nd edn. (Yale University Press, 1997), pp. 34 - 7, cited by Timothy Gibbs, ‘British and American Counter-Intelligence and the Atom Spies, 1941 - 1950’, Ph. D. thesis, Faculty of History, Cambridge University, 2007, footnote 579.
16. Mr Fletcher to Mr Ladd: ‘To obtain authority to interview Kristel Heineman’, 1 February 1950. Fuchs FBI FOIA 65 - 58805 - 84.
17. R. J. Lamphere and T. Shachtman, *The FBI - K GBWar: A Special Agent's Story* (Random House, 1986), p. 139.
18. TNA KV 6/134, s. 147a.
19. 一个内鬼——不知是在伦敦还是巴黎——提醒莫斯科方面注意此次调查。KGB file 84490, vol. 2, p. 292, Alexander Vassiliev, ‘Yellow Notebook #1’, in Vassiliev, *Alexander Vassiliev Papers, 1895 - 2011*, US Library of Congress, p. 89; and 84490, vol. 3, p. 130, Vassiliev, ‘Yellow Notebook #1’, p. 94.
20. Skardon memo, 8 February 1950, TNA KV 6/134, s. 147a.
21. 军情五处的档案没有明确指出这三个人的名字，但戈尔德的照片似乎是从 1950 年 3 月中旬才开始被收录的。
22. TNA KV 2/1252, s. 518b.
23. Ibid.
24. TNA KV 6/134, s. 161b，标题为“1950 年 2 月 23 日从福克斯那里获

得的情报”，不过情报是如何或在哪里获得的并没有说明。

25. Lish Whitson to John Marriott, 24 February 1950, TNA KV 6/134, s. 161a.
26. Fuchs to Skardon, 28 February 1950, in MI5 file TNA KV 6/135, s. 187a and TNA KV 2/1879 s. 545a.
27. FBI 65 – 58805 – vol. 14, D. M. Ladd to Director Hoover, 14 March 1950.
28. Lamphere and Shachtman, *The FBI-KGBWar*, p. 139.
29. TNA KV 6/135, s. 189a.
30. TNA KV 2/1254, s. 612.
31. KGB file 40159, vol. 3, p. 478; Alexander Vassiliev, ‘Black Notebook’, p. 133: ‘Charles's sister-Ant’. 克里斯特尔是克格勃计划的组成部分一事，见 Vassiliev, ‘Yellow Notebook #1’, p. 67, 1944 年 1 月 21 日，格鲁乌向克格勃传达了“通过福［克斯］的妹妹（她姓海涅曼）与他联系”的指示。
32. 13 March 1950, Fuchs FBI FOIA file 65 – 58805 – 713.
33. Letter to Attorney General J. Howard McGrath, 13 March 1950; Gibbs, ‘British and American Counter-Intelligence and the Atom Spies, 1941 – 1950’, footnote 488.
34. Letter to Admiral Souers, 22 March 1950, Fuchs FBI FOIA file 65 – 58805 – 969.
35. D. M. Ladd to the Director, 13 March, Fuchs FBI FOIA file 65 – 58805 – 713.
36. Patterson to the Director General, 9 March 1950, TNA KV 6/135, s. 194a.
37. Director General reply to Patterson, 14 March 1950, TNA KV 6/135, s. 195a.
38. D. de Bardeleben, Chief, Liaison Section, US Embassy, to Sir Percy Sillitoe, TNA KV 2/1254, s. 622z.
39. Guy Liddell response to Cimperman, 26 March 1950, TNA KV 6/135, s. 200a.
40. Fuchs FBI FOIA file 65 – 58805, vol. 27, FBI memo on conversation with Senator McMahon, 23 March 1950; Gibbs, ‘British and American Counter-Intelligence’, footnote 496.
41. Fuchs FBI FOIA file 65 – 58805, vol. 14; Gibbs, ‘British and American Counter-Intelligence’, footnote 481.
42. Letter to Director D. M. Ladd et al., 5 April 1950. Fuchs FBI FOIA file 65 –

58805, vol. 22; Gibbs, ‘British and American Counter-Intelligence’, footnote 495.

43. 这一推论出自 Gibbs, ‘British and American Counter-Intelligence’, chapter 3。

44. Minutes of Official Committee on Atomic Energy, 8 May 1950, TNA CAB 134/31.

45. The identification of this event as a bag-job is due to Rhodes, *Dark Sun*, p. 425, and the note on p. 649. See FBI file 65 - 58805 - 1245, p. 5. (Rhodes 似乎打错了字，误称此文件编号为 1239，那是一份只有一页的不相干的文件。）然而，他假设这发生在“2 月或 3 月初的某个时候”；档案中唯一提到的日期是 5 月 6 日的交付，没有任何迹象表明文件的交付被推迟了。但如果 Rhodes 是正确的，那么这次“偷袭”似乎是在拖延了一段时间后发生的，因为戈尔德在一段时间内都没有成为主要嫌疑人。确切的时间仍然是军情五处和联邦调查局后来争论的根源，当时对找到戈尔德的功劳有争议。See Patterson to Sillitoe, 25 May 1950, TNA KV 6/135, s. 208a, for more about this conflict.

46. TNA KV 2/1255, s. 689a, Skardon report of interviews.

47. TNA KV 2/1255, s. 689a, record by W. J. Skardon written on 9 June 1950.

48. Ladd to Hoover, ‘Memorandum on Identification of Harry Gold’, 25 May 1950. FBI FOIA file 65 - 58805 - 1245, p. 6.

49. TNA KV 6/135, s. 211a. 5 月 26 日的报告，“克莱格先生在这次约谈中首先回顾了福克斯到目前为止告诉他们的情况，并通知他哈里·**戈尔德**已经认罪并被捕”。

50. Letter from Hoover to Cimperman, 23 May 1950, FBI FOIA file 65 - 58805 - 1195, and TNA KV 6/135, s. 205a. Gibbs, ‘British and American Counter-Intelligence’, p. 221, footnote 601 评论说“福克斯何时指认戈尔德这件事成为罗森堡案的一个主要问题，罗森堡的某些支持者指称福克斯从未指认过戈尔德，或者说他只是在戈尔德被拘留后才指认后者的”，“造成这种混乱可能源于这样一个事实：根据克莱格或兰菲尔的报告，福克斯在 24 日指认了戈尔德，但直到 26 日才在照片背面签字确认”。从档案中可以清楚地看到，对戈尔德的逮捕令是在（费城）5 月 23 日晚上发出的（65 - 58805 - 1245, p. 7）。福克斯在 5 月

22 日说，这些照片“很可能”是他的联络人的照片，但他在 5 月 24 日才对戈尔德进行了肯定的指认。因此，时间顺序似乎证实，福克斯在戈尔德被拘留后才对其进行了肯定的指认。

51. Fuchs to the FBI, 20 May 1950. FBI FOIA file 65 - 58805 - 1324, p. 7, and photo of Gold attached to pp. 8 - 12.

52. TNA KV 1255, s. 689. 从细节上看，这当然是错误的，因为福克斯与戈尔德见过两次面，但并非在同一个月。福克斯在 5 月 29 日签字的供述中承认，他和戈尔德在 1945 年 6 月见了一次面，“几个月后”又见了一次，可能是在 9 月。

## 第二十二章 余波

1. Pontecorvo's life as scientist and possible spy are covered in Frank Close, *Half Life: The Divided Life of Bruno Pontecorvo, Scientist or Spy* (Basic Books, 2012).

2. Timothy Gibbs, 'British and American Counter-Intelligence and the Atom Spies, 1941 - 1950'. Ph. D. thesis, Faculty of History, Cambridge University, 2007, 'Introduction: The Politicisation of Espionage'.

3. 如果实现了格罗夫斯隔离管理的意愿，技术的进步就会延缓，同时对阻止福克斯的间谍活动毫无作用。正如 Gibbs 在 ibid, chapter 1——“隔离管理与原子弹间谍”中所评论的那样——“福克斯受雇于理论部，在那里首先解决了最令原子弹设计者困惑的钚内爆的关键问题。据福克斯自己承认，他交给苏联方面最重要的情报就是钚弹的完整设计，即使严格执行隔离管理，他也会知道这些细节”。

4. Leslie Groves, *Now It Can Be Told* (Harper, 1962), p. 144.

5. 16 and 17 January 1944, TNA KV 2/1245, s. 39 - 42.

6. Groves, *Now It Can Be Told*, p. 144.

7. *Sunday Dispatch*, 5 March 1950, in assorted press cuttings, TNA KV 2/1254.

8. 'The Case of Dr Klaus Fuchs', memo by James Robertson, 2 March 1950, TNA KV 2/1253, s. 568c, Appendix A.

9. Ibid.

10. R. J. Lamphere and T. Shachtman, *The FBI-KGB War* (Random House, 1986), p. 134. See also Gibbs, 'British and American Counter-

Intelligence', footnote 411 and commentary therein.

11. 'Preparation of brief on Klaus Fuchs,' 12 February 1950, Fuchs FBI FOIA file 65 - 58805 - 479.
12. 'Klaus Fuchs Espionage'. Letter from D. M. Ladd to A. H. Belmont, 18 December 1953, Fuchs FBI FOIA file 65 - 58805 - 1544, p. 3.
13. 查普曼·平彻一直认为罗杰·霍利斯就是内奸，后者应对包庇克劳斯·福克斯等人负责。我们从现有的档案中无法得出结论。Timothy Gibbs 在 'British and American Counter-Intelligence', p. 162 第三章中评估了这一看法，同时也对接触这些文件实际上是否会对历史产生重大影响提出了质疑。例如："如果福克斯因他与霍尔珀林的关系而受到质询，他无疑会确认他们素未谋面，笔记本上记录了他的地址绝非引起怀疑的原因。福克斯在第一次审讯时解释了两人之间的联系，其原因是他的妹妹克里斯特尔是霍尔珀林的熟人，因为妹妹的名字也出现在通讯录中。"
14. 军情五处的记录显示，他们是在 1949 年 10 月 4 日才首次得知这些文件的，见 TNA KV 2/1247, s. 230c。Antony Percy, *Misdefending the Realm* (University of Buckingham, 2018), p. 255 就军情五处的批判中指出，早期（1946 年）提到霍尔珀林的地方都在福克斯档案中被删除了，并且"记录经过编辑，令其看起来像是联邦调查局直到最近[1949 年 10 月]才将霍尔柏林日记中的发现告知军情五处"。Antony Percy 并没有提供证明这一点的直接证据。
15. US press reaction, TNA KV 2/1254, s. 614a.
16. Sir Percy Sillitoe, Memorandum for the Prime Minister, 'Exposure of Dr Klaus Fuchs', TNA PREM 8/1279.
17. Notice of Parliamentary Questions, 7 March 1950, TNA KV 2/1253, s. 578a.
18. Confidential notes for Minister, 6 March 1950, TNA PREM 8/1279. 其他的审查包括 1942 年 6 月（入籍），1943 年 11 月（前往美国的出境许可），1944 年 1 月（延长在美国居留的许可），以及 1947 年 12 月（批准在哈韦尔的既定身份）。首相对于 1944 年 1 月不提供有关福克斯"倾向性"信息的决定并不知情。
19. Number 2 in Notes for Supplementaries, TNA PREM 8/1279, 6 March 1950.
20. Extract from Prime Minister's Speech in the Debate on the address: Official

Report 6. 3. 50, cols 71 -2, TNA PREM 8/1279.

21. Gibbs makes this point in ' British and American Counter-Intelligence ', based on analysis of the Gold case in R. Radosh and J. Milton, *The Rosenberg File: A Search for the Truth*, 2nd edn (Yale University Press, 1997).

22. 没有公开记录表明阿灵顿庄园和英国政府通信总部之间是如何共享这些电文的初始解密信息的。我们能看到的只有美国国家安全局在1950年代和1970年代的不同场合发布的“维诺那”最终报告，情报的解密要么成功完成，要么已经终止了（3，262 examples are available at https://archive.org/details/thevenonafiles?sort=creatorSorter）。报告有两种不同的风格，这两种风格区分了它们的来源。最直接明显的区别是文件右上方是否有一个显眼的、被涂黑的圆圈。大多数文件都具有这种特征。这些文件的内容表明，此类文件源自英国政府通信总部，其数量也证实了英国政府通信总部对“维诺那”的投入很大。这类文件的一个例子是页边码第218页提到的俄语电文解密的最终报告。与这种风格的其他报告一样，该报告是打字本，包含一个以英式的日/月/年写成的数字日期，并有一个副本编号，这种编号是手写加到打字原件上的。这种格式的报告中包含一些英式习惯用语或拼写（如导致戈尔德暴露的电文中提到“postal despatch”，以及首次发现有英国间谍的电文中的“speciality”）。它们的结构是一致的，即一份打字母本被多次复制，每份副本在发给特定对象之前都被手工编号。英国政府通信总部报告的潜在的特定对象包括英国安全机构、外交部和有关使馆，每个对象都有一个独特的识别码。英国与澳大利亚、新西兰、加拿大和美国的情报联盟也会使这些国家的相应机构成为这种情报的潜在对象。在美国是国家安全局，他们的副本现已公开，但保留了它们的英国政府通信总部副本编号。实际的编号随着发布时期的不同而不同（如1950年代的205，1960年代的201，1970年代末发布的301）。该项目的代号也定期更新：最初是BRIDE，1960年代初变成了DRUG，然后从1969年开始变成了“VENONA”——“维诺那”，最终公开发布时生效的名称，整个项目也因此而闻名。在该类文件的所有副本编号上方，都有一个统一采用英式数字风格的发布日期，即日/月/年。不过，仅凭这一点并不能确凿地证明其来源于英国，因为美国军方为了避免混淆，同样

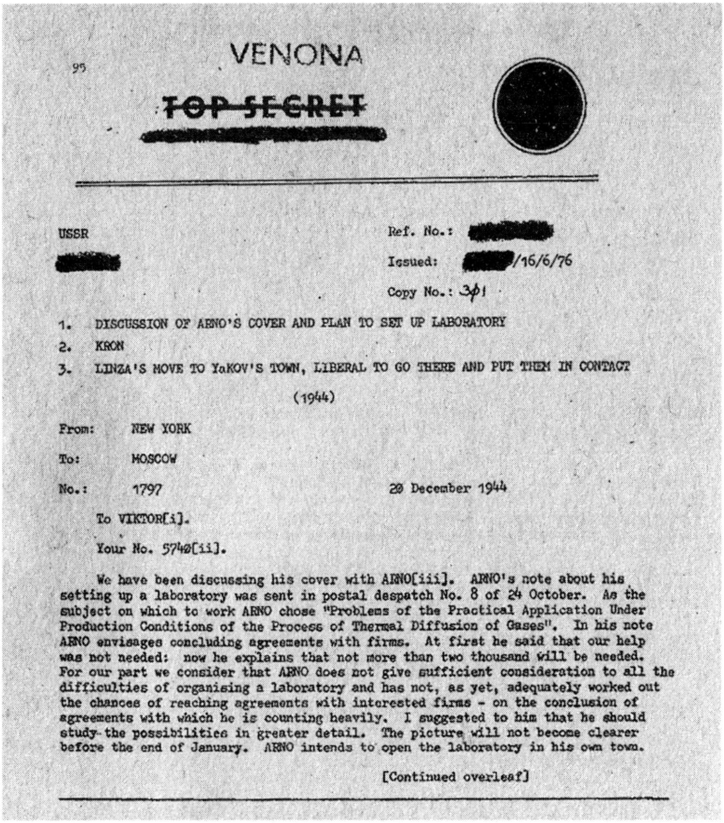
95

VENONA

~~TOP SECRET~~
[redacted]

[redacted]

USSR　　　　　　　　　　Ref. No.: [redacted]

[redacted]　　　　　　　　Issued: [redacted]/16/6/76

Copy No.: 301

1. DISCUSSION OF ARNO'S COVER AND PLAN TO SET UP LABORATORY
2. KRON
3. LINZA'S MOVE TO YaKOV'S TOWN, LIBERAL TO GO THERE AND PUT THEM IN CONTACT

(1944)

From: NEW YORK

To: MOSCOW

No.: 1797　　　　　　　20 December 1944

To VIKTOR[i].

Your No. 5740[ii].

We have been discussing his cover with ARNO[iii]. ARNO's note about his setting up a laboratory was sent in postal despatch No. 8 of 24 October. As the subject on which to work ARNO chose "Problems of the Practical Application Under Production Conditions of the Process of Thermal Diffusion of Gases". In his note ARNO envisages concluding agreements with firms. At first he said that our help was not needed: now he explains that not more than two thousand will be needed. For our part we consider that ARNO does not give sufficient consideration to all the difficulties of organising a laboratory and has not, as yet, adequately worked out the chances of reaching agreements with interested firms - on the conclusion of agreements with which he is counting heavily. I suggested to him that he should study the possibilities in greater detail. The picture will not become clearer before the end of January. ARNO intends to open the laboratory in his own town.

[Continued overleaf]

**英式的“维诺那”报告**

采用了日/月/年的格式，但与其他特征的一致关联性则是有说服力的。这一类文件与来自外部的、交付给美国国家安全局的副本相符，这种副本使用的是英式拼写和风格。这种设置与源自美国的报告形成了鲜明对比。那些文件尽管有共同的代号 BRIDE、DRUG 和“VENONA”，却没有副本编号，格式也不同。值得注意的是，它们偶尔会出现美式的拼写或习惯用语，而且右上角也没有被涂黑的实心圆，日期从不采用英式（或军式）数字风格，而是以文字写出月份。在已发布的报告中，似乎有一个一致的关联性——是否存在副本编号；是否有英式数字日期风格，以及拼写或习惯用语；被涂黑

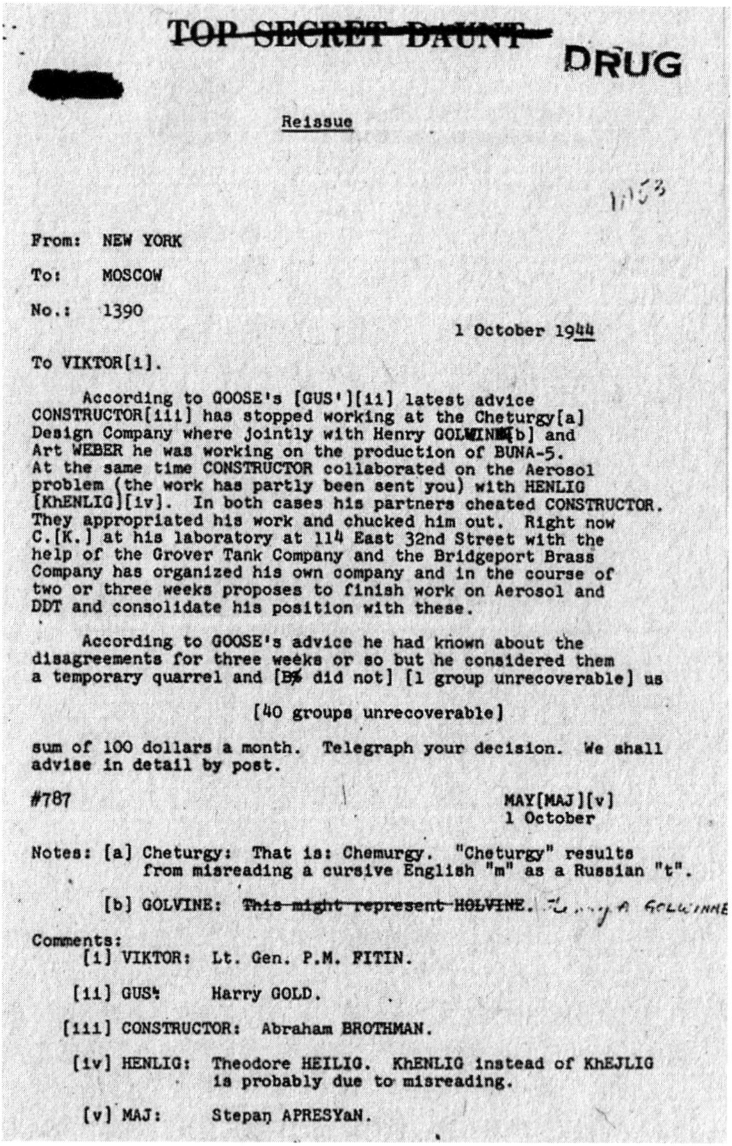

~~TOP SECRET DAUNT~~ DRUG

[redacted]

Reissue

1153

From: NEW YORK

To: MOSCOW

No.: 1390

1 October 1944

To VIKTOR[i].

According to GOOSE's [GUS'][ii] latest advice CONSTRUCTOR[iii] has stopped working at the Cheturgy[a] Design Company where jointly with Henry GOLWINNE[b] and Art WEBER he was working on the production of BUNA-5. At the same time CONSTRUCTOR collaborated on the Aerosol problem (the work has partly been sent you) with HENLIG [KhENLIG][iv]. In both cases his partners cheated CONSTRUCTOR. They appropriated his work and chucked him out. Right now C.[K.] at his laboratory at 114 East 32nd Street with the help of the Grover Tank Company and the Bridgeport Brass Company has organized his own company and in the course of two or three weeks proposes to finish work on Aerosol and DDT and consolidate his position with these.

According to GOOSE's advice he had known about the disagreements for three weeks or so but he considered them a temporary quarrel and [B% did not] [1 group unrecoverable] us

[40 groups unrecoverable]

sum of 100 dollars a month. Telegraph your decision. We shall advise in detail by post.

#787

MAY[MAJ][v]
1 October

Notes: [a] Cheturgy: That is: Chemurgy. "Cheturgy" results from misreading a cursive English "m" as a Russian "t".

[b] GOLVINE: ~~This might represent HOLVINE.~~ GOLWINNE

Comments:
[i] VIKTOR: Lt. Gen. P.M. FITIN.

[ii] GUS': Harry GOLD.

[iii] CONSTRUCTOR: Abraham BROTHMAN.

[iv] HENLIG: Theodore HEILIG. KhENLIG instead of KhEJLIG is probably due to misreading.

[v] MAJ: Stepan APRESYaN.

一份将“呆头鹅”与“建筑商”联系起来的美国报告

的圆圈——这种关联性正是美国和英国来源的报告的区别。最终与福克斯有关的“维诺那”报告都具有相同的“英式”风格，并与这些原子弹间谍电文的最终解密是在英国政府通信总部实现的相符。虽然这并不能直接证明导致戈尔德曝光的电文最初的解密是英国政府通信总部所为，但与当时从军情五处和联邦调查局档案中得出的英国政府通信总部有大量投入的推断相一致，也让人更加怀疑胡佛所宣传的抓捕福克斯及相关特工完全是美国联邦调查局的胜利的说法。

23. KGB file 84490, vol. 2, p. 60, London to Centre, 3 February 1950; Alexander Vassiliev, 'Yellow Notebook #1', in Vassiliev, *Vassiliev Papers, 1895 – 2011*, US Library of Congress, p. 8.
24. New York to Moscow Centre, 6 February 1950, KGB file 86194, vol. 2, p. 260; Vassiliev, 'Yellow Notebook #1', p. 109.
25. KGB file 84490, vol. 2, p. 122, A. Raina report on Charles, 6 February 1950; Vassiliev, 'Yellow Notebook #1', pp. 85 – 6.
26. KGB file 84490, vol. 2, p. 125, A. Raina report on Charles, 6 February 1950; Vassiliev, 'Yellow Notebook #1', p. 86.
27. KGB file 84490, vol. 2, p. 27, V. Zorin note 'To Comrade J. V. Stalin' (V. Zorin 5 February 1950; written by Raina); Vassiliev, 'Yellow Notebook #1', p. 91. Zorin's role is described briefly in Christopher Andrew and Vasili Mitrokhin, *The Mitrokhin Archive* (Penguin, 2000), p. 191.
28. KGB file 84490, vol. 2, p. 129; Vassiliev, 'Yellow Notebook #1', p. 87.
29. KGB file 84490, vol. 2, p. 129; Vassiliev, 'Yellow Notebook #1', p. 87.
30. KGB file 84490, vol. 2, p. 153; Vassiliev, 'Yellow Notebook #1', p. 87.
31. KGB file 84490, vol. 2, p. 168; Vassiliev, 'Yellow Notebook #1', p. 87.
32. KGB file 84490, vol. 2, p. 274; Vassiliev, 'Yellow Notebook #1', p. 88.
33. Telegram from the British Embassy Moscow to the Foreign Office, 8 March 1950, TNA KV 2/1253, s. 600a.
34. KGB file 84490, vol. 2, p. 274; Vassiliev, 'Yellow Notebook #1', p. 88.
35. KGB file 84490, vol. 2, p. 205; Vassiliev, 'Yellow Notebook #1', p. 88.
36. KGB file 84490, vol. 2, p. 279; Vassiliev, 'Yellow Notebook #1', p. 89.

37. KGB file 84490, vol. 2, p. 275; Vassiliev, 'Yellow Notebook #1', p. 88.

38. Vassiliev, 'Yellow Notebook #1', p. 92, refers to p. 167 in an unidentified KGB file, possibly 84490, vol. 3.

39. KGB file 84490, vol. 3, p. 129; Vassiliev, 'Yellow Notebook #1', p. 94.

40. KGB file 84490, vol. 3, p. 130; Vassiliev, 'Yellow Notebook #1', p. 94.

41. KGB file 84490, vol. 3, p. 130; Vassiliev, 'Yellow Notebook #1', p. 94.

42. Gibbs, 'British and American Counter-Intelligence', chapter 2.

43. Groves, *Now It Can Be Told*, p. 408. For more on the position advocated by me, see F. M. Szasz, *British Scientists and the Manhattan Project: The Los Alamos Years* (Macmillan, 1992), p. xviii.

44. M. Gowing, 'Nuclear Weapons and the Special Relationship', in William R. Louis and H. Bull (eds), *The Special Relationship: Anglo-American Relations since 1945* (Oxford University Press, 1986), as discussed in Gibbs, 'British and American Counter-Intelligence', footnote 868.

45. Minutes of the Official Committee on Atomic Energy, 2 January 1950, TNA CAB 134/31. The UK had copious uranium supplies from the Belgian Congo.

46. Congressional Record of the Senate, 81st Congress, 2nd Session, 20 February 1950 (1954 - 7). The text of the speech is available at http://historymatters.gmu.edu/d/6456.

47. TNA CAB 126/148, Anglo-US-Canadian Security talks, March 1950 to January 1954, Report from Washington to Roger Makins, F. Hoyer Millar, 27 April 1950.

48. Letter from Robert Lamphere to Anthony Murphy, 25 January 1994, Robert Lamphere Collection, Georgetown University, Washington DC.

49. *New York Times*, 5 February 1950.

50. Official Committee on Atomic Energy, Minutes of 8th Meeting, 11 September 1950, TNA CAB 134/31.

51. Autobiographical account, Alec Longair quoted in Gibbs, 'British and American Counter-Intelligence', p. 320.

52. British Foreign Office file FO371/84837, TNA FO 371.

53. MI5 file KV 2/1889, memo 121b.

54. Patterson to Sillitoe, 25 May 1950, TNA KV 6/135, s. 208a.

55. Graham Farmelo, *Churchill's Bomb*: *A Hidden History of Science*, *War and Politics* (Faber and Faber, 2013), p. 370.

56. William Penney, quoted in Brian Cathcart, *Test of Greatness* (John Murray, 1994), p 107. 其中的一位大学教授应该就是派尔斯。另一个人的身份可能是弗里施或 G. Taylor（卡思卡特的电子邮件，2017 年 12 月 12 日）。

57. 试验于 10 月 3 日在特里穆耶岛附近举行。Margaret Gowing and Lorna Arnold, *Independence and Deterrence*, *vol. 2*: *Policy Making* (Macmillan, 1974), p. 471.

58. Letter from Sir Freddie Morgan, Controller of Atomic Energy, to Guy Liddell, 28 May 1952, TNA KV 2/1258, s. 918c.

59. Kate Pyne, cited in M. S. Goodman, 'The Grandfather of the Hydrogen Bomb? Anglo-American Intelligence and Klaus Fuchs', *Historical Studies in the Physical and Biological Sciences*, vol. 34, part 1 (2003), pp. 1 – 22.

60. See for example ibid, p. 17.

61. Lorna Arnold and Kate Pyne, *Britain and the H Bomb* (Palgrave, 2001), pp. 25 – 6 and 93 – 4.

62. Lord Flowers, interview with Mike Goodman, September 2002, cited in Goodman, 'The Grandfather of the Hydrogen Bomb?', note 104; see also paragraph 3.

63. Letter from Sir Freddie Morgan, Controller for Atomic Energy, to William Penney, 9 February 1953, TNA ES 1/493. See also Goodman, 'The Grandfather of the Hydrogen Bomb?, p. 16, paragraph 3.

64. Arnold and Pyne, *Britain and the H Bomb*, pp. 37 – 8.

65. Author's conversation with Lorna Arnold, 30 August 2013, and with a senior British physicist, name withheld, 2016.

66. Lorna Arnold interview, 30 August 2013. Her personal opinion also endorses a statement by Gennady Gorelik, 'A Russian Perspective on the Father of the American H-Bomb (April 2002): http: //people. bu. edu/gorelik/Minnesota_ 02_ web. htm.

# 第二十三章 父与子


1. Telegram, Washington Embassy to Cabinet Office, about difficulties over an American visa for Peierls, 23 August 1951, TNA KV 2/1662, s. 324b.
2. Extract from *Daily Worker*, 2 February 1950, TNA KV 2/1661, s. 246b.
3. Telecheck on Atomic Scientists Association, TNA KV 2/1661, s. 246a, 20 February 1950.
4. Director General of MI5 to Chief Constable of Birmingham, TNA KV 2/1661, s. 252a and 253a, 31 May 1950.
5. Chief Constable of Birmingham to Director General of MI5, TNA KV 2/1661, s. 253a, 5 June 1950.
6. Chief Constable of Birmingham to Director General of MI5, 11 September 1950, TNA KV 2/1661, s. 261a.
7. Chief Constable Dodd to Sir Percy Sillitoe, 11 December 1950, TNA KV 2/1661, s. 267a.
8. C. Grose-Hodge, 'Rudolf Ernst PEIERLS', December 1950, TNA KV 2/1661, s. 263a. 原稿中的结论用的是双重否定，“如果**派尔斯**能够获得秘密情报，这种关联就不能说不会构成安全风险”。
9. Ibid, s. 269a, Telegram to S. L. O., New Delhi, 11 December 1950.
10. E. W. Battersby to Ministry of Supply, 28 December 1950, TNA KV 2/1661, s. 273a.
11. Ibid, s. 275a, 3 January 1951.
12. E. W. Battersby, note for Peierls' personal file, 5 January 1951, TNA KV 2/1661, s. 277a.
13. Lord Cherwell as quoted in a letter to Grosse-Hodge of MI5, TNA KV 2/1661, s. 284a.
14. Sir Charles Darwin, TNA KV 2/1661, s. 285a.
15. FBI Report, Patterson to Director General, 25 January 1951, TNA KV 2/1661, s. 288a.
16. Ibid, p. 3.
17. Ibid, p. 4.
18. FBI Report, Patterson to Director General, 25 January 1951, TNA KV 2/

1661, s. 288a, p. 7.

19. Top Secret Telegram ANCAM460 from BJSM Washington to Cabinet Office, 23 August 1951, TNA KV 2/1661, s. 324b.

20. Ibid, s. 330a.

21. Ibid, s. 332a.

22. Peierls papers, Bodleian Library, A15.

23. *Intelligence Digest*, 10 September 1951, vol. 13, chapter 10, p. 17, and vol. 13, no. 155, October 1951, pp. 7 and 8. Peierls Supplementary Papers, Bodleian Library, Box A.

24. See Kim Philby, *My Silent War*: *The Autobiography of a Spy* (Arrow, 2018), chapter 12; for his probable role in Pontecorvo's defection, see Frank Close, *Half Life*: *The Divided Life of Bruno Pontecorvo*, *Scientist or Spy* (Basic Books and OneWorld, 2015), pp. 201 – 7.

25. Peierls supplementary papers, Bodleian Library, Box A.

26. TNA KV 2/1663, s. 355a, 18 March 1954.

27. This is the author's summary of TNA KV 2/1663, s. 355a, 18 March 1954, and TNA KV 2/1661, s. 280a, 6 January 1951.

28. Rudolf Peierls, *Bird of Passage* (Princeton University Press, 1985), p. 325. 迪肯的律师们在公开法庭上表示，书中的说法“毫无根据”并“毫无保留地”收回了它们。派尔斯家里有记录副本，作者有查看到。See also p. 757 in Sabine Lee, *Sir Rudolf Peierls*: *Selected Private and Scientific Correspondence*, vol. 2 (World Scientific, 2007).

29. Letter from W. J. Skardon in support of Fuchs' retention of citizenship, TNA KV 2/1255, s. 711a.

30. Carbon copy in Peierls papers, Bodleian Library, file D52; transcription at Entry 673, p. 622, in Lee, *Sir Rudolf Peierls*.

31. KGB File 84490, vol. 5, ' "Bras" -Klaus Fuchs', p. 354; Alexander Vassiliev, 'Yellow Notebook #1', in Vassiliev, *Alexander Vassiliev Papers*, *1895 – 2011* (US Library of Congress), p. 57.

32. KGB File 84490, vol. 5, ' "Bras" -Klaus Fuchs', p. 368, Berlin entre to A. M. Korotov, 28 April 1959; Vassiliev, 'Yellow Notebook #1', p. 57.

33. KGB File 84490, vol. 5, ' "Bras" -Klaus Fuchs', p. 369; Vassiliev,

'Yellow Notebook #1', p. 58.

34. KGB File 84490, vol. 5, '"Bras" -Klaus Fuchs', p. 329, A. Panyushkin to S. N. Kruglov, December 1953; Vassiliev, 'Yellow Notebook #1', p. 56.
35. KGB File 84490, vol. 5, '"Bras" -Klaus Fuchs', p. 369, A. Panyushkin to S. N. Kruglov, December 1953; Vassiliev, 'Yellow Notebook #1', p. 58.
36. KGB File 84490, vol. 5, '"Bras" -Klaus Fuchs', p. 381, A. Panyushkin to S. N. Kruglov, December 1953; Vassiliev, 'Yellow Notebook #1', p. 60.
37. 'Klaus Fuchs-Atomspion', Klaus Fuchs interview with East German television in 1983, transcribed in *Zelluloid*, 31 March 1990, ISSN 0724 - 7656.
38. Klaus Fuchs-Kittowski, 'Klaus Fuchs and the Humanist Task of Science', *Nature, Society and Thought*, vol. 16, no. 2 (2003), pp. 133 - 70.
39. 福克斯的斯塔西档案中没有任何重要的内容，这表明“真实的档案”要么被运去了莫斯科的克格勃档案馆，要么在 1989 年前后被粉碎了。Sabine Lee, personal comnunication.
40. Klaus Fuchs, as reported on p. 225 in Alexander Feklisov (with the assistance of Sergei Kostin), *The Man behind the Rosenbergs* (Enigma Books, 2001), and quoted on p. 151 of Fuchs-Kittowski, 'Klaus Fuchs and the Humanist Task of Science', pp. 133 - 70.
41. KGB file 84490, vol. 6, '"Bras" -Klaus Fuchs', p. 28, Berlin Centre to A. M. Korotov, 14 December 1959; Vassiliev, 'Yellow Notebook #1', p. 60.
42. KGB file 84490, vol. 6, '"Bras" -Klaus Fuchs', p. 30, Berlin Centre to A. M. Korotov, 15 March 1960; Vassiliev, 'Yellow Notebook #1', p. 61.
43. KGB file 84490, vol. 6, '"Bras" -Klaus Fuchs', p. 31, Berlin Centre to A. M. Korotov, 15 March 1960. CC CPSU [Central Committee, Communist Party of the Soviet Union] memo, 17 May 1960; Vassiliev, 'Yellow Notebook #1', p. 61.
44. KGB file 84490, vol. 6, '"Bras" -Klaus Fuchs', p. 38, Berlin Centre to A. M. Korotov, 15 March 1960, 'Report on work with "Charles" during his stay in Moscow'; Vassiliev, 'Yellow Notebook #1', p. 62.

45. This occasion is described, with further source references, in Close, *Half Life*, p. 281.

46. KGB file 84490, vol. 6, 'Report on a meeting with "Bras" [Fuchs]', p. 37, 28 May 1960; Vassiliev, 'Yellow Notebook #1', p. 61.

47. KGB file 84490, vol. 6, 'Report on a meeting with "Bras" [Fuchs]', pp. 43 - 7, 28 May 1960; Vassiliev, 'Yellow Notebook #1', pp. 63 - 5.

48. KGB file 84490, vol. 6, 'Report on a meeting with "Bras" [Fuchs]', p. 44, 28 May 1960; Vassiliev, 'Yellow Notebook #1', p. 63.

49. KGB file 84490, vol. 6, 'Report on a meeting with "Bras" [Fuchs]', p. 45; Vassiliev, 'Yellow Notebook #1', p. 64.

50. 'Fuchs interview with Mr Perrin and Mr Skardon at Room 055 on 30. 1. 50', TNA KV 2/1250, s. 442a 说福克斯"向苏联特工提供了所谓的氢弹的基本核物理数据","以及与之相关的一种高度机密的组成材料"。这非常可能是指用于武器中的氘化锂。福克斯转递了"当时他所知的关于该武器如何工作的总体情况"。

51. KGB file 84490, vol. 6, p. 48: 'Report to Comrade N. S. Krushchev from Committee of State Security Chairman A. Shelepin', 25 June 1960; Vassiliev, 'Yellow Notebook #1', p. 65.

## 尾 声

1. Interview by Mr Serpell, 23 March 1950, TNA KV 2/1270, s. 687a.

2. 'Fuchs ... was placed in a camp designed to accommodate avowed and unrepentant Nazis', Alan Moorehead, *The Traitors: The Double Life of Fuchs, Pontecorvo and Nunn May* (Dell, 1952), p. 85.

3. MI5's mini-portrait of Roger Hollis is at, https://www.mi5.gov.uk/sir-roger-hollis.

4. This remark probably originated with Denys Wilkinson.

5. *Harwell: The Atomic Energy Research Establishment*, Ministry of Supply and Central Office of Information, London, 1952.

6. Report of the 82nd US Congress Joint Committee on Atomic Espionage: Soviet Atomic Espionage April 1951. available at, http://archive.org/stream/sovietatomicespi1951unit/sovietatomicespi1951unit_djvu.txt.

7. Klaus Fuchs-Kittowski, 'Klaus Fuchs and the Humanist Task of Science', *Nature, Society and Thought*, vol. 16, no. 2 (2003), pp. 133 - 70, esp. p. 157.
8. Ibid. p. 159.
9. 这一奖项在 1991 年被废除，在俄罗斯联邦代之以友谊勋章。
10. President of the National Academy M. V. Kel' dysh, cited by Alexander Feklisov (with the assistance of Sergei Kostin), *The Man Behind the Rosenbergs* (Enigma Books, 2001), p. 261, and quoted by Klaus Fuchs-Kittowski, 'Klaus Fuchs and the Humanist Task of Science', *Nature, Society and Thought*, vol. 16, no. 2 (2003), note 26.
11. Alexander Feklisov, *Overseas and on the Island: On First-Hand Intelligence and Espionage* (Moscow, 1994), cites Y. Khariton, 'Ядерное оружие СССР: пришло из Америки или создано самостоятельно?' ('Nuclear Weapons of the USSR: Did they Come from America or Were they Created Independently?'), *Izvestiya* (8 December 1992). Note 26 in Fuchs-Kittowski, 'Klaus Fuchs and the Humanist Task of Science', 引用了这篇文章，说"首次公布承认了本应更早曝光的事实：苏联的第一颗原子弹是按照美国的模式研发的"。Mikhail Shifman, *Love and Physics: The Peierlses* (World Scientific, 2019), chapter 9, note 2 提出，在 Dmitry Yuryevich Barshchevsky's 上映于 1988 年 7 月的电视片 *RISK* 中，苏联媒体首次提及福克斯之名。影片声称福克斯交出了机密材料，但没有进一步详细说明这些材料的性质或影响。我感觉 Misha Shifman 提供了这一信息。
12. Bruno Pontecorvo's scientific career, with suspicions of espionage, are described in Frank Close, *Half Life: The Divided Life of Bruno Pontecorvo, Physicist or Spy* (Basic Books, 2015, and OneWorld, 2015).
13. For a forensic refutation of such claims see Norman Dombey, 'The First War of Physics', *Contemporary Physics*, vol. 51 (2010), pp. 85 - 90, esp. p. 89, available at, http://www.tandfonline.com/doi/pdf/10.1080/00107510903184422.
14. Eulogy at funeral of Sir Rudolf Peierls by Lord Flowers, item 941, pp. 1, 061 - 2, in Sabine Lee, *Sir Rudolf Peierls: Selected Private and Scientific*

Correspondence, vol. 2 (World Scientific, 2007).

15. Freeman Dyson, in foreword to Lee, *Sir Rudolf Peierls*.
16. Freeman Dyson, email to Frank Close, 3 January 2019.
17. Prison Commissioner to Sir Percy Sillitoe, 7 March 1951, TNA KV 2/1257, s. 817a.

## 后 记 克劳斯·福克斯是谁?

1. James Chadwick to Tam Dalyell, as quoted in a letter from Dalyell to Frank Close, 30 January 2015.
2. 声称福克斯从1941年下半年便开始其间谍活动的文献，其中包括以下提到他与库琴斯基或克雷默的第一次接触的：Norman Moss, *Klaus Fuchs: The Man who Stole the Atom Bomb* (Grafton Books, 1987), p. 38; Richard Rhodes, *Dark Sun: The Making of the Hydrogen Bomb* (Simon and Schuster, 2005), p. 57; Christopher Andrew and Vasili Mitrokhin, *The Mitrokhin Archive* (Penguin, 2000), p. 152; Christopher Andrew and Oleg Gordievsky, *KGB: The Inside Story* (Harper Collins, 1990), p. 313; David Holloway, *Stalin and the Bomb* (Yale University Press, 1996), p. 83。Robert Chadwell Williams, *Klaus Fuchs, Atom Spy* (Harvard University Press, 1987), p. 61 认为福克斯最初去见于尔根·库琴斯基的时间是在“1941年秋”，而 J. Albright and M. Kunstall, *Bombshell: The Secret Story of America's Unknown Atomic Spy Conspiracy* (Times Books, Random House, 1997), p. 71 说是在“1941年夏”。Alan Moorehead, *The Traitors: The Double Life of Fuchs, Pontecorvo and Nunn May* (Dell, 1952), p. 92 所说的他最初接触库琴斯基的时间最接近，文中说是在“1941年他到达伯明翰后不久”，尽管给人的印象是他实际的间谍活动要到“1941年底”(p. 94)。军情五处的文件，审判时的证据，以及当时的媒体报道均宣称是在1942年。我所知道的，最早确定福克斯的第一次接触是在他到达伯明翰之前的书是 Chapman Pincher, *Treachery: Betrayals, Blunders and Cover-Ups: Six Decades of Espionage against America and Great Britain* (Random House, 2009), Mike Rossiter, *The Spy who Changed the World* (Headline, 2014), p. 86。

# 索 引

（索引中的页码为原书页码，即本书页边码）

图书在版编目（CIP）数据

最危险的间谍：多面特工与大国的核竞赛 /（英）弗兰克·克洛斯（Frank Close）著；朱邦芊译．-- 北京：社会科学文献出版社，2022.12

书名原文：TRINITY：The Treachery and Pursuit of the Most Dangerous Spy in History

ISBN 978-7-5201-9297-2

Ⅰ.①最… Ⅱ.①弗… ②朱… Ⅲ.①克劳斯·福克斯-传记 Ⅳ.①K835.166.11

中国版本图书馆 CIP 数据核字（2021）第 218731 号

# 最危险的间谍

——多面特工与大国的核竞赛

著　　者 /［英］弗兰克·克洛斯（Frank Close）
译　　者 / 朱邦芊

出 版 人 / 王利民
组稿编辑 / 董风云
责任编辑 / 李　洋
责任印制 / 王京美

出　　版 / 社会科学文献出版社·甲骨文工作室（分社）（010）59366527
地址：北京市北三环中路甲 29 号院华龙大厦　邮编：100029
网址：www.ssap.com.cn
发　　行 / 社会科学文献出版社（010）59367028
印　　装 / 南京爱德印刷有限公司

规　　格 / 开　本：889mm × 1194mm　1/32
印　张：23.125　插　页：0.5　字　数：528 千字
版　　次 / 2022 年 12 月第 1 版　2022 年 12 月第 1 次印刷
书　　号 / ISBN 978-7-5201-9297-2
著作权合同登记号 / 图字 01-2021-6068 号
定　　价 / 128.00 元

读者服务电话：4008918866